다층모형

강상진 저

MULTILEVEL
MODELS

학지사

이 저서는 2012년 정부(교육부)의 재원으로 한국연구재단의 지원을 받아 수행된 연구임
(NRF-2012S1A6A4018009, 원과제명: 사회과학연구를 위한 다층모형의 이론과 실제).

머리말

이 책은 통계모형으로서 다층모형을 서술한 것이다. 통계모형이란 자료에서 유용한 정보를 도출하는 수학모형으로, 자료의 특성에 부합할 때 타당한 정보를 제공한다. 연구자가 마주하는 자연현상과 사회현상, 인간행동을 반영하는 변수의 특성과 자료의 구조는 무한대로 다양하다. 그러나 통계모형이 반영하는 변수의 특성과 자료의 구조는 사실상 매우 제한적이다. 따라서 현존하는 통계모형들은 제한된 범위에서 실제 자료를 적절히 분석할 뿐이다. 다층자료의 위계적 속성은 전통적인 통계모형에 부합하지 않는 자료구조이며, 다층자료를 적절히 분석하는 통계모형을 개발하기 위하여 많은 연구자가 오랫동안 연구를 진행하였다. 오늘날 다층모형은 보편적인 통계모형으로서 연구자들에게 인지되고 있으며, 실제 현상에서 관찰되는 다양한 위계적 속성의 자료에 부합하는 통계모형도 계속 개발되고 있다. 다층모형의 개발과 발전은 과학이 진보하여 현실에 더 가까이 다가선다는 것을 알려 주는 좋은 예증이다.

지난 20여 년간 대학원 정규과목으로, 때로는 여러 기관의 특강으로 다층모형을 강의하면서 오랫동안 이 책의 집필을 갈망하였다. 저자가 의도한 것은 스스로의 연구활동에 기반한 다층모형 저서를 집필하는 것이었다. 그 동안 저자가 게재한 거의 모든 논문은 그 성격이 방법론 연구이든 현실 교육 연구이든 모두 다층모형을 적용한 연구였다. 세월이 흘렀고 정년이 몇 년 남지 않았다는 자각이 들었을 때, 이 책을 쓰는 것은 최우선 숙제로 자리 잡게 되었다. 기획 단계에서는 현존하는 다층모형을 모두 다루는 전문서를 집필하고자 하였다. 그러나 집필은 더디게 진행되었고, 완성의 끝이 보이지 않았다. 현실을 받아들이고, 지금까지 집필된 부분만을 책으로 내어 놓는 마음이 무겁다. 한국의 학계에 다층모형이 처음 소개된 해는 1991년이다. 그러나 2016년에 출판되는 이 책이 국내 최초의 단행본 전문서이다. 그만큼 다층모형을 체계적으로 다루는 것이 쉽지 않다고 이해를 구하지만 다층모형을 전공한 연구자의 한 사람으로서 반성도 많이 한다.

이 책에서는 2-수준 다층모형과 3-수준 다층모형을 다루었다. 두 모형은 다층모형의 표준모형이라고 할 수 있다. 2-수준 다층모형과 3-수준 다층모형을 체계적으로 이해하는 것은 아직 이 책에 포함하지 않은 교차분류 다층모형, 잠재변인 다층모형, 일반화 다층모형, 그리고 수없이 다양한 위계적 속성의 자료를 분석하기 위하여 새롭게 개발되는 다양한 다층모형을 이해하는 데 기본 토대가 된다. 다층모형은 많은 연구자의 관심을 받지만, 모형의 수학적 표기에 어려움을 겪는 사회과학자들이 다층모형을 체계적으로 이해하고 응용하는 데는 한계가 있다. 이 책은 실제 연구에서 다층모형을 응용하려는 연구자들의 학습을 지원하려는 목적으로 쓴 것이다. 다층모형의 수학적 표기를 강조하였으나 사회과학자들에게 가독성이 높은 통계전문서가 되기를 희망하였다. 한 걸음 나아가 정규수업을 듣지 않아도 혼자서 학습할 수 있는 전문서이길 바랐다. 책의 여러 곳에서 저자의 강의방식이 반영되어 모형에 대한 서술과 해석이 길고, 중언부언하는 흔적이 발견된다. 저자의 부족함이다. 이후로 시간을 내어 더 다듬고 채워서 독자의 기대에 부응하고, 스스로 보람을 느끼는 작업을 계속하려고 한다.

이 책은 8장으로 구성되어 있다. 1장, 2장, 3장은 다층모형의 학술사적인 배경과 방법론적 특성, 그리고 현재까지 다층모형의 발전과정을 서술한 장들이다. 연구자들이 실제 연구에서 응용하는 통계모형으로서의 다층모형은 이후의 장들에서 소개하였다. 4장은 2-수준 다층모형이 횡단연구에서 어떻게 활용될 수 있는지 서술한 장이다. 가장 핵심적이며, 이후의 모형을 이해하는 데도 기초 소양이 되는 장이라고 할 수 있다. 5장에서는 2-수준 다층모형이 종단연구에서 어떻게 명세화되는지 소개하였다. 종단연구가 강조되는 학계 동향을 비추어 보면, 5장은 매우 중요한 내용을 다루는 셈이다. 6장은 연구자의 창의적 모형 명세화로 다층모형의 응용과 적용범위가 구체적으로 어떻게 확산될 수 있는지 가능성을 보여 준 부분이다. 또한 잔차분석이 제공하는 정보도 함께 소개하였다. 6장에 소개한 모형의 명세화 이외에도 소개하고 싶은 모형이 많았지만 다음 기회로 미루었다. 7장에서 3-수준 다층모형을 소개하였다. 3-수준 다층모형은 많은 경우에 2-수준 다층모형보다 방법론적으로 더 타당한 모형이다. 더 많은 연구자가 3-수준 다층모형에 익숙해지기를 기대한다. 8장은 다층모형의 방법론적 이해를 돕기 위한 것으로, 모형의 수학적 정의와 추정이론, 구체적인 추정방법을 다루었다. 국내에서 양적연구방법을 전공하는 동학들에게 도움이 되길 기대한다.

책을 마무리하는 과정에서 동학의 길을 걷는 제자들의 도움을 많이 받았다. 수많은 표와 그림, 수식과 번호, 목차, 부록표, 참고문헌, 색인과 다층분석 예제 등을 정비하는 데 박연복, 정지영, 양희원, 오유경, 황다솜, 서연수, 강혜진, 김나나, 전미령, 이민호, 장혜정 등 연세대학교 대학원 교육학과에서 교육평가를 전공하는 재학생들이 도움을 주었다. 이미 학계에서 활동 중인 세종대학교 민경석 교수, 경인교육대학교의 김종민 교수, 한국교육과정평가원의 김희경 박사와 정혜경 박사, 한국교육개발원의 남궁지영 박사와 황정원 박사, 학교현장에서 활동하는 정선영 박사, 그리고 연세대학교의 김주아 박사와 김미현 박사가 원고를 꼼꼼히 읽고 오류를 수정하는 데 도움을 주었다. 시간을 내어 원고를 읽어 준 동학들에게 감사한다. 또한 4장과 5장의 예시자료 사용을 허락해 준 한국교육개발원과 한국청소년정책연구원의 관계자 분들께도 감사드린다. 3-수준 다층모형의 예시를 준비하는 과정에서는 연세대학교 서영석 교수와 한남대학교 조화진 교수가 기꺼이 시간을 내어 도움을 주었다. 감사드린다.

이 책은 2012년에 한국연구재단의 저술출판지원과제로 선정되어 세상의 빛을 보게 되었다. 3년 동안 지속된 한국연구재단의 지원과 연구관리가 이 책의 완성을 촉진하는 데 큰 도움이 되었다. 책의 발행이 늦어짐에도 저자의 의견을 적극 반영해 준 학지사의 김진환 사장님과 편집을 담당한 이지예 선생님에게도 감사드린다. 다층모형 책을 내면서 오랜 세월 저자에게 다층모형을 지도한 Stephen W. Raudenbush 교수와 연구자로서 소중한 시간을 함께한 Brian P. Rowan 교수, 저자의 성장과 진로개발을 위하여 귀한 시간을 내어 주었던 Jack Schwille 교수에게 감사하는 마음이 가득하다. 세상 물정 모르는 저자에게 학문의 길을 열어 주고, 넓은 세상을 체험하도록 안내해 주신 은사 이종성 교수님께 깊이 감사드린다. 젊었을 때 선생님을 만난 것은 인생의 행운이었다. 아울러 국내에서 연구자로서 활동하는 동안 많은 정신적 지원을 해 준 선후배 동학들께도 감사드린다. 이 책을 완성하는 데는 아내가 가장 큰 공을 세웠다. 공부하는 길로 들어선 이후로 30년이 넘는 세월이 흘렀다. 아내와 함께한 시간이다. 그동안 마음 편히 공부하도록 배려하며 집안일을 도맡아 온 아내에게 이번 기회에 고마움을 전한다.

2016년 3월

강 상 진

차 례

제1장

서 론

1. 경험과학의 발전과 다층자료
2. 다층자료 분석의 문제
3. 다층모형의 개발과정
4. 다층모형의 발전동향
5. 이 책의 내용구성

제1장

서론

1. 경험과학의 발전과 다층자료

최근 10여 년간 우리나라 사회과학계에서는 고급통계방법에 대한 학구열이 고조되어 왔으며, 다층모형(multilevel model) 또는 위계모형(hierarchical model)은 다양한 분야의 교수, 대학원생들이 배우려는 고급통계방법으로 자리매김하였다. 예를 들어, 어느 국책연구기관의 요청으로 저자가 강의하였던 한 다층모형 통계방법 워크숍은 미리 공고된 날의 오전 9시에 신청접수가 시작되었는데, 불과 15분도 안 되어 150명 수강정원의 접수가 마감되는 사태가 벌어졌다. 이 워크숍은 3시간 분량의 단기 프로그램이었으나, 이를 신청한 사람들은 교수, 연구원, 대학원생 등 신분이 다양하였으며, 소속 대학, 학문분야, 거주지역도 매우 다양하였다. 심지어 제주도에서 온 분도 있었다. 다층모형을 배우려는 이 같은 학습 열기는 우리나라에만 국한된 것은 아니다. 1983년에 미국 교육학회 연차 학술대회에서 브라이크(Anthony. Bryk)와 로덴부시(Stephen, W. Raudenbush) 교수가 다층모형을 처음 발표할 당시에는 불과 10여명의 청중을 대상으로 10여 분 동안 진행되었다. 10년 뒤, 1992년의 미국 교육학회 연차학술대회에서 두 학자가 다층모형을 발표할 때는 상황이 전혀 달랐다. 미국 교육학회는 두 사람의 발표를 특별히 배려하여 학회가 열리는 호텔에서 가장 큰 홀을 제공하였고, 수백 명의 연구자들이 빼곡히 참여한 상태에서 두 학자가 두 시간 동안 다층모형의 발전내용에 대하여 발표하였다.

경험과학 자료의 특징: 다층모형이 연구자들로부터 지대한 관심을 모으게 된 사정은 일반적인 과학의 진보과정과 맥락을 함께 하는 것이며, 그 나라의 연구 환경과도 밀접한 관련이 있다. 버트런드 러셀(Bertrand Russell)의 스승이었던 알프레드 화이트헤드(Alfred Whitehead)는 그의 저서 『과학과 근대세계』에서 왜 중세기가 1000년이나 지속되었으며, 근대과학이 17, 18세기에 이르러 시작되었는지를 한마디로 압축하고 있다. 즉, '일반적인 원리로 설명되기를 거부하는 자연현상' 때문이라는 것이다. 자연현상이란 당시의 과학자들이 생각하던 것보다 훨씬 복잡하였으며, 어떠한 이론으로 설명을 시도하여도 실제로 관찰한 자료들은 그 이론과는 달랐던 과정이 오랫동안 반복되었던 것이다. 어떤 일반적 원리로도 설명이 안 되어 왔던 자연현상이 과학적으로 설명되기 시작한 것은 과학자들의 '끈기 있는 관찰'의 결과였으며, 관찰도구(예: 현미경, 망원경, 다양한 실험장비)의 발달 때문이었다. 예를 들어, 천동설이 지동설로 바뀌는 과정에는 과학자들의 '끈기 있는 관찰'과 관찰도구의 발달이 있었다.

인간의 성장과 발달, 행동의 변화, 그리고 매우 복잡한 사회현상을 탐구하는 사회과학에서도 일반적인 원리로 사회현상을 설명하려는 시도가 이루어지지만, 복잡한 사회현상을 일반적인 원리로 설명하는 것은 쉽지 않은 과제이다. 이처럼 일반적인 원리로 설명되어지기를 거부하는 사회현상 중 하나가 사회체제의 위계적 속성에서 비롯되는 모순된 현상들이라고 할 수 있다. 예를 들어, 두 학교의 학업성취도를 비교하였을 때 A학교의 평균이 B학교의 평균보다 높은 경우, 각 학교에서 한 학생을 무선으로 선택하여도 동일한 결과가 나올 것인가? 한 집단의 평균이 높다는 것이 곧 그 집단의 모든 학생이 다른 집단의 학생들보다 높다는 증거는 아닌 것이다.

이처럼 집단의 정보가 개인의 정보로 해석되지 않는 현상은 매우 흔하다. 미국의 대통령 선거에서 빈곤층은 대체로 민주당을 선호하며, 부유층은 공화당을 선호한다. 그러나 각 주별 선거결과를 보면 민주당 후보는 평균 소득수준이 높은 주에서 승리하였으며, 공화당 후보는 평균 소득수준이 낮은 주에서 승리하였다. 즉, 다수의 빈곤층은 부유층이 많이 거주하는 지역에 밀집하여 거주하는 것이다. 로빈슨(Robinson, 1950)은 집단의 정보로 개인을 해석하는 오류를 생태학적 오류(ecological fallacy)라고 하였다. 그는 미국의 1930년도 인구조사 결과에 기초하여 미국 48개 주와 워싱턴 수도 주민들의 탈문맹률(literacy rate)과 이민자 비율의 상관을 구하였다. 두 변수의 각 주별 평균값으로 상관을 구했더니, 상관계수는 .58로 이민자 비율이 높을수록 문맹자가 적다는 정보를 확보하였다. 그러나 전체 개인들을 대상으로 두 변수의 상관을 구했더니 상관계수는 −.11로 역상관이었다. 개인수준에서는 이민자들의 문맹률이 오히려 더 높았던 것이다. 즉, 이민자는 교육수준이 높은 기존 거주자들이 사는 곳으로 밀집하는 경향이 있었다. 이처럼 집단의 정보와 개인의 정보는 일관되지 않는다. 집단의 구성원들은 동질적이라는 상식 자체가 생태학적 오류인 셈이다.

자연과학이 끈기 있는 관찰 및 관찰도구의 발명과 더불어 발전한 것처럼 사회과학도 복잡한 자료의 특성에 대한 끈기 있는 관찰과 자료를 적절히 분석하는 방법 또는 도구의 발명과 더불어 발전하였다. 특히 사회과학에서는 복잡하고 모순된 사회현상을 적절히 분석하기 위한 도구로서 새로운 통계모형의 개발과 통계모형의 창의적인 활용방법을 강조해 왔다. 앞에서 설명한 생태학적 오류가 발생하는 현상들은 새로운 통계모형인 다층모형(multilevel model)의 출현을 자극하는 사회현상이라고 할 수 있다. 학교현장의 자료를 분석하는 경우에도 학생들의 행동발달에 대한 교수법의 효과를 검정하거나 다양한 프로그램의 효과를 평가하는 연구에서 유사한 현상이 발견되어 왔는데, 실제적인 의미가 없는 현상이 통계적으로 유의한 결과로서 발견되는 경우가 빈번하였다. 이 같은 현상에 대하여 교육학, 심리학, 심리측정 등 행동과학 분야에서 석학으로 존경받아 온 크론박(Lee J. Cronbach) 교수는 스탠퍼드 대학의 콜로퀴엄에서 다음과 같이 선언하였다.

> "대부분의 교육효과에 관한 연구는 — 그 연구가 학급을 대상으로 한 실험연구이든, 평가연구이든 또는 조사연구이든 — (타당한 결과를) 밝히기보다는 감추는 식으로 자료를 수집하고 분석해 왔다. 많은 연구에서 채택한 (통계) 방법들은 (연구자들로 하여금) 그릇된 결론을 도출하게 하였다(Cronbach, 1976, p.1)."

크론박 교수의 이와 같은 선언은 학교조직의 위계적 속성을 방법론적으로 적절히 반영하는 통계모형의 부재를 한탄한 것이었다. 1980년대에 이르기까지 연구자들은 처치(treatment)와 실험단위(experimental unit)를 연구자가 철저하게 통제하는 실험연구를 제외하고는 개인과 집단을 동시에 다루어야 하는 위계적 속성 또는 다층속성의 자료를 분석하는 데 마땅한 통계모형을 갖지 못하고 있었다. 즉, 위계적 자료는 일반적인 원리로 설명되기를 너무나도 오랫동안 거부해 온 것이다.

다층자료의 보편성: 사회과학 자료의 특징은 사회조직이 위계적으로 구조화되어 있으며, 흔히 개인은 특정한 사회조직에 소속되어 있다는 것이다. 사회구조가 위계적인 상태에서 연구자가 수집하는 자료가 개인과 조직의 정보를 모두 포함하는 경우에 표본자료는 거의 대부분 위계적 구조의 자료이다. 위계적 자료(hierarchical data)란 여러 관찰단위가 상위집단에 내재한 자료(nested data)를 의미한다. 예를 들어, 학생들은 학급에 내재되어 있으며, 학급들은 학교에 내재되어 있다. 이 같은 위계적 자료 또는 다층자료는 사회체제 전반에 걸쳐서 매우 흔하게 존재한다. 은행원이 은행지점에 내재한 경우, 아동이 유치원에 내재한 경우, 개인이 가족에 속한 경우, 주민이 거주지의 지방자치단체에 내재한 경우, 기업들이 국가에 내재한 경우 등도 마찬가지이다. 학생이 학급에 내재한 경우, 학생은 1-수준 단위(level-1 unit) 또는 미시단위(micro-unit)이며, 학급은 2-수준 단위(level-2 unit) 또는 거시단위(macro-unit)이다. 나아가 학교는 3-수준 단위(level-3 unit)이다. 이와 같이 자료의 구조가 여러 층위를 갖게 되면, 연구자는 각 층위에서 원하는 변수들을 수집 또는 관찰하게 된다. 즉, 학생의 행동발달을 탐구하는 경우에 연구자는 학생 개인의 특성 및 배경변수와 학생이 속한 학교특성의 변수도 함께 수집하게 된다. 다층자료(multilevel data)란 연구자가 수집하는 변수가 여러 층위에서 수집되는 자료이며, 여기서 변수 간 관계는 다층적 속성을 갖는다. 따라서 개인과 환경의 맥락에서 연구를 수행하는 사회과학자가 수집하는 자료는 흔히 다층적 속성을 갖는다.

또 다른 측면에서 패널자료(panel data)는 본질적으로 위계적 자료이다. 즉, 동일한 개인이 반복적으로 수차례 관찰되는 종단연구에서는 여러 시점에서 얻어진 관찰 값들이 각 개인에 내재되어 있다. 이 경우 각 관찰 값은 1-수준(time level) 단위이며, 각 개인은 2-수준 단위로 이해할 수 있다. 또한 반복 관찰되는 개인이 집단에 속한 경우에는 3-수준 다층구조를 갖는 자료가 된다. 이와 같은 관점에서 모든 패널자료는 다층자료이다. 동일한 개체를 반복 관찰하여 수집한 패널자료는 개체의 행동변화를 인과관계로 해석하는 데 가장 유리한 자료라고 할 수 있으며, 자연과학, 의학 분야에서는 일반화되어 있는 자료이다. 사회과학에서도 패널자료는 실제 현상에 대한 과학적 설명을 시도하는 데 가장 가치가 있으나, 패널자료의 수집은 시간과 노력, 비용이 많이 드는 특징을 갖는다. 그럼에도 모든 학문영역에서는 과학적 인과관계 추론에 가장 효과적인 패널자료를 확보하기 위하여 노력한다. 개인과 조직을 반복 관찰하는 사회과학분야의 패널자료는 특정한 한 시점에서는 횡단자료이며, 또한 다층자료의 구조를 갖는다. 따라서 사회과학에서의 패널자료는 매우 풍부한 다층자료를 생성한다고 할 수 있다. 교육학, 사회학, 아동학, 사회복지학, 경제학, 범죄학 등의 연구를 지원하기 위해 국가가 예산을 투자하여 수집하는 다양한 전국자료는 흔히 패널자료의 구조를 갖는다. 한국교육종단자료, 한국청소년패널자료, 한국교육고용자료, 한국노동패널자료 등 수많은 자료가 패널자료로, 오늘날 이들 자료는 통계청의 인증을 거쳐 국가통계포털 자료에 등록되어 있으며, 일반 연구자들에게 무료로 지원되고 있다. 또한 국가수준의 패널자료를 수집하는 국책연구원들은 수집된 자료를 공개하는 학술대회를 매년 개최하고 있으며, 발표자에게 우선적으로 자료를 제공받을 수 있는 혜택을 준다.

다층자료는 학생이 학교에 속하는 바와 같이 1-수준의 단위가 하나의 2-수준 단위에 속하는 경우가 대표적이나, 경우에 따라서는 1-수준의 단위가 복수의 2-수준 단위에 소속하는 구조도 빈번하다. 예를 들어, 중학생이 고등학교에 진학하게 되면 학생의 학교 소속을 중학교와 고등학교로 고려할 수 있으며, 같은 중학교와 고등학교에 다닌 학생들은 같은 집단에 속하는 구조를 생각할 수 있다. 즉, 학생의 행동발달은 중학교 교육의 영향(A 요인), 고등학교 교육의 영향(B 요인), 중학교와 고등학교의 상호작용 영향($A \times B$ 상호작용 효과), 그리고 $A \times B$의 상호작용 칸에 내재한 개인수준 변수의 영향을 모두 받을 수 있다. 초·중등학교에서 학생이 1학년에서 2학년으로 진급하는 경우, 학생의 학급소속은 1학년과 2학년의 두 가지이다. 이 경우 학생은 두 가지 상위집단에 모두 내재한 자료구조를 갖는다. 학생의 행동에는 1학년 학급에서 경험한 것과 2학년 학급에서의 경험이 혼재되어 있다. 1학년 때 친구, 2학년 때 친구, 1학년과 2학년 모두 한 반을 하는 친구 등 다양한 형태의 친구관계가 있으며, 1학년 담임과 2학년 담임의 영향이 혼재되어 있다. 이와 같은 자료를 교차분류 다층자료(cross-classified multilevel data) 또는 이원다층자료(two-way crossed multilevel data)라고 하며 더 나아가 다원다층자료(multi-way crossed multilevel data)도 가능하다.

교차분류 다층자료는 실제 현상에서 흔히 관찰되는 자료이다. 대학에 다니는 학생의 거주지는 매우 다양하다. 즉, 학생은 대학 및 거주지에 이중으로 소속하는 것이다. 이 경우 대학생은 1-수준 단위(level-1 unit)이며, 대학과 거주지는 모두 2-수준 단위(level-2 unit)이다. 개인이 아닌 집단이 반복 측정되는 경우도 복잡한 구조의 다층자료이다. 시 · 도 교육청에서 모든 소속 학교를 연례적으로 평가하는 경우, 평가연도에 따라 평가대상인 재학생은 달라진다. 각 학교 학생들의 성취도가 향상되고 있는지, 학교간의 격차가 해를 거듭할수록 커지는지, 학교정책의 효과가 여러 해에 걸쳐서 어떻게 나타나는지 등을 탐구하는 경우, 학생들은 학교 및 평가연도에 동시에 내재한다. 학생은 1-수준 단위이며, 학교 및 평가연도는 모두 2-수준 단위이다.

2. 다층자료 분석의 문제

다층자료의 분석에서 연구자들이 범하기 쉬운 오류는 2-수준 단위에 내재한 1-수준 단위 자료의 구조적 특성을 간과하는 것이다. 예를 들면, 연구자가 특정한 학교정책이 학생의 학업성취도에 미치는 영향을 검정하려는 경우, 독립변수인 정책은 학교수준의 변수이며 종속변수인 학생의 학업성취도는 학생수준의 변수이다. 따라서 연구자가 검정하려는 가설은 본질적으로 다층적이다. 이 경우 만일 연구자가 전통적인 통계모형(예: 중다회귀분석모형, 분산분석모형)을 사용하면, 자료의 위계적 속성으로 인하여 연구자의 연구결과는 흔히 타당성을 잃는다는 것은 여러 학자들이 경고한 바 있다(Burstein, 1980a; 1980b; Cooley, Bond, & Mao, 1981; Cronbach & Webb, 1975).

다층자료 분석과 관련된 기존의 통계방법의 문제점은 대체로 5가지로 요약된다(강상진, 1995; Bryk & Raudenbush, 1992).

1) 분석의 단위

양적연구방법을 사용하는 연구자들이 활용하는 기존의 통계방법은 다층자료의 분석을 목적으로 개발된 것이 아니므로, 전통적인 통계모형이 가정하는 자료의 구조는 단층구조이다. 즉, 분석의 단위(unit of analysis)가 하나이다. 대표적인 통계모형인 분산분석모형(ANOVA Model)이나 회귀분석모형(Regression Analysis Model)은 기본적으로 단층자료를 분석하기 위하여 개발된 것이다. 연구자가 기존의 통계모형으로 다층자료를 분석하는 경우, 연구자는 필연적으로 분석의 단위를 선택하여야 한다. 즉, 학생이 학교에 내재한 자료를 분석하는 경우에 연구자는 학생을 분석단위로 선택하여 학생수준의 분석을 수행하든가, 학교를 분석단위로 선택하여 학교수준에서 분석을 하여야 한다.

예를 들어, 어느 연구자가 OECD에서 수집한 PISA(Program of International Students Assessment) 자료를 분석하여 학교 소재지의 도시규모와 학생의 가정배경(*SES*)이 학업성취도와 관련이 있는지 검정을 한다면, 연구자의 종속변수는 학업성취도이며 독립변수는 학생수준 변수(*SES*)와 학교수준 변수(도시규모)이다. 2009년에 우리나라에서 수집한 PISA 유효자료는 157개 학교와 이들 학교에 재학하는 4,986명의 학생이었다(김경희 외, 2010). 이제 연구자가 학생수준의 분석을 한다면, 연구자의 회귀분석모형은 다음과 같다.

$$Y_i = \beta_0 + \beta_1 (SES)_i + \beta_2 (\text{도시규모})_i + e_i, \ \ e_i \sim N(0, \sigma^2) \qquad (1\text{-}1)$$

이 모형에서 표본의 크기는 전체 학생수인 4,986명이다. β_1과 β_2는 각 변수의 종속변수에 대한 효과로 연구자는 $H_0 : \beta_1 = 0$과 $H_0 : \beta_2 = 0$의 가설을 검정하게 된다. 또한 이 모형의 가정은 $e_i \sim N(0, \sigma^2)$로 관찰값들은 정규분포를 갖고, 등분산성을 가지며, 상호독립을 가정하고 있다. 그러나 다층자료에서 모든 관찰값은 집단 내에서 상호영향을 주고 받으므로 독립이 아니다. 즉, 동일학교에 속한 학생들의 성취도는 소속학교의 모든 특성을 공유하고, 학생 간 상호작용이 존재한다. 연구자가 식(1−1)의 모형으로 PISA 자료를 분석한다면, 오차분산 추정값($\hat{\sigma}^2$)이 과소추정되고, 일종오류(type I error)가 증가하여, 연구자의 가설검정은 타당성을 잃을 위험이 있다. 또한 분산분석이나 회귀분석모형은 정규성의 가정이나 등분산성의 가정에는 강인성(Robustness)을 가지므로, 자료가 이들 가정에 부합하지 않아도 어느 정도 분석결과가 타당하다. 그러나 독립성의 가정이 위배되는 경우에는 가설검정에 심각한 영향이 있는 것으로 알려져 있다(Glass, Peckham, & Sanders, 1972). 많은 통계학자와 방법론자들은 다층자료를 개인수준에서 분석하는 경우에 독립성의 가정을 위배하므로, 심지어 개인이 각 집단에 무선으로 배치되었다고 하더라도 그에 의한 가설검정결과는 받아들일 수 없다고 하였다(Aitkin, Anderson, & Hinde, 1981; Cronbach, 1975; Glass & Stanley, 1970; Knapp, 1977; Page, 1975; Walsh, 1947). 이와 같이 거듭된 경고에도 개인수준의 분석이 반복되는 이유는 연구자들이 실험단위(experimental unit)와 관찰단위(observational unit)의 개념적 구분 없이 분석의 단위를 선택하기 때문이다(Addleman, 1970). 실험단위는 반응이 상호독립적인 단위이며, 관찰단위는 자료가 수집되는 단위이다. 단층자료의 경우는 실험단위와 관찰단위가 일치하므로 분석의 단위를 선택하는 데 혼란이 없으나, 앞의 경우처럼 실험단위는 학교(표집단위)인 반면에 관찰단위에는 학생의 성취도(Y), 가정배경(SES), 그리고 학교 소재지의 도시규모 등 학생과 학교가 모두 포함될 경우 분석단위의 선택에서 혼란을 겪게 된다.

다층자료를 개인수준에서 분석하는 것이 가설검정의 타당성을 잃게 되므로, 통계분석의 엄정성을 강조하는 연구자들은 학교수준의 분석을 옹호하였다. PISA 자료를 학교수준에서 분석하려면, 식(1−1)의 모형에서 각 변수의 값을 학교별 평균값으로 집계(aggregation)하여 사용하여야 한다. 이 경우 모형은 다음과 같다.

$$\overline{Y}_j = \beta_0 + \beta_1 (MSES)_j + \beta_2 (\text{도시규모})_j + e_j,\ \ e_j \sim N(0, \sigma^2_Y) \qquad (1\text{-}2)$$

식(1−2)에서 $\overline{Y}_j$는 j번째 학교의 평균 학업성취도이며, $MSES_j$는 학교별 평균 SES 수준이다. 도시규모는 학교수준의 변수이므로 변화가 없다. 식(1−2)의 모형은 분석단위의 독립성가정을 충족하므로 오차분산추정량의 정밀도에는 문제가 없다. 그러나 실제연구에서는 여러 가지 필연적인 제한점을 갖는다. 첫째, 식(1−2)의 모형은 표본의 크기가 전체 학생 수(N=4,986)에서 학교 수(J=150)로 축소하였다. 우리나라 전체 만 15세 학생의 대표적 표본인 PISA 자료가 불과 사례 수가 150인 소규모 자료로 전환된 것이다. 따라서 학교수준의 분석은 작은 표본의 문제를 갖는다. 모든 추정량의 정밀도가 낮아지고 연구결과의 신뢰도가 떨어진다. 또한 작은 표본으로 인하여, 연구자가 모형에 포함하는 독립변수의 수는 제한받을 수밖에 없다. 일반적으로 중다회귀분석의 경우 표본의 크기는 설명변수의 수의 20배를 요구하므로, 앞 모형에서는 7~8개의 설명변수가 최대 수의 변수라고 할 수 있다. 만약에 학교유형이 인문계 고등학교, 전문계 고등학교, 외국어고등학교, 과학고등학교, 기타유형의 5개(K=5)로 분류되고 이를 독립변수로 모형에 포함한다면, 연구자는 $K-1=4$개의 더미변수를 사용하게 되므로 학교유형 이외의 다른 독립변수는 불과 3~4개밖에 사용할 수 없게 되는 심각한 문제가 발생한다. 만약에 연구자가 더 많은 독립변수를 모형에 포함하게 되면 중다상관계수(R)의 추정치가 예측변수의 수의 증가와 더불어 증가하므로, 모형의 적정성인 결정계수(R^2)는 거품효과를 반영하게 된다. 즉, 학교수준의 모형은 실질적으로 활용가치가 없는 모형이라고 할 수 있다.

둘째, 식(1−2)는 학교수준의 통계모형이므로 개별학생의 정보를 반영하는 학생수준 변수의 사용가능성은 원천적으로 차단하는 모형이다. 식(1−1)에서의 가정배경(SES_i)과 식(1−2)에서의 학교평균 가정배경($MSES_j$)은 같은 의미의 변수가 아니다. 즉, 개인의 정보가 집단의 정보를 대체할 수 없으며, 그 역도 마찬가지다. 교육연구에서 학생들은 학교교육에 대한 풍부한 정보를 제공하는 원천임을 감안할 때, 식(1−2)의 통계모형은 실질적 의미가 퇴색한 것이다. 학교평균 가정배경을 학생수준의 가정배경으로 해석하는 것은 생태학적 오류(ecological fallacy)이다(Cronbach & Webb, 1975; Hopkins, 1982; Robinson, 1950). 즉, 식(1-2)에서의 회귀계수 β_1과 β_2는 식(1-1)에서의 모수 추정치보다 더 크게 추정되며, 이는 집계화의 편의(aggregation bias)로도 불린다.

다층자료의 분석에서 분석의 단위가 개인수준이든 집단수준이든 모든 경우에 타당성을 잃을 위험이 있으므로, 학자들은 분석의 단위를 선택하는 논쟁을 20여 년간 벌여 왔으나 그 논쟁은 1980년대에 이르기까지 결론 없이 진행되어 왔다(Burstein, 1980a; 1980b). 홉킨스(Hopkins, 1982)는 분석단위의 선택에 따른 문제점은 정확한 모형의 기술을 통하여 극복될 수 있음을 내재적 혼합분산분석(nested mixed analysis of variance)을 통하여 밝히고 개인을 분석의 단위로 채택하여야 한다고 주장하였다. 그러나 그의 연구는 각 집단의 표본의 크기가 같은 경우(balanced data)에 국한되며 공변인(covariates)에 관한 논의가 결여되어, 그 효용성은 무선적 배치가 적용된 실험연구에 제한된다. 실험연구라 할지라도 공변인의 활용이 통계적 검정의 강도(statistical power)를 높인다는 점을 감안하면(Porter & Raudenbush, 1987) 홉킨스 연구의 가치는 더욱 제한적이다. 홉킨스의 연구에서 우리가 얻을 수 있는 간접적 교훈은 다층자료 분석에 따른 문제의 본질이 분석단위의 올바른 선택에 있기보다는 다층자료의 내재적 구조를 밝히는 정확한 통계모형의 명세화에 있다는 것이다. 이와 같은 관점의 변화는 여러 방법론자에 의하여 제기되었던 바, 다층구조의 자료는 본질적으로 각 층위의 변산(variation)을 모두 분석대상으로 해야 하며 그 어느 층위의 정보도 무시되어서는 안 된다는 견지에서 분석단위의 선택은 그릇된 접근방법이라는 것이다(Burstein, 1980b; Cronbach, 1976; Cooley, Bond, & Mao, 1981; Rogosa, 1978).

2) 회귀계수의 변산

식(1-1)의 통계모형에서 β들은 고정효과 모수(fixed-effects parameters)이다. 즉, 연구자는 각 변수가 학생의 수학성적에 미치는 영향의 크기는 일정하다는 가정하에 표본자료를 통하여 그 양을 추정하는 것이다. 그러나 학생의 사회경제적 지위(*SES*)가 수학성적에 미치는 영향이 학교를 불문하고 똑같다는 가정은 받아들이기 어렵다. 회귀계수의 값이 학교에 따라 다를 수 있다는 것은 식(1−1)의 모형에서 학생수준의 변수만을 사용하여 각 학교마다 개별 회귀분석모형을 검토하면 그 의미가 분명해진다. 편의상 학생의 *SES*를 학교평균치와의 편차 값으로 나타내고($SES - MSES_j$), 각 학교마다 모형을 제시하면 다음과 같은 모형을 *J*개 상정할 수 있다.

$$Y_{ij} = \beta_{0j} + \beta_{1j}(SES - MSES_j)_{ij} + \epsilon_{\epsilon ij},\ \ \epsilon_{ij} \sim N(0,\ \sigma^2) \quad (1\text{-}3)$$

식(1−3)에서 β_{0j}는 j번째 학교의 수학성적 평균이 되고[1] β_{1j}는 j번째 학교에서의 학생의 *SES*의 효과를 나타낸다. 식(1−3)에서 모수의 아래첨자 j는 각 학교의 수학평균과 학생의 *SES*의 효과가 학교에 따라 다르다는 가정을 나타낸다. 이와 같이 집단 내 회귀계수의 변산가능성은 교육 및 사회연구에서 실제적인 타당성을 갖는다. 다층구조의 자료 분석에서 식(1−1)과 같은 전통적인 고정효과 모형의 적용은 비현실적인 가정에 기초한 것이라 할 수 있다.

3) 공상관 요인

다층구조의 자료에서 각 층위에서의 변산의 근거를 밝혀야 하는 당위성은 앞서 언급한 '학교정책이 학생의 학업성취에 미치는 영향'과 같이 집단(학교)과 개인(학생)의 변수들이 모두 연구문제에 관련되는 경우에 더욱 분명해진다. 학교정책이 학생의 학업성취에 미치는 영향은 두 가지 갈래에서 공상관 요인(confounding factors)들이 존재한다. 우선, 학교의 정책은 그 정책의 내용이 같을지라도, 각 학교의 사정에 따라 정책효과가 다르므로 각 학교의 특성이 학교정책에 미치는 영향을 조절하지 않으면 위의 연구문제에 관한 올바른 답을 구할 수가 없다. 학교정책의 효과는 또한 학생의 특성에 따라 다르게 마련이다. 학교정책의 효과가 학생들의 가정환경이나 인성적 특성의 차이에 관계없이 똑같다는 가정은 받아들이기 어렵다. 이와 같이 교육 및 사회 연구에서 조직이 개인에 미치는 영향을 연구하는 데는 항상 공상관 요인들이 집단 및 개인의 양쪽 수준에서 존재하며 이러한 변수들의 영향은 연구자의 통계모형에 포함되어 통제되어야 한다. 기존의 단층구조를 위한 통계모형들은 여러 층위의 변수들을 동시에 적절히 통제할 수가 없다.

4) 층위 간 상호작용

사회조직에 관련된 변수들의 영향은 이와 같이 조직의 각 수준에 존재하는 변수들과 엇물려 작용한다. 그중에서 상위층의 변수(예: 학교정책)와 하위층의 변수(예:학생의 학업성취) 사이의 상호작용을 층위 간 상호작용(cross-level interaction)이라 한다(Bryk & Raudenbush, 1989). 층위 간 상호작용은 기존의 '적성과 처치의 상호작용(Aptitude-by-treatment interaction)' 개념과 같은 것이다. 층위 간 상호작용은 과학적 이론을 수립하는 데 중요한 시금석 역할을 한다. 크론박과 웨브(Cronbach & Webb, 1975)는 학교현장에서 각 학급의 특성들은 학생의 특성들과 상호작용을 하며 이러한 학급-학생의 상호작용이 연구결과의 일반화 가능도(generalizability)를 제약하였다고 보고하였다.

조직변수의 영향이 일반화 가능도를 결여하는 것은 학교효과(school effects) 연구나 정책분석연구 등에서도 드러날 수 있다. 그 이유는 다층구조의 자료에서 층위 간 상호작용의 개연성은 항상 존재하기 때문이다. 전통적인 단층구조의 모형은 집단변수의 효과가 개인차에 관계없이 동일하다고 가정하므로 층위 간 상호작용을 밝히는 데 한계가 있다.

5) 신뢰도 추정

측정치의 질을 나타내는 신뢰도 추정에는 여러 방법이 가능하나 통계모형의 적용과 연관지어 생각할 때 연구자가 필요로 하는 신뢰도는 분석의 단위와 관계가 있다. 즉, 분석의 단위가 개인일 경우에는 동원되는 변수들이 개인차원에서 측정된 것이므로 개인수준에서의 신뢰도 측정이 필요하다. 예를 들어, 종속변수인 학생의 학업성취가 표준화 검사에 의하여 측정되었다면 사용된 검사의 신뢰도를 알 필요가 있는데, 이는 학생수준의 신뢰도를 의미한다. 분석대상이 되는 자료가 다층인 경우에는 각 층위에서의 측정치의 질을 나타내는 신뢰도 정보가 필요하다. 즉, 학생수준에서의 신뢰도뿐만 아니라 학업성취의 학교평균치가 신뢰할 만한 것인지도 알아야 한다. 다층 통계모형은 집단수준에서 진점수의 변산을 설명하여 상위층에서의 분석은 측정의 오차와 무관하나, 개인수준에서 회귀계수의 신뢰도를 계산하여 연구의 관심인 변수효과의 측정학적 정보인 신뢰도를 제공하는 장점이 있다.

3. 다층모형의 개발과정

다층자료의 분석이 방법론적으로 여러 가지 문제와 한계를 갖는다는 것은 오래된 주제였다. 다층자료의 분석에 대한 긍정적인 변화는 회귀계수의 변산에 착안하여 제시된 '종속변수로서의 회귀계수(slopes−as−outcome)' 모형이다(Burstein, Linn & Capell, 1978; Burstein & Miller, 1980). 김경성(1991)은 이를 '의미상의 다층모형'이라고 하였다. '의미상의 다층모형'은 두 단계의 회귀분석모형이다. 첫 단계는 각 학교별로 식(1−1)과 같은 학생수준의 회귀분석모형을 명세화하여 표본크기가 n_j인 학교별 분석을 한 후 학교별 회귀계수 값을 구하는 것이다. 두 번째 단계는 추정된 학교별 회귀계수를 종속변수로 하여 표본의 크기가 J인 학교수준 분석을 하는 것이다. 강상진(1995)은 '의미상의 다층모형'의 문제점을 ① 학생수준 분석에서 OLS 추정량인 회귀계수 추정의 정밀도와 신뢰도 문제, ② 학교수준 분석에서 학교별 회귀계수의 등분산성 가정의 한계, ③ 추정된 학교별 회귀계수의 표집오차(sampling error)와 측정오차(measurement error)의 혼합문제, ④ 학생수준 회귀모형에서 추정된 회귀계수 간의 독립성 가정의 오류 등으로 요약하여 비판하였다. '의미상의 다층모형'은 다층자료를 분석하는 데서 제기되는 방법론적 문제점들에 대하여 '회귀계수의 변산'이라는 개념을 도입함으로써 발상의 전환을 이루었으나, 일반통계모형으로서는 이론적으로 부적합하였고, 추정된 회귀계수의 측정오차와 거품변산의 문제로 실질적인 연구 성과를 거두지 못하였다.

다층자료의 분석에 적절한 일반화된 통계모형은 일반선형모형(general linear model)으로서 통계이론에 부합하고, 추정대상인 회귀계수가 무선효과를 가지며, 또한 회귀계수의 변산도 설명할 수 있어야 하였다. 나아가 집단별로 표본의 크기가 불균형인 자료의 특성도 반영하는 모형이어야 했다. 이 같은 다층모형의 개발을 추구하는 데 가장 큰 걸림돌은 적절한 추정이론(estimation theory)의 개발이며, 그 이후 추정이론을 반영하는 계산알고리즘(computing algorithm)의 개발이었다.

이론적으로 다층모형의 추정이론에 혁신적인 전환을 이룬 학자는 베이시안 통계학자인 린더리와 스미스이다(Lindley & Smith, 1972). 그들은 위계적 자료의 분석에서 모든 회귀계수(모수)가 베이시안 관점에서 무선효과를 갖는다는 점을 설명하였으며, 고정효과를 갖는 회귀계수는 불확실성의 크기가 무한대인 특수한 경우인 점을 활용하여 모수의 사전분포(prior distribution)를 제시하고, 결합확률분포(joint normal distribution)에서 모수의 사후분포(posterior distribuiton)를 도출한 후, 1-수준의 오차분산과 2-수준의 오차분산이 혼재한 위계적 자료의 분산-공분산 구조를 추정하는 일반적인 이론을 제시하였다. 또한 린더리와 스미스(1972)의 논문이 학술지에 발표되는 양식은 그들의 논문내용에 대한 여러 학자들의 토론 논문을 같은 권/호에서 함께 발표하는 형식이었다. 이 같은 세미나 형식의 논문은 혁신적인 이론이 출현할 때 토론 내용도 공개적으로 발표하여 학계의 검증을 거치는 형식이다. 위계적 선형모형(HLM: Hierarchical Linear Model)이란 표현은 린더리와 스미스(1972)가 논문에서 사용한 것으로, 오늘날 로덴부시와 브라이크가 사용하는 HLM이란 모형의 명칭은 다층모형의 개발에 이론적으로 기여한 린더리와 스미스(1972)의 모형 명칭을 채택한 것이다.

린더리와 스미스(1972), 그리고 스미스(1973)가 위계적 모형의 모수 추정이론을 제시한 것이나, 이 방법을 이용하여 위계적 구조인 불균형자료를 대상으로 실제 분산-공분산을 추정한 것은 결코 현실적이지 못하였다. 이론의 증명에 필요한 매우 단순한 자료에 대한 분석만 가능하였을 뿐이었다. 따라서 린더리와 스미스(1972)가 제시한 추정이론은 한동안 빛을 발하지 못하였다. 위계적 자료의 분석을 현실화하기 위해서는 복잡한 위계적 구조의 자료를 분석하여 모수 추정치를 산출하는 계산알고리즘이 필요하였다.

댐스터, 래어드, 그리고 루빈(Dempster, Laird, & Rubin, 1977)은 위계적 자료의 고정효과 모수와 무선효과 모수의 분산-공분산성분을 추정하는 EM 계산알고리즘을 개발하였다. 그 후, 댐스터, 루빈, 추타카와(Dempster, Rubin, & Tsutakawa, 1981)는 더 넓은 독자층을 위하여 EM 알고리즘에서 사용하는 최대우도추정법을 설명하고, EM 계산법을 사용하여 풍부한 예시를 제시하였다. 1981년에 예시자료 분석과 더불어 제시된 댐스터 등(1981)의 논문은 다층자료 분석을 위한 일반통계모형을 현실화하는 데 크게 기여하였다. 구체적으로 로덴부시와 브라이크가 개발한 위계적 선형모형과 통계프로그램은 댐스터 등(1981)의 논문에서 제시한 MLF(Maximum Likelihood for Fixed)와 MLR(Maximum Likelihood for Random)의 추정방법을 사용하여 개발한 것이다. MLF는 완전정보 최대우도추정(Full Maximum Likelihood Estimation)을 하는 연산법이며, MLR은 제한된 정보 최대우도추정(Restricted Maximum Likelihood Estimation)을 하는 연산법이다. 계산부담은 모든 모수를 무선효과로 처리하는 MLR이 더 크다. 초기의 HLM 프로그램에서 상대적으로 자료구조가 간단한 2-수준 HLM은 MLR 방법을 적용하였고, 자료의 구조가 더 복잡한 3-수준 HLM은 MLF를 적용하여 모수 추정을 하였다.

댐스터 등(1977; 1981)의 논문이 발표된 이후에, 이를 이용하여 실제 위계적 자료를 분석하는 연구들이 발표되었다(Laird & Ware 1982; Mason et al., 1983; Strenio, Weisberg, & Bryk, 1983). 이들 연구는 다층구조의 자료에서 무선효과를 갖는 회귀계수의 추정에 기여하였다. 그러나 일반 연구자들에게는 대규모 자료의 분석이 가능하고, 개인수준 및 집단수준에서 충분한 수의 설명변수를 모형에 포함할 수 있으며, 고정효과 모수와 더불어 위계적 구조의 분산-공분산 행렬을 추정하는 모형과 사용이 편리한 통계프로그램이 필요하였다.

추정방법의 문제점들을 극복하고 방법론적으로 타당한 통계모형은 1980년대 중반에 와서 구체적인 모습으로 발표되었다(Aitkin & Longford, 1986; De Leeuw & Kreft, 1986; Goldstein 1986; Mason, Wong, & Entwisle, 1984; Raudenbush & Bryk, 1986). 새로 개발된 통계모형의 명칭들은 다층선형모형(Multilevel linear Models, Mason et al., 1986), 혼합선형모형(Mixed Linear Models, Goldstein, 1986), 무선회귀모형(Random Coefficient Models,

Rosenberg, 1973), 그리고 위계적 선형모형(Hierarchical Linear Models, Raudenbush & Bryk, 1986; Strenio, Weisberg, & Bryk, 1983) 등 학자에 따라 다르게 명명되었는데, 그 이유는 그들이 독립적으로 연구를 수행하였으며 추정방법이나 실제 계산프로그램이 다른 데 기인한다(Raudenbush, 1988). 현재는 다층모형(Multilevel Model) 또는 위계적 모형(Hierarchical Model or Hierarchical Linear Model)으로 통용되는 것이 일반적이다.

또한 다층자료를 분석하는 소프트웨어로서 컴퓨터 프로그램이 상용화되면서 다양한 분야의 연구자들에게 다층모형은 매우 빠른 속도로 전파되었다. 다층자료를 분석하는 컴퓨터 프로그램은 크게 4가지로 분류된다. 하나는 상용화된 다층모형 프로그램으로서 미국의 로덴부시와 브라이크 교수가 개발한 HLM(Hierarchical Linear Models)이다. HLM은 최근에 일곱 번째 개정판 HLM7까지 출시된 상태이며(Raudenbush, Bryk, & Condon, 2012), 가장 광범위하게 활용되는 프로그램이라고 할 수 있다. 상용화된 또 다른 프로그램은 영국의 골드스타인(Goldstein)과 라스바쉬(Rasbash)가 개발한 MLWIN 프로그램이며, 유럽에서 많이 활용되고 있다. 이상의 두 프로그램은 다층자료의 분석만을 목적으로 개발된 프로그램으로서 성공적으로 상용화된 프로그램이다. 다층자료 분석만을 위한 프로그램은 이 외에도 VARCL(Longford, 1988), MIXOR(Hedeker & Gibbons, 1996) 등 다양하다. 다층모형만을 다루는 이상의 프로그램 외에 기존의 통계패키지와 병행하여 사용하는 프로그램은 전통적인 통계패키지인 SAS의 Proc Mixed 프로그램(Littell, Milliken, Stroup, Wolfinger, & Schabenberger, 2007)으로, SAS에 내재된 행렬명령어로 연구자가 다양한 모형의 명세화를 할 수 있다. 또한 STATA 프로그래밍 소프트웨어로 작성된 GLLAMM(Generalized Linear Latent and Mixed Models: Rabe-Hesketh, Scrondal, & Pickles, 2004)이 있다. 끝으로 마지막 유형의 프로그램은 연구자들이 자신들의 방법론적인 연구목적을 성취하기 위하여 다양한 컴퓨터 언어로 작성한 프로그램이다. 이 프로그램들은 무료이며, WinBugs, R-언어 등으로 짜여 있다.

4. 다층모형의 발전동향

1986년에 다층모형을 처음으로 일반 연구자들에게 소개한 논문들은 모두 학생이 학교에 내재한 2-수준 다층구조의 교육자료 분석을 예시하였으므로(Aitkin & Longford, 1986; Goldstein, 1986; Raudenbush & Bryk, 1986), 이 논문들이 발표된 이후에 다층모형은 교육학 연구자들로부터 선풍적인 관심을 받게 되었다. 학교교육은 거의 모든 국가에서 표준화된 편제를 갖추고 있으며, 학생이 학교에 내재한 전형적인 특성을 갖고 있다. 다층모형은 이처럼 다층적 속성을 갖는 교육자료를 방법론적으로 적절하게 분석할 뿐만 아니라, 교육학 이론의 발전에 풍부한 정보를 제공하는 보편적인 통계방법으로 발전하였다. 다층모형을 정규과목으로 개설하는 대학은 1990년대에 이르기까지 미국에서나 유럽에서나 매우 드물었으나, 다층모형의 활용방법을 소개하는 문헌과 논문들은 폭넓게 학자들에게 소개되었다. 예를 들어, 로덴부시와 윌름스(Raudenbush & Willms, 1991)는 다층모형을 쉬운 용어로 설명하는 장(章)과 더불어 다층모형을 응용한 초기의 실제 연구물 13편을 편저로 소개하여, 연구주제에 따라 다층모형이 어떻게 활용될 수 있는지를 전달하였다. 이 연구물들은 모두 2-수준 다층모형을 활용한 것이었으며, 교육학 분야의 연구문제를 탐구한 논문들이었다. 그리고 2-수준의 다층모형은 개념적으로 이해가 쉽고, 결과의 해석도 용이한 장점을 가지고 있었으므로 다른 학문영역 독자의 이해에도 기여하였다. 특히 다층모형이 방법론적으로 장애가 되었던 분석의 단위 문제, 집단 내 개체 간 상관의 문제, 표준오차의 과소추정 문제, 회귀계수의 변산, 불균형 자료의 분석 등 위계적 자료가 갖는 광범위한 제한점을 극복한다는 것이 다양한 학계에 널리 알려지게 되었다.

학교교육자료의 구조는 학생(1-수준)이 학급(2-수준)에 속하고, 학급이 학교(3-수준)에 속하는 3-수준으로 이해할 수도 있으며, 또는 학생이 반복측정된 경우에 반복측정치(1-수준)가 학생(2-수준)에 내재하고, 학생은 학급 또는 학교(3-수준)에 내재한 3-수준 자료도 매우 보편성을 갖는 자료구조이다. 이 같은 자료구조를 반영하는 3-수준 다층모형의 개발은 당연한 순서로 예정된 것이었으므로, 2-수준 다층모형은 곧

3-수준 다층모형으로 확장되었다(Goldstein, 1987; Raudenbush & Bryk, 1992). 특히 모든 패널자료는 본질적으로 다층구조의 자료라는 점과, 패널자료에서 개인을 반복 측정하는 시점이 고정되지 않는 것을 허용하고 개인별 반복측정 횟수의 불균형도 허용한다는 다층모형의 특성은 실제 연구에서 매우 중요한 장점이었다. 1990년대 후반에 이르러 2-수준 다층모형과 3-수준 다층모형은 가장 보편적이며 전통적인 다층모형으로 일반 연구자들에게 알려졌으며, 횡단자료와 종단자료의 분석에서 두 모형의 활용방법이 다양한 분야의 학계에 널리 알려지게 되었다. 오늘날 2-수준 다층모형과 3-수준 다층모형은 여전히 전통적인 표준 다층모형으로서 교육학, 사회학, 보건학, 의학, 경제학, 경영학 등 제반 사회과학 분야에서 다층자료를 분석하기 위한 보편적인 통계모형으로 활용되고 있다.

2-수준 다층모형과 3-수준 다층모형이 갖는 공통적인 한계는 이들 모형이 분석하는 자료의 구조적 특성이 1-수준 단위(예: 학생)가 하나의 2-수준 단위(예: 학교)에만 속한다는 것이다. 즉, 순수하게 위계적인 구조의 자료 분석에만 적합하다는 것이었다. 그러나 실제현장에서 연구자들이 부딪치는 문제들은 더 다양한 다층구조를 갖는 경우도 빈번하다. 즉, 1-수준 단위(학생)가 2개의 2-수준 단위(예: 출신 중학교와 재학 중인 고등학교)에 속하는 구조가 있다. 이 경우 학생의 행동(성취도, 태도, 적성 등)변화는 학생 개인의 배경변수와 심리적 특성에도 영향을 받으며, 중학교 교육에도 영향을 받고, 고등학교 교육에도 영향을 받는다. 또한 중학교와 고등학교 교육의 상호작용 효과와 두 학교를 계속 함께 다니는 친구집단의 영향도 받는다. 이 같은 자료구조는 이원다층구조(two-way crossed multilevel structure)이다. 반면에 1-수준 단위가 단 하나의 2-수준 단위에 속하는 기존의 모형이 가정하는 구조는 일원다층구조(one-way nested multilevel structure)라고 할 수 있다. 이미 앞에서 언급한 것처럼 이원다층자료의 명칭은 교차적 다층자료(crossed multilevel data) 또는 교차분류된 다층자료(cross-classified multilevel data)라고 불리운다. 마치 분산분석모형이 일원분산분석모형에서 이원분산분석모형으로 확장된 것처럼 이원다층모형의 개발은 다층모형을 선도하는 연구자들이 경쟁하는 연구영역이었다. 하빌(Harville, 1977)은 최대우도추정방법에 의하여 2개의 상위요인이 무선효과를 갖는 경우, 분산의 추정방법을 검토하였다. 그러나 하빌(1977)의 연구

는 1-수준 모형에서의 회귀계수들 사이의 공분산을 추정하지 못하는 한계가 있었다. 오늘날과 같은 이원다층모형은 1990년대 초반에 발표되었다. 로덴부시(1993)는 2개의 상위요인이 교차하는 칸에 관찰단위가 내재한 이원다층모형을 발표하였는데, 그의 모형은 2개의 상위요인이 교차하여 발생하는 상호작용 효과는 추정하지 못하였다. 그러나 이 모형은 두 상위요인에 교차하는 칸에 소속된 관찰단위가 희소자료인 경우에 유용한 모형이었다. 강상진(Kang, 1992)은 이원다층모형의 일반모형을 개발하였으며, 1-수준의 모형은 기존의 다층모형과 동일하며, 2-수준 모형에서 2개 상위요인의 효과와 상호작용 효과를 모두 추정하는 일반통계 모형을 개발하였다. 이원다층모형은 곧 이어서 다원다층모형으로 발전하였다. 라스바쉬와 골드스타인(1994)은 1-수준의 관찰단위가 n-개의 상위집단에 모두 속하는 자료의 분석을 허용하는 모형을 발표하였다. 그러나 라스바쉬와 골드스타인(1994)은 상위수준에서 상호작용효과를 추정하는 예시를 제공하진 못하였다. 즉, 상호작용효과의 추정은 연산과정의 부담이 컸던 것이다. 다층모형의 개발을 선도하는 연구자들은 이원다층모형을 추정하는 방법으로, 2개의 상위요인 중에 한 요인은 각 집단을 더미변수로 명세화하여 더미변수의 효과(회귀계수)를 3-수준에서 무선효과를 갖는 것으로 가정해 모수를 추정하는 방법을 사용하였다(Goldstein, 1995; Raudenbush, 1993; Rasbash & Goldstein, 1994). 따라서 이들은 2-수준 이원다층모형을 3-수준 일원다층모형으로 변환하여 추정하는 방법을 사용하였다. 만일 교차하는 2개의 상위수준으로 만들어진 칸에 내재하는 1-수준 관찰단위가 복수인 경우여서 상호작용 효과를 추정해야 하는 경우에 모형은 4-수준 위계적 다층모형으로 명세화하는 방법을 취하게 된다. 이원다층모형에서 상호작용효과는 여전히 추정방법에서 비효율적이라고 할 수 있다. 이원다층모형에서 상위수준에서 교차하는 2개 요인의 무선효과와 두 요인의 상호작용효과를 모두 2-수준에서 동시에 추정하는 논문은 비교적 최근에 발견된다(Kang, Rowan, & Raudenbush, 2004).

이원다층모형은 2000년대에 이르러 미국의 NCLB 법(2002)에 의하여 학교평가와 교사평가가 강조되면서 각광받기 시작하였다. 즉, 어느 중학생의 수학성적은 중학교 1학년 때 수학교사의 영향과 중학교 2학년 때의 수학교사의 영향을 모두 받게 되는데, 이 경우 두 교사의 효과를 분리하여 추정하는 것은 실질적으로 중요한 주제가 되었다(McCaffrey, et al., 2004). 또한 학교평가를 위하여 학교별로 각 학년 평가를 매년 반복하게 되는데, 이 경우 자료의 구조는 소속학교와 평가연도가 교차하는 칸에 학생들이 내재하는 이원 다층구조가 된다.

다층모형은 다양한 다층구조를 반영하는 모형으로만 발전한 것이 아니고, 다층모형이 분석하는 종속변수 또는 성과변수가 이분변수 또는 다분변수인 경우에 적합한 모형들로 확산하여 왔다. 많은 연구자들은 종속변수가 이분변수인 다층모형의 추정방법을 개발하는 데 기여하였다(Anderson & Aitkin, 1985; Conaway, 1989; Gibons & Bock, 1987; Stiratelli, Laird, & Ware, 1984; Wong & Mason, 1985; Zeger & Liang, 1986). 또한 종속변수가 다분변수인 경우에 다층자료의 분산-공분산성분을 추정하는 연구자들도 증가하였다(Hedeker & Gibbons, 1994; Goldstein, 1991). 이 같은 이산변수의 분석모형으로 다층모형을 발전시키려는 노력은 다층모형을 추정하는 연산프로그램의 개발로 이어졌다(Goldstein, 1991; Longford, 1994; Raudenbush, Bryk, Cheong, & Condon, 1995). 이 모형들의 특징은 일반화 선형모형(Generalized Linear Model, McCullagh & Nelder, 1989)의 관점에서 종속변수가 정규분포를 갖지 않는 경우에 일차적으로 종속변수의 값을 연결함수(link function)를 이용하여 선형화된 연속변수로 전환하고, 전환된 연속변수의 우도함수로 최대우도 함수의 유사값을 생성한다는 것이다. 이들 모형이 사용하는 대표적인 방법은 페널티유사우도추정법(PQL; Penalized Quasi-Likelihood method, Breslow & Clayton, 1993)이다. 많은 연구자가 종속변수가 이산변수이고 정규성을 갖지 않는 다층자료의 분석에 적절한 추정방법으로 간편성을 갖는 PQL을 선호한다(Goldstein, 1991; Longford, 1993; Hedeker & Gibbons, 1994; Raudenbush, Bryk, Cheong, & Condon, 2001). 그러나 PQL 추정법의 적절성은 이산변수를 선형성의 연속변수로 전환하는 테일러 시리즈 확산식이 1차항으로 제한되는 경우 정밀도에 영향을 받는 것으로 알려져 있으며, 테일러 시리즈가 2차항까지 진행된 경우는 정밀성을 확보하는 것으로 보고되고 있다(Goldstein, 2011). PQL 방법보다 더 정밀한 것으로 평가되는 추정방법으로는 가우스-에르미트 구적법(Gauss-Hermite quadrature)을 이용한 방법(Hedeker & Gibbons, 1994; Pinheiro & Bates, 1995)과 Laplace 방법(Raudenbush, Yang, & Yosef, 2000)을 사용한 경우도 있으나 연산과정의 부담은 더 큰 것으로 알려져 있다.

다층모형의 개발은 인접분야인 측정학 모형의 발전에도 기여하였다. 흔히 학생의 문항점수에 기초하여 문항의 난이도와 변별력, 그리고 학생의 능력을 추정하는 문항반응모형(Item Response Model, Baker, 1985; Hambleton & Swaminathan, 1985)은 고정효과 모형이었으나, 학생의 능력은 모집단에서 표집된 무선효과 모수이며, 문항특성은 고정효과 모수로 이해하면 적절한 명세화 작업을 통하여 다층모형의 혼합효과모형의 모습으로 전환될 수 있다(강상진 & 이명애, 2002; Kamata, 2001; Kamata & Vaughn, 2011). 따라서 IRT 모형을 다층모형의 특수한 형태로 이해하는 것이다.

이분변수와 다분변수를 분석하는 다양한 로지스틱 다층모형들은 모두 위계적 다층구조, 즉 일원다층구조의 자료 분석을 위한 것들이었으나, 2000년대에 이르러 종속변수는 이분변수 또는 다분변수이며 분석자료의 구조는 이원다층구조를 갖는 경우에 적합한 모형이 개발되었다(Noortgate, Boeck, & Meulders, 2003). 이 모형은 기존의 이원다층자료를 분석하는 모형과 마찬가지로, 교차적 다층자료(crossed multilevel data)를 위계적 다층자료(nested multilevel data)로 전환하여 분석하는 방법을 사용하였다. 그러나 2-수준에서 두 유형의 상위집단이 교차하여 생성되는 상호작용효과는 추정하지 못하는 모형의 한계를 갖는다. 실제로 이원다층구조의 자료에서 상위수준의 상호작용효과를 추정하여 산출한 결과를 보고하는 연구물은 찾아보기 어렵다. 강상진(Kang, 2006)은 이원다층구조의 자료에서 종속변수가 이분변수인 경우에 2-수준에서 상호작용효과를 추정하는 일반이원다층모형을 제시하였으나, 그의 최대우도함수는 선형전환된 연속변수가 정규성을 가정한 것이므로 표본의 크기가 큰 경우만 적합하다고 할 수 있다.

5. 이 책의 내용구성

이 책은 전체 8개 장으로 구성되어 있다. 책의 주요 내용은 2-수준 다층모형과 3-

수준 다층모형을 체계적으로 서술한 것이다. 2-수준과 3-수준 다층모형은 가장 일찍이 개발된 모형이며, 동시에 여러 유형의 다층모형 중에서 가장 보편적으로 활용되는 소위 표준다층모형이라고 할 수 있다. 저자가 지난 24년간 대학원 정규과목 혹은 학회나 연구기관에서의 특강으로 다층모형을 강의하며 알게 된 사실은, 다층모형이 일반 사회과학자들에게 상당히 어려운 통계모형이라는 것이다. 따라서 이 책에서 다층모형을 서술하는 기조는 저자가 강의하는 방법이며, 다층모형의 수리통계학적 특성은 최대한 배제하였다. 본문에서 수학적 표기가 나타날 때는 반드시 언어적으로 그 개념을 서술하거나 그림으로 구조화하여, 사회과학자들이 갖는 수학모형으로서 통계모형들에 대한 부담을 줄이고자 노력하였다. 수학적 표현을 글로 서술하는 작업은 이 책이 다루는 다층모형이 2-수준과 3-수준에 제한되었음에도 책의 분량을 크게 늘게 하였다.

이 책의 전체 구성은 잠재적으로 크게 3부로 나눌 수 있다. 1부는 1장, 2장, 3장으로서, 다층모형이 무엇인지 전체적인 윤곽을 제공하려고 하였다. 따라서 2장에서는 다층모형의 복잡한 수리적 특성을 전달하기보다는 "다층모형의 기본적인 특징은 무엇이며, 전통적인 통계모형과 어떻게 다른가?"를 다양한 표와 그림을 동원하여 구체적으로 서술하였다. 특히 2장에서는 전통적인 모형에 의한 분석결과가 왜 타당하지 않은지를 실제 자료를 분석하여 예시하였다. 3장은 다층모형의 전체적인 발전상황을 제시한 것이다. 지금까지 개발된 많은 다층모형 중에서 어떤 모형이 독자에게 활용 가능한 모형이며, 어떤 모형이 접근성이 부족한 것인지를 서술하였다. 오늘날 다층모형은 사실상 전통적인 통계모형들이 다루는 대부분의 영역을 대체하고 있다는 것을 3장에서 서술하였다. 3장은 각 모형의 일반식을 포함하여 독자에게 난해할 수도 있으나, 전체 모형을 수리적으로 파악하려고 애쓰기보다는 종속변수의 유형과 자료의 구조에 따라서 모형이 분화된다는 점을 이해하는 것으로 족하다.

이 책의 2부는 4장, 5장, 6장, 7장으로서 사실상 이 책의 중핵을 차지하는 분야이다. 이 책의 다른 장들은 다층모형의 윤곽을 서술하거나 추정이론을 보이는 것으로, 연구자들이 자주 참조하기보다는 읽고 지나가는 장일 수 있다. 그러나 4장에서 7장에 이르는 내용은 실제로 2-수준 다층모형과 3-수준 다층모형으로 자료를 분석하고 결과를 해석하는 장들이므로 매우 중요하다. 4장과 5장은 2-수준 다층모형을 서술한 것이다.

4장에서는 2-수준 다층모형이 횡단자료의 분석에서 어떻게 활용될 수 있는지를 서술하였다. 특히 구체적인 자료 분석결과를 소개하여, 독자가 실제 연구에서 응용할 수 있도록 서술하려고 공을 들였다. 5장은 2-수준 다층모형으로 종단자료, 특히 패널자료를 분석하는 방법을 서술하였고 구체적인 예시를 곁들였다. 4장과 5장의 내용에 익숙한 독자들은 실제로 다층모형을 이용하여 학술논문을 완성할 수 있을 것으로 기대한다.

6장은 2-수준 다층모형의 고급응용을 다룬 것인데, 중심화 방법(centering methods)과 학교효과 연구에 응용하는 방법, 잔차분석과 다층모형의 타당성에 대한 평가방법 등을 서술하였다. 2-수준 다층모형의 고급응용방법은 더 다양하지만 이 책에서는 많이 다루지 못한 아쉬움이 있다. 7장은 3-수준 다층모형을 소개한 것이다. 3-수준 다층모형은 많은 경우에 2-수준 다층모형보다 방법론적으로 더 타당한 모형이다. 그러나 모형은 더 복잡하다. 7장에서는 3-수준 다층모형을 효과적으로 명세화하는 방법과 해석하는 방법을 강조하였다. 7장의 전반부에서는 3-수준 다층모형을 횡단자료 분석에 사용하는 경우를 서술하였고, 후반부에서는 패널자료 혹은 종단자료를 분석하는 모형으로서 3-수준 다층모형을 서술하였다. 특히 3-수준 다층모형을 이용하여 횡단자료에서 종단적 추론을 허용하는 모형화를 다양하게 제시하였다.

이 책의 마지막 장인 8장은 다층모형의 추정이론과 방법을 다룬 장으로, 방법론을 전공하거나 다층모형의 통계학적 특성에 관심을 갖는 독자에게 다층모형을 수리적으로 설명하고 추정방법을 요약한 것이다. 방법론자들을 대상으로 하였지만, 여전히 저자가 강의하는 방법으로 서술하여 어려운 추정이론의 가독성을 높이려고 노력하였다. 이 책에서는 2-수준 다층모형과 3-수준 다층모형만 다루고 있으므로 8장에서도 이 두 모형의 추정이론과 방법만 다루었다.

---

1) 예측변수 SES의 값이 학교의 평균($MSES_j$)과 같은 경우 $SES-MSES_j=0$이고 회귀모형은 $Y_{ij}=\beta_{0j}+\epsilon_{ij}$가 된다. 또한 $SES-MSES_j$는 선형변형(linear transformation)이므로 β_{1j}의 값은 SES를 예측변수로 사용할 경우와 차이가 없다.

제2장

다층모형의 기초

1. 다층자료의 유형과 특징
2. 다층모형의 논리와 정보
3. 전통적 통계모형과 다층모형의 차이

제2장

다층모형의 기초

1. 다층자료의 유형과 특징

1장에서 언급한 바와 같이 다층자료는 위계적 자료(Hierarchical Data) 또는 내재자료(Nested Data)이다. 다층자료는 학생이 학교에 속하는 것처럼, 위계적 속성을 갖는다. 또한 각 학생이 반복 측정된다면 각 측정시점의 관찰값(1-수준)은 학생(2-수준)에게 내재되고, 학생은 학교(3-수준)에 내재하여 자료의 구조는 3-수준의 구조를 갖게 된다. 이처럼 자료의 구조가 위계적이면서 여러 수준을 가질 수 있고, 또한 변수의 수집도 각 수준에서 이루어지므로, 근래에는 다층자료(Multilevel Data)라는 표현이 보편화되어 있다. 다층자료는 크게 각 관찰단위가 하나의 상위기관에 소속하는 위계적 다층자료(Nested Multilevel Data) 또는 일원 다층자료(One-way Multilevel Data)도 있으며, 관찰단위가 2개 이상의 상위기관에 동시에 속하는 교차적 다층자료(Crossed Multilevel Data; Cross-classified Multilevel Data)도 있다. 전통적인 관점에서 보편적으로 관찰되는 다층자료는 위계적 다층자료이며, 교차적 다층자료의 분석은 최근에 주목받고 있는 영역이라고 할 수 있다.

1) 위계적 다층자료

다층자료의 특징을 쉽게 이해하는 방법은 자료의 구조를 구체적으로 검토하는 것이다. 우선 학생이 학교에 내재한 횡단자료의 구조를 예시하면 다음의 〈표 2-1〉과 같다.

〈표 2-1〉 학생이 학교에 내재한 2-수준 다층자료의 예

학교 1	학교 2	…	학교 J
학생$_1$	학생$_1$	⋮	학생$_1$
학생$_2$	학생$_2$		학생$_2$
⋮	⋮		⋮
학생$_{n_1}$	학생$_{n_2}$		학생$_{n_J}$

〈표 2-1〉은 2-수준 다층자료로서, 다층자료가 갖는 대표적인 특징들을 함축적으로 보여 주고 있다.

첫째, 학생들은 각 학교에 내재한 구조이다. 즉, 위계적 구조이다. 둘째, 동일 학교에 속한 학생들은 학교의 문화, 학습환경, 친구관계, 교사, 학사일정 등 수많은 요인을 공유하므로, 동일 학교 학생들의 행동(예: 성취도, 학습동기 등)은 서로 영향을 미친다. 즉, 동일학교 학생들의 행동은 독립적이지 않고 어느 정도 상관을 갖는다. 그러나 학교 소속이 다른 학생들의 행동은 독립적이다. 즉, 학교 소속이 다르면 학교 소재지도 다르고, 학교 내에서 공유하는 경험이 없으므로 다른 학교 학생이 우리 학교 학생의 행동과 상관을 갖지 않는다. 따라서 관찰단위인 학생들의 행동은 동일 학교 내에서는 상호 의존성을 갖지만, 학교 소속이 다르면 독립성을 갖는다. 이는 위계적 자료의 대표적인 특징으로서 전통적인 통계모형이 갖는 독립성의 가정에 부합하지 않는다. 셋째, 〈표 2-1〉의 자료에서 연구자는 학생 수준에서도 변수를 수집하고(예: 성취도, 가정배경, 친구관계 등), 학교 수준에서도 변수를 수집한다(예: 교장 경력, 교사 수, 학생 수, 소재지, 설립유형 등). 즉, 연구자가 수집하는 변수는 다층구조에서 모두 수집된다. 따라서 위계적 자료에서 분석의 단위(Unit of Analysis)는 하나가 아니고 복수이다. 2-수준 다층자료의 분

석단위는 2개라고 할 수 있다. 기존 단층구조의 자료를 분석하도록 고안된 통계모형들(예: 분산분석모형, 회귀분석모형)에는 다층구조의 자료를 분석할 때 분석의 단위를 하나만 선택해야 하므로 분석의 딜레마가 있었다. 〈표 2-1〉이 보이는 다층자료의 네 번째 특징은 각 학교별 학생 수는 동일하지 않으며, 학교별로 다르다는 것이다. 즉, 다층자료는 흔히 불균형 자료이다.

이와 같은 특징을 갖는 다층자료는 흔하게 존재한다. 사회구조는 그 자체가 위계적 구조를 갖는다. 즉, 개인은 가정에 속하거나, 거주 지역에 속하거나, 학교에 속하거나, 회사, 교회, 병원, 기관 등 어떤 조직에 속하는 구조를 갖는다. 또한 동일한 조직 내에서 하위집단 또는 부서에 소속하여 활동한다. 여기서 개인이란 모든 관찰단위(Observational Unit)의 한 예이다. 사회구조는 위계적 구조를 가지므로, 연구자들은 효과적인 자료수집을 위하여 집락표집방법(Cluster Sampling Methods)을 사용한다. 이 경우, 수집된 자료는 다층구조를 갖게 된다.

다층자료는 비단 개인이 조직에 내재한 형태로만 존재하는 것은 아니고, 연구자의 연구맥락에 따라 관찰될 수 있는 자료 구조이다. 예를 들어, 측정학자가 검사문항의 특성을 추정하는 경우 검사문항들은 피검자에 내재한 자료구조이다. 검사문항별 점수는 정답과 오답이 있는 이분변수이므로, 로지스틱 다층모형을 이용하면 현대 측정학의 문항반응이론 모형에서의 결과와 동등한 검사문항의 난이도를 추정할 수 있다. 한 걸음 나아가, 검사문항 난이도와 관련이 있는 개인특성 변수의 영향을 탐구하는 가능성도 갖는다(강상진, 이명애, 2002; 이명애, 강상진, 2003). 사회적 네트워크 자료도 다층자료의 또 다른 한 예이다. 학교를 마치고 직장생활을 시작하는 신입사원은 몇 명으로부터 직장생활에 대한 조언을 받으며, 어떠한 조언을 받는지 탐구하는 경우 신입사원 안에 다수의 조언자가 내재한 자료구조를 생각할 수 있다. 시청자가 방송채널을 선택 그리고 반복 시청하는 행위를 탐구하는 경우 각 채널에 내재한 시청자의 자료구조를 고려할 수 있다. 주거복지연구에서 주거지 또는 주택에 내재한 거주자의 자료구조가 있으며, 가구조사 연구에서도 각 가정에 내재한 가족구성원의 자료를 고려할 수 있고, 부부관계 연구에서도 각 커플에 부부가 내재한 자료구조를 고려할 수 있다.

〈표 2-1〉은 2-수준 다층자료이므로 학생은 1-수준의 관찰단위이며, 학교는

2-수준의 관찰단위이다. 만일 연구자가 학생들의 학급 소속을 고려하여 자료를 수집한다면, 자료의 구조는 학생 ⊂ 학급 ⊂ 학교의 3-수준 다층자료가 된다. 다층자료는 2-수준, 3-수준, 4-수준 등 수집되는 자료 층의 수가 더 증가할 수도 있다. 실제로 연구목적에 따라 5-수준 자료의 분석을 시도하는 경우도 있다. 다층자료의 분석에 적절한 다층모형이 학문적으로 기여한 분야 중에 대표적인 영역은 조직연구(Organizational Research)이다. 즉, 대부분의 조직자료는 관찰단위가 조직에 속하는 구조이므로 다층모형은 조직의 특성, 조직의 문화, 조직의 효과, 조직의 생산성, 조직의 성과를 탐구하는 데 대표적인 기여를 하였다. 여기서 조직이란 집락표집과정에서 표집단위(Sampling Unit)의 한 예이다.

다층자료의 또 다른 유형으로서 대표적인 구조는 종단자료(Longitudinal Data)로서 반복측정자료 또는 패널자료이다. 1장에서 언급한 것처럼 반복측정자료, 종단자료 또는 패널자료는 본질적으로 다층자료이다. 즉, 동일한 개인이 여러 시점에서 반복측정되면 각 시점별 측정치는 개인에 내재하는 관찰값이다. 〈표 2-2〉는 실험 또는 준실험연구(Quasi-experimental Study)에서 반복측정자료의 구조를 예시한 것이다.

〈표 2-2〉 실험연구 또는 준실험연구에서 피험자가 반복측정된 2-수준 다층자료의 예

		T_1	T_2	T_3	T_4	T_5	T_6
실험집단	학생$_1$	○	○	○	○	×	×
	학생$_2$	○	○	×	○	○	○
	⋮	⋮	⋮	⋮	⋮	⋮	⋮
	학생$_n$	○	○	○	○	○	×
통제집단	학생$_1$	○	○	○	×	○	○
	학생$_2$	○	○	○	○	○	○
	⋮	⋮	⋮	⋮	⋮	⋮	⋮
	학생$_n$	○	○	○	○	×	○

〈표 2-2〉는 실험 또는 준실험에 참가한 각 개인이 여러 시점에 걸쳐 반복적으로 관

찰된 경우로서, 자료의 다층적 속성을 잘 드러내고 있다. 첫째, 피험자를 반복 측정한 관찰값들은 피험자에 내재되어 있는 위계적 구조이다. 둘째, 반복측정치는 동일한 피험자를 여러 시점에서 반복 관찰하여 얻은 것이므로 각 피험자 내에서 반복측정치들의 상호 상관이 존재한다. 그러나 피험자들은 독립적으로 관찰되었으므로 피험자들 사이는 상호 독립적이다. 반복측정치가 개인 내에서 상호상관을 갖는다는 것은 전통적 통계모형이 갖는 통계적 독립성의 가정을 위배한다는 의미이다. 셋째, 연구자는 반복 측정되는 종속변수와 더불어 관찰시점에 따라 변화하는 관찰시간 수준(1-수준)에서의 변수(Time Variant Covariates)와 개인수준(2-수준)에서의 변수를 모두 수집할 수 있다. 넷째, 피험자별 관찰횟수는 서로 다를 수 있다. 즉, 불균형 자료일 수 있다. 모든 반복측정 연구는 참여자가 실험에서 중도탈락할 수도 있으며, 특정 관찰시점에 누락되는 사례도 있을 수 있다. 다섯째, 각 관찰시점의 간격이 서로 다를 수 있다. 즉, 실험의 여건과 참여자의 여건에 따라 관찰시점이 조율되는 경우가 가능하다.

만일 연구자가 실험상황을 효과적으로 완벽하게 통제하여 반복측정횟수가 모든 개체 또는 피험자에서 동일하고 반복측정의 시간 간격도 모두 동일하다면 전통적인 반복측정 분산분석모형(Repeated Anova Model)을 적용하여 자료를 분석할 수 있다. 자연과학분야의 연구나 공학연구에서처럼 물질이나 동식물을 대상으로 실험을 할 때는 연구자의 엄정한 실험적 통제가 가능할 수 있으므로 반복측정 횟수나 측정시점의 간격이 모든 개체에게 일정하도록 실험을 진행하고 마무리할 수 있을 것이다. 그러나 사람을 대상으로 실험을 할 때는 실험 참여자가 사회활동으로 제약을 받아 실험일정에 부응하지 못할 수도 있고, 교사나 학생의 경우는 학교의 학사일정 등의 이유로 연구자가 예정한 관찰시점에 모두 응하지 못할 수도 있다. 따라서 참여자에 따라 관찰시점을 조율하는 경우가 발생할 수 있다. 유사한 이유로 실험이 마무리되기 이전에 실험에 탈락하는 사례도 발생할 수 있다. 반복측정 자료에서 반복측정횟수가 다른 사례가 있거나 반복측정간격이 동일하지 않다면, 그리고 이러한 자료를 전통적인 반복측정 분산분석모형으로 분석하려면 반복측정횟수가 부족한 피험자, 정해진 관찰일정에 부응하지 못한 피험자는 자료에서 배제하여 결측치로 처리하게 되어 분석의 정밀성이 낮아진다. 또한 적절한 항목대체(Variable Imputation) 또는 사례대체(Case Imputation)가 없다면 추정치의 편기(Bias)가 발생하여 역시 분석의 정밀성은 낮아진다. 더불어 결측치가 무작위로 발생한 것이 아니거나 결측치의 규모가 크면 자료 분석결과는 타당성을 잃는다. 반면에 다층모형의 경우는 이 모든 경우에서 자료의 손실이 없다. 다층모형은 불균형 자료를 분석하는 데 적절한 최대우도추정법을 사용하여 측정횟수가 다른 사례가 존재하는 것을 허용한다. 아울러 측정시점을 나타내는 변수가 집단수준의 변수가 아니고 관찰시점 자체의 값을 반영하므로 자료의 손실이나 왜곡 없이 타당한 분석을 할 수 있다.

한 걸음 나아가, 조사방법에 의한 패널자료는 비실험자료이고 다양한 공변수와 혼재변수가 있는 자료이므로, 전통적인 반복측정 분산분석모형의 적용은 적절한 선택이 아니다. 이미 강조한 바와 같이 패널자료는 항상 다층자료의 구조적 특징을 갖는다. 예를 들어, 한국교육개발원에서 수집하는 한국교육종단자료(KELS)는 150개의 중학교를 표집한 후 학교 내 일정 수의 표본학생을 추적하여 조사하는 자료이다. 이 경우 중학교 1학년~중학교 3학년까지의 각각의 관찰값은 y_{tij}로서 '반복측정치(t) $\subset$ 학생(i) $\subset$ 학교(j)'의 구조를 갖는다. 만일 학생을 분기별 혹은 월별로 관찰한 자료가 있다면 측정횟수는 더 증가한다. 〈표 2-3〉은 이와 같은 상황을 예시한 것이다.

〈표 2-3〉 학교 내 개인이 반복측정된 3-수준 다층자료의 예

학교 1				학교 2				…	학교 J			
학생$_1$	학생$_2$	…	학생$_{n1}$	학생$_1$	학생$_2$	…	학생$_{n2}$	…	학생$_1$	학생$_2$	…	학생$_{nJ}$
y_{111}	y_{121}		y_{1n1}	y_{112}	y_{122}		y_{1n2}		y_{11J}	y_{12J}		y_{1nJ}
y_{211}	y_{221}		y_{2n1}	y_{212}	y_{222}		y_{2n2}		y_{21J}	y_{22J}		y_{2nJ}
⋮	⋮	…	⋮	⋮	⋮	…	⋮	…	⋮	⋮	…	⋮
y_{T11}	y_{T21}		y_{Tn1}	y_{T12}	y_{T22}		y_{Tn2}		y_{T1J}	y_{T2J}		y_{TnJ}

〈표 2-3〉의 자료구조는 앞서 설명한 〈표 2-2〉의 자료를 3-수준으로 확장한 구조라고 할 수 있다. 다만 〈표 2-2〉에서의 개인이 여기서는 학교에 내재한 분석단위라는 점만 다른 셈이다. 또한 각 학교별 학생 수는 다르고 각 학생이 모두 3년간 반복측정되었으나, 그중에는 탈락자도 있으므로 반복측정횟수도 개인 간에 다를 수 있다. 〈표

2-1〉, 〈표 2-2〉는 모두 2-수준 다층모형으로 자료 분석이 가능하며, 〈표 2-3〉은 3-수준 다층모형으로 분석할 수 있다. 현재 국내에는 다양한 국책연구원에서 수집한 패널자료들이 존재한다. 이들 자료는 모두 〈표 2-2〉의 자료구조 또는 〈표 2-3〉의 자료구조를 갖는다. 대체로 대규모 조사자료는 그 자료가 횡단자료이든 종단자료이든 집락표집방법을 활용하기 때문에 수집된 자료가 다층구조를 갖게 된다. 최근에는 각 연구기관에서 수집한 자료에 대하여 정부부처인 통계청이 과학적 기준으로 인증한 자료는 통계청 포털에 포함하여 연구자들에게 무료로 제공하고 있다. 한 걸음 나아가, 한국사회과학자료원[1)]은 2,200여 사회과학 자료 파일을 무료로 연구자들에게 제공하며 이들 자료의 상당수는 다층자료이다.

2) 교차적 다층자료

지금까지의 다층자료는 각 수준의 단위가 하나의 상위단위에만 속하는 구조였다. 그러나 실제현장에서 연구자들이 경험하는 자료의 구조는 관찰단위가 2개의 상위집단에 동시에 속하는 경우도 빈번하다. 예를 들어, 국가수준 학업성취도 평가는 전국의 모든 초등학교 6학년, 중학교 3학년, 고등학교 2학년 학생들을 대상으로 매년 시행되는 성취도 평가이다. 따라서 평가연도에 따라 학생들은 달라지지만, 학교는 반복측정되는 자료구조이다. 경기도 교육감이 지난 10년간 중학교 3학년 학생들의 국가수준 학업성취도 평가결과의 추세를 파악하려 하는 경우, 학생들의 성취도 평가결과는 그 학생이 다니는 학교와 평가연도에 모두 속하는 구조를 갖는다. 이 같은 자료의 구조를 〈표 2-4〉와 같이 나타낼 수 있다.

〈표 2-4〉 코호트가 반복측정된 교차적 다층자료의 예(Trends Data)

학교 \ 평가연도	2001	2002	…	2012
학교 1	중학교 3학년, n_{11}	중학교 3학년, n_{12}	…	중학교 3학년, n_{1K}
학교 2	중학교 3학년, n_{21}	중학교 3학년, n_{22}		중학교 3학년, n_{2K}

⋮	⋮	⋮	⋮
학교 J	중학교 3학년, n_{J1}	중학교 3학년, n_{J2}	중학교 3학년, n_{JK}

〈표 2-4〉는 학생들이 학교와 평가연도에 동시에 속하는 자료구조이다. 따라서 학생들의 성취도 평가결과는 소속학교(A 요인)에도 영향을 받으며, 평가연도(B 요인)에 따라서도 다르게 된다. 학교 간의 격차가 평가연도에 따라 일정하지 않다면, 소속학교와 평가연도의 상호작용 효과도 추정할 수 있다. 〈표 2-4〉 자료의 구조도 지금까지 제시한 다층자료와 공통적인 특징을 갖는다. 첫째, 학생이 복수의 상위집단에 내재하는 다층적 구조이다. 둘째, 동일 학교 내 학생들의 반응은 상관을 갖는다. 즉, 전통적인 통계모형이 가정하는 독립성의 가정에 부합하지 않는 자료이다. 셋째, 연구자는 학생수준, 학교수준, 평가연도 수준에서 각각 자료를 수집할 수 있다. 넷째, 각 학교에 소속한 학생들의 수는 동일하지 않다. 즉, 불균형 자료이다. 이 같은 자료는 졸업자격시험 제도를 운영하거나 고등학교 졸업생이 대학입학수학능력시험을 보는 경우에도 모두 해당된다.

이원다층자료는 집단의 소속이 바뀌는 전이효과 연구에도 유용하다. 예를 들어, 학생들이 중학교에서 고등학교로 진학하는 경우 학생들은 중학교 소속도 있으며 고등학교 소속도 있다. 대체로 학생들은 동일 지역에서 중학교와 고등학교를 다니게 되므로 중학교와 고등학교를 같은 학교에서 다니는 학생집단도 형성된다. 이 경우, 학생들의 성취도, 태도 등은 중학교 교육의 영향도 있으며, 고등학교 교육의 영향도 있다. 또한 중·고등학교를 모두 같은 학교에서 학창생활을 하는 또래집단의 영향도 받을 것이다.

또 다른 맥락에서 스포츠 팀들의 리그경기는 각 팀이 홈경기와 원정경기를 가지는 구조이므로, 각 선수나 경기결과는 홈경기와 원정경기가 교차하는 칸에 속하게 된다. K-리그에서 16개 축구팀이 지역 연고제에 따라 홈경기와 원정경기를 치르게 된다면 홈팀과 원정팀의 조합마다 게임이 발생하며, 각 게임별로 다양한 자료가 구해질 수 있다. 이 경우, 선수 각자의 기록은 각 게임에 속하며, 각 게임은 홈팀과 원정팀의 특성에 따라 영향을 받는다. 이와 같은 자료구조는 앞 〈표 2-4〉와 동일한 구조이다. 만약에 각 게임별 관찰자료가 하나로 요약된다면, 즉 홈팀의 승패결과, 패스율, 경고율, 득점 수 등이라면 앞 자료는 2개의 상위요인이 교차하는 칸에 관찰자료가 하나인 이원다층 구조가 된다.

이와 유사하게, 어느 금융기관에 속한 지점이 100개라고 하면 매년 인사이동에 따라 직원들의 소속 점포가 달라지는 경우가 발생한다. 예를 들어, 직원의 소속점포를 2007년과 2010년에 조사하였다면 2007년과 2010년을 축으로 하여 100×100의 은행점포 행렬을 생각할 수 있다. 이 경우, 직원들은 ① 동일 점포에서 여전히(즉, 3년 이상) 근무하는 경우(대각선 칸), ② 다른 점포로 이전해 간 경우, ③ 각 점포로 이전해 온 경우로 분류할 수 있다. 이때 직원의 적응력, 만족도, 성과 등 다양한 변수는 같은 점포에 3년 이상 머문 경우, 현재 근무하는 점포의 특징, 2007년 근무한 점포의 특징, 각 점포 내 직원의 특징 등 다양한 변수의 영향으로 명세화할 수 있다.

또 다른 유형의 다층자료는 3-수준 자료이나, 2-수준의 관찰단위가 교차적 구조를 갖는 자료이다. 즉, 동일 학교에 속한 학생들의 소속학급은 학년의 변화와 더불어 바뀌게 된다. 이 경우 학생들의 소속학급은 1학년, 2학년 동안 같은 학급에 속하는 경우도 있으며, 다른 경우도 있을 것이다. 즉, 각 학교 내에서 교차적 다층자료가 존재하며, 이 교차된 학급행렬은 각 학교에 내재하는 다층구조이다. 이 같은 자료의 구조를 〈표 2-5〉에 제시하였다.

〈표 2-5〉 교차적 다층자료가 상위기관에 내재한 다층자료의 예: 학교 내 학년 간 학급소속 자료

학교 1				학교 2				…	학교 J			
2년 \ 1년	1반	…	10반	2년 \ 1년	1반	…	6반		2년 \ 1년	1반	…	7반
1반				1반					1반			
2반				2반				…	2반			
⋮	⋮	…	⋮	⋮	⋮	…	⋮		⋮	⋮	…	⋮
10반				6반					7반			

〈표 2-5〉의 각 학교별 $C_{1j} \times C_{2j}$ 학급행렬에서 대각선 칸은 1학년과 2학년 동안 학급을 공유한 친구집단이며, 비대각선 칸은 1학년 또는 2학년 당시의 학급이 달랐던 학생들이다. 따라서 학생들의 행동은 1학년 학급에서의 경험, 2학년 학급에서의 경험, 그리고 1학년과 2학년 학급경험 상호작용의 영향을 받는다. 또한 이 같은 학년별 학급의 경험과 상호작용은 소속학교에 따라 다를 수도 있다. 〈표 2-5〉를 더 확대하면, 1학년, 2학년, 3학년의 소속학급을 모두 고려하는 것도 논리적으로 가능하다. 실제로 미국의 테네시 주는 「아동낙오방지법(NCLB 법)」, (2002)에 의하여 교사평가를 하는 자료의 구조를 이와 같이 파악하고 부가가치 다층모형(Value Added Multilevel Model)을 적용하였다(Ballou, Sanders & Wright, 2004). 또한 이 모형을 더 정교화하는 모형도 개발되었다(McCaffrey, Lockwood, Koretz, Louis & Hamilton, 2004).

〈표 2-5〉와 같은 자료는 연구자의 관점에 따라 다양하게 존재할 수 있다. 예를 들어, 학생들의 다양한 심리적 특성의 발달이 정규수업과 방과 후 동아리 활동 모두의 영향을 받는다는 점을 고려하면 학생들이 학급과 동아리에 모두 속하는 구조를 생각할 수 있다. 이때 학생들의 행동은 소속 학급의 영향, 소속동아리의 영향, 학급과 동아리의 상호작용의 영향을 받을 수 있다. 동일한 학급에 속하고 동시에 같은 동아리 활동에 속하는 학생들 집단은 각 학교 내의 교차적 행렬에서 대각선 행렬에 속할 것이다.

2. 다층모형의 논리와 정보

통계학이란 연구자가 탐구하는 실제현상에 대한 객관적 정보를 구하는 학문이다. 통계적 방법을 활용하는 연구자들은 실제현상을 반영하는 자료를 수집하고, 이를 분석하여 모집단에 대한 정보를 추리한다. 연구자가 자료를 분석하려면 통계모형을 결정하여야 한다. 연구자가 설정한 통계모형이 타당성을 가지려면 모형은 2가지 조건을 충족하여야 한다. 첫째는 연구자의 가설이나 가설검정의 증거가 되는 정보가 통계모형에 모수로 표현되어야 한다. 예를 들어, '부모의 학력이 자녀의 성취도에 미치는 효과'를 탐구하려면 이를 모형에 모수로 표현하여야 한다. 즉, $Y_i = \beta_0 + \beta_1$(부모학력)$_i$ $+ e_i, e_i \sim N(0, \sigma^2)$이라는 회귀분석모형에서 β_1은 '부모의 학력이 자녀의 성취도(Y_i)에 미치는 효과'를 반영한다. 연구자는 모집단에서 자료를 수집한 후 이 모형을 적용하여 $\hat{\beta}_1$의 값을 구할 수 있을 것이다. 둘째, 연구자의 통계모형은 분석대상인 자료의 구조를 반영하여야 한다. 자료가 다층자료임에도 단층자료의 분석목적으로 개발된 회귀분석모형이나 분산분석모형을 적용하면 가설검정결과는 타당성을 잃을 수 있다. 전통적인 통계모형들은 자료의 위계적 속성을 반영하지 않는 모형이거나, 자료의 위계적 구조를 반영하는 경우에도 분산분석모형에서처럼 독립변수가 범주형 변수로 제한된 모형이다.

다층모형은 위계적 구조의 자료 분석에 적절한 통계모형으로서, 연구자의 가설을 다양한 형태로 모형에 반영할 수 있을 뿐만 아니라 기존의 통계모형보다 더욱 풍부한 정보를 제공한다. 다층모형이 어떠한 정보를 제공하는가를 파악하는 효과적인 방법은 자료 분석을 위하여 다층모형을 명세화하는 논리적 과정을 살펴보는 것이다.

1) 횡단자료 분석에서 다층모형의 명세화 논리

다층모형의 명세화 과정을 설명하는 예시로서 교육현장의 문제를 생각해 보자. 어느 연구자가 학생들의 학업성취도는 학생의 가정배경(예: *SES*)에 영향을 받는다는 가설을 검정하려고 한다. 편의상 다른 혼재변수가 없다고 가정하고 연구자의 이론적 모형을 도해하면 다음과 같다.

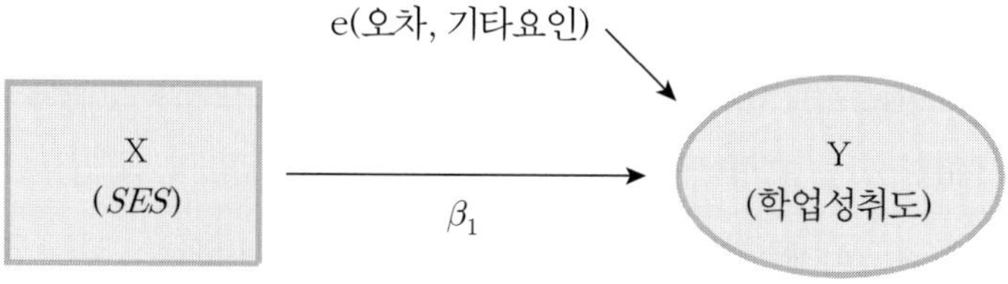

그림 2-1 *SES*-학업성취도 관계의 개념 모형

[그림 2-1]은 *SES*변수가 학업성취도(Y)에 영향을 미치지만, 학업성취도의 값을 완벽하게 예측하는 것은 아니며 오차가 존재한다고 가정한 단순한 모형이다. 대부분의 경우에 자연현상이나 사회현상에서 변수들 사이의 관계는 연구자들이 설정한 이론보다 훨씬 더 복잡하여 체계적으로 설명하기 어려운 특징이 있다. 이와 마찬가지로 연구자가 설정한 *SES*-학업성취도 관계가 실제로 교육현장에서 어떻게 나타나고 있는지를 치밀하게 살펴보기 위해서는 단일 학교를 관찰한 경우와 복수의 학교를 관찰한 경우를 나누어 살펴볼 필요가 있다. 즉, *SES*-학업성취도 관계가 학교에 따라 다를 수 있기 때문이다.

(1) 한 학교에서의 *SES*- 학업성취도 회귀분석모형

[그림 2-1]과 같이 학업성취도와 *SES*의 관계를 수학식으로 표현한 것이 단순회귀분석모형이다. 즉,

$$Y_i = \beta_0 + \beta_1 X_i + e_i, \;\; e_i \sim N(0, \sigma^2) \tag{2-1}$$

이다. 여기서 Y_i는 각 학생의 학업성취도 점수이고, X_i는 그 학생의 *SES* 값이다. e_i는 각 학생의 *SES* 값으로 학업성취도를 예측하는 경우에 발생하는 오차이다. 다층자료는 학교 안에 학생들이 내재한 자료이므로, 식(2-1)과 같은 *SES*와 학업성취도의 관계가 학교별로 존재할 수 있다. 위의 식(2-1)을 한 학교에 적용하여 이를 X-Y 좌표

상에 도해하면 다음과 같다.

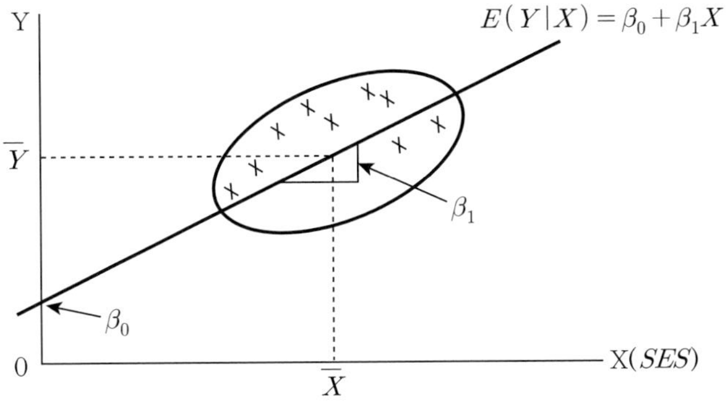

그림 2-2 단일 학교에서 *SES*와 학업성취도 회귀분석 모형 I

연구자가 이론적으로 가정하는 것은 [그림 2-2]와 같이 각 학교별로 *SES*와 학업성취도의 관계를 나타내는 참 모형이 있다는 것이다. β_1은 회귀계수의 표준해석법에 따라 '*SES*가 한 단위 증가할 때 학업성취도의 평균증가량'이다. β_0는 *SES*가 0일 때 그 학교의 학업성취도 평균인데, 실제로 $SES = 0$인 경우는 없으므로 무의미한 절편계수에 불과하다. 연구자가 β_0의 값에 의미를 부여하는 전략으로는 중심화(Centering)기법을 사용할 수 있다. *SES*의 학교평균을 $\overline{X}$라고 하고, 설명변수로서 *SES*를 학교평균 중심화로 전환한 변수를 사용하면 식(2-2)로 표현할 수 있다.

$$Y_i = \beta_0 + \beta_1 (X_i - \overline{X}) + e_i, \quad e_i \sim N(0, \sigma^2) \qquad (2-2)$$

식(2-2)에서 $(X_i - \overline{X})$는 각 개인별 *SES* 변수 값인 X_i를 평균으로 중심화한 것이다. 식(2-2)를 X-Y 좌표상에 도해하면 Y축의 위치는 $X_i - \overline{X} = 0$인 지점이다. 이를 그림으로 표현하면 다음의 [그림 2-3]이 된다.

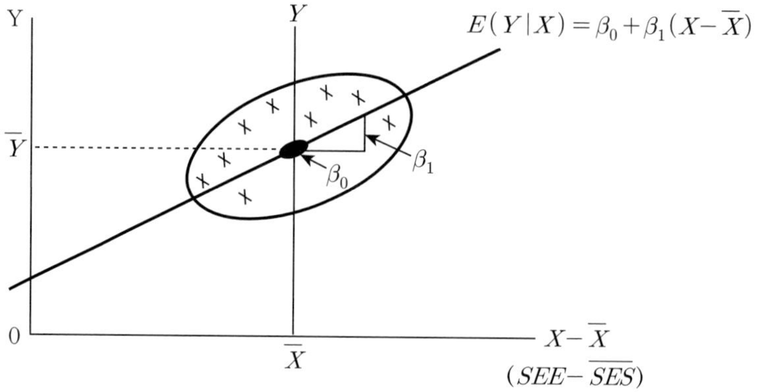

그림 2-3 단일 학교에서 *SES*와 학업성취도 회귀분석 모형 II (평균중심화모형)

[그림 2-3]은 Y 축이 $X_i = \overline{X}$인 지점으로 이동한 것이다. 따라서 절편계수 β_0의 의미는 이제 X_i의 값이 $\overline{X}$인 지점에서의 학업성취도 평균이 된다. 회귀분석모형은 설명변수가 평균($\overline{X}$)인 지점에서는 종속변수의 평균($\overline{Y}$)를 예측하도록 설계된 것이다. 따라서 절편계수인 β_0는 그 학교의 평균성취도로서 의미 있는 모수이다. 반면에 β_1은 [그림 2-2]에서와 같은 의미를 갖는다.

(2) 두 학교에서의 회귀분석모형 비교

지금까지의 모형 설명에서 β_0, β_1의 의미는 통상적인 단순회귀분석모형의 경우와 같다. 다층자료에서 학교는 하나가 아니고 복수로 무수히 존재하므로, β_0, β_1의 값은 각 학교별로 존재하는 값이다. 학교가 복수가 되면 β_0, β_1의 값에 어떠한 현상이 발생하는지 검토하기 위하여 편의상 2개의 학교를 상정하자. 두 학교는 학생들의 인적 구성도 다르고, 교사집단도 다르며, 교장도 다르다. 또한 수많은 변수들의 분포도 다를 것이다. 따라서 각 학교에서 학생의 가정배경과 학업성취도의 관계도 다를 수 있다. 어떤 학교에서는 가정배경의 영향이 다른 학교의 경우보다 더 커서 학생차별이 많을 수 있으며, 어떤 학교에서는 아이의 가정배경의 차이가 학교교육에서 적게 나타날 수 있다. 따라서 *SES*가 성취도에 미치는 영향인 β_1의 값은 학교에 따라 다르다. 또한 학교별 성취도의 평균도 다를 것이므로 β_0의 값도 다를 것이다. 이 같은 맥락에서 *SES*가 학업성취도에 미치는 j번째 학교의 효과를 β_{1j}, 평균을 β_{0j}라고 하자. $j=1$인 학교와 $j=2$인 학교의 *SES* 분포의 평균이 같다고 가정한 가상적인 경우를 $X-Y$ 좌표상에 [그림 2-4]로 예시하였다.

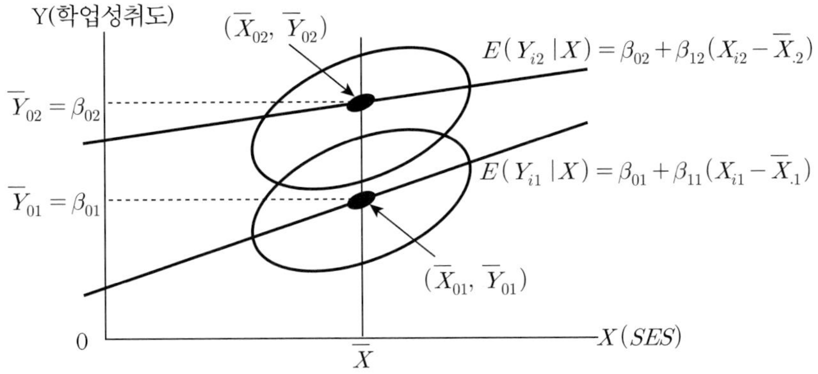

그림 2-4 두 학교에서 *SES*와 학업성취도 관계 비교: 설명변수 중심화 절편계수의 의미

(3) 설명변수 중심화 절편계수의 의미

[그림 2-4]는 *SES*와 학업성취도의 관계를 나타내는 회귀분석모형이 두 학교에서 상이한 것을 나타내고 있다. 즉, 첫째 학교의 회귀식에서 절편은 $\beta_{01} < \beta_{02}$이므로 둘째 학교가 학업성취도 평균이 더 높은 것을 알 수 있다. 아울러 $\beta_{11} > \beta_{12}$이므로, *SES*의 학업성취도에 대한 영향은 첫째 학교에서 더 크다. β_{0j}와 β_{1j}의 정보를 요약하면, 둘째 학교는 학업성취도 평균도 높으며, 학생들의 가정배경에 따른 차별도 적게 하는 학교라고 할 수 있다. 반면에 첫째 학교는 성취도 평균도 낮으면서 가정배경의 차별도 많이 하는 학교이다.

[그림 2-4]는 두 학교의 *SES* 평균이 같다는 것을 가정한 결과이다. 보다 현실적인 상황은 학교별 *SES*의 분포가 서로 다른 경우일 것이다. 이제 $\overline{X}_{.j}$를 j번째 학교에서

의 SES 평균이라고 하고, $\overline{X}_{.1} < \overline{X}_{.2}$라고 하자. SES의 분포가 다른 두 학교를 대상으로 SES와 학업성취도 관계를 $X-Y$ 좌표상에 [그림 2-5]로 예시하였다.

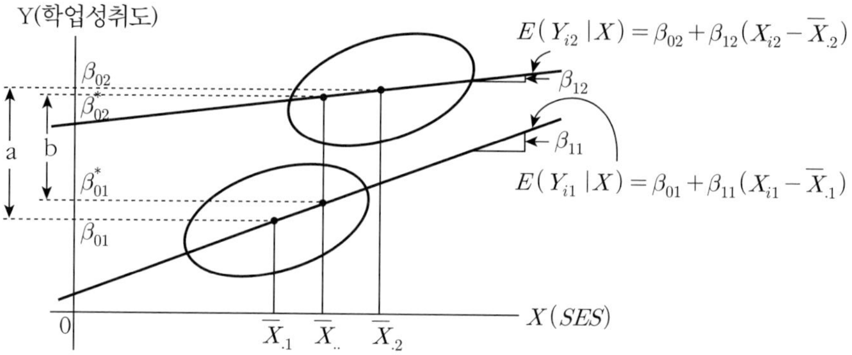

그림 2-5 두 학교에서 SES-$MSES$와 학업성취도 관계 비교: 전체평균 중심화와 집단평균 중심화의 차이

[그림 2-5]는 SES의 분포가 학교에 따라 다를 때 설명변수인 SES를 각 학교평균으로 중심화한 경우, 즉 $(X_{ij} - \overline{X}_{.j})$와 SES를 모집단 전체의 평균으로 중심화한 경우, 다시 말해 $(X_{ij} - \overline{X}_{..})$를 동시에 표현한 것이다. 위 그림에서 두 학교의 경우, SES의 학업성취도에 대한 효과인 β_{1j}는 $\beta_{11} > \beta_{12}$로서 $j=1$인 첫째 학교에서 더 크며, 이는 [그림 2-4]의 경우와 같다.

그러나 절편계수 β_{0j}의 의미는 설명변수인 SES 변수의 중심화 방법에 따라 달라진다. SES 변수를 집단평균 중심화(Group Mean Centering)로 전환하여 $(X_{ij} - \overline{X}_{.j})$를 설명변수로 모형을 명세화하면, $\beta_{01} = \overline{Y}_{.1}$, $\beta_{02} = \overline{Y}_{.2}$로서 각각 첫째 학교$(j=1)$와 둘째 학교$(j=2)$의 학업성취도 평균이 되는 것은 [그림 2-4]와 같다. 그러나 두 학교의 학업성취도 평균을 비교할 때 학생의 인적구성이 다른 것을 무시하고 평균을 비교하는 것은 불공정할 수 있다. 즉, SES 배경이 높은 학생들로 구성된 학교가 유리하다. 따라서 학생들의 SES 수준이 동등한 수준에서 두 학교의 평균을 비교하는 방법은 SES 변수를 전체평균 중심화(Grand Mean Centering)로 전환하여 $(X_{ij} - \overline{X}_{..})$를 설명변수로 사용하는 것이다. 이 경우, 절편계수 β^*_{01}와 β^*_{02}는 두 학교 간 SES 수준이 같을 때 기대되는 학업성취도 교정평균이다. [그림 2-5]에서는 두 학교 학업성취도의 단순평균의 차이인 $a = \beta_{02} - \beta_{01}$보다 교정평균 간 차이인 $b = \beta^*_{02} - \beta^*_{01}$가 더 작게 나타나고 있다.

(4) 여러 학교에서의 회귀분석모형 비교

다층자료에서 학교는 하나가 아니고 복수로 무수히 존재하므로, [그림 2-5]에서처럼 학교별로 SES-학업성취도 관계가 다를 수 있다. 앞 [그림 2-5]에서 보면 학교별 절편계수도 다르고 기울기 계수도 다르다. 이제 학교 수가 J개로 확장된다면 $\beta_{0j} \neq \beta_{0j'}$이고 $\beta_{1j} \neq \beta_{1j'}(j \neq j')$이므로, 절편계수 β_{0j}와 기울기 계수 β_{1j}는 학교 간 변산을 갖는다. 또한 회귀분석모형에서 절편계수와 기울기 계수는 독립이 아니므로 두 모수는 공분산도 갖는다. 이제 두 회귀계수의 학교 간 차이를 분산으로 표현하여 $Var(\beta_{0j}) = \tau_{00}$, $Var(\beta_{1j}) = \tau_{11}$, 그리고 공분산을 $Cov(\beta_{0j}, \beta_{1j}) = \tau_{01}$라고 하자. 학교 수가 J개인 다층자료에서 SES-학업성취도 관계를 밝히는 통계모형을 다음과 같이 제시할 수 있다.

우선 각 학교별로 학교 내 회귀분석모형을 다음처럼 일반식으로 제시할 수 있다.

$$Y_{ij} = \beta_{0j} + \beta_{1j}(X_{ij} - \overline{X}_{..}) + e_{ij},\ \ e_{ij} \sim N(0, \sigma^2) \tag{2-3a}$$

이 식은 $j = 1, 2,\ \cdots,\ J$개의 각 학교에 적용되는 일반식이다. 여기서 회귀계수 β_{0j}와 β_{1j}는 전체 평균을 중심으로 학교 간 변산을 갖는다. 따라서

$$\begin{aligned} \beta_{0j} &= \gamma_{00} + u_{0j} \\ \beta_{1j} &= \gamma_{10} + u_{1j} \end{aligned} \tag{2-3b}$$

이며, $E(\beta_{0j})=\gamma_{00}$, $E(\beta_{1j})=\gamma_{10}$이고, u_{0j}와 u_{1j}는 j학교의 효과로서

$$\begin{bmatrix} u_{0j} \\ u_{1j} \end{bmatrix} \sim N\left(\begin{bmatrix} 0 \\ 0 \end{bmatrix}, \begin{bmatrix} \tau_{00}, \tau_{01} \\ \tau_{10}, \tau_{11} \end{bmatrix}\right) \tag{2-3c}$$

이다. 여기서 식(2−3a)는 학교 내 모형, 학생수준 모형 또는 1−수준 모형이라 하고, 식(2−3b)와 식(2−3c)를 학교 간 모형, 학교수준 모형 또는 2−수준 모형으로 칭한다. 학교 내 모형과 학교 간 모형을 합쳐서 다층모형이라고 한다. 따라서 다층모형을 제시하는 방법은 앞과 같이 학교 내 모형과 학교 간 모형을 개념적으로 분리하여 제시할 수도 있으며, 다음의 식처럼 학교 내 모형과 학교 간 모형을 합쳐서 단일식으로 제시할 수도 있다. 이제 식(2−3b)에서 β_{0j}와 β_{1j}를 식(2−3a)에 대입하면 다음의 식을 얻는다.

$$Y_{ij}=\gamma_{00}+\gamma_{10}(X_{ij}-\overline{X}_{..})+u_{0j}+u_{1j}(X_{ij}-\overline{X}_{..})+e_{ij} \tag{2-4}$$

따라서 식(2−3)과 식(2−4)는 수학적으로 동일한 식이다. 식(2−4)는 다층모형을 단일식으로 표현한 것이므로, 다른 통계모형과의 비교에 용이하다. 연구자들은 편의에 따라 식(2−3) 또는 식(2−4)의 방법으로 다층모형을 표현한다.

지금까지의 설명에서 나타난 SES−학업성취도 관계를 나타내는 β_{0j}와 β_{1j}의 값은 학교별로 존재하는 값이다. 따라서 학교 간에 β_{0j}와 β_{1j}의 값이 왜 다른지를 밝히는 것은 중요한 과제이다. β_{0j}와 β_{1j}의 값의 변산은 학교 간 모형에 학교특성 변수(W_j)를 설명변수로 명세화하는 것이다. 즉, 식(2−3b)는 다음과 같이 제시할 수 있다.

$$\begin{aligned} \beta_{0j} &= \gamma_{00}+\gamma_{01}W_j+u_{0j} \\ \beta_{1j} &= \gamma_{10}+\gamma_{11}W_j+u_{1j} \end{aligned} \tag{2-5}$$

여기서 새로 추가된 모수 γ_{01}은 학교평균(β_{0j})에 대한 학교특성변수 W_j(예: 설립유

형)의 효과이며, γ_{11}은 SES의 학업성취도 효과의 학교 간 변산에 대한 W_j의 효과이다. 식(2-5)를 학교 내 모형에 대입하면 단일식으로 다층모형을 표현할 수 있다. 즉,

$$\begin{aligned} Y_{ij} &= \gamma_{00} + \gamma_{01} W_j + \gamma_{10}(X_{ij} - \overline{X}_{..}) + \gamma_{11} W_j (X_{ij} - \overline{X}_{..}) \\ &\quad + u_{0j} + u_{1j}(X_{ij} - \overline{X}_{..}) + e_{ij} \end{aligned} \qquad (2\text{-}6)$$

이다. 이제 다층모형이 기존의 전통적인 회귀모형과 어떻게 차별화되며, 또한 어떠한 정보를 제공할 수 있는가는 식(2-4)와 식(2-6)에 나타난 모형의 특징을 설명하는 것과 같다.

2) 횡단자료 분석에서 다층모형이 제공하는 정보

지금까지 횡단자료 분석에서 SES-학업성취도 관계를 탐구하기 위하여 다층모형을 명세화하는 과정을 살펴보았다. 여기서 설명한 모형의 명세화 과정은 학생수준 모형과 학교수준 모형에서 각각 1개의 예측변수(X= SES, W=설립유형)를 사용하였으므로 가장 간단한 수준의 다층모형이라고 할 수 있지만, 다층모형이 어떠한 정보를 제공할 수 있는지를 특징적으로 잘 드러내고 있다.

첫째, 다층모형은 다층자료의 위계적 속성을 반영하므로, 학생수준과 학교수준을 모두 분석의 단위로 받아들이는 특징이 있다. 따라서 1-수준에서의 분산 정보인 σ^2과 [식(2-3a) 참조] 2-수준의 분산-공분산 정보인 τ의 크기를 추정한다[식(2-3c) 참조]. 즉, 연구자가 자료를 수집하여 다층모형으로 분석을 하면 전체 분산에서 몇 %가 학교 간 차이로 발생한 분산이며, 몇 %가 학생 간 차이에 의한 것인지 진단하는 정보, 그리고 앞 모형처럼 1-수준 변수(X)와 2-수준 변수(W)로 설명한 분산이 몇 %인지, 남은 잔차가 각 수준에서 몇 %인지 진단하는 정보를 제공할 수 있다. 이와 같이 전체 관찰분산을 1-수준과 2-수준의 분산성분으로 분해하여 실제현상에 더 부합하는 분포정보를 제공한다.

둘째, 앞의 두 학교를 비교하는 모형 또는 여러 학교를 비교하는 모형에서 보듯이 다층모형은 각 학교별 회귀분석모형을 추정한 결과를 제공한다. 예를 들어, 식(2-3a)의 모형에서 β_{1j}는 j 학교에서의 성취도에 대한 SES 변수의 효과이다. 이 경우 β_{1j}의 값이 큰 학교에서는 SES의 효과가 크므로, 학교교육이 가정배경에 따라 차별적이라는 근거가 될 수 있다. 또한 β_{0j}에서 설명변수가 중심화되면 각 학교별 평균 성취도가 되는데, 이 또한 각 조직의 평균성과를 추정하는 정보로 활용될 수 있다. 예를 들어, 학교별로 성과변수에 대한 각 변수의 효과를 추정할 수 있다는 것은 그 학교를 평가하고 진단하는 데 매우 유용한 정보라고 할 수 있으며, 동시에 다른 학교들과 비교하는 데도 실증적 증거가 된다. 한 걸음 더 나아가, 다층모형에서 제공하는 각 집단별 회귀계수는 경험적 베이시안 추정치로서 측정의 오차를 배제한 것이며, 진점수(True Value)를 현실화한 값이라고 할 수 있다. 이 같은 다층모형의 특성은 학교-학생처럼 위계적 구조를 갖는 모든 사회체제, 기업, 공공기관, 병원, 복지시설, 교육청, 정부기관 등에서 조직의 효과를 추정하고 평가하는 데 방법론적 기반이 될 수 있다. 이 책의 6장에서는 다층모형이 실제 연구에서 어떻게 응용되는지를 소개하는데, 독자는 다층모형으로 각 기관의 효과를 추정하는 방법을 학습할 수 있다.

셋째, 다층모형에서는 각 집단별로 존재하는 회귀계수의 집단 간 차이를 설명할 수 있다. 식(2-3a)에서 SES-학업성취도 관계를 나타내는 β_{0j}와 β_{1j}의 값은 학교별로 존재하는 값이다. 따라서 학교 간에 β_{0j}와 β_{1j}의 값이 왜 다른지를 밝히는 것은 중요한 과제이다. 식(2-5)에서처럼 학교 간 모형에 학교특성 변수(W_j)를 포함하여 β_{0j}와 β_{1j} 값의 변산이 어떤 학교특성의 차이와 관계가 있는지 밝힐 수 있다. 예를 들어, SES의 학업성취도에 대한 영향이 강한 학교는 어떤 특성이 있는지를 밝히는 것은 학교교육의 발전을 추구하는 맥락에서 매우 중요한 정보이다. 마찬가지로 β_{0j}의 값은 학교별 학업성취도 평균을 의미하는 데, 어떠한 특성의 학교에서 평균이 높은지를 밝히는 것은 학교교육을 이해하는 데 중요한 정보이다. 수많은 성과변수들이 기관에 따라 다른 이유를 탐구하는 것은 어느 학문영역에서나 매우 중요한 연구주제이다.

넷째, 다층모형에서는 집단수준 변수의 효과가 집단을 구성하는 모든 개인에게 공통적인 효과를 갖는지 또는 차별적인 효과를 갖는지 검정할 수가 있다. 식(2-6)에서 γ_{11}은 학교수준 변수 W와 학생수준 변수 X의 상호작용 효과다. 서로 관찰되는 수준이 다른 두 변수의 상호작용 효과인데, 이는 층위 간 상호작용 효과(Cross-level Interaction Effects)이다. 층위 간 상호작용은 학생수준에서의 변수 간 관계가 학교소속을 무시하고 일반화된 원리로 해석되는지, 아니면 학교특성에 따라 그 영향이 다르게 되는 것인지 등 이론의 일반화 조건을 탐색하거나 더 정교한 이론의 구축에 기여하는 경험적 증거를 제시한다. 식(2-5)에서 γ_{11}이 통계적으로 유의하지 않다면, 학생수준에서의 SES-학업성취도 관계인 β_{1j}가 W_j의 조건과는 상관이 없는 것으로 이해할 수 있다. 반면에 γ_{11}이 통계적으로 유의하고 실제 효과도 크다면 SES-학업성취도 관계는 W_j의 조건에 따라 다른 것으로 해석되며, 학교특성 W_j의 조건을 무시하고 SES-학업성취도 관계를 일반적인 원리로 해석하는 것은 오류이다.

한편, 층위 간 상호작용 효과는 집단수준 변수, W_j의 영향이 개인수준에서 차별적으로 진행되는지 판단하는 경험적 증거를 제시한다. 학교정책은 학생들의 가정배경과 관계없이 모든 학생에게 동등한 혜택을 부여하는가? 만일 학교정책이 학생의 가정배경으로 차별을 한다면, 이를 규명할 과학적 방법은 무엇인가? 이 같은 질문에 층위 간 상호작용 효과는 적절한 증거를 제공하는 과학적 방법이라고 할 수 있다. 예를 들어, 강상진과 전민정(2006)은 고교 평준화 정책과 비평준화 정책의 효과를 비교하면서, 두 정책은 중학생의 고교 입시환경이 다른 정책이므로, 이 같은 정책의 차이가 학생들의 자아존중감 발달과 어떠한 관계를 갖는지 탐구하였다. 이 연구에서 중학생의 자아존중감은 평준화 지역에서 더 높은 것으로 추정되었다. 한 걸음 더 나아가, 평준화 정책이 적용되는 지역에서는 학생들의 가계소득 수준에 따른 자아존중감의 차이가 미미하였으나, 비평준화 정책이 적용되는 지역에서는 가정의 소득수준에 따라 학생들의 자아존중감의 발달이 크게 차이가 나는 것을 보고하였다. 즉, 비평준화 지역에서 가계소득과 자아존중감의 관계가 정적으로 훨씬 더 높았다. 즉, 비평준화 정책은 가계소득수준에 따라 학생들의 자아존중감 발달을 차별화하는 정책임을 밝힌 것이다. 이 같은 연구결과가 가능한 것은, 다층모형이 집단수준의 정보인 교육정책과 개인수준 변수인 가계소득과의 층위 간 상호작용 효과를 추정할 수 있으며, 또한 그 추정치가 통계적으로 양호하기 때문이다.

3) 종단자료 분석에서 다층모형의 명세화 논리

종단자료는 동일한 개체를 여러 시점에서 반복측정하여 얻은 자료이므로, 시간에 따른 관찰단위의 변화를 관찰하는 데 유용하다. 종단자료는 과학이 추구하는 인과관계 추론에 유용한 기반이 된다. 즉, 동일한 개체가 반복 측정된다는 것은 관찰 시점 간의 비교대상이 동등한 개체들이므로 수많은 잡음변수의 조건이 동등한 상태에서 개체의 변화궤적을 확인하거나, 개체변화에 영향을 미치는 요인을 탐구할 가능성을 갖는다.

과학은 자연 및 사회현상의 원리를 탐구하는 것이다. 중요한 것은 연구자들이 관심을 갖는 대부분의 현상은 모두 지속되고 있다는 것이다. 예를 들어, 사람들의 삶의 조건이나 지역 간 교육격차, 한 국가의 경제사정이 어느 한 순간만 존재하고 영원히 없어지는 것은 아니다. 따라서 종단자료는 연구자가 관심을 갖는 현상이 변화하는 궤적을 탐구하는 기반을 제공하므로, 횡단자료보다 훨씬 더 과학적 가치를 갖는다. [그림 2-6]은 횡단자료와 종단자료를 가시적으로 예시한 것이다.

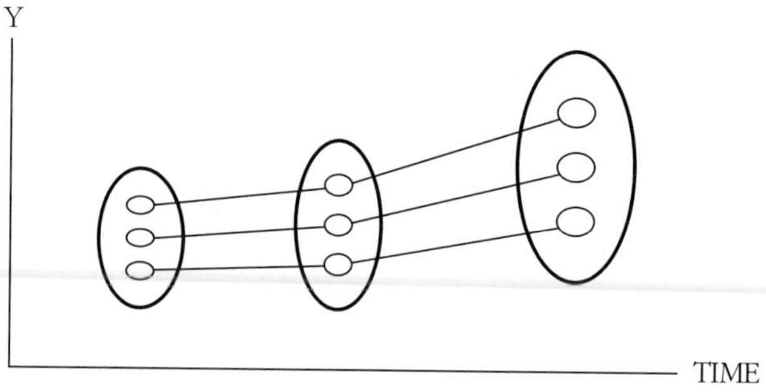

그림 2-6 횡단자료와 종단자료의 비교

[그림 2-6]은 3개의 개체를 3회 반복측정한 하나의 종단자료와 각 관찰시점에서의 횡단자료를 표현한 것이다. [그림 2-6]은 연구자가 설명하려는 자연현상이나 사회현상을 탐구하는 데 종단자료는 전체적으로 그 현상을 조망할 가능성을 제공하지만, 횡단자료는 한 시점에서의 정보만 제공하는 제한적 의미를 갖는다는 것을 보여 준다. 즉, 횡단자료는 연구대상이 시간이 지나도 변화하지 않는다는 조건에서 타당성을 갖는다. 만일 종속변수의 분포가 시간에 따라 변화한다면, 횡단자료의 분석결과는 해당 시점에서만 유효하다.

종단자료 분석을 위한 다층모형의 명세화 과정을 예시하는 데 좋은 예는 개인의 성장과 발달을 모형화하는 것이다. 흔히 종단자료 분석을 위한 다층모형을 다층성장모형(Multilevel Growth Model)이라고도 한다. 이제 유아 교육학자가 갖는 문제를 생각해 보자. 이 연구자는 어린이들의 또래관계나 교사와의 소통방법 등을 반영하는 사회적 유능성이 연령에 따라 어떻게 발전하는지 밝히려고 한다. 연구자는 2개의 어린이집을 선정하여, 만 3세 어린이 각각 20명씩 총 40명을 5개월 동안 교사들이 표준화 평정척도로 5회 평가하게 하였다. 연구자의 이론적 모형을 도해하면 [그림 2-7]과 같다.

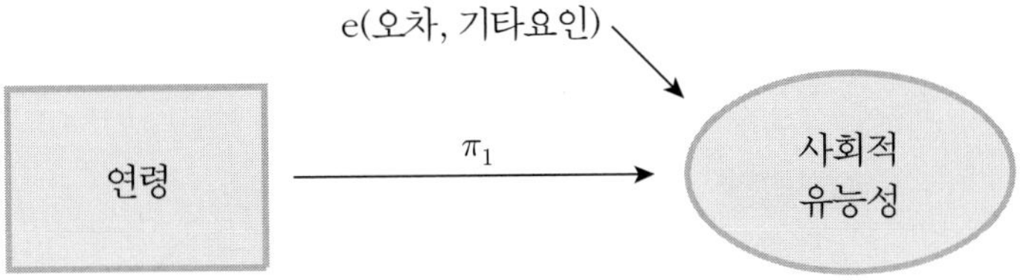

그림 2-7 연령-사회적 유능성 관계의 개념모형

[그림 2-7]은 어린이의 사회적 유능성이 연령에 따라 변화하지만, 연령이 모든 것을 결정하지는 않음을 보여 준다. 여기서 기타 요인의 영향은 오차로 표현하고 있다. 이 모형은 단순히 변수 간의 관계를 반영하는 것으로 기본적으로 횡단자료 분석을 소개하는 [그림 2-1]과 구조가 같다. 즉, 연구자가 관심을 갖는 것은 변수 간의 관계정보이다.

[그림 2-7]에서 독립변수는 연령으로서 양적변수인데, 다양한 연령층을 한 번에 표집하여 자료를 분석하는 것은 횡단연구가 되는 것이며, 각 어린이를 연령에 따라 반복측정하면 종단연구가 되는 것이다. 그러나 종단연구는 훨씬 더 치밀한 정보를 제공한다.

어린이의 사회적 유능성이 시간적으로 어떻게 성장하는지를 파악하고, 또한 그 성장에 어떤 요인이 관계가 되는지 정확히 알려면 각 어린이별로 성장궤적을 정확히 서술하는 것이 우선이다. 그 후에 어린이별 성장궤적이 왜 어떻게 서로 다른지 개인차 연구를 수행할 수 있기 때문이다. 여기서 한 명의 어린이를 2세에서 4세까지 6개월 간격으로 5회 반복측정한 경우를 가상적으로 예시한 것이 [그림 2-8]이다.

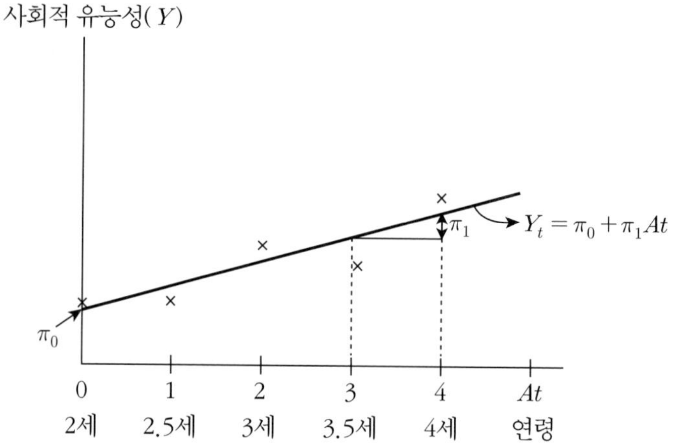

그림 2-8 한 어린이의 사회적 유능성 성장궤적

[그림 2-8]에서 관찰된 어린이는 연령이 높아짐에 따라 사회적 유능성이 성장하고 있는 것을 알 수 있다. 그림에서는 연령-사회적 유능성의 함수관계를 직선의 관계로 요약하고 있다. 따라서 이 어린이의 성장궤적을 함수로 표현하면 다음과 같이 나타낼 수 있다.

$$Y_t = \pi_0 + \pi_1 A_t + e_t,\ e_t \sim N(0, \sigma^2) \quad (2\text{-}7)$$

식(2-7)에서 Y_t는 각 시점에서의 종속변수 관찰값이며, A_t는 관찰시점 t에서 어린이의 연령변수이다. 같은 연령대의 어린이가 6개월 간격으로 5회 반복측정되었으므로 A_t={0, 1, 2, 3, 4}로 입력되었다고 가정하자. 즉, $A_t = 0$은 최초 관찰시점을 의미한다. 따라서 식(2-7)에서 π_0는 이 어린이의 최초 관찰시점에서의 사회적 유능성이며, π_1은 관찰기간의 평균 성장률이다. e_t는 성장선 $\pi_0 + \pi_1 A_t$와 Y_t와의 관찰시점 t에서의 편차로, 각 시점에서의 오차이다.

(1) 두 사람의 성장궤적 모형 비교

이제 연령-사회적 유능성의 관계가 개인에 따라 어떻게 다른지를 살펴보기 위하여 두 명의 어린이를 5회 반복 관찰한 경우를 고려해 보자. 다음 [그림 2-9]는 두 명의 어린이가 연령에 따라 사회적 유능성이 발달하는 과정을 나타내고 있다.

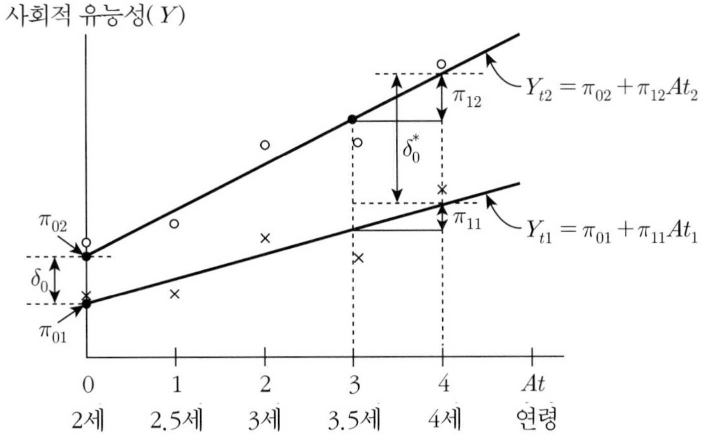

그림 2-9 두 어린이의 사회적 유능성 성장궤적

[그림 2-9]에서 두 어린이의 사회적 유능성이 발달하는 과정은 같지 않다. 절편도 다르며, 기울기도 다름을 알 수 있다. 이제 각 어린이의 절편계수와 기울기 계수를 각각

π_{0i}, π_{1i}로 표현하면, 우선 $i=2$인 어린이의 출발점에서의 사회적 유능성이 $i=1$인 어린이보다 높아서, $\pi_{01} < \pi_{02}$이다. 또한 성장률도 $\pi_{11} < \pi_{12}$인 것을 알 수 있다. 즉, 둘째 어린이의 사회적 유능성은 출발점도 높고 성장속도도 빠른 것을 알 수 있다. 따라서 어린이에 따라 사회적 유능성의 성장궤적은 다른 것을 보인다. 그러나 두 어린이의 성장궤적을 수학모형으로 나타내면, 절편과 기울기가 다를 뿐, 연령에 따라 사회적 유능성이 단조 증가하는 경향은 같으므로 1차 함수로 요약할 수 있다. 따라서 두 어린이의 성장궤적을 나타내는 일반모형은 다음과 같이 표현할 수 있다.

$$Y_{ti} = \pi_{0i} + \pi_{1i}A_{ti} + e_{ti}, \;\; e_{ti} \sim N(0, \sigma^2) \tag{2-8}$$

식(2-8)에서 Y_{ti}는 i번째 어린이를 t시점에서 관찰한 사회적 유능성 값이다. π_{0i}와 π_{1i}의 의미는 i번째 어린이에 적용되는 절편계수와 기울기 계수로서 그 의미는 식(2-7)에서와 같다.

식(2-8)에서 절편계수 π_{0i}의 의미는 $A_{ti}=0$일 때의 개인별 값이다. 즉, 특정시점에서의 개인차 정보를 제공한다. 만일 연구자가 특정시점에서 개인 간 비교를 하고 싶으면, 연구자는 A_{ti}의 값을 특정시점으로 중심화할 수 있다. 예를 들어, $A_t=\{0, 1, 2, 3, 4\}$로 입력되었으며, 마지막 시점($At=4$)에서 개인차를 알고 싶으면 다음과 같이 수식을 전환할 수 있다.

$$Y_{ti} = \pi_{0i} + \pi_{1i}(A_{ti} - 4) + e_{ti}, \;\; e_{ti} \sim N(0, \sigma^2) \tag{2-9}$$

이제 π_{0i}의 의미는 $A_{ti}-4=0$일 때의 값이므로 결국 $A_{ti}=4$인 마지막 시점에서의 각 개인별 값이다. 식(2-8)을 적용하는 경우 $\pi_{02}-\pi_{01}=\delta_0$이며, 식(2-9)를 적용한다면 $\pi_{02}-\pi_{01}=\delta_0^*$인데, [그림 2-9]에서 $\delta_0 \neq \delta_0^*$인 것을 알 수 있다. 반면에 기울기 계수의 차이는 A_{ti}의 중심화의 영향을 받지 않고 동일하다.

(2) 여러 사람의 성장궤적 모형 비교

앞에서 두 어린이의 사회적 유능성에 대한 성장궤적을 비교하였는데, 이 같은 개인 간 성장궤적의 차이를 일반화하여 모든 어린이에게 적용되는 모형을 제시한다면 식(2–8)이나 식(2–9)가 모두 가능할 것이다. 여기서 한 걸음 나아가, 이제 수많은 어린이별로 π_{0i}와 π_{1i}가 존재하기 때문에 이 두 모수는 개인차를 반영하는 무선효과를 갖는다. 따라서 여러 사람의 성장궤적을 비교하는 모형을 일반식으로 제시하면, 1–수준은 시간수준 또는 개인 내 수준으로서 각 개인별로 성장궤적을 나타내는 모형이다. 1–수준 모형은 식(2–8) 또는 식(2–9)가 될 수 있다.

1–수준 모형(개인 내 모형):

$$Y_{ti} = \pi_{0i} + \pi_{1i} A_{ti} + e_{ti}, \;\; e_{ti} \sim N(0, \sigma^2) \tag{2-8a}$$

이 식은 $i = 1, 2, \cdots, n$명의 각 어린이에게 적용되는 식이다. 위 식에서 회귀계수 π_{0i}와 π_{1i}는 전체 평균을 중심으로 개인 간 변산을 갖는다.

따라서

2–수준 모형(개인 간 모형):

$$\begin{aligned} \pi_{0i} &= \beta_{00} + r_{0i} \\ \pi_{1i} &= \beta_{10} + r_{1i} \end{aligned} \tag{2-10}$$

이며, 평균은 $E(\pi_{0i}) = \beta_{00}$, $E(\pi_{1i}) = \beta_{10}$이고, r_{0i}와 r_{1i}는 i번째 어린이의 효과로서 무선효과를 갖는다. 즉,

$$\begin{bmatrix} r_{0i} \\ r_{1i} \end{bmatrix} \sim N\left(\begin{bmatrix} 0 \\ 0 \end{bmatrix}, \begin{bmatrix} \tau_{00}, \tau_{01} \\ \tau_{10}, \tau_{11} \end{bmatrix} \right) \tag{2-11}$$

이다. 1–수준 모형과 2–수준 모형을 합쳐서 다층성장모형(Multilevel Growth Model)이

라고 한다. 다층모형은 횡단연구에서와 마찬가지로 1−수준 모형인 식(2−8a), 2−수준 모형인 식(2−10)과 식(2−11)을 합쳐서 통합모형으로 제시할 수도 있다. 즉,

$$\text{다층성장모형: } Y_{ti} = \beta_{00} + \beta_{10}A_{ti} + r_{0i} + r_{1i}A_{ti} + e_{ti} \qquad (2\text{-}12)$$

이다. 식(2−12)는 앞의 식들을 통합한 것에 불과하다. 연구자들은 편의에 따라 1−수준과 2−수준 모형을 분리하여 제시할 수도 있고, 통합하여 제시할 수도 있다.

지금까지의 다층성장모형은 어린이의 연령에 따른 사회적 유능성의 성장궤적을 탐구하는 모형이었다. 동시에 식(2−10)에서 개인별 출발점 수준인 π_{0i}와 성장률인 π_{1i}는 개인차가 있으며, 출발점에서의 개인차의 크기는 식(2−11)에 제시된 바와 같이 $Var(\pi_{0i}) = \tau_{00}$이고, 성장률의 개인차 크기는 $Var(\pi_{1i}) = \tau_{11}$이다. 어린이의 성장궤적이 왜 τ_{00}와 τ_{11}만큼 차이가 있는지를 밝히는 것은 중요한 연구질문이다. 즉, 연구자들은 식(2−10)에서 π_{0i}와 π_{1i}의 변산을 개인차를 반영하는 변수로 설명을 시도할 수 있다. 이제 어린이의 개인특성 변수(X_i)로 사회적 유능성의 성장궤적에서 개인차를 설명하려고 시도한다면 2−수준 모형은 다음과 같이 제시할 수 있다.

$$\begin{aligned} \pi_{0i} &= \beta_{00} + \beta_{01}X_i + r_{0i} \\ \pi_{1i} &= \beta_{10} + \beta_{11}X_i + r_{1i} \end{aligned} \qquad (2\text{-}13)$$

위 식에서 새로 추가된 모수인 β_{01}은 최초 관찰시점에서 개인별 사회적 유능성에 대한 개인특성 변수 X_i의 효과이며, β_{11}은 개인별 성장률에 대한 X_i 변수의 효과이다. 식(2−13)에서 r_{0i}와 r_{1i}는 아직 불확실성으로 남아 있는 잔차이다. 식(2−13)을 식(2−8a)에 대입하면, 단일식으로 다층모형을 표현할 수 있다.

$$\begin{aligned} Y_{ti} = {} & \beta_{00} + \beta_{01}X_i + \beta_{10}A_{ti} + \beta_{11}XA_{ti} \\ & + r_{0i} + r_{1i}A_{ti} + e_{ti} \end{aligned} \qquad (2\text{-}14)$$

식(2−14)는 오차항이 $r_{0i}+r_{1i}A_{ti}+e_{ti}$로 1−수준과 2−수준의 무선효과를 모두 명시적으로 분해하고 있어서 전통적인 회귀분석모형과 차별화된다. 아울러 횡단자료 분석을 위한 다층모형인 식(2−6)과는 수학적으로 동일한 모형이라고 할 수 있다.

4) 종단자료 분석에서 다층모형이 제공하는 정보

종단자료는 동일한 개체를 반복 관찰한 값이므로, 시간이 경과함에 따라서 개체의 변화과정 정보를 담고 있다. 개인의 성장과 발달, 가족, 기관, 자치단체, 회사 등의 변화과정을 과학적으로 요약하고 설명하려면 변화과정을 수학적으로 모형화하는 작업이 필요하며, 이 모형을 활용하여 과학적 정보를 확보하려면 종단자료가 필요하다. 여기서는 연령에 따라 어린이의 사회적 유능성이 변화하는 과정을 선형모형으로 표현하였다. 즉, $Y_{ti}=\pi_{0i}+\pi_{1i}A_{ti}+e_{ti}$는 종단자료에서 각 개체의 변화과정을 선형식으로 모형화한 것이다. 시간에 따른 개체나 기관의 변화과정이 반드시 선형식으로 요약되는 것은 아니다. 변수에 따라서는 비선형으로 성장이 이루어진다. 유아가 어휘를 획득하는 양의 변화과정은 비선형으로 급격히 성장한다(Huttenlocher, Haight, Bryk, Seltz & Lyons, 1991). 또한 청소년의 문제행동 횟수나 비율은 학년이 높아질수록 급격히 완만해진다(통계청, 2012). 아울러 경제동향을 반영하는 지표들은 변동이 다양하다. 따라서 변화과정은 2차항, 3차항 또는 다차항 모형으로 나타날 수 있다. 수학이론에 의하면 한 변수의 t 시점에서의 위치는 자료가 허용하는 한 다차항 식으로 정확히 모형화할 수 있다. 즉,

$$Y_{ti}=\pi_{0i}+\pi_{1i}A_{ti}+\pi_{2i}A_{ti}^{2}+\pi_{3i}A_{ti}^{3}+\cdots+\pi_{pi}A_{ti}^{P}+e_{ti} \qquad (2-15)$$

이며, 여기서 Y_{ti}는 $i=1, 2, \cdots, n$명에 대한 t시점에서의 관찰변수의 값이다. 또한 π_{pi}는 p번째 항에서의 i번째 개체의 변화모수이다. e_{ti}는 각 시점에서의 개인별 오차항이다. 따라서 변화궤적이 선형이든 비선형이든 변화궤적을 탐구하는 수학모형은 다차항

모형이며, 식(2-15)는 개인별 다차항 회귀분석모형의 일반식이다.

개인별 변화과정을 결정하는 것은 변화모수인 π_{pi}이다. 앞에서 예시한 어린이의 연령-사회적 유능성 관계의 성장 모형은 선형모형이었으므로, 변화모수는 절편계수 π_{0i}와 기울기 계수 π_{1i}뿐이었다. 또한 2개의 변화모수가 개인특성에 따라 변화할 수 있다는 것을 보였다. 다층모형이 종단자료 분석에서 제공하는 정보는 다음과 같이 몇 가지로 요약할 수 있다.

첫째, 이미 반복적으로 설명한 바와 같이 다층성장모형은 연구자에게 개인별 성장궤적(Growth Trajectory) 또는 변화과정 정보를 제공한다. 앞의 식(2-8)에서 π_{0i}와 π_{1i}는 i번째 개인의 출발점 위치와 관찰기간의 평균 성장률 정보를 제공한다. 예를 들어, [그림 2-9]에서 둘째 어린이의 출발점 위치는 첫째 어린이보다 높아서 $\pi_{01} < \pi_{02}$였으며, 성장률도 $\pi_{11} < \pi_{12}$로서 높았다. 또한 어린이의 연령-사회적 유능성의 관계는 선형성장모형으로 가정하였지만, 수집된 자료에 따라서 비선형성장모형을 적용할 수도 있다. 그 어느 경우든 식(2-15)에 제시한 일반식의 특수한 형태로 관찰단위별 성장궤적을 모형화할 수 있다. 이는 개인 간 성장궤적의 차이를 비교하거나 설명할 수 있는 기반이 된다.

둘째, 다층성장모형은 개인별 성장궤적뿐만 아니라 전체 모집단의 평균성장궤적 정보도 제공한다. 과학적 이론이란 변수 간의 관계를 파악하는 것이기 때문에, 연령-사회적 유능성의 관계가 모집단에서 평균적으로 어떠한 관계를 갖는지를 밝히는 것은 의미 있는 것이며, 더구나 그 같은 성장궤적이 어떤 요인에 의하여 변화하는지를 밝히는 것도 중요하다.

셋째, 다층성장모형에서는 변화모수 π_{pi}가 무선효과를 가지며, 개인에 따라 그 값이 다르다. 이 변화모수의 추정이 정밀할 때 개인별 성장궤적에 대한 추리는 의미를 갖는다. 변화모수의 추정치에 오차가 크다면 개인별 성장궤적의 의미는 희석된다. 다층모형은 횡단자료의 분석에서와 같이 개인별 변화모수 추정치의 신뢰도 정보를 제공하므로 추정된 개인별 성장궤적을 각 개인별로 해석하는 것이 적절한지 판단하는 근거를 제공한다. 만약에 변화모수 추정치의 신뢰도가 낮다면 개인별 성장선의 해석은 유보하는 것이 적절하며, 전체 자료에서의 평균성장선에 대한 추리로 제한하는 것이 적절하다. 신뢰도가 높아서 개인별 성장선을 추리할 수 있는 경우를 개체별 모형(Unit Specific Model)이라고 하며, 전체 자료의 평균성장선에 대하여 추리하는 모형을 모집단평균모형(Population Average Model)이라고 한다.

넷째, 다층성장모형은 종단자료의 구조를 각 개인 속에 반복된 관찰치가 내재한 것으로 이해한다. 즉, 1-수준 분석단위는 반복 관찰치이며, 2-수준 분석단위는 개인이다. 2-수준 단위에 내재한 반복관찰치의 수는 불균형일 수 있다. 또한 반복관찰시점 간의 거리도 자유로울 수 있다. 종단자료를 분석하는 관점에서 이와 같은 모형의 유연성은 큰 장점이 된다. 즉, n명을 T회 반복측정하는 경우에 모든 개체가 완벽하게 일정한 간격으로 T회 반복측정하는 상황은 연구자의 실험적 통제가 완벽한 경우에만 가능하다. 많은 경우, 특히 조사연구이거나 참여자의 협조에 의존하는 경우에 각 개인은 T_i회 반복측정되며, 반복측정 시점 간의 거리도 개인에 따라 다를 수 있다. 전통적인 반복측정 분산분석에서는 만일 관찰된 횟수가 다르다면, 관찰횟수가 $T_i < T$인 개인들은 표본에서 제외하여야 하며, 관찰기간이 일정하지 않은 경우는 관찰기간이 일정한 것으로 조작하든지 아니면 표본에서 제외하여야 하는 한계가 있다.

다섯째, 다층성장모형은 1-수준 모형이 시간변수의 다차항 모형이지만, 종속변수와 상관을 갖는 개인수준의 변수가 시간에 따라 변화하는 것이라면 1-수준 모형에 반영할 수 있다. 예를 들어, 연령-사회적 유능성의 관계에서 어린이집 결석률이 아이에 따라 월별로 달랐다면 결석률 변수를 1-수준 모형에 포함할 수 있다. 즉,

$$Y_{ti} = \pi_{0i} + \pi_{1i}A_{ti} + \pi_{2i}Z_{ti} + e_{ti}$$

로 모형화할 수 있다. 여기서 Z_{ti}는 i번째 어린이의 t시점(월)에서의 결석횟수 또는 출석횟수이다. 사회적 유능성의 성장과 어린이집에서의 교육경험 양은 정적인 상관을 가질 수 있다. 이 경우, e_{ti}는 Y_{ti}에 대한 연령효과와 교육경험의 영향을 모두 반영한 이후의 잔차라고 할 수 있다.

여섯째, 다층모형은 2-수준에서 개인 간 차이를 다양한 변수로 설명할 수 있다. 앞

에서 식(2-13)은 개인특성변수 1개로 변화모수를 설명하였지만, 연구자의 이론과 가설에 따라 더 많은 다양한 변수가 모형에 포함될 수 있다. 특히 성장률 모수 π_{1i}가 개인특성 변수의 영향을 받으면, 이 변수의 종속변수에 대한 영향은 고정되어 있기보다는 시간에 따라 변화한다. 즉, 식(2-13)을 식(2-8)에 대입하여 얻은 식(2-14)에서 β_{11}은 개인특성 변수 X와 시간변수 A_{ti}와의 상호작용 효과이다. 이는 횡단자료 분석에서 설명한 바와 같이 층위 간 상호작용효과(Cross-level Interaction Effects)이다. β_{11}이 음의 값을 갖는다면 시간이 지남에 따라 X변수의 효과는 감소하는 것이며, 양의 값을 갖는다면 그 효과는 더욱 증가하는 것이다.

끝으로, 종단자료의 구조는 지금까지 예시한 것처럼 개인이 반복측정된 경우 이외에 반복관찰하는 개인들이 어느 조직에 속하여 있다면 3-수준 자료가 된다. 예를 들어 어린이의 연령-사회적 유능성 관계를 탐구하기 위하여 다수의 어린이집이 표본에 포함되었다면, 시간 수준(1-수준), 개인수준(2-수준), 그리고 어린이집 수준(3-수준)으로 모형화할 수 있다. 이는 횡단자료 분석의 경우도 마찬가지이며, 다층자료의 구조가 교차적이든 위계적이든 자료의 구조에 따라 모형은 다양하게 명세화할 수 있다.

3. 전통적 통계모형과 다층모형의 차이

다층자료는 사회과학자들이 흔히 관찰하는 자료였으며, 다층자료를 어떻게 분석할 것인지에 대하여 학자들은 오랫동안 논쟁을 하였다. 특히 분석의 단위(Unit of Analysis)에 관한 논쟁은 1980년대 후반에 이르기까지 근 20여 년간 결론 없이 진행된 논쟁이었다. 한 예로, 학생이 학교에 내재한 자료를 분석하는 경우에 학생을 분석단위로 해야 하는지, 학교를 분석단위로 할 것인지는 매우 오래된 논제였다(Lindquist, 1940; Cronbach, 1976; Burstein, 1980a;1980b; Hopkins, 1982). 1970년대에 이르러, 사회과학자들이 다층자료를 분석하는 과정에서 경험하는 딜레마는 분명해졌다. 즉, 다층자료를 개인수준에서 분석하는 경우, 집단 내 개인들은 서로 상관을 가지므로 표준오차가 과소추정되어 검정통계량의 값이 부풀려지기 때문에 가설검정에서 일종오류의 증가를 가져온다는 것이 명백하게 인식되었다. 따라서 다층자료를 개인수준에서 분석하는 수많은 연구에서 가설검정은 타당하지 않았다는 것이다(Cronbach, 1976). 그럼에도 연구자들은 개인수준의 분석을 선호하였다. 그 이유는 최종적으로 연구자가 추리하는 대상은 개인의 행동이며, 사회현상을 설명하는 데 중요한 변수들은 개인 내적 특성 및 개인과 근접한 변수들이라는 것이다. 개인의 심리적 특성, 개인의 가정배경 등의 개인의 경험변수가 기관수준의 변수보다 교육 및 사회현상을 설명하는 데 훨씬 유용하다는 전문적인 연구결과는 이를 뒷받침한다(Wang, Haertel, & Walberg, 1993). 예를 들어, 학생의 학업성취도의 개인차나 지역 간 차이를 설명하는 경우에도 개인수준의 변수들은 종속변수의 변산을 더 많이 설명한다. 또한 연구결과의 해석에도 '누가 어떤 이유로 성취도가 높다 혹은 낮다'고 설명하는 것이 유용한 결과해석이므로 최종적인 추리의 대상은 개인이라는 것이다.

반면에 집단수준의 분석을 옹호하는 방법론자들의 논리는 다음과 같다. 통계모형들은 흔히 정규성, 등분산성, 독립성의 가정을 요구하는데, 이 중에서 보편적으로 활용되는 검정통계량인 $t-$값과 F 값은 분석대상인 자료가 정규성이나 등분산성을 위배하는 경우에는 어느 정도 강인성(Robustness)을 가지나, 독립성을 위배하는 경우에는 매우 예민하여 가설검정의 타당성을 잃을 위험이 크다는 것이다(Cronbach, 1976; Glass, Peckham, & Sanders, 1972). 따라서 관찰단위 간 독립성이 보장되는 집단수준에서 자료분석을 수행하는 것이 통계학적으로 타당하다고 주장한다. 가설검정에 보수적인 입장을 갖는 방법론자들은 집단수준의 분석을 선호하였다.

그러나 다층자료를 집단수준에서 분석한다는 것은 집단수준에서 관찰된 변수만 자료 분석에 사용한다는 것이므로, 모든 해석은 집단의 특성들 사이의 관계로 해석되어야 한다. 또한 집단수준 분석에서 개인수준의 변수들은 자료 분석에 포함될 수도 없으며, 개인수준에서의 변수 간 관계를 표명하는 해석도 불가하다. 개인수준의 변수들이 모든 교육 및 사회현상을 이해하는 데 풍부한 정보의 원천임에도 이를 사용하지 못하는 분석방법인 집단수준의 분석은 유용한 가설검정을 희망하는 연구자들이 채택하기 어려운 분석방법이었다. 일부 연구자들은 다층자료를 개인수준과 집단수준에서 모두 분석하여 이를 토대로 결과해석을 시도하기도 하나, 이 경우 두 가지 분석의 결과가 서로 일치하지 않는 상황은 여전한 딜레마이다. 다층자료를 분석하는 과정에서 연구자들이 경험하는 이와 같은 딜레마는 결국 자료 분석에서 실험단위(Experimental Unit)와 관찰단위(Observational Unit)를 연구자들이 혼돈하기 때문에 발생하는 현상이다. 관찰단위는 자료가 수집되는 단위이며, 실험단위는 개체 간 독립성이 보장되는 단위이다. 회귀분석모형이나 분산분석모형은 기본적으로 단층자료의 분석목적으로 고안된 것이므로, 관찰단위가 곧 실험단위인 것으로 가정한다. 그러나 다층자료는 자료의 수집이 개인과 집단에서 모두 이루어지고, 개인은 관찰단위이나 상호의존성이 있으므로 실험단위가 될 수 없으며, 집단은 실험단위가 될 수 있으나 유일한 관찰단위는 아니다. 다층자료의 관찰단위는 개인과 집단이 모두 해당된다. 보다 일반적으로 다층자료는 각 층위에서 관찰단위가 존재한다고 할 수 있다. 따라서 분석의 단위란 엄밀히 해석하면 관찰단위이나, 연구자들은 분석의 단위가 실험단위라고 잘못 인식하였다고 할 수 있다.

다층자료를 전통적인 회귀분석모형과 분산분석모형으로 분석하는 경우에 연구자들이 당면하는 방법론적인 문제들을 보다 구체적으로 설명하는 방법은 실제로 자료 분석과정을 예시하는 것이다.

1) 회귀분석모형과 다층자료 분석

회귀분석모형(regression model)으로 다층자료를 분석하는 경우에 드러나는 방법론적 문제점을 효과적으로 예시하기 위하여 여기서는 한국교육개발원에서 2004년에 수집한 「학교교육 수준 및 실태분석 연구: 중학교」(김양분, 강상진, 유한구, 남궁지영, 2004) 자료를 분석한다. 이 자료는 전국 중학교를 모집단으로 하여 다단계 유층화 집락표집 방법에 의하여 2004년에 한국교육개발원에서 수집한 자료이며, 학생, 교사, 교장과 학부모를 광범위한 변수의 영역에서 조사한 우리나라의 대표적인 교육종합자료이다. 여기서는 중학생의 가정배경이 영어성취도와 어느 정도 관련이 있는지 탐구한다. 다층자료 분석의 예시를 위하여 중학생의 영어성취도 변산을 설명하는 변수로는 가정의 사회경제적 지위 변수(*SES*)만을 사용하며, 편의상 다른 혼재변수는 없다고 가정한다.

다음은 예시자료에 대한 개요를 요약한 것이다.

전체 학생 수: $N = \sum_{j=1}^{187} n_j = 8537$

전체 학교 수: $J = 187$개 중학교

〈표 2-6〉 예시자료의 기술통계량

변수	평균	표준편차	사례 수
영어성취도(Y)	63.64	24.049	8537
SES(학생 가정의 사회경제적 지위)	0.0	.839	8537
MSES(학교별 평균 *SES*)	0.0	.396	187

※ *SES*변수는 가계소득과 아버지의 학력을 동일 가중치로 합성하여 생성한 변수임.
*MSES*변수는 학생수준의 *SES*변수를 각 학교별 평균으로 집계한 변수임.

위 자료는 187개 중학교에 재학하는 8,537명 학생들의 영어성취도와 가정의 *SES*를 수집한 것이다.

(1) 연구 1

위와 같은 자료가 수집되었을 때, 전통적으로 연구자들이 자료를 분석하는 방법은 다음과 같은 회귀분석모형으로 연구문제에 응답을 시도하는 것이다.

$$\text{분석모형: } Y_i = \beta_0 + \beta_1 (SES)_i + e_i, \ \ e_i \sim N(0, \sigma^2) \qquad (2\text{-}16)$$

즉, 우리나라 중학생의 영어성취도 Y_i의 변산을 학생의 가정 배경 변수로 설명하는 모형이다. 위의 식은 [그림 2-1]의 모형을 수학식으로 표현한 것이다. 여기서 *SES*변수는 평균이 0이므로, 각 모수의 의미는 다음과 같다.

β_0: 전체 중학생의 평균 영어성취도

β_1: SES가 1점 증가할 때, 영어성취도 점수의 평균변화량

σ^2: SES로 영어성취도 점수의 변산을 설명한 이후의 잔차 분산

다음의 〈표 2-7〉은 위 모형으로 분석한 SPSS 결과물이다.

〈표 2-7〉 다층자료의 학생수준 회귀분석결과

분산분석표					
모형	자승합	자유도	평균자승합	F	p
회귀	701502.106	1	701502.106	1413.636	.000
잔차	4235405.049	8535	496.246		
전체	4936907.155	8536			

계수				
변수	회귀계수	표준오차	t	p
SES	10.806	.287	37.598	.000
(상수)	63.645	.241		

〈표 2-7〉에서 $\widehat{Y_i} = 63.645 + 10.806(SES)_i$, $\hat{\sigma}^2 = 496.246$임을 알 수 있다. 따라서 앞에서 모수를 정의한 바와 같이, 우리나라 중학생의 평균 영어성취도는 63.645이며($\hat{\beta}_0 = 63.645$), 학생들의 SES값이 1점 높아지면, 영어성취도는 평균 10.806점만큼 높아지는 경향이 있음을 보고하고 있다($\hat{\beta}_1 = 10.806$). 보다 구체적으로 SES변수의 표준편차가 0.839이므로, 학생들의 SES값이 1 표준편차 차이가 나면 영어성취도는 평균 0.38 표준편차 정도 의미 있는 차이가 나는 것으로 해석된다. 위의 분석결과에서 SES변수가 영어성취도에 미치는 영향은 통계적으로 유의하여 영가설 $H_0 : \beta_1 = 0$을 기각한다.

이와 같은 개인수준의 회귀분석방법과 결과해석은 어떠한 문제가 있는가? 2가지 문

제를 우선적으로 지적할 수 있다. 첫째, 위 분석에서는 8,537명의 학생들을 하나의 표본으로 간주하고 있으며, 이 학생들이 187개의 학교에 내재되어 있다는 자료구조를 무시하고 분석한 경우이다. 둘째, 학생들의 영어성취도는 상호독립이라고 가정하고 있다는 것이다. 즉, 회귀분석모형에서 $e_i \sim N(0, \sigma^2)$의 가정은 정규성, 등분산성, 독립성의 3가지 가정을 반영하며, 학생이 학교에 내재한 구조를 반영하지 않는다. 회귀분석모형은 정규성, 등분산성의 가정을 위배하는 경우에도 어느 정도의 강인성을 가지고 있으며, 가설검정에서 일종오류의 수준에 큰 차이를 나타내지 않는다. 그러나 독립성의 가정을 위배하면 σ^2은 작게 추정되고, $t-$값은 부풀려지게 된다. 이와 같은 현상은 자유도의 개념으로 설명할 수 있다. 자유도(Degrees of Freedom)란 상호 독립적인 정보개체(즉, 편차)의 수를 의미한다. 만일 8,537명의 학생들의 영어성취도가 모두 독립적이라면, 〈표 2-7〉에 제시된 바와 같이 $\hat{\sigma}^2$의 자유도는 $n-2=8535$이다. 즉, $Y_i - \hat{Y}_i$의 편차들은 모두 상호 독립이라고 가정하는 것이다. 그러나 실제로 학생들의 영어성취도는 동일 학교 내에서 서로 상관을 갖는다. 학생들은 동일한 영어교사에게서 수업을 받을 뿐만 아니라, 학교의 학업분위기 등 수많은 요인을 공유하며 학습하고 서로 교류한다. 따라서 표본에 포함된 모든 학생의 영어성적이 학교소속의 영향을 전혀 받지 않고 상호독립이라는 가정은 타당하지 않다.

즉, $\hat{\sigma}^2 = MSE = SSE/df = 496.246$에서 $df = n-2 = 8535$는 지나치게 과장된 자유도의 크기이며, 실제로 독립성이 보장되는 상황은 학교 소속이 달라서 학습 분위기를 공유하지 않게 되는 경우이므로, 적절한 자유도는 학교 수인 $J=187$이라고 할 수 있다. 당연히 $\hat{\sigma}^2 = MSE = SSE/df = 496.246$은 부당하게 축소된 값이다. $\hat{\sigma}^2$의 값이 축소되면 다음 과정을 통하여 검정통계량 $t-$값과 $t^2 = F$값은 부풀려지게 된다.

$$t = \frac{\hat{\beta}_1}{\sqrt{\widehat{var}(\hat{\beta}_1)}}, \text{ 여기서 } \widehat{var}(\hat{\beta}_1) = \frac{\hat{\sigma}^2}{\sum(SES_i - MSES)^2} \text{ 이다.}$$

즉, $\hat{\sigma}^2$의 값이 축소되면, $\widehat{var}(\hat{\beta}_1)$값이 작아지고, 결국 $t-$값은 부풀려지게 되는 것

이다. 〈표 2-7〉에서 $t = 37.598$은 부풀려진 값이다. 이와 같은 자료 분석의 결함이 가설검정의 오류를 범할 수 있음은 물론이다. 대체로 다층자료를 개인수준에서 분석하면 일종오류가 증가하여 연구자들은 쉽게 영가설을 거부할 수 있는데, 이는 σ^2을 부당하게 축소하여 추정한 값을 사용하기 때문이다.

(2) 연구 2

다층자료를 개인수준에서 분석하는 경우, 결국 검정통계량인 $t-$값과 $F-$값이 부풀려지는 결함이 있으므로 연구자들은 관찰자료의 독립성을 보장하는 분석방법을 고려하게 된다. 즉, 학교수준에서의 분석이다. 소속학교가 다른 경우에 학생들의 영어성적이 상호독립이라는 가정은 보다 현실적이다. 따라서 연구자들은 다음의 모형을 제기하여 자료 분석을 시도한다.

$$\text{분석모형: } \overline{Y}_j = \beta_0 + \beta_1 (MSES)_j + \overline{e}_j,\ \overline{e}_j \sim N(0, \sigma^2_{\overline{Y}}) \qquad (2\text{-}17)$$

위의 식은 학교별 평균 영어성취도 $\overline{Y}_j$의 학교 간 차이가 학교평균 사회경제적 수준인 $MSES$변수의 영향을 받는다고 가정한 모형이다. 여기서 $MSES$의 평균은 0이므로, 각 모수의 정의는 다음과 같다.

β_0: 전체 학교의 평균 영어성취도

β_1: $MSES$가 1점 높아질 때 학교평균 영어성취도의 평균변화량

$\sigma^2_{\overline{Y}}$: $MSES$로 학교평균 영어성취도의 학교 간 변산을 설명한 이후의 잔차분산

다음의 〈표 2-8〉은 학교수준에서 자료 분석을 한 SPSS 결과표이다.

〈표 2-8〉 다층자료의 학교수준 회귀분석결과

분산분석표					
모형	자승합	자유도	평균자승합	F	p
회귀	6613.683	1	6613.683	153.705	.000
잔차	7960.281	185	43.029		
전체	14573.964	186			

계수				
변수	회귀계수	표준오차	t	p
Mean*SES*	15.049	1.214	12.398	.000
(상수)	63.629	.481		

위 결과표에서 추정된 회귀선은 $\hat{Y}_j = 63.629 + 15.049(MSES)_j$ 이므로, $\hat{\beta}_0 = 63.629$ 이며, $\hat{\beta}_1 = 15.049$ 이다. *MSES*는 전체 평균이 0이었으므로, 위의 분석결과에서 전체 학교들의 평균 영어성취도의 추정치는 63.629이며, *MSES*가 1점 높은 학교는 다른 학교보다 평균 영어성취도가 15점 정도 높다고 보고하고 있다.

〈표 2-8〉의 결과를 앞서 학생수준에서 분석한 〈표 2-7〉의 결과와 비교하면, 절편계수 $\hat{\beta}_0 = \sum \overline{Y}_j / J = 63.629$ 로서 개인수준의 분석결과인 $\hat{\beta}_0 = \sum Y_i / N = 63.645$ 와 유사하다. 그러나 연구자의 관심사항인 추정된 회귀계수 $\hat{\beta}_1$의 값, 잔차분산 $\hat{\sigma}^2_Y$의 크기, 검정통계량 t의 값 등이 모두 다르다. 연구자의 질문은 학생들의 가정배경이 영어성취도에 어느 정도 효과가 있는가이다. 이 질문에 응답하기 위하여 학생수준과 학교수준에서 분석을 시도한 결과 $\hat{\beta}_1$, $\hat{\sigma}^2_Y$, t의 값이 모두 다르므로, 연구자는 어느 한 결과를 선택하여 연구질문에 응답을 시도하게 된다. 그러나 이미 알려진 바와 같이 학생수준의 분석결과는 검정통계량의 값과 일종오류가 커져서 가설검정이 타당하지 않을 수 있다. 이에 대한 대안으로 〈표 2-8〉의 결과를 수용하는 것은 연구자의 연구질문에 응답하는 데 적절한 것인가? 답은 그렇지 않다. 〈표 2-8〉의 결과는 "학교평균 *SES*와 학

교평균 영어성취도인 $\overline{Y}_j$와의 관계"를 나타내는 것이며, "학생들의 SES와 영어성취도인 Y_i와의 관계"를 의미하지 않는다. 보다 정확하게 설명하면, $MSES_j$는 SES_i와 의미도 다르고 척도도 다른 변수이며, $\overline{Y}_j$ 역시 Y_i와 의미도 다르고 척도도 다른 변수이다(Willms, 1992 참조). 이는 마치 사람의 몸무게와 키가 서로 상관이 높은 변수이지만 그 의미와 척도가 다른 변수인 것과 같은 이치이다. 〈표 2-8〉의 결과를 '학생의 사회경제적 배경과 영어성취도와의 관계'로 해석하는 것을 흔히 생태학적 오류(Ecological Fallacy)라고 한다. 예를 들어, "학생들의 SES 점수가 1단위 높아지면 영어성취도는 평균 15.049 높아진다."는 해석을 한다면, 이는 SES변수의 효과를 터무니없이 크게 해석하는 것이다. 〈표 2-8〉의 결과를 정확하게 해석하는 방법은 "학교평균 SES와 학교평균 영어성취도인 $\overline{Y}_j$와의 관계"로 표현하는 것이다.

흔히 집단수준의 분석에서 추정된 회귀계수는 개인수준의 경우보다 더 크게 추정된다. 이 같은 현상은 집계화의 효과(Aggregation Effect)이다. 개인수준 분석과 집단수준 분석에서 기울기 계수는 각각 다음의 식으로 추정된다.

개인수준 회귀계수 추정식: $\hat{\beta}_1 = r_{XY}\dfrac{s_Y}{s_X}$

집단수준 회귀계수 추정식: $\hat{\beta}_1 = r_{\overline{X}\,\overline{Y}}\dfrac{s_{\overline{Y}}}{s_{\overline{X}}}$

두 식에서 학교별 학생 수가 같은 균형자료(즉, $n_j = n_{j'}, j \neq j'$)에서 s_Y/s_X와 $s_{\overline{Y}}/s_{\overline{X}}$는 이론적으로 동일한 값을 갖는다. 또한 r_{XY}와 $r_{\overline{X}\,\overline{Y}}$의 값도 만일 모든 관찰개체가 완벽하게 독립이라면 같은 값을 가질 수 있다. 그러나 현실세계에서는 언제나 $r_{\overline{X}\,\overline{Y}} > r_{XY}$이다. 실제로 예시자료에서 $r_{XY} = .377$이고, $r_{\overline{X}\,\overline{Y}} = .674$였다. 따라서 집단수준 분석에서 추정된 $\hat{\beta}_1$은 언제나 개인수준 분석에서 추정된 값보다 크게 되며, 이 결과는 집단수준에서의 정보로 해석을 제한해야 한다.

집단수준에서의 분석방법이 갖는 문제점은 해석에서 오류를 범할 가능성이 높은 것도 있지만, 더 큰 문제점은 과학적 분석모형으로서의 유용성이다. 즉, 집단수준 회귀분석모형에서 종속변수와 설명변수들은 집단의 특성 정보이다. 연구자들은 흔히 개인수준의 정보를 모형에 포함하고 싶을 때, 위의 예와 같이 동일 학교에 재학하는 모든 학생의 *SES* 값을 집계화한 평균, 또는 총합점수로 전환하여 사용한다. 중요한 사항은 각 집단별로 집계화된 변수 값(Aggregated Measures)은 이미 개인의 정보가 아니고 집단의 정보라는 것이다. 따라서 집단수준의 회귀분석모형은 개인수준의 정보를 사용할 가능성을 원천적으로 배제하는 모형이다. 사회현상 또는 인간의 행동을 탐구하는 연구는 3가지 특징을 갖는데, 하나는 연구자가 집단수준의 분석을 하였음에도 결국에는 개인수준에서의 변수 간 관계로 연구결과를 해석하려는 경향이다. 인간 행동을 설명하는 데는 집단수준의 정보보다는 개인수준의 정보가 이해하기 쉽다. 둘째, 인간의 행동을 설명하는 변수들로서 효과적인 변수들은 대부분 개인수준의 설명변수들이라는 것이다. 이 같은 논의는 소위 분석의 단위논쟁에서 집단수준의 분석을 비판하는 주요 내용이었다(Burstein, 1980a; 1980b 참조). 끝으로 자료 분석을 집단수준에서 수행하는 경우, 연구자는 수집된 자료의 축소를 경험하게 된다. 예를 들어, 어느 연구자가 30개의 학교에서 각각 평균 50명을 표집하여 자료를 수집하였다면, 전체 사례 수는 1,500명이 될 것이다. 그러나 이를 집단수준에서 분석하면, 연구자가 분석하는 표본의 사례 수는 30으로 축소된다. 사례 수가 30인 자료로 회귀분석을 하려면 설명변수는 많아야 2개 정도로 제한된다. 따라서 연구자는 원하는 변수들을 모형에 포함하는 데 제약을 받는다. 또한 비실험연구에서는 다양한 설명변수들이 모형에 포함되는 경우가 빈번하므로, 연구자는 모형 명세화의 오류를 범하고, 자료 분석결과는 타당성을 잃게 된다.

따라서 다층자료를 전통적인 회귀분석모형으로 분석하는 경우에 연구자가 미시단위인 개인수준에서 분석을 하면 가설검정의 타당성이 위협받는다. 반면에, 거시단위인 집단수준에서 분석을 하면 모형의 가치가 제한되며, 표본크기의 감소로 명세화의 오류를 범하기 쉬운 문제가 있다.

(3) 연구 3

과학연구에서 중요한 것은 실제 현상을 정확하게 이해하고 설명하는 것이다. 따라서 모든 경험과학에서 연구자가 수집한 자료는 실제 현상의 정보를 담고 있어야 하며, 연구자의 자료 분석 방법은 이 정보를 드러낼 수 있어야 한다. 다층자료를 어떻게 분석해야 하는지를 파악하는 방법은 연구자가 수집한 다층자료가 담고 있는 정보를 있는 그대로 살펴보는 것이다. 즉, 다층자료는 여러 학교에 내재한 학생들의 자료이므로, 각 학교별로 개인수준에서 회귀분석을 하여 학업성취도와 SES변수의 관계가 학교에 따라 어떻게 다른지 그 실상을 살펴보는 것이다. 이를 위해서 개인수준의 회귀분석모형인 식(2-16)을 각 학교별로 적용하는 모형을 검토해 보자. 즉, 다음의 분석모형은 표본에 속한 모든 학교를 대상으로 한 개인수준 회귀분석모형이다.

$$\text{분석모형: } Y_{ij} = \beta_{0j} + \beta_{1j}SES_{ij} + e_{ij},\ \ e_{ij} \sim N(0, \sigma^2) \tag{2-18}$$

위의 식(2-18)에서 Y_{ij}와 SES_{ij}는 j번째 학교에 다니는 i번째 학생의 학업성취도 점수와 SES 값이다. e_{ij}는 각 학교 내에서의 학생들의 개인 효과이다. 모형에 제시된 모수의 의미는 다음과 같다.

β_{0j} : j번째 학교의 평균이며,
β_{1j} : j번째 학교에서 SES변수의 학업성취도에 대한 효과이다.
σ^2 : 각 학교에서의 잔차분산이다.

식(2-18)의 모형을 각 학교별로 적용하여 회귀분석을 하면 학교 수만큼의 모수 추정치의 결과가 나올 것이다. 편의상 일부 학교에서의 분석 결과만 예시한 것이 다음 〈표 2-9〉의 내용이다.

〈표 2-9〉 다층자료의 학교별 회귀분석의 결과 부분 예시(40개교)

학교 ID	절편계수	*SES* 회귀계수
3	62.86284	10.52598
4	57.01322	14.45525
5	55.97873	6.05265
6	62.1841	8.25656
8	58.37317	20.09203
9	52.47957	6.15475
10	63.38466	12.65929
11	76.39976	14.29439
12	57.20094	8.06285
13	68.64288	-5.01661
14	81.20063	2.07304
16	57.56716	6.95435
18	77.0058	6.18844
19	81.66308	5.49258
20	72.38238	13.10013
21	69.32311	5.46665
25	55.22177	9.36432
26	65.0016	5.28768
27	63.93582	6.517
28	51.63556	5.27433
30	56.8858	14.80864
31	65.19532	17.07639
32	67.00776	6.25301
33	59.80304	-10.0101
34	85.10129	3.45391
35	69.12132	11.95344
36	68.31468	11.71766
37	56.49805	14.43309
38	65.80941	4.48346
39	60.15469	5.65122
40	66.46503	16.94656
41	61.19455	4.49248
42	69.11677	4.23683
43	54.47414	-1.29342
44	64.39537	6.90667
45	74.11262	12.24064
46	62.2066	4.93968
47	71.53407	6.4788
48	71.20904	2.55625
49	72.1403	14.75892

〈표 2-9〉에서 왼편은 학교별 ID이며, 각 학교별 평균 영어성취도 점수의 추정치인 절편계수 $\hat{\beta}_{0j}$와 SES변수의 영어성취도에 대한 효과인 기울기 계수 $\hat{\beta}_{1j}$의 값이 제시되어 있다. 〈표 2-9〉는 영어성취도의 분포에 대하여 매우 중요한 정보를 제공한다. 즉, 학교별 평균도 매우 다르고, SES변수의 학업성취도에 대한 영향도 학교에 따라 다르다는 것이다. 절편과 기울기계수가 학교마다 다른 이 같은 다층자료를 개인수준에서든 집단수준에서든 단 하나의 회귀선으로 요약하여 분석을 마무리하는 것은 다층자료가 담고 있는 정보를 온전히 드러내는 분석방법이 아니다. 따라서 연구자들은 다층자료가 보여 주는 이와 같은 실제현상을 적절히 밝히려면 학업성취도와 SES변수의 관계를 전체적으로 요약하는 정보도 필요하고, 동시에 각 회귀계수의 학교별 분포정보도 제시할 수 있어야 한다고 판단하였다. 이와 같은 맥락에서 다음의 통계모형을 검토하였다.

$$
\begin{aligned}
\text{분석모형: } & Y_{ij} = \beta_{0j} + \beta_{1j}SES_{ij} + e_{ij},\ \ e_{ij} \sim N(0, \sigma^2) \\
& \hat{\beta}_{0j} = \gamma_{00} + u_{0j},\ \ u_{0j} \sim N(0, \tau_0) \\
& \hat{\beta}_{1j} = \gamma_{10} + u_{1j},\ \ u_{1j} \sim N(0, \tau_1)
\end{aligned}
$$

위 분석모형은 소위 2단계 자료 분석 모형이다. 1단계 분석에서 학교별로 $\hat{\beta}_{0j}$와 $\hat{\beta}_{1j}$를 추정하고, 2단계에서는 추정된 $\hat{\beta}_{0j}$와 $\hat{\beta}_{1j}$를 종속변수로 하는 학교수준 회귀분석을 하는 것이다. 이 같은 분석은 각 학교별로 학업성취도-SES관계도 알 수 있을 뿐만 아니라 전체 평균인 절편계수 γ_{00}와 기울기 계수의 평균 γ_{10}을 알 수 있고, 동시에 학교간 평균의 차이와 기울기 계수의 차이 정보인 회귀계수의 분산(τ_0와 τ_1) 정보를 모두 알 수 있기 때문이다. 이와 같은 모형을 방법론자들은 의미상의 다층모형(Bursterin, 1980a;1980b; 김경성, 1991)이라고 하였다. 한 걸음 더 나아가, 이 모형은 학생수준 모형에서 추정된 회귀계수의 변산을 학교수준 변수로 설명하는 학교수준 모형의 명세화도 가능하다. 즉, 학교별 평균의 차이가 학교의 어떠한 특성에 영향을 받은 것인지 밝힐 수 있으며, SES변수의 효과가 어떤 특성의 학교에서 더 크게 나타나는지도 밝힐 수 있다. 의미상의 다층모형은 〈표 2-9〉와 같은 결과를 산출하여, 여러 조직에 구성원들이 내재하는 다층자료의 실상을 잘 드러내는 분석방법이었다고 할 수 있다.

그러나 이 모형은 통계학적으로 결함이 많았다. 우선 이 모형은 2단계 분석모형으로서 1단계에서 모형의 명세화가 완벽해야 추정된 회귀계수의 의미가 분명해진다. 둘째, 이 모형이 피할 수 없는 단점은 추정된 회귀계수($\hat{\beta}_{0j}$, $\hat{\beta}_{1j}$)는 항상 오차를 갖는다는 것이다. 따라서

$$\hat{\beta}_{0j} = \beta_{0j} + \varepsilon_{0j}$$

$$\hat{\beta}_{1j} = \beta_{1j} + \varepsilon_{1j}$$

의 구조를 생각할 수 있다. 위의 식에서 β_{0j}와 β_{1j}는 각 학교별 모수 값 자체로서 회귀계수의 진점수(True Value)이며, $\varepsilon_{0j} = \hat{\beta}_{0j} - \beta_{0j}$와 $\varepsilon_{1j} = \hat{\beta}_{1j} - \beta_{1j}$는 측정의 오차이다. 이 같은 논리는 모든 관찰값은 측정의 오차를 갖는다는 고전검사이론과 같은 개념이다. 따라서

$$Var(\hat{\beta}_j) = Var(\beta_j) + Var(\varepsilon_j) = \text{모수 분산} + \text{오차 분산}$$

이다. 이와 같은 맥락에서 추정된 회귀계수($\hat{\beta}_{0j}$, $\hat{\beta}_{1j}$)를 종속변수로 하여 학교수준에서 분석하는 방법이 타당한 경우는 오직 회귀계수의 추정치에서 측정의 오차가 없으며, 오차분산이 0일 경우뿐이라고 할 수 있다. 물론 그러한 경우는 존재하지 않는다. 방법론적으로 적질한 모형은 학교수준에서 모수 자체인 β_{0j}와 β_{1j}가 종속변수가 되는 모형이라고 할 수 있다.

의미상의 다층모형의 또 다른 오류는 추정된 회귀계수들을 독립적이라고 가정하는 것이다. 그러나 학생수준 모형에서 β_{0j}와 β_{1j}는 독립적이지 않으며 상관을 가질 수 있다. 위 모형에서는 $Cov(\beta_{0j}, \beta_{1j})$값이 추정되지 않으므로 회귀분석모형으로서 적절하지 않다. 의미상의 다층모형은 추정된 회귀계수의 불안정성으로 인하여 연구결과들이

일관성이 없고 통계학적 결함이 있는 모형이었다.

〈표 2-9〉와 같은 현상이 나타나는 다층자료를 적절히 분석하는 방법은 다음의 정보를 모두 제공하는 조건을 충족하는 것이다.

1. SES의 학업성취도에 대한 평균 효과
2. 학교별 평균과 SES의 효과에서 학교 간 진정한 차이를 드러내는 정보, 즉 모수 β_{0j}, β_{1j}의 분산
3. 회귀계수 간의 상관정보. 즉, β_{0j}, β_{1j}의 공분산
4. 학생 및 학교수준에서 설명된 분산(R^2)과 잔차 분산 정보
5. 각 개별학교에서의 평균과 SES 효과의 정보

2) 분산분석모형과 다층자료 분석

분산분석모형(anova model)은 실험연구에서 흔히 사용하는 통계모형이다. 연구자가 정교하게 통제하는 실험상황에서 처치의 효과를 밝히려는 연구유형은 전통적인 접근방법이었다. 그러나 학급을 대상으로 수행하는 실험연구에서 연구자들은 학생이 학급에 내재한 구조가 통계모형의 가정을 충족하기 어렵다는 것을 인지하였다. 즉, 학생들은 학급에 내재하고 있으며 학급 내에서 수많은 경험을 공유하므로, 학생들의 행동은 독립적이지 않다. 이 같은 사실은 분산분석모형에서 관찰단위의 독립성 가정을 위배하게 된다. 따라서 학급의 평균을 분석단위로 하여 자료를 분석하는 경우도 발생하는데, 그 어느 경우든 통계학자들은 확신을 할 수 없다는 문제를 제기하게 되었다(McNemar, 1940; Lindquist, 1940). 동일한 맥락의 논쟁은 1980년대에 이르기까지 계속되었다. 크론박(Cronbach, 1976, p.522)은 “학급이 표집단위인 자료에서 학생수준에서의 통계적 유의도 검정은 받아들일 수 없다.”고 하였다. 또한 글래스와 스탠리(Glass & Stanley, 1970) 그리고 페이지(Page, 1975)는 비록 학생이 무작위로 실험학급에 배정되었다고 하여도 처치를 집단으로 함께 받으면 통계적 독립성의 가정은 위배될 수 있다고 하였다.

그러나 학급에 속한 학생들을 대상으로 실험을 하는 교육연구자들은 학급이 교육연구의 핵심적인 분석단위인 것을 알고 있으며, 학급 내 학생들의 수많은 변수와 교사 변수, 교육과정, 교육환경이 서로 영향을 주고받는다는 사실을 중요하게 여긴다. 이처럼 풍부한 정보를 담고 있는 변수들 사이의 상호작용을 분석하려면 분석의 단위는 학생이어야 하는 것이다. 그러나 이는 독립성의 가정을 위배하므로 분산분석모형에 적합한 분석단위는 학급이어야만 하는데, 학급을 분석단위로 하면 학급이 갖는 풍부한 정보를 활용하지 못하는 한계가 있다. 즉, 교육적 의미를 살리는 분석을 택할 것인지, 통계적 방법에 적절한 분석방법을 택할 것인지 사이에서 연구자들은 고민하였다.

홉킨스(Hopkins, 1982)는 이 같은 딜레마 현상에 대하여, 학급연구에서 학생들의 관찰값과 학급평균의 사이에서 분석의 단위로 무엇을 선택할 것인가의 문제는 잘못된 질문이며, 학급을 적절한 무선효과 요인으로 모형에 반영하면 분석의 단위문제는 발생하지 않는다는 것을 설명하였다. 즉, 분산분석모형의 명세화가 적절하면 분석의 단위문제는 발생하지 않으며, 개인수준의 분석이나 학급수준의 분석은 모두 모형 명세화의 오류라고 주장하였다. 그러나 홉킨스의 연구는 균형자료를 분산분석모형으로 분석한 결과로, 다양한 위계적 구조의 자료 분석결과를 제시하였으나 공변수가 포함된 모형은 검토하지 않았다. 즉, 그의 연구는 실험연구에서 수집한 균형자료 분석에 적절한 분산분석모형에 제한하여 분석의 단위 문제를 극복한 것이다. 따라서 제한적인 범위이지만 다층자료의 분석을 분산분석모형으로 하면 어떠한 문제점이 있는지를 경험적으로 예시하기에 홉킨스의 연구는 매우 유용하다. 여기서는 홉킨스(1982)의 결과물을 일부분 인용하여 다층자료를 분산분석모형으로 분석하는 경우에 나타나는 현상을 살펴본다. 여기서 사용하는 예시자료는 다음의 특징을 갖는다.

1. 종속변수: 학생의 학업성취도
2. 독립변수: 처치(실험집단과 통제집단)
3. 자료구조: 2개의 처치집단에 각각 3개의 학급이 속하며, 각 학급에는 25명의 학생이 속함. 따라서 처치집단의 수는 $J = 2$; 처치집단별 학급 수는 $K = 3$이며, 전체 학생 수는 $N = 25 \times 6 = 150$임.

(1) 연구 1

앞 자료구조에서 연구자의 가설은 실험집단의 평균이 통제집단과 다른지 검정하는 것이다. 따라서 연구자의 영가설은 $H_0 : \mu_E = \mu_C$ (또는 $H_0 : \sum \alpha_j^2 = 0$)이며, 대안가설은 $H_A : \mu_E \neq \mu_C$ (또는 $H_A : \sum \alpha_j^2 \neq 0$)이다. 이 가설을 검정하기 위하여 연구자들이 흔히 선택하는 분산분석모형은 학생수준의 분석모형이다. 즉,

$$\text{모형 1: } Y_{ij} = \mu + \alpha_j + e_{i(j)},\ \ e_{i(j)} \sim N(0, \sigma_e^2)$$

이다. 여기서 Y_{ij}는 j번째 처치집단에 속한 i번째 학생의 점수이며, α_j는 j번째 집단의 효과, $e_{i(j)}$는 각 처치집단에 속한 각 학생의 효과이며, 무선효과로서 3가지 분포가정을 갖는다. 즉, 정규성, 등분산성, 그리고 독립성이다. 이 모형에 의한 분석결과는 다음의 〈표 2-10〉이 제시하는 3가지 분석결과 중에서 맨 위의 분산분석표이다. 개인수준의 분석결과에서 $F = 7.69$로서 연구자의 영가설 $H_0 : \sum \alpha_j^2 = 0$이 $\alpha = .05$ 수준에서 기각되는 것을 알 수 있다. 그러나 이 분석결과에 기초하여 연구자의 처치효과가 과학적으로 검증되지는 않는다는 것이 방법론자들의 결론이었다. 이 분석결과는 관찰단위의 독립성을 위배한 것이므로, 가설검정의 결과가 타당하지 않은 것으로 오랫동안 비판받아 온 것이다.

개인수준 분산분석 모형이 독립성의 가정을 위배한다는 것은 오차항의 분포가정에서 $e_{i(j)}$가 상호독립이 아닌데도 집단 내 자유도를 148로 사용하는 것이 잘못이기 때문이다. 즉, 실험집단 또는 통제집단에 속한 학생들이 모두 독립일 때만 자유도는 $J(nK-1) = 2(75-1) = 148$이 된다. 당연히 추정된 오차분산 366.2는 축소하여 추정된 것이고, $F = \dfrac{MSB}{MSE}$의 값은 부풀려진 것이다.

〈표 2-10〉 분산분석모형에 의한 다층자료 분석결과 예시[2)]

변산원	자유도	E(MS)	예		
			자유도	평균 자승합	F
모형 1: 개인수준 분산분석 $Y_{ij}=\mu+\alpha_j+e_{i(j)}$					
교수방법(α_j)	$J-1$	$\sigma_e^2+\frac{nK\sum_{j=1}^{2}\alpha_j^2}{J-1}$	1	2814.6	7.69*
학생($e_{i(j)}$)	$J(nK-1)$	σ_e^2	148	366.2	
모형 2: 학급수준 분산분석 $\overline{Y}_{kj}=\mu+\alpha_j+\beta_{k(j)}$					
교수방법(α_j)	$J-1$	$\sigma_\beta^2+\frac{K\sum_{j=1}^{J}\alpha_j^2}{J-1}$	1	112.6	1.99
교사($\beta_{k(j)}$)	$J(K-1)$	σ_β^2	4	56.5	
모형 3: 개인수준 분산분석 $Y_{ijk}=\mu+\alpha_j+\beta_{k(j)}+e_{i(jk)}$					
교수방법(α_j)	$J-1$	$\sigma_e^2+n\sigma_\beta^2+\frac{nK\sum_{j=1}^{J}\alpha_j^2}{J-1}$	1	2814.5	1.99
교사($\beta_{k(j)}$)	$J(K-1)$	$\sigma_e^2+n\sigma_\beta^2$	4	1412.7	4.19*
학생($e_{i(jk)}$)	$JK(n-1)$	σ_e^2	144	337.1	

출처: Hopkins (1982), p. 8.

(2) 연구 2

학생들이 학급에 내재한 자료에서 학생은 적합한 분석의 단위가 아니므로, 보수적인 방법론자들은 학급을 분석의 단위로 추천하였다(Lindquist, 1940; Campbell, Stanley, & Gage, 1963). 이 경우 분산분석모형은 다음과 같다.

모형 2: $\overline{Y}_{kj}=\mu+\alpha_j+\beta_{k(j)},\ \ \beta_{k(j)}\sim N(0,\sigma_\beta^2)$

여기서 $\overline{Y}_{kj}$는 j번째 처치집단에 속한 k번째 학급의 평균점수이며, α_j는 j번째 집단의 효과, $e_{k(j)}$는 각 처치집단에 속한 각 학급의 효과이다. 여기서는 학급의 효과가 오차항이다. 이 모형으로 검정하려는 가설은 동일하다. 이 모형을 통한 분석결과는 〈표 2-10〉에서 학급수준 분산분석으로서 두 번째 패널에 제시된 것이다. 여기서 $F=1.99$로서 $\alpha=.05$ 수준에서 영가설을 기각하는 데 실패하였음을 나타내고 있으며, 이는 개인수준 분석의 결과와 상반된다. 동일한 자료를 모두 분산분석모형으로 분석하였지만, 분석단위의 선택에 따라 연구결과는 달라졌다.

만일 학급수준 분산분석에서 모든 학급이 독립적으로 처치를 받았다면, 위 분석결과는 타당할 수 있다. 그러나 주목할 것은 연구자가 분석하는 자료는 학생이 학급에 내재한 자료이며, 종속변수의 전체 변산을 구성하는 것은 학생들의 개인차와 학급 간의 차이를 모두 포함하는 것이라는 점이다.

연구자들이 오해하는 것은 분석의 단위를 선택할 때 종속변수를 학생과 학급 중에서 무엇으로 하느냐에 따라 독립성의 가정이 적용되는 대상이 달라진다고 판단하는 것이다. 그러나 독립성의 가정이 적용되는 것은 종속변수의 관찰단위가 아니고 모형에서 오차항의 분포이다. 즉, 모형 1에서는 $e_{i(j)}$가 상호독립이라고 가정하는 것이며, 모형 2에서는 $\beta_{k(j)}$의 상호독립성을 가정한다. 연구자들이 갖는 또 다른 오해는 분석의 단위(Unit of Analysis)가 곧 실험단위(Experimental Unit)라고 이해하는 것이다. 그러나 분석의 단위는 실험단위일 수도 있고 관찰단위(Observational Unit)일 수도 있다. 만일 실험단위와 관찰단위가 같을 때에는 분석의 단위논쟁은 무의미해진다. 그러나 다층자료에서는 독립적으로 표집된 단위인 실험단위와 관찰단위는 다를 수 있다. 여기서는 학급은 실험단위이며, 학생은 관찰단위인 셈이다. 아들만(Addleman, 1970)은 실험단위와 관찰단위가 다를 수 있으며, 실험단위 속에 복수의 관찰단위가 속할 수 있고, 이 경우에 실험단위와 관찰단위가 모두 모형에 포함되어야 한다고 하였다.

방법론자들의 이 같은 사고체계는 종속변수의 모든 변산원이 모형에 포함되어야 한다는 것으로, 이는 자료의 구조가 모형에 반영되어야 한다는 논리와 같다. 따라서 모형 1과 모형 2는 자료의 모든 변산원을 반영하지 못하므로 적절한 모형이라고 할 수 없다. 모형 2에서 학생들의 정보는 유실된 것이다.

(3) 연구 3

지금까지 검토한 예시자료의 구조는 처치집단에 복수의 학급이 배정되고, 학급 내에 학생들이 내재한 구조이다. 이 같은 구조에서 종속변수의 변산은 처치집단 간 차이, 처치집단 내 학급 간 차이, 그리고 학급 내 학생 간 차이 등으로 구성된다. 따라서 이 같은 자료 구조에 적절한 통계모형은 종속변수의 변산에 영향을 미치는 모든 요인을 반영하여야 하므로 다음과 같이 명세화된다.

$$\text{모형 3:}\ Y_{ijk} = \mu + \alpha_j + \beta_{k(j)} + e_{i(jk)}$$
$$e_{i(jk)} \sim N(0, \sigma_e^2),\ \beta_{k(j)} \sim N(0, \sigma_\beta^2)$$

여기서 모형에 제시된 모수들은 모형 1과 모형 2에서 정의한 바와 같다. 중요한 것은 위 모형에서 학급효과 $\beta_{k(j)}$와 학급 내 학생효과 $e_{i(jk)}$가 모두 단일 모형 안에 포함되어 학생이 학급에 내재한 구조를 모형에 반영하였다는 것이다. 모형 3에 의한 자료 분석결과는 〈표 2-10〉에서 세 번째 패널에 제시되어 있다. 모형 3에 의한 분석결과는 모형 1과 모형 2에서의 가설검정결과를 함축적으로 제시하고 있다. 즉, 모형 1과 모형 2에서는 $H_0 : \sum\alpha_j^2 = 0$의 가설검정결과도 상반되고 F값도 달랐다. 그러나 개인수준의 분석모형인 모형 3에서 $H_0 : \sum\alpha_j^2 = 0$을 검정하는 $F = 1.99$값은 모형 2와 동일하였다. 이는 처치효과를 검정하기 위한 F 통계량의 오차항은 학생효과($e_{i(j)}$ 또는 $e_{i(jk)}$)가 아니고 학급효과($\beta_{k(j)}$)임이 정확한 가설검정방법임을 확인한 것이다. 결국 모형 1에서의 통계적으로 유의한 가설검정결과는 처치효과(α_j)를 검정한 것이 아니고 학급효과($\beta_{j(k)}$) 또는 교사효과가 반영된 것이다.

모형 3은 자료의 위계적 구조를 모형에 반영하였다는 점에서 모형 1과 차이가 난다. 즉, 모형 1은 학생의 소속학급을 무시하고 모형을 세운 것이며, 모형 1에서의 학생효과 $e_{i(j)}$는 학생 간 차이뿐만 아니라 학급 간 차이까지를 포괄하는 효과인 것이다. 즉,

$e_{i(j)} = \beta_{k(j)} + e_{i(jk)}$ 이다. 등호의 왼편은 모형 1에서의 오차항이며, 등호의 오른편은 모형 3에서의 오차항으로 학급효과와 학생효과로 구성되어 있다. 이 식은 〈표 2-10〉의 결과에서 모형 1과 모형 3의 변산이 어떻게 분해되는지를 나타내는 것이다. 즉, 종속변수의 변산을 분해하면 다음과 같이 도해할 수 있다.

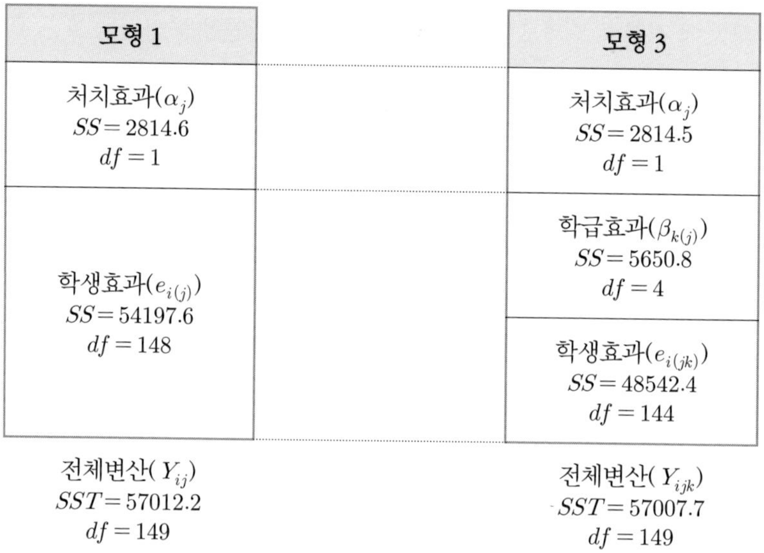

그림 2-10 위계적 자료의 자승합 분해 비교

[그림 2-10]은 두 모형이 전체 자유도가 $df = N-1 = 149$ 인 자료의 변산을 어떻게 다르게 분해하였는지를 잘 나타내고 있다. 두 모형의 전체 자유도($df = 149$)와 변산 SST는 미세한 반올림 오차가 반영된 것을 고려하면 동일하다. 즉, 모형 1에서의 학생효과가 반영하는 변산은 $e_{i(j)} = \beta_{k(j)} + e_{i(jk)}$ 의 구조로 분해된 것이다. 따라서 모형 3은 개인수준의 분석임에도 불구하고 모형 2와 모형 3의 결과를 모두 포함하여 보여 주고 있다. 이는 위계적 자료의 분석에서 분석의 단위가 개인인지 집단인지에 대한 논쟁은 무의미하며, 자료의 구조를 모형에 적절히 반영하면 개인수준에서 타당한 가설검정이

가능하다는 것이다. 즉, 위계적 자료의 분석에서 분석의 단위를 어떻게 선택하느냐는 잘못된 질문이며, 위계적 자료 분석을 위하여 모형을 어떻게 명세화하느냐가 중요하다는 것이다.

여기서 짚고 넘어갈 또 다른 사항은 모형 1의 가정 $e_{i(j)} \sim N(0, \sigma_e^2)$에서 독립성의 가정은 위배되었다는 것이다. 그러나 모형 3의 $\beta_{j(k)} \sim N(0, \sigma_\beta^2)$와 $e_{i(jk)} \sim N(0, \sigma_e^2)$의 분포가정에서 독립성의 가정은 모두 충족된다. 이를 수학적으로 보이는 방법은 동일 학급 내 학생들 사이에 어느 정도의 상관이 있는지 밝히는 것이다. 이제 동일 학급 내 i번째 학생의 점수 모형을 $Y_{ijk} = \mu + \alpha_j + \beta_{k(j)} + e_{i(jk)}$, 또 다른 i'번째 학생의 모형을 $Y_{i'jk} = \mu + \alpha_j + \beta_{k(j)} + e_{i'(jk)}$로 표기하고, 두 학생 간 공분산을 구하면 다음과 같다.

$$Cov(\beta_{j(k)} + e_{i(jk)}, \beta_{j(k)} + e_{i'(jk)}) = Var(\beta_{j(k)}) = \sigma_\beta^2$$

또한 전체 분산은 $Var(Y_{i(jk)}) = \sigma_\beta^2 + \sigma_e^2$이므로 동일 학급 내 학생들 사이의 상관은

$$ICC = \frac{\sigma_\beta^2}{\sigma_\beta^2 + \sigma_e^2}$$

이다. ICC(Intra-Class Correlation)는 집단 내 상관계수로서 동일 집단 내 구성원들 사이의 상관정도를 반영하는 통계량이다. 모형 1에서 만일 $e_{i(j)}$의 독립성이 유지된다면, $df = 148$개의 편차정보 $Y_{ij} - \overline{Y}_{.j}$가 모두 독립이어야 하나, 실제로는 학급효과 σ_β^2만큼의 공분산 또는 ICC 만큼의 상호상관이 있는 것이다. 모형 3에서 학생효과의 분포가정은 $e_{i(jk)} \sim N(0, \sigma_e^2)$이며, 여기서 $e_{i(jk)} = e_{i(j)} - \beta_{j(k)}$이므로, σ_e^2는 학생 간 분산에서 학급이 차지하는 만큼의 공분산(σ_β^2)을 분리한 이후에 남은 독립적인 효과이다.

만약에 $ICC = 0$, 즉 $\sigma_\beta^2 = 0$이어서 학급효과가 전혀 없다면 모형 1과 모형 3의 분석

결과는 같을 것이며, 유용도가 적은 모형 2를 궁여지책으로 고려할 필요도 없을 것이다. 그러나 $\sigma_{\beta}^{2}=0$인 경우는 상상하기 힘들다. 앞의 세 모형에서 모형 3은 가장 간단한 형태의 기본적인 다층모형이라고 할 수 있다. 즉, 모형 3에서는 학생이 1-수준의 분석단위이며, 학급이 2-수준의 분석단위임을 모두 반영한다.

---

1) 한국사회과학자료원(KOSSDA)은 1983년 ㈜에스콰이어의 설립자인 古文 이인표 회장이 설립한 사회과학도서관의 부설기관으로, 2003년에 설립되어 사회과학 데이터베이스의 구축과 공유의 목적으로 운영되는 비영리 학술정보 서비스 기관이다. 2015년에 서울대학교 아시아연구소로 이관하였으며, 2,200여 세트의 양적 · 질적 조사 자료를 디지털 DB로 구축하여 연구자들에게 무료로 온라인을 통해 제공한다(www.kossda.or.kr).

2) 통계모형의 모수, 변산원, 자유도, 분산성분, $E(MS)$ 등의 표기는 이 책에서 사용하는 기호양식에 따라 변경한 것이다.

제3장

다층모형의 유형과 분석자료의 구조

1. 다층모형의 유형
2. 위계적 다층자료 분석을 위한 모형
3. 교차적 다층자료 분석을 위한 모형
4. 복합적 다층자료 분석을 위한 모형

제3장

다층모형의 유형과 분석자료의 구조

1. 다층모형의 유형

1980년대 중반에 다층모형이 학술지에 발표된 이후로, 다층모형은 매우 빠른 속도로 사회과학 연구자들에게 확산되었으며 또한 다양한 형태의 다층모형이 출현하였다. 모든 통계모형은 변수 간의 관계를 계량적으로 밝히기 위한 것이므로 모형이 포괄하는 변수들의 특성에 따라 유형이 결정된다. 예를 들어, 분산분석모형은 종속변수가 연속변수이며 독립변수는 범주형 변수인 경우에 두 변수의 관계를 탐구하는 데 유용하다. 반면에 로지스틱 회귀분석모형은 종속변수가 범주형 변수이며, 독립변수는 연속변수 또는 범주형 변수일 수 있다. 따라서 모형을 분류하는 한 가지 조건은 모형이 포괄하는 종속변수와 독립변수의 성질이다. 통계모형을 분류하는 또 다른 조건은 분석자료의 구조이다. 일원분산분석모형(One-Way Anova)은 각 분석단위가 한 집단에만 속하는 구조이다. 그러나 이원분산분석모형(Two-Way Anova)은 각 분석단위가 2개의 집단에 동시에 속하는 구조이다. 실험설계에 의하여 생성된 자료들은 매우 다양한 구조를 갖게 되며, 자료구조에 따라 분석에 적절한 모형은 달라진다.

이와 마찬가지로, 다층모형의 유형은 2가지 조건에 의하여 분류된다. ① 종속변수와 설명변수의 특성, ② 자료의 구조이다. 초기의 다층모형은 가장 보편적인 위계적 구조와 변수들의 특성을 모형에 반영하는 것이었다. 현재에도 연구자들이 보편적으로 가장 많이 사용하는 다층모형은 2-수준 다층모형으로서, 자료의 구조는 위계적 2-수준 다층자료(Two-Level Nested Data)이며, 변수들의 특성은 일반선형모형에서의 조건과 같다. 즉, 종속변수는 연속변수이며, 설명변수는 연속 또는 범주형 변수일 수 있다. 2-수준 다층모형을 3-수준 자료에 적합한 것으로 확산한 모형이 3-수준 다층모형이다. 3-수준 다층모형은 모형의 명세화 논리, 모형의 가정, 모수의 추정방법 등이 모두 2-수준 다층모형과 동일한 맥락에서 개발된 모형이다. 다만 자료의 구조가 3-수준으로 더 복잡해진 경우에 적절한 모형이라고 할 수 있다.

전통적인 통계모형들은 이미 다양한 변수를 종속변수 또는 독립변수로 사용하고 있으므로, 변수들의 특성이 다양한 정도는 이미 잘 알려져 있다. 즉, 연속변수, 이항변수, 서열변수, 다항변수 등이 종속변수 또는 설명변수로 구분된다. 따라서 다층모형도 이처럼 다양한 변수를 종속변수 또는 설명변수로 모형에 포함할 수 있도록 개발되고 있다. 전통적인 통계모형들은 분석자료가 단층구조인 경우에 다양한 변수 사이의 관계를 밝히는 것이었으므로, 다층모형의 경우도 다층구조의 각 유형 내에서 연속변수, 이항변수, 서열변수, 다항변수들이 종속변수 또는 설명변수로 반영되는 다층모형들이 개발된다. 다층모형이 발전하는 과정에서 연구자들이 경험하는 진실은 다층자료의 구조가 매우 다양하다는 것이며, 아직 현대인에게 알려지지 않은 다층구조도 가능하다는 것이다. 2장에서 제시한 다층자료 중에서 다양한 교차적 다층구조(Cross-Classified Multilevel Structure)의 자료가 그 예이다.

여기서는 지금까지 학술지에 발표되고 동시에 상용화된 컴퓨터 프로그램에 포함된 다층모형들의 전체적인 윤곽을 제시한다. 즉, 다층자료를 분석하는 연구자들이 자료의 특성에 맞는 다층모형을 선택할 수 있도록 안내하는 것이 3장의 목표이다. 3장의 내용구조는 첫째, 다층자료의 구조적 특성을 기준으로 다층모형을 분류하여 소개한다. 다층자료의 구조는 크게 위계적 다층자료, 교차적 다층자료, 그리고 위계적 특성과 교차적 특성이 혼합된 다층자료로 분류한다. 둘째, 주어진 다층구조 내에서 연속변수의 자료 분석에 적절한 선형모형과 비연속변수의 분석에 적절한 비선형 다층모형으로 나누어 소개한다. 이와 같은 분류를 표로 정리하면 〈표 3-1〉과 같다.

〈표 3-1〉 다층모형의 유형

다층자료의 구조	종속변수의 유형	다층모형 선택
1. 위계적 다층자료	1) 연속변수	2-수준 다층모형 3-수준 다층모형 2-수준 다변량 다층모형[1]
	2) 이산변수	2-수준 로지스틱 다층모형 3-수준 로지스틱 다층모형
	3) 잠재특성 변수	2-수준 잠재특성 다층모형 3-수준 잠재특성 다층모형
2. 교차적 다층자료	1) 연속변수	2-수준 교차적 다층모형
	2) 이산변수 3) 잠재특성 변수	학술연구 수준의 모형
3. 복합적 다층자료	1) 연속변수 2) 이산변수 3) 잠재특성 변수	학술연구 수준의 모형

위 〈표 3-1〉에서 종속변수가 연속변수인 경우는 일반선형모형(General Linear Model)의 맥락에서 개발된 다층모형들이다. 그리고 종속변수가 이산변수인 경우는 이항변수, 빈도변수, 서열변수, 다항변수를 포괄하여 표현한 것이다. 이산변수인 경우는 변수의 분포가 변수 특성에 따라 다르고 설명변수와의 함수관계가 비선형관계이므로, 일반화선형모형(Generalized Linear Model)의 맥락에서 개발된 것이다. 어느 모형이나 일반모형의 성격을 가지므로 설명변수 또는 독립변수는 모든 유형의 변수가 가능하다. 〈표 3-1〉에서 교차적 다층자료와 복합적 다층자료의 분석을 위한 모형들은 대부분 학술연구 수준의 모형으로 표현하였다. 즉, 다층자료의 구조는 시간이 지날수록 매우 다양해지는 특징이 있으며, 연구자들은 특수한 영역에서 보편적으로 존재하는 현상들을 발견하고 이에 적절한 모형개발을 하고 있다. 한 예로, 학교에서 동아리 활동을 하는

학생들은 동아리 회원들과도 밀접하게 교류하고 동일 학급 소속 학생들과도 교류하는데, 학급과 동아리가 모두 같은 집단에 속한 학생들이 1-수준이며, 2-수준에서는 2개의 소속 집단이 존재하고, 다시 3-수준에는 학교에 속하는 특수 구조가 가능하다. 또는 중학교 3년 동안 학급 소속이 서로 교차하므로 1-수준은 학생, 2-수준은 삼원교차집단, 3-수준은 학교가 될 수도 있다. 이 같은 현상은 교육분야에서 보편적으로 존재하는 현상이고 과학적 탐구를 위한 적절한 통계모형의 개발이 이루어지는 분야이다(Jayasinghe, Marsh, & Bond, 2003; Luo & Kwok, 2009; Meyers, 2004). 여기서는 종속변수가 연속변수일 때와 이산변수일 때의 모형을 소개한다.

2. 위계적 다층자료 분석을 위한 모형

다층구조의 자료에서 1-수준의 단위가 2-수준의 한 집단에만 속하는 구조는 위계적 다층자료(Hierarchical Multilevel Data) 또는 내재적 다층자료(Nested Multilevel Data)라고 한다. 예를 들어, 학생이 학교에 속한 자료는 학생의 학교 소속이 하나이다. 다음 그림들은 위계적 2-수준 다층자료와 3-수준 다층자료의 구조를 예시한 것이다.

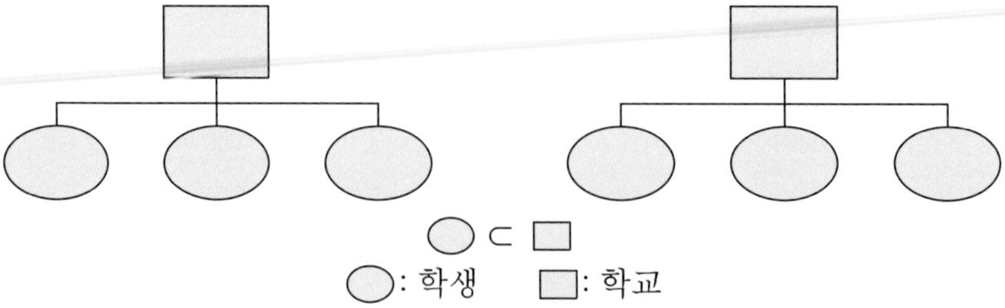

그림 3-1a 2-수준 위계적 다층자료의 구조(학교-학생)

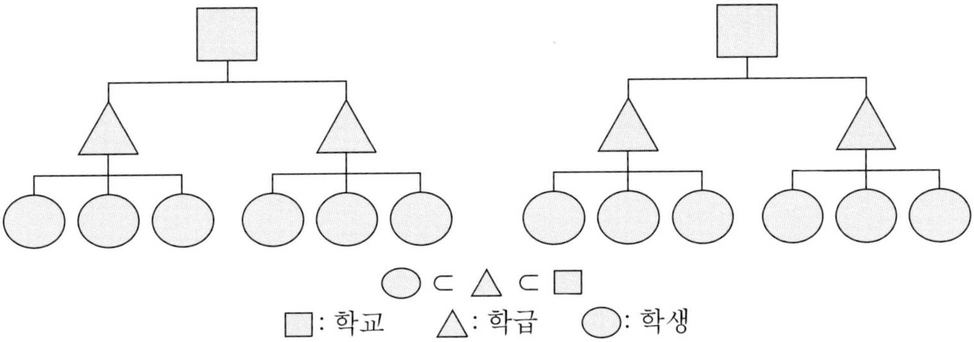

그림 3-1b 3-수준 위계적 다층자료의 구조(학교-학급-학생)

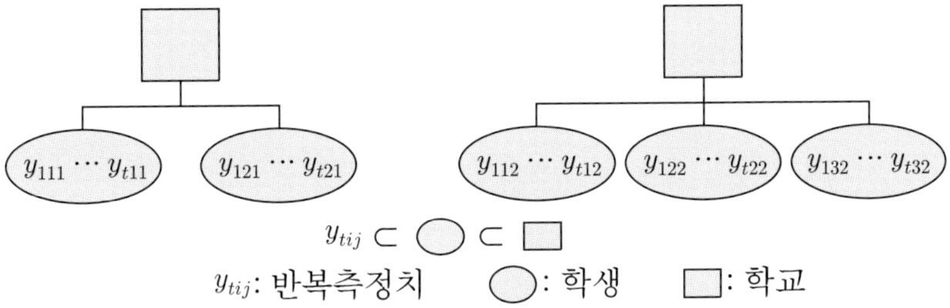

그림 3-1c 3-수준 위계적 다층자료의 구조(학교-학생-반복관찰치)

3가지 그림의 공통적인 특징은 하위 수준의 관찰단위가 단 하나의 상위수준에 속한다는 것이다. 따라서 위와 같은 자료구조에 적절한 분석모형을 쉽게 명세화하는 방법은 각 수준별로 모형을 구성하는 것이다.

1) 종속변수가 연속변수인 경우

(1) 2-수준 다층모형

개인이 집단에 속하는 자료구조에서 개인의 성과변수의 변산을 개인의 특성(X)과 개인이 속한 조직환경의 특성(W)의 함수관계로 설명하려는 경우에 적절한 통계모형이 2-수준 다층모형이다. 2-수준 다층모형은 가장 광범위한 영역에서 연구자들이 활용하는 보편적인 모형이다. 다층모형을 명세화하는 방법으로는 언제나 각 수준별로 모형을 제시하는 것이 쉬운 접근법이다. 이제 학생이 학교에 속한 자료의 경우, 학생의 학업성취도(Y)를 학생의 배경변수(X)와 소속학교의 특성(W)으로 설명하려는 경우를 가정하자.

1-수준 모형은 각 학교별 학생수준의 회귀분석모형이다. 즉, 각 학교별(j)로 다음의 일반모형을 제시할 수 있다.

1-수준 모형:

$$Y_{ij} = \beta_{0j} + \beta_{1j}X_{1ij} + \beta_{2j}X_{2ij} + \cdots + \beta_{Pj}X_{Pij} + e_{ij}, \ \ e_{ij} \sim N(0, \sigma^2) \quad (3\text{-}1)$$

여기서 $i = 1, 2, \cdots, n_j$

$j = 1, 2, \cdots, J.$

위 식에서 Y_{ij}는 j학교에 속한 i학생의 성취도이며, X_{ij}는 각 학생의 배경변수 값이다. β_{pj}는 j학교에서 p번째 배경변수(X_{Pij})가 종속변수 Y에 대한 효과를 반영하는 모수이다. β_{pj}의 표기에서 아래첨자에 j가 있다는 것은 학교에 따라서 β_{pj}의 값이 다를 수 있다는 것을 의미한다. 즉, 개인수준에서의 학생특성이 학업성취도에 미치는 영향은 학교에 따라 다를 수 있다는 것이다. 예를 들어, 학생의 가정배경이 학업성취도에 미치는 영향은 학교 분위기에 따라 다를 수 있다. 또한 종속변수인 Y_{ij}는 연속변수이고 정규분포를 가지며, $e_{ij} \sim N(0, \sigma^2)$의 가정에 보듯이 각 학교에서 잔차분산은 동일하다.[2] 이제 β_{pj}는 각 학교별로 다르므로, 이 값은 학교의 특성에 따라 달라진다. 따라서 β_{pj}의 학교 간 차이를 설명하는 모형이 2-수준 모형이며, 이것은 학교 간 모형이기도 하다.

2-수준 모형:

$$\beta_{pj} = \gamma_{p0} + \gamma_{p1} W_{1j} + \gamma_{p2} W_{2j} + \cdots + \gamma_{pQ} W_{Qj} + u_{pj}, \quad (3\text{-}2)$$

여기서 $p = 0,\ 1,\ 2,\ \cdots,\ P$

따라서 2-수준 모형은 종속변수가 $(P+1)$개인 다변량모형(Multivariate Model)이며, 2-수준에서 잔차는 분산-공분산행렬을 갖는다. 즉, $[u_{0j},\ u_{1j},\ \ldots\ u_{Pj}]^T \sim N(\overline{0},\ T_j)$이며, T_j는 각 학교별로 $(P+1) \times (P+1)$ 차원의 분산-공분산 행렬이다.

식(3-2)를 식(3-1)에 대입하면 단일식으로 2-수준 다층모형의 일반식을 구할 수 있다. 일반식은 매우 복잡한 모습을 하고 있으나, 이를 다음과 같이 구조화시키면 다층모형의 특징을 이해하는 데 도움이 된다.

$$\begin{aligned} Y_{ij} = &\ \gamma_{00} \\ &+ \sum_{q=1}^{Q_0} \gamma_{0q} W_{qj} \\ &+ \sum_{p=1}^{P} \gamma_{p0} X_{Pij} \\ &+ \sum_{p=1}^{P} \sum_{q=1}^{Q_p} \gamma_{pq} W_{q_p} X_{pij} \\ &+ u_{0j} + \sum_{p=1}^{P} u_{pj} X_{pij} + e_{ij} \end{aligned} \quad (3\text{-}3)$$

위의 식(3-3)의 첫 줄은 절편계수, 둘째 줄은 2-수준 변수의 고정효과, 셋째 줄은 1-수준 변수의 고정효과, 넷째 줄은 1-수준 변수와 2-수준 변수 간의 층위 간 상호작용 고정효과, 마지막 줄은 무선효과 항을 나타내고 있다. 식(3-3)은 식(3-1)의 1-수준 모형에서 모든 회귀계수가 무선효과를 가질 뿐만 아니라, 이 모든 무선효과 회귀계수의 변산을 2-수준의 변수로 설명하려는 일반 모형이다. 식(3-3)은 무한대의 자료가 허용되고 모든 1-수준 회귀계수가 무선효과를 갖는 경우에 가능한 메가 모형이다.

지금까지 제시한 식들은 사실상 다층모형 중에서 가장 간단한 2-수준 다층모형의 일반식이다. 이 일반식을 응용하여 실제 연구에서 적용할 때의 다층모형은 식(3-1)에서 식(3-3)까지의 경우보다 훨씬 간단하며 융통성이 있다. 한 예로 1-수준에서 종속변수 Y_{ij}를 설명하는 개인변수가 X_{1ij}, X_{2ij} 2개이고, 집단수준의 변수는 W_{1j} 하나라고 가정하자. 이 중에서 절편계수인 β_{0j}와 X_{1ij}의 효과인 β_{1j}만 무선효과를 가지며, X_{2ij}의 회귀계수 β_{2j}는 학교 간 변산이 유의하지 않다면 2-수준 다층모형은 다음 식으로 표현할 수 있다.

$$\begin{aligned} \text{1-수준 모형: } & Y_{ij} = \beta_{0j} + \beta_{1j}X_{1ij} + \beta_{2j}X_{2ij} + e_{ij},\ \ e_{ij} \sim N(0, \sigma^2) \\ \text{2-수준 모형: } & \beta_{0j} = \gamma_{00} + \gamma_{01}W_{1j} + u_{0j} \\ & \beta_{1j} = \gamma_{10} + \gamma_{11}W_{1j} + u_{1j} \\ & \beta_{2j} = \gamma_{20.} \end{aligned} \quad (3\text{-}4)$$

$$\text{여기서 } \begin{bmatrix} u_{0j} \\ u_{1j} \end{bmatrix} \sim N\left(\begin{bmatrix} 0 \\ 0 \end{bmatrix}, \begin{bmatrix} \tau_{00}, \tau_{01} \\ \tau_{10}, \tau_{11} \end{bmatrix} \right).$$

식(3-4)는 식(3-1)과 식(3-2)에 해당하는 구체적인 2-수준 다층모형을 예시한 것이다.

연구자들은 식(3-4)에서 많은 선택을 할 수 있다. 즉, 첫째, 자료가 허용하는 범위에서 많은 설명변수를 1-수준과 2-수준에서 사용할 수 있다. 둘째, 1-수준 모형에서 회귀계수는 2-수준에서 무선효과를 가질 수도 있으며, 고정효과로 정의될 수도 있다. 식(3-4)에서 β_{0j}와 β_{1j}는 무선효과이며, β_{2j}는 고정효과를 갖는다. 셋째, 1-수준 설명변수와 2-수준 설명변수의 고정효과 회귀계수 $\gamma_{10}, \gamma_{11}, \gamma_{20}$,를 추정할 수 있다. 넷째, 층위 간 상호작용효과(Cross-Level Interaction Effects)를 구할 수 있다. 즉, 식(3-4)에서 γ_{11}은 1-수준 변수(X_{1ij})와 2-수준 변수(W_{1j})의 층위 간 상호작용 효과이다. 다섯째, 무선효과 회귀계수들의 학교 간 분산과 공분산 정보를 구할 수 있다. 다층분석을 수행하는 연구자들의 과제는 자료를 분석할 뿐만 아니라 식(3-4)에 제시된 모든 고정효과 모수 $\gamma_{00}, \gamma_{01}, \gamma_{10}, \gamma_{11}, \gamma_{20}$와 무선효과 모수 $\sigma^2, \tau_{00}, \tau_{01}, \tau_{10}, \tau_{11}$의 의미를 해석하는 것이다. 이는 통계방법을 사용하는 모든 연구자에게 공통적인 사항이다.

(2) 3-수준 다층모형

3-수준 다층모형은 앞의 2-수준 다층모형을 동일한 논리로 확장한 모형이다. 예를 들어, 학생 ⊂ 학급 ⊂ 학교의 구조가 3-수준 다층자료이다. 연구자가 분석하려는 자료의 구조가 3-수준이면 연구자는 각 수준에서 설명변수를 활용하여 관심 있는 현상을 설명할 수 있다. 학생의 성취도(Y)를 학생의 특성(X)과 학생이 속한 학급의 특성(Z), 그리고 학교의 특성(W)으로 설명하려는 경우에 적절한 통계모형이 3-수준 다층모형이다. 3-수준 다층모형은 2-수준 다층모형과 마찬가지로 연구자들이 활용하는 보편적인 모형이다. 3-수준 다층모형의 명세화 방법의 논리는 2-수준 다층모형과 기본적으로 같다. 다만 고정효과와 무선효과 모수가 크게 많아지므로 모형이 복잡해질 뿐이다. 이제 학생이 학교에 속한 자료의 경우, 학생의 학업성취도(Y)를 학생 배경변수(X)와 학급특성(Z) 그리고 소속학교의 특성(W)으로 설명하려는 경우를 가정하자.

1-수준 모형은 각 학교별 학생-수준의 회귀분석모형이다. 즉, 각 학교(k)에 속한 학급별(j)로 다음의 일반모형을 제시할 수 있다.

1-수준 모형:

$$Y_{ijk} = \pi_{0jk} + \pi_{1jk}X_{1ijk} + \pi_{2jk}X_{2ijk} + \cdots + \pi_{Pjk}X_{Pijk} + e_{ijk}, \quad e_{ijk} \sim N(0, \sigma^2) \tag{3-5}$$

여기서 $i = 1, 2, \cdots, n_{jk}, \; j = 1, 2, \cdots, J_k, \; k = 1, 2, \cdots, K$

위 식에서 Y_{ijk}는 k학교의 j학급에 속한 i학생의 성취도이며, X_{ijk}는 각 학생의 배경변수 값이다. 오차항 e_{ijk}는 1-수준의 잔차이며 정규분포를 갖고 등분산성을 갖는다. 회귀계수인 π_{pjk}는 각 X_{pijk} 변수의 Y_{ijk}에 대한 회귀계수로서 아래첨자 "jk"는 소속 학급과 학교에 따라 그 효과가 다를 수 있음을 의미한다. 주목할 사항은 Y_{ijk}는 동일 학급 또는 학교 내에서 서로 상관을 갖는 변수이지만, 오차항 e_{ijk}는 상호독립이라는 것이다. 즉, Y_{ijk}의 집단 내 상관부분은 회귀계수인 π_{pjk}의 무선효과로 분해되고, 잔차인 e_{ijk}는 독립성을 갖는다.

각 X_{pijk} 변수의 Y_{ijk}에 대한 효과 π_{pjk}는 학생이 속한 학급과 학교에 따라서 다를 수 있으므로 π_{pjk}의 학급 간 변산을 설명하는 모형은 2−수준 모형 또는 학급수준의 모형이다. $p = 0, 1, 2, ... P$개의 π_{pjk}가 있으므로, 각 π_{pjk}마다 다음의 일반식을 생각할 수 있다.

2−수준 모형:

$$\pi_{pjk} = \beta_{p0k} + \beta_{p1k}Z_{1jk} + \beta_{p2k}Z_{2jk} + \cdots + \beta_{pQk}Z_{Qjk} + r_{pjk}, \quad r_{jk} \sim N(0, T_{\pi}) \tag{3-6}$$

여기서 π_{pjk}는 학급별 모수이며, 1−수준 모형에서 정의된 바와 같다. β_{pqk}는 학급수준의 설명변수 Z_{qjk}의 π_{pjk}에 대한 효과이며, 학교에 따라 값이 다를 수 있다. 2−수준 모형은 종속변수 π_{pjk}가 $P+1$개 있는 다변량 모형인데, 만일 $P+1$개의 모든 π_{pjk}가 무선효과를 갖는다면, 즉 학급 소속에 따라 그 값이 다르다면 오차항인 r_{pjk}는 각 학급별로 $P+1$개가 존재하므로, r_{jk}는 다변량 정규성, 등분산성, 그리고 독립성을 갖는다. r_{jk}의 무선효과 모수인 분산−공분산 행렬인 T_{π}는 각 학급별로 $(P+1)\times(P+1)$의 차원을 갖는 분산−공분산 행렬이다. T_{π} 행렬의 크기는 π_{pjk}의 무선효과 수에 따르게 된다. 만일 절편계수 π_{0jk}만 무선효과를 갖고 모든 설명변수의 효과가 고정효과를 갖는다면 T_{π}는 각 학급별로 하나의 분산 $\tau_{\pi00}$만 갖는다.

이제 식(3−6)에 제시된 2−수준 모형의 회귀계수 β_{pqk}는 소속학교에 따라 다를 수 있으므로, β_{pqk}의 학교 간 변산을 설명하는 모형을 생각할 수 있다.

3-수준 모형:

$$\beta_{pqk} = \gamma_{pq0} + \gamma_{pq1} W_{1k} + \gamma_{pq2} W_{2k} + \cdots + \gamma_{pQS} W_{Sk} + u_{pqk},\ u_k \sim N(0, T_\beta) \tag{3-7}$$

여기서 γ_{pqs}는 k번째 학교에서 s번째 특성변수 W_{sk}의 β_{pqk}에 대한 고정효과 모수이다. 식(3-7)은 $\sum_{p=0}^{P}(Q_p+1)$개의 식이 존재하는 모형이다. 즉, 2-수준 모형에서의 β_{pqk}의 수는 1-수준에서 $(P+1)$개의 회귀계수마다 Q_p+1개의 설명변수가 가능하기 때문이다. 식(3-7)에서 잔차인 u_{pqk}는 만일 $\sum_{p=0}^{P}(Q_p+1)$개의 β_{pqk}가 모두 무선효과를 갖는다면, 각 학교별로 차원이 $\sum_{p=0}^{P}(Q_p+1)$인 분산-공분산 행렬을 가질 것이다. 따라서 3-수준 다층모형은 추정대상인 고정효과 모수의 수와 무선효과 모수의 수가 급격히 늘어나는 모형이다.

식(3-5)에서 식(3-7)까지의 식은 3-수준 다층모형의 일반식을 각 수준별로 제시한 것이다. 2-수준 모형에서와 마찬가지로 세 식을 합치면 단일식으로 3-수준 다층모형을 표현할 수 있다.

$$\begin{aligned} Y_{ijk} = \gamma_{000} & \\ & + \sum_{s=1}^{S_0} \gamma_{00s} W_{sk} \\ & + \sum_{q=1}^{Q_p} \gamma_{0q0} Z_{qjk} \\ & + \sum_{p=1}^{P} \gamma_{p00} X_{pijk} \\ & + \sum_{q=1}^{Q_p} \sum_{s=1}^{s_0} \gamma_{0qs} W_{sk} Z_{qjk} \\ & + \sum_{p=1}^{P} \sum_{s=1}^{S_p} \gamma_{p0s} W_{sk} X_{pijk} \end{aligned}$$

$$
\begin{aligned}
&+\sum_{p=1}^{P}\sum_{q=1}^{Q_p}\gamma_{pq0}Z_{qjk}X_{pijk}\\
&+\sum_{p=1}^{P}\sum_{q=1}^{Q_p}\sum_{s=1}^{S_p}\gamma_{pqs}W_{sk}Z_{qjk}X_{pijk}\\
&+u_{00k}+\sum_{q=1}^{Q_0}u_{0qk}Z_{qjk}+\sum_{p=1}^{P}\sum_{q=1}^{Q_p}u_{pqk}Z_{qjk}X_{pijk}\\
&+r_{0jk}+\sum_{p=1}^{P}r_{pjk}X_{pijk}\\
&+e_{ijk} \qquad (3\text{-}8)
\end{aligned}
$$

위 식은 복잡한 3-수준 다층모형을 각 수준별로 고정효과와 무선효과로 정리한 것이다. 고정효과 부분은 8개의 행으로, 다음의 순서로 정리되어 있다.

1행: 절편계수, 2행: 3-수준 설명변수(W_{sk})의 고정효과, 3행: 2-수준 설명변수(Z_{qjk})의 고정효과, 4행: 1-수준 변수($X_{\pi jk}$)의 고정효과, 5행: 3-수준과 2-수준 변수의 상호작용 효과, 6행: 3-수준과 1-수준 변수의 상호작용 효과, 7행: 2-수준과 1-수준 변수의 상호작용 효과, 그리고 8행: 1-수준, 2-수준, 3-수준 설명변수들의 상호작용 효과이다.

무선효과 모형은 9행부터 11행까지 3-수준, 2-수준, 그리고 1-수준에서의 무선효과 순서로 제시하였다.

식(3-8)의 단일식은 3-수준 다층모형이 어떠한 유형의 정보를 제공하는지 그 잠재적인 가능성을 잘 보여 주고 있다. 즉, 식(3-8)에서 각 행에 제시된 모수들은 각 수준에서 설명변수의 고정효과와 2개 수준 또는 3개 수준 간 상호작용 효과, 그리고 각 수준의 무선효과를 매우 다양한 형태로 제시한다.

식(3-8)은 일반모형이며, 실제연구에서 연구자들은 관심 있는 자연현상이나 사회현상을 설명할 때 간명성(Parsimonious)의 원칙을 고수한다. 따라서 실제 연구에서 사용하는 3-수준 다층모형은 여전히 복잡하기는 하지만 위의 식보다는 훨씬 간단하다.

2) 종속변수가 이산변수인 경우

위계적 구조를 갖는 다층자료에서 종속변수가 연속변수가 아니고 이항변수, 다항변수 또는 빈도변수인 경우는 정규분포를 가정한 통계모형이 적합하지 않다. 즉, 많은 경우에 연속변수는 정규분포를 가지며, 비록 편포가 있어도 정규분포로 전환하여 분석할 수 있다. 또한 종속변수가 연속변수인 경우에 분포의 정규성을 충족시키기 위한 방법은 다양하게 존재한다. 그러나 종속변수가 이산변수인 경우는 변수의 값이 실수 영역 전체로 일반화되지 않는다. 예를 들어, 이항변수인 경우는 단 2개의 값만 존재하므로, 실수 영역 전체를 대상으로 하는 분포를 가정할 수 없다. 마찬가지로 특정 기간에 어떤 사건이 발생하는 횟수를 반영하는 빈도변수도 연속변수처럼 정규분포를 가정하기 어렵다. 도로 교차로에서 일정 기간에 발생하는 교통사고 빈도를 관찰하면 그 사건의 빈도가 0회, 1회, 2회 정도인 교차로는 매우 많을 수 있으나, 그보다 더 많이 사고가 발생하는 교차로는 희소하다. 이 같은 희소자료에 정규분포의 가정을 적용하는 것은 적절하지 않다.

종속변수가 이산변수인 경우에 적절한 통계모형은 2가지 특징을 갖는다. 하나는 이산변수의 분포에 대응하는 확률분포를 사용하여 이산변수의 각 값에 대응하는 확률을 계산하는 것이다. 다른 하나는 확률이 (0, 1) 사이의 분포를 가지므로, 이를 실수 영역으로 확장하는 연결함수(Link Function)를 사용하여 종속변수의 분포를 실수영역에서 관찰할 수 있도록 하는 것이다. 연결함수는 흔히 로그(Log), 로짓(Logit) 또는 프로빗(Probit)이 사용된다. 연결함수는 종속변수가 이산변수인 경우에 연속변수처럼 실수영역에서 분포를 갖도록 전환하는 특성을 갖는다(McCullagh & Nelder, 1989).

이상의 내용을 요약하면, 다층모형에서 종속변수가 이산변수인 경우 적절한 모형은 크게 3단계로 구성된다.

첫째, **확률모형** 또는 **표집모형(Sampling Model)**으로 이산변수의 각 값의 확률을 추정하는 확률모형을 결정한다.

둘째, 확률의 분포를 (0, 1) 사이에서 실수 전 영역으로 확산시키는 연결함수(Link Function)를 결정한다. 연결함수로 전환된 변수는 소위 선형화된 종속변수(Linearized Dependent Variable)이다.

셋째, 연결함수로 전환된 변수 값을 종속변수로 하는 다층모형을 결정한다.

따라서 연구자가 관찰하는 변수가 이산변수인 경우에 연구자는 이 순서에 따라 모형을 결정해 나가면 된다. 이산변수의 특성에 따라 연구자가 선택하는 표집모형(Sampling Model)과 연결함수(Link Function)는 달라지며, 최종적으로 연구자가 이산변수를 선형화된 종속변수(Linerarized Dependent Variable)로 전환하면 그 이후의 모형의 명세화 방법은 연속변수를 분석하는 경우와 기본적으로 동일하다. 즉, 위와 같은 절차를 거치는 기본 논리는 이산변수를 연속변수처럼 전환한 후에 연속변수를 분석하는 전통적인 통계모형으로 자료를 분석하는 경우인 셈이다. 중요한 것은 이산변수를 과연 어떻게 연속변수의 성질을 갖는 종속변수로 전환하는가이다. 다음 표는 다양한 이산변수의 분포에 적절한 확률모형(표집모형)과 연결함수를 요약하여 제시한 것이다.

〈표 3-2〉 이산변수의 표집함수와 연결함수

종속변수의 유형 이산변수(Y_{ij})	표집모형(Sampling Model)	연결함수(Link Function)
이항변수	베르눌리분포 이항분포	$\eta_{ij} = \log\left(\frac{\psi_{ij}}{1-\psi_{ij}}\right)$
빈도변수	포아송분포	$\eta_{ij} = \log(\lambda_{ij})$
서열변수	누적확률분포	$\eta_{mij} = \log\left(\frac{\Pr(Y_{ij} \le m)}{\Pr(Y_{ij} > m)}\right)$
다항변수	다항확률분포	$\eta_{mij} = \log\left(\frac{\Pr(Y_{ij} = m)}{\Pr(Y_{ij} = M)}\right)$

3) 종속변수가 이항변수인 경우: 로지스틱 다층모형

〈표 3-2〉에서 맨 왼쪽 열은 종속변수로서 이산변수의 유형을 제시하고 있다. 첫째 행의 이항변수는 관찰변수의 값이 {합격, 불합격}, {정답, 오답}, {고용, 실업}과 같이 2개인 변수이다. 통계모형으로 이산변수의 값을 예측하려면 확률에 의존하여 결정하는데, 확률은 (0, 1) 사이의 값만 가능하다. 따라서 예측된 확률 값을 실수영역 전체에서 관찰 가능한 변수로 전환하기 위한 조치가 연결함수를 사용하는 것이다. 〈표 3-2〉의 맨 오른편에 있는 이항변수의 연결함수를 보자.

$$\eta_{ij} = \log\left(\frac{\psi_{ij}}{1-\psi_{ij}}\right) \tag{3-9}$$

여기서 ψ_{ij}는 $Y_{ij} = \{0,\ 1\}$의 값을 가질 때 $\Pr(Y_{ij}=1) = \psi_{ij}$인 확률이다. 즉, j번째 집단에서 i번째 사람이 1의 값을 가질 확률이다. 또한 위의 식은 다음과 같이 ψ_{ij} 확률값으로 전환할 수도 있다.

$$\psi_{ij} = \frac{1}{1+\exp(-\eta_{ij})} \tag{3-10}$$

식(3-9)의 연결함수를 이용하면 η_{ij}의 값은 실수영역 전체에서 값을 가질 수 있다. 즉, η_{ij}의 값을 예측하는 통계모형을 생각할 수 있다. 일반화 선형모형(Generalized Linear Model, McCullagh & Nelder, 1989 참조)에서는 η_{ij}를 '선형화된 종속변수(Linearized Dependent Variable)'라고 한다. 연결함수에 의하여 η_{ij}가 정의되면 2-수준 로지스틱 다층모형은 다음과 같이 명세화할 수 있다.

1-수준 모형:

η_{ij}를 종속변수로 하여 식(3-1)과 같이 일반식으로 제시하면 다음과 같다.

$$\eta_{ij} = \beta_{0j} + \beta_{1j}X_{1ij} + \beta_{2j}X_{2ij} + \cdots + \beta_{Pj}X_{Pij}. \tag{3-11}$$

앞 식에서 η_{ij}는 j학교 i학생의 로짓값이며, X_{pij}는 그 학생의 p번째 설명변수이다. β_{pj}의 의미는 각 설명변수 X_{pij}의 η_{ij}에 대한 효과이다.

2-수준 모형:
앞에서 설명한 연속변수의 경우와 동일한 조건에서의 다층모형으로, 1-수준 모형에서의 각각의 무선효과 β_{pj}의 변산을 설명하는 모형이다.

$$\beta_{pj} = \gamma_{p0} + \gamma_{p1}W_{1j} + \gamma_{p2}W_{2j} + \cdots + \gamma_{pQ}W_{Qj} + u_{pj} \tag{3-12}$$

여기서 $p = 1, 2, \cdots, P$

따라서 2-수준 모형은 종속변수가 $(P+1)$개인 다변량모형이며, 이는 연속변수를 분석하는 식(3-2)의 경우와 같다. 잔차인 $\{u_{0j}, u_{1j}, \cdots, u_{Pj}\}$의 다변량 분포도 식(3-2)의 경우와 같다.

식(3-11)과 식(3-12)를 병합하면 연속변수의 경우처럼 식(3-3)과 유사한 단일식을 얻을 수 있다.

$$\begin{aligned}\eta_{ij} = \gamma_{00} & \\ & + \sum_{q=1}^{Q_0}\gamma_{0q}W_{qj} \\ & + \sum_{p=1}^{P}\gamma_{p0}X_{pij} \\ & + \sum_{p=1}^{P}\sum_{q=1}^{Q_p}\gamma_{pq}W_{qp}X_{pij} \\ & + u_{0j} + \sum_{p=1}^{P}u_{pj}X_{pij}\end{aligned} \tag{3-13}$$

식(3-13)은 종속변수가 로짓으로 전환된 변수이며, 1-수준의 오차항만 없을 뿐 기본적인 구조는 연속변수가 종속변수인 2-수준 다층모형의 식(3-3)과 같다. 고정효과 모수 γ의 해석은 각 변수의 효과가 로짓의 단위로 나타나는 것만 다르다. 고정효과의 의미를 더 구체적으로 파악하려면, 단층모형에서 로지스틱 회귀분석모형의 경우와 동일한 방법을 적용하면 된다. 즉, 식(3-10)을 이용하여 확률 $\hat{\psi}_{ij}$을 산출하거나, 식(3-9)를 사용하여 오즈비(Odds Ratio)를 $e^{\widehat{\eta_{ij}}}$로 구하면 된다.

4) 종속변수가 빈도변수인 경우: 빈도 로지스틱 다층모형

〈표 3-2〉에서 두 번째 행의 빈도변수는 일정 기간(관찰기간, 노출기간) 사건이 발생하는 횟수로서, 도로 교차로에서 교통사고가 나는 사건의 횟수, 청소년이 폭력적인 비행에 가담하는 횟수 등의 빈도변수를 의미한다. 빈도변수의 분포를 나타내는 확률분포는 흔히 포아송분포(Poisson Distribution)이며, 이 분포에 의하여 빈도변수의 각 값에 대응하는 확률을 계산할 수 있다. 종속변수가 이항변수인 경우와 동일한 논리 및 절차에 의하여, 빈도변수의 연결함수는 〈표 3-2〉의 오른쪽 열에 제시되어 있다.

$$\eta_{ij} = \log(\lambda_{ij}) \tag{3-14}$$

여기서 λ_{ij}는 단위기간에 각 학생이 비행에 가담할 비율이라고 할 수 있다. η_{ij}는 앞에서와 마찬가지로 선형화된 종속변수이며, 관찰비율인 $\lambda_{ij} > 0$이므로, η_{ij} 는 실수영역에서의 값을 가질 수 있다. 또한 사건발생비율은 $\hat{\lambda}_{ij} = \exp(\hat{\eta}_{ij})$로 산출할 수 있다.

1-수준 모형과 2-수준 모형:
식(3-14)의 연결함수로 전환된 η_{ij}를 종속변수로 하여 앞의 식(3-11)과 동일한 1-수준 모형, 그리고 식(3-12)와 동일한 2-수준 모형을 구성할 수 있다. 나아가 식(3-13)과 동일한 단일식 모형도 가능하다.

5) 종속변수가 서열변수인 경우: 서열화 로지스틱 다층모형

〈표 3-2〉에서 셋째 행의 서열변수는 여러 범주(M개)를 가지나, 범주의 값에 서열이 있는 변수이다. 예를 들어, 가구소득을 {상, 중, 하}로 분류한다면, 가구소득 변수는 서열변수이며 소득수준은 $M=3$인 서열변수이다. 서열변수는 잠재적으로 연속변수이나, 범주로 분류된 변수라고 할 수 있다. 대학생의 성적을 A, B, C, D, F로 분류하면, 이는 $M=5$인 범주로 분류된 서열변수이다. 서열변수는 양의 많고 적음을 비교할 수 있는 변수이나, 각 범주 간의 거리가 일정하지 않은 변수이다. 따라서 다양한 서열변수의 각 값(범주)에 대응하는 확률 값을 산출하는 일반적인 확률분포란 없으며, 흔히 정규분포의 누적함수로 확률을 표기한다. 즉, $m=1,2,3,4$로서 $M=4$인 서열변수가 있다면

$$\Pr(Y_{ij} \le M) = \Pr(Y_{ij} \le 4) = 1$$
$$\Pr(Y_{ij} = M) = \Pr(Y_{ij} = 4) = \Pr(Y_{ij} \le 4) - \Pr(Y_{ij} \le 3)$$

의 방법으로 각 범주의 확률을 계산한다. 일반적으로

$$\Pr(Y_{ij} = m) = \Pr(Y_{ij} \le m) - \Pr(Y_{ij} \le m-1) \tag{3-15}$$

이다. 즉, 누적확률분포의 차이로 각 범주에 속할 확률을 계산한다. 〈표 3-2〉에서 서열변수의 연결함수는 누적확률을 이용한 연결함수이다.

$$\eta_{mij} = \log\left(\frac{\Pr(Y_{ij} \le m)}{\Pr(Y_{ij} > m)}\right) \tag{3-16}$$

식(3-16)은 관찰변수 Y_{ij}의 값이 m의 값보다 작을 확률이 이보다 클 확률의 몇 배인지를 로그함수로 나타낸 로짓이다. 또한 식(3-16)은 이항분포에서 연결함수로 제시

된 식(3-9)와 유사성을 갖춘 것을 알 수 있다. 즉, 이항분포에서

$$\Pr(Y_{ij}=1)+\Pr(Y_{ij}=0)=\psi_{ij}+(1-\psi_{ij})=1.0$$

인 것처럼

$$\Pr(Y_{ij}\le m)+\Pr(Y_{ij}>m)=1.0$$

이다. 따라서 연결함수에서는 분자의 확률이 높으면 분모의 확률이 낮아서 실수영역 전체에서 η_{mij}의 값을 관찰할 수 있다. η_{mij}는 소위 선형화된 종속변수이며, 이는 $M-1$개로 정의된다. 즉, $\Pr(Y_{ij}\le M)=1.0$이므로, $M-1$개만 정의하는 것으로 충분하다. 식(3-16)에서 유의할 사항은 이 연결함수가 $Y_{ij}=m$과 $Y_{ij}=m+1$ 사이의 경계선을 분류기준(Threshold)으로 삼고 있다는 것이다.

선형화된 종속변수가 η_{mij}로 정의됨에 따라, 서열변수 자료를 분석하기 위한 다층모형에서 설명변수가 각 수준에서 1개씩만 존재한다면 다층모형은 다음과 같이 명세화할 수 있다.

$$\begin{aligned}
&\text{1-수준 모형: } \eta_{mij}=\theta_{mj}+\beta_{1j}X_{ij}\\
&\text{2-수준 모형: } \theta_{mj}=\gamma_{m0}+\gamma_{m1}W_j+u_{mj}\\
&\qquad\qquad\quad \beta_{1j}=\gamma_{1j}+\gamma_{11}W_j+u_{1j}
\end{aligned} \tag{3-17}$$

위 식에서 1-수준 모형은 $Y_{ij}\le m$ 범주에서 η_{mij}가 질편계수 θ_{mj}와 설명변수의 효과 β_{1j}의 선형조합인 것을 나타낸다. 여기서 절편계수는 소위 분류기준점(Threshold)이다. 1-수준 모형은 θ_{mj}의 값이 범주마다 다르고, 집단 j마다 다른 값을 갖는 것을 가정하고 있다. 반면에 기울기 계수인 β_{1j}는 각 집단 간에서만 값이 다르다. θ_{mj}의 이러한 성질은 j집단마다 서열변수의 범주 간 분류기준이 다르게 존재한다는 것을 보여 주므

로, 분석결과를 해석할 때 각 범주의 구분에 대한 일반적인 해석이 불가능해지는 문제가 발생한다. 또한 1-수준 모형에서는 각 j집단별로 $M-1$개의 θ_{mj}를 추정해야 하는 부담이 존재하고, 잠재적 특성이 같은 변수를 무수히 반복추정하는 것은 다중공선성을 피할 수 없게 된다. 따라서 이를 극복하기 위한 방법은 모형을 더 간명하게 하는 것이다. 가장 간단한 방법은 모든 집단에서 범주의 분류기준점 간의 공통적인 거리를 정하는 것이다. 즉, 모든 집단에서 각 범주 간의 거리는 같다고 가정하는 것이다. 즉,

$$\delta_m = \theta_{mj} - \theta_{(m-1)j} \tag{3-18}$$

이다. 그 후에 1-수준 모형의 절편을 공통적인 모수 β_{0j}로 설정하여 $M=4$인 다층모형을 제시하면 다음과 같다(Raudenbush & Bryk, 2002, p. 321 참조).

$$\begin{aligned} \text{1-수준 모형: } & \eta_{1ij} = \beta_{0j} + \beta_{1j}X_{1ij} \\ & \eta_{2ij} = \beta_{0j} + \beta_{1j}X_{1ij} + \delta_2 \\ & \eta_{3ij} = \beta_{0j} + \beta_{1j}X_{1ij} + \delta_2 + \delta_3 \\ \text{2-수준 모형: } & \beta_{pj} = \gamma_{p0} + \gamma_{p1}W_{1j} + u_{pj} \end{aligned} \tag{3-19}$$

앞의 식(3-17)에서 θ_{mj}를 식(3-19)에 대응시키면, $\theta_{1j} = \beta_{0j}$, $\theta_{2j} = \beta_{0j} + \delta_2$, $\theta_{3j} = \beta_{0j} + \delta_2 + \delta_3$인 것을 알 수 있다.

따라서 서열변수를 종속변수로 하는 위계적 다층자료를 분석하기 위한 일반 모형은 다음과 같다.

$$\text{1-수준 모형: } \eta_{mij} = \beta_{0j} + \sum_{p=1}^{P}\beta_{pj}X_{pij} + \sum_{m=2}^{M-1}D_{mij}\delta_m \tag{3-20}$$

여기서 D_{mij}는 각 범주를 지칭하는 변수이다. 1-수준 모형에서 β_{pj}는 2-수준에서

무선효과를 가질 수 있으며, δ_m 은 모든 집단에서 공통인 고정효과이다. 따라서

$$2\text{-수준 모형: } \beta_{pj} = \gamma_{p0} + \sum_{q=1}^{Q_p} \gamma_{pq} W_{qj} + u_{pj} \tag{3-21}$$

이다. 2-수준모형에서의 잔차효과인 u_{pj}의 분포에 대한 가정은 연속변수의 경우와 동일하다.

6) 종속변수가 다항변수인 경우: 다항 로지스틱 다층모형

〈표 3-2〉에서 마지막 행은 종속변수가 다항변수인 경우이다. 다항변수는 범주의 수가 $m = 1,2,...M$개인 변수이다. 다항변수는 서열변수와 달리 잠재적인 연속변수를 가정하지 않으므로, 모든 범주형 변수를 포괄한다. 사람들이 소속한 정당, 종교, 학교 유형 등은 모두 범주형 변수이다. 또한 서열변수의 경우도 서열이 보장되지 않는다면 범주형 변수로 취급할 수 있다. 지금까지 설명한 이산변수의 경우와 마찬가지로 다항변수도 연속변수로 전환하기 위하여 연결함수를 사용한다. 〈표 3-2〉에서 다항변수의 연결함수는 다음과 같았다.

$$\eta_{mij} = \log\left(\frac{\Pr(Y_{ij} = m)}{\Pr(Y_{ij} = M)}\right) \tag{3-22}$$

위의 식에서 $\Pr(Y_{ij} = m) = \psi_{mij}$로서 관찰값이 각 범주에 속할 확률이다. $\Pr(Y_{ij} = M)$는 관찰값이 마지막 범주 M에 속할 확률이며, 준거확률 또는 참조확률이다. 여기서

$$\Pr(Y_{ij} = M) = 1 - \sum_{m=1}^{M-1} \psi_{mij} \tag{3-23}$$

이므로, 범주형 변수는 $M-1$개의 확률정보가 있으면 모든 범주의 확률을 산출할 수 있다. 식(3-22)에서 η_{mij}는 소위 선형화된 종속변수로서 이는 참조집단에 속하기보다 범주 m에 속할 확률이 몇 배인지를 로짓으로 나타낸 것이다. 다항변수에서는 각 범주에 속할 확률이 추정되므로, 각 범주별로 η_{mij}에 대한 다층모형의 명세화가 가능하다.

$$1\text{-수준 모형: } \eta_{mij} = \beta_{0j(m)} + \sum_{p=1}^{P_m} \beta_{pj(m)} X_{pij} \tag{3-24}$$

위 1-수준 모형은 각 범주(m)별로 명세화하는 모형이다. 따라서 모수 $\beta_{pj(m)}$도 범주별로 존재한다. 이는 앞에서의 서열함수와 매우 다른 것으로, 서열함수에서는 각 범주 간의 거리가 모든 집단에서 동일하였지만 다항분포에서는 그러한 추가적인 가정에 구애받지 않는 장점이 있다. 2-수준 모형은 이전의 다른 모형들과 마찬가지로 1-수준에서의 무선효과를 모형화한 것이다. 2-수준 모형은 흔히 매우 큰 모형으로서 각각의 $\beta_{pj(m)}$의 집단 간 변산을 설명하는 모형이다.

$$2\text{-수준 모형: } \beta_{pj(m)} = \gamma_{p0(m)} + \sum_{q=1}^{Q_p} \gamma_{pq(m)} W_{qj} + u_{pj(m)} \tag{3-25}$$

여기서 $p = 0, 1, \cdots, P_m$이다. 또한 잔차효과는 다른 모형과 마찬가지로 다변량정규분포를 갖는다.

3. 교차적 다층자료 분석을 위한 모형

다층구조의 자료에서 1-수준의 단위가 2가지의 2-수준 집단에 동시에 속하는 경우를 교차적 다층자료(Cross-Classified Multilevel Data)라고 한다. 즉, 관찰단위가 두 가지 집단에 이중 소속되는 경우이다. 예를 들어, 고등학생들은 출신 중학교가 있으므로 모든 학생은 출신 중학교와 재학하는 고등학교의 2가지 소속을 가질 수 있다. 이 경우 학생의 성취도와 행동발달은 중학교 교육경험의 영향과 고등학교 교육경험의 영향을 모두 받을 수 있다. 다음은 교차적 다층자료의 구조를 예시한 것이다.

		고등학교				
		1	2	3	…	k
중학교	1	$s_{111} \cdots s_{n11}$	$s_{112} \cdots s_{n12}$		…	
	2		$s_{122} \cdots s_{n22}$	$s_{123} \cdots s_{n23}$	…	$s_{12k} \cdots s_{n2k}$
	3	$s_{131} \cdots s_{n31}$	$s_{132} \cdots s_{n32}$	$s_{133} \cdots s_{n33}$	…	
	⋮	⋮	⋮	⋮		⋮
	j			$s_{1j3} \cdots s_{nj3}$	…	

그림 3-2a 2-수준 교차분류 다층자료의 구조(학생⊂(중학교×고등학교))

		연도 2006	2007	…	2014
고등학교	1	$s_{111} \cdots s_{n11}$ $= \{s_{i11}\}$	$s_{112} \cdots s_{n12}$ $= \{s_{i12}\}$	…	$s_{119} \cdots s_{n19}$ $= \{s_{i19}\}$
	2	$= \{s_{i21}\}$	$= \{s_{i22}\}$	…	$= \{s_{i29}\}$
	⋮	⋮	⋮		⋮
	j	$= \{s_{ij1}\}$	$= \{s_{ij2}\}$	…	$= \{s_{ijk}\}$

그림 3-2b 2-수준 교차분류 다층종단자료의 구조(학생⊂(학교×연도))

[그림 3-2a]에서 학생들은 중학교×고등학교가 교차하는 칸에 내재되어 있다. 학생들의 교과 성취도를 비롯한 행동발달에는 중학교도 영향을 미치고 고등학교도 영향을 미친다. 성취도, 문제행동, 학습동기 등 수많은 교육현상 변수들이 중학교 교육과 고등학교 교육의 영향을 어떻게 받는지 탐구할 수 있다. 이와 같은 구조의 자료는 일반 사회조직에서도 매우 흔하다. 사업체에서 소속 부서를 옮기는 경우, 각 개인은 이전 소속 부서와 현 소속 부서의 영향을 모두 받는다고 할 수 있다. [그림 3-2b]는 교육청에 소속된 학교들을 오랜 기간 관찰한 결과를 반영한 자료구조이다. 예를 들어, 모든 고등학교 3학년 학생들의 수학능력시험성적 혹은 국가수준학업성취도가 장기간 어떠한 추세를 보이는지 탐구하려면, 위와 같은 자료구조를 생각할 수 있다. 전국의 군부대에서 매년 전역하는 사병들을 대상으로 조사를 실시하여 전역자의 사기와 만족도, 군인정신 등의 측정치를 종속변수로 하는 종단연구를 고려할 수도 있다. [그림 3-2b]와 같은 자료는 다양한 조직 및 기관에서 최종 성과의 추세를 파악하려는 경우 또는 학교교육에서 졸업자격제도의 효과를 검정하려는 경우에 적절하며, 연구자들은 다양한 창의적인 연구문제를 제기할 수 있다. 예를 들어, 어느 회사가 산하 사업체별로 이직률이 중

요한 주제가 된다면, 매년 구성원에 대한 정보를 수집하는 체계를 갖춘 후, 이직자들을 대상으로 한 자료를 구성하여 이직현상을 체계적으로 이해하는 정보를 구할 수 있다.

[그림 3-2a]와 [그림 3-2b]의 공통적인 특징은 하위 수준의 관찰단위가 2개의 상위 수준에 동시에 속한다는 것이다. 또한 2개의 상위요인이 모두 무선효과를 갖는 구조라는 점이다. 소위 2개의 상위 요인이 모두 무선효과를 갖는 이원분산분석모형(Two-Way Random Effects Anova Model)을 가정하는 자료라고 할 수 있다. 교차적 다층자료의 분석에 적절한 모형을 흔히 교차분류 다층모형(Cross-Classified Multilevel Model, Raudenbush & Bryk, 2002) 또는 교차적 다층모형(Crossed Multilevel Model, Goldstein, 1989; Kang, 1992)이라고 한다. 교차적 다층자료에서도 1-수준의 분석단위가 각 집단(칸)에 내재하므로 적절한 분석모형을 쉽게 명세화하는 방법은 각 수준별로 모형을 구성하는 것이다.

1) 종속변수가 연속변수인 경우

개인이 2개의 집단에 동시에 속하는 자료구조에서 개인의 성과변수의 변산을 개인의 특성(X)과 개인이 속한 2가지 소속 조직(A 요인-중학교, B 요인-고등학교)의 특성들 사이의 함수관계로 설명하려는 경우에 적절한 통계모형이 교차적 2-수준 다층모형이다. [그림 3-2a]와 [그림 3-2b]는 각 개인은 2개의 상위요인이 교차하는 칸에 내재되어 있다. 따라서 교차적 2-수준 다층모형의 분석단위로서 1-수준 분석단위는 각 칸에 내재한 개인이며, 2-수준 분석단위는 A-요인, B-요인, 그리고 A×B로 상호작용하는 칸이다.

1-수준 모형은 두 요인이 교차하는 상호작용 칸 내에 소속한 학생들의 회귀분석 모형이다. 각 학생의 행동변수(Y_{ijk})를 설명하는 개인 특성 변수($X_{\pi jk}$)가 3개라고 하면, 1-수준 모형은 다음과 같다.

1-수준 모형:

$$Y_{ijk} = \beta_{0jk} + \beta_{1jk}X_{1ijk} + \beta_{2jk}X_{2ijk} + \beta_{3jk}X_{3ijk} + e_{ijk}, \quad e_{ijk} \sim N(0, \sigma^2) \quad (3\text{-}26)$$

여기서 $i=1,\, 2,\, \cdots,\, n_{jk},\;\; j=1,\, 2,\, \cdots,\, J,\;\; k=1,\, 2,\, \cdots,\, K$

위 식에서 Y_{ijk}는 j중학교 출신으로 k고등학교에 속한 학생집단에서 i번째 학생의 성취도이며, X_{ijk}는 각 학생의 배경변수 값이다. $\beta_{pjk}(p=1,2,3)$는 j학교에서 p번째 배경변수(X_{pij})가 종속변수 Y에 대한 효과를 반영하는 모수이다. β_{pjk}의 표기에서 아래첨자에 "jk"가 있다는 것은 중학교와 고등학교에 따라서 β_{pjk}의 값이 다를 수 있다는 것을 의미한다. 교차적 다층모형은 1-수준의 분석단위가 집단에 소속한다는 점에서 전통적인 2-수준 다층모형의 1-수준 모형과 동일하다.

이제 1-수준 모형에서 β_{pjk}는 집단의 소속에 따라 다를 수 있으므로, 각 효과에 대한 2-수준 모형을 명세화할 수 있다. 다음 모형은 2-수준 모형의 다양한 가능성을 함께 보여 주는 모형을 예시한 것이다.

2-수준 모형:

$$\beta_{0jk} = \gamma_{00} + \gamma_{01} W_{01j} + \gamma_{02} W_{02k} + \gamma_{03} W_{03jk} + a_{0j} + b_{0k} + c_{0jk}$$

$$\beta_{1jk} = \gamma_{10} + \gamma_{11} W_{11j} + a_{1j}$$

$$\beta_{2jk} = \gamma_{20} + \gamma_{21} W_{21k} + b_{2k}$$

$$\beta_{3jk} = \gamma_{30}$$

$$\begin{bmatrix} a_{0j} \\ a_{1j} \end{bmatrix} \sim N\left(\begin{bmatrix} 0 \\ 0 \end{bmatrix}, \begin{bmatrix} \tau^a_{00}, \tau^a_{01} \\ \tau^a_{10}, \tau^a_{11} \end{bmatrix} \right), \quad \begin{bmatrix} b_{0k} \\ b_{2k} \end{bmatrix} \sim N\left(\begin{bmatrix} 0 \\ 0 \end{bmatrix}, \begin{bmatrix} \tau^b_{00}, \tau^b_{01} \\ \tau^b_{10}, \tau^b_{11} \end{bmatrix} \right), \quad c_{0jk} \sim N(0, \tau^c_{00})$$

(3-27)

식(3-27)에서 종속변수들은 1-수준 모형에서의 회귀계수이다. 1-수준 모형의 회귀계수들은 상위집단의 소속에 따라 차별적인 영향을 받을 수 있다. 식(3-27)은 1-수준 회귀계수들이 2-수준 상위집단의 영향을 서로 다르게 받을 수 있음을 보이고 있다. 즉, 절편계수인 β_{0jk}는 3개의 집단수준 설명변수($W_{01j}, W_{02k}, W_{03jk}$)로 변산이 설명되고 있으며, β_{0jk}는 3가지 무선효과를 갖는다. 즉, β_{0jk}의 값은 A-요인(중학교)의 소속효과(a_{0j}), B-요인(고등학교)의 소속효과(b_{0k}), 그리고 $A \times B$ 상호작용 효과(c_{0jk})에 따라 변산을 갖는 것으로 명세화되어 있다. 반면에 β_{1jk}는 A-요인(중학교)의 소속효과(a_{1j})에만 영향을 받으며, B-요인의 소속효과는 없다고 가정한 것이다. 그리고 β_{2jk}는 B-요인(고등학교)의 소속효과(b_{2k})에만 영향을 받는다. 마지막으로 β_{3jk}는 상위집단의 소속에 의한 영향은 없는 것으로 가정한 모형이다. 위 모형에서 A-요인, B-요인의 무선효과(a_j, b_k)는 다변량 정규분포를 가지며, 두 요인이 교차하는 칸의 상호작용 효과(c_{jk})는 단변량 정규분포를 갖는 것으로 가정하고 있다.

연구자들은 식(3-26)과 식(3-27)에서 많은 선택을 할 수 있다. 즉, 첫째, 자료가 허용하는 범위에서 많은 설명변수를 1-수준과 2-수준에서 사용할 수 있다. 둘째, 1-수준 모형에서의 회귀계수는 2-수준에서 각 상위수준 요인에 대하여 무선효과를 가질 수도 있으며, 고정효과(예: $\beta_{3jk} = \gamma_{30.}$)로 정의될 수 있다. 셋째, 1-수준 설명변수와 2-수준 설명변수의 고정효과 회귀계수(γ 계수들)를 추정할 수 있다. 넷째, 층위 간 상호작용효과(Cross-Level Interaction Effects)를 구할 수 있다. 즉, 식(3-27)에서 γ_{11}, γ_{21}은 1-수준 변수(X_{1ijk}, X_{2ijk})와 2-수준 변수(W_{11j}, W_{21k})의 층위 간 상호작용 효과이다. 다섯째, 무선효과 회귀계수들의 중학교 간 분산-공분산, 고등학교 간 분산-공분산, 그리고 각 상호작용 칸의 분산-공분산 정보를 구할 수 있다. 다층분석을 수행하는 연구자들의 과제는 자료를 분석할 뿐만 아니라, 식(3-27)에 제시된 모든 고정효과 모수와 무선효과 모수의 의미를 해석하는 것이다. 이는 통계방법을 사용하는 모든 연구자에게 공통적인 사항이다.

2) 종속변수가 이산변수인 경우

교차적 다층모형에서 종속변수가 이산변수인 경우는 위계적 다층모형의 경우와 동일하다. 즉, 이산변수의 확률분포와 연결함수를 이용하여 선형화된 종속변수인 η_{ijk}를 대상으로 교차적 다층모형을 설정하면 가능하다. 즉, η_{ijk}를 종속변수로 1-수준 모형을 다음과 같이 설정하였다고 가정하자.

$$\text{1-수준 모형: } \eta_{ijk} = \beta_{0jk} + \beta_{1jk}X_{1ijk} + \beta_{2jk}X_{2ijk} + \beta_{3jk}X_{3ijk} \quad (3\text{-}28)$$

여기서 모든 회귀계수, $\beta_{pjk}(p=0,1,2,3)$는 각 설명변수, X_{pijk}의 η_{ijk}에 대한 효과이다.

교차적 다층모형에서 종속변수가 연속변수인 경우와 이산변수인 경우에 2-수준 모형의 명세화 방법은 동일하다. 즉, 종속변수가 이산변수인 경우에도 2-수준 모형은 식(3-27)과 동일한 원리로 명세화된다.

4. 복합적 다층자료 분석을 위한 모형

지금까지 설명한 다층자료의 구조와 모형은 1-수준의 분석단위가 단 하나의 상위수준 소속만 갖는 경우, 그리고 2개의 상위집단에 동시에 소속하는 경우였다. 연구자들이 접하는 실제 현상은 이보다 더 복잡한 경우도 존재한다(정선영, 강상진, 2013; Jeon, Rijmen, & Rabe-Hesketh, 2013). 즉, 1-수준 분석단위가 서로 교차하는 2개의 2-수준 분석단위에 동시에 소속하고, 2-수준의 분석단위들은 다시 3-수준의 집단에 속하는 구조이다. 예를 들어, 학생(1-수준 분석단위)들은 학급(2-수준 분석단위)에도 속하며, 본인이 활동하는 동아리(2-수준 분석단위)에도 속한다. 이 경우, 학생들은 학급과 동아리에 동시에 소속하며, 학급과 동아리는 모두 학교(3-수준 분석단위)에 속하는 구조이다. 이와 같은 구조를 그림으로 설명하면 다음과 같다.

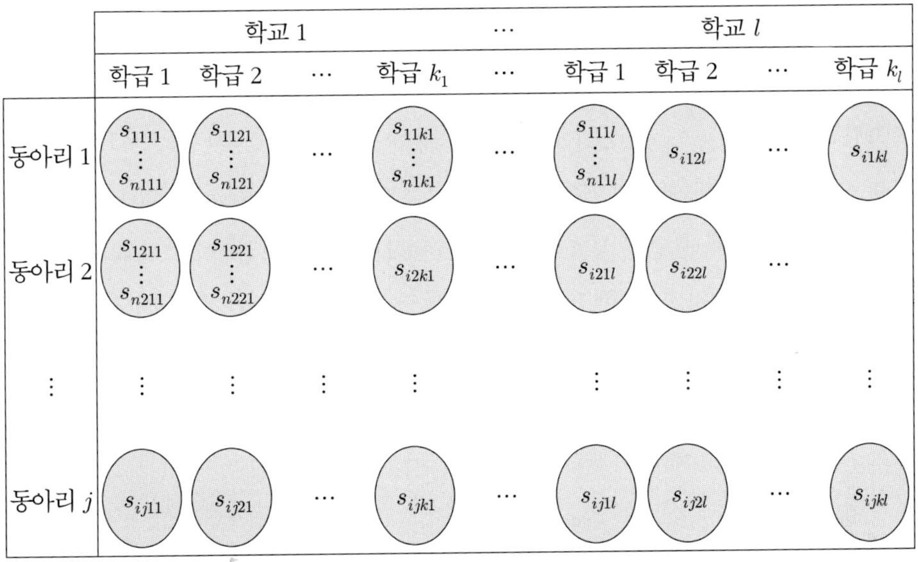

그림 3-3 3-수준 교차분류 다층자료의 구조

위와 유사한 자료는 학교뿐만 아니라 일반 회사, 군부대 등에서도 광범위하게 존재한다. 예를 들어, 군인들은 소속 소대에 속하며, 또한 출신지역에 속한다. 이들은 모두 동일 부대(대대 또는 연대)에 속하게 된다. 여기서 2-수준 집단의 수가 적은 경우에는 교차분류요인들은 고정효과를 가질 수도 있다. 전국에 사업체를 갖고 있는 회사의 경우에 사업체 내 각 부서별로 연령층으로 회사원을 분류할 수 있다. 회사원(1-수준 단위)은 연령층과 부서에 동시에 속하며, 이들은 다시 지점 사업체에 속한다. 이와 같은 경우에 각 수준별 모형을 명세화하는 방법은 지금까지 설명한 위계적 다층모형과 교차적 다층모형의 명세화 방법을 차용하면 가능하다.

1-수준 모형과 2-수준 모형은 교차적 다층모형의 경우와 동일하다. 다만 2-수준 모형의 회귀계수가 3-수준에서 무선효과를 가질 수 있다. [그림 3-3]에 해당하는 간단한 다층모형을 예시한다.

$$1\text{-수준 모형: } Y_{ijkl} = \pi_{0jkl} + \pi_{1jkl}X_{1ijkl} + \pi_{2jkl}X_{2ijkl} + e_{ijkl}, \ \ e_{ijk} \sim N(0, \sigma^2)$$

여기서 $i = 1, 2, \cdots, n_{jkl}$, $j = 1, 2, \cdots, J_l$, $k = 1, 2, \cdots, K_l$ 그리고 $l = 1, 2, \cdots, L$ 이다. 이제 1-수준의 회귀계수가 절편계수 π_{0jkl}만 2-수준에 있는 2개의 요인에 따라 무선효과를 갖고, 두 요인의 상호작용 효과는 없으며, 다른 회귀계수들은 모두 고정효과를 갖는다고 가정하자. 또한 1-수준 절편계수에 대한 2-수준 설명변수가 각 1개씩 있다면, 2-수준 모형은 다음과 같다.

$$\begin{aligned} 2\text{-수준 모형: } \pi_{0jkl} &= \beta_{00l} + \beta_{01l}W_{01jkl} + a_{0jl} + b_{0kl} \\ \pi_{1jkl} &= \beta_{10l} \\ \pi_{2jkl} &= \beta_{20l} \end{aligned}$$

$$a_{0jl} \sim N(0, \tau_{00}^a), \ \ b_{0kl} \sim N(0, \tau_{00}^b)$$

위 2-수준 모형에서 1-수준의 기울기 계수들은 모두 2-수준에서 무선효과를 갖지 않는 것으로 가정한 것이다. 예를 들어, X_{1ijkl}이 성별 변수였다면, 남녀 간의 차이는 동일 학교 l에서는 소속 학급과 동아리와 불문하고 같다고 가정한 것이다. 드러난 남녀 간의 차이가 학교(3-수준)에 따라 다를 수도 있다. 또는 그 반대일 수도 있다. 중요한 것은 연구자들에게 모형의 명세화를 위한 선택사항이 많다는 것이며, 이는 복잡한 실제현상을 반영하는 데 유리하다는 것이다.

이제 2-수준 모형에서 제시된 4개의 회귀계수가 3-수준에서 소속 집단(학교)에 따라 다르다면 무선효과를 가질 수도 있고, 소속 집단에 따라 차별적이지 않다면 고정효과를 가질 수도 있다. 편의상 β_{00l}과 β_{10l}만 3-수준의 소속집단에 따라 차별적인 값을 갖고 이들의 변산을 설명하는 3-수준 변수가 하나씩 존재한다면, 3-수준 모형은 다음과 같이 명세화될 수 있다.

3−수준 모형: π_{0jkl}에 대하여

$$\beta_{00l} = \gamma_{000} + \gamma_{001} W_{1l} + u_{00l}$$

$$\beta_{01l} = \gamma_{010}$$

$$\beta_{02l} = \gamma_{020}$$

π_{1jkl}에 대하여

$$\beta_{10l} = \gamma_{100} + \gamma_{101} W_{1l} + u_{10l}$$

π_{2jkl}에 대하여

$$\beta_{20l} = \gamma_{200}$$

$$\begin{bmatrix} u_{00l} \\ u_{10l} \end{bmatrix} \sim N\left(\begin{bmatrix} 0 \\ 0 \end{bmatrix}, \begin{bmatrix} \tau_{\beta 00}, \tau_{\beta 01} \\ \tau_{\beta 10}, \tau_{\beta 11} \end{bmatrix} \right)$$

위 모형은 2−수준 모형에서 제기한 다양한 모수들이 3−수준에서 어떻게 다양하게 명세화가 가능한지를 반영하고 있다. 연구자들은 자신이 사용하는 자료와 변수의 특성에 따라 각 변수의 효과를 각 수준별로 무선효과 혹은 고정효과를 갖는 것으로 명세화할 수 있으며, 다양한 설명변수를 동원하여 모든 수준에서 각 종속변수의 변산을 설명할 수 있다.

---

1) 다변량 다층모형은 이 책에서 다루지 않는다. Raudenbush & Bryk(2002) 참조.

2) 각 학교별로 잔차분산이 다를 수도 있다. 이 경우 $e_{ij} \sim N(0, \sigma_j^2)$이다.

제4장

횡단연구에서 다층모형의 명세화 방법

1. 다층모형의 명세화 논리와 예시자료
2. 횡단연구와 첫 단계 다층모형
3. 다층모형의 명세화 유형과 연구문제

제4장

횡단연구에서 다층모형의 명세화 방법

1. 다층모형의 명세화 논리와 예시자료

이 장에서는 연구자들이 어떻게 다층모형을 활용하여 연구문제에 응답할 수 있는지를 안내한다. 3장에서 소개한 바와 같이 다층자료는 1-수준 관찰단위가 한 집단에 내재하는 구조일 수도 있으며, 복수의 집단에 동시에 속하는 교차적 구조일 수도 있다. 그러나 다층자료의 본질적인 특성을 충분히 드러내면서 가장 간명한 자료는 2-수준 내재 다층자료이다. 여기서는 2-수준 횡단자료를 분석하는 경우에 연구자들이 선택할 수 있는 다양한 모형의 명세화 방법을 소개하고, 각 모형의 통계적 특성을 서술한다. 나아가 각 모형이 응답할 수 있는 연구문제의 유형, 각 모형에 의한 자료 분석결과가 제공하는 정보의 특성 및 결과 해석방법을 제시한다. 다층모형에 대한 실용적 이해도를 높이기 위하여 예시자료를 분석하였다.

이 장에서 사용하는 예시자료는 한국교육개발원에서 2004년에 수집한 전국 중학교 학생, 학부모, 교사 및 학교를 대표하는 자료의 일부분이다(김양분 외, 2004). 다음의 〈표 4-1〉은 다층자료의 특성을 효과적으로 반영하기 위하여 원자료에서 소수의 변수들을 선정하여 저자가 구성한 예시자료이다.

〈표 4-1〉 중학교 예시자료의 기술통계

변수 구분	변수명	평균	표준편차
학생 수준 변수(1-수준)			
종속변수	영어성취도(English)	63.61	24.37
설명변수	아버지 학력(X_1)	3.52	1.23
학교 수준 변수(2-수준)			
종속변수	학교평균 영어성취도($\overline{Y}_j$)	63.55	9.28
설명변수	교사 사기 평균(W_1)	10.79	0.84
	저소득층 비율(W_2)	46.64	22.84
학교 수: J=149, 학생 수: N=6601			

〈표 4-1〉에서 학생수준 변수인 영어성취도는 100점 만점의 검사성적이며, 예시자료에서는 최소 4점, 최대 100점의 분포를 갖는다. 아버지의 학력(X_1)은 7개 등급(1=초등학교 졸업 이하, 2=중학교 졸업, …, 7=대학원 박사과정 졸업)의 서열변수이다. 아버지의 학력은 가정의 SES를 반영하는 대표적인 변수이다. 교사 사기 평균(W_1)은 교사들이 보고한 사기와 교직에 대한 열의 그리고 교사로서의 자부심을 반영하는 3개 문항을 합성하여 저자가 개발한 척도이며, 신뢰도는 $\alpha = .80$이다. 저소득층 비율(W_2)은 학교별 저소득층 학생의 비율로서 $MSES$를 의미하며, 최소 0%, 최대 100%의 분포를 갖는다. 예시자료를 구성한 학교 수는 149개교였으며, 학생 수는 6601명이다.

위 예시자료는 학생수준에서 1개의 설명변수, 학교수준에서는 2개의 설명변수만 포함하고 있지만, 매우 다양한 유형의 연구문제에 대응하는 다층모형을 제기할 수 있다. 예시자료의 성격상 영어성취도에 대한 다른 혼재변수가 없다고 가정하면, 다층모형의 명세화에 따라 다음과 같은 연구문제에 응답할 수 있다.

1. 우리나라 중학생 영어성취도의 학교 간 교육격차는 어느 정도인가?
2. 중학교 학생들의 영어성취도는 동일 학교 내에서 어느 정도 차이가 있는가?
3. 학생들 사이의 영어성취도 차이에서 몇 %가 소속학교의 영향인가?

4. 학생들의 영어성취도는 개인차 요인의 영향을 더 받는가, 아니면 학교차 요인의 영향을 더 받는가?
5. 저소득층 학생비율이 높은 학교의 학생들은 영어성취도에서 어느 정도 불이익을 받는가?
6. 학생 가정의 *SES*는 영어성취도와 어느 정도 관계가 있는가?
7. 학생 가정의 *SES*를 통제한 이후에도, 학교별 교정평균 영어성취도는 여전히 학교 간에 차이가 있는가?
8. 가정의 *SES*가 영어성취도에 미치는 효과는 모든 학교에서 유사한가? 만일 학교에 따라 다르다면 그 크기는 어느 정도인가?
9. 학생의 가정배경을 통제한 이후에 어떠한 특성의 중학교에서 평균 영어성취도가 높은가?
10. 학생들의 영어성취도가 가정배경에 영향을 받는 정도는 어떤 특성의 학교에서 더 커지는가?

연구자의 관심에 따라서는 더 다양한 연구문제도 가능할 것이다. 위 연구문제들은 구조적 특징을 갖고 있는데, 이는 다층자료의 특성과도 관련이 있다. 우선 2-수준 다층자료는 관찰단위가 1-수준과 2-수준에 존재한다는 특징이 있다. 따라서 종속변수의 변산은 1-수준에서도 존재하고, 2-수준에서도 존재한다. 연구문제 1에서 4까지는 모두 각 수준별로 종속변수의 변산이 어느 정도 규모인지 묻는 질문이다. 변산의 통계량으로 분산을 고려하자. 만일 종속변수의 분산을 각 수준별로 추정할 수 있다면, 어느 수준에서 분산이 큰지를 비교할 수 있으므로, 1번에서 4번까지의 연구문제에 응답할 수 있다. 5번의 연구문제는 학교수준 변수의 효과를 묻는 질문이며, 6번의 연구문제는 개인수준 변수의 효과를 묻는다. 따라서 이는 설명변수를 2-수준 모형에 포함하거나 1-수준 모형에 포함하는 방법으로 응답할 수 있다. 7번에서 10번까지의 연구문제는 1-수준에서 *SES*변수로 종속변수의 변산을 설명한 이후에 추가로 제기되는 연구문제들이다.

앞의 열 가지 연구문제의 성격을 다층모형이 추정하는 모수의 특징으로 분류하면 크게 2가지로 나눌 수 있다. 한 가지 유형은 관찰단위 간의 차이를 묻는 질문이며, 다른 유형은 구체적인 변수의 효과에 대한 질문이다. 관찰단위 간의 차이를 묻는 질문이란 소위 학생들 간의 차이 또는 학교 간 차이를 의미한다. 연구문제 1번에서 3번까지와 7번과 8번은 모두 관찰단위 간의 차이정보를 묻는 질문이며, 이는 소위 무선효과 모수의 추정량(예: 분산)으로 응답할 수 있는 질문들이다. 연구문제 5번, 6번, 9번, 10번은 모두 구체적인 변수의 효과를 묻는 질문으로서 이는 고정효과 모수의 추정량(예: 회귀계수)을 구하여 연구질문에 응답할 수 있다. 연구문제 4번은 개인요인과 학교요인에 대한 질문이지만, 구체적인 변수가 없으므로 각 수준별 분산의 규모에 대한 질문이다. 무선효과 모수를 추정하여 응답할 수 있다.

따라서 다층모형의 명세화란 결국 다층모형의 각 수준에서 고정효과와 무선효과를 어떻게 설정할 것이며, 각 수준의 모형에서 어떤 설명변수를 포함하는가에 달려 있다. 통계적 자료 분석이란 결국 통계모형의 모수를 추정한 결과를 구하는 작업이다. 또한 자료 분석의 결과를 해석하는 것은 추정된 모수의 값에 의미를 부여하는 것이다. 따라서 모형의 명세화가 적절하지 않으면 자료 분석결과는 타당성을 잃는다. 참된 연구란 연구자의 이론을 통계모형으로 표현하고, 그 결과를 이론적으로 해석하는 것이라 할 수 있다. 즉, 연구자의 이론이 포함하는 핵심변수들의 효과를 고정효과 또는 무선효과 모수로 통계모형에 반영하고, 수집한 자료를 분석한 이후에 이론적 관점에 따라 추정된 모수를 해석하는 것이 과학적인 양적 연구라고 할 수 있다.

다층자료를 분석하는 경우, 연구자들은 연구문제의 답에 근거가 되는 것을 다층모형의 모수로 표현할 수 있어야 하는데, 이는 다층모형에 나타나는 다양한 모수의 통계적인 의미를 정확히 이해해야 가능하다. 이제 앞서 제시한 10가지 문제에 대응할 수 있는 다층모형들을 제시하고, 각 다층모형에서 모수의 의미와 특징을 서술한다. 아울러 예시자료 분석을 통하여 각 모수의 추정량을 해석하는 방법을 제시한다.

2. 횡단연구와 첫 단계 다층모형

다층자료를 분석하는 모든 횡단연구에서 연구자들이 수행하는 첫 번째 다층모형은 무선효과 분산분석모형(Random Effects Anova)이다. 2-수준 내재 다층자료를 분석하는 첫 번째 모형은 무선효과 일원분산분석모형(Random Effects One-Way Anova)이다.[1] 이 모형은 아무런 설명변수가 없다는 의미에서 흔히 무조건 모형(Unconditional Model)으로도 칭하고, 모든 분석에서 기초적으로 수행하는 모형이므로 기초모형(Base Model)이라고도 한다. 횡단자료 분석에서 2-수준 다층자료 분석을 위한 기초모형은 무선효과 일원분산분석모형인데, 이 모형에서 연구자들은 종속변수의 분포가 각 수준별로 어느 정도 변산을 갖는지 알 수 있고, 각 학교별 평균값의 신뢰도 정보 등 매우 유용한 기초 정보를 구할 수 있다. 예시자료를 분석하기 위한 무선효과 일원분산분석 모형은 다음과 같다.

1) 기초모형

$$\begin{aligned} &\text{1-수준 모형: } Y_{ij} = \beta_{0j} + e_{ij},\ \ e_{ij} \sim N(0, \sigma^2) \\ &\text{2-수준 모형: } \beta_{0j} = \gamma_{00} + u_{0j},\ \ u_{0j} \sim N(0, \tau) \end{aligned} \qquad (4\text{-}1)$$

여기서 각 분석단위를 지칭하는 $i = 1,2, \cdots, n_j$이며, $j = 1,2, \cdots, 149$이다. 또한 $\sum_j^J n_j = N = 6601$이다. 따라서 학교별 평균 학생수는 $\overline{n}_j = 44.3$명이다. Y_{ij}는 j번째 학교에 다니는 i번째 학생의 영어성취도 점수이며, β_{0j}는 j번째 학교의 평균 영어성적이고, $e_{ij} = Y_{ij} - \beta_{0j}$로서 각 개인의 점수가 학교평균($\beta_{0j}$)에서 어느 정도 편차를 갖는지 반영하는 개인효과 변수이다.

1-수준 모형은 각 학교별로 종속변수의 분포에 대한 이론을 표현한 것이다. 1-수준 모형의 의미는 각 학교에서 개인의 영어점수(Y_{ij})는 학교별 평균점수(β_{0j})에서 개인

효과(e_{ij})를 더한 점수라는 것이다. 여기에서 e_{ij}는 개인효과 변수인데, 동일한 주제의 연구가 반복되면 표본도 달라지므로, i번째 사람의 값은 연구마다 다른 것이다. 따라서 i번째 사람의 값 자체는 큰 의미가 없다. 그냥 어떤 사람의 효과인 셈이다. 따라서 e_{ij}는 고정되어 있지 않으며 불특정 다수를 반영하는 무선효과를 갖는다. 이 경우 무선효과 변수의 분포정보가 유용하다. 위 모형에서 $e_{ij} \sim N(0, \sigma^2)$의 가정을 갖는데, e_{ij}는 각 학교 내에서 정규분포를 갖고, 평균이 0이며, 분산이 σ^2을 가정한다.

2-수준 모형에서 각 학교별 평균 β_{0j}는 학교에 따라 그 값이 다를 수 있으며, 동일한 주제의 연구가 반복되면 연구자마다 사용하는 자료가 다르고 표본에 포함되는 학교도 달라지므로 j번째 학교란 고정된 것이 아니다. 따라서 학교별 평균인 β_{0j}도 무선효과 변수이다. 모든 무선효과 변수는 각 개별 값이 의미가 없으며 그 분포의 특성이 중요한데, β_{0j}의 분포는 2-수준 모형에 제시된 바와 같다. 즉, 평균이 γ_{00}이며, 분산이 τ이다. 2-수준의 오차항 $u_{0j} = \beta_{0j} - \gamma_{00}$이므로 평균은 0이고 분산은 마찬가지로 τ이다.

위 기초모형은 하나의 다층모형이지만 1-수준 모형, 2-수준 모형으로 분리하여 제시하였다. 그러나 2-수준 모형의 β_{0j}는 곧 1-수준 모형에 대입할 수 있는 모수이므로 두 모형을 합치면 하나의 통계모형으로 성립한다. 따라서 식(4-1)에 제시한 기초모형과 다음의 일원분산분석모형은 수학적으로 동일한 모형이다.

2) 일원분산분석모형

$$Y_{ij} = \gamma_{00} + u_{0j} + e_{ij},\ \ e_{ij} \sim N(0, \sigma_e^2),\ \ u_{0j} \sim N(0, \tau_{00}) \tag{4-2}$$

식(4-2)에서 각 항의 정의는 앞에서와 같다. 식(4-1)과 식(4-2)는 같은 모형이다. 학자에 따라 식(4-1)로 표현하는 것을 선호하는 경우도 있고, 식(4-2)를 선호하는 경우도 있다.

통계적 방법으로 자료를 분석하면, 연구자가 얻는 정보는 언제나 크게 2가지로 분류된다. 하나는 고정효과 모수의 추정치이며, 다른 하나는 무선효과 모수의 추정치이다.

나머지 결과들은 부가적으로 확보되는 정보라고 할 수 있다. 식(4-2)의 모형에서 고정효과 모수는 γ_{00}이며, 무선효과 모수는 1-수준에서 σ^2, 2-수준에서 τ이다. 따라서 앞의 기초모형에서 이들 고정효과 모수와 무선효과 모수가 무슨 의미를 갖는지 정확히 안다면 분석결과의 해석은 정확해진다.

3) 분석 결과

다음은 식(4-2)의 다층모형으로 예시자료를 분석한 결과이다.

〈표 4-2〉 일원분산분석모형에 의한 자료 분석 결과

고정효과	회귀계수	표준오차	t	p
전체 학교 평균(γ_{00})	63.429	0.745	85.136	0.000
무선효과	분산성분	자유도	χ^2	p
학교효과(u_{0j})	70.297	148	1044.526	0.000
개인효과(e_{ij})	522.983			
Random level-1 coefficient		Relibility estimate		
INTERCEPT1, B0		0.844		
Statistics for current covariance component model				
Deviance=60334.077567				
Number of estimated parameters=2				

4) 결과 해석

(1) 고정효과 모수 추정치

〈표 4-2〉에서 고정효과 모수는 γ_{00}뿐이며, 그 의미는 모집단 전체 평균이다. 모수의 추정치는 $\hat{\gamma}_{00} = 63.429$였다. 이 값은 전체 표본자료에 근거한 모수 추정치로서, 예시자료에서 사용된 성취도 검사에 의하면 우리나라 중학교 3학년 학생들의 평균 영

어성취도 점수를 추정한 값은 63.429라는 의미이다. 〈표 4-2〉에 제시된 t-값은 $H_0 : \gamma_{00} = 0$의 가설을 검정한 결과이므로 여기서 가설검정은 실질적인 의미가 없다.

그러나 〈표 4-2〉에서 $\hat{\gamma}_{00}$는 점추정치로서 종속변수 분포의 중심위치를 알려 주는 의미가 있으며, 표준오차 정보는 신뢰구간 정보를 확보하는 데 요긴하다. 다음 식은 전체 모집단에서의 평균, γ_{00}에 대한 95% 신뢰구간이다.

$$\text{모집단 평균}(\gamma_{00})\text{의 95\% 신뢰구간} = 63.429 \pm 1.96(0.745) = [61.97, 64.89]$$

따라서 예시자료에서 사용한 영어성취도 검사에서 우리나라 중학교 3학년생 영어성취도의 모평균은 61.97과 64.89 사이 어딘가에 존재할 가능성이 95%이다. 즉, 위의 신뢰구간 밖에 모평균이 존재할 가능성은 거의 없다(5% 이내)고 할 수 있으므로 위 신뢰구간은 모평균의 위치를 상당히 정확하게 알려 주고 있다.

(2) 무선효과 모수 추정치

기초모형은 동일 학교 내 개인차 효과인 e_{ij}와 학교별 효과인 u_{0j}의 2가지 무선효과를 갖는다. 〈표 4-2〉에서 각 수준별 분산 추정치는

$$\text{1-수준: } \widehat{Var}(e_{ij}) = \hat{\sigma}^2 = 522.983$$

$$\text{2-수준: } \widehat{Var}(u_{0j}) = \hat{\tau} = 70.297$$

이다. 1-수준 무선효과 모수 σ^2의 의미는 평균적으로 동일 학교 내에서 학생들의 영어성취도가 어느 정도 차이가 있는지를 나타내는 분산이다. 따라서 $\hat{\sigma}^2 = 522.983$은 동일 학교 내 영어성취도의 개인차를 분산으로 추정한 결과이다. 표준편차는 $\hat{\sigma} = \sqrt{522.983} = 22.87$이므로 동일 학교 내에서 학생들 사이의 영어점수의 차이는 매우 크다고 할 수 있다. 즉, 학생들의 점수가 모형이 가정하는 바와 같이 정규분포를 갖는다면, 상위 16%(84 백분위)와 중간 수준(50 백분위)의 점수차가 평균 22.87 정도라고 할

수 있다.

2-수준 무선효과 모수인 τ은 학교별 평균의 분산으로서 학교 간 평균이 얼마나 다른지를 반영하는 통계량이다. 즉,

$$\widehat{Var}(\beta_{0j} \mid \gamma_{00}) = \widehat{Var}(u_{0j}) = \hat{\tau} = 70.297$$

이다. 아울러 표준편차는 $\sqrt{\hat{\tau}} = 8.38$이다. 만일 학교들의 평균(β_{0j})이 정규분포를 갖는다면 95%의 학교평균들은 다음 범주에 있다고 추리할 수 있다.

$$\hat{\gamma}_{00} \pm 1.96(\sqrt{\hat{\tau}}) = 63.429 \pm 1.96 \times 8.38 = [47.004, 79.854] \quad (4\text{-}3)$$

위 신뢰구간은 학교별 평균 점수의 분포를 요약한 것인데, 상위 2.5%(A학교)와 하위 2.5%(B학교)의 위치에 있는 두 학교 평균의 차이는 약 32.85라고 할 수 있다. 이 경우 유의할 사항은 학교평균 점수의 차이가 32점인 경우를 마치 개인점수 간의 차이인 것으로 해석해서 A학교 학생들이 평균 32점 정도 B학교 학생들보다 높다고 해석하면 안 된다는 것이다. 이와 같은 해석은 마치 B학교에 있는 모든 학생이 A학교의 모든 학생보다 평균 32점 정도 낮다는 의미로 오해받을 수 있는데, 사실은 그렇지 않기 때문이다. 정확한 해석은 원점수의 표준편차 정보를 이용해서 정규분포 이론에 의거하여 해석하는 것이다. 즉, A학교의 50백분위 점수가 79.8이며, B학교의 50백분위 점수는 47.0이고, 두 학교의 표준편차는 〈표 4-1〉에 제시된 24.37이다. B학교에서 $Z = 1.35$ 위치에 있는 학생이 A학교의 50백분위 위치에 해당한다는 것이 정확한 해석이다.

〈표 4-2〉의 결과에서 학교 간 분산(τ)은 χ^2 검정결과 통계적으로 유의한 것으로 나타났다. 이 결과는 다음의 통계적 가설을 검정한 결과이다.

$$H_0 : \tau = 0$$

$$H_A : \tau > 0$$

위의 영가설의 의미는 모집단에서 학교별 평균의 차이는 없다는 것이다. 위 분산에 대한 가설을 검정하는 통계량은 다음의 χ^2 통계량이다.

$$\hat{\chi}^2 = \sum_j^J \hat{Z}_j^2 = \sum_j^J \left\{ \frac{(\overline{Y_{.j}} - \widehat{\gamma_{00}})^2}{\hat{\sigma}^2 / n_j} \right\} \tag{4-4}$$

이 통계량은 $H_0 : \tau = 0$가 참이라면, 자유도가 $(J-1)$인 χ^2 분포를 따른다. 〈표 4-2〉가 제시한 결과에서는 $\hat{\chi}^2 = 1044.526$, 자유도는 $J-1 = 148$이며, 유의값은 0.001 이하이다. 즉, 모집단에서 $H_0 : \tau = 0$가 참이라면, 어느 표본에서도 $\hat{\tau} = 70.297$과 같은 결과는 나타나지 않는다는 것을 의미한다. 즉, 모집단에서 학교별 평균의 분산은 통계적으로 유의한 규모로 존재한다고 할 수 있다.

5) 기초모형의 부가적 정보

(1) 집단 내 상관계수

양적 연구자들은 통계모형으로 자료를 분석하여 얻은 고정효과 모수와 무선효과 모수 추정치를 활용하여 의미 있는 통계량을 생성한다. 앞서 제시한 기초모형에서 확보된 고정효과 모수 추정치와 무선효과 모수 추정치를 활용하여 연구자들이 산출하는 보다 창의적인 정보는 중학교 영어성취도의 전체 분포에서 몇 %가 학교의 효과이며, 몇 %가 개인효과인지를 진단하는 집단 내 상관계수(ICC: Intraclass Correlation Coefficient)이다. 집단 내 상관계수를 객관적으로 서술하는 방법은 전체 관찰분산에서 학교 간 분산이 차지하는 비율이다.

$$ICC = \frac{\text{학교 간 분산}}{\text{전체 관찰분산}} = \frac{Var(\beta_{0j})}{Var(Y_{ij})} = \frac{\tau}{\sigma^2 + \tau} \tag{4-5}$$

식(4-5)에 의하여 ICC를 산출하면,

$$ICC = \frac{\hat{\tau}}{\hat{\sigma^2} + \hat{\tau}} = \frac{70.297}{522.983 + 70.297} = 0.118$$

이다. 즉, 우리나라 중학생의 영어성취도 점수의 분포에서 약 11.8%는 소속학교 간 차이의 영향이라고 할 수 있다. 역으로 $1 - ICC = 1 - .118 = .882$ 이므로, 약 88.2%는 개인차의 영향이라고 할 수 있다.

ICC의 또 다른 통계적 의미는 집단 내 상관계수라는 명칭과 같은 것으로서 '동일 집단 내에서 각 구성원 간 관찰변수 값의 상관'이다. 이를 수학식으로 표현하면,

$$ICC = \rho = Corr(Y_{ij}, Y_{i'j}) = \frac{Cov(Y_{ij}, Y_{i'j})}{\sqrt{Var(Y_{ij}) \cdot Var(Y_{i'j})}} \; (i \neq i') \qquad (4\text{-}6)$$

이다. 여기서 Y_{ij}는 j학교의 i번째 학생의 영어점수이며, $Y_{i'j}$는 같은 j학교에 있는 다른 학생($i' \neq i$)의 영어점수이다. 등호의 맨 오른편 식은 상관계수의 정의인 표준화 공분산을 수식으로 표현한 것이다. 위 식에서 분자는 다음과 같이 유도된다.

$$\begin{aligned} Cov(Y_{ij}, Y_{i'j}) &= Cov(\gamma_{00} + u_{0j} + e_{ij}, \gamma_{00} + u_{0j} + e_{i'j}) \qquad (4\text{-}7) \\ &= Var(u_{0j}) = \tau \end{aligned}$$

분모에서 $Var(Y_{ij}) = Var(Y_{i'j}) = \sigma^2 + \tau$이다. 결국 상관계수의 수학적 정의에 따라 집난 내 개체간 상관을 구하면, 식(4–6)의 ICC는 식(4–5)가 된다. 따라서 ICC는 2가지 해석을 갖는다. 하나는 식(4–5)에 의한 것으로, 선체 관찰분산에서 집단 간 분산이 차지하는 비율이다. 이 해석에 의하여 우리나라 중학교 학생들의 영어성취도는 약 11.8%가 소속학교의 영향이라고 해석하였다. 다른 해석은 식(4–6)에 의한 것이다. 즉, 동일 집단 내 구성원 사이의 상관계수로서, 우리나라 중학생들의 영어성취도는 동일 학교 내 다른 학생들과 약 0.118의 상관을 갖는다고 할 수 있다. 어느 해석이든 타당하므로 연구자들은 자신의 연구맥락에 맞게 ICC를 해석하면 된다.

(2) 학교별 평균의 신뢰도

식(4−1)과 식(4−2)에 제시된 기초모형에서 β_{0j}는 각 학교별 영어성취도의 평균을 의미하며, 이 값은 무선효과를 가지고 표본마다 다른 값이 산출되므로 j집단의 값을 추정한 $\hat{\beta}_{0j}$를 구하는 것은 통계학적인 관점에서 의미 없는 일이다. 그러나 실제 연구 상황에서는 각 학교의 위치 정보를 알려 주는 통계량으로서 가치가 있으며, 학교평가와 같은 고부담 활동과 연계될 때는 각 학교의 평균 학업성취도는 매우 중요한 변수로서 가치를 갖는다. 따라서 $\hat{\beta}_{0j}$의 값을 정확히 추정하는 것은 중요하다.

통계모형에서 관찰단위의 개별 값을 구하는 것은 잔차분석(residual analysis)에서 가능하다. 다층모형의 통계패키지들도 잔차분석에서 2−수준 분석단위별 회귀계수의 추정 값을 제시한다. 아울러 다층모형의 결과물에서는 2−수준 분석단위별 회귀계수의 신뢰도 정보를 제공한다. 즉, 잔차분석에서 제공하는 $\hat{\beta}_{0j}$가 어느 정도 신뢰로운 값인지 알려 주는 것이므로, $\hat{\beta}_{0j}$의 신뢰도가 높으면 각 학교의 정보로서 가치가 높은 것이며 신뢰도가 낮으면 $\hat{\beta}_{0j}$에 기초하여 각 학교를 평가하는 것은 위험하다고 할 수 있다.

측정이론에서 신뢰도(reliability)는 측정의 일관성 정보를 반영하며, 측정활동을 통하여 관찰한 점수(observed score)는 진점수(true score)와 오차점수(measurement error score)로 구성된다는 이론(true score theory)에 기초한다(Allen & Yen, 2001). 측정이론에서 개인의 관찰점수(Y_i)는 그 사람의 진점수(T_i)와 오차점수(E_i)로 구성된다. 즉,

$$Y_i = T_i + E_i$$

이다. 여기서 $Var(Y_i) = Var(T_i) + Var(E_i) = \sigma_T^2 + \sigma_E^2$이므로, 신뢰도는 다음의 식으로 정의된다.

$$\lambda = \frac{Var(T)}{Var(Y)} = \frac{\sigma_T^2}{\sigma_T^2 + \sigma_E^2} \qquad (4\text{-}8)$$

즉, 관찰점수의 분산($Var(Y)$)에서 진점수 분산($Var(T)$)이 차지하는 비율이다. 만약에 측정의 오차가 없다면(즉, $\sigma_E^2=0$이라면), 신뢰도는 $\lambda = 1.0$이 된다. 동일한 방법으로 $\hat{\beta}_{0j}$의 신뢰도는 다음과 같이 구할 수 있다. $\hat{\beta}_{0j} = \beta_{0j} + \epsilon_{0j}$이며, 여기서 β_{0j}는 j단위의 모수값이며 ϵ_j는 측정의 오차이다. 따라서,

$$Var(\beta_{0j}) = \tau_{00},\ Var(\hat{\beta}_{0j} \mid \beta_{0j}) = Var(\epsilon_{0j}) = \frac{\sigma_e^2}{n_j}$$

이므로,

$$\lambda_j = \frac{Var(\beta_{0j})}{Var(\hat{\beta}_{0j})} = \frac{\tau_{00}}{\tau_{00} + \sigma_e^2/n_j} \qquad (4\text{-}9)$$

이다. 식(4-9)의 정보는 잔차분석결과에서 확인할 수 있으며, 다층모형의 일반적인 결과물에서는 각 학교별 정보를 요약한 전체 신뢰도 정보를 제공한다.

$$\lambda = \frac{\sum_j^J \lambda_j}{J} \qquad (4\text{-}10)$$

위 예시자료를 분석한 결과에서 각 학교별 영어성취도 평균점수인 $\hat{\beta}_{0j}$의 신뢰도는 $\hat{\lambda} = 0.844$였다. 따라서 앞의 기초모형에 의하여 추정된 학교별 평균값은 양호한 통계량이라 할 수 있다.

신뢰도의 추정과정에서 측정의 오차(measurement error)와 표집오차(sampling error)를 구분하는 것은 개념적으로 중요하다. 만약 학교별 평균을 OLS로 추정한다면 $\hat{\beta}_{0j} = \overline{Y}_j$이다. $\overline{Y}_j$의 표집오차는

$$Var(\overline{Y}_j) = Var(\hat{\beta}_{0j}) = \tau + \sigma_e^2/n_j = \text{진점수분산} + \text{측정오차분산} \tag{4-11}$$

로 구성된 것을 알 수 있다. 위 표집오차는 통계적 추정과정에서 추정의 정밀도(precision) 정보로 활용된다. 다층모형의 고정효과 모수를 추정하는 과정에서 일반화최소자승법은 정밀도 정보를 반영하는데, 이에 대한 추정이론은 8장에서 제시한다.

식(4−11)에서 나타난 바와 같이 각 집단의 진점수인 β_{0j}를 OLS로 추정한 $\hat{\beta}_{0j}$의 표집오차는 측정오차를 포함한다. 따라서 잔차분석을 통하여 $\hat{\beta}_{0j}$의 값을 구하고, 이에 기초하여 각 집단을 평가하는 것은 측정오차 때문에 정확한 평가가 이루어지지 않는다. 진점수인 β_{0j}는 무선효과이므로 통계학적인 관점에서 추정의 의미가 없지만, 실제 연구에서는 각 기관의 정보를 반영하는 의미 있는 통계량이 될 수 있다. 다층모형은 이 무선효과 변량(variate)을 실수화한 값을 다음 식으로 경험적 베이시안 추정치(empirical Bayes estimate)로 제시한다(Lindley & Smith, 1972; Morris, 1983).

$$\beta_{0j}^{*} = \lambda_j \hat{\beta}_{0j} + (1 - \lambda_j)\mu_{\beta}^{*} \tag{4-12}$$

식(4−12)에서 λ_j는 식(4−9)에 제시한 $\hat{\beta}_{0j}$의 신뢰도이고, μ_{β}^{*}는 $E(\hat{\beta}_{0j})$의 추정치로서 여기서는 전체평균인 $\hat{\gamma}_{00}$와 같다. 식(4−12)에서 알 수 있는 것은 만일 $\hat{\beta}_{0j}$의 신뢰도 λ_j가 높다면 β_{0j}^{*}에는 $\hat{\beta}_{0j}$의 비중이 높을 것이고, 그 반대이면 μ_{β}^{*}의 비중이 높을 것이다. 또한 β_{0j}^{*}는 $\hat{\beta}_{0j}$의 위치에서 μ_{β}^{*} (즉, $\hat{\gamma}_{00}$) 쪽으로 움직인 값이 된다. 만일 신뢰도가 $\lambda_j = 1.0$이라면 $\beta_{0j}^{*} = \hat{\beta}_{0j}$이지만, 언제나 $\lambda_j \leq 1.0$일 것이므로 경험적 베이스 추정량인 β_{0j}^{*}는 전체평균을 중심으로 몰리는 경향이 있다. 이와 같은 특성을 반영하여 β_{0j}^{*}는 축소된 추정량(shrinkage estimator)이라고도 불리며, 이 명칭을 사용한 연구자의 이름을 빌어 스타인 추정량(James & Stein, 1961)이라고도 한다. 경험적 추정량인 β_{0j}^{*}의 장점은 OLS 추정량보다 오차분산이 가장 작고(least minimum mean squared error) $E(\beta_{0j}^{*}) = \beta_{0j}$로서 비편향적이다(Lindley & Smith, 1972). 오차분산이 가장 작은 통계량

인 만큼 β^*_{0j}은 각 집단의 정보를 반영하는 최선의 통계량이라고 할 수 있다.

다층모형의 잔차분석결과물에서 β^*_{0j}값을 각 집단별로 확인할 수 있다. 그러나 λ_j가 낮다면 β^*_{0j}는 각 집단의 정보를 반영하는 비중이 낮아져서 신뢰도가 낮은 경우에 β^*_{0j}로 각 기관을 평가하는 것은 위험하다. β^*_{0j}값은 베이시안의 관점에서는 사후 추정치(posterior estimate)인데, 관찰자료 y, σ^2_e 그리고 τ_{00}가 알려진 경우에 추정이 가능하므로 단일식의 추정식은 없으며 반복추정과정을 거친다. 여기서 β^*_{0j}의 표집오차는 $Var(\beta^*_{0j}) = Var(\beta_{0j} \mid y, \sigma^2_e, \tau_{00}) = V^*_j$로서, 이는 β_{0j}의 사후분산이다(Raudenbush & Bryk, 2002). 따라서 β_{0j}의 95% 신뢰구간은 다음 식으로 구할 수 있다.

$$.95\,CI(\beta_{0j}) = \beta^*_{0j} \pm (1.96)\sqrt{V^*_j} \qquad (4\text{-}13)$$

식(4-13)을 이용하여 각 집단의 참 값인 β_{0j}의 신뢰구간을 구할 수 있다. 그러나 위 통계량은 β_{0j}의 사후추정을 위한 σ^2_e와 τ_{00}가 정확한 경우에 타당한 신뢰구간이므로 식(4-13)의 사용에 신중할 필요가 있다. 그럼에도 객관적인 통계량에 기초하여 각 집단에 대한 의사결정을 한다면 식(4-13)은 최선의 선택이다.

(3) 편차량

다층모형에서 무선효과 모수는 최대우도추정법(maximum likelihood estimation method)으로 추정되며, 모수 추정에서 우도함수를 이용하는 모형들의 적합도를 평가할 때 보편적으로 사용할 수 있는 검정통계량은 편차량이다. 또한 편차량을 이용하여 로그 우도비 검정(log likelihood ratio test)을 할 수 있는데, 우도비 검정법은 가설검정에서 가장 검정력이 높은 방법이라고 할 수 있다. 따라서 모형 적합도의 통계적 유의도를 평가할 때도 가장 검정력이 높다. 편차량(deviance)은 용어가 의미하는 바와 같이 편차, 격차, 일탈의 개념을 갖는 통계량이다. 구체적으로는 두 모형의 최대우도로그함수 값의 차이를 반영하는 통계량이다. 편차량을 이해하기 위해서는 우도함수(likelihood function),

포화모형(saturated model), 자유도에 대한 개념을 이해할 필요가 있다. 일반적으로 편차량은 잔차분산과 유사한 개념을 갖는 통계량으로서, 그 값이 작으면 모형은 양호한 것으로 평가한다.

편차량은 다음과 같이 정의된다.

$$D = -2[\log L(\theta, y) - \log L(\theta_{sat}, y)] = -2\log\left(\frac{L(\theta, y)}{L(\theta_{sat}, y)}\right) \quad (4\text{-}14)$$

여기서 D는 편차량을 지칭한다. $\log L(\theta, y)$는 연구자가 제시한 모형의 로그 우도함수를 최대화한 값이다. $\log L(\theta_{sat}, y)$는 포화모형(saturated model)의 최대우도 로그함수 값이다. 따라서 편차량은 두 모형과 연관된 최대우도 로그함수의 편차점수를 반영한다. 포화모형의 개념은 여러 가지로 이해할 수 있는데, 우선 모형에 포함된 모수의 수가 표본의 크기(사례 수)와 같은 경우로서, 잔차분산을 추정하기 위한 자유도가 없는 모형이다. 즉, 모형에 포함된 모수의 수를 P_{sat}라고 하면, $\hat{\sigma}_e^2 = \frac{SSE}{df} = \frac{SSE}{N - P_{sat}}$에서 $P_{sat} = N$인 경우에 해당한다. 포화모형은 자료를 설명하는 기능은 전혀 없는 최악의 모형이면서도 단순히 모수 수의 증가로 인하여 $R^2 = 1.0$인 모형이다. 또는 회귀분석 모형의 개념으로 설명하면 $SSR = SST$로 잔차분산이 0인 모형이다. 또한 $R^2 = 1$인 경우에 해당하여 $L(\theta_{sat}, y) = 1.0$이며, $\log L(\theta_{sat}, y) = 0$으로 간주되기도 한다. 포화모형은 수학적 논리로만 가능한 모형이다. 우도함수는 0에서 1의 값을 갖는다. 따라서 위의 편차량은 $D = -2\log L(\theta, y)$로 대체할 수 있다.

식(4-14)에서 편차량은 포화모형과 연구자모형의 로그우도함수값의 차이가 작을수록 연구자의 모형이 양호한 것이므로, 그 값이 작을수록 좋다. 또한 편차량은 곧 연구자모형을 자료에 적용했을 때 관찰자료의 불확실성의 크기 혹은 잔차분산이라는 의미와도 같다. 연구자의 관찰자료 y가 정규분포를 가지면, 편차량의 표집분포는 정확하게 $D \sim \chi^2(N - P)$의 분포를 따른다. 여기서 $N = P_{sat}$으로 포화모형의 모수 수이며, P는 연구자가 제시한 모형의 모수 수이다.

모든 다층모형의 결과물은 편차량 값을 제시한다. 여기서 다루는 식(4-1)과 식(4-2)

의 무선효과 일원분산분석모형에서 무선효과 모수의 수는 $P=2$로서 1-수준의 σ_e^2와 2-수준 분산인 τ_{00}이다. 결과물에서 편차량은 60334.077이었다. 여기서 편차량은 포화모형과의 비교결과이므로 언제나 유의한 결과라고 할 수 있으며, 이 자체로 기초모형이 양호한지를 평가할 수는 없다. 그러나 이후의 모형과 비교하여 편차량은 모형 간 적합도의 차이가 통계적으로 유의한지를 검정하는 우도비 검정을 하는 데 유용하다.

지금까지 무선효과 일원분산분석 모형으로 다층자료를 분석한 경우를 살펴보았다. 여기서 무선효과 일원분산분석 모형은 수리적으로 다층모형의 기초모형에 해당하며, 이 모형을 활용하여 다층자료의 기초적인 진단정보를 도출할 수 있었다. 고정효과모수의 추정치로서 종속변수인 중학생 영어성취도의 전국평균 정보와 신뢰구간을 확보할 수 있었고, 학교 간 영어성취도 평균의 격차정보를 반영하는 2-수준 분산 τ_{00}와 동일 학교 내 학생들의 영어성취도 차이를 반영하는 1-수준 분산 σ_e^2, 그리고 소속학교의 영향력을 반영하는 ICC를 구할 수 있었다. 무선효과 일원분산분석 모형으로서 기초모형이 제공하는 정보 중 가장 중요한 것은 τ_{00}, σ_e^2 그리고 ICC 정보의 기초하여 전체 관찰분산 중 몇 %가 1-수준과 2-수준 분산인지 알 수 있다는 것이다. 이를 바탕으로 다음 단계의 분석에서 각 수준의 분산이 어느 정도 설명되는지 판단할 수 있다.

기초모형이 제공하는 부가적인 정보로서 각 집단의 평균을 추정한 $\hat{\beta}_{0j}$의 신뢰도 정보를 소개하였다. 또한 예시자료와 같은 학교자료에서는 각 학교의 평균을 정확히 추정한 정보가 필요한데, 이에 부합하는 경험적 베이스 추정치로서 β_{0j}^*의 값과 이 추정량의 특성에 대한 정보를 살필 수 있었다. 끝으로 우도함수로 모수 추정을 하는 모형들의 적합도를 평가하는 검정통계량으로서 편차량 값의 해석방법을 다루었다. 결론적으로 다층자료의 분석에서 기초모형은 분석대상인 다층자료의 특징적 정보를 전반적으로 진단하는 데 매우 유용한 모형이며, 이 모형에 제공하는 통계량을 정확하게 이해하는 것이 중요하다.

3. 다층모형의 명세화 유형과 연구문제

기초모형에 의하여 다층자료에서 종속변수 분산의 몇 %가 1−수준 분산이며, 2−수준 분산인지를 파악한 이후에는 종속변수의 변산을 설명하고자 시도하게 된다. 다층자료에서 분석단위는 각 수준별로 존재하기 때문에 이 장에서 분석하는 2−수준 자료는 학생과 학교가 분석단위이다. 따라서 종속변수인 영어성취도가 학생들 사이에 차이가 있는 원인을 소속학교의 영향이 다르기 때문인지, 아니면 학생들 사이의 개인차 때문인지 탐색할 수 있다. 여기서는 다층모형이 제공하는 정보의 유형에 따라 다음 4가지로 모형을 분류하여 소개한다.

1. 공분산분석 다층모형: 집단수준 공변수
2. 공분산분석 다층모형: 개인수준 공변수
3. 무선효과 회귀계수 무조건 모형
4. 무선효과 회귀계수 조건 모형

예시자료 분석을 통하여 앞으로 설명하는 4가지 모형은 소수의 설명변수만 포함하여 모형은 매우 간단하다. 하지만 이 모형이 제공하는 통계적 정보를 이해하면 더 확장된 모형으로 명세화할 수 있다.

1) 공분산분석 다층모형: 집단수준 공변수

다층자료에서 종속변수의 변산은 각 수준별로 분해될 수 있다. 즉, $Var(Y_{ij}) = \tau_{00} + \sigma_e^2$로 분해된다. 여기서 Y_{ij}는 j학교에 속한 중학생 i의 영어 성적이다. 이 학생의 영어 성적이 다른 학생과 차이가 나는 원인은 소속학교의 영향(τ_{00})도 있으며, 동일 학교 내 개인차 요인의 영향(σ_e^2)도 있다. 만일 연구자가 학생의 영어성취도에 학교특성 변수가 미치는 영향을 탐구한다면, 연구자는 다층모형에 집단수준 변수를 설명변수로 포함하여 모형을 명세화한다. 예를 들어, 학교의 저소득층 학생비율이 높고 낮음에 따라 학교의 학업문화가 다르고, 결국은 학생의 영어성취도에 영향을 미치는 것으로 가정하고 편의상 다른 혼재변수가 없다고 한다면 연구자의 모형은 다음과 같다.

$$\begin{aligned} &\text{1-수준 모형: } Y_{ij} = \beta_{0j} + e_{ij}, \quad e_{ij} \sim N(0, \sigma_e^2) \\ &\text{2-수준 모형: } \beta_{0j} = \gamma_{00} + \gamma_{01}(W_{2j} - \overline{W_{2.}}) + u_{0j}, \; u_{0j} \sim N(0, \tau_{00}) \end{aligned} \tag{4-15}$$

식(4-15)에서 1-수준 모형은 식(4-1)의 기초모형의 경우와 동일하다. 즉, j학교에 다니는 i 학생의 영어성취도(Y_{ij})는 그 학교의 평균(β_{0j})과 동일 학교 내 개인차(e_{ij})로 구성되어 있다. 또한 동일 학교 내에서 영어성취도의 개인차 분산은 σ_e^2으로 가정한 모형이다. 식(4-15)의 2-수준 모형은 설명변수 W_{2j}가 추가된 모형으로서, W_{2j}는 j학교의 저소득층 학생비율이다. 2-수준 모형에서 절편계수는 γ_{00}이고 설명변수 W_{2j}의 회귀계수는 γ_{01}인데, 특징적인 것은 설명변수가 $(W_{2j} - \overline{W_{2.}})$로 전환되어 있다는 것이다. 즉, 전체평균으로 중심화(grand mean centering)되어 있다. 회귀분석모형에서와 마찬가지로 다층모형에서 설명변수가 평균으로 중심화되어 있으면 회귀계수의 해석에 유의해야 하는데, 절편계수 γ_{00}의 정의는 설명변수 $(W_{2j} - \overline{W_{2.}})=0$일 때 β_{0j}의 평균이다. 따라서 이를 구체적으로 해석하면 γ_{00}는 중학생 영어성취도의 전체 평균인 셈이다. 2-수준 모형의 기울기 계수(γ_{01})의 의미는 W_{2j}가 한 단위 증가할 때 β_{0j}의 평균변화량이다. 이를 위 예시상황에 맞추어 해석하면, 중학교의 저소득층 학생비율이 한 단위(1%) 높아질 때 학교평균(β_{0j})의 평균 변화량이라고 할 수 있다.

식(4-15)에서 무선효과인 u_{0j}의 효과는 정규분포를 갖고 $Var(u_{0j}) = \tau_{00}$이다. 여기서 u_{0j}는 학생들의 영어성취도(Y_{ij})에 대한 저소득층 학생비율(W_{2j})의 영향을 반영한 이후에도 남아 있는 학교효과, 즉 학교 간 차이를 반영하는 무선변수이다. 이 무선변수의 분산인 $Var(u_{0j}) = \tau_{00}$의 크기는 저소득층 학생비율의 영향을 통제한 이후에 영어성취도의 학교 간 격차의 규모라고 할 수 있다.

식(4-15)에서 1-수준 모형과 2-수준 모형은 결국 하나의 통계모형을 개념적으로 분리하여 제시한 것이므로, 2-수준 모형(β_{0j})을 1-수준 모형에 대입한 통합모형은 다음과 같다.

(1) 공분산분석모형

$$Y_{ij} = \gamma_{00} + \gamma_{01}(W_{2j} - \overline{W}_{2.}) + u_{0j} + e_{ij}, \quad e_{ij} \sim N(0, \sigma_e^2),\ \ u_{0j} \sim N(0, \tau_{00}) \tag{4-16}$$

식(4-16)은 학교별 저소득층 학생비율(W_{2j})의 효과를 통제한 이후에 교정된 학교효과 u_{0j}를 추정하는 모형이므로, 이는 결국 공분산분석모형이라고도 할 수 있다(Raudenbush & Bryk, 2002). 다만 공분산분석모형으로서 특징적인 것은 u_{0j}가 무선효과를 갖는다는 점이다. 식(4-16)을 공분산분석모형으로 파악하는 것은 모형의 표기방법을 기초통계를 다루는 교과서에서 제시하는 방법으로 전환하면 분명해진다. 즉,

$$\begin{aligned} Y_{ij} &= \gamma_{00} + u_{0j} + \gamma_{01}(W_{2j} - \overline{W}_{2.}) + e_{ij} \\ &= \mu + \alpha_j + \beta_W(X_{ij} - \overline{X}_{..}) + e_{ij} \end{aligned}$$
$$e_{ij} \sim N(0, \sigma^2)$$

의 관계로 두 모형의 등호가 성립한다. 두 식에서 각 모수의 의미는 다음과 같이 정의된다.

$\gamma_{00} = \mu$: 모집단 전체 평균

$u_{0j} = \alpha_j$: j번째 집단의 효과

$\gamma_{01} = \beta_W$: 설명변수 W_{2j}(혹은 X_{ij})의 준거변수에 대한 선형효과

σ^2: W_{2j}(혹은 X_{ij})로 종속변수의 변산을 설명한 이후의 잔차분산

두 식에서 차이가 나는 것은 위쪽의 다층모형에서는 u_{0j}가 무선효과이고, W_{2j}가 집

단수준의 변수인 것과 달리 아래쪽의 공분산분석모형에서는 흔히 α_j가 고정효과 모수이고, X_{ij}가 개인수준 변수라는 점이다.

통계적 방법으로 자료를 분석한 이후에 연구자가 얻는 정보는 크게 고정효과 모수와 무선효과 모수의 추정치라고 하였다. 이를 달리 표현하면, 연구자의 가설은 고정효과 모수와 무선효과 모수에 대한 것이며, 가설검정을 위하여 모수 추정치와 검정통계량의 값을 구하는 것과 같다. 식(4-15)는 다음의 연구가설을 검정하기 위하여 명세화된 것이다.

〈고정효과 모수에 대한 가설〉

$H_0 : \gamma_{01} = 0, \quad H_A : \gamma_{01} \neq 0$

〈무선효과 모수에 대한 가설〉

$H_0 : \tau_{00} = 0, \quad H_A : \tau_{00} > 0$

아울러 γ_{00}와 σ_e^2는 부가적인 정보의 해석에 유용하다. 이제 고정효과 모수인 γ_{00}와 γ_{01}, 그리고 무선효과 모수인 $Var(u_{0j}) = \tau_{00}$, $Var(e_{ij}) = \sigma_e^2$의 의미가 분명하면, 자료 분석결과를 해석하는 방법은 각 모수 값에 의미를 부여하는 것뿐이다.

(2) 분석결과

다음은 식(4-16)의 다층모형으로 예시자료를 분석한 결과이다.

〈표 4-3〉 무선효과 공분산분석모형에 의한 자료 분석결과

고정효과	회귀계수	표준오차	t	자유도	p
전체학교 평균(γ_{00})	63.401416	0.666033	95.193	147	0.000
저소득층 비율효과(γ_{01})	−0.155999	0.025928	−6.017	147	0.000

무선효과	표준편차	분산성분	자유도	χ^2	p
교정된 학교효과(u_{0j})	7.37576	54.4018	147	836.7637	0.000
개인효과(e_{ij})	22.86871	522.9779			
Deviance=60305.261227					
Number of estimated parameters=2					

(3) 결과 해석

① 고정효과 모수 추정치: 〈표 4-3〉에서 고정효과 모수는 γ_{00}와 γ_{01} 2개다. 설명변수 W_{2j}가 전체 평균으로 중심화되었으므로 절편계수인 γ_{00}은 기초모형에서와 같이 중학생 영어성취도의 전체 학교 평균이라는 의미를 가지며, $\hat{\gamma}_{00} = 63.401$로 기초모형의 경우와 유사하다. 위의 표에서 의미 있는 고정효과 모수 추정치는 W_{2j}의 회귀계수인 $\hat{\gamma}_{01} = -.1559$이다. 이 값의 의미는 2가지로 해석할 수 있다. 하나는 가설검정의 근거로써 통계적인 해석을 하는 것이며, 다른 하나는 학교별 저소득층 학생비율인 W_{2j}가 학생들의 영어성취도에 미치는 효과는 실제로 어느 정도인지 설명하는 것이다.

우선 통계적 해석은 가설검정의 결과를 제시하는 것이다. 즉, 학교별 저소득층 비율이 중학생의 영어성취도에 아무런 효과가 없다는 $H_0 : \gamma_{01} = 0$의 가설검정을 위한 검정통계량 값은 $t = -6.017$이고 유의값이 $p = 0.000$(즉, $p \le 0.001$)이므로 일종오류 $\alpha = 0.05$ 수준에서 의사결정을 한다면 통계적으로 유의하다. 즉, $H_0 : \gamma_{01} = 0$이 참이라고 하면 $\hat{\gamma}_{01} = -.1559$가 관찰될 가능성이 $p \le 0.001$로서 거의 불가능하므로 $H_0 : \gamma_{01} = 0$을 거부한다. 대안으로 남은 것은 $H_0 : \gamma_{01} \ne 0$뿐이다. 결론적으로 학교별 저소득층 학생 비율인 W_{2j}의 값이 클수록 학생들의 영어성취도는 낮아진다는 충분한 증거가 발견된 것이다. 동일한 가설검정을 신뢰구간 추정을 통해서 수행할 수 있다. $\hat{\gamma}_{01}$ 추정치와 표준오차를 이용하여 γ_{01}의 참 값의 95% 신뢰구간을 구하면,

$$\text{모수 값 } \gamma_{01}\text{의 95\% 신뢰구간} = \hat{\gamma}_{01} \pm t(147)_{.975} S_{\hat{\gamma}_{01}}$$

$$= [-0.15599 \pm (1.96) \times 0.0259]$$
$$= [-0.2067, -0.1052]$$

이다. 즉, 모수 값이 −.2067과 −.1052 사이에 존재할 가능성이 95%이다. 간단히 말하면 모수 값 γ_{01}의 값은 −0.2와 −0.1 사이의 어딘가에 있다는 진술이 잘못될 가능성은 5%도 안 된다는 의미이다. 또한 위 신뢰구간은 $H_0 : \gamma_{01} = 0$의 경우를 배제하고 있으므로 영가설 $H_0 : \gamma_{01} = 0$은 거부된다. 거듭 말하면, 학교별 저소득층 비율(W_{2j})은 그 값이 클수록 평균적으로 학생들의 영어성취도에 부정적인 영향을 미친다.

그러나 학교별 저소득층 비율인 W_{2j}의 효과가 $\hat{\gamma}_{01} = -.1559$라는 것은 구체적으로 어느 정도 심각한 영향을 미치는가? 이에 대한 실질적인 해석을 하는 방법은 회귀계수에 대한 표준해석법을 정확하게 적용하는 것이다. $\hat{\gamma}_{01} = -.1559$라는 회귀계수의 의미는 " W_{2j}가 한 단위 증가할 때 중학생의 영어성취도는 평균 −0.1559만큼 감소한다."는 것이다. 이를 응용하면 W_{2j}인 저소득층 비율이 평균인 학교(즉, $W_{2j} = 46.64$)와 W_{2j}가 1 표준편차만큼 높은 학교(즉, $W_{2j} = 46.64 + 22.84 = 69.48$)를 비교하면, 저소득층 학생비율이 69.48인 학교는 평균수준의 학교보다 영어성취도가 3.56점(−0.1559× 22.84 =−3.56) 낮다고 할 수 있다. 영어성취도의 표준편차가 24.37이므로, 영어성적이 평균 3.56점 낮은 것은 학생 개인 점수로는 크지 않은 편이다. 그러나 학교별 평균으로 볼 때는 표준편차가 $\sqrt{\widehat{Var}(\overline{Y}_j)} = \sqrt{\hat{\sigma}^2/\tilde{n}_j} = 3.66$이므로, 학교별 저소득층 비율이 1표준편차 높은 학교는 학교 평균 영어성취도도 다른 학교에 비하여 1표준편차 정도 낮은 셈이므로 학교 수준에서는 그 영향이 심대하다고 할 수 있다. 만일 학교를 평균영어성적으로 서열을 매긴다면 저소득층 학생비율이 1표준편차만큼 적은 학교는 평균적인 학교보다 순위가 34% 향상되는 효과가 있다.

② **무선효과 모수 추정치:** 〈표 4−3〉의 결과를 산출한 식(4−16)의 공분산분석모형에서 무선효과 모수는 σ_e^2과 τ_{00}이다. 각 수준별 무선효과인 분산의 추정치는,

$$1\text{-수준: } \widehat{Var}(e_{ij}) = \hat{\sigma}_e^2 = 522.978$$

$$2\text{-수준: } \widehat{Var}(u_{0j}) = \hat{\tau}_{00} = 54.402$$

이다. 여기서 1-수준 무선효과인 σ_e^2은 동일 학교 내 학생들의 영어성취도 분산으로서 이전의 기초모형에서의 경우와 동일하다. 유의할 사항은 공분산분석모형에서 설명변수 W_{1j}가 모형에 포함되었음에도 $\hat{\sigma}_e^2$의 값은 기초모형의 경우와 그 값이 같다는 것이다. 즉, 공분산분석모형에서 2-수준 변수(즉, W_{2j})는 종속변수의 1-수준 변산을 설명하지 못한다고 할 수 있다. 그러나 사회과학 이론에서 인간의 행동은 개인과 환경의 상호작용으로 결정된다는 것은 오래된 진실이다. 공분산분석모형에서 1-수준 분산의 추정치가 일반 사회과학 이론과 배치되는 결과를 내는 것은 아니다. 식(4-15)나 식(4-16)은 사실상 개인과 환경의 상호작용 항은 포함하고 있지 않다.

따라서 식(4-16)과 같은 공분산 분석모형에서 2-수준 설명변수는 종속변수의 2-수준 무선효과에만 영향을 준다. 앞에서 2-수준 무선효과 분산은 $\hat{\tau}_{00} = 54.402$로서 기초모형의 경우($\hat{\tau}_{00} = 70.297$)보다 15.895만큼 분산이 줄었으며, 이는 2-수준 전체 분산에서 약 22.6% 감소한 것이다. 즉, 학교별 저소득층 학생비율 변수가 종속변수의 학교 간 분산을 22.6% 설명하였다고 할 수 있다.

만일 종속변수에 대한 W_{2j}의 영향을 통제한 상태에서 학교들의 영어성취도 교정평균($\beta_{0j} \mid W_{2j}$)이 정규분포를 갖는다면 학교별 저소득층 비율이 동등한 조건에서 학교별 영어성취도의 교정평균의 95% 범주를 앞의 식(4-3)과 동일한 방법으로 구할 수 있다.

〈표 4-3〉에서 학교 간 분산에 대한 가설은

$$H_0 : \tau_{00} = 0, \quad H_A : \tau_{00} > 0$$

이었다. 영가설 $H_0 : \tau_{00} = 0$의 의미는 저소득층 학생비율이 동등한 조건에서 학교별 영어성취도 평균은 차이가 없다는 것이다. 이 가설을 검정하는 χ^2 통계량은 식(4-4)와 마찬가지이나, 다만 교정평균이 사용되는 점만 다르다. 즉,

$$\hat{\chi}^2 = \sum_j^J \hat{Z}_j^2 = \sum_j^J \left\{ \frac{[\overline{Y}_{.j} - (\hat{\gamma}_{00} + \hat{\gamma}_{01} W_{2j})]^2}{\hat{\sigma}_e^2 / n_j} \right\} \tag{4-17}$$

이다. 〈표 4-3〉에서 영가설 $H_0 : \tau_{00} = 0$은 $\alpha = 0.05$수준에서 χ^2 검정한 결과 기각되었다. 즉, $\hat{\tau}_{00} = 54.402$는 저소득층 학생비율이 학생들의 영어성취도에 미치는 영향을 통제한 이후에도 여전히 학교 간 영어성취도 평균에 차이가 있다는 충분한 증거라는 것이다. 유의도로 설명하면, $\hat{\tau}_{00} = 54.402$는 $H_0 : \tau_{00} = 0$이 참인 상태에서는 관찰될 가능성이 $p \le 0.001$이라고 할 수 있다. 따라서 $H_0 : \tau_{00} = 0$를 거부하는 것이 합리적이다.

(4) 공분산분석모형의 부가적 정보

① 집단 내 상관계수: 기초모형의 경우와 마찬가지로 공분산분석모형에서도 집단 내 상관계수(*ICC*)를 구할 수 있다.

$$ICC = \frac{\hat{\tau}_{00}}{\hat{\tau}_{00} + \hat{\sigma}_e^2} = \frac{54.4018}{54.4018 + 522.9789} = 0.094$$

이다. 즉, 중학교 학생들의 영어성취도에 대한 학교별 저소득층 학생비율의 효과를 통제한 이후에도 전체 분산에 대한 학교 간 분산의 비율은 9.4%이다. 그러나 *ICC*가 학교 간 교육격차 정보 혹은 학교소속이 종속변수의 분산에서 차지하는 비율을 반영하는 통계량으로 사용되려면 다음의 통계량이 더 유용하다.

$$ICC = \frac{Var(\beta_{0j} \mid W_{2j})}{Var(Y_{ij})} = \frac{\tau_{00}^{Ancova}}{\tau_{00}^{Anova} + \sigma_e^2} \tag{4-18}$$

식(4-18)의 ICC는 공변수인 저소득층 학생비율이 학교 간에 동일하다고 가정하여도 여전히 소속학교가 영어성취도 분산에서 차지하는 비율을 의미한다. 즉, 저소득층 학생비율의 영향을 통제한 이후에 존재하는 교정된 학교 간 교육격차량이라고 할 수 있다. 식(4-18)에 의하여 교정된 ICC의 추정치를 구하면,

$$ICC = \frac{\hat{\tau}_{00}^{Ancova}}{\hat{\tau}_{00}^{Anova} + \hat{\sigma}_e^2} = \frac{54.4018}{70.298 + 522.978} = 0.0916$$

이다. 즉, 영어성취도 분산의 약 9.2%가 이유를 알 수 없는 학교 간 소속의 차이로 영향을 받는다. 이를 기초모형에서의 결과와 비교하면, 기초모형에서는 $ICC_{Anova} = 0.118$이었다. 즉, 영어성취도의 ICC에서 학교별 저소득층 학생비율이 차지하는 영향력은 2.6%(즉, 0.118−0.0916=0.026)이다.

② 결정계수: 모든 통계모형은 종속변수의 변산을 설명하려는 것이다. 다층모형에서는 종속변수의 분산이 1-수준과 2-수준으로 분해될 수 있으므로, 각 수준별로 종속변수의 분산이 설명된 정도를 반영하는 결정계수(R^2)를 산출할 수 있다. 예시에서 사용한 공분산분석모형은 2-수준에서만 설명변수 W_{2j}가 모형에 포함되었다. 또한 2-수준 변수인 W_{2j}는 종속변수의 1-수준 분산을 설명하지는 못한다. 따라서 2-수준에서의 결정계수를 다음 식으로 산출할 수 있다.

$$R_2^2 = \frac{\tau_{00(anova)} - \tau_{00(ancova)}}{\tau_{00(anova)}} \tag{4-19}$$

식(4-19)에 따라 $\hat{R}_2^2 = 0.226$이다. 이는 앞에서 무선효과 추정치 $\hat{\tau}_{00}$의 값을 해석할

때 언급한 바와 같다.

③ 학교별 평균의 신뢰도: 식(4-16)에 제시된 다층모형에서 β_{0j}는 각 학교의 영어성취도 평균점수이다. 앞의 기초모형에서 상세히 언급한 것처럼 β_{0j}는 무선변수이므로 통계학적인 관점에서는 개별 값을 추정하는 것이 의미가 없으나, 실제 연구 상황에서는 의미 있는 통계량이 될 수 있다. 따라서 잔차분석을 통하여 표본자료 내에서 무선변수의 개별 값을 추정하는 것은 가능하다. 식(4-16)의 1-수준 모형은 앞의 기초모형 경우와 동일하므로, β_{0j}의 의미는 동일하며, 신뢰도 값도 유사하다. 다만 2-수준모형에서 설명변수 W_{2j}가 추가되면서 신뢰도 추정 값에는 변화가 있다. 즉, 신뢰도 추정식에서 2-수준 분산 τ_{00}의 추정 값은 축소된다.

$$\lambda_j = \frac{Var(\beta_{0j} \mid W_{2j})}{Var(\hat{\beta}_{0j} \mid W_{2j})} = \frac{\tau_{00}^{ancova}}{\tau_{00}^{ancova} + \sigma_e^2/n_j} \tag{4-20}$$

위 식에 의하여 $\hat{\beta}_{0j}$의 평균 신뢰도, $\lambda = (\sum \lambda_j)/J$를 산출한 결과, 각 집단별 OLS 추정치의 신뢰도는 $\lambda = 0.809$였다. 다층모형에서 사용하는 각 집단의 정보는 식(4-12)에서와 같이 EB 추정량을 사용한다. 즉, $\beta_{0j}^* = \lambda_j \hat{\beta}_{0j} + (1-\lambda_j)\mu_\beta^*$이다. 따라서 β_{0j}에 대한 EB 추정량 β_{0j}^*가 각 집단의 정보를 많이 담고 있으려면 $\hat{\beta}_{0j}$의 신뢰도가 높아야 한다. 공분산분석모형에서 $\hat{\beta}_{0j}$의 신뢰도는 기초모형의 경우($\lambda = 0.844$)보다는 다소 낮아졌으나, 여전히 각 집단의 정보를 충분히 반영한다고 할 수 있다.

(4) 편차량

최대우도추정법을 적용하여 모수 추정을 하는 모형의 평가준거로 편차량(Deviance)이 사용된다고 하였다. 편차량에 대한 설명은 앞의 기초모형에서 하였으므로 편차량의 개념, 수리적 정의, 관련된 통계적 개념 등의 추가 설명은 생략한다. 다만 식(4-15)와 식(4-16)에서 사용한 공분산분석모형에서 무선효과 모수의 수는 $P = 2$로서 기초모형의 경우와 같다. 즉, 무선효과모형의 모수를 추정하는 관점에서 두 모형은 동형에 속하는 모형이라고 할 수 있다. 〈표 4-3〉에서 $D = 60305.261227$이었다. 기초모형과 비교하였을 때, 동형의 모형이라고 할지라도 공분산분석모형의 편차량이 기초모형의 경우($D = 60334.077567$)보다 다소 적은 것을 알 수 있다. 즉, 공분산분석모형이 기초모형보다는 종속변수에 대한 설명력이 더 양호한 모형이라고 할 수 있다. 그러나 두 모형의 무선효과 모수 수가 동일하므로 모형 간 차이를 검정하기 위한 통계적 유의도 검정은 가능하지 않다.

지금까지 집단수준 변수의 평균효과를 추정하기 위한 모형으로서 무선효과 공분산분석 모형을 살펴보았다. 특히 수리적 모형과 분석결과, 그리고 공분산분석모형을 통하여 확보할 수 있는 부가 정보를 살펴보았다. 여기서 집단은 곧 학교였다. 즉, 2-수준 분석단위는 학교였는데, 집단수준 변수의 평균효과를 추정할 때 여기서 설명한 공분산분석모형은 유용하다. 흔히 연구자가 직접 자료를 수집하기보다는 이미 발간된 통계연보나 각종 학교별 통계자료를 활용하여 자료를 분석한다면, 앞의 공분산분석모형은 유용하다. 예를 들어, 교육정보공시제에 의하여 시행되는 학교알리미나 대학알리미에 제공된 정보는 모두 학교별 통계량이므로, 개인수준의 종속변수만 확보한다면 공분산분석모형을 응용하여 자료를 분석할 수 있다.

이 장에서 소개한 공분산분석모형이 제공하는 정보는 고정효과 모수 추정치로서 전체 중학교의 평균 영어성취도를 절편계수(γ_{00})로 추정하였고, 학교별 저소득층 비율이 학교평균 영어성취도에 미치는 영향을 기울기 계수(γ_{01})로 추정하였다. 또한 두 고정효과 모수 추정치와 표준오차에 근거하여 절편계수와 기울기 계수의 95% 신뢰구간도 구할 수 있었다. 공분산분석모형이 제공하는 무선효과는 기초모형의 경우와 동일하게 1-수준 분산인 σ_e^2과 2-수준 분산인 τ_{00}의 추정치였다. 학교수준에서 설명변수가 추가되었으므로 2-수준 분산추정치 $\hat{\tau}_{00}$의 값은 기초모형의 경우보다 적었다. 그러나 1-수준 분산추정치 $\hat{\sigma}_e^2$의 값은 기초모형의 경우와 동일한 것을 확인할 수 있었다. 즉, 공분산분석모형에서 학교수준 변수는 1-수준 분산을 설명하지 못한다. 이를 달리 표현하면, 학교수준 변수가 학생수준 변수와 어떠한 관련이 있을때만 1-수준 분산에 영향을 줄 수 있다는 의미이며, 공분산분석모형에서는 개인수준 설명변수가 없기 때문이다.

공분산분석모형이 제공하는 부가 유형과 정보는 다층모형으로 자료를 분석하면 공통적으로 확보되는 통계량이라고 할 수 있다. 특히 기초모형과 비교하여 공분산분석모형이 종속변수의 변산을 설명하는 데 기여한 정도를 파악할 수 있다. 기초모형과 공분산분석모형에서는 *ICC*가 유용한 정보이며, 집단수준 설명변수로 어느 정도 학교 간 분산의 비율이 축소되는지 관찰할 수 있으며, 역으로 W_{2j}가 학교 간 격차에 미치는 효과의 크기도 파악할 수 있었다. 공분산분석모형과 기초모형을 비교하여 새로 추가된 집단수준 변수(W_{2j})가 종속변수의 변산을 설명하는 결정계수를 2-수준에서 산출할 수 있었다. 아울러 편차량의 값을 구하여 기초모형과 비교하면, W_{2j}가 모형에 포함된 것이 기초모형에 비하여 종속변수의 설명력이 개선된 것을 확인할 수 있다.

2) 공분산분석 다층모형: 개인수준 공변수

다층자료는 종속변수의 변산이 여러 수준에 존재한다. 예를 들어, 학생이 학교에 소속한 다층구조이면 학생들의 영어성취도는 개인차 때문에 변산이 발생할 수도 있고, 소속학교의 영향에 따라서도 다를 수 있다. 학생의 영어성취도에 영향을 미치는 변수를 탐구하려는 경우 연구자는 영어성취도와 높은 상관을 갖는 변수를 모형에 포함하여 그 효과를 추정할 것이다. 통계모형이란 연구자의 이론을 수학적으로 표현한 것이다. 만일 연구자가 학생의 가정배경 변수로서 아버지의 학력수준에 따라 자녀의 영어성취도가 영향을 받는다고 가정하였다면, 그리고 아버지의 학력이 자녀의 영어성취도에 미치는 효과가 모든 학교에서 동일하다고 가정한다면, 연구자의 모형은 다음과 같을 수 있다.

$$\text{1-수준 모형: } Y_{ij} = \beta_{0j} + \beta_{1j}(X_{ij} - \overline{X}) + e_{ij},\ \ e_{ij} \sim N(0, \sigma_e^2) \qquad (4\text{-}21)$$

$$\text{2-수준 모형: } \beta_{0j} = \gamma_{00} + u_{0j},\ \ u_{0j} \sim N(0, \tau_{00})$$

$$\beta_{1j} = \gamma_{10.}$$

식(4-21)에서 1-수준 모형은 설명변수가 포함되었고, 2-수준 모형에는 설명변수가 없다. 1-수준 모형에서 Y_{ij}는 j학교에 다니는 i학생의 영어성취도이고, 설명변수 X_{ij}가 j학교의 i번째 학생 아버지의 학력수준이라면, 1-수준 모형은 아버지의 학력으로 학생의 영어성취도를 예측하는 단순회귀분석모형과 동일하다. 1-수준 모형에서 아버지의 학력 변수는 $(X_{ij} - \overline{X})$로 중심화 전환되었으므로, 1-수준 모형에서 β_{0j}는 각 학교의 평균 영어성취도가 $X_{ij} = \overline{X}$에서 교정된 것이고, β_{1j}는 각 학교에서 자녀의 영어성취도에 대한 아버지 학력수준의 효과이다. 식(4-21)의 2-수준 모형에서 절편계수인 β_{0j}는 학교별 효과인 u_{0j}의 존재를 가정하여 전체평균 γ_{00}를 중심으로 학교별 평균 영어성취도가 다르게 분포된 것으로 가정하고 있으며, 학교평균 영어성취도의 분산은 $Var(\beta_{0j}) = \tau_{00}$이다. 그러나 기울기 계수인 β_{1j}는 모든 학교에서 균일한 효과를 갖는 것으로 가정하고, 아버지 학력이 자녀의 영어성취도에 미치는 평균효과는 모든 학교에서 γ_{10}인 것으로 설정하였다.

식(4-21)의 1-수준 모형에서 e_{ij}는 아버지의 학력수준(X_{ij})이 학생의 영어성취도(Y_{ij})에 미치는 효과를 반영한 이후에 남아 있는 개인차 효과이다. 즉, 아버지 학력수준 이외에 학생수준에서 영어성취도와 상관을 갖는 제반 변수들의 효과와 불확실성이 포함된 잔차변수이다. e_{ij}는 정규분포를 갖고 분산이 σ_e^2인데, 여기서 σ_e^2의 의미는 아버지의 학력으로 영어성취도를 설명한 이후에도 남아 있는 동일 학교 내 학생 간 영어성취도 개인차의 크기이다.

식(4-21)은 앞 절에서 설명한 공분산분석모형과 동일한 유형의 모형이라고 할 수 있다. 다만 설명변수가 1-수준에 포함된 것이 다를 뿐이다. 식(4-21)을 공분산분석모형과 대비시키면 다음과 같다.

$$
\begin{aligned}
Y_{ij} &= \gamma_{00} + u_{0j} + \gamma_{10}(X_{ij} - \overline{X}) + e_{ij} \\
&= \mu + \alpha_j + \beta_W(X_{ij} - \overline{X}) + e_{ij.}
\end{aligned}
\qquad (4\text{-}22)
$$

즉, $\gamma_{00} = \mu; u_{0j} = \alpha_j; \gamma_{10} = \beta_W$이다. 다만 위쪽의 다층모형에서는 u_{0j}가 무선효과

로서 $u_{0j} \sim N(0, \tau_{00})$의 분포를 갖는 반면에, 아래쪽의 공분산 분석모형에서는 집단의 효과인 α_j가 고정효과 모수인 것이 다르다.

식(4-21)에서 고정효과 모수는 γ_{00}, γ_{10}이며, 무선효과 모수는 σ_e^2과 τ_{00}이다. 양적 연구방법을 사용하는 연구자들은 수집한 자료를 분석하여 고정효과 모수와 무선효과 모수를 추정한 값에 근거하여 모집단 현상을 설명한다. 식(4-21)을 활용하여 연구자들이 검정하려는 가설은 다음과 같다.

〈고정효과 모수에 대한 가설〉

$H_0 : \gamma_{10} = 0,\ \ H_A : \gamma_{10} \neq 0$

〈무선효과 모수에 대한 가설〉

$H_0 : \tau_{00} = 0,\ \ H_A : \tau_{00} > 0.$

위 고정효과 모수에 대한 가설은 아버지 학력이 학생의 영어성취도에 대한 효과를 검정하기 위한 가설이며, 무선효과 모수에 대한 가설은 학교별 영어성취도의 교정평균이 학교 간에 격차가 있는지 검정하기 위한 것이다.

(1) 분석결과

다음의 〈표 4-4〉는 식(4-21)의 모형에 따라 고정효과 모수와 무선효과 모수를 추정한 결과이다.

〈표 4-4〉 무선효과 공분산분석모형에 의한 자료 분석결과(개인수준 공변수)

고정효과	회귀계수	표준오차	t	자유도	p
전체 학교 평균(γ_{00})	63.553042	0.57882	109.797	148	0.000
아버지 교육수준(γ_{10})	6.098863	0.282316	21.603	6599	0.000
무선효과	**표준편차**	**분산성분**	**자유도**	**χ^2**	**p**
2-수준 무선효과					
교정된 학교효과(u_{0j})	6.20176	38.46183	148	667.62895	0.000
1-수준 무선효과					
개인수준 잔차(e_{ij})	21.97454	482.88042			
Deviance = 59743.206478					
Number of estimated parameters = 2					

(2) 결과 해석

① 고정효과 모수 추정치: 〈표 4-4〉에서 고정효과 모수 추정치는 $\hat{\gamma}_{00} = 63.553$, $\hat{\gamma}_{10} = 6.0988$이다. 이 두 추정치가 의미하는 바는 식(4-21)의 모형에서 정의한 바와 같다. 즉, 절편계수는 모집단 전체 학교의 평균 영어성취도로서 그 값은 63.553으로 추정하였다. 기울기 계수는 모집단에서 아버지 교육수준의 학교급이 1단계 높으면 예상되는 자녀 영어성취도의 평균 변화량이다. 〈표 4-4〉에서 아버지의 교육수준이 한 단계 높으면 자녀의 영어성취도는 평균 6.0988만큼 높아지는 효과가 있는 것으로 나타났다.

절편계수에 대한 영가설($H_0 : \gamma_{00} = 0$)을 통계적으로 검정할 수는 있으나, 사실상 의미가 없다. 〈표 4-4〉에서 고정효과 모수에 대한 의미 있는 가설검정은 기울기 계수에 대한 것이다. 추정된 기울기 회귀계수 $\hat{\gamma}_{10} = 6.0988$은 $H_0 : \gamma_{10} = 0$을 거부하기에 충분한 증거가 되는 것으로 나타났다. 추정된 회귀계수와 표준오차를 이용하면 검정통계량이 $t = 21.603$이며, 이는 영가설이 참인 상태에서는 거의 발견하기 어려운 결과이므로 대안가설인 $H_A : \gamma_{10} \neq 0$을 받아들인다. 아버지의 교육수준이 자녀의 영어성취도에 미치는 효과는 분명히 존재한다는 충분한 증거가 발견된 것이다.

이상은 통계적 가설검정에 따른 결과해석이다. 고정효과 모수 추정치에 대한 보다 실제적인 결과해석은 설명변수의 척도에 유의하여 $\hat{\gamma}_{10} = 6.0988$을 해석하는 것이다. 이 값의 표준적인 해석은 설명변수(X_{ij})가 1단위 증가할 때 Y_{ij} 변수의 평균변화량이 6.0988이다. 이를 현실감 있게 해석하려면 우선 X_{ij}에서 1단위의 의미를 알아야 한다. 〈표 4-1〉에 나타난 예시자료의 통계량을 보면, 아버지의 학력(X_{ij})은 초등학교 졸업 이하에서 대학원 박사과정 졸업까지 7개 등급의 점수이다. 따라서 X_{ij} 변수의 1단위는 교육받은 학교급의 차이로서 실제로 의미 있는 단위이다. 다음으로 Y_{ij}변수의 분포를 보면 표준편차가 24.37이었다. 이에 기초하여 해석하면, 아버지의 교육 수준이 한 학교급 높을수록 자녀의 영어성취도는 약 1/4 표준편차만큼 높은 경향이 있다는 것이다. 만약에 한 학생의 아버지는 중학교 졸업의 학력이고($X_{ij}=2$)이고, 다른 학생의 아버지는 4년제 대학교 졸업의 학력이라면($X_{ij}=5$), 이와 같은 두 학생의 평균 영어성취도 차이는 $6.098 \times 3 = 18.294$로서 약 3/4 표준편차만큼 영어성취도에 차이가 나는 셈이다.

고정효과 모수 추정치의 크기를 해석하는 또 다른 방법은 신뢰구간을 이용하여 모수 추정치의 정밀도 정보도 함께 고려하는 것이다. 〈표 4-4〉 결과표에서 기울기 계수 추정치 $\hat{\gamma}_{10}$의 표준오차는 $S_{\hat{\gamma}_{10}} = 0.2823$이다. 따라서 모수 γ_{10}의 95% 신뢰구간은 다음과 같다.

$$\begin{aligned}\gamma_{10}\text{의 95\% CI} &= \hat{\gamma}_{10} \pm t(df)_{.975} \times S_{\hat{\gamma}_{10}} \\ &= 6.0988 \pm t(6599)_{.975} \times 0.2823 \\ &= [5.545,\ 6.652]\end{aligned}$$

이다. 위 신뢰구간에서 $H_0 : \gamma_{10} = 0$인 조건은 포함되지 않으므로 영가설은 거부되며, 동시에 모집단에서 γ_{10}의 참 값은 [5.545, 6.652] 사이에 존재할 가능성이 95% 라고 할 수 있다.

고정효과 모수 추정치에 기초한 결과표에서 유의할 사항은 절편계수인 $\hat{\gamma}_{00}$에 의한

t 값의 자유도는 $df = 148$인 반면에 기울기 계수인 $\hat{\gamma}_{10}$의 자유도는 $df = 6599$인 점이다. 다층모형에서 1-수준 모형의 모수 β_{pj}는 연구자의 이론에 따라 무선효과 혹은 고정효과를 갖는 것으로 명세화할 수 있다. 만일 β_{pj}가 무선효과를 갖는다면, β_{pj}를 종속변수로 하는 2-수준 모형의 고정효과 추정치의 자유도는 2-수준 분석단위의 수에서 고정효과 모수 수를 제거한 것이다. 이를 적용하면, 1-수준 절편계수인 β_{0j}에 대한 2-수준모형에서 고정효과 모수 추정치($\hat{\gamma}_{00}$)의 표준오차를 계산하는 자유도는 149−1 =148이다. 즉, 고정효과 모수 추정치는 집단수준의 정보(β_{0j})의 수($J=149$)에 기초하여 생성된 것이다. 반면에 기울기 계수인 β_{1j}를 종속변수로 하는 2-수준 변수에서는 무선효과가 없다. 따라서 $\beta_{1j} = \gamma_{10}$는 단층모형의 회귀계수와 동일한 성격을 갖고 그 자유도는 단순회귀분석모형에서와 같이 $df = N-2 = 6601-2 = 6599$이다.[2)]여기서 2개의 모수는 γ_{00}와 γ_{10}이다. 기울기 계수 γ_{10}의 모수 추정치는 전체 표본사례 수 $N = 6601$을 모두 사용하여 산출된 셈이다.

② 무선효과 모수 추정치: 〈표 4-4〉에서 무선효과 모수 추정치는 각 수준별로 하나씩 있다. 우선 1-수준 무선효과 모수 추정치는 $\hat{\sigma}_e^2 = 482.880$이다. 표준편차는 $\hat{\sigma}_e = 21.975$이므로, 아버지의 학력에 따른 영향을 교정한 이후에도 동일 학교 내에서 학생들의 영어성취도 차이는 여전히 크다. 기초모형에서 σ_e^2이 동일 학교 내 학생들의 영어성취도 분산이라면, 식(4-21)의 모형에서 σ_e^2은 아버지의 학력 조건이 같다고 가정할 때 동일 학교 내 학생들의 개인차 분산이다.

〈표 4-4〉에서 2-수준 분산추정치는 $\widehat{Var}(\beta_{0j}) = \hat{\tau}_{00} = 38.46183$이다. 기초모형으로 분석한 결과에서 2-수준 분산 추정치는 $\hat{\tau} = 70.297$이었다. 따라서 1-수준 모형에 포함된 설명변수 X_{ij}가 2-수준 분산도 설명한 것을 알 수 있다. 이를 식(4-21) 모형의 변수를 포함하여 설명하면, 학생 부모의 학력차가 학업성취도에 미치는 영향은 개인적인 수준에 머물지 않고 학교 간 차이에도 영향을 미친다는 것이다. 즉, 아버지의 학력차 영향을 제거한 교정된 학업성취도는 학교별로 다른 분포를 갖게 되므로 학부모의 학력은 학교 간 평균 학업성취도 차이에도 영향이 있다.

〈표 4-4〉에서 학교 간 분산의 크기를 χ^2-검정한 결과는 $\alpha = 0.05$ 수준에서 통계적으로 유의하다. 즉, 아버지의 학력차 효과를 통제한 이후에도 학교 평균 영어성취도는 학교 간에 차이가 있다. 여기서 $H_0 : \tau_{00} = 0$를 검정하는 통계량은 각 학교별 교정평균의 분산에 기초한 것이다. 즉,

$$\hat{\chi}^2 = \sum_j^J \hat{Z}_j^2 = \sum_j^J \left\{ \frac{[\overline{Y}_j^* - \hat{\gamma}_{00}]^2}{\hat{\sigma}^2 / n_j} \right\} \tag{4-23}$$

이다. 여기서 $\overline{Y}_j^* = \overline{Y}_j - \hat{\gamma}_{10}(\overline{X}_{.j} - \overline{X}_{..})$으로 j학교의 교정평균이다. 이 모형은 2-수준에서 설명변수가 없으므로, 자유도는 $df = J - 1 = 148$이다.

(3) 공분산분석모형의 부가적 정보

① 집단 내 상관계수: 개인수준에서 설명변수가 포함된 공분산분석모형에서도 전체 관찰분산은 각 수준별로 분해가 되므로, 이전의 모형에서와 마찬가지로 ICC를 구할 수 있다.

$$ICC = \frac{\hat{\tau}_{00}}{\hat{\tau}_{00} + \hat{\sigma}^2} = \frac{38.46183}{38.46183 + 482.88042} = 0.074$$

이다. 여기에서 $\hat{\tau}_{00}$, $\hat{\sigma}^2$은 개인수준 설명변수(즉, 아버지 학력)로 준거변수의 변산을 설명한 이후에 남은 잔차분산이다. 즉, $ICC = 0.074$는 잔차분산의 추정치로 산출된 것에 불과하다. 앞서의 2-수준 공분산분석모형에서와 같이 ICC를 보다 유의하게 사용하는 방법은 개인수준 설명변수를 모형에 도입함으로써, 학교 간 격차를 반영하는 지수인 ICC가 얼마인지를 밝히는 것이다.

$$ICC = \frac{Var(\beta_{0j} \mid X_{ij})}{Var(Y_{ij})} = \frac{\tau_{00}^{Ancova}}{\tau_{00}^{Anova} + \sigma^2} \tag{4-24}$$

위 식에 의하여 계산하면 $ICC = 0.065$이다. 즉, 아버지 학력 차이의 영향을 통제한 이후에도 여전히 존재하는 학교 간 교육격차는 약 6.5%이다. 기초모형에서의 경우와 비교하면 $ICC_{anova} - ICC_{ancova} = 0.118 - 0.065 = 0.053$으로서 학생이 소속한 학교의 영향력은 거의 절반수준으로 감소한다. 이를 통해 학업성취도에서 소속학교의 영향력이 상당 부분 아버지의 학력 차이와 연관된 것을 알 수 있다.

② 결정계수: 〈표 4-2〉에 제시된 기초모형의 분석결과에서는 $\hat{\sigma}^2 = 522.983$이었다. 따라서 동일 학교 내 영어성취도 분산에서 아버지의 학력수준이 차지하는 비중은 설명된 1-수준 분산 비율로 계량화할 수 있다. 즉,

$$\hat{R}_1^2 = \frac{\hat{\sigma}_{anova}^2 - \hat{\sigma}_{ancova}^2}{\hat{\sigma}_{anova}^2} = \frac{522.983 - 482.880}{522.983} = 0.0767$$

이다. 여기서 $\hat{R}_1^2$은 1-수준 결정계수의 추정치이며, $\hat{\sigma}_{anova}^2$는 기초모형에서의 1-수준 분산 $\hat{\sigma}_{ancova}^2$는 1-수준에 공변수가 포함된 공분산분석모형에서의 1-수준 분산추정치이다. 위 계산에 의하면 우리나라에서 같은 학교에 다니는 중학생들의 영어성취도 분산은 약 7.67%가 아버지의 학력차와 연관되어 있다고 할 수 있다.

〈표 4-4〉에서 2-수준 잔차분산은 $\hat{\tau} = 38.46183$으로 나타났다. 이 값을 〈표 4-2〉의 기초모형 분석결과와 비교하여 2-수준 분산이 설명된 비율을 다음의 결정계수로 산출할 수 있다.

$$\hat{R}_2^2 = \frac{\hat{\tau}_{anova} - \hat{\tau}_{ancova}}{\hat{\tau}_{anova}} = \frac{70.297 - 38.462}{70.297} = 0.453$$

이다. 학교평균 영어성취도의 학교 간 차이에서 약 45.3%는 아버지 학력의 학교별 분포와 연관되어 있다. 아버지 학력이 높은 학생이 많은 학교는 전체적으로 학교평균도 높다고 할 수 있다. 아버지의 학력 차이는 동일 학교 내에서 영향력이 크기보다는 학교 간 차별화에 더 큰 결정력이 있다. 이를 달리 설명하면, 아버지 학력수준이 전반적으로 높은 지역의 학교에 다니는 학생의 영어성취도는 다른 지역에 소재한 학교의 학생과 비교하면 큰 차이로 높을 수 있다는 것으로 해석된다.

③ **학교별 교정평균의 신뢰도**: 식(4-21)의 다층모형에서 β_{0j}는 이전 모형에서와 달리 $X_{ij} = \overline{X}_{..}$에서 교정된 학교별 영어성취도 평균이다. 즉, 설명변수 X_{ij}는 $(X_{ij} - \overline{X}_{..})$으로 전환되어 모형에 포함되었기 때문이다. 따라서 β_{0j}는 학생 아버지의 학력수준이 동등한 조건에서 기대되는 학교별 평균 혹은 학생 아버지의 학력효과를 제거(또는 설명)한 이후의 학교별 평균이라고 할 수 있다. 만일 학교별 영어성취도 평균을 근거로 학교평가를 한다면, 식(4-21)에서의 β_{0j}의 교정된 학교평균 추정치는 이전의 모형들에서의 학교평균 추정치보다 더 공정하다고 할 수 있다. 즉, 학생 아버지의 학력은 학교의 노력으로 극복할 사항은 아니며, 학교교육에서 주어진 학생 인적 구성 조건이기 때문이다. β_{0j}는 평균이 γ_{00}이고 분산이 τ_{00}인 무선효과 변수이다. 즉, $\beta_{0j} \sim N(\gamma_{00}, \tau_{00})$이다. 그러나 실제 연구 상황에서는 표본에 포함된 개별 학교의 학업성취도 평균은 중요하며, 교정평균은 가치가 더 높다. 따라서 β_{0j}를 추정한 값이 신뢰롭다면, 각 개별학교를 평가하는 자원으로서의 가능성을 갖는다. 식(4-21)의 다층모형에서 β_{0j}의 OLS 추정치 신뢰도는 다음의 식으로 추정된다.

$$\lambda_j = \frac{Var(\beta_{0j} \mid X_{ij})}{Var(\hat{\beta}_{0j} \mid X_{ij})} = \frac{\tau_{00}}{\tau_{00} + \sigma^2/n_j} \qquad (4\text{-}25)$$

여기서 τ_{00}, σ^2은 모두 식(4-21)의 모형에서 추정된 2-수준 및 1-수준 잔차분산이다. 앞서 설명한 바와 같이 1-수준에서의 설명변수(X_{ij})는 종속변수의 분산을 모든 수준에서 설명한다. 따라서 식(4−21)의 모형으로 추정된 1−수준 및 2−수준 분산은 각각 $\hat{\tau}_{00} = 38.46183$, $\hat{\sigma}^2 = 482.88042$로서 이전 모형의 경우와 다르다.

HLM 결과물에서 제시한 $\hat{\beta}_{0j}$의 신뢰도를 $\lambda = (\sum \lambda_j)/J$로 산출한 결과, $\hat{\lambda} = 0.766$이었으며 여전히 양호하였다. β_{0j}는 무선효과 변수이므로, 통계학적 개념에서는 개별값은 의미가 없으나, 실제 학교평가 혹은 기관평가 상황에서는 그 값이 유용할 수 있다(예: 강상진, 차인숙, 김성연 2009; 강상진, 황정원, 2010). 다층모형에 의한 분석의 부가적 결과물로서 잔차파일을 구하면, β_{0j}의 OLS 추정치 $\hat{\beta}_{0j}$와 EB 추정량 β^*_{0j}의 값이 제공된다. 여기서 $\beta^*_{0j} = \lambda_j \hat{\beta}_{0j} + (1 - \lambda_j)\mu^*_{\beta}$이다.

④ 편차량: 〈표 4−4〉 하단에는 편차량이 59743.206이고 모수의 수는 2라고 제시되어 있다. 이미 편차량의 개념을 설명한 바와 같이 여기서 편차량은 잔차분산과 유사한 개념으로 그 값이 작을수록 양호한 모형임을 나타낸다. 〈표 4−4〉의 편차량은 〈표 4−3〉에서의 편차량(60305.261227)보다 작은 것을 알 수 있다. 두 모형은 여전히 추정된 무선효과 모수의 수가 $P = 2$로서 동형모형이지만, 식(4−21)의 모형인 1−수준에서 공변수를 사용한 공분산분석모형이 더 양호한 모형임을 알 수 있다. 즉, 식(4−21)의 공분산분석모형이 종속변수의 분산을 더 많이 설명하는 모형이라는 것이다. 두 모형 간에 통계적으로 유의한 차이가 있는지를 확률로 검정하는 것은 편차량의 모수 수가 같기 때문에 여전히 가능하지 않다.

지금까지 개인수준에서 공변수를 다층모형에 도입한 식(4−21)을 공분산분석모형의 개념을 도입하여 수리적 모형의 특성과 분석결과의 해석방법을 살펴보았다. 식(4−21) 모형에서 1−수준 분석단위는 학생이었고, 2−수준의 분석단위는 학교였다. 예시분석에서 사용한 1−수준 공변수는 '아버지의 학력'으로서 학생의 가정배경을 반영하는 변수였다. 이와 같은 학교자료에서 가정배경의 학업성취도에 대한 효과를 추정할 뿐만 아니라, 가정배경의 영향을 제거한 이후에 교정된 학교별 학업성취도평균과 신뢰구간을 확보할 수 있다는 것은 학교평가 또는 학교효과에서 큰 의미를 갖는 방법론적 진보에 해당한다. 즉, 학교 혹은 기관의 성과를 비교할 때, 학교 또는 기관의 인적 구성의 차이는 불평등요소가 될 수 있다. 이 같은 불평등요인 혹은 선택편의(selection bias)에 해당하는 요인의 영향을 배제한 이후에 학교들 사이의 교정된 성과를 비교하는 것이 이론적으로 더 타당하다. 다층모형은 이 같은 선택편의 관련 공변수를 1-수준과 2-수준에서 분석단위의 문제에 얽매이지 않고 적절히 통제하는 방법론적인 장점을 갖는다. 특히 다층모형의 잔차파일에서 제공하는 경험적 베이시안 추정치인 β_{0j}^{*}는 베이시안 관점에서는 사후 추정치이며, 측정학적 관점에서는 측정의 오차를 분리하여 제거한 잠재변수(latent variable)의 성격을 갖는다.

(4) 공분산분석 다층모형의 응용

식(4-21)의 모형에서 유의할 사항은 1-수준 공변수의 '아버지의 학력(X_{ij})' 변수가 학업성취도에 미치는 영향은 모든 학교에서 동일하다는 가정이 적용되었다는 것이다. 즉, 2-수준 모형에서 $\beta_{1j} = \gamma_{10}$였다. 만일 '아버지의 학력'이 학생들의 학업성취도에 미치는 효과가 이미 알려진 학교의 특성 때문에 다르다면, 연구자는 다음 모형을 가정할 수 있다.

$$
\begin{aligned}
Y_{ij} &= \beta_{0j} + \beta_{1j}(X_{ij} - \overline{X_{..}}) + e_{ij},\ \ e_{ij} \sim N(0,\ \sigma^2) \\
\beta_{0j} &= \gamma_{00} + \gamma_{01}(W_{2j} - \overline{W}_{2.}) + u_{0j},\ \ u_{0j} \sim N(0, \tau_{00}) \\
\beta_{1j} &= \gamma_{10} + \gamma_{11}(W_{2j} - \overline{W}_{2.})
\end{aligned}
\tag{4-26}
$$

여기서 1-수준 모형과 2-수준 모형에서 β_{0j}에 관한 부분은 식(4-21)과 동일하다. 또한 고정효과 모수 γ_{00}와 γ_{10}의 의미도 식(4-21)의 경우와 같다. 또한 γ_{01} 모수의 의미는 집단수준 공분산분석모형인 식(4-15)의 경우와 같다. 식(4-26) 모형의 특징은 1-수준 공변수인 '아버지의 학력(X_{ij})'의 중학생 영어성취도(Y_{ij})에 미치는 영향이 학교에 따라 다를 수 있는데, 그 결정적 원인이 W_{2j}때문이라고 가정한 모형이다. 예시자료 〈표 4-1〉에 제시한 바와 같이 W_{2j}는 학교별 '저소득층 학생비율'이라고 하자. 이 경우, 학교에 따라 학생들의 가정배경을 차별하는 정도가 다를 수 있는데, 차별성의 정도는 학교별 저소득층 학생비율이 결정한다는 것이다. 즉, β_{1j}의 학교 간 차이를 W_{2j}로 모두 설명하였으며, 잔차분산은 없는 것으로 모형을 가정하고 있다. 즉, $Var(\beta_{1j} \mid W_{2j}) = 0$이다.

식(4-26)에서 모형에 새로 추가된 모수는 γ_{11}인데, 이 모수의 의미는 "'학교별 저소득층 학생비율'이 1단위 증가할 때 '아버지의 학력'이 영어성취도에 미치는 효과는 평균 γ_{11} 만큼 변한다."는 것이다. 만약에 $\gamma_{11} > 0$이라면 저소득 학생비율이 높은 학교에서 더 가정배경을 차별하는 경우이며, $\gamma_{11} < 0$이라면 그 반대의 경우이다. 그 어느 경우든 $H_0 : \gamma_{11} = 0$의 가설을 검정하는 것은 매우 의미 있다. 다층모형에서 γ_{11}은 소위 '층위 간 상호작용(cross-level interaction) 효과'라고 할 수 있으며, 전통적인 실험연구 용어로는 '처치×적성(treatment × aptitude) 상호작용 효과'라고 할 수 있다. 이 층위 간 상호작용 효과가 중요한 의미를 갖는 이유는 집단수준(2-수준)의 변수가 개인수준(1-수준) 변수와 어떻게 상호작용을 하는지 밝히는 통계적 방법으로서 가치를 갖기 때문이다. 만일 집단수준 변수가 정부나 기관의 정책이라면, 정책의 효과가 구성원의 개인특성에 따라 어떻게 차별적 효과를 갖는지 추정할 수 있다. 이는 조직이론, 프로그램 및 기관평가, 학교효과 등의 연구에서 중요한 의미를 갖는다.

이와 같은 모형의 특성은 식(4-26)의 모형을 단일 통계모형으로 표현하면, 분명하게 드러난다. 다음은 식(4-26)의 수준별 모형을 통합하여 단일모형으로 제시한 것이다.

$$Y_{ij} = \gamma_{00} + \gamma_{01}(W_{2j} - \overline{W}_{2.}) + \gamma_{10}(X_{ij} - \overline{X}_{..}) + \gamma_{11}(W_{2j} - \overline{W}_{2.})(X_{ij} - \overline{X}_{..}) + u_{0j} + e_{ij.} \tag{4-27}$$

식(4-27)에서 γ_{00}는 모형에 포함된 모든 설명변수가 전체집단의 평균으로 중심화 교정되었으므로 Y_{ij}의 전체 평균이다. γ_{01}, γ_{10}는 각각 W_{2j}와 X_{ij}의 Y_{ij}에 대한 평균 효과이다. γ_{11}의 설명변수는 $(W_{2j} - \overline{W}_{2.})(X_{ij} - \overline{X}_{..})$의 상호작용 항으로서, 2-수준(학교 수준) 변수와 1-수준(학생 수준) 변수의 상호작용 항인 것을 알 수 있다.

식(4-26)과 (4-27)은 통계학적 관점에서 식(4-21)과 동형인 모형이다. 즉, 고정효과 변수가 2-수준에서 모형에 포함되었을 뿐 무선효과 모수의 수는 σ^2과 τ_{00}로서 2개이기 때문이다. 그러나 추정된 무선효과 모수 $\hat{\tau}_{00}$의 값은 다를 수 있다. 반면에 $\hat{\sigma}^2$의 값은 변하지 않는다. 2-수준 변수로 1-수준 분산을 설명하지 못하기 때문이다. 식(4-27)은 공변수가 복수인 공분산분석모형이라고 할 수 있으며, 집단수준에서 공변수가 추가된 모형인 셈이다. 이를 공분산분석모형처럼 제시할 수 있다.

$$Y_{ij} = \gamma_{00} + u_{0j} + [\gamma_{01}(W_{2j} - \overline{W}_{2.}) + \gamma_{10}(X_{ij} - \overline{X}_{..}) + \gamma_{11}(W_{2j} - \overline{W}_{2.})(X_{ij} - \overline{X}_{..})] + e_{ij}$$
$$Y_{ij} = \mu + \alpha_j + \sum_{p}^{P} \beta_{pw}(X_{pij} - \overline{X}_{p..}) + e_{ij}^{*}$$

위의 두 모형에서 절편모수와 각 집단의 효과 모수는 개념적으로 $\gamma_{00} = \mu$; $u_{0j} = \alpha_j$; $e_{ij} = e_{ij}^{*}$로 대응한다.

식(4-26)의 모형으로 자료를 분석하는 경우에 연구자는 모형에 포함된 모든 고정효과 모수와 2-수준 무선효과 모수에 대하여 가설검정을 할 수 있다. 또한 식(4-26) 모형에서 각 모수의 의미를 정확히 이해하면 가설검정의 결과도 쉽게 해석할 수 있다.

(5) 분석결과

다음의 분산분석표는 식(4-26) 모형으로 예시자료를 분석한 결과이다.

〈표 4-5〉 공분산분석모형에 의한 다층자료 분석결과(개인수준과 학교수준 공변수)

고정효과	회귀계수	표준오차	t	자유도	p
〈학교별 평균(β_{0j})〉					
진체 학교 평균(γ_{00})	63.435159	0.547395	115.885	147	0.000
저소득층 비율(γ_{01})	−0.094552	0.021165	−4.467	147	0.000
〈아버지의 학력(β_{1j})〉					
전체 평균효과(γ_{10})	5.0968474	0.291293	24.354	6597	0.000
저소득층 비율(γ_{11})	−0.013109	0.009280	−1.413	6597	0.158

무선효과	표준편차	분산성분	자유도	χ^2	p
2-수준 무선효과					
교정된 학교효과(u_{0j})	50.68480	32.31692	147	579.76811	0.000
1-수준 무선효과					
개인수준 잔차(e_{ij})	21.97489	482.89580			
Deviance=59735.457222					
Number of estimated parameters=2					

(6) 결과 해석

① 고정효과 모수 추정치: 〈표 4-5〉는 식(4-26)의 다층모형으로 자료를 분석한 결과이며, 표 상단은 고정효과 모수에 대한 분산분석표이다. 분산분석표에서 고정효과 모수는 γ_{00}, γ_{01}, γ_{10}, γ_{11} 등 4개이다. 고정효과 모수 γ_{00}와 γ_{01}는 1-수준 절편계수 β_{0j}에 대한 효과이다. β_{0j}가 각 학교별 영어성취도 평균이고, 저소득층 비율(W_{2j})은 전체 평균으로 중심화되었으므로 γ_{00}는 영어성취도 전체 평균이고 $\hat{\gamma}_{00}=63.435$의 값으로 추정되었다. γ_{01}은 저소득층 비율(W_{2j})의 학교별 영어성취도에 대한 평균효과이며, 앞에서 검토한 식(4-14)의 공분산분석모형에서의 γ_{01}과 같은 의미이다. 위 표에서 $\hat{\gamma}_{01}=-0.094$이고, $t(df=147)=-4.467$로서 이 값은 $H_0:\gamma_{01}=0$의 조건을 거부할 만한 증거로서 충분하다($p<0.005$). 따라서 학교의 저소득층 비율이 높을수록 학생들의 학교평균 영어성취도는 낮아지는 경향이 존재한다. 저소득층 비율은 학생들의 인적 구성으로서 단위학교에 주어진 교육환경이라고 할 수 있다. 〈표 4-5〉의 결과는 저소득층 학생비율이 높은 학교는 그만큼 불리한 교육조건에서 학교교육을 수행한다고 할 수 있다. 저소득층 비율(W_{2j}) 변수는 표준편차가 22.84였다. 만일 두 학교의 저소득층 학생비율이 1SD만큼 차이가 난다면, 학교평균 영어성취도는 약 2.15점 낮다고 할 수 있다. 이 값은 학교평균의 분포에서 약 0.59 표준편차의 격차를 보이는 점수 차이이다($\sqrt{\widehat{Var}(\overline{Y}_{.j})}=24.37/\sqrt{\tilde{n}}=3.66$). 즉, 1/2 표준편차 이상의 격차를 보이는 값이라고 할 수 있다. 따라서 학교별 저소득층 학생 비율의 차이를 무시한 학교평균으로 학

교의 우수성을 평가하는 것은 공정하지 못하다.

〈표 4-5〉에서 γ_{10}와 γ_{11}은 '아버지의 학력(X_{ij})'효과에 대한 정보를 제공한다. 우선 γ_{10}는 '아버지의 학력'의 평균효과이다. $\hat{\gamma}_{10} = 5.096$은 $H_0 : \gamma_{10} = 0$을 거부할 만한 통계적으로 유의한 값이며, 아버지의 학력은 표준편차가 1.23이므로, 학생 아버지의 학력이 학교급으로 1단계 차이가 나면, 영어성취도는 평균적으로 약 5점 차이가 나는 형국이다. 〈표 4-5〉에서 흥미로운 모수는 γ_{11}인데, 이 모수의 의미는 학교별 저소득층 비율에 따라 학생 개인의 가정배경(아버지의 학력)의 효과가 영향을 받는지 검정한 것이다. 만일 $\hat{\gamma}_{11} > 0$이라면, 저소득층 학생비율이 높은 학교에서 오히려 학생의 가정배경(아버지의 학력)으로 더 차별을 많이 한다는 의미이고, $\hat{\gamma}_{11} < 0$이라면 그 반대이다. 〈표 4-5〉에서 $\hat{\gamma}_{11} =- 0.013$으로 음의 값이었으나 $H_0 : \gamma_{11} = 0$의 가설검정결과 영가설은 기각되지 못하였다($p = 0.158$). 따라서 저소득층 학생비율이라는 학생 인적 구성은 학교별 평균 학업성취도를 낮추는 영향은 분명히 있으나, 학생을 가정배경에 따라 차별하는 학교요인이라는 증거는 없다. 그러나 $H_0 : \gamma_{11} = 0$의 영가설은 여전히 의심받는 상태로 유지된다.

〈표 4-5〉에서 $H_0 : \gamma_{10} = 0$과 $H_0 : \gamma_{11} = 0$의 가설검정을 위한 $t-$통계량의 자유도는 6597이었다. 반면에 $H_0 : \gamma_{01} = 0$을 검정하는 $t-$통계량은 자유도가 147이다. 즉, 1-수준 모형의 모수 중에서 β_{0j}는 무선효과를 가지므로 $J - P_0 = 149 - 2 = 147$이 자유도이다. $P_0 = 2$는 β_{0j}에 적용된 고정효과 모수의 수이다. 반면에 β_{1j}는 무선효과를 갖지 않으며, 전통적인 회귀분석모형의 경우처럼 고정효과를 가지므로, 전체 사례수를 자유도의 자원으로 삼는다. 또한 전체 고정효과 모수의 수만큼 자유도는 줄어든다. 즉, $N - P = 6601 - 4 = 6597$이다.

② 무선효과 모수 추정치: 〈표 4-5〉 하단에 무선효과 모수 추정치와 가설검정결과를 제시하였다. 식(4-26)은 식(4-21)과 동형인 모형이나 2-수준에서 설명변수가 추가된 점만 다르다. 따라서 1-수준의 무선효과 모수 σ_e^2의 추정치는 변화가 없다. 다만 2-수준 분산(τ_{00})은 β_{0j}의 분산을 '저소득층 비율(W_{2j})'로 설명한 이후의 잔차분산이다.

즉, 〈표 4-5〉에서 $\widehat{Var}(\beta_{0j} \mid W_{2j}) = 32.317$이다.

3) 무선효과 회귀계수 무조건 모형

다층모형이 전통적인 통계모형들과 차별성을 갖는 것은 1-수준 모형에서의 회귀계수들이 무선효과를 가질 수 있다는 것이다. 분석대상인 자료가 위계적 구조를 가질 때, 각 집단(2-수준 분석단위)별 종속변수의 변산을 설명하는 회귀모형을 제시할 수 있고, 회귀모형의 각 회귀계수가 집단에 따라 변산을 가질 수 있다는 것은 새로운 차원의 모형으로서 잠재력을 보이는 것이다. 이처럼 회귀계수가 무선효과를 갖는 다층모형의 특징을 예시자료 분석을 통해서 설명한다.

이제 중학생의 영어성취도가 학생들의 가정배경 변수인 '아버지의 학력(X_{ij})'에 영향을 받는다고 가정하자. 이 경우, '아버지의 학력(X_{ij})'이 학생의 영어성취도에 미치는 효과가 모든 학교에서 일률적으로 동일하기보다는 학교에 따라 그 영향력이 다르다면 다음 모형을 생각할 수 있다.

$$
\begin{aligned}
&\text{1-수준 모형: } Y_{ij} = \beta_{0j} + \beta_{1j}(X_{ij} - \overline{X}_{..}) + e_{ij},\ \ e_{ij} \sim N(0,\ \sigma^2) \\
&\text{2-수준 모형: } \beta_{0j} = \gamma_{00} + u_{0j}, \\
&\qquad\qquad\qquad \beta_{1j} = \gamma_{10} + u_{1j}, \\
&\qquad\qquad\qquad \begin{bmatrix} u_{0j} \\ u_{1j} \end{bmatrix} \sim N\left(\begin{bmatrix} 0 \\ 0 \end{bmatrix}, \begin{bmatrix} \tau_{00}, \tau_{01} \\ \tau_{10}, \tau_{11} \end{bmatrix}\right)
\end{aligned} \tag{4-28}
$$

여기서 설명변수 X_{ij}는 전체평균으로 중심화되었으므로 β_{0j}는 이전 모형에서처럼 j학교의 영어성취도 교정평균이며, 이 값은 학교에 따라 다를 수 있다. 따라서 2-수준 모형에서 β_{0j}는 전체 평균(γ_{00})과 학교 간 차이를 반영하는 무선효과인 u_{0j}로 표현되었다. 식(4-28)이 이전 모형과 확연히 다른 것은 1-수준 모형의 설명변수 X_{ij}의 효과인 β_{1j}도 학교에 따라 다르다고 가정하여, X_{ij}의 평균효과인 γ_{10}와 학교 간 차이를 반영하는 무선효과 u_{1j}를 갖도록 한 것이다. 또한 2개의 무선효과 계수인 β_{0j}와 β_{1j}는 서로 상관을 가질 수 있다. 따라서 식(4−28)에서 2−수준 모형은 다변량모형(multi variate model)이다. 2−수준 모형에서 2개의 무선효과 u_{0j}와 u_{1j}는 다변량정규분포를 이루며, 분산−공분산행렬에서 각각의 분산은 $Var(u_{0j}) = \tau_{00}$, $Var(u_{1j}) = \tau_{11}$이고 공분산은 $Cov(u_{0j}, u_{1j}) = \tau_{01} = \tau_{10}$이다.

식(4−28) 모형의 특징을 다른 각도에서 살펴보기 위하여 통합모형으로 전환하여 제시하면 다음의 모양을 갖는다.

$$\begin{aligned} Y_{ij} &= \gamma_{00} + \gamma_{10}(X_{ij} - \overline{X}_{..}) \\ &\quad + u_{0j} + u_{1j}(X_{ij} - \overline{X}_{..}) + e_{ij} \end{aligned} \tag{4-29}$$

위 수식에서 윗줄은 고정효과 부분이고, 아랫줄은 무선효과 부분이다. 식(4−29)에서 무선효과 부분의 모형구조가 전통적인 통계모형과 달리 3개의 무선효과가 있으며, 특히 1−수준 설명변수(X_{ij})의 무선효과 회귀계수가 u_{1j}로 나타나는 것을 알 수 있다. 식(4−29)는 설명변수(X_{ij})의 효과가 고정효과(γ_{10})와 무선효과(u_{1j})를 모두 가지므로 혼합효과 선형모형(mixed effects linear model)이라 하고, 두 무선효과 회귀계수의 공분산(τ_{01})의 추정을 허용하므로 공분산성분모형(covariance components model)이라고도 한다.

식(4−28)은 연구분야에 따라 다양한 주제를 탐구할 수 있는 가능성을 갖고 있다. 1−수준 설명변수 X_{ij}의 고정효과(γ_{10})와 무선효과(u_{0j})에 대한 해석은 전통적인 통계모형의 경우보다 훨씬 더 풍부해질 수 있다. 예시자료의 경우처럼 X_{ij}가 가정배경 변수인 '아버지의 학력'이라면 이 변수는 학생들의 인적 구성을 이루는 변수이며, 단위학교는 가정배경으로 학생을 선발하지 않으므로 가정배경 변수는 학교별로 주어진 교육조건이라고 할 수 있다. 그러나 학교에 따라서 가정배경 변수(즉, 아버지의 학력)의 영향이 큰 곳도 있으며, 적은 곳도 있다는 것을 식(4−28)에서는 탐구할 수 있다. 즉, β_{1j}의 효과가 큰 학교는 학생의 가정배경으로 학교공부를 차별한다는 의심을 받을 수 있다. 반면에 β_{1j}의 값이 작은 학교는 가정배경의 영향력이 적은 것이므로 교육기회의 형평성을 이룬다고 할 수 있다.

이와 같은 해석은 X_{ij}의 변수가 어떤 내용을 갖는가에 따라 다르다. 중요한 것은 식(4-28)의 모형이 1-수준 설명변수의 효과에 무선효과를 허용함으로써 X_{ij} 변수의 효과에 대한 학교 간 차이를 탐구할 가능성을 부여한다는 것이다. 만약 τ_{00}의 값이 크다면 학교 간 영어성취도 평균에 격차가 큰 것이며, τ_{11}의 값이 크다면 학교에 따라 가정배경변수로 학생을 차별하는 정도에 큰 차이가 있다는 것이다. 또한 $\tau_{01} > 0$이라면 학교 평균(β_{0j})이 높은 학교에서 '아버지의 학력'에 의한 차별효과(β_{1j})가 더 큰 것이고, $\tau_{01} < 0$이라면 그 반대이다.

식(4-28)의 모형이 제공하는 정보는 결국 고정효과 모수와 무선효과 모수에 대한 정보이다. 모수 정보를 구하는 방법은 2가지이다. 하나는 통계적 가설검정을 하여 추정된 모수값이 유의한지를 판단하는 것이며, 다른 하나는 모수의 추정치를 구하여 그 값의 크기에 대하여 서술하는 것이다. 고정효과 모수와 무선효과 모수에 대한 가설은 다음과 같다.

〈고정효과 모수에 대한 가설〉

$H_0 : \gamma_{10} = 0,\ H_A : \gamma_{10} \neq 0$

〈무선효과 모수에 대한 가설〉

$H_0 : \tau_{00} = 0,\ H_A : \tau_{00} > 0$

$H_0 : \tau_{11} = 0,\ H_A : \tau_{11} > 0$

각 가설이 갖는 의미는 검정대상인 모수의 의미를 정확하게 이해하면 분명해진다. 우선 고정효과 모수에 대한 가설은 '아버지의 학력(X_{ij})' 변수의 영어성취도에 대한 효과(γ_{10})가 모집단에서 존재하는지를 검정하는 것이다. 무선효과 모수에 대한 가설은 2가지인데, τ_{00}에 대한 가설은 학교 간 영어성취도 평균에 격차가 존재하는지를 묻는 것이며, τ_{11}에 대한 가설은 '아버지의 학력(X_{ij})' 변수의 영어성취도에 대한 효과가 학교에 따라 차이가 있는지 검정하기 위한 것이다. 아울러 모든 고정효과 모수와 무선효과 모수의 추정치가 통계적으로 유의하다면 실제적 의미는 어느 정도인지 해석하는 것이 필요하다. 또한 2-수준 무선효과 변수들 사이의 공분산인 τ_{01}의 크기와 방향도 중요한 의미를 갖는다.

(1) 분석결과

다음 〈표 4-6〉은 식(4-28)의 모형으로 예시자료를 분석한 결과이다.

〈표 4-6〉 무선효과 회귀계수 무조건 모형에 의한 분석결과

고정효과	회귀계수	표준오차	t	자유도	p
학교별 평균(β_{0j})					
전체 학교 평균(γ_{00})	63.45404	0.582873	108.864	148	0.000
아버지의 학력(β_{1j})					
전체 평균효과(γ_{10})	6.019172	0.280578	21.453	148	0.000
무선효과	**표준편차**	**분산성분**	**자유도**	**χ^2**	**p**
2-수준 무선효과					
교정된 학교 평균(u_{0j})	6.18704	38.27950	148	590.03295	0.000
아버지의 학력 효과(u_{1j})	1.63963	2.68840	148	192.87780	0.008
1-수준 무선효과					
개인수준 잔차(e_{ij})	21.89765	479.50728			
1-수준 무선회귀계수			**신뢰도 추정치**		
INTRCPT1, B0			0.725		
FATHER_E, B1			0.220		
모형 적합도(공분산성분 모형의 통계량)					
Deviance=59736.144859					
Number of estimated parameters=4					

(2) 결과 해석

① 고정효과 모수 추정치: 〈표 4-6〉에서 고정효과 모수는 γ_{00}와 γ_{10}뿐이며, 두 회귀계수의 의미는 앞의 공분산분석모형에서와 같다. 즉, 중학생 영어성취도의 전체 평균

점수를 추정한 결과는 $\hat{\gamma}_{00} = 63.454$이며, '아버지의 학력($X_{ij}$)'이 영어성취도에 미치는 평균효과는 $\hat{\gamma}_{10} = 6.019$였다. 이 두 추정 값은 〈표 4-4〉의 결과와 같은 의미를 갖는다.

그러나 〈표 4-6〉에서 $H_0 : \gamma_{10} = 0$의 가설을 검정하는 $t-$통계량의 자유도는 148이고, 〈표 4-4〉에서는 6599였다. 이는 '아버지의 학력' 변수의 평균효과가 같은 의미를 갖지만 두 모형에서 이를 추정하는 방법이 다르기 때문이다. 〈표 4-6〉에서 $\hat{\gamma}_{10}$는 각 집단별로 β_{1j}의 값을 추정하는 과정이 포함된 것으로, 추정의 정밀도 정보가 반영된 $\hat{\beta}_{1j}$의 가중평균이다. 즉,

$$\hat{\gamma}_{10} = \sum \Delta_j^{-1} \hat{\beta}_{1j} / \sum \Delta_j^{-1} \tag{4-30}$$

이다. 여기서 $\Delta_j = Var(\hat{\beta}_{1j}) = \tau_{11} + V_j$, $V_j = \sigma^2 / \sum_i^{n_j} (X_{ij} - \overline{X}_{.j})^2$이다. $\hat{\beta}_{1j}$는 각 집단별 $\{Y_{ij}, X_{ij}\}$ 자료에서 추정된 OLS 추정치이다. 식(4-30)을 간략하게 표현하면 각 집단별 기울기 계수의 평균이라고 할 수도 있다. 즉,

$$\hat{\gamma}_{10} = \frac{\sum_j^J \beta_{1j}^*}{J} \tag{4-31}$$

이다. 여기서 β_{1j}^*는 경험적 베이시안(*empirical Bayes*) 추정량이다. 따라서 〈표 4-6〉에서 $\hat{\gamma}_{10}$의 표준오차는 $J-1 = 148$의 자유도를 갖는다. 그러나 〈표 4-4〉에서는 각 집단별로 β_{1j}를 추정할 필요가 없는 모형이므로, 전체 자료를 이용하여 직접 추정된다. 따라서 자유도는 $N-2 = 6599$이다. 두 표의 결과에서 같은 의미를 갖는 두 추정치가 소수점 이하의 차이를 보이는 것은 계산절차의 차이와 더불어 복잡한 계산과정에서 반올림 오차가 누적된 결과이다. 그러나 그 차이는 무시할 만한 크기이다. 만일 모든 학교의 사례 수가 동일하다면, 두 추정치의 값은 같게 된다.

② 무선효과 모수 추정치: 식(4-28)에서 1-수준 무선효과는 $Var(e_{ij}) = \sigma^2$이며, 2-수준 무선효과는 $Var(u_{0j}) = \tau_{00}$, $Var(u_{1j}) = \tau_{11}$, 그리고 $Cov(u_{0j}, u_{1j}) = \tau_{01} = \tau_{10}$의 4개이다.

〈표 4-6〉은 이들 무선효과에 대한 추정치와 가설검정결과를 보여 준다. 1-수준 무선효과의 추정치는 $\hat{\sigma}^2 = 479.507$로서, 이는 각 학교별로 아버지 학력의 효과를 설명한 이후의 잔차분산이다. 〈표 4-2〉에 제시된 기초모형의 결과와 비교해 보면 아버지의 학력 변수는 동일 학교 내에서 약 8.3%의 설명력을 갖는다. 이전의 공분산분석모형의 결과인 〈표 4-4〉에서도 유사한 결과를 얻은 바 있다.

1-수준에서 동일한 공변수를 사용한 〈표 4-4〉의 결과와 〈표 4-6〉의 결과는 미미하나마 $\hat{\sigma}^2$의 값에서 차이가 있다. 〈표 4-4〉는 절편계수(β_{0j})만 학교 간에 다를 수 있으며, 기울기는 모든 학교에서 동일한($\beta_{1j} = \gamma_{10}$) 모형으로 학교 내 분산을 설명한 이후의 잔차이며, 〈표 4-6〉은 절편과 기울기가 학교마다 다른 모형으로 학교 내 분산을 설명한 이후의 잔차이기 때문이다. 결국 기울기가 학교마다 다르다면, 즉 $Var(u_{1j}) = \tau_{11}$이 0이 아니라면, 학교별로 학교 내 분산을 설명하는 것이 더 효과적이라고 할 수 있다.

〈표 4-6〉의 무선효과 부분에서 2-수준 분산에 대한 가설검정결과가 제시되었다. 따라서 $H_0 : \tau_{00} = 0$, $H_0 : \tau_{11} = 0$의 가설은 χ^2 검정에서 모두 기각되었다. 즉, $Var(\beta_{0j}) = \tau_{00} > 0$이고, $Var(\beta_{1j}) = \tau_{11} > 0$ 이므로, 학교 간에 교정평균과 기울기가 모두 다르다고 할 수 있다. 이와 같은 결과는 아버지의 학력(X_{ij})이 자녀의 영어성취도에 미치는 영향이 학교에 따라 다르다는 것이므로, 아버지의 학력이 모든 학교의 학생들에게 일률적으로 동일한 영향을 미치는 변수는 아니라는 증거가 된다. 학교에 따라 가정배경의 영향이 더 클 수도 있고, 작을 수도 있다.

(3) 무선효과 회귀계수 무조건 모형의 부가적 정보

① 결정계수: 무선효과 회귀계수 다층모형도 종속변수의 변산을 설명하기 위한 모형이므로 몇 %의 종속변수 분산이 설명되었는지 제시할 수 있다. 다만 식(4-28)의 공분산성분 모형은 이전의 분산성분모형과 유형이 다른 모형이므로 모든 무선효과를 직접

대응하여 비교하는 데 한계가 있다. 따라서 R_1^2, R_2^2의 값은 추정할 수 있지만, 1-수준, 2-수준 분산을 모두 합쳐서 산출하는 R^2의 계산은 가능하지 않다. 2-수준에는 공분산도 있기 때문이다.

이제 1-수준의 설명력을 계산하면,

$$\widehat{R_1^2} = \frac{\hat{\sigma}^2_{Anova} - \hat{\sigma}^2_{M1}}{\hat{\sigma}^2_{Anova}} = \frac{522.98296 - 479.50728}{522.98296} = 0.083$$

이다. 여기서 $\hat{\sigma}^2_{M1}$은 식(4-28)의 무선효과 회귀계수 다층모형에서 추정한 1-수준 분산이다. 위 식을 통하여 1-수준 모형의 아버지의 학력(X_{ij}) 변수는 1-수준 분산의 8.3%를 설명한 것을 알 수 있다. 위계적 구조의 자료에서 1-수준 변수는 2-수준의 분산도 설명하는 효과를 갖는다.

$$\widehat{R_2^2} = \frac{\hat{\tau}^{Anova}_{00} - \hat{\tau}^{M1}_{00}}{\hat{\tau}^{Anova}_{00}} = \frac{70.29792 - 38.27950}{70.29792} = 0.455$$

이다. 1-수준 설명변수인 아버지의 학력(X_{ij})은 영어성취도 학교 간 분산의 45.5%를 설명하였다. 이는 식(4-21)의 모형으로 자료를 분석한 결과와 유사하다. 두 모형의 차이는 각 학교별 절편과 기울기가 다른 회귀모형을 적용한 결과와 절편계수만 학교 간에 다른 모형을 적용한 경우의 차이라고 할 수 있다.

(4) 무선효과 회귀계수의 신뢰도

① 절편계수의 신뢰도: 식(4-28)에서 절편계수는 학교별 교정평균(β_{0j})이다. 절편계수의 OLS 추정치($\hat{\beta}_{0j}$)의 신뢰도는 다음과 같이 정의된다.

$$\lambda_j(\hat{\beta}_{0j}) = \frac{Var(\beta_{0j})}{Var(\hat{\beta}_{0j})} = \frac{\tau_{00}}{\tau_{00} + \sigma^2_{M1}/n_j} \qquad (4-32)$$

여기서 σ^2_{M1}은 식(4-28)인 모형에서의 1-수준 잔차분산이다. 또한 위 식에서 $\hat{\beta}_{0j}$의 관찰분산이 $Var(\hat{\beta}_{0j}) = Var(\beta_{0j}) + Var(\hat{\beta}_{0j} \mid \beta_{0j})$의 구조인 것은 이전의 식들과 같다. 식(4-32)의 평균값에 의하여 추정된 절편계수의 신뢰도는 〈표 4-6〉 하단에 제시된 바와 같이 $\hat{\lambda}(\hat{\beta}_{0j}) = \sum \hat{\lambda}_j(\hat{\beta}_{0j})/J = 0.725$로서 비교적 양호한 편이다. 따라서 잔차분석을 통하여 각 집단별 교정평균을 절편계수로 해석하는 것은 적절하다고 할 수 있다.

② 기울기 계수의 신뢰도: 식(4-28)의 모형에서 기울기 계수(β_{1j})는 '아버지의 학력(X_{ij})'의 영어성취도에 대한 효과이며, 이 값을 추정하여 학교별로 그 의미를 해석하는 것은 $\hat{\beta}_{1j}$의 신뢰도를 고려할 필요가 있다. 즉, 식(4-28)의 기울기 계수는 HLM에서 경험적 베이시안 추정량이며 $\beta^*_{1j} = \lambda_j \hat{\beta}_{1j} + (1-\lambda_j)\mu^*_{\beta_{1j}}$의 구조를 갖는데, 신뢰도가 높을수록 각 개별 학교의 정보가 많이 반영되기 때문이다.

〈표 4-6〉 하단에서 기울기 계수의 신뢰도는 $\hat{\lambda}(\hat{\beta}_{1j}) = 0.220$으로서 낮은 편이었다. 따라서 이 경우, 아버지의 학력(X_{ij}) 변수의 효과를 학교별로 추정한 결과(β^*_{1j})에 기초하여 학교를 비교하기보다는 아버지의 학력(X_{ij})의 평균효과(γ_{10})를 중심으로 해석하는 것이 적절하다. 신뢰도가 낮은 경우는 학교 간 차이도 크게 나타나지 않으며, 전체적으로 $\mu^*_{\beta_{1j}} = \sum \hat{\beta}_{1j}/J$의 값으로 밀집되는 경향이 있기 때문이다. 이 경우, 극단치의 영향력을 줄이는 효과는 바람직한 현상이지만, 각 개별학교에 대한 추리가 필요한 경우는 그러한 국외자적인 학교가 정확하게 드러나지 않는 단점이 있다.

기울기 계수의 신뢰도 추정도 $Var(\hat{\beta}_{1j}) = Var(\beta_{1j}) + Var(\hat{\beta}_{1j} \mid \beta_{1j})$의 이치로 추정한다. OLS 추정치 $\hat{\beta}_{1j}$의 각 집단별 신뢰도 λ_j는 다음 식으로 추정된다.

$$\lambda_j(\hat{\beta}_{1j}) = \frac{Var(\beta_{1j})}{Var(\hat{\beta}_{1j})} = \frac{\tau_{11}}{\tau_{11} + \dfrac{\sigma^2_{M1}}{\sum_i^{n_j}(X_{ij} - \overline{X}_{.j})^2}} \qquad (4\text{-}33)$$

이다. 여기서 σ^2_{M1}은 앞에서 정의한 바와 같이 식(4-28)의 1-수준 분산이다.

③ 절편계수와 기울기 계수의 상관: 식(4-28)의 모형은 2-수준에서 다변량 정규분포를 가정한다. 즉,

$$\begin{bmatrix} u_{0j} \\ u_{1j} \end{bmatrix} \sim N\left(\begin{bmatrix} 0 \\ 0 \end{bmatrix}, \begin{bmatrix} \tau_{00}, \tau_{01} \\ \tau_{10}, \tau_{11} \end{bmatrix} \right)$$

이다. 식(4-28)에서 $Cov(u_{0j}, u_{1j}) = Cov(\beta_{0j}, \beta_{1j}) = \tau_{01} = \tau_{10}$이므로, 절편계수($\beta_{0j}$)와 기울기계수($\beta_{1j}$)의 공분산성분을 추정할 수 있는 모형이다. 통계모형으로 자료를 분석한다는 것은 곧 모수 추정을 통하여 모집단의 정보를 얻는 행위이다. 따라서 만일 β_{0j}와 β_{1j}가 의미 있는 무선변수라면 τ_{01}을 추정하는 것은 의미 있는 두 변수의 상관 정보이다. 식(4-28)의 모형에서 β_{0j}는 각 학교(j번째 학교)의 영어성취도 교정평균이고, β_{1j}는 아버지의 학력(X_{ij}) 변수의 영어성취도에 대한 효과이다. 만일 $\tau_{01} > 0$이라면, 평균 영어성취도가 높은 학교일수록 아버지의 학력 변수의 효과가 큰 것이므로, 성취수준이 높은 학교가 가정배경에 의한 교육차별을 많이 한다는 증거로 해석할 수 있다. $\tau_{01} < 0$이라면, 성취도가 높은 학교는 가정배경에 따른 차별도 적게 한다는 해석이 가능하다.

〈표 4-6〉에서는 누락되었으나, $\widehat{Cov}(\beta_{0j}, \beta_{1j}) = 0.93303$이었다. 이를 상관계수로 전환한 값은

$$\widehat{Corr}(\beta_{0j}, \beta_{1j}) = \frac{\hat{\tau}_{01}}{\sqrt{\hat{\tau}_{00} \cdot \hat{\tau}_{11}}} = 0.092$$

이다. 따라서 학교별 평균 영어성취도 수준에 따라 아버지의 학력이 다르게 적용된다는 증거는 없다고 할 수 있다. 따라서 〈표 4-6〉에 제시된 아버지의 학력 변수의 효과에 대한 결과를 종합적으로 고려할 때, 아버지의 학력 변수가 영어성취도에 미치는 영

향은 평균적으로 크고($\hat{\gamma}_{10} = 6.019172$) 학교마다 다르지만($\hat{\tau}_{11} > 0$), 그 같은 변산이 학교별 평균영어성취도 수준과는 관계가 없다고 할 수 있다.

④ **편차량:** 〈표 4-6〉 하단에는 추정된 편차량이 59736.14489로 제시되어 있다. 또한 식(4-28) 모형에서 무선효과 모수는 σ^2, τ_{00}, τ_{11} 그리고 τ_{10} 등 4개이므로 자유도는 4이다. 편차량은 두 모형의 우도함수 값의 차이를 반영하는 통계량인데, 식(4-13)에서 정의된 바와 같이 편차량의 값으로 연구자의 모형이 적합한지를 평가할 수도 있으며, 다른 모형과 적합도를 비교하는 것도 가능하다. 특히 두 모형의 편차량 값을 비교하는 것은 로그 우도비 검정을 통하여 모형 간 적합도를 비교하는 것과 같다. 식(4-13)에서 편차량은 χ^2 분포를 가지며, 자유도는 두 모형의 모수 수의 차이이다. 즉, 포화모형을 기준으로 편차량을 구하면,

$$D = -2\log(L(\theta, y)/L(\theta_{sat}, y)) \sim \chi^2(N-P)$$

이다. 이제 기초모형과 비교하여 식(4-28) 모형이 더 적합한지를 통계적으로 검정하는 방법은 편차량을 비교하면 된다. 즉,

$$\begin{aligned} D_0 - D_1 &= [-2\log(L(\theta_0, y)/L(\theta_{sat}, y))] - [-2\log(L(\theta_1, y)/L(\theta_{sat}, y))] \\ &= -2\log(L(\theta_0, y)/L(\theta_1, y)) \sim \chi^2(2) \end{aligned} \tag{4-34}$$

이다. 식(4-34)에서 $\chi^2(2)$의 자유도는 D_0와 D_1 편차량 자유도의 차이이다. $\hat{D}_0 - \hat{D}_1 = 60334.077 - 59736.144 = 597.933$이므로 이 값은 $\chi^2_{.95}(df = 2) = 5.991$보다 크므로 식(4-28) 모형은 기초모형보다 적합도가 유의하게 우수하다고 할 수 있다. 마찬가지로 다른 모형의 경우와도 비교할 수 있다. 동일한 방식으로 편차량을 비교하면 식(4-28) 모형은 앞에서 다룬 식(4-24) 모형과 (4-25) 모형보다도 적합도가 우수한 것을 알 수 있다. 이처럼 편차량은 모형 간 상대적 적합도를 우도비 검정으로 평가한다.

4) 무선효과 회귀계수 조건 모형

다층모형의 가장 큰 방법론적 장점은 1-수준 모형의 회귀계수를 종속변수로 하는 2-수준 모형이 일반다변량모형이라는 점이다. 여기서 설명하는 무선효과 회귀계수 다층모형은 소위 공분산성분모형(covariance components model)이며, 기존의 일반선형 모형에서 방법론적으로 진보한 모형이다. 즉, 전통적인 모형(variance component model)이 접근하지 못하는 모수 정보를 제공함으로써 광범위한 위계적 현상들에 대한 이론 구축에 기여하는 잠재력을 갖고 있다.

예를 들어, 중학생의 영어성취도에 대한 영향요인은 매우 다양할 수 있는데, 예시자료에서 보고된 '아버지의 학력' 변수는 그 한 예이다. 그러나 '아버지의 학력' 변수가 중학생의 영어성취도에 미치는 효과가 모든 학교에서 동일하기보다는 학교의 특성에 따라 그 효과는 다를 수 있다. 따라서 어떤 특성을 가진 학교에서 '아버지의 학력' 변수의 영향이 크고 작은지 탐구할 필요가 있다. 또한 각 학교의 영어성취도 평균도 학교마다 다를 것이므로 어떠한 학교특성이 평균영어성취도를 결정하는 요인인지 탐구할 필요가 있다.

이제 영어성취도가 학생 개인의 배경변수 뿐만 아니라, 각 학교 교사들의 교육열의(W_{1j})에도 영향을 받으며, 학교별 학생들의 인적 구성인 저소득층 비율(W_{2j})에도 영향을 받는다고 가정하자. 또한 '아버지의 학력'의 영어성취도에 대한 효과도 위 2가지 학교특성에 따라 다르다고 가정하자. 이 경우, 다음과 같은 모형을 생각할 수 있다.

(1) 무선효과 회귀계수 조건모형

1-수준 모형: $Y_{ij} = \beta_{0j} + \beta_{1j}(X_{ij} - \overline{X}_{..}) + e_{ij},\ \ e_{ij} \sim N(0, \sigma^2)$

2-수준 모형: $\beta_{0j} = \gamma_{00} + \gamma_{01}(W_{1j} - \overline{W}_{1.}) + \gamma_{02}(W_{2j} - \overline{W}_{2.}) + u_{0j},$

$$\beta_{1j} = \gamma_{10} + \gamma_{11}(W_{1j} - \overline{W}_{1.}) + \gamma_{12}(W_{2j} - \overline{W}_{2.}) + u_{1j}, \quad (4\text{-}35)$$

$$\begin{bmatrix} u_{0j} \\ u_{1j} \end{bmatrix} \sim N\left(\begin{bmatrix} 0 \\ 0 \end{bmatrix}, \begin{bmatrix} \tau_{00}, \tau_{01} \\ \tau_{10}, \tau_{11} \end{bmatrix}\right)$$

위 모형에서 Y_{ij}, X_{ij}, W_{1j} 그리고 W_{2j}는 예시자료에서 정의된 바와 같다. 1-수준 모형은 중학생의 영어성취도가 가정배경 변수인 '아버지의 학력(X_{ij})' 변수에 영향을 받는다고 가정한 것이며, 2-수준 모형은 1-수준의 회귀계수 β_{0j}와 β_{1j}가 모두 학교에 따라 다를 뿐만 아니라 2가지 학교특성변수의 영향을 받는다고 가정한 것이다. 즉, 교사열의(W_{1j})와 학생들의 저소득층 비율(W_{2j})의 영향을 받는다.

연구자들은 원하는 모집단의 정보를 모수로서 모형에 포함하고, 가설검정을 통하여 모집단에 대한 해석을 한다. 위 모형에서 고정효과 모수에 대한 연구자의 가설은 다음과 같다.

〈고정효과 모수에 대한 가설〉

β_{0j}에 대한 학교특성 변수의 효과에 대한 가설

$H_0 : \gamma_{01} = 0,\ \ H_A : \gamma_{01} \neq 0$

$H_0 : \gamma_{02} = 0,\ \ H_A : \gamma_{02} \neq 0$

β_{1j}에 대한 학교특성 변수의 효과에 대한 가설

$H_0 : \gamma_{10} = 0,\ \ H_A : \gamma_{10} \neq 0$

$H_0 : \gamma_{11} = 0,\ \ H_A : \gamma_{11} \neq 0$

$H_0 : \gamma_{12} = 0,\ \ H_A : \gamma_{12} \neq 0$

이제 식(4-35) 모형에 있는 모수의 의미를 정확하게 이해한다면, 자료 분석결과에서도 각 모수의 의미대로 해석하면 될 것이다. 통계모형으로 자료 분석을 한다는 것은 모수정보를 구하는 것이기 때문이다. 앞 모형에서 고정효과 모수는 모두 6개이며, 무선효과 모수는 4개이다.

고정효과 모수가 의미하는 바를 해석할 때는 3가지 사항을 유념할 필요가 있다. 첫째, 고정효과 모수의 일반적인 의미는 각 설명변수의 평균효과이다. 둘째, 앞 모형처럼 설명변수들이 중심화되어 있는 경우는 절편계수의 의미에 유의할 필요가 있다. 셋째,

기울기 계수의 의미는 설명변수의 선형변환(linear transformation)에 영향을 받지 않는다. 앞 모형에서처럼 $(X_{ij}-\overline{X}_{..})$와 $(W_j-\overline{W}_.)$은 모두 선형변환이므로 회귀계수들의 의미는 X_{ij} 또는 W_j를 설명변수로 사용한 경우와 같다. 이에 더하여 다층모형의 특성상 한 가지 더 유념할 사항은 2-수준 모형에서 종속변수 역할을 하는 β_{0j}와 β_{1j}의 의미를 정확하게 이해하고, 2-수준 모형의 고정효과 모수를 해석하는 것이다. 따라서 연구자가 통계적 가설검정을 통하여 모수에 대한 유의도 검정을 한 결과를 해석할 때도 β_{0j}와 β_{1j}의 의미를 유념해야 한다.

이제 2-수준 모형에서 β_{0j}의 의미는 '아버지의 학력(X_{ij})' 변수가 영어성취도에 미치는 효과를 $X_{ij}=\overline{X}_{..}$에서 통제한 '각 학교별 영어성취도의 교정평균'이다. 따라서 γ_{00}는 모든 학교 학생들의 영어성취도 평균이며, γ_{01}은 W_{1j} 변수의 학교별 영어성취도 교정평균에 대한 효과이다. 예시자료에서 W_{1j}는 각 학교에서 '교사의 교육열의'이므로 만일 $\gamma_{01}>0$이라면, '아버지의 학력'조건이 같다면, 교사의 열의가 높은 학교에서 평균 영어성취도가 높다고 할 수 있다. 보다 구체적으로 회귀계수의 표준해석법을 적용하면 '교사의 교육열의' 척도의 값이 한 단위(1점) 높아지면, 학교 영어성취도의 교정평균은 평균적으로 γ_{01} 값만큼 높아진다. γ_{02}는 '저소득층 비율(W_{2j})'의 학교별 영어성취도 교정평균에 대한 효과이다. 따라서 $\gamma_{02}<0$이라면, '아버지의 학력'조건을 통제한 이후에 저소득층 비율(W_{2j})이 높을수록 학교평균 영어성취도는 낮아진다고 할 수 있다.

2-수준모형에서 β_{1j}를 설명하는 γ_{10}, γ_{11}과 γ_{12}의 의미는 특별하다. 즉, β_{1j}가 '각 학교에서 중학생의 영어성취도에 대한 아버지 학력의 효과'라는 점을 유념해야 한다. γ_{10}는 절편계수이고, W_{1j}와 W_{2j}가 모두 중심화되어 있으므로 β_{1j}의 평균이다. 따라서 γ_{10}는 중학생의 영어성취도에 대한 전체 학교에서의 아버지 학력의 평균효과이다. γ_{11}는 '교사열의(W_{1j})' 변수의 β_{1j}에 대한 효과이다. 만일 $\gamma_{11}<0$이라면 '교사열의(W_{1j})가 높은 학교에서 아버지의 학력이 영어성취도에 미치는 효과(β_{1j})는 작아진다.'고 해석할 수 있다. $\gamma_{11}>0$은 그 반대의 의미이다. 같은 방법으로 γ_{12}의 의미를 해석하면 '학교별 저소득층 학생비율(W_{2j})'의 β_{1j}에 대한 효과이다. 따라서 만일 $\gamma_{12}>0$이라면 '저소득층 학생비율(W_{2j})이 높은 학교에서 아버지의 학력 변수의 효과는 더 증대

된다.'고 할 수 있으며, $\gamma_{12} < 0$이라면 그 반대이다. 앞 모형에서 γ_{11}과 γ_{12}는 소위 1-수준 변수 X_{ij}와 2-수준 변수 W_{1j} 및 W_{2j}의 상호작용 효과이다. 수준이 다른 두 변수의 상호작용 효과이므로 특별히 '층위 간 상호작용 효과(cross-level interaction effect)'라고 한다. 이는 2-수준 변수의 영향이 1-수준 변수의 조건에 따라 다를 수 있다는 의미로 해석하거나 반대로, 1-수준 변수의 효과가 2-수준 변수의 조건에 따라 다를 수 있다는 것이다. 어느 쪽으로 해석하든 연구자의 상황에 맞게 적합한 해석을 선택하면 된다. 식(4-35) 모형을 통합모형으로 제시하면 앞 모형이 매우 복잡한 모형임을 알 수 있다. 식(4-35)에서 2-수준 모형의 β_{0j}와 β_{1j}를 1-수준 모형에 대입하면 다음 모형을 얻는다.

$$
\begin{aligned}
Y_{ij} = \gamma_{00} &+ \gamma_{01}(W_{1j} - \overline{W}_{1.}) + \gamma_{02}(W_{2j} - \overline{W}_{2.}) \\
&+ \gamma_{10}(X_{ij} - \overline{X}_{..}) + \gamma_{11}(W_{1j} - \overline{W}_{1.})(X_{ij} - \overline{X}_{..}) + \gamma_{12}(W_{2j} - \overline{W}_{2.})(X_{ij} - \overline{X}_{..}) \\
&+ u_{0j} + u_{1j}(X_{ij} - \overline{X}_{..}) + e_{ij}, \qquad (4\text{-}36)
\end{aligned}
$$

위의 식(4-36)에서 첫 줄은 2-수준 변수(W_{1j}, W_{2j})의 평균효과이며, 둘째 줄은 1-수준 변수(X_{ij})의 평균효과와 1-수준 및 2-수준 변수의 층위 간 상호작용 효과를 나타내고 있다. 마지막 줄은 무선효과를 반영한다. 식(4-36)은 각 모수의 의미를 직접 해석하는 데 어려움이 있으므로 식(4-35)에서 해석하는 것이 편리하다. 그러나 식(4-35)와 식(4-36)을 함께 고려하는 것이 각 모수의 특징을 이해하는 데 도움이 된다.

종합하면, 식(4-35)와 식(4-36) 모형을 통하여 각 학교의 영어성취도 평균이 학교의 특성에 따라 어떻게 달라지는지 알 수 있다. 또한 학교현장에서 가정배경(아버지의 학력) 변수의 영어성취도에 대한 평균효과는 무엇이며, 가정배경 변수의 영어성취도에 대한 효과가 학교의 특성에 따라 어떻게 달라지는지도 파악할 수 있다. 아버지 학력 변수의 효과(β_{1j})를 크게 하는 학교는 가정배경에 따라 학생들이 많이 차별을 받는 학교라고 할 수 있다.

식(4-35)에서 무선효과 모수는 4개다. 1-수준의 무선효과는 $Var(e_{ij}) = \sigma^2$이다. 이는 또한 $Var(Y_{ij} \mid X_{ij}) = \sigma^2$이므로 각 학교별로 '아버지의 학력($X_{ij}$)' 변수로 학생

의 영어성취도 변산을 설명한 이후의 잔차분산이다. 즉, 각 학교 내에서 아버지의 학력이 영어성취도에 미치는 영향을 배제한 이후에 여전히 존재하는 학생 간 영어성취도의 격차이다. 만일 σ^2의 값이 크면 동일 학교 내 학생들의 영어성취도는 아버지의 학력 요인 이외에 다른 요인에 의한 차이가 크다는 의미이다. σ^2 값의 규모는 Y_{ij}의 표준편차를 참조하여 해석할 수 있다.

식(4-35)에서 2-수준의 무선효과는 $Var(u_{0j}) = \tau_{00}$, $Var(u_{1j}) = \tau_{11}$ 그리고 $Cov(u_{0j}, u_{1j}) = \tau_{01} = \tau_{10}$이다. 연구자는 무선효과의 가설검정을 통하여 모집단 정보를 구할 수 있다. 앞 모형에서 연구자가 설정한 2-수준 무선효과의 분산에 대한 가설은 다음과 같다.

〈무선효과 모수에 대한 가설〉

β_{0j}의 무선효과에 대한 가설

$H_0 : \tau_{00} = 0,\ H_A : \tau_{00} > 0$

β_{1j}의 무선효과에 대한 가설

$H_0 : \tau_{11} = 0,\ H_A : \tau_{11} > 0$

이상의 가설을 검정하여 연구자가 얻는 모집단 정보는 무엇인가? 이를 해석하는 방법은 τ_{00}와 τ_{11}의 의미를 정확히 이해하는 것이다. 우선 변수의 분산이란 그 변수의 값이 어느 정도 산포한지를 계량화한 값이다. 분산이 크면 해당 변수의 관찰단위 간 격차가 큰 것이다. τ_{00}와 τ_{11}의 수학적 의미는 다음과 같다.

$$
\begin{aligned}
Var(\beta_{0j} \mid W_{1j}, W_{2j}) &= Var(u_{0j}) = \tau_{00} \\
Var(\beta_{1j} \mid W_{1j}, W_{2j}) &= Var(u_{1j}) = \tau_{11}
\end{aligned}
\qquad (4\text{-}37)
$$

즉, τ_{00}는 W_{1j}와 W_{2j}로 표현된 두 변수의 영향을 통제한 이후의 β_{0j}의 잔차분산이다. 마찬가지로 τ_{11}은 β_{1j}의 잔차분산이다. β_{0j}는 '아버지의 학력(X_{ij})' 효과를 통제한 각 학교(j번째 학교)별 영어성취도 교정평균이므로, 식(4−35)에서 β_{0j}에 대한 2−수준 모형은 각 학교의 '교사열의(W_{1j})' 수준과 '저소득층 학생비율(W_{1j})'이 학교 간에 다르기 때문에 학교 간 영어성취도의 교정평균(β_{0j})에 격차가 난다고 가정한 것이다. 따라서 τ_{00}는 W_{1j}와 W_{2j}로 표현된 2가지 학교특성 변수로 학교 간 차이를 설명한 이후에도 남아 있는 학교 간 영어성취도 교정평균의 격차정보이다. 마찬가지로 τ_{11}은 학생들의 영어성취도가 '아버지의 학력(X_{ij})' 변수의 영향을 받는 정도가 학교의 특성에 따라 다른데, 그 이유를 W_{1j}와 W_{2j}로 설명한 이후에도 남아 있는 학교 간 차이이다. 잔차분산이 크다는 것은 종속변수의 관찰단위 간 격차에 대한 제3, 제4의 영향요인이 존재한다는 것이며, 종속변수 값이 왜 관찰단위 간에 격차가 있는지 불확실성이 많다는 것이다.

식(4−35)의 다층모형에서 특징적인 것은 모형이 $Cov(u_{0j}, u_{1j}) = \tau_{01} = \tau_{10}$의 값을 추정할 수 있다는 것이다. 이 모수는 수학적으로 다음 의미를 갖는다.

$$Cov[(\beta_{0j} \mid W_{1j}, W_{2j}),\ (\beta_{1j} \mid W_{1j}, W_{2j})] = Cov(u_{0j}, u_{1j}) = \tau_{01} = \tau_{10} \quad (4\text{-}38)$$

즉, 학교별 영어성취도 교정평균(β_{0j})과 아버지의 학력(X_{ij})이 영어성취도에 미치는 효과(β_{1j}) 사이에 체계적인 경향성이 남아 있는지를 알려 주는 정보이다. $\tau_{01} > 0$이라면 W_{1j}와 W_{2j}의 두 변수의 학교 간 차이를 동등하게 한 이후에도 영어성취도 평균이 높은 학교에서 아버지의 학력(X_{ij})의 영향력이 높은 경향이 남아 있는 것이다. 보다 일반적으로 표현하면 '학교의 교사열의(W_{1j}) 수준과 저소득층 학생비율(W_{2j})이 동등한 학교를 비교하면, 성적우수 학교에서 가정배경에 따라 차별을 더 하는 경향이 있다.'고 할 수 있다. 여하튼 $|\tau_{01}| > 0$이라면, W_{1j}와 W_{2j}의 학교특성 변수 이외에 다른 요인에 의하여 두 무선변수는 상관이 있는 셈이다.

이상과 같이 식(4−35)의 모형에 포함된 고정효과 및 무선효과 모수를 정확하게 해석하면, 자료 분석결과는 추정된 모수값을 구한 것이므로 모형에서의 모수가 갖는 의미로 그 값을 해석하면 된다.

(2) 분석결과

다음은 식(4-35) 모형으로 예시자료를 분석한 결과이다.

〈표 4-7〉 무선효과 회귀계수 조건모형에 의한 분석결과

고정효과	회귀계수	표준오차	자유도	t	p
학교별 평균(β_{0j})					
전체 학교 평균(γ_{00})	63.4202	0.549994	146	115.311	0.000
교사열의(γ_{01})	0.9390	0.656674	146	1.430	0.155
저소득층 비율(γ_{02})	−0.0921	0.021377	146	−4.311	0.000
아버지의 학력(β_{1j})					
전체 평균효과(γ_{10})	5.9015	0.275543	146	21.418	0.000
교사열의(γ_{11})	−0.6726	0.322207	146	−2.088	0.038
저소득층 비율(γ_{12})	−0.0147	0.010551	146	−1.392	0.166
무선효과	**표준편차**	**분산성분**	**자유도**	χ^2	p
2-수준 무선효과					
교정된 학교 평균(u_{0j})	5.69336	32.41438	146	541.8163	0.000
아버지의 학력 효과(u_{1j})	1.46800	2.15501	146	185.8519	0.014
1-수준 무선효과					
개인수준 잔차(e_{ij})	21.90332	479.75547			

1-수준 무선회귀계수	신뢰도 추정치
INTRCPT1, B0	0.692
FATHER_E, B1	0.185

모형 적합도(공분산성분 모형의 통계량)
Deviance=59722.915422
Number of estimated parameters=4

(3) 결과 해석

① 고정효과 모수 추정치: 〈표 4-7〉에서 고정효과 모수에 대한 가설검정의 내용은 학생수준 변수인 '아버지의 학력(X_{ij})'의 영어성취도에 대한 평균효과(γ_{10})와 더불어 2개의 학교특성 변수(W_{1j}, W_{2j})가 각 학교의 교정평균(β_{0j}) 및 아버지의 학력효과(β_{1j})에 어떤 영향을 미치는지에 대하여 통계적 유의도 검사를 한 것이다. 보다 구체적으로, 학교의 교육문화 변수인 '교사열의(W_{1j})'와 학교별 학생들의 인적 구성 변수인 '저소득층 학생비율(W_{2j})'이 학교평균 영어성취도(β_{0j}) 및 가정배경 변수인 '아버지의 학력(X_{ij})'이 영어 성취도에 미치는 효과(β_{1j})에 어떠한 영향을 미치는지 검정하는 것이다.

우선 아버지의 학력(X_{ij})이 영어성취도에 미치는 평균효과($\hat{\gamma}_{10} = 5.9015$)는 통계적으로 유의한 것으로 나타났다($p = 0.000$). 즉, 아버지의 학력이 한 학교급 차이가 나면 영어성취도는 평균 5.9점 차이가 난다. 아버지의 학력이 고등학교 졸업(3점)인 경우와 대학졸업(5점)인 경우를 비교하면, 대졸 학력 가정의 아이가 평균 11.8점 높은 것이므로 '아버지의 학력' 변수는 영어성취도에 미치는 효과가 큰 것으로 해석된다.

학교수준 변수에 대한 가설검정결과, 교사열의(W_{1j})가 학교의 평균 영어성취도에 미치는 효과(γ_{01})는 통계적으로 유의하지 않았지만, 아버지의 학력(X_{ij})이 학생의 영어성취도에 미치는 효과(β_{1j})는 낮추는 기능이 있는 것으로 나타났다($\hat{\gamma}_{11} = -0.6726$). 즉, 교사열의가 높은 학교에서는 가정배경에 따른 영어성취도의 차별효과가 작다는 것이다. 반대로 교사열의가 적은 학교에서는 학생의 가정배경이 영어성취도에 미치는 영향이 커지는 셈이다.

이와는 반대로 학교별 저소득층 학생비율(W_{2j})이 높을수록 학교의 평균 영어성취도(β_{0j})는 통계적으로 유의하게 낮아지는 경향이 있다($\hat{\gamma}_{02} = -0.0921$). 즉, 임의의 두 학교에서 저소득층 학생비율이 1표준편차(22.84) 차이가 난다면, 두 학교의 평균 영어성취도 격차는 2.10점($22.84 \times 0.0921 = 2.10$) 수준으로 해석된다. 학교평균 영어성취도($\overline{Y_j}$)의 표준편차는 9.28이므로 약 1/4 표준편차 수준의 격차가 나타나는 셈이다. 그러나 저소득층 학생비율에 따라 아버지의 학력이 학생의 영어성취도에 미치는 영향이 달라진다는 증거는 발견되지 않았다. 즉, $H_0 : \gamma_{12} = 0$은 거부되지 않았다. 요약하면, 아버지의 학력(X_{ij})이 높을수록 영어성취도가 높은 경향이 있으며, 교사열의(W_{1j})가 높은 학교는 학생 가정배경(즉, 아버지의 학력)에 의한 차별효과를 낮추는 효과가 있고, 저소득층 비율(W_{2j})이 높을수록 학교평균 영어성취도는 낮은 경향이 있다.

〈표 4-7〉에서 흥미로운 것은 아버지의 학력 변수(X_{ij})가 평균적으로는 학업성취도에 높은 정적인 영향을 미치지만 교사열의(W_{1j})가 높은 학교에서는 그 효과가 낮은 것으로 나타나고, 또한 통계적 유의수준엔 못 미치지만($p=0.166$), 저소득층 비율(W_{2j})이 낮은 곳에서는 그 효과가 커지는 경향이 있다는 것이다. 즉, 아버지의 학력 변수의 효과는 학교의 특성에 따라 효과가 다르다. 이처럼 여러 변수가 상호작용을 갖는 경우에 종합적인 해석을 하는 방법은 그림으로 결과를 요약하는 것이다. 다음의 [그림 4-1]은 학교수준 변수(W_{1j}, W_{2j})와 학생수준 변수(X_{ij})가 갖는 층위 간 상호작용효과(cross-level interaction effect)의 전체적인 현상을 요약한 것이다.

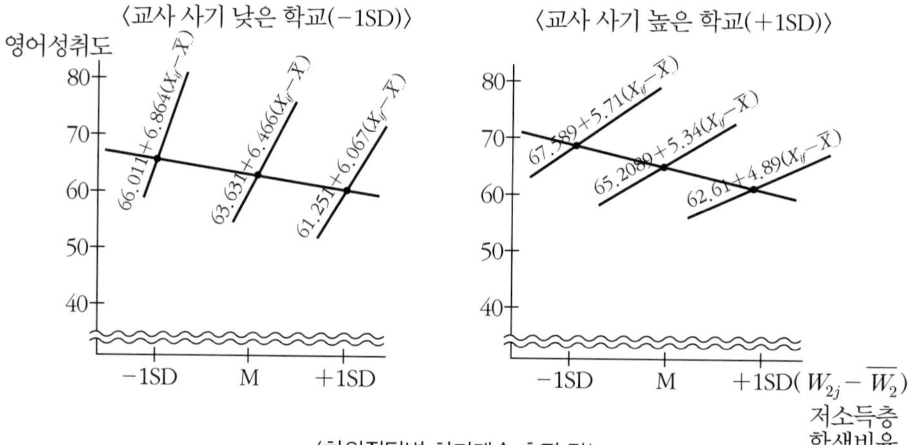

〈하위집단별 회귀계수 추정 값〉

평균	66.011	63.631	61.251	67.589	65.2089	62.61
기울기	6.846	6.466	6.087	5.71	5.34	4.89

그림 4-1 학교별 교사열의수준 및 저소득층 학생비율에 따른 아버지 학력의 영어성취도에 대한 효과 (학교수준 변수와 학생수준 변수의 층위 간 상호작용 현상)

[그림 4-1]은 앞에서 제시한 〈표 4-7〉의 고정효과 모수 추정결과를 그림으로 요약한 것이다. 그림에서 왼편 그림은 교사열의 수준이 평균에서 1 표준편차 낮은 학교군($\overline{W}_1^L = 10.79 - 0.84 = 9.95$)이며, 오른편은 1 표준편차 높은 학교군($\overline{W}_1^U = 11.63$)이다. 그림에서 X축 변수는 '저소득층 학생비율(W_{2j})'인데, 이 변수의 수준이 $W_{2j} = \overline{W}_{2.} + 1SD = 72.48$, $W_{2j} = \overline{W}_{2.} = 46.64$, $W_{2j} = \overline{W}_{2.} - 1SD = 20.8$에 해당하는 학교를 교사 사기가 높은 지역과 낮은 지역에서 각각 세 학교씩 선정하였다. 그 후, 여섯 학교에서 아버지의 학력(X_{ij})이 영어성취도에 미치는 영향이 어떻게 다른지 비교한 것이다.[3)]

[그림 4-1]에서 분명한 것은 세 변수(X_{ij}, W_{1j}, W_{2j})의 효과가 특정한 방향성을 갖고 상호작용을 한다는 것이다. 우선은 아버지의 학력 변수의 효과가 모든 경우에 크다는 것이 분명하다. 그러나 교사의 사기가 높은 ($+1SD$) 학교에서는 전체적으로 평균이 높고 동시에 아버지의 학력(X_{ij})의 영향이 적은 것을 선명하게 보이고 있다. 또한 학생의 인적 구성에서 학생들의 생활수준이 양호한 학교일수록 학교 평균은 높아지나 가정배경(아버지의 학력)의 효과도 더 커지는 경향을 보인다.

② 무선효과 모수 추정치: 〈표 4-7〉 하단에는 무선효과에 대한 분석결과로서 2개의 분산성분에 대한 χ^2-검정결과가 제시되어 있다. 우선 2개의 분산성분의 의미는 식 (4-35)에서 설명한 바와 같다. 즉,

$$Var(\beta_{0j} \mid W_{1j}, W_{2j}) = Var(u_{0j}) = \tau_{00}$$
$$Var(\beta_{1j} \mid W_{1j}, W_{2j}) = Var(u_{1j}) = \tau_{11}$$

이다. 따라서 τ_{00}은 학교별 교정평균(β_{0j})의 변산을 W_{1j}와 W_{2j}로 설명한 이후에 남은 잔차분산이다. 마찬가지로 τ_{11}도 아버지 학력의 효과(β_{1j})의 학교 간 변산을 2개의 변수(W_{1j}, W_{2j})로 설명한 이후에 남는 잔차분산이다. 〈표 4-7〉에 제시한 가설검정결과는 다음 두 가설을 검정한 것이다.

$$H_0 : \tau_{00} = 0$$

$$H_0 : \tau_{11} = 0$$

χ^2-검정결과 위 두 가설이 모두 거부되었다. 즉, $\chi^2(146) = 541.816$은 $p < 0.001$에서 유의하였고, $\chi^2(146) = 185.852$도 $p = 0.014$수준에서 유의하였다. 여기서 자유도는 $146 = J - Q_p = 149 - 3$으로서 Q_p는 p번째 1-수준 무선효과변수의 설명모형에 포함된 고정효과 모수의 수이다. 즉, 식(4-35)에서 β_{0j}의 설명모형에 포함된 고정효과 모수의 수는 3개($\gamma_{00}, \gamma_{01}, \gamma_{02}$)이므로 $Q_0 = 3$이다. 마찬가지로 β_{1j}의 설명모형에도 3개의 고정효과 모수가 있으므로 $Q_1 = 3$이다.

따라서 학교별 교정평균의 학교 간 변산을 교사열의와 저소득층 비율의 학교 간 차이로 설명한 이후에도 잔차분산은 통계적으로 유의하게 존재한다. 이는 또 다른 제3의 변수들로 학교 간 교정평균의 차이를 설명할 여지가 남아 있다는 의미이다. 마찬가지로 아버지의 학력(X_{ij})이 영어성취도에 미치는 효과(β_{1j})도 잔차분산이 통계적으로 유의하였다.

2개의 잔차분산이 여전히 통계적으로 유의한 크기를 갖지만, 〈표 4-7〉에서 추정된 잔차분산의 크기는 〈표 4-6〉의 결과와 비교했을 때 줄어들었다. 즉, 식(4-35)에 동원한 '저소득층 학생비율(W_{2j})'의 효과가 통계적으로 유의하게 학교별 교정평균의 분산을 설명하였고, 마찬가지로 '교사열의(W_{1j})' 변수가 아버지 학력 효과(β_{1j})의 변산을 통계적으로 유의하게 설명하였기 때문이다.

(4) 무선효과 회귀계수 조건모형의 부가적 정보

① 결정계수: 식(4-35)의 조건모형에서 2개의 잔차분산을 추정한 결과가 식(4-28)의 무조건 모형에서의 분산을 추정한 값보다 실제로 얼마나 줄었는가는 결국 2-수준 모형에 포함된 설명변수들인 W_{1j}와 W_{2j}가 어느 정도 설명력을 가졌는지를 알려 준다. 학교별 교정평균의 학교 간 차이가 학교 교사의 열의(W_{1j})와 저소득층 학생비율(W_{2j})로 설명된 비율은,

$$R_2^2(\beta_{0j}) = \frac{38.279 - 32.414}{38.279} = 0.153$$

이다. 즉, 약 15%의 분산이 두 변수에 의하여 설명되었다. 동일한 방법으로 '아버지의 학력' 효과(β_{1j})에 대한 모형의 설명력은 $R_2^2(\beta_{1j}) = (2.688 - 2.155)/2.688 = 0.198$로서 약20%의 분산이 설명된 것을 알 수 있다. 학교 교사의 열의(W_{1j})와 저소득층 학생비율(W_{2j})이 효과적인 설명변수이긴 하지만 여전히 학교 간 평균의 차이와 아버지의 학력 효과에 대한 불확실성은 많이 남아 있다.

② **편차량**: 모형의 적합도를 평가하는 통계량으로서 편차량은 모형 전체에 대한 잔차분산의 개념을 가지므로 편차량이 적을수록 모형의 적합도는 양호하다. 기초모형의 부가적 정보에서 설명한 바와 같이 편차량을 이용하여 모형 간 상대적 적합도를 평가할 수 있다. 기초모형에서 편차량은 다음과 같았다.

$$D_1 = -2\log(L_1/L_{sat}) = \chi^2(J-2) = 60334.078$$

기초모형에서 무선효과 모수는 σ^2과 τ_{00}뿐이므로 자유도는 2이다. 따라서 위의 χ^2의 값은 통계적으로 유의하다. 〈표 4-7〉 하단에 제시한 편차량의 값은

$$D_2 = -2\log(L_2/L_{sat}) = \chi^2(J-4) = 59722.915$$

이며, 모수의 수는 4개이다. 여기서 모수는 1-수준 잔차분산 σ^2과 2-수준의 분산-공분산성분으로서 $Var(\beta_{0j}) = \tau_{00}$, $Var(\beta_{1j}) = \tau_{11}$, 그리고 $Cov(\beta_{0j}, \beta_{1j}) = \tau_{01}$ 등의 4개이다. 따라서 기초모형과 식(4-35) 모형의 편차량을 비교하면 상대적 적합도를 χ^2-검정할 수 있다. 즉,

$$D_1 - D_2 = -2\log(L_1/L_{sat}) - [-2\log(L_2/L_{sat})] \\ = -2\log(L_1/L_2) \sim \chi^2(df = P_2 - P_1) \quad (4\text{-}39)$$

이다. 여기서 L_0는 포화모형의 우도값이며, L_1은 모수 수가 적은 모형의 최대우도값(축소모형), L_2는 모수 수가 많은 모형(복잡모형)의 최대우도값이다. P_2는 모형 2의 모수 수이며, P_1은 모형 1의 모수 수이다. 식(4−39)는 D_1과 D_2의 두 편차량을 비교하는 것으로 결국 두 모형의 최대 우도값을 비교하는 셈이다. 식(4−39)에서 D_1은 기초모형의 편차량, D_2는 식(4−35) 모형의 편차량이라고 하면,

$$D_1 - D_2 = 60334.078 - 59722.915 = 611.163 = \chi^2(2)$$

이며, 이 값은 $\chi^2(2)$의 통계량으로 검정하면 $p = 0.000$ 수준에서 유의하다. 여기서 검정되는 가설은 두 모형에서 차이가 나는 모수이다. 식(4−35)는 기초모형에서 τ_{11}, 그리고 τ_{01}이 추가된 모형이므로, 다음의 다변량 무선효과 가설을 기각한 셈이다.

$$H_0 : \begin{bmatrix} \tau_{11} = 0 \\ \tau_{01} = 0 \end{bmatrix}$$

따라서 식(4−35) 모형은 기초모형보다 적합한 모형이라고 할 수 있으며, 이는 모형에 추가된 설명변수들의 효과가 통계적으로 유의하다는 의미와도 같다.

③ 무선효과 회귀계수의 신뢰도: 〈표 4−7〉 하단에는 무선효과 회귀계수의 신뢰도가 제시되어 있다. 이 값은 식(4−32)의 무소선 모형을 적용하여 얻은 결과보다 다소 낮은 편이다. 그 이유는 신뢰도를 산출하는 수식에서 나타난다.

$$\lambda_j(\hat{\beta}_{0j}) = \frac{Var(\beta_{0j} \mid W_{1j}, W_{2j})}{Var(\hat{\beta}_{0j} \mid W_{1j}, W_{2j})} = \frac{\tau_{00}}{\tau_{00} + \frac{\sigma^2}{n_j}} \quad (4\text{-}40)$$

$$\lambda_j(\hat{\beta}_{1j}) = \frac{Var(\beta_{1j} \mid W_{1j}, W_{2j})}{Var(\hat{\beta}_{1j} \mid W_{1j}, W_{2j})} = \frac{\tau_{11}}{\tau_{11} + \frac{\sigma^2}{\sum_i (X_{ij} - \overline{X}_{.j})^2}}$$

위 식에서 등호의 맨 오른쪽은 식(4−32)와 같은 꼴이지만, 측정의 오차 부분이 아닌 2−수준 분산(τ)은 W_{1j}와 W_{2j}로 β_j의 변산을 설명하고 남은 잔차분산이다. 따라서 식(4−40)에서의 τ_{00}, τ_{11}은 식(4−32)의 분산들보다 작은 값을 갖는다. 결국 조건모형에서의 신뢰도는 낮아진다. 이와 같은 현상은 1−수준 무선효과 회귀계수의 EB 추정치(β_j^*)의 값을 단순히 신뢰도에 기초하여 양호도를 평가하는 데 문제를 제기한다. 즉, 식(4−35)와 같은 조건모형의 추정결과에서 무선효과 회귀계수의 신뢰도가 낮은 이유는 측정의 오차가 큰 이유도 있으며, 또는 잔차분산이 작은 이유도 있기 때문이다. 측정의 오차가 크다는 것은 EB 추정치(β_j^*)가 OLS 추정치($\hat{\beta}_j$)의 문제점을 해소하는 데 더 양호한 추정치라는 것을 의미하지만, 잔차분산이 작다는 것은 신뢰도의 축소로 각 집단별 OLS 추정치($\hat{\beta}_j$)가 많이 집중화(shrunken)된다는 것을 의미한다. 즉,

$$\beta_j^* = \lambda_j \hat{\beta}_j + (1 - \lambda_j)\mu_{\beta_j^*}$$

에서 $\hat{\beta}_j^*$의 값이 조건모형에서는 추가로 집중화되기 때문이다. EB 추정치(β_j^*)의 집중화 경향이 강하다는 것은 경험적인 분석결과에서도 다음과 같이 나타난다(Raudenbush & Bryk, 2002).

$$Var(\beta_j^{EB}) < Var(\beta_j^{ML}) < Var(\beta_j^{OLS})$$

따라서 OLS 추정치($\hat{\beta}_j$)의 신뢰도가 낮다고 하여도, 만일 2−수준 잔차분산이 작아서 발생한 것이라면 그만큼 예측모형의 정확도가 높아진 현상으로 해석된다. 따라서 식(4−32)와 같이 무조건 모형에서의 신뢰도는 무선효과 회귀계수에 대한 직접적인 양호도 정보를 제공하지만, 무조건 모형에서 양호한 신뢰도가 조건모형에서 낮아졌다면 그만큼 예측모형이 개선된 것을 의미할 수도 있다.

---

1) 2−수준 이원 교차적 다층자료(Two−Way Cross-classified multilevel data)의 기초모형은 무선효과 이원분산분석모형(Random Effects Two−Way Anova)이다.

$$Y_{ijk} = \gamma_{000} + a_{0j} + b_{0k} + c_{0jk} + e_{ijk},\ a_{0j} \sim N(0, \tau_a),\ b_{0k} \sim N(0, \tau_b),\ c_{0jk} \sim N(0, \tau_c),\quad e_{ijk} \sim N(0, \sigma^2)$$

2) GLS 추정량은 $\hat{\gamma}_{10} = \dfrac{\sum_i \sum_j \Delta_j^{-1}(X_{ij} - \overline{X}_{.j})(Y_{ij} - \overline{Y}_{.j})}{\sum_i \sum_j \Delta_j^{-1}(X_{ij} - \overline{X}_{.j})^2}$ 로서 전체 자료에서 직접 추정된다.

3) 식(4−36) 모형에 6가지 조합인 W_{1j}, W_{2j}의 값을 투입하고 〈표 4−7〉의 결과에서 모수 추정치($\hat{\gamma}$)를 대입하여 구한다.

제5장

종단연구에서 다층모형의 명세화 방법

1. 종단연구와 다층모형
2. 다층성장모형의 명세화 절차
3. 선형다층성장모형과 응용방법
4. 비선형다층성장모형과 응용방법

제5장

종단연구에서 다층모형의 명세화 방법

1. 종단연구와 다층모형

종단연구는 흔히 횡단연구와 대별되는 연구유형으로 분류된다. 종단연구는 연구자의 추론이 종단적으로 이루어지는 연구유형을 지칭하기도 하며, 연구자가 분석한 자료가 종단자료인 경우에 해당하는 연구유형이기도 하다. 여기서 핵심 단어는 종단적 추론 또는 종단자료인데, 종단적 추론이란 시간의 흐름에 따라 연구자가 관심 갖는 현상이 어떻게, 왜 그렇게 변화하는지를 해석하는 것이다. 마찬가지로 종단자료란 시간의 흐름에 따른 연구대상의 변화를 관찰한 자료이다.

연구대상의 시간적 변화정보인 종단적 추론을 허용하는 종단연구는 크게 3가지 유형의 자료를 분석한 연구이다. ① 경향자료(trends data), ② 코호트자료(cohorts data), ③ 패널자료(panel data)가 그것인데, 이 3가지 자료를 분석한 연구는 모두 종단연구라고 하지만, 엄밀한 의미에서 종단자료는 패널자료만을 의미한다. 패널자료는 반복측정자료(repeated measures data)라고도 한다.

3가지 자료의 특징을 효과적으로 구분하기 위하여 다음의 예시주제를 고려해 보자. 어느 연구자가 중학교 1학년부터 중학교 3학년까지 우리나라 중학생들의 인터넷 일탈행동의 빈도가 어떠한 변화과정을 거치는지 파악하려고 하였다. 즉, 각 학생이 보고한 인터넷 일탈행동의 횟수를 종속변수로 하여 일탈행동의 변화과정을 기술하려면, 앞에서 언급한 3가지 자료는 모두 연구자에게 유용한 자료이다. 다음 [그림 5-1]은 3가지 자료의 특징을 요약한 것이다.

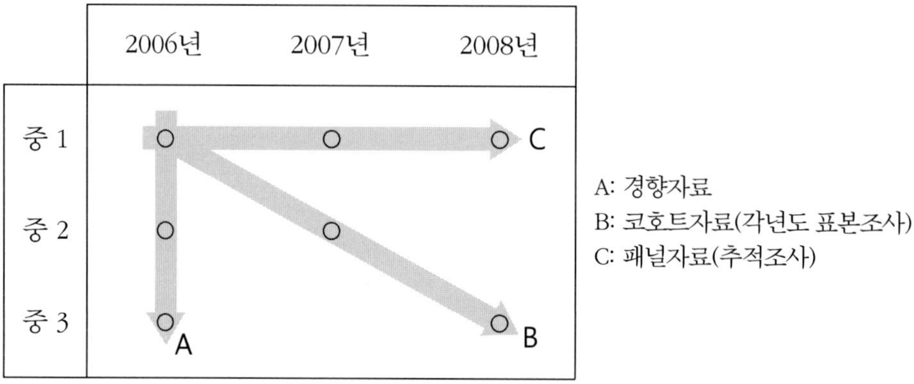

그림 5-1 경향자료, 코호트자료, 패널자료의 차이

위 그림에서 분명한 것은 모든 학년의 중학생들이 매년 존재한다는 것이다. 즉, 연구자가 관심 갖는 중학생의 인터넷 일탈현상은 사실상 지속되고 있다. 이 경우 중학생 일탈행동의 횟수가 어떻게 변화하는지 기술하려면 연구자는 3가지 대안적인 연구방안이 있다.

1) 경향자료 분석 연구

첫째, 경향분석연구를 계획하는 것이다. 경향분석연구는 [그림 5-1]에서 세로 단면(vertical slice)의 자료를 수집하여 분석하는 것이다. [그림 5-2]는 2006년 시점에서의 학년 간 경향자료이다.

	2006년		
중 1	s_{11}	…	s_{n1}
중 2	s_{12}	…	s_{n2}
중 3	s_{13}	…	s_{n3}

$$N = \sum n_j \, , \, j = 1, 2, 3$$

그림 5-2 2006년의 경향자료

경향분석연구란 연구자가 [그림 5-2]와 같은 3개 학년의 자료를 동시에 수집한 자료를 분석하여 일탈행동 빈도의 학년 간 차이, 학년에 따른 일탈경향을 서술하고, 학생들이 성장함에 따라 왜 그러한 경향이 관찰되는지 설명하는 연구유형이 종단적 추론을 허용한다는 의미에서 종단연구로 지칭하기도 한다. 이 경우, 연구자는 한 시점(예: 2006년)에서 3개 학년을 비교하는 것이므로 사실상 횡단연구를 수행하는 것과 동일하다. 다만 학년 변수라는 양적 독립변수를 경향변수(예: linear, quadratic 등)로 사용하여 학년이 높아짐에 따라 인터넷 일탈행동의 횟수가 선형적(linear)로 증가하는지, 이차 함수적 비선형(quadratic)으로 변화하는지 설명한다. 경향분석연구는 종단적 추론이 가능하고 동시에 한 시점에서 자료를 수집하는 편의성이 있기 때문에 선호된다. 그러나 학년이 다른 학생들을 동시에 표집하기 때문에 학년별 모집단이 다른 경우는 연구의 내 · 외적 타당도가 약화된다. [그림 5-2]의 경우는 근접한 학년 간 변화과정이므로 큰 문제가 없지만, 시간적 차이가 큰 경우는 연구타당도가 위협을 받는다. 만일 10세, 20세, 30세의 연령대를 2006년에 동시에 수집하고 경향분석을 하여 일탈행동에 대한 종단적 추론을 하면, 2006년에 10세인 어린이가 10년 후인 2016년에 20세가 되었을 때, 2006년의 20세 청년과 동일한 행동을 하리라고 가정하기가 어렵다. 따라서 경향분석연구에서 종단적 추론은 근접한 연령대 혹은 시간대 내에서 가능하다.

2) 코호트자료 분석 연구

연구자가 횡단자료를 분석하는 연구이지만, 시간대의 제한 없이 종단적 추론이 가능한 연구는 코호트분석연구이다. [그림 5-1]의 자료에서 대각선 단면(diagonal slice)의 자료를 수집하면 [그림 5-3]과 같은 코호트자료를 확보할 수 있다.

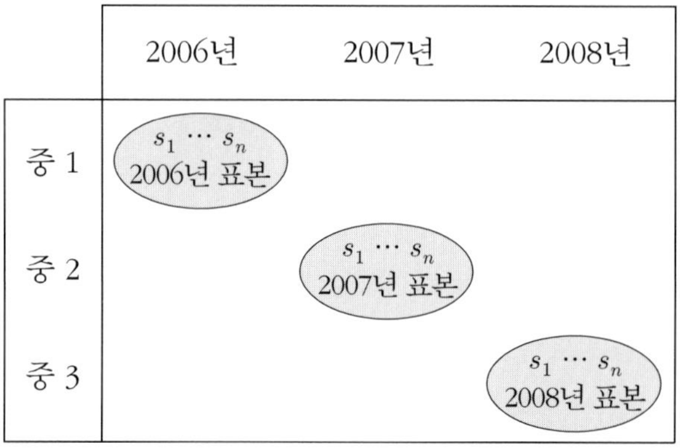

그림 5-3 2006년도 중학교 1학년 코호트자료

[그림 5-3]의 자료는 2006년도 중학교 1학년이 학년이 증가함에 따라 인터넷 일탈행동이 어떻게 변화하는지 서술하기 위한 것이다. 코호트는 역사적 · 사회적 배경을 공유하는 집단을 의미하는데(Schaie, Collins, & Sayer, 2000) 흔히 동일 세대 혹은 동일 연령대의 집단을 지칭한다. 위 자료는 2006년에 중학교 1학년 모집단에서 표본자료를 수집하고, 2007년에는 중학교 2학년 모집단에서, 2008년에는 중학교 3학년 모집단에서 표본자료를 구하면 결국 2006년도 중학교 1학년 모집단을 추적 조사한 종단자료라고 할 수 있다. 따라서 코호트 자료는 모집단을 추적 조사한 자료이며, 2006년도 중학교 1학년 집단의 인터넷 일탈행동이 시간의 흐름에 따라 평균적으로 어떻게 변화하는지 설명할 수 있게 된다.

[그림 5-4]와 같이 [그림 5-1]에서 한 학년의 횡단면(horizontal slice) 자료를 추적하여 수집해도 코호트자료가 된다.

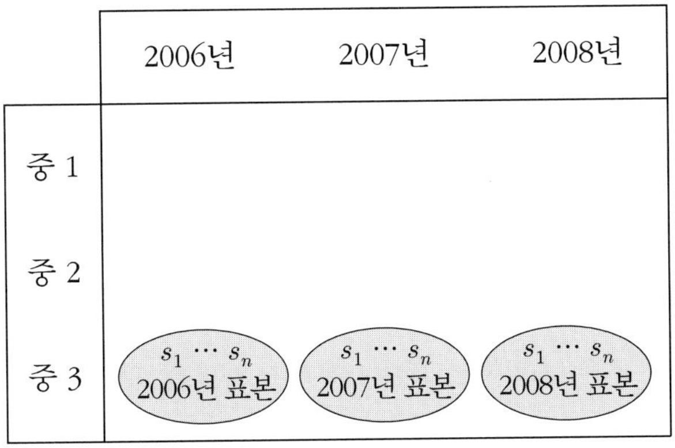

그림 5-4 중학교 3학년 코호트 자료

[그림 5-4]의 자료는 동일 학년(중 3) 혹은 동일 세대의 일탈행동이 시간의 흐름에 따라 어떻게 변화하는지 탐구하는 데 유용하다. 즉, 2006년, 2007년, 2008년의 3년에 걸쳐서 매년 중학교 3학년 자료를 분석하면 중학교 3학년 모집단에서 시간의 흐름에 따라 일탈행동이 평균적으로 어떻게 변화하는지 서술할 수 있다.

코호트 분석은 동일한 개인을 추적하여 조사하는 것이 아니고 매번 새로 표본을 확보하므로 자료수집이 용이한 장점이 있다. 그러나 동일한 연구를 3년에 걸쳐서 반복하므로 일탈행동의 경향을 파악하는 데 시간이 걸린다. 또한 인간의 행동변화에 가장 밀접한 변수들이 개인의 특성들인데, 각 연도의 표본은 동일한 개인이 반복 표집된 것이 아니다. 때문에 중요한 변수(예: *SES*)의 종속변수에 대한 효과가 각 연도의 연구마다 다르다면 표본이 달라서 그런 것인지, 아니면 실제로 *SES*변수의 효과가 시간에 따라 변화하는 것인지 판단하기 어렵다. 그럼에도 코호트 분석 연구는 학년 혹은 세대에 따른 중요변수(예: 일탈행동)의 평균적 변화를 서술하는 데 많이 활용된다.

3) 패널자료 분석연구

[그림 5-3]에서 2006년에 표본에 포함된 모든 학생을 2007년, 2008년에 추적 조사하여 수집한 자료가 패널자료이다. 인간의 행동변화를 탐구하는 패널자료 혹은 반복측정자료(repeated measures data)는 동일한 개체를 반복하여 관찰하므로 시간에 따른 변화정보를 가장 정확하게 제공하는 자료이다. 그러나 패널자료는 동일한 개체를 추적하여 반복 관찰한 자료이므로, 반복측정횟수가 비교적 제한적인 경우가 많다. 하지만 2000년대에 이르러 우리나라에서는 국책연구원들의 주도로 매우 다양한 패널자료가 축적되고 있다[1]. 아동, 청소년, 교육분야의 경우, 초등학교 1학년에서 대학교 1학년까지의 패널자료가 이미 확보되어 있으므로 우리나라에서 종단연구는 매우 활성화되어 있는 셈이다. [그림 5-5]는 패널자료 혹은 반복측정 자료를 개념적으로 예시한 것이다.

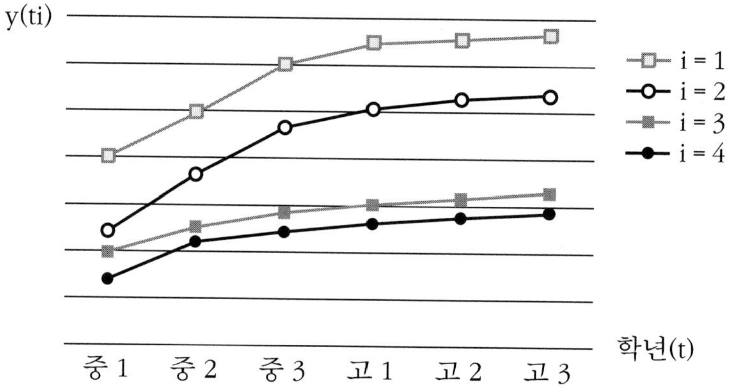

그림 5-5 패널자료의 개념도

(X축=학년; Y축=y, n=4명의 성장궤적 그림)

[그림 5-5]는 $n = 4$ 명의 학생이 6개년 동안 반복측정된 변화궤적을 보여 주고 있다. 이와 같은 반복측정자료를 분석하는 방법은 다양하다. 일반적으로 패널자료를 분석하는 방법은 3가지로 나타난다.

첫째, 실험설계에 기초하여 인과관계를 탐구하는 분석을 하는 것이다. 실험연구의 자료는 흔히 분산분석모형으로 자료를 분석한다. 예를 들어, 처치의 효과를 검정하는 방법은 처치집단과 통제집단 간 종속변수의 평균 차이가 시간의 흐름에 따라 일정한지를 검정하는 것이다. 이와 같은 반복측정설계를 예시하면 [그림 5-6]과 같다.

	id \ time	1	2	3	4
실험집단	s_{11}	y_{1111}	y_{2111}	y_{3111}	y_{4111}
	s_{21}	y_{1211}	y_{2211}	y_{3211}	y_{4211}
	$\vdots$			$\vdots$	
	s_{n1}	y_{1n11}	y_{2n11}	y_{3n11}	y_{4n11}
통제집단	s_{12}	y_{1122}	y_{2122}	y_{3122}	y_{4122}
	s_{22}	y_{1222}	y_{2222}	y_{3222}	y_{4222}
	$\vdots$			$\vdots$	
	s_{n2}	y_{1n22}	y_{2n22}	y_{3n22}	y_{4n22}

그림 5-6 반분구획설계(split-plot design) 도해

위 실험설계를 반분구획설계(split-plot design)라고도 한다(강상진, 2014). [그림 5-6]에서 처치집단과 통제집단은 참여자를 무선배치하여 구성하였으므로 처치의 시행 이전에는 모든 면에서 동등한 집단이다. 즉, 인과관계 추론을 위한 사전동등성(prior equivalence) 조건 혹은 혼재변수의 부재(no confounding variables) 조건을 충족한다. 따라서 처치의 효과를 검정하는 것은 처치변수와 시간변수의 상호작용효과이다. 위 실험설계는 자연과학분야뿐만 아니라, 사회과학분야인 교육학, 심리학, 아동학에서도 흔히 활용되는 설계이다. 그러나 분산분석모형에 의한 [그림 5-6]의 자료는 연구자가 처치의 시행, 자료의 수집시기 등에 대하여 완벽히 통제할 수 있는 실험 상황에서는 적절하지만, 자료의 수집시기가 불규칙하거나(uneven observation time spacing), 반복관찰횟수가 개체에 따라 다르거나(unbalanced data), 결측치가 발생하는 경우에는 적절하지 않다. 또한 처치효과의 유무에 대한 가설검정은 곧 처치의 평균효과의 유의도를 검정하는 것이다. 따라서 처치효과가 있다는 것은 실험에 참여한 모든 사람에게 처치의 효과는 동일하다는 비현실적인 가정에 기초한 것이다.

둘째, 시계열자료 분석방법을 활용하는 것이다. [그림 5-5]에서 반복측정횟수가 많거나 장기적으로 지속된다면, 경제학, 산업공학 분야에서 활용되는 시계열자료 분석법(time series analysis)을 적용할 수 있다. 그러나 시계열분석법은 일반적으로 단일 개체(주식, 상품, 기관, 지역, 국가 등)에서 관찰되는 한 변수에서 장기간 변동의 규칙성을 밝히거나, 평균변화경향을 밝히는 데 제한된다. 따라서 [그림 5-5]의 패널자료와 같이 여러 개체의 변화를 동시에 추정하는 데 한계가 있으며, 개체 간 변화궤적의 차이를 효과적으로 설명하는 데 한계가 있다.

패널자료를 분석하는 세번째 방법은 변화궤적분석(change trajectory analysis) 혹은 성장곡선분석(growth curve analysis)을 하는 것이다[2]. 다층성장모형은 성장선을 분석하는 모형이다. 다층모형이 [그림 5-5]와 같은 자료를 모형화하는 방법은 표본에 포함된 모든 개체별로 성장선을 모형화하고, 개체별 성장선들 사이에 보이는 차이를 설명하는 것이다.

n명의 반복측정 자료를 n개 성장선의 집합으로 파악하는 패널자료 분석에서는 각 개인별로 성장곡선이 정의될 수 있다. 연구자의 종속변수가 넓은 범위에서 시간에 따라 규칙성을 갖고 변화한다고 가정하면, 각 개인별 성장곡선(growth trajectory)을 함수로 표현하는 것이다. 회귀분석과 같은 전통적인 통계모형은 모든 개인을 포괄하는 단 하나의 평균성장곡선을 추정하지만, 다층성장모형의 장점은 평균성장곡선과 더불어 각 개인별로 고유한 성장곡선도 추정할 수 있다는 것이다. 따라서 다층모형으로 패널자료를 분석하는 경우에 연구자는 전통적인 통계방법이 제공하는 평균성장곡선에서 한 걸음 나아가 성장곡선의 개인차 현상과 관련 요인을 탐색할 수 있다. 패널자료는 자료수집 설계와 관리가 어렵고, 비용도 많이 들고, 결측치가 발생하는 단점이 있다. 그러나 패널자료를 잘 분석하면 자료수집과 관리에 소요되는 노동과 비용에 비견할 수

없는 지식과 정보를 확보할 수 있다.

패널자료의 가장 큰 가치는 분석결과의 타당도가 다른 어떤 연구유형보다 높다는 것이다. 즉, 한 시점에서 다음 시점까지 종속변수의 차이가 동일한 개인으로부터 확보되어야 성장분을 추정한 통계량의 타당성(Statistical conclusion validity, Cook & Campbell, 1979)이 확보된다. 이는 최신 인과관계이론(Collins & Sayer, 2000; Holland, 1986; Rubin, 1974; 1978; Shadish, Cook, & Campbell, 2002)과도 관련된다. 동일한 개인을 반복측정하는 것이 종속변수에 영향을 미치는 잠재적인 혼재변수(confounding variables)를 통제하는 효과가 강력하기 때문이다. 통계량의 타당도가 확보된다면, 이에 근거한 인과관계 추론도 타당할 수 있기 때문이다.

다층모형이 패널자료의 분석방법으로서 과학의 발전에 기여할 수 있었던 것은 이 모형이 성장곡선의 분석에서 차별성을 갖기 때문이다. 다층모형은 성장곡선을 분석하여 과거에는 응답할 수 없었던 연구문제를 탐구할 수 있게 하였다. 다음은 다층성장모형으로 응답할 수 있는 연구문제를 예시한 것이다.

1. 우리나라 중학생의 인터넷 일탈행동의 횟수는 학년이 증가함에 따라 어떤 성장선을 갖는가?
2. 동일한 학생의 일탈행동은 학년에 따라 어느 정도 큰 변화가 있는가?
3. 중학생 일탈행동의 성장선은 개인에 따라 어느 정도 다른가?
4. 일탈행동 횟수의 성장선은 어느 정도 신뢰로운가?
5. 중학생 일탈행동의 성장선이 개인에 따라 다른 이유는 무엇인가?
6. 중학교 1학년 때의 일탈행동 횟수가 많을수록, 그 이후 일탈행동 빈도는 더욱 증가하는가?
7. 중학생 일탈행동이 단조 증감하는 정도는 학생의 가정배경에 어느 정도 영향을 받는가?
8. 학업성취도가 낮은 학생은 일탈행동이 계속 증가하는가?
9. 중학생 일탈행동의 변화에 영향을 주는 가정배경 변수의 효과는 모든 학교에서 동일한가?

10. 학교규모가 작으면, 가정배경이 중학생의 일탈행동에 미치는 영향이 낮아지는가?
11. 어떤 유형의 방과후 학교 프로그램이 중학생 일탈행동 경감에 기여하는가?
12. 교장의 리더십에 따라 중학생 일탈행동의 학교별 평균 성장선은 다른가?

통계모형에 의한 분석결과는 모두 고정효과 모수와 무선효과 모수의 추정 값을 포함한다. 연구자가 통계적 방법으로 연구문제에 대한 답을 구하고 싶으면, 연구자의 질문을 통계모형에 모수로 표현하면 된다. 앞의 열 두 가지 연구질문은 모두 다층성장모형의 고정효과 혹은 무선효과 모수로 표현할 수 있는 것이다. 이들을 구조적으로 분류할 수 있는데, 다음은 각 질문에 답을 제공하는 모수의 유형에 따라 분류하여 설명한 것이다.

연구질문 1은 평균변화곡선에 대한 질문이다. 표본자료에 기초하여 추정한 평균변화곡선이 선형적으로 변화하는지, 아니면 2차, 3차 등의 비선형적인 구조를 갖는지 밝히는 것이다. 이와 같은 질문은 분산분석이나 회귀분석으로도 응답이 가능하지만, 다층모형은 더 상세한 정보를 제공한다.

연구질문 2, 3, 4, 9번은 다층성장모형의 무선효과 모수(즉, 분산-공분산)를 추정하여 응답할 수 있다. 2번 질문은 각 학생의 종속변수가 반복적으로 관찰되는 동안 개인 내적으로 어느 정도 변화를 겪는지 각 개인의 성장곡선모형에서 '개인 내 오차분산'의 크기에 대한 질문이다. 3번의 질문은 개인별 성장곡선을 결정하는 변화모수 값의 '개인 간 분산'으로 응답할 수 있다. 예를 들어, 각 개인의 종속변수가 선형으로 변화하는 정도(단조 증가 혹은 경감 경향)가 개인마다 다른데, 이 선형효과(linear effects)의 분산(variance)이 곧 개인차의 크기이다. 4번 질문은 개인의 성장선을 결정하는 '변화모수의 신뢰도'를 묻는 질문이다. 신뢰도를 구하려면, 변화모수의 분산정보가 필요하다. 9번 질문은 1-수준이 관찰시점, 2-수준이 학생, 3-수준이 학교라면, 학생수준에서의 *SES*변수의 회귀계수가 '학교 간에 변산'을 갖는지 묻는 것이다. 이는 4장에서 제시한 횡단연구에서 학생이 학교에 내재한 경우에 제기되는 질문과 동일하다.

연구질문 5, 7, 8, 10, 11, 12번은 모두 다층성장모형의 고정효과 모수(즉, 회귀계수)를 추정하여 응답할 수 있다. 그중에서 5번 질문은 다른 모든 질문을 포괄한다. 즉, 개인별 성장선이 정의된 이후에 성장선을 정의하는 변화모수를 종속변수로 사용하여, 어떠한

'개인차 요인의 회귀계수'가 통계적으로 유의한지 밝히는 것이다. 7번 질문은 성장선에서 각 개인별 선형효과 모수를 종속변수로 하여 분석할 때, 학생의 '가정배경 변수의 회귀계수'의 크기 혹은 통계적 유의도를 검정하여 밝힐 수 있다. 8번 질문은 7번과 동일한 맥락이다. 다만 설명변수가 학생의 학업성취도로 바뀐 것뿐이다. 10, 11, 12번 질문은 모두 다층성장모형을 '관찰시점 ⊂ 학생 ⊂ 학교'로 내재한 3-수준 구조로 명세화할 때, '학생 ⊂ 학교'의 구조에서 '각 변수의 고정효과 회귀계수'를 추정하여 응답이 가능한 질문이다. 즉, '학생 ⊂ 학교'의 구조는 2-수준 횡단모형과 같은 맥락이기 때문이다.

마지막으로 6번 질문은 각 학생 성장선의 출발점을 반영하는 변화모수(예: 절편계수)와 선형효과 모수 간의 상관관계 혹은 공분산의 크기와 방향에 대한 질문이다. 6번 질문은 통계모형이 무선효과를 갖는 회귀계수(randomly varying regression coefficients) 간의 공분산도 추정할 수 있어야 응답이 가능한데, 이와 같은 모형을 공분산성분모형(covariance components model)으로 분류하기도 한다.

다층모형이 위 연구질문에 응답할 수 있는 근거는 각 개인별로 종속변수의 성장선(growth trajectory) 혹은 성장곡선(growth curve)을 추정할 수 있기 때문이다. 즉, 다층모형은 각 개인별로 시간(관찰시점)에 따른 성장선을 추정하는 모형을 결정한 이후에 개인별 성장선이 어떻게 변화하는지 설명하고, 개인별 성장선에서 어떠한 개인차가 있으며, 어떤 요인이 성장선의 개인차를 설명하는지 탐구할 수 있게 한다. 여기서 각 개인별 성장곡선이 추정된다는 것은 성장곡선의 모양을 결정하는 변화모수(change parameters)가 개인별로 존재할 수 있다는 것이다. 최신 종단연구방법에서는 변화가 이루어지는 방식과 변화를 일으키는 영향요인을 알려면 통계모형은 변화자체를 종속변수로 다룰 수 있어야 한다는 것을 강조한다(Collins & Sayer, 2000). 다층모형은 이 논리에도 부합하는 장점이 있다.

다층모형은 경향자료와 코호트자료, 패널자료의 분석에 모두 활용될 수 있는 모형이며, 패널자료의 분석에서는 전통적인 통계모형으로 탐구할 수 없는 연구문제에 대한 과학적 탐구를 허용한다. 패널자료를 분석하는 다층모형이 별도로 존재하는 것은 아니다. 즉, 동일한 개인을 반복관찰한 자료라면, 언제나 관찰값들은 각 개인에 내재하므로 모든 패널자료는 위계적 자료 또는 다층자료인 셈이다. 그러나 패널자료를 분석할 때 다층모형을 명세화하는 방법에 특수성이 있으므로, 이를 다층성장곡선분석모형(multilevel growth curve modeling), 다층성장모형(multilevel growth model) 혹은 성장곡선모형(growth curve model)이라고 한다. 여기서는 다층성장모형이란 용어를 선호하여 사용한다.

2. 다층성장모형의 명세화 절차

연구자들이 패널자료를 분석할 때, 가장 보편적이고 기본적인 질문은 다음 2가지이다.

1. 연구자가 관심을 갖는 종속변수는 시간의 흐름에 따라 어떤 모습의 성장궤적을 갖는가?
2. 시간의 흐름에 따른 종속변수의 성장선이 개인(혹은 집단)에 따라 다른 이유는 무엇인가?

1번 질문은 각 개체의 성장선(growth trajectory)을 패널자료의 분석모형으로 확인하는 것이다. 이 단계에서 연구자는 표본 개체들의 평균성장선의 모습을 확인하고, 개별(개인 혹은 집단) 성장선들이 평균성장선을 중심으로 어느 정도 차이를 보이는지 등 기초적인 정보를 확보한다. 이 단계에서 연구자가 결정하는 다층모형을 흔히 '기초모형(base model)' 혹은 '무조건 모형(unconditional model)'이라고 한다. 횡단연구에서는 기초모형이 고정되어 있다. 즉, 2-수준 다층모형의 경우에 기초모형은 언제나 분산분석모형으로서 $Y_{ij} = \gamma_{00} + u_{0j} + e_{ij}$이다. 여기서 $u_{0j} \sim N(0, \tau)$, $e_{ij} \sim N(0, \sigma^2)$이다. 그러나 다층성장모형에서의 기초모형은 고정되어 있지 않다. 1번 질문에 답이 되는 각 개인별 종속변수의 성장선은 선형함수일 수도 있으며 비선형일 수도 있기 때문이다.

그 어느 경우이든 연구자는 표본에 속한 개체들의 성장선을 먼저 정의해야 한다. 즉, 기초모형을 결정해야 하는 것이다. 일단 개체들의 성장선을 정의한 기초모형이 결정되어 1번 질문에 응답을 하면, 그다음 단계로 기초모형에서 정의된 개인(혹은 집단)별 성장선들이 어떤 변수의 영향으로 개인차(혹은 집단 간 차이)를 보이는지 설명할 수 있다. 이 과정이 2번 질문에 응답하는 절차로서 연구모형으로 자료를 분석하는 단계이다.

그러므로 다층성장모형의 명세화 절차는 크게 두 단계이다. 1단계는 기초모형을 결정하는 단계이며, 2단계는 연구모형으로 성장선의 개인차를 탐구하는 단계이다. 1단계에서 기초모형을 결정하는 논리는 다차항 모형(polynomial model)의 원리를 활용한다. 수학모형으로서 다차항모형은 곡선에 부합하는 모형(curve fitting model)을 결정하는 데 유용하다. 실제로 각 개체의 성장선이 몇 개의 변곡점을 갖는 곡선인지 모르므로 모든 유형의 곡선을 모두 포괄하는 일반모형으로서 다음의 다차항 모형이 추천된다.

1–수준(관찰시점 수준):

$$Y_{ti} = \pi_{0i} + \pi_{1i}A_{ti} + \pi_{2i}A_{ti}^2 + \pi_{3i}A_{ti}^3 + \cdots + \pi_{Pi}A_{ti}^P + e_{ti}, \quad (5\text{-}1)$$

2–수준(각 개인수준):

$$\begin{aligned} \pi_{0i} &= \beta_{00} + r_{0i} \quad (5\text{-}2) \\ \pi_{1i} &= \beta_{10} + r_{1i} \\ &\vdots \\ \pi_{Pi} &= \beta_{P0} + r_{Pi} \end{aligned}$$

$$e_{ti} \sim N(0, \sigma^2), \ [r_{0i}, r_{1i}, \cdots r_{Pi}]^T \sim N(0, T_\pi)$$

식(5–1)에서 Y_{ti}는 i번째 개체의 t시점에서의 종속변수 Y의 값이다. A_{ti}는 개체별 관찰시점 변수이다. 식(5–1)은 개체별 종속변수 Y_{ti}의 증감이 관찰시점 A_{ti}의 변화와 다차항의 관계라고 가정한 것이다. 유의할 것은 식(5–1)이 각 개인별로 정의된다는 것이다. 즉, 변화모수(예: π_{0i})가 개체별로 설정되어 있다. 식(5–1)은 모든 유형의 변화를 포괄하는 일반 수학모형일 뿐이다. 실제 연구에서는 종속변수의 특성과 연구대상의 특성에 따라 모형은 간명하게 정의될 수 있다. 종속변수가 시간의 흐름에 따라 선형 성장선을 나타내는 경우, 기초모형은 다음과 같이 간단하게 정의될 수 있다.

$$\begin{aligned} \text{1-수준 모형: } & Y_{ti} = \pi_{0i} + \pi_{1i}A_{ti} + e_{ti} \\ \text{2-수준 모형: } & \pi_{0i} = \beta_{00} + r_{0i} \\ & \pi_{1i} = \beta_{10} + r_{1i} \end{aligned} \tag{5-3}$$

만일 종속변수의 성장선이 1차항과 3차항으로 결정되며, 선형증감 경향에는 개인차가 있지만 3차항의 효과는 모든 개인에게 같다고 가정할 수 있다면, 다음 식으로 기초모형을 정의할 수 있을 것이다.

$$\begin{aligned} \text{1-수준 모형: } & Y_{ti} = \pi_{0i} + \pi_{1i}A_{ti} + \pi_{2i}A_{ti}^3 + e_{ti} \\ \text{2-수준 모형: } & \pi_{0i} = \beta_{00} + r_{0i} \\ & \pi_{1i} = \beta_{10} + r_{1i} \\ & \pi_{2i} = \beta_{20} \end{aligned} \tag{5-4}$$

식(5-3)과 식(5-4)는 모두 식(5-1)의 하위모형이다. 여기에서 강조되는 것은 기초모형을 결정하는 것은 종속변수의 성장선에 부합하는 모형을 찾는 과정이라는 것이다. 따라서 연구자들은 기초모형이 종속변수의 성장선에 부합하는지를 어떻게 판단할지에 대해서 숙지할 필요가 있다. 기초모형이 무조건 선형이라거나 2차항 모형이라는 편견이 없어야 한다.

기초모형이 양호하게 결정되었다면, 그다음은 개인별로 정의된 기초모형(즉, 성장선)이 어느 정도 변산을 갖는지 설명하는 것이다. 즉, 개인별로 변화모수(예: π_{0i}, π_{1i} 등)가 왜 어떻게 다른지 설명하는 것이다. 식(5-4)에서 성장선의 절편(π_{0i})은 개인(혹은 집단)수준의 변수 W_{1i}, W_{2i}의 영향을 받고, 선형적 증감 경향(π_{1i})은 W_{1i}의 영향을 받는다는 가정을 한다면 연구자의 연구모형은 다음의 모습을 갖는다.

$$\text{1-수준 모형: } Y_{ti} = \pi_{0i} + \pi_{1i}A_{ti} + \pi_{2i}A_{ti}^3 + e_{ti} \quad (5\text{-}5)$$

$$\text{2-수준 모형: } \pi_{0i} = \beta_{00} + \beta_{01}W_{1i} + \beta_{02}W_{2i} + r_{0i}$$

$$\pi_{1i} = \beta_{10} + \beta_{11}W_{1i} + r_{1i}$$

$$\pi_{2i} = \beta_{20}$$

위 식(5−5)는 연구모형을 예시한 것이다. 이 연구모형에서 주목할 사항은 첫째, 1−수준 모형은 기초모형과 동일하다는 점이다. 즉, 연구모형에서는 기초모형에서 정의한 성장선이 왜 개인차가 있는지 탐구하는 단계이므로 1−수준 모형은 이미 확인된 모형이다. 둘째, 1−수준 모형에서 개인별(혹은 집단별) 성장선들의 모습이나 개인차(집단 간 차이)를 결정하는 것은 변화모수(즉, $\pi_{0i}, \pi_{1i}, \pi_{2i}$)들이다. 따라서 2−수준 모형은 이 변화모수의 변산을 설명하는 모형이다. 각 변화모수의 변산을 설명하는 개인수준(혹은 집단수준) 변수의 조합은 다를 수 있다. 식(5−5)에서 절편변화모수(π_{0i})는 2개의 설명변수 W_{1i}, W_{2i}의 영향을 받고, 선형기울기 계수(π_{1i})는 W_{1i}의 영향을 받는 것으로 가정하였다.

다층성장모형에서 연구자들이 유의할 사항은 기초모형을 결정하는 과정과 연구모형을 명세화하는 과정이 단순하지 않으며, 연구자가 관찰하는 변수의 시간적 흐름에 따른 규칙성을 찾는 것이 간단하지 않다는 것이다. 따라서 다층성장모형의 명세화는 기초모형을 결정하는 단계에서 최선의 모형으로 성장선을 정의하는 것이 중요하고, 연구모형에서는 각 변화모수의 변산을 잘 설명하는 이론에 기초하는 것이 중요하다.

이 장은 다층성장모형의 단계별 명세화 방법과 다층성장모형의 모수 해석, 다층성장모형에 의한 분석결과의 해석, 모형의 평가 등을 상세하게 검토하기 위한 것이다. 다층성장모형에 대한 실제적 이해를 돕기 위하여 여기서는 패널자료를 구체적으로 분석하는 과정을 제시한다. 또한 다층성장모형의 체계적 이해를 돕기 위하여 기초모형이 선형모형인 경우와 2차항의 비선형모형인 경우를 검토한다. 기초모형이 선형인 경우와 비선형인 경우를 학습하면, 연구자마다 다양한 관점에서 다층성장모형의 명세화 작업을 수행할 수 있을 것으로 기대하기 때문이다.

3. 선형다층성장모형과 응용방법

선형다층성장모형(linear multilevel growth model)은 연구자가 관심을 갖는 종속변수가 시간의 흐름에 따라 선형적으로 변화한다고 가정할 때 활용할 수 있는 모형이다. 직선적인 변화를 추정하는 모형이므로 외형적으로 단순하다. 그러나 모형에 대한 정확한 이해가 수반되지 않으면 분석결과를 해석하는 데 어려움이 뒤따른다. 다층선형성장모형을 효과적으로 설명하기 위하여 우리나라의 대표적인 패널자료를 활용하여 분석과정을 예시한다.

1) 예시자료와 연구질문

이 장에서는 한국청소년정책연구원에서 수집하여 연구자들에게 제공하는 「한국청소년패널자료」(National Youth Panel Study, 이하 NYPS; 청소년정책연구원, 2003)를 예시자료로 사용한다. NYPS는 제주도를 제외한 전국의 중학교 2학년 학생들을 대상으로 다단계층화집락표집방법(stratified multi-stage cluster sampling)을 적용하여, 104개 중학교에 재학하는 3,697명의 청소년과 학부모 표본을 2003년부터 2008년까지 추적하여 조사한 자료이다.

선형다층성장모형에 의한 분석을 예시하기 위하여 NYPS의 자료 중에서 2003년(중학교 2학년)부터 2007년(고등학교 3학년)까지 5년 동안의 패널자료를 구축하였다. 중학교 2학년부터 고등학교 3학년에 이르기까지 조사에 응한 학생과 학부모 수는 매년 다르다. 자료를 정비한 이후에 최종분석에 포함된 유효자료의 각 연도 사례 수는 다음과 같았다.

〈표 5-1〉 다층선형분석 NYPS 예시자료의 연도별 사례 수

	빈도	퍼센트	유효 퍼센트	누적 퍼센트
중 2	2861	24.0	24.0	24.0
중 3	2485	20.8	20.8	44.8
고 1	2386	20.0	20.0	64.8
고 2	2274	19.0	19.0	83.8
고 3	1933	16.2	16.2	100.0
합계	11939	100.0	100.0	

위 자료에서 패널자료의 특수성으로 인하여 학년이 높아질수록 사례 수가 감소하는 것을 볼 수 있다. 다층모형은 불균형자료의 분석을 허용하므로 위와 같이 결측사례로 인한 불균형 자료의 분석에 강인(robust)하다. 다만 결측사례가 무선적으로 발생하였다(missing at random)는 가정을 갖는다. 〈표 5-1〉의 연도별 사례 수에서 적어도 한 해는 조사에 응한 학생 수가 3,292명이었다. 즉, 패널의 출발시점인 중학교 2학년 때는 표본에 없었으나, 결측사례를 보완하기 위하여 대체표본으로 패널에 포함된 사례 수가 있기 때문이다. 학생 수는 $n = 3292$ 명이므로 전체 관찰 빈도 수는 $N = \sum_{i=1}^{n} T_i = 11939$ 이며, 학생들의 평균 반복관찰횟수는 $N/n = 3.63$ 회이다.

다음의 〈표 5-2〉는 예시분석에 포함될 종속변수와 설명변수들이다.

〈표 5-2〉 선형다층성장모형의 분석을 위한 NYPS 예시자료의 기술통계량

	변수(설명)	평균	표준편차	최솟값	최댓값	사례 수
1-수준(시간)	로그수학자습시간	1.00	0.78	0.00	3.71	11939
2-수준(학생)	교육기대	3.95	0.64	0.00	5.00	3292
	학교수업열의	3.18	0.87	0.00	5.00	3292
	아버지 학력	4.75	1.30	1.00	5.00	3292
	학습동기	16.28	3.58	0.00	25.00	3292
	로그가구월소득	5.61	0.48	2.34	7.60	3292

〈표 5-2〉에서 종속변수는 '로그함수로 변환된 수학자습시간'이다. 교육학에서 학생의 학업성취도에 일관되게 큰 영향을 미치는 변수는 '자기주도 학습량'이며, 흔히 과제집중시간(time on task) 변수로도 이해된다(Brophy & Good, 1986). '수학자습시간'은 원자료를 로그변환한 변수이다. 설명변수로는 5개의 변수가 선정되었다. '교육기대'는 '학생이 기대하는 교육수준'이며, '학교수업열의'는 '학생이 학교에서 수학교과 수업에 어느 정도 열성인가'에 리커트 척도로 응답한 값이다. '아버지의 학력'은 중졸 이하에서 대학원박사 졸업까지 5단계로 이루어져 있다. '학습동기'는 자기결정 동기이론(Deci & Ryan, 2002; 김아영, 2010)에서 '확인적 학습동기'로 이해되는 변수로서 학생이 공부하는 이유가 궁극적으로 자신에게 도움이 된다고 판단하기 때문이라는 성격의 동기이다. 가구월소득은 만원 단위의 소득을 로그 변환한 값이다.

이상의 변수들을 활용하여 다음의 연구질문에 응답하려고 한다.

1. 우리나라 학생들이 스스로 수학을 공부하는 시간은 중학교 2학년에서 고등학교 3학년에 도달하는 동안 평균적으로 어떠한 성장선을 갖는가? 선형적으로 단조 증감하는가?
2. 학생들의 수학자습시간이 변화하는 궤적은 개인에 따라 어떻게 다른가?
3. 학생들의 수학자습시간이 학년에 따라 증감하는 정도는 어느 정도 개인차가 있는가?
4. 수학자습시간의 성장선이 개인에 따라 다른 이유는 무엇인가? 수학자습시간의 성장선에서 개인차가 존재하는 이유는 〈표 5-2〉의 설명변수들의 영향인가?

2) 기초모형: 선형 성장선의 정의

이미 언급한 바와 같이 패널자료 분석에서 다층성장모형을 사용하는 경우, 1단계 분석은 성장선을 확인하는 기초모형을 수립하는 것이다. 2-수준 다층성장모형에서 1-수준 모형은 '관찰시점' 수준이며, 2-수준 모형은 '학생' 수준이다. 여기서 편의상 관찰시점을 반영하는 변수는 $A_{ti} = \{-1, 0, 1, 2, 3\}$으로 코딩하였다. 즉, $A_{ti} = 0$인 시점은 중학교 3학년 시기이다. 다음의 1-수준 모형은 로그변환된 종속변수인 '로그수학자습시간'이 중학교 2학년에서 고등학교 3학년에 이르기까지 선형적으로 증가한다고 가정한 것이다. 이 모형은 또한 앞 절에서 설명한 바와 같이 성장선을 정의하는 다양한 모형을 시도한 이후에 최종적으로 선정된 기초모형이 선형모형임을 확인한 결과이다.

$$1\text{-수준 모형(시간수준)}: \mathrm{Ln}(Y_{ti}) = \pi_{0i} + \pi_{1i}A_{ti} + e_{ti},\ e_{ti} \sim N(0, \sigma^2) \quad (5\text{-}6)$$

$$\begin{aligned} 2\text{-수준 모형(학생수준)}: \pi_{0i} &= \beta_{00} + r_{0i} \\ \pi_{1i} &= \beta_{10} + r_{1i} \\ \begin{bmatrix} r_{0i} \\ r_{1i} \end{bmatrix} &\sim N\left(\begin{bmatrix} 0 \\ 0 \end{bmatrix}, \begin{bmatrix} \tau_{00}, \tau_{01} \\ \tau_{10}, \tau_{11} \end{bmatrix}\right) \end{aligned} \quad (5\text{-}7)$$

식(5-6)의 1-수준 모형은 앞에서 설명한 바와 같이 각 개인별 성장선을 정의하는 것이다. 여기서 $t=1, 2, \cdots T_i(T_i \leq 5)$이며, 개인별($i$)로 반복관찰횟수는 다르다. $i=1, 2, \cdots$ 3292명이다. 식(5-6)에서 $\mathrm{Ln}(Y_{ti})$는 i번째 학생의 t시점에서의 '로그 변환 수학자습시간'이며, 설명변수 A_{ti}는 시간변수로서 $A_{ti} = (T_i - 2) = \{-1, 0, 1, 2, 3\}$로 입력되어 있다. 따라서 π_{0i}는 $A_{ti} = 0$일 때, 즉 중학교 3학년 때, i번째 학생의 로그수학자습시간[$\mathrm{Ln}(Y_{ti})$]이다. 기울기 계수 π_{1i}는 전체 관찰기간 동안 i번째 학생이 자습한 시간[$\mathrm{Ln}(Y_{ti})$]의 학년 증가에 따른 평균변화율이다. π_{0i}와 π_{1i}의 값을 알면 각 학생 i가 학년이 증가함에 따라 어떻게 수학자습시간이 변화하는지 기술할 수 있다. 1-수준 모형의 무선효과는 $Var(\log(Y_{ti}) \mid \pi_{0i}, \pi_{1i}) = Var(e_{ti}) = \sigma^2$으로서 개인 내 관찰값의 분산이며, 이는 각 개인의 선형성장선으로부터 각 시점별 관찰값의 편차인 e_{ti}의 분산이다. 다음 그림을 참조하면 e_{ti}의 의미가 명확해진다.

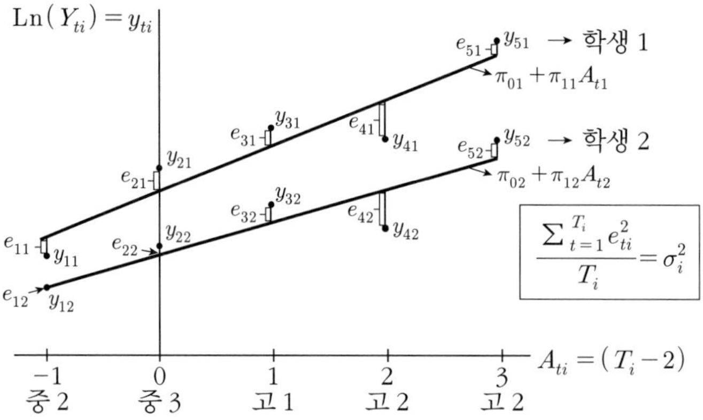

그림 5-7 $Ln(Y_{ti}) = y_{ti} = \pi_{0i} + \pi_{1i}A_{ti}$의 성장선과 개인 내 관찰시점별 오차($e_{ti}$)

위 그림에서 개인별 오차분산은 $\sigma_i^2 = (\sum_t e_{ti}^2)/T_i$ 이며, 식(5−1)의 1−수준 모형은 σ_i^2 이 모든 개인에게 같다고 가정한 모형이다. 오차항 분산의 추정 값, $\hat{\sigma}^2$ 은 개인별 성장선(1−수준 모형)에 의한 추정 값의 정밀도를 반영한다.

2−수준 모형은 π_{0i}와 π_{1i}의 분포정보를 제시한다. 즉,

$$E(\pi_{0i}) = \beta_{00},\ Var(\pi_{0i} \mid \beta_{00}) = Var(r_{0i}) = \tau_{00}$$
$$E(\pi_{1i}) = \beta_{10},\ Var(\pi_{1i} \mid \beta_{10}) = Var(r_{1i}) = \tau_{11}$$

이다. 즉, 중학교 3학년 때의 로그수학자습시간(π_{0i})은 평균이 β_{00} 이며, 개인차 분산은 τ_{00} 이다. 또한 학생들의 로그수학자습시간이 선형적으로 증감하는 기울기(π_{1i})는 평균이 β_{10} 이며, 개인차 분산은 τ_{11} 이다. 2−수준 모형은 다변량모형(multivariate model)으로서 두 변수 π_{0i}와 π_{1i}는 공분산을 갖는다. $Cov(\pi_{0i}, \pi_{1i} \mid \beta_{00}, \beta_{10}) = Cov(r_{0i}, r_{1i}) = \tau_{10}$ 또는 τ_{01} 이다. 이는 중학교 3학년 때 수학자습을 많이 한 학생들이 이후에 더 많이 자습을 하는지 아니면 자습시간이 감소하는지를 알려 준다. 만일 $\tau_{10} > 0$ 이라면, 중학교 3학년 때 스스로 공부를 많이 한 학생일수록 학년이 증가함에 따라 자습량이 더 큰 폭으로 증가하는 경향을 나타내며, $\tau_{10} < 0$ 이라면 그 반대경향을 반영한다.

기초모형을 통합모형으로 제시하면, 식(5−7)을 식(5−6)에 대입하여, 다음 식을 얻을 수 있다.

$$\mathrm{Ln}(Y_{ti}) = \beta_{00} + \beta_{10}A_{ti} + r_{0i} + r_{1i}A_{ti} + e_{ti} \tag{5-8}$$

식(5−8)에서 무선효과인 r_{0i}, r_{1i}, e_{ti}의 분포는 앞에서 정의한 바와 같다. 식(5−8)에서 고정효과 부분인 $\mathrm{Ln}(Y_{ti}) = \beta_{00} + \beta_{10}A_{ti}$는 전체 집단의 평균 성장선을 나타낸다. 또한 무선효과 부분인 $r_{0i} + r_{1i}A_{ti} + e_{ti}$는 평균성장선인 $\mathrm{Ln}(Y_{ti}) = \beta_{00} + \beta_{10}A_{ti}$를 중심으로 중학교 3학년 때의 자습시간($r_{0i}$)과 학년에 따른 자습시간의 변화량($r_{1i}$)이 개인별로 어느 정도 편차가 있는지 알려 준다.

(1) 개인별 성장선과 1−수준 무선효과 회귀계수

만일 개인별로 성장선을 제공할 필요가 있는 경우에 연구자는 식(5−6)에 제시된 1−수준 모형을 추정하여 제시할 수 있다.

개인별 성장선: $\mathrm{Ln}(Y_{ti}) = \pi_{0i} + \pi_{1i}A_{ti}$

여기서 개인별 성장선을 결정하는 것은 변화모수인 π_{0i}와 π_{1i}의 값이다. 따라서 π_{0i}와 π_{1i}를 양호하게 추정하는 것은 중요한 과제이다. 확률을 상대도수로 이해하는 전통적인 통계학적 관점에서 [π_{0i}, π_{1i}]는 무선변수(random variable)이므로 이들 변수의 개별 값은 표본에 따라 달라지고 고정된 것이 아니다. 따라서 무선변수는 분포가 중요하지 개별 값은 추정 대상이 아니다. 그러나 베이시안 관점에서는 모든 모수가 무선효과를 가지며 초월모수(hyper parameter)의 함수로서 분포를 갖는다(Lindley & Smith, 1972). 따라서 [π_{0i}, π_{1i}]도 일종의 모수이기 때문에 변화모수의 개별값을 추정하는 것은 의미 있다. 베이시안의 추정법을 현실적으로 편리하게 한 방법이 경험적 베이시안 추정법(empirical Bayes estimation methods)이며, EM 계산법은 경험적 베이시안 방법에 따라 $[\pi_{0i},\ \pi_{1i}]$의 사후추정치(posterior estimates)를 제공한다(Dempster, Laird, & Rubin, 1977; Dempster, Rubin, & Tsutakawa, 1981). 따라서 개인별 성장선을 구하기 위한 최선의 방법은 EB 추정량(Lindley & Smith, 1972; Morris, 1983)을 사용한 추정 값을 사용하는 것이다(Raudenbush & Bryk, 2002).

$$\begin{aligned} \pi_{0i}^{*} &= \lambda_{0i}\hat{\pi}_{0i} + (1-\lambda_{0i})\hat{\beta}_{00} \\ \pi_{1i}^{*} &= \lambda_{1i}\hat{\pi}_{1i} + (1-\lambda_{1i})\hat{\beta}_{10} \end{aligned} \tag{5-9}$$

π_{0i}^{*}와 π_{1i}^{*}의 값은 OLS 추정 값인 $\hat{\pi}_{0i}$나 $\hat{\pi}_{1i}$보다는 훨씬 안정적이다. 신뢰도지수가 낮은 경우에는 극단치의 영향을 통제하는 효과가 뛰어나다. π_{pi}^{*}의 값은 i번째 사람의 참값(즉, 모수) π_{pi}가 전체평균인 $\mu_{\pi_p}^{*}$보다 큰 경우는 부적으로 편파된 값을 제공하며, 반대로 π_{pi}가 $\mu_{\pi_p}^{*}$ 보다 작은 경우는 정적으로 편파되는 특성을 갖는다. 식(5-9)는 π_{pi}^{*}를 $\mu_{\pi_p}^{*}$의 위치로 끌어당기는 효과가 있기 때문이다. 이와 같은 성질의 추정량을 축소된 추정량(shrunken estimator) 혹은 스타인 추정량(James & Stein, 1961)이라고 한다. 그러나 π_{pi}^{*}는 π_{pi}를 추정하는 최선의 추정량이며, 평균자승오차(mean squared error)가 작아서 효율성이 가장 높다(Lindley & Smith, 1972). 식(5-9)는 4장에서 서술한 식(4-12)와 동일한 식이며, 다층모형에서 1-수준 무선효과 모수 추정량의 통계적 성질을 나타내는 데 유용한 식으로 활용된다.

(2) 기초모형의 가설

기초모형은 성장선을 확인하는 모형이므로, 여기서는 고정효과 및 무선효과 모수의 추정 값의 크기가 중요하다. 그럼에도 기초모형이 선형모형임을 확인하기 위해서는 통계적 가설검정이 필요하다. 고정효과 모수에 대한 가설은 다음과 같다.

$$H_0 : \beta_{00} = 0,\ \ H_A : \beta_{00} \neq 0$$
$$H_0 : \beta_{10} = 0,\ \ H_A : \beta_{10} \neq 0$$

위에서 β_{00}에 대한 가설검정은 많은 경우에 의미가 없다. 즉, 자습시간이 0인가 아닌가를 묻는 질문이기 때문이다. 그러나 평균 기울기 β_{10}는 종속변수인 자습시간이 선형적으로 증감하는지를 검정하는 것이므로 기초모형의 확인절차에서 필요한 정보이다. 무선효과에 대한 가설은 다음과 같다.

$$H_0 : \tau_{00} = 0,\ \ H_A : \tau_{00} > 0 \tag{5-10}$$

$$H_0 : \tau_{11} = 0,\ \ H_A : \tau_{11} > 0 \tag{5-11}$$

식(5−10)은 중학교 3학년의 수학자습시간(π_{0i})에 개인차가 있는지 검정하는 것이며, 식(5−11)은 수학자습시간의 증감(π_{1i})에 개인차가 있는지 검정한다. 2−수준 무선효과 모수의 추정 값과 가설 검정결과는 성장선의 개인차가 어느 정도인지를 알려 주므로, 연구자가 분석하는 자료에 대한 중요한 진단정보를 제공한다. 지금까지 서술한 기초모형을 정확히 이해하면 분석결과를 정확하게 해석할 수 있다.

(3) 분석결과와 해석

다음은 식(5−6), 식(5−7)에 제시된 기초모형으로 로그수학자습시간의 변화곡선을 추정한 결과이다.

〈표 5−3〉 선형다층성장모형의 기초모형에 의한 분석결과

고정효과	회귀계수	표준오차	t	자유도	p
절편(β_{00})	0.944437	0.008930	105.764	3291	0.000
기울기(β_{10})	0.063020	0.005315	11.857	3291	0.000
무선효과	**표준편차**	**분산성분**	χ^2	**자유도**	p
절편(r_{0i})	0.36457	0.13291	6397.6830	3074	0.000
기울기(r_{1i})	0.18907	0.03575	5354.35412	3074	0.000
1−수준 오차(e_{ti})	0.57132	0.32641			

1-수준 무선회귀계수	신뢰도 추정치
절편(π_{0i})	0.500
기울기(π_{1i})	0.394
모형 적합도(공분산성분 모형의 통계량)	
편차량=25489.800107	
추정된 모수의 수=4	

① 고정효과 모수 추정치와 평균성장선: 〈표 5-3〉에서 고정효과 모수의 추정 값은 $\hat{\beta}_{00} = 0.9444$, $\hat{\beta}_{10} = 0.0630$이며, 가설검정결과 모두 통계적으로 유의하였다. 2-수준 모형에서 고정효과 모수는 절편이 유일하므로 자유도는 모두 3291이다. $\hat{\beta}_{00}$와 $\hat{\beta}_{10}$의 절편값은 모두 점추정치로서 π_{0i}와 π_{1i} 분포의 중심위치를 알려 주는 것이다. 〈표 5-3〉의 표준오차 정보를 이용하여 모수 값인 β_{00}와 β_{10}의 95% 신뢰구간 정보를 구할 수 있다.

$$\beta_{00}\text{의 95\% 신뢰구간} = 0.9444 \pm 1.96(0.00893) = [0.9269,\ 0.9619]$$
$$\beta_{10}\text{의 95\% 신뢰구간} = 0.0630 \pm 1.96(0.005315) = [0.05258,\ 0.07341]$$

이제 회귀계수의 추정 값을 대입하면 평균성장선의 추정모형을 구할 수 있다. 위 결과에서, 우리나라 학생들의 중학교 2학년부터 고등학교 3학년까지 수학자습시간의 평균성장선은 다음과 같다.

$$\text{Ln}(\hat{Y}_{ti}) = \hat{\beta}_{00} + \hat{\beta}_{10}A_{ti} = 0.9444 + 0.0630A_{ti}$$

여기서 종속변수 $\text{Ln}(Y_{ti})$는 수학자습시간을 로그변환한 값이므로, $\hat{\beta}_{00} = 0.9444$을 사용하여 우리나라 중학교 3학년의 주당 평균 수학자습시간을 산출하면 $E(\hat{Y}_{ti} \mid A_{ti} = 0) = e^{\hat{\beta}_{00}} = 2.571$ 시간이다. 또한 학년이 증가함에 따라 전년도 대비 평균 $e^{\hat{\beta}_{10}} = e^{0.063}$

= 1.065 배수만큼 자습시간이 늘어난다. 다음 〈표 5-4〉는 위 식에서 $A_{ti} = \{-1, 0, 1, 2, 3\}$을 대입하여 각 학년에서의 평균 수학자습시간을 추정한 결과이다.

〈표 5-4〉 중고등학생들의 학년별 주당 수학자습시간 평균 추정 값

	중 2	중 3	고 1	고 2	고 3
A_{ti}	−1	0	1	2	3
$\hat{\beta}_{00} + \hat{\beta}_{10} A_{ti}$	0.8814	0.9444	1.0074	1.0704	1.1334
평균 수학자습시간($\overline{Y}_{t.}$)	2.414	2.571	2.738	2.917	3.106

위 표에서 우리나라 중학생들이 스스로 수학을 공부하는 시간은 2시간 남짓이며, 점차 매우 완만하게 증가하는 경향이 있음을 알 수 있다.

② 무선효과 모수 추정치: 〈표 5-3〉에서 무선효과는 1-수준과 2-수준에 존재하는데, 개인별 성장선과 관찰값의 오차를 반영하는 1-수준 분산은 $\hat{\sigma}^2 = 0.32641$로 나타났다. 이를 달리 표현하면, 각 관찰시점에서 개인의 수학자습시간을 추정하는 데 범하는 평균오차(표준편차)는 $e^{\hat{\sigma}} = e^{0.571} = 1.77$시간이라고 할 수 있다. 따라서 각 개인별로 관찰시점별 수학자습시간을 추정하는 1-수준 모형인 $\mathrm{Ln}(Y_{ti}) = \pi_{0i} + \pi_{1i} A_{ti}$의 추정 정밀도가 어느 정도 오차를 범하고 있음을 알 수 있다. 1-수준 모형의 추정 정밀도는 뒤에 설명하는 π_{0i}, π_{1i}의 신뢰도 정보와도 관계된다.

〈표 5-3〉에서 2-수준 무선효과 모수에 대한 가설인 $H_0 : \tau_{00} = 0$, $H_0 : \tau_{11} = 0$은 χ^2 검정결과 모두 기각되었다. 즉, 성장선에 개인차가 존재한다는 통계적 증거는 충분하며, 왜 성장선이 개인에 따라 다른지 연구모형을 통한 추가 분석이 필요함을 알려준다.

2-수준 무선효과 모수의 추정 값은 개인별 성장선의 개인차 정보를 제공하는 통계량이다. 또는 평균성장선으로부터 각 개인별 성장선의 편차정보를 알려 준다. 〈표 5-3〉에서 분산 추정 값은 각각 $\hat{\tau}_{00} = 0.13291$, $\hat{\tau}_{11} = 0.03575$였다. τ_{00}는 중학교 3학년

시기(즉, $A_{ti}=0$인 시기) 수학자습시간의 개인차($Var(\pi_{0i})=\tau_{00}$) 정보이다. 만일 π_{0i}가 모형이 가정한 대로 정규분포를 갖는다면, 중학교 3학년 학생들의 95%는 다음의 범주에서 수학자습시간을 갖는 것으로 추정할 수 있다.

π_{0i}의 95% 범위: $\hat{\beta}_{00} \pm 1.96\sqrt{\hat{\tau}_{00}}$ (5-12)

중학교 3학년 수학자습시간(Y_{ti})의 95% 범위: $e^{\hat{\beta}_{00} \pm 1.96\sqrt{\hat{\tau}_{00}}}$ (5-13)

위 식(5-13)에 의하여 우리나라 중학교 3학년 학생들의 95%가 수학을 자습하는 시간은 주당 평균 1.258시간에서 5.254시간의 범위를 갖는다고 할 수 있다.

τ_{11}은 1-수준 기울기 계수의 개인차 분산이다. 즉, $Var(\pi_{1i})=\tau_{11}$이다. 이 정보를 이용하여 학년이 높아짐에 따라 학생들의 수학자습시간이 어느 정도 가파르게 증가하는지를 알 수 있다. 앞에서와 마찬가지로 모형이 가정하는대로 π_{1i}가 정규분포를 갖는다면 95% 학생들의 수학자습시간이 어느 정도 변화하는지 서술할 수 있다.

π_{1i}의 95% 범위:

$\hat{\beta}_{10} \pm 1.96\sqrt{\hat{\tau}_{11}} = 0.0630 \pm 1.96(0.18907) = [-0.30758, 0.4335]$

수학자습시간(Y_{ti}) 증가율의 95% 범위: $e^{\hat{\beta}_{10} \pm 1.96\sqrt{\hat{\tau}_{11}}} = [0.7352, 1.5426]$

위 산출 결과에 기초하면 우리나라 중학교 학생들은 1학년이 증가함에 따라 수학을 평균 0.7352시간(44분)에서 1.5426시간(92분) 더 자습한다. 이제 이 정도 규모의 중학교 3학년 때 자습시간과 학년이 높아짐에 따른 자습량의 변화가 어느 정도 의미 있는 규모인지는 이 분야 전문가들의 의견과 선행연구결과에 따라 더 풍부하게 해석될 수 있다.

〈표 5-3〉에서 2-수준 무선효과 모수 간의 공분산은 보고되지 않았다. 다층분석결과물에서 확인하면 공분산은 $\widehat{Cov}(\pi_{0i},\pi_{1i})=\hat{\tau}_{10}=\hat{\tau}_{01}=0.0317$이었다. 이를 상관계

수로 전환하면 $\widehat{Corr}(\pi_{0i}, \pi_{1i}) = .460$ 이다. 즉, 중학교 3학년때 수학자습을 많이 하는 학생일수록 이후 학년이 높아짐에 따라 스스로 수학공부하는 시간이 더 큰 폭으로 증가하는 것을 알 수 있다.

(4) 기초모형의 부가정보

① **신뢰도:** 다층성장모형은 각 개인(즉, 2-수준 및 3-수준 분석단위: 개체, 참여자, 기관)의 성장선을 추정하고, 이 성장선의 개인차를 탐구하는 모형이다. 연구자들은 표본에 포함된 개인의 성장선들을 정밀하게 반영하는 모형의 명세화에 유의해야 한다. 아무런 가치가 없는 엉터리 기초모형을 투입하여 패널자료를 분석하여도 성장선은 산출된다. 어떤 개체의 성장선이 기초모형의 함수에 따른다는 것이 분명하면 기초모형의 추정 정밀도가 높을 것이며, 기초모형에서 제시한 함수와 개체의 성장선이 별 상관이 없으면 추정 정밀도가 낮을 것이다.

이와 같은 진단정보를 제시하는 것이 각 개인별 성장선 함수를 결정하는 절편계수와 성장률의 OLS 추정 값($\hat{\pi}_{0i}$, $\hat{\pi}_{1i}$)의 신뢰도이다. 〈표 5-3〉 하단에는 기초모형 변화모수의 추정 값의 신뢰도 정보가 제공되어 있다. 이 신뢰도는 4장에서 서술한 신뢰도 산출식과 동일한 고전검사이론(진점수 이론: True Score theory)에 기초한 방법으로 산출된 것이다. 즉, 신뢰도 이론의 모형에 따라 1-수준 절편계수의 신뢰도는 다음과 같이 정의된다.

$$\text{진점수 모형: } \hat{\pi}_{0i}(\text{추정점수}) = \pi_{0i}(\text{진점수}) + \epsilon_{\pi_{0i}}(\text{측정오차점수})$$

신뢰도 정의는 추정점수 분산에서 진점수 분산이 차지하는 비율이므로,

$$\lambda_{0i} = \frac{Var(\pi_{0i})}{Var(\hat{\pi}_{0i})} \tag{5-14}$$

이다. 여기서

$$Var(\hat{\pi}_{0i}) = Var(\pi_{0i}) + Var(\epsilon_{\pi_{0i}}) = Var(\pi_{0i}) + Var(\hat{\pi}_{0i} \mid \pi_{0i}) = \tau_{00} + \sigma^2 / T_i^* \quad (5\text{-}15)$$

이다. T_i^*는 i번째 학생이 반복관찰된 횟수이다. 식(5−14)에 의하여 정의된 신뢰도에서 모형의 절편계수 신뢰도를 제공한다.

$$\lambda_0 = \frac{\sum_{i=1}^{n} \lambda_{0i}}{n} \quad (5\text{-}16)$$

〈표 5−3〉 하단에는 $\hat{\pi}_{0i}$의 신뢰도가 $\lambda_0 = 0.50$으로 제시되어 있다. 절편계수의 신뢰도는 높은 편은 아니나 어느 정도 양호하다. 동일한 방법으로 1−수준 모형에서 기울기 계수($\hat{\pi}_{1i}$)의 신뢰도를 제공하고 있다. 식(5−15)에 대응하는 기울기 계수 추정 값의 분산은 다음 식으로 추정한다.

$$\begin{aligned} Var(\hat{\pi}_{1i}) &= Var(\pi_{1i}) + Var(\epsilon_{\pi_{1i}}) = Var(\pi_{1i}) + Var(\hat{\pi}_{1i} \mid \pi_{1i}) \\ &= \tau_{11} + \sigma^2 / \sum (A_{ti} - \overline{A}_{.i})^2 \end{aligned} \quad (5\text{-}17)$$

〈표 5−3〉 하단에 보고된 기울기 계수의 신뢰도는 $\lambda_1 = 0.39$이다. 이 신뢰도가 높은 편은 아니나, 실제로 개인의 성장선을 함수관계로 표현하는 모형으로서는 수용할 수 있는 수준이다. 그러나 1−수준 모형으로 개인별 수학자습시간의 성장선을 추정하고 해석하는 경우에는 신뢰도 $\lambda_0 = 0.50$과 $\lambda_1 = 0.39$의 수준을 고려하여 유보적으로 해석할 필요가 있다. 학생들의 수학자습시간을 안전하게 해석하는 방법은 평균성장선인 $\text{Ln}(Y_t) = \hat{\beta}_{00} + \hat{\beta}_{10} A_t = 0.944 + 0.063 A_t$와 앞에서 제시한 식(5−12)와 (5−13)의 방법으로 대부분의 학생이 어느 범주에서 성장선을 갖는지 기술하는 것이 안전하다.

② **편차량**: 기초모형은 성장선을 정의하는 모형이므로, 어느 모형이 최적의 성장선을 반영하는지 판단하는 데 준거가 되는 통계량으로 편차량(deviance)을 고려할 수 있다. 4장에서 설명한 바와 같이 편차량은 잔차분산과 유사한 개념으로서 최대우도추정법을 사용하는 모형의 평가에 적합한 준거이다. 〈표 5-3〉의 맨 하단에서는 편차량이 25489.800107이며, 우도함수가 포함하는 모수의 수는 4임을 밝히고 있다. 즉, 모수의 수는 1-수준의 σ^2, 2-수준의 τ_{00}, τ_{11} 그리고 τ_{01}의 4개다. 이 편차량은 $\chi^2(df = N-4)$의 분포를 따르며 포화모형과 비교하여 얻은 것이므로 언제나 기초모형은 통계적으로 포화모형과 유의하게 차이가 난다.

편차량은 연구자가 기초모형을 결정할 때 다양한 모형의 편차량을 비교하여 가장 편차량이 적은 것으로, 기초모형을 정의하는 데 도움이 된다. 또한 이후의 연구모형이 기초모형보다 더 설명력이 높은지를 평가하는 데도 도움이 된다.

3) 연구모형: 선형 성장선의 변산 설명

식(5-6)과 식(5-7)로 정의된 기초모형은 개인별 성장선을 함수로 표현한 것이다. 이제 이 성장선들이 개인 간에 어떠한 차이가 있는지를 밝히는 작업이 필요하다. 성장선의 개인차를 밝히는 방법은 성장선을 결정하는 변화모수의 변산을 개인차로 설명하는 것이다. 식(5-6)은 각 개인별 성장선을 정의한 것이다. 이 성장선을 결정하는 변화모수는 π_{0i}와 π_{1i}이며, 연구모형은 π_{0i}와 π_{1i}의 변산, 즉 개인차를 설명하는 것이다. 따라서 연구모형의 명세화 단계에서는 식(5-6)의 모형은 확정된 것으로 사용하고, 2-수준 모형에서 π_{0i}와 π_{1i}의 변산을 설명하는 모형을 개발하는 것이다.

여기서는 〈표 5-2〉에 제시된 변수들이 종속변수와 유의한 상관관계를 가지며, 동시에 논리적인 설명도 가능한 변수들이므로, 이들을 활용하여 연구모형을 제시한다. 연구모형을 명세화할 때 연구자가 유념할 사항은 2-수준 모형을 명세화하므로 2-수준 종속변수인 π_{0i}와 π_{1i}의 의미를 잘 이해하고 모형의 명세화를 시도하는 것이 중요하다는 것이다.

여기서는 〈표 5−2〉에 제시된 변수들을 π_{0i}의 개인차를 설명하는 변수로 사용하였다. 절편계수는 $\pi_{0i} = f$(학생교육기대, 수업열의, 아버지 학력, 학습동기, 월소득)의 함수관계를 설정한다. 즉, 중학교 3학년에서 수학자습을 많이 하는 학생은 교육기대가 높고, 학교수업에 열성이며, 아버지 학력과 가구소득이 높으면서 동시에 학습동기가 높은 학생이다. 다음에 기초모형에서 π_{1i}의 개인차 변산을 설명하는 변수들을 탐색한 바 $\pi_{1i} = f$(학생교육기대, 수업열의, 학습동기)의 함수관계가 유의할 것으로 기대하였다. 즉, 학년이 높아짐에 따라 학생들의 자습시간의 증감에 차별성을 나타내는 것은 아버지 학력이나 가구소득 등의 가정배경이기보다는 본인의 교육기대와 수업열의, 그리고 학습동기라고 가정하는 것이다.

이와 같은 배경논리에 기반을 두고 연구모형을 제시하면 다음과 같다.

$$\text{1−수준 모형: } \mathrm{Ln}(Y_{ti}) = \pi_{0i} + \pi_{1i}A_{ti} + e_{ti},\ \ e_{ti} \sim N(0, \sigma^2)$$

$$\begin{aligned}\text{2−수준 모형: } \pi_{0i} &= \beta_{00} + \beta_{01}(\text{교육기대}) + \beta_{02}(\text{수업열의}) + \beta_{03}(\text{아버지 학력}) \\ &\quad + \beta_{04}(\text{학습동기}) + \beta_{05}(\text{로그가구월소득}) + r_{0i} \qquad (5\text{-}18) \\ \pi_{1i} &= \beta_{10} + \beta_{11}(\text{교육기대}) + \beta_{12}(\text{수업열의}) + \beta_{13}(\text{학습동기}) + r_{1i}\end{aligned}$$

여기서

$$\begin{bmatrix} r_{0i} \\ r_{1i} \end{bmatrix} \sim N\left(\begin{bmatrix} 0 \\ 0 \end{bmatrix}, \begin{bmatrix} \tau_{00}, \tau_{01} \\ \tau_{10}, \tau_{11} \end{bmatrix} \right) \qquad (5\text{-}19)$$

이다.

위 연구모형에서 1−수준 모형은 기초모형과 동일하며, 2−수준 모형만 명세화가 이루어졌다. 그리고 2−수준 모형은 잔차항에 공분산 $\tau_{01} = \tau_{10}$을 허용하므로 이변량선형모형(bivariate linear model)임을 알 수 있다.

식(5−18)에서 β 회귀계수들은 각 설명변수들과 2−수준 종속변수인 π_{0i}와 π_{1i}와의 선형관계를 반영한다. 위의 1-수준과 2-수준 모형을 통합하여 단일식으로 연구모형을 제시하면 다음과 같다.

$$\begin{aligned}\mathrm{Ln}(Y_{ti}) = \beta_{00} &+ \beta_{01}(\text{교육기대}) + \beta_{02}(\text{수업열의}) + \beta_{03}(\text{아버지 학력}) + \beta_{04}(\text{학습동기}) \\ &+ \beta_{05}(\text{로그가구월소득}) + \beta_{10}A_{ti} + \beta_{11}(\text{교육기대})\times A_{ti} + \beta_{12}(\text{수업열의})\times A_{ti} \\ &+ \beta_{13}(\text{학습동기})\times A_{ti} + r_{0i} + r_{1i}A_{ti} + e_{ti} \qquad (5\text{-}20)\end{aligned}$$

식(5-20)은 다층모형이 매우 복잡한 모형임을 나타낸다. 위 모형에서 β 계수들은 고정효과 모수이며, r_{0i}와 r_{1i}는 개인 간 무선효과, e_{ti}는 개인 내 무선효과이다. 따라서 고정효과와 무선효과가 혼합된 모형이다. 고정효과 모수인 β계수들은 2가지 유형으로 분류된다. 하나는 각 변수의 종속변수에 대한 고유효과로서 β_{01}에서 β_{05}에 이르는 회귀계수이다. 이 계수들은 각 설명변수의 종속변수에 대한 직접효과를 의미하며, 설명변수의 단위변화량에 따른 종속변수의 기대변화량을 의미한다.

그러나 $\beta_{11}, \beta_{12}, \beta_{13}$는 1-수준 시간변수 A_{ti}와 2-수준 변수의 상호작용효과이다. 즉, 층위 간 상호작용효과(cross-level interaction effects)이다. 교육기대, 수업열의, 학습동기 등의 변수는 학생의 수학자습시간에 일정한 고유효과도 갖지만, 시간에 따라 그 효과가 변화하는 분량도 있다. 이와 같은 현상을 정확하게 서술하는 방법은 식(5-20)을 응용하기보다는 식(5-18)에서 π_{0i}와 π_{1i}를 종속변수로 고려하여 해석하는 것이 효과적이다. 또한 그림으로 고유효과와 상호작용효과를 통합하여 제시하는 것도 도움이 된다. 예를 들어, $(\beta_{01}+\beta_{11}A_{ti})$(교육기대)로 표현하면, '교육기대' 변수의 효과가 시간에 따라 어떻게 달라지는지 종합적으로 설명하는 데 도움이 된다.

(1) 연구모형의 가설

연구모형에서의 가설은 각 설명변수의 고정효과와 무선효과의 분산규모에 대한 가설이다. 식(5-18)에서 절편계수 모형에서의 고정효과 모수들은 β_{00}에서 β_{05}까지 6개다. 아울러 기울기 계수 모형에서 고정효과 모수들은 β_{10}에서 β_{13}까지 4개다.

π_{0i}에 대한 설명변수의 효과를 검정하기 위한 가설은 다음과 같다.

$$H_0 : \beta_{0q} = 0,\ H_A : \beta_{0q} \neq 0,\ q = 0,\ 1,\ \cdots,\ 5$$

마찬가지로 다음은 π_{1i}에 대한 변수의 효과를 검정하기 위한 가설이다.

$$H_0 : \beta_{1q} = 0; H_A : \beta_{1q} \neq 0,\ q = 0,\ 1,\ 2,\ 3$$

위 가설들은 모두 자유도가 $df = n - Q_p$인 $t-$검정통계량으로 검정할 수 있다. 여기서 Q_p는 p번째 1−수준 변화모수 모형에 포함된 고정효과 모수(β)의 수이다. 따라서 절편계수(π_{0i}) 모형과 기울기 계수(π_{1i})에서의 t−검정통계량은 다음과 같다.

$$\pi_{0i} \text{ 모형: } \frac{\hat{\beta}_{0q}}{S_{\hat{\beta}_{0q}}} \sim t(3286)$$

$$\pi_{1i} \text{ 모형: } \frac{\hat{\beta}_{1q}}{S_{\hat{\beta}_{1q}}} \sim t(3288)$$

위 두 검정통계량은 자유도가 다른데, π_{0i}에서는 6개의 고정효과 모수가 추정되고, π_{1i}에서는 4개의 모수가 추정되어 자유도에 차이가 났다. β 계수 검정통계량의 자유도는 $df = n - Q_p$이다.

다음에 무선효과 모수에 대한 가설은 기초모형의 경우와 동일하다. 다만 여기서 무선효과는 잔차분산의 의미를 갖는다. 즉,

$$H_0 : \tau_{00} = 0,\ H_A : \tau_{00} > 0$$

$$H_0 : \tau_{11} = 0,\ \ H_A : \tau_{11} > 0$$

이다. 위 가설이 χ^2 검정결과 기각된다면, 여전히 잔차분산의 규모가 통계적으로 유의하다는 정보이다. 그럼에도 잔차분산이 0이 아니라는 증거가 충분하다는 것이지 절대값으로 잔차분산이 크다는 것은 아니다. 따라서 χ^2의 유의도 검정에서 영가설이 기각되면 추가로 설명변수를 모형에 포함하는 시도를 할 수는 있으나, 이론에 근거하고 동시에 편차량의 변화량을 참조하여 설명변수의 추가 여부를 결정하는 것이 합당한 방법이다.

(2) 분석결과

〈표 5-5〉는 식(5-18)의 모형으로 수학자습시간의 성장선을 분석한 결과에서 모형에 포함된 설명변수의 효과를 추정한 결과이다.

〈표 5-5〉 로그수학자습시간의 선형성장선에 대한 설명변수의 효과 분석결과

고정효과	회귀계수	표준오차	t	자유도	p
절편계수(π_{0i})모형					
절편(β_{00})	0.94010	0.007477	125.739	3286	0.000
교육기대(β_{01})	0.08921	0.01470	6.068	3286	0.000
수업열의(β_{02})	0.22293	0.00953	23.374	3286	0.000
아버지 학력(β_{03})	0.04962	0.00652	7.610	3286	0.000
학습동기(β_{04})	0.01696	0.00246	6.890	3286	0.000
로그월소득(β_{05})	0.05437	0.01801	3.018	3286	0.003
기울기 계수(π_{1i}) 모형					
절편(β_{10})	0.06098	0.00490	12.454	3288	0.000
교육기대(β_{11})	0.04017	0.01007	3.989	3288	0.000
수업열의(β_{12})	0.09951	0.00630	15.792	3288	0.000
학습동기(β_{13})	0.00661	0.00166	3.992	3288	0.000

〈표 5-5〉에 보고된 결과는 2가지로 나뉘어 있다. 상단에는 1-수준 모형의 절편계수(π_{0i})의 변산을 설명하는 모형의 분석결과이다. 여기서 절편계수는 변화과정을 반영하는 정보가 아니며, 특정한 한 시점(즉, $A_{ti}=0$인 지점)의 정보를 반영한다. 1-수준 모형의 절편계수인 π_{0i}는 이미 언급한 대로 중학교 3학년 때 학생들의 수학자습시간을 로그변환한 값이다. 따라서 상단의 결과는 중학교 3학년 수학자습시간의 개인차를 설명하는 변수들을 밝힌 것이다. 반면에 하단의 결과는 학년이 높아짐에 따른 수학자습시간의 변화율(π_{1i})에 대한 개인차를 설명하는 세 변수의 효과를 검정한 것이다. 〈표 5-5〉에서 상단의 t-검정통계량 자유도는 3286이며, 하단에서는 자유도가 3288이었다. 즉, 분석에 포함된 학생수가 3,292명인데, 상단에서는 6개의 고정효과 회귀계수가 추정되었고, 하단에서는 4개의 회귀계수가 추정되었기 때문이다.

① **고정효과 모수 추정치**: 〈표 5-5〉에 제시된 고정효과 모수 추정 값인 회귀계수를 해석하는 방법은 다양하며, 이는 일반 회귀분석에 의한 결과해석방법과도 상통한다. 우선 〈표 5-5〉의 결과에서 알 수 있는 것은 학생의 상급학교 진학에 대한 교육기대가 높고, 학교 수업에 열심이며, 가정의 *SES*가 좋고, 학습동기가 높은 특성을 가진 학생이 더 많이 수학공부를 스스로 한다는 것이다.

또 다른 해석방법은 각 변수의 고유효과(net effect)로 회귀계수를 해석하는 것이다. 〈표 5-5〉에서 회귀계수는 각 변수의 편상관 정보(partial correlation)를 활용한 고유효과를 반영한 것이다. 예를 들어, 학생이 어느 학교급까지 진학하여 공부하고 싶은지를 묻는 교육기대의 회귀계수는 $\hat{\beta}_{01}=0.08921$이다. 즉, 다른 설명변수들의 조건이 동일하다면 교육기대가 한 등급 높은 학생은 로그수학자습시간이 평균 0.08921만큼 많다. 이를 시간으로 환산하면 $e^{0.08921}=1.09$시간을 다른 학생들보다 더 많이 스스로 공부한다고 할 수 있다. 다른 모든 변수들의 회귀계수도 이와 같이 고유효과로 해석할 수 있다.

또 다른 해석방법은 변수들의 성격에 따라 조합하여 해석하는 것이다. 예를 들어, 아버지 학력과 로그월소득 변수는 중요한 가정배경 변수이다. 이 두 변수의 조건이 동일한 학생들 중에 교육기대가 한 단계 높고, 학교 수업 열의도 한 단계 높게 응답하고, 학습동기가 1점 더 높은 중학교 3학년 학생은 $e^{0.08921+0.2229+0.016969}=1.3897$시간, 즉 다른 학생들보다 1시간 23분 더 스스로 공부한다.

마지막으로 추천할 수 있는 해석법은 종속변수와 설명변수의 척도에서 의미 있는 단위를 적용하여 회귀계수의 크기를 산출하고, 이에 기초하여 결과를 해석하는 것이다. 이전의 기초모형에서 중학교 3학년 학생들의 로그수학자습시간의 분포를 구한 바 있다. 즉, $\pi_{0i}=\beta_{00}+r_{0i}$이며, 이 분석에서 $\hat{\beta}_{00}=0.9444$이고, $\sqrt{\hat{\tau}_{00}}=0.3645$이었다. 따라서 중학교 3학년 학생들의 수학자습시간으로 환산하면 평균이 $e^{\hat{\beta}_{00}}=2.57$시간이며, 표준편차는 $e^{\sqrt{\hat{\tau}_{00}}}=1.44$시간이다. 또한 〈표 5-2〉에서 설명변수의 기술통계량 정보를 제시한 바 있다. 학습동기 척도의 평균은 16.28이고 표준편차는 3.58이었다. 따라서 학습동기의 1점 차이로 비교하기보다는 학습동기가 실질적으로 높은 학생과 낮은 학생을 비교하는 것이 더 의미가 있다. 다른 변수들의 조건이 동등한 학생들 중에 학습동기가 1표준편차 더 높은 학생은 평균 $e^{0.016969\times 3.58}=1.063$시간 수학자습시간을 더 많이 갖는다고 할 수 있다.

고정효과 계수의 의미를 해석하는 방법은 이처럼 다양하다. 연구자는 앞 방법을 참조하여 의미 있는 해석을 시도하는 것이 바람직하며, 상황에 맞는 독창적인 해석법을 사용할 수도 있다. 그 어떤 경우라도 각 회귀계수의 표준해석법은 단 한 가지이다. 즉, 고유효과로 해석하는 것이다. "다른 모든 변수의 조건이 동일하다면 그 변수의 값이 1단위 증가할 때 종속변수는 그 변수의 회귀계수 값($\hat{\beta}$)만큼 변화한다." 앞서 제시한 다양한 해석은 모두 이 표준해석법을 응용한 것이다.

〈표 5-5〉 하단에는 성장선의 기울기 계수(π_{1i})에 대한 모형의 분석결과가 제시되어 있다. 학년이 높아짐에 따라 자습시간이 증가하는 폭이 학생마다 다른 이유는 무엇인가? 학년이 높아짐에 따라 어떤 특성을 가진 학생들이 더 큰 폭으로 자기주도적인 수학공부를 많이 하는가? 〈표 5-5〉의 결과는 이와 같은 질문에 응답한 것이다. 이 결과는 몇 가지 특징을 갖는다. 우선 학년이 높아짐에 따라 수학공부시간의 증가율에 영향을 미치는 변수들은 모두 가정이나 주변환경이 아닌 학습자 자신의 특성변수들이다. 참고로 가정배경 변수들은 기울기 계수의 변산을 설명하는 데 모두 통계적으로 유의하지

않아 모형에서 탈락하였다.

〈표 5-5〉의 결과를 산출한 모형은 학생수준의 변수들이 모두 전체평균으로 중심화(grand mean centering)한 것이다. 그러므로 절편계수인 $\hat{\beta}_{00}$과 기울기 절편계수인 $\hat{\beta}_{10}$은 모두 기초모형의 경우와 같은 값을 가져야 한다. 〈표 5-3〉과 〈표 5-5〉의 결과를 비교하면 2-수준 절편계수들의 값은 두 표에서 소수점 2자리 위치까지 동일함을 알 수 있다. 소수점 3자리 위치부터는 계산상의 미세한 오차를 나타낼 뿐이다. 따라서 기울기 절편계수인 $\hat{\beta}_{10} = 0.06098$은 로그수학자습시간의 평균증가율이다. 이 해석은 기초모형에서와 같다. 즉, 우리나라 중등학생들은 학년이 한 학년 높아짐에 따라 평균 $e^{\hat{\beta}_{10}} = 1.06$시간만큼 수학자습시간을 더 늘려가는 셈이다.

〈표 5-5〉에서 하단의 회귀계수들은 수학자습시간의 증가율(π_{1i})이 개인에 따라 어떻게 다른지를 밝히는 분석결과이다. 이를 해석하면, 높은 수준의 교육(예: 대학교육)을 기대하고, 학교수업에 열성적이며, 학습동기가 높은 학생은 학년이 높아짐에 따라 더 큰 폭으로 수학자습시간을 늘려간다는 것이다. 이 결과는 학업관심이 높은 학생의 자습시간이 학년이 높아짐에 따라 절대적인 시간에서 자습시간이 늘어날 뿐만 아니라 다른 학생들보다 더 큰 폭으로 자습시간이 증가한다는 것을 의미한다.

교육기대(X_{1i})가 높은 학생은 다른 학생들보다 얼마나 더 수학자습시간이 늘어나는지를 검토해 보자. 통합모형인 식(5-20)을 참고하면 종속변수 $\mathrm{Ln}(Y_{ti})$에 대한 각 변수의 고유효과를 파악할 수 있다. '교육기대 변수의 고유효과에 의하여 증가하는 경향'을 반영하는 일반식을 식(5-20)에서 도출하면 다음과 같다.

$$\begin{aligned}\mathrm{Ln}(\hat{Y}_{ti}) &= \hat{\beta}_{00} + \hat{\beta}_{01}(X_{1i} - \overline{X}_1) + \hat{\beta}_{10}A_{ti} + \hat{\beta}_{11}(X_{1i} - \overline{X}_1) \times A_{ti} + C \\ &= \beta_0^* + \beta_1^* A_{ti} \end{aligned} \tag{5-21}$$

여기서 $\beta_0^* = \hat{\beta}_{00} + \hat{\beta}_{01}(X_{1i} - \overline{X}_1) + C$, $\beta_1^* = \hat{\beta}_{10} + \hat{\beta}_{11}(X_{1i} - \overline{X}_1)$이다. C는 다른 모든 변수의 조건이 동일하다는 조건을 나타내어 다른 변수들의 영향은 상수라는 의미이다. 모든 변수가 전체 평균으로 중심화되었으므로 평균효과는 $C = 0$이다. 식(5-21)

을 이용하면 교육기대 수준의 차이에 따른 수학자습시간의 성장선이 어떻게 달라지는지 서술하는 데 도움이 된다. 그 외는 다른 개별 변수들의 고유효과에 의한 수학자습시간의 성장선을 함수로 표현할 수 있다.

구체적으로 4년제 대학 진학($X_{1i}=4$점; $X_{1i}-\overline{X}_{1.}=4-3.95=0.05$)을 희망하는 중학교 2학년 학생($i=1$)과 고졸 학력($X_{1i}=2$점; $X_{1i}-\overline{X}_{1.}=2-3.95=-1.95$)까지를 기대하는 중학교 2학년 학생($i=2$) 등 두 학생의 수학자습시간이 '교육기대 변수의 고유효과에 의하여 증가하는 경향'을 학년별로 나타내면 다음과 같다. 다른 변수들의 조건이 두 학생에게 모두 동일하다면, 로그수학자습시간에 대한 교육기대변수의 고유효과를 반영하는 식은 다음과 같다.

고졸 학력 기대 학생의 경우:

$$\text{Ln}(\hat{Y}_{ti}) = \hat{\beta}_{00} + \hat{\beta}_{01}(-1.95) + \hat{\beta}_{10}A_{ti} + \hat{\beta}_{11}(-1.95)\times A_{ti} + C$$
$$= 0.94010 + 0.08921(-1.95) + 0.06098A_{ti} + 0.040175(-1.95)A_{ti} + C$$
$$= 0.76614 - 0.01736A_{ti} + C$$

대졸 학력 기대 학생의 경우:

$$\text{Ln}(\hat{Y}_{ti}) = \hat{\beta}_{00} + \hat{\beta}_{01}(0.05) + \hat{\beta}_{10}A_{ti} + \hat{\beta}_{11}(0.05)\times A_{ti} + C$$
$$= 0.94010 + 0.08921(0.05) + 0.06098A_{ti} + 0.040175(0.05)A_{ti} + C$$
$$= 0.94456 + 0.062989A_{ti} + C$$

여기서 두 식은 모두 시간변수 A_{ti}에 따른 선형함수이다. 위의 두 식을 이용하여 교육기대 수준이 다른 두 집단 학생들의 수학자습시간이 학년이 높아짐에 따라 어떻게 변화하는지 파악할 수 있다.

동일한 방법으로 연구자가 이해하고 싶은 의미 있는 집단을 선택하여 그 집단의 성장선을 파악할 수 있다. 또한 여러 설명변수의 조합으로 의미 있는 집단을 구성하여 그 집단의 수학자습시간의 성장선을 서술할 수 있으며, 수학자습시간이 취약한 집단을 찾을 수도 있다.

② 무선효과 모수 추정치: 식(5−20)의 연구모형은 무선효과 항 $r_{0i}+r_{1i}A_{ti}+e_{ti}$,을 포함하고 있다. 따라서 모형을 적용하여 분석한 결과에는 2−수준 무선효과 추정 값과 χ^2 검정결과, 그리고 1−수준 무선효과 추정 값이 포함된다. 다음은 무선효과 분석결과이다.

〈표 5-6〉 선형다층성장모형의 무선효과 분석결과와 편차량

무선효과	표준편차	분산성분	χ^2	자유도	p
절편(r_{0i})	0.23993	0.05757	4539.45650	3069	0.000
기울기(r_{1i})	0.15957	0.02546	4709.53882	3071	0.000
1−수준 오차(e_{ti})	0.57066	0.32565			
모형 적합도(공분산성분 모형의 통계량)					
편차량=23801.850216					
추정된 모수의 수=4					

위 표에서 2−수준 무선효과 모수의 추정 값은 $\hat{\tau}_{00}=0.05757$, $\hat{\tau}_{11}=0.02546$이다. 무선효과의 영가설 $H_0:\tau_{00}=0$과 $H_0:\tau_{11}=0$은 유의수준이 0.000 이하로서 모두 기각되었다. 즉, 연구모형의 잔차분산은 0이 아니라는 충분한 증거가 있다. 이는 학생들의 로그수학자습시간의 성장선은 연구모형에 포함된 변수 이외에 알려지지 않은 요인에 의한 개인차가 존재한다는 의미이다.

2−수준 무선효과에 대한 $H_0:\tau_{00}=0$과 $H_0:\tau_{11}=0$의 영가설이 기각되었으므로 연구자는 성장선의 개인차를 추가로 설명할 변수를 모형에 추가할 수 있다. 그러나 χ^2 검정통계량은 자유도가 증가함에 따라 일종오류가 증가하는 단점이 있다. 즉, 자유도가 크면 실제 2−수준 분산의 규모는 무시할 정도로 작지만, χ^2−값은 통계적으로 유의할 가능성이 매우 높다. 따라서 〈표 5−6〉의 χ^2−검정결과에만 의존하여 연구모형에

설명변수를 추가하는 것은 바람직하지 않다. 연구자는 τ_{00}와 τ_{11}의 분산을 추가로 설명할 만한 이론에 기초하여 변수를 추가하는 것이 바람직하다.

〈표 5-6〉에서 특이한 사항은 검정통계량 χ^2의 자유도가 고정효과 모수(회귀계수)에 대한 t-검정통계량의 경우와 다르다는 점이다. 다층모형에서 모수의 추정방법은 EM 알고리즘을 사용하여 연구자의 관찰자료는 불균형이지만, 결측자료가 무선적(MACR 또는 MAR)이라는 가정하에 주어진 관찰자료의 조건에서 충분통계량의 기댓값을 완전자료의 기댓값으로 산출하여 분석한다. 따라서 〈표 5-5〉의 고정효과와 무선효과 모수 추정과 가설검정 통계량의 자유도는 분석자료가 완전자료($n = 3292$)인 것을 사용한다. 그러나 χ^2-검정통계량의 값을 산출하기 위한 관찰자료 내에서 산출한 충분통계량(예: 자승합 정보)을 사용하므로 관찰자료의 불균형이 심하거나 결측치가 많을수록 분산성분의 가설검정을 위한 χ^2 검정통계량의 자유도는 줄어든다. 〈표 5-6〉의 χ^2 검정통계량은 전체 3,292명 중에 충분통계량이 있는 3,075명의 자료에서 추정된 것이다.

(3) 연구모형의 부가정보

① 결정계수(R^2): $H_0 : \tau_{00} = 0$과 $H_0 : \tau_{11} = 0$의 영가설이 기각되었더라도 τ_{00}와 τ_{11}의 분산이 어느 정도 설명되었는지를 평가하고, 이에 참조하여 모형에 변수를 추가할지를 결정할 수 있다. 다층성장모형을 평가할 때, 설명변수가 갖는 고정효과(회귀계수)의 통계적 유의도 검정도 중요하지만, 성장선의 개인차 분산이 어느 정도 설명되었는지를 파악하는 것도 중요하다. 기초모형의 결과인 〈표 5-3〉과 연구모형의 결과인 〈표 5-6〉이 제공하는 추정 값을 근거로 각 개인별 성장선의 차이가 연구모형의 변수들에 의하여 어느 정도 설명되었는지를 다음과 같이 계산할 수 있다.

$$R^2(\pi_{0i}) = \frac{\hat{\tau}^*_{00} - \hat{\tau}_{00}}{\hat{\tau}^*_{00}},\ R^2(\pi_{1i}) = \frac{\hat{\tau}^*_{11} - \hat{\tau}_{11}}{\hat{\tau}^*_{11}} \quad (5\text{-}22)$$

$\hat{\tau}^*_{00}$와 $\hat{\tau}^*_{11}$은 기초모형의 분산성분이다. 식(5-15)와 식(5-17)에 의하여 $R^2(\pi_{0i})$

$= 0.57$, $R^2(\pi_{1i}) = 0.29$이다. 즉, 연구자의 연구모형은 중학교 3학년의 로그수학자습시간의 개인차를 57% 설명하고 있으며, 학년이 높아짐에 따라 로그수학자습시간의 증가율의 개인차를 29% 설명하고 있다. 주관적 평가이긴 하지만 인간행동을 설명하는 연구에서 R^2이 0.30 이상인 통계모형은 수용 가능하며, 0.50이 넘으면 양호한 모형이라고 할 수 있다. 더구나 다층모형은 관찰변수의 분산을 설명하기보다 측정오차의 오염이 없는 분산(진점수 분산)이므로, R^2 값이 제공하는 정보는 일반 회귀분석에서의 R^2의 정보보다 더 타당도가 높다. 앞에서 제시한 진점수 이론에 기초하면,

$$\hat{\pi}_i = \pi_i + \epsilon_i = \text{진점수}_i + \text{측정오차점수}_i$$

인데, 회귀분석에서의 R^2은 $\hat{\pi}_i$에 대한 설명력이며, 다층모형에서의 R^2은 진점수인 π_i에 대한 설명력이다.

② **편차량:** 〈표 5-6〉 하단에 제시된 편차량은 다층모형의 적합도를 평가하는 통계량이다. 또는 모형들을 비교하여 보다 적합한 모형을 선정하는 기준 통계량이다. 편차량은 자료의 불확실성을 온전히 해소하는 완전모형과의 편차가 어느 정도 인지 알려주는 것이므로, 그 값이 작을수록 연구자의 모형은 자료에 적합한 모형이다. 〈표 5-6〉에서 연구모형의 편차량은 23801.850216이고, 〈표 5-3〉 하단에 제시된 기초모형의 경우, 25489.800107이었다. 편차통계량의 자유도는 모형의 복잡성 수준(complexity)을 반영하는데, EM 알고리즘(EM algorithm)의 MLR(Maximum Likelihood for Random)을 사용하는 경우, 우도함수에 포함되는 추정대상 무선효과 모수의 수이다. 기초모형과 연구모형은 MLR의 관점에서는 모두 $df = 4$이다. 이제 동일한 자유도를 갖는 조건에서 모형의 적합도를 비교해 보면, 연구모형의 편차량이 기초모형보다 훨씬 작은 것을 알 수 있다. 즉, $D_{\text{기초}} - D_{\text{연구}} = 1687.94989$이다. 즉, 식(5-19), 식(5-20)에 제시된 연구모형은 모수의 추가 없이도 분석자료를 더 잘 해명하여, 기초모형보다 설명력이 높은 모형이다.

4. 비선형다층성장모형과 응용방법

비선형다층성장모형(Nonlinear multilevel growth model)은 연구자가 관심을 갖는 종속변수의 변화양상이 시간의 흐름에 따라 비선형적(nonlinear) 모습을 갖는 것으로 가정할 때 활용할 수 있는 모형이다. 즉, 종속변수와 시간변수가 비선형적 함수관계를 갖는다. 그러나 여기서 지칭하는 비선형다층성장모형은 엄밀한 의미에서는 선형모형의 범주로 묶을 수도 있는 것이다. 다음의 세 회귀모형을 비교하면, 그 의미는 명확하다.

모형 1: $Y_i = \beta_0 + \beta_1 X_{1i} + \beta_2 X_{2i} + e_i,\ \ e_i \sim N(0, \sigma^2)$

모형 2: $Y_i = \beta_0 + \beta_1 X_{1i} + \beta_2 X_{2i}^2 + e_i,\ \ e_i \sim N(0, \sigma^2)$

모형 3: $Y_i = \beta_0 + \beta_1 X_{1i} + \beta_2 Z_i + e_i,\ \ e_i \sim N(0, \sigma^2)$

모형 1은 독립변수가 2개인 중다회귀모형이며, 선형모형이다. 모형 2는 독립변수에 X_{2i}^2 항이 포함되어 2차함수의 꼴을 갖는다. 즉, 비선형모형이다. $Y = f(X_{1i}, X_{2i})$의 함수식은 비선형인 2차함수이다. 이제 $Z_i = X_{2i}^2$ 이라고 하면, 모형 3은 모형 2와 동일하지만, 모형 1처럼 선형함수이다. 이를 달리 표현하면, X 변수와 X^2 변수를 분포가 다른 별개의 변수로 이해하면, 위 세 모형은 모두 종속변수와 독립변수의 관계가 선형인 모형이다. 또 다른 관점은 종속변수와 독립변수의 관계를 결정하는 모수인 회귀계수들이 모두 1차항이므로, 위 모형들을 모두 선형함수로 이해하는 것이다. 따라서 세 모형의 모수 추정방법은 동일하며, 모수인 회귀계수에 대한 해석방법도 동일하다.

비선형다층성장모형에서 '비선형'이란 용어는 모형 2에 제곱항이 있는 것처럼 모형에 다차항이 포함된 경우이다. 그러나 모수의 기준으로 파악하는 통계학적 관점에서는 선형함수이다. 또한 모형의 추정방법과 결과해석방법 등은 앞에서의 선형모형의 경우와 원리적으로 동일하다. 따라서 앞에서 서술한 선형다층성장모형을 정확히 이해하면 비선형다층성장모형을 이해하는 데 어려움은 적다. 그럼에도 설명변수에 다차항이 포함되면 종속변수의 성장선이 곡선형의 모습을 가지므로 연구자는 이에 유의하여 결과를 해석할 필요가 있다.

1) 예시자료와 연구질문

여기서 사용하는 예시자료는 앞에서 선형다층성장모형을 적용하여 분석한 「한국청소년패널자료(NYPS)」와 같다. 즉, 중학교 2학년부터 고등학교 3학년까지 조사에 응한 학생과 학부모의 자료를 정비한 유효자료를 사용한다. 비선형다층성장모형으로 자료를 분석하는 과정을 서술하기 위하여 저자가 선택한 종속변수는 '월평균 사교육비'이다. 사교육비 변수는 국민적 관심이 집중되는 변수이지만, 사회과학 분야의 많은 연구자들이 사교육현상의 교육적 · 사회적 · 경제적 측면을 다루기 위하여 분석하는 데 어려움을 겪는 변수이다. 사교육비 변수의 분포는 극단치로 인하여 정적 편포가 심하고, '0' 값이 높은 빈도를 갖고 분절되는 특징을 갖는다. 변수의 정적편포는 극단치의 영향력을 축소하는 변환함수(예: 로그함수)를 사용하여 정규분포에 접근하는 분포로 전환할 수 있으나, '0'값의 높은 빈도 이후에 다시 낮은 빈도로 새로운 분포가 시작되는 자료를 정규분포에 부합하도록 전환하는 방법은 없다. 즉, 사교육비 분포는 단일함수로 표현할 수 없는 변수이다. 비선형다층성장모형은 오차항의 정규분포를 가정하고, 이 장은 다층모형의 특징을 서술하는 것이 목적이므로, 이 예시에서는 '0'값을 갖는 사례를 분석에서 제외하였다. 즉, 전체 자료에서 정규분포로 전환할 수 있는 부분만 분석대상으로 삼았다.

그러므로 여기서 예시자료를 분석한 결과는 사교육비 지출이 있는 학생만을 대상으로 한 것이다. 즉, 사교육에 참여하는 학생들이 학년이 높아짐에 따라 사교육비 규모의 성장선을 탐구하는 것이다. 비선형다층성장모형에 의한 분석에 사용된 유효자료의 각 연도 사례 수는 다음과 같았다.

〈표 5-7〉 비선형다층성장분석을 위한 NYPS 예시자료의 학년별 사례 수

학년		빈도	퍼센트	유효 퍼센트	누적 퍼센트
유효	중 2	2384	28.9	28.9	28.9
	중 3	1956	23.7	23.7	52.6
	고 1	1557	18.9	18.9	71.5
	고 2	1328	16.1	16.1	87.6
	고 3	1027	12.4	12.4	100.0
	합계	8252	100.0	100.0	

위 자료는 학년이 높아짐에 따라 사례 수가 줄어드는 패널자료의 특징을 반영하고 있다. 따라서 각 관찰시점별로 사례 수가 다른 불균형 자료이며, 결측치가 많은 자료라고 할 수 있다. 이 패널자료의 결측치가 무선적으로 발생하였다는 가정(missing at completely random 또는 missing at random)을 충족한다면, 다층모형은 완전자료의 분석과 같은 결과를 산출한다. 〈표 5-7〉에서 적어도 한 해에 사교육비 지출액수를 응답한 사례 수는 $n = 2991$명이다. 전체 관찰빈도는 $N = 8252$이므로, 학생들의 평균반복관찰 횟수는 $N/n = 2.76$회이다.

다음의 〈표 5-8〉은 예시분석에서 포함하는 종속변수와 설명변수들이다.

〈표 5-8〉 비선형다층성장모형의 분석을 위한 NYPS 예시자료의 기술통계량

	변수(설명)	평균	표준편차	최소값	최대값	사례 수
1-수준(시간)	로그사교육비	3.3768	0.72375	0.00	5.70	8252
2-수준(학생)	교육기대	4.0059	0.65554	0.00	5.00	2991
	영어성적	3.0746	0.91730	0.50	5.00	2991
	로그가구월소득	5.6620	0.46638	2.34	7.60	2991
	어머니 학력	4.8279	1.28397	1.00	8.00	2991

〈표 5-8〉에서 종속변수는 월평균 사교육비를 로그함수로 전환한 '로그사교육비'이

다. 이 변수의 원점수 변수인 사교육비는 '학생에게 한 달 평균 사교육비를 얼마나 지출하셨습니까?'란 질문에 부모가 응답한 것으로, 유효자료에서는 1만 원에서 300만 원의 범위를 갖는 변수이다. 로그사교육비의 평균이 3.3768이므로, 월평균 사교육비는 $e^{3.3768} = 29.277$만 원이다. 학생 1인의 월평균 사교육비가 300만 원을 초과하는 사례는 사교육비 분포에서 극단적이고 희소하므로 유효자료에서 제외되었다. '교육기대' 변수, '어머니 학력' 변수는 선형다층성장모형의 예시자료인 〈표 5-2〉에서 소개한 '아버지 학력' 변수와 같은 의미를 갖는다. 다만 사교육비는 아버지보다는 어머니의 영향이 더 관련이 있다고 판단하였다. '영어성적'은 학급 내 성적을 학생이 평가한 것으로 1=매우 못하는 수준, 5=매우 잘하는 수준이다. 로그가구월소득은 부모가 보고한 가구월소득을 로그변환한 변수이다. 따라서 유효자료에서 평균 가구월소득은 $e^{5.662} = 287.72$만 원이다.

비선형다층모형에서 응답하려는 질문의 속성은 다른 성장모형의 경우와 근본적으로 동일하다. 즉, 종속변수의 성장선이 어떤 양상인지 밝히는 것과 성장선의 개인차와 상관을 갖는 변수를 탐구하는 것이다. 여기서 다루는 구체적인 연구질문은 다음과 같다.

1. 우리나라 중고등학생들의 월평균 사교육비는 학년이 높아짐에 따라 어떠한 추세로 변화하는가? 사교육비의 평균 성장선은 어떤 모습인가? 학년이 높아짐에 따라 증가하는가 감소하는가? 단조증가(또는 감소)하는가? 가속적으로 증가(또는 감소)하는가?
2. 학생들의 월평균사교육비가 학년에 따라 변화하는 추세는 서로 얼마나 다른가? 개인별 월평균사교육비의 성장선들 사이에 개인차는 어느 정도인가? 개인차의 특성은 무엇인가? 중학교 시기에서 차이가 있는가? 학년이 높아짐에 따른 단조증감 경향에서 차이가 있는가? 가속증감 경향에서 차이가 있는가?
3. 월평균사교육비의 성장선이 개인에 따라 다른 이유는 무엇인가? 학생들의 어떤 특성 및 배경변수들이 성장선의 개인차와 상관이 있는가?

위 질문에서 1번과 2번은 기초모형에 의한 분석결과에서 밝힐 수 있는 것이다. 여기서는 비선형다층성장모형을 예시하므로 성장선에서 가속적인 변화특성도 탐구할 수 있다. 3번 질문은 개인차를 설명하는 연구모형에 의한 분석을 통하여 응답할 수 있다.

2) 기초모형: 비선형 성장선의 정의

다층성장모형은 분석단위(개체, 개인, 집단 등)의 성장선을 추정하고, 성장선의 분석단위 간의 차이를 설명하는 모형이므로, 첫 단계에서 가장 중요한 것은 개인의 성장선을 통계모형으로 정의하는 것이다. 예시자료에서 1-수준 분석단위는 '관찰시점', 2-수준 분석단위는 '학생'이므로, 각 학생별 로그월평균사교육비의 관찰시점에 따른 궤적을 정의하는 것이 기초모형이다. 또한 로그월평균사교육비의 성장선은 비선형적인 것으로 가정하여 다음의 1-수준 비선형모형을 검토하였다.

1-수준 모형(관찰시점 수준):

$$\mathrm{Ln}(Y_{ti}) = \pi_{0i} + \pi_{1i}A_{ti} + \pi_{2i}A_{ti}^2 + e_{ti}, \quad e_{ti} \sim N(0, \sigma^2) \tag{5-23}$$

여기서 $\mathrm{Ln}(Y_{ti})$는 로그월평균사교육비이며, $A_{ti} = \{-1, 0, 1, 2, 3\}$으로 입력된 관찰시점 변수이다. 즉, $A_{ti} = 0$은 중학교 3학년 시기를 나타낸다. 식(5-23)에는 $\{\pi_{0i}, \pi_{1i}, \pi_{2i}\}$ 등 3개의 무선효과 회귀계수가 있다. 이 회귀계수의 의미를 해석하는 방법은 회귀분석의 경우와 동일하다. 다음은 1-수준 무선효과 회귀계수의 의미이다.

π_{0i}: i번째 학생이 중학교 3학년 시기에(즉, $A_{ti} = 0$일 때) 지출한 로그월평균사교육비이다.

π_{1i}: i번째 학생이 관찰기간 동안 평균적으로 단조변화한 로그월평균사교육비이며, 이는 i번째 학생이 한 학년 높아질 때 로그월평균사교육비의 평균 증가액을 나타낸다.

π_{2i}: i번째 학생이 학년이 높아짐에 따라 로그월평균사교육비가 가속적으로 변화하는 수준이다.

이상의 3개 회귀계수에서 유의할 사항은 $\{\pi_{0i}, \pi_{1i}, \pi_{2i}\}$의 아래첨자에 i가 붙어 있어 이 회귀계수의 값이 학생마다 모두 다른 값을 갖도록 1-수준 모형이 정의하고 있다는 점이다. 거듭 언급하지만, 다층성장모형은 각 개인별 성장선을 모두 추정하고, 추정된 성장선의 개인차를 설명하는 모형이다. 따라서 $\{\pi_{0i}, \pi_{1i}, \pi_{2i}\}$는 개인별 변화모수이며, 각 개인별로 정의되기 때문에 성장선의 개인별 특성이다.

2-수준 모형에서는 개인별 특성인 $\{\pi_{0i}, \pi_{1i}, \pi_{2i}\}$가 어떤 분포를 갖는지 서술한다.

2-수준 모형(학생 수준):

$$\pi_{0i} = \beta_{00} + r_{0i}, \quad \pi_{1i} = \beta_{10} + r_{1i}, \quad \pi_{2i} = \beta_{20} + r_{2i} \tag{5-24}$$

$$\begin{bmatrix} r_{0i} \\ r_{1i} \\ r_{2i} \end{bmatrix} \sim N\left(\begin{bmatrix} 0 \\ 0 \\ 0 \end{bmatrix}, \begin{bmatrix} \tau_{00}, \tau_{01}, \tau_{02} \\ \tau_{10}, \tau_{11}, \tau_{12} \\ \tau_{20}, \tau_{21}, \tau_{22} \end{bmatrix} \right) \tag{5-25}$$

식(5-24)의 학생수준 모형은 각 개인별 변화모수의 값은 전체평균과 개인효과로 구성된다고 표현하여 사실상 $\{\pi_{0i}, \pi_{1i}, \pi_{2i}\}$의 분포를 정의하기 위한 것이다. $\{\pi_{0i}, \pi_{1i}, \pi_{2i}\}$의 분포는 다변량 정규분포이며, 전체평균은 $\{\beta_{00}, \beta_{10}, \beta_{20}\}$이고, 분산-공분산 행렬은 식(5-25)에 정의한 바와 같다. 식(5-24)에 제시한 전체평균 회귀계수에 의하여 평균성장선을 정의할 수 있으며, 식(5-25)의 분산-공분산 행렬에 의하여 성장선의 개인차 규모와 전체 성장선들이 어떤 양상으로 분포되어 있는지 그 특징을 요약할 수 있다.

식(5-23), (5-24), (5-25)을 합쳐서 다층성장모형의 기초모형이라고 한다. 이 세 식은 개념적 이해를 돕기 위하여 한 모형을 쪼개어 제시한 것이다. 이제 세 식을 합치면 단일한 통계모형으로서 기초모형을 제시할 수 있다.

통합모형:

$$\mathrm{Ln}(Y_{ti}) = \beta_{00} + \beta_{01}A_{ti} + \beta_{02}A_{ti}^2 + r_{0i} + r_{1i}A_{ti} + r_{2i}A_{ti}^2 + e_{ti} \quad (5\text{-}26)$$

여기서 무선효과의 분포는 식(5-23)와 식(5-25)에 제시한 바와 같다.

(1) 비선형성장모형의 성장선과 모수의 정의

① 고정효과 회귀계수의 정의: 식(5-26)에서 시간의 변화에 따른 평균효과를 반영하는 고정효과 회귀계수의 정의는 다음과 같다.

β_{00}: 1-수준 절편계수인 π_{0i}의 평균이므로, 중학교 3학년 로그월평균사교육비의 전체 평균이다.

β_{10}: 학생들의 모든 성장선의 평균 기울기를 나타낸다. 즉, 학년이 높아짐에 따라 평균적으로 로그월평균사교육비는 얼마나 증가하는지를 알려 준다.

β_{20}: 로그월평균 사교육비가 학년이 높아짐에 따라 가속적으로 증감하는 경향의 평균치이다. β_{20}가 크면, 전체 학생들의 평균 사교육비 성장선이 2차함수 모습이며 2차항의 계수 값이 큰 것이므로 학년이 높아짐에 따라 사교육비가 급격히 증가하는 것을 나타낸다. 만일 β_{20} 값이 매우 작으면 성장선은 지극히 완만한 2차함수 모습이므로 선형적으로 증가하는 경향과 유사해진다.

② 1-수준 무선효과의 정의: 1-수준 모형의 오차항 e_{ti}는 무선효과를 갖는다. 선형다층성장모형에서 설명한 바와 같이 개인별 성장선, 즉 $\mathrm{Ln}(Y_{ti}) = \pi_{0i} + \pi_{1i}A_{ti} + \pi_{2i}A_{ti}^2$과 각 시점별 관찰값인 $\mathrm{Ln}(Y_{ti})$와의 오차이다. 개인별 성장선은 π_{0i}, π_{1i}, π_{2i}에 의하여 결정되므로, 이 오차의 분산은 $Var(\mathrm{Ln}(Y_{ti}) \mid \pi_{0i}, \pi_{1i}, \pi_{2i}) = Var(e_{ti}) = \sigma^2$이다.

③ 개인별 성장선과 변화모수: 기초모형에서 정의하는 개인별 성장선은 1-수준 모형

의 변화모수인 $[\pi_{0i}, \pi_{1i}, \pi_{2i}]$의 값으로 결정된다. 이제 경험적 베이시안 방법에 따른 추정치를 $[\pi^*_{0i}, \pi^*_{1i}, \pi^*_{2i}]$ 라고 하면, 앞에서 식(5-9)로 설명한 바와 같이 OLS 방법으로 추정한 $[\hat{\pi}_{0i}, \hat{\pi}_{1i}, \hat{\pi}_{2i}]$ 와 다음의 관계를 갖는다(Lindley & Smith, 1972).

$$\pi^*_{pi} = \lambda_{pi}\hat{\pi}_{pi} + (1-\lambda_{pi})\hat{\beta}_{p0} \tag{5-27}$$

$p = 0,1,2$이다. λ_{pi}는 OLS 추정치인 $\hat{\pi}_{pi}$의 신뢰도이며 $\beta_{p0} = E(\hat{\pi}_{pi})$이다. 즉, 개별 변화모수의 전체평균이다. π^*_{pi}는 다른 어떤 추정량보다 π_{pi}에 가장 가까우며, OLS 추정량인 $\hat{\pi}_{pi}$에 대한 상대적 효율성은 λ_{pi}이다(Raudenbush, 1988; Raudenbush & Bryk, 2002). 따라서 개인별 성장선 $\text{Ln}(Y_{ti}) = \pi_{0i} + \pi_{1i}A_{ti} + \pi_{2i}A^2_{ti}$ 을 추정하는 방법 중에서 다층모형의 추정량 π^*_{pi}를 사용하는 성장선은 최선의 결과라고 할 수 있다. 연구자는 잔차분석을 통하여 개인별 성장선인 $\text{Ln}(\hat{Y}_{ti}) = \pi^*_{0i} + \pi^*_{1i}A_{ti} + \pi^*_{2i}A^2_{ti}$ 을 구할 수 있다.

④ 2-수준 무선효과의 정의: 개인별 성장선이 평균 성장선을 중심으로 어느 정도 변산을 갖는지를 알려 주는 정보는 식(5-25)에 나타난 2-수준 오차항의 다변량분포이다. 즉, 학생들의 사교육비 성장선은 중학교 3학년 시기($A_{ti} = 0$인 시점)의 사교육비 규모인 π_{0i}와 사교육비 규모의 변화량(π_{1i}, π_{2i})에 모두 개인차가 있으며, 또한 학생들의 성장선을 정의하는 변화모수 사이에 상관이 존재할 수 있다. 식(5-25)에 나타난 분산-공분산성분의 정의는 다음과 같다.

τ_{00}: $Var(\pi_{0i}) = \tau_{00}$이다. 즉, π_{0i}의 분산이다. 중학교 3학년 시기($A_{ti} = 0$인 시점)의 로그월평균사교육비 규모인 π_{0i}의 개인차 규모이다.

τ_{11}: $Var(\pi_{1i}) = \tau_{11}$이다. 즉, π_{1i}의 분산이다. 중학교 2학년에서 고등학교 3학년에 이르기까지 로그월평균사교육비 기울기(π_{1i})의 개인차 규모이다. τ_{11}의 값이 크면 학년이 높아짐에 따라 사교육비가 급격하게 증가하는 학

생과 그렇지 않은 학생들이 다양하게 혼재한다는 것을 의미한다.

τ_{22}: $Var(\pi_{2i}) = \tau_{22}$이다. 즉, π_{2i}의 분산이다. 학생들이 로그월평균사교육비의 성장선이 2차함수 모습을 가질 때, 2차항 계수(π_{2i})의 개인차 규모이다. 학년이 높아짐에 따른 사교육비의 변화량이 가속적으로 변하는 정도에 개인차가 어느 정도인지 알려 준다.

τ_{01}: $Cov(\pi_{0i}, \pi_{1i}) = \tau_{01}$이다. 1-수준 모형의 절편계수와 선형기울기 계수 간의 공분산이다. 또한 $\tau_{01} = \tau_{10}$이다. τ_{01}(즉, τ_{10})의 값이 $\tau_{01} > 0$이면, 중학교 3학년 때 사교육비 지출이 많은 학생이 학년이 높아짐에 따른 사교육비 증가규모가 더 크다는 것을 의미하고, $\tau_{01} < 0$이면 그 반대이다.

τ_{02}: $Cov(\pi_{0i}, \pi_{2i}) = \tau_{02}$이다. 또한 $\tau_{02} = \tau_{20}$이다. 1-수준 모형의 절편계수(π_{0i})와 2차항의 계수(π_{2i})의 상관정보를 반영한다. τ_{02}의 값의 크기와 방향에 따른 해석은 연구자의 주제에 따라 특수한 의미를 가질 수 있다. 여기서는 중학교 3학년 때의 사교육비 규모에 따라 학년이 높아짐에 따른 사교육비의 가속적 변화가 상관을 갖는지를 반영한다.

τ_{12}: $Cov(\pi_{1i}, \pi_{2i}) = \tau_{12}$이다. 또한 $\tau_{12} = \tau_{21}$이다. 개인별 성장선이 2차함수 모습을 갖는 경우에 선형적 기울기와 2차함수적 기울기는 상관을 가질 가능성이 높다. 만일 β_{20}의 값이 매우 작고, $Var(\pi_{2i}) = \tau_{22}$ 값도 작다면 개인별 성장선은 매우 완만하게 변화하므로 1차항 기울기와 유사해지며, 다중공선성(multicollinearity)을 가질 가능성이 높다.

⑤ **평균 성장선**: 식(5-26)에서 로그월평균사교육비의 전체 평균 성장선은 다음과 같이 정의된다.

$$\text{종속변수의 전체평균 성장선: } \mathrm{Ln}(Y_{ti}) = \beta_{00} + \beta_{10}A_{ti} + \beta_{20}A_{ti}^2 \quad (5\text{-}28)$$

이 식은 전체 학생들의 평균성장선이며, 이 선을 중심으로 개인별 성장선들이 분포되어 있다. 전체 평균성장선의 모습을 결정하는 것은 고정효과 회귀계수인, β_{00}, β_{10}, β_{20}이다.

⑥ 성장률: 개인의 성장선이 비선형의 모습을 갖는 경우에 가속적인 변화곡선의 특성 때문에 성장률은 각 시점에서 다르게 정의된다. 즉, 식(5-28)과 같은 2차함수는 A_{ti}의 값에 따라 접선의 기울기가 다른 것이다. 접선의 기울기는 다음과 같이 1차 미분함수를 통해서 확인할 수 있다.

$$\delta_{ti} = \frac{\partial[\mathrm{Ln}(Y_{ti})]}{\partial A_{ti}} = \beta_{10} + 2\beta_{20}A_{ti} \qquad (5\text{-}29)$$

식(5-29)에 제시한 δ_{ti}는 각 시점 t 에서의 평균성장률이다. 여기서 분명한 것은 시점 A_{ti}의 값에 따라 δ_{ti}의 값은 영향을 받는다는 점이다. 따라서 학생들의 사교육비가 각 학년에서 어떠한 변화특성을 갖는지 단적으로 요약하는 방법으로 식(5-29)를 활용할 수 있다. 식(5-29)의 접근방법은 비선형다층성장모형이 다차항 함수형태를 갖는 경우에 언제나 적용이 가능하다.

(2) 기초모형의 가설

기초모형의 통계적 가설은 고정효과 모수와 무선효과 모수가 모집단에서 유의한 값을 갖는지 확률적으로 검정한다. 이 작업은 기초모형이 선형성의 모형인지 비선형성을 갖는지를 평가하는 데 참조할 만한 정보를 제공한다. 식(5-23)에서 (5-25)에 이르는 기초모형에서 고정효과 모수는 2-수준의 β 회귀계수이다. 각 회귀계수의 가설과 그 의미는 다음과 같다.

$$H_0 : \beta_{00} = 0,\ H_A : \beta_{00} \neq 0$$
$$H_0 : \beta_{10} = 0,\ H_A : \beta_{10} \neq 0$$
$$H_0 : \beta_{20} = 0,\ H_A : \beta_{20} \neq 0$$

위에서 각 가설의 의미는 각 회귀계수의 뜻만 알면 되므로 자명하다. 만약 둘째 가설에서 β_{10}가 모집단에서 '0'이 아니라는 충분한 증거가 없다면, 즉 시간에 따른 종속변수(로그월평균사교육비)의 증감 경향에서 선형성(linearity)의 증거가 결여된다면, 기초모형에서 β_{10}는 누락시켜야 할 것이다. 앞의 세 영가설이 모두 기각된다면, 식(5-23)에서 식(5-26)에 이르는 기초모형은 종속변수의 성장선을 드러내는 모형으로서 증거를 확보한 모형으로 인정된다.

고정효과 모수에 대한 가설검정과 더불어 무선효과 모수의 가설검정도 기초모형을 결정하는 데 참조자료가 된다. 식(5-23)에서 식(5-26)로 표현된 비선형다층성장모형의 기초모형에서 무선효과 모수는 1-수준에서 σ^2이다. 1-수준의 잔차분산 σ^2은 각 개인별 성장선이 해당 학생의 관찰자료와 어느 정도 오차를 갖는지 알려 준다. 이러한 개념은 [그림 5-7]을 참조하면 분명해진다. 자료 분석결과, 추정된 $\hat{\sigma}^2$의 값이 작다면 각 개인별 성장선은 정밀하다는 증거를 갖는다.

2-수준의 무선효과 모수는 개인별 성장선을 결정하는 변화모수인 $[\pi_{0i},\ \pi_{1i},\ \pi_{2i}]^T$의 분산-공분산성분이다. 2-수준 분산은 성장선의 개인차 규모를 알려 주는 정보이다. 무선효과 모수의 가설은 아래와 같다.

$$H_0 : \tau_{00} = 0,\ H_A : \tau_{00} > 0$$
$$H_0 : \tau_{11} = 0,\ H_A : \tau_{11} > 0$$
$$H_0 : \tau_{22} = 0,\ H_A : \tau_{22} > 0$$

위의 세 가설은 각 개인별 성장선인 $\mathrm{Ln}(Y_{ti}) = \pi_{0i} + \pi_{1i}A_{ti} + \pi_{2i}A_{ti}^2$가 개인 간에 차이가 있는지 검정하기 위한 것이다. 개인별 성장선을 결정하는 모수는 $[\pi_{0i},\ \pi_{1i},\ \pi_{2i}]$이다. 이 변화모수의 분산이 '0'이라는 영가설이 유지된다면, 학생들의 종속변수(로그월평균사교육비) 성장선이 다를 것이라는 주장은 근거가 없게 된다. 그러나 세 영가설이 모두 기각된다면, 학생들 사이에 사교육비의 성장선은 개인차가 있다는 통계적 증거가 확보되므로, 이후의 연구모형 단계에서 왜 개인차가 존재하는지, 어떤 개인차 변수의 영향으로 성장선이 달라지는지 탐구할 수 있게 된다.

(3) 분석결과와 해석

다음의 〈표 5-9〉는 식(5-23)에서 식(5-26)에 이르기까지 제시한 기초모형을 적용하여 우리나라 학생들의 로그월평균사교육비의 성장선을 추정한 결과이다.

〈표 5-9〉 비선형다층성장모형의 기초모형에 의한 로그월평균사교육비 분석결과

고정효과	회귀계수	표준오차	t	자유도	p
절편(β_{00})	3.300732	0.012509	263.871	2990	0.000
1차항 기울기(β_{10})	0.072077	0.007806	9.234	2990	0.000
2차항 기울기(β_{20})	−0.010123	0.004186	−2.418	2990	0.016
무선효과	**표준편차**	**분산성분**	χ^2	**자유도**	p
절편(r_{0i})	0.52046	0.27088	4074.69462	1634	0.000
1차항 기울기(r_{1i})	0.11056	0.01222	1805.54602	1634	0.002
2차항 기울기(r_{2i})	0.08456	0.00715	1870.24829	1634	0.000
1-수준 오차(e_{ti})	0.49270	0.24275			

〈표 5-9〉는 기초모형으로 학년이 높아짐에 따라 종속변수인 로그월평균사교육비의 성장선을 추정한 결과이다. 표의 상단은 고정효과 모수의 추정결과로서 종속변수의 평균성장선 정보를 알려 준다. 표의 하단은 무선효과 모수의 추정결과로서 학생들의 개인별 성장선이 평균성장선을 중심으로 어느 정도 개인차가 있는지를 알려 준다.

① **고정효과 모수 추정치와 평균성장선**: 기초모형의 고정효과 모수 추정결과, 1차항과 2차항의 회귀계수가 모두 통계적으로 유의한 것으로 나타났다. 따라서 식(5-28)에 의한 평균성장곡선은 $\mathrm{Ln}(\hat{Y}_{ti}) = 3.30 + 0.072A_{ti} - 0.010A_{ti}^2$의 모습을 갖는다. 보다 구체적으로 절편계수는 $A_t = 0$일 때의 평균 종속변수의 값이므로, 중학교 3학년의 월평균 사교육비는 $e^{3.30} = 271,126$원으로 추정되었다. 1차항의 기울기는 관찰기간 전체의 평균선형성장률이다. 중학교 2학년에서 고등학교 3학년에 이르는 동안 평균적으

로 한 학년에 $e^{0.072} = 10,746$ 정도 사교육비가 증가하는 경향을 갖는다. 즉, 사교육비의 증감은 중학교 2학년에서 고등학교 3학년에 이르는 동안 약 $10,746 \times 5 = 53,730$원 상승한다. 2차항의 기울기 계수는 $\hat{\beta}_{20} = -0.010$로 음의 값을 갖는데, 이는 학년이 높아짐에 따라 사교육비는 증가하지만 증가하는 폭은 감소하는 경향을 반영한다.

이를 정확하게 파악하는 방법은 평균성장곡선의 성장률을 산출하는 것이다. 식(5-29)에서 관찰시점 t에서의 성장률은 $\hat{\delta}_{ti} = \hat{\beta}_{10} + 2\hat{\beta}_{20}A_{ti} = 0.0720 - 0.0202A_{ti}$이다. 따라서 각 학년에서 월평균사교육비와 사교육비의 증가율은 〈표 5-10〉과 같이 요약된다.

〈표 5-10〉 비선형다층모형에 의한 월평균사교육비와 증가율 분석결과

A_t(학년)	−1(중 2)	0(중 3)	1(고 1)	2(고 2)	3(고 3)
로그월평균사교육비($\text{Ln}(Y_{ti})$)	3.2185	3.3007	3.3627	3.4044	3.4258
월평균사교육비(Y_{ti})	24.9906	27.1316	28.8670	30.0962	30.7472
$\text{Ln}(Y_t)$의 증가율($\hat{\delta}_{ti}$)	0.0924	0.0720	0.0518	0.0316	0.0114
월평균사교육비(Y_{ti})의 증가율($e^{\hat{\delta}_{ti}}$)	1.0968	1.0746	1.0531	1.0321	1.0114

〈표 5-10〉의 정보는 각 관찰시점에서 종속변수의 성장선이 어떠한 경사를 갖는지 알려 준다. 기초모형은 2차항의 성장선을 갖고, 매우 완만하게 증가율이 낮아지는 경향이 있다. 따라서 학생들의 월평균사교육비 변수의 변화곡선은 선형 성장선에 많이 근접해 있는 것을 알 수 있다.

② **무선효과 모수 추정치**: 〈표 5-9〉에서 1-수준의 무선효과 모수 추정 값은 $\hat{\sigma}^2 = 0.24275$이다. $\hat{\sigma}^2$은 개인별 성장선의 양호도로서 성장선 추정의 정밀도이다. 이는 개인별 성장선(즉, $\text{Ln}(\hat{Y}_{ti}) = \pi^*_{0i} + \pi^*_{1i}A_{ti} + \pi^*_{2i}A_{ti}$)으로 종속변수값을 추정한 결과와 실제 관찰값과의 오차분산을 반영한다. $e_{ti} = \text{Ln}(Y_{ti}) - \text{Ln}(\hat{Y}_{ti})$이므로, e_{ti}는 관찰시점 t에서의 오차이다. 만일 $Corr(\hat{Y}_{ti}, Y_{ti})$가 높다면, $\hat{\sigma}^2$의 값은 작아진다. 〈표 5-9〉에서

$\hat{\sigma} = \sqrt{\hat{\sigma}^2} = 0.49270$ 이므로, 각 관찰시점 t에서 개인별 성장선이 범하는 표준오차는 0.49270이라고 할 수 있다.

〈표 5-9〉는 2-수준 무선효과 모수의 추정결과를 나타내는 바, 절편계수와 1차항의 기울기 계수, 그리고 2차항의 기울기 계수를 χ^2-검정한 결과는 모두 통계적으로 유의하였다. 즉, $H_0 : \tau_{00} = 0$, $H_0 : \tau_{11} = 0$, $H_0 : \tau_{22} = 0$은 모두 기각되었다. 따라서 평균 성장선인 $\mathrm{Ln}(\hat{Y}_{ti}) = 3.30 + 0.072A_{ti} - 0.010A_{ti}^2$을 중심으로 각 개인의 성장선을 반영하는 $\mathrm{Ln}(\hat{Y}_{ti}) = \pi_{0i}^* + \pi_{1i}^* A_{ti} + \pi_{2i}^* A_{ti}$가 통계적으로 유의한 개인차를 갖는다. 학생들의 성장선이 어느 규모로 차이가 있는지를 밝히는 통계량은 개인별 성장선을 정의하는 변화모수의 분산이다.

〈표 5-9〉에서 변화모수의 분산은 다음과 같다.

$$Var(\pi_{0i}^* \mid \beta_{00}) = \hat{\tau}_{00} = 0.27088$$

$$Var(\pi_{1i}^* \mid \beta_{10}) = \hat{\tau}_{11} = 0.01222$$

$$Var(\pi_{2i}^* \mid \beta_{20}) = \hat{\tau}_{22} = 0.00715$$

이 정보를 활용하여 개인별 변화모수의 95% 신뢰구간을 구하면, 전체적으로 성장선이 어느 범위에 걸쳐서 분포되어 있는지 파악할 수 있다. 모형이 가정한 바와 같이 변화모수의 분포가 다변량정규분포를 갖는다면 각 변화모수의 95% 범주를 구하는 방법은 식(5-12) 및 식(5-13)과 같다.

π_{0i}의 95% 구간: $\hat{\beta}_{00} \pm 1.96\sqrt{\hat{\tau}_{00}} = [2.28063, 4.32083]$

중학교 3학년 월평균사교육비의 95% 구간: $e^{\hat{\beta}_{00} \pm 1.96\sqrt{\hat{\tau}_{00}}} = [9.7828,\ 75.25106]$

앞의 값은 중학교 3학년($A_{ti} = 0$)시점에서의 사교육비 분포이다. 중학교 3학년 시기에 사교육비 부담은 학생에 따라 큰 차이가 있는 것을 알 수 있다. 동일한 방법으로 중학교 2학년에서 고등학교 3학년에 이르기까지 1차항 기울기(π_{1i})는 다음의 범주에서 변화한다.

π_{1i}의 95% 구간: $\hat{\beta}_{10} \pm 1.96\sqrt{\hat{\tau}_{11}} = [-0.14462,\ 0.28877]$

위의 선형기울기의 구간을 이용하여 1년간 월평균사교육비 증가액의 개인차는 95%가 다음 범주에 속한다.

월평균사교육비 연간 증가액의 95% 구간: $e^{\hat{\beta}_{11} \pm 1.96\sqrt{\hat{\tau}_{11}}} = [0.86535,\ 1.33478]$

따라서 우리나라 학생들의 95%는 한 학년이 높아짐에 따라 월평균사교육비 부담은 1만 원 내외에서 증가한다. 즉, 중학교 2학년에서 고등학교 3학년까지 전체 과정을 평균하였을 때, 거의 모든 학생의 연간 사교육비 증가액은 1만 원 내외로서 큰 차이가 없다고 할 수 있다.

끝으로 2차항의 기울기 범주는 다음과 같다.

π_{2i}의 95% 구간: $\hat{\beta}_{20} \pm 1.96\sqrt{\hat{\tau}_{22}} = [-0.17586,\ 0.15561]$

2차항의 기울기는 5년간의 선형성장률을 설명한 이후에 학년이 높아짐에 따른 가속적인 증가분을 나타낸다. 또한 π_{2i}의 범주는 $\hat{\beta}_{20} = -0.010123$을 중심으로 일부는 정적으로 일부는 부적으로 분포되어 있다. 즉, 일부 학생들은 증가경향이 약화되고, 일부는 증가경향이 강화되는 형국이다. 그러나 그 차이는 크지 않다.

(4) 기초모형의 부가정보

① **신뢰도**: 기초모형은 평균성장선과 더불어 평균성장선을 중심으로 각 개인별 성장선의 분포 정보를 제공한다. 특히 기초모형의 1-수준 모형은 표본에 포함된

$n=2,991$명의 학생 모두에게 π_{pi}값을 부여한다. 이 변화모수는 표본학생마다 다른 값을 갖는 무선변수이므로 전통적인 통계학적 관점에서는 추정대상이 아니지만, 위계적 구조의 자료에서는 상위 집단(여기선 개인)의 값을 추정하는 상황도 요청된다. 다층모형이 제공하는 변화모수 추정치(π_{π}^{*})는 신뢰도를 가중치로 사용하는데, 변화모수 추정치의 신뢰도의 값이 높을수록 각 개인별 성장선의 신뢰도가 높다. 예시자료를 분석한 기초모형에서 변화모수의 신뢰도 추정치는 〈표 5-11〉과 같다.

〈표 5-11〉 기초모형 변화모수의 추정치의 신뢰도

1-수준 무선회귀계수	신뢰도 추정치
절편계수(π_{0i}^{*})	0.612
1차항 기울기 계수(π_{1i}^{*})	0.086
2차항 기울기 계수(π_{2i}^{*})	0.152

위의 표에서 절편계수 π_{0i}의 추정치인 π_{0i}^{*}는 신뢰도가 0.612로서 비교적 양호하나, 1차항과 2차항 기울기 계수의 신뢰도는 매우 낮은 것을 알 수 있다. 즉, 기초모형이 제공하는 성장선은 $A_{ti}=0$인 시점인 중학교 3학년 때는 2,991명의 학생들을 대상으로 개인별 월평균사교육비를 추정하는 데는 양호하지만, 학년이 높아짐에 따른 변화를 반영하는 각 학생별 성장선은 신뢰도가 낮다. $\pi_{pi}(p=0,1,2)$를 OLS 추정한 $\hat{\pi}_{pi}$값의 신뢰도가 낮으면, 각 개인별 성장선 $\mathrm{Ln}(\hat{Y}_{ti})=\hat{\pi}_{0i}+\hat{\pi}_{1i}A_{ti}+\hat{\pi}_{2i}A_{ti}^{2}$은 측정오차의 영향으로 극단적인 성장선을 제공할 수 있다. 다층모형은 $\hat{\pi}_{pi}$의 측정오차 문제를 극복하기 위하여 신뢰도를 가중치로 사용한 EB 추정치 π_{pi}^{*}를 사용한다(Lindley & Smith, 1972). 따라서 다층성장모형이 기초모형 단계에서 제공하는 개인별 성장선인 $\mathrm{Ln}(\hat{Y}_{ti})=\pi_{0i}^{*}+\pi_{1i}^{*}A_{ti}+\pi_{2i}^{*}A_{ti}^{2}$은 성장선들 사이의 개인차가 측정오차로 부풀려지지 않도록 추정된 것이다. 흔히 다층성장모형이 제공하는 개인별 성장선은 전체 평균성장선인 $\mathrm{Ln}(\hat{Y}_{ti})=\hat{\beta}_{00}+\hat{\beta}_{10}A_{ti}+\hat{\beta}_{20}A_{ti}^{2}$의 방향으로 집중된 분포를 보인다. 즉, 개인별 성장

선의 개인차를 설명할 때 다층모형에 의한 성장선은 극단치의 위험을 완화하는 효과가 있다.

② **편차량:** 〈표 5-10〉과 같이 각 시점에서의 성장률이 유사하여 성장선에서 비선형적 특성이 약하고 선형성이 강하면, 선형모형과 비선형모형 중에 어느 모형이 기초모형으로 적절한지 평가하는 준거가 필요하다. 이 경우, 적절한 모형의 선택에 참조하는 적합도 지수는 편차량이다. 〈표 5-9〉와 같은 결과를 산출한 기초모형의 편차량은 16354.779이고 자유도는 $df=7$였다.

기초모형을 안전하게 결정하는 방법은 다른 경쟁모형으로 자료를 분석한 이후에 고정효과 모수의 추정결과와 무선효과 모수의 추정결과를 비교하여 이론적으로 타당한 모형을 선정하는 원칙과 편차량이 적은 모형을 선택하는 원칙을 함께 고려할 필요가 있다.

③ **분산-공분산성분과 다중공선성:** 〈표 5-10〉에서 월평균사교육비 변수의 변화곡선은 비록 2차함수를 따르는 비선형이지만 선형 성장선에 많이 근접해 있는 것을 알 수 있다. 이 경우, 성장선 모형의 직선적 특성을 반영하는 π_{1i}와 2차항의 기울기 계수인 π_{2i}의 다중공선성(multicollinearity)이 의심된다. 다층모형은 2-수준에서 $[\pi_{0i},\ \pi_{1i},\ \pi_{2i}]$ 무선효과의 분산-공분산성분을 제공하므로 변화모수 간의 다중공선성을 확인할 수 있다. 다음은 2-수준에서 추정된 분산-공분산성분 행렬이다.

$$\hat{T}=\begin{bmatrix} 0.27088, & 0.03742, & -0.01946 \\ 0.03742, & 0.01222, & -0.00675 \\ -0.01946, & -0.00675, & 0.00715 \end{bmatrix}$$

이 분산-공분산행렬을 $\hat{\rho}=D^{-1/2}\,\hat{T}\,D^{-1/2'}$로 전환하여 상관행렬을 구한 결과는 다음과 같다.

$$\hat{\rho} = \begin{bmatrix} 1.000, & 0.650, & -0.442 \\ 0.650, & 1.000, & -0.722 \\ -0.442, & -0.722, & 1.000 \end{bmatrix}$$

위의 상관행렬에서 $Corr(\pi_{0i}^*, \pi_{1i}^*) = 0.650$이며, $Corr(\pi_{1i}^*, \pi_{2i}^*) = -0.722$이다. 따라서 변화모수 간의 상관은 매우 높은 편으로서 다중공선성이 의심된다.

일반적으로 다중공선성은 회귀모형, 로짓모형, 다층모형, 구조방정식모형 등 상관계수에 기초한 모든 통계모형에서 발생할 수 있는 것으로 알려지고 있다(Cohen et al., 2003; Hosmer & Lemeshow, 1989; Kreft & de Leeuw, 1998). 특히 회귀모형에서 다중공선성은 회귀계수의 크기와 방향에 영향을 주며, 표준오차를 크게 하고 검정통계량을 축소하고 검정력(power)을 낮추는 것으로 흔히 알려져 있다(Cohen et al., 2003). 결국 각 설명변수의 회귀계수 값과 가설검정결과는 수용하기 어렵다. 다른 한편에서 다중공선성은 각 설명변수의 효과인 회귀계수와 표준오차에 영향을 미치지만, 모형 전체의 평가결과인 R^2이나 적합도 지수 등에는 큰 영향을 미치지 않는 편으로 알려져 있다(Cohen et al., 2003; Harrell, 2001).

다층모형에서 다중공선성에 관한 연구는 흔치 않다. 다만 1-수준 설명변수와 2-수준 설명변수의 상관은 회귀계수의 해석을 어렵게 하며, 공선성을 갖는 변수의 값이 변화하는 경우 회귀계수는 큰 영향을 받을 가능성이 있다고 보고된다(Kreft & de Leeuw, 1998). 그러나 모의실험연구에서 1-수준 설명변수 간의 상관이 높을 때 고정효과 회귀계수는 다중공선성에 큰 영향을 받지 않으며, 표준오차는 영향을 받아 커지는 경향이 있으나 집단의 수나 집단 내 사례 수가 큰 경우 표준오차의 편파성은 감소하는 것으로 보고하고 있다(Shieh & Fouladi, 2003).

다층성장모형에서는 각 개인별 성장선을 정의하는 기초모형의 결정이 매우 중요하다. 그러나 앞에서 언급한 변화모수 간의 높은 상관은 2-수준(즉, 학생수준)에서 발생하는 공선성을 의미하며, 그 영향은 분명치 않다. 지금까지 서술한 기초모형이 다중공선성의 위험이 있음에도 최선의 모형인지를 판단하기 위하여 동일한 자료를 3가지 경쟁모형으로 분석하고 그 결과를 비교하였다. 여기서 검토한 경쟁모형들은 〈표 5-12〉와 같다.

〈표 5-12〉 기초모형의 적절성을 교차검정하기 위한 모형

모형 1. 선형성장모형	
1-수준: $\text{Ln}(Y_{ti}) = \pi_{0i} + \pi_{1i}A_{ti} + e_{ti}$	$e_{ti} \sim N(0, \sigma^2)$
2-수준: $\pi_{0i} = \beta_{00} + r_{0i}$ $\pi_{1i} = \beta_{10} + r_{1i}$	$\begin{bmatrix} r_{0i} \\ r_{1i} \end{bmatrix} \sim N\left(\begin{bmatrix} 0 \\ 0 \end{bmatrix}, \begin{bmatrix} \tau_{00}, \tau_{01} \\ \tau_{10}, \tau_{11} \end{bmatrix}\right)$
모형 2. 비선형성장모형	
1-수준: $\text{Ln}(Y_{ti}) = \pi_{0i} + \pi_{1i}A_{ti}^2 + e_{ti}$	$e_{ti} \sim N(0, \sigma^2)$
2-수준: $\pi_{0i} = \beta_{00} + r_{0i}$ $\pi_{1i} = \beta_{10} + r_{1i}$	$\begin{bmatrix} r_{0i} \\ r_{1i} \end{bmatrix} \sim N\left(\begin{bmatrix} 0 \\ 0 \end{bmatrix}, \begin{bmatrix} \tau_{00}, \tau_{01} \\ \tau_{10}, \tau_{11} \end{bmatrix}\right)$
모형 3. 비선형 혼합효과 성장모형	
1-수준: $\text{Ln}(Y_{ti}) = \pi_{0i} + \pi_{1i}A_{ti} + \pi_{2i}A_{ti}^2 + e_{ti}$	$e_{ti} \sim N(0, \sigma^2)$
2-수준: $\pi_{0i} = \beta_{00} + r_{0i}$ $\pi_{1i} = \beta_{10} + r_{1i}$ $\pi_{2i} = \beta_{20}$	$\begin{bmatrix} r_{0i} \\ r_{1i} \end{bmatrix} \sim N\left(\begin{bmatrix} 0 \\ 0 \end{bmatrix}, \begin{bmatrix} \tau_{00}, \tau_{01} \\ \tau_{10}, \tau_{11} \end{bmatrix}\right)$

위 세 모형은 〈표 5-9〉의 결과를 산출한 기초모형과의 경쟁모형으로 상정된 것으로 $Corr(\pi_{1i}, \pi_{2i})$에 의한 다중공선성의 영향을 받지 않는 모형들이다. 우선 모형 1은 로그월평균사교육비의 성장선을 선형모형으로 설정한 것이다. 이는 〈표 5-9〉의 결과를 산출한 기초모형의 2차항 계수가 $\hat{\beta}_{20} = -0.0101$의 추정 값으로 '0'에 가까운 값이고, 또한 선형기울기 계수와 높은 상관을 가지므로($Corr(\pi_{1i}^*, \pi_{2i}^*) = -0.722$) 기초모형에서 2차항의 변화모수를 생략해도 모형의 적절성에 차이가 없는지 검정하기 위한 것이다. 모형 2는 〈표 5-9〉의 결과를 산출하는 기초모형에서 2차항과 1차항 기울기 계수의 상관이 매우 높으므로($r = -0.722$), 2차항을 주요 변화모수로 고려하고 1차항을 생략한 모형이다. 모형 3은 종속변수의 성장선에 1차항과 2차항이 모두 필요하다는 판단이지만, 다중공선성이 개입하지 않도록 2차항의 기울기가 고정효과를 갖는 것으로 가정한 모형이다. 즉, 모형 3에서 $Var(\pi_{2i}) = 0$이며 $Corr(\pi_{1i}, \pi_{2i}) = 0$이다.

다음은 〈표 5-12〉에 제시한 3가지 경쟁모형으로 로그월평균사교육비를 분석한 결과이다.

〈표 5-13〉 로그월평균사교육비의 성장선 추정을 위한 경쟁모형들의 분석결과

	고정효과	β	SE	t	무선효과	편차량 (자유도)
모형 1	절편(β_{00})	3.28991	0.01088	302.35**	$\hat{\sigma}^2 = 0.26695$ $\hat{T} = \begin{bmatrix} 0.22279, 0.01581 \\ 0.01581, 0.01016 \end{bmatrix}$ $\hat{\rho} = \begin{bmatrix} 1.00, 0.33 \\ 0.33, 1.00 \end{bmatrix}$	16458.85 $df = 4$
	1차항(β_{10})	0.05308	0.00512	10.35**		
모형 2	절편(β_{00})	3.27844	0.01184	276.89**	$\hat{\sigma}^2 = 0.25936$ $\hat{T} = \begin{bmatrix} 0.24223, -0.00309 \\ -0.00309, 0.00343 \end{bmatrix}$ $\hat{\rho} = \begin{bmatrix} 1.00, -0.11 \\ -0.11, 1.00 \end{bmatrix}$	16516.17 $df = 4$
	2차항(β_{10})	0.01828	0.00269	6.80**		
모형 3	절편(β_{00})	3.30852	0.01188	278.44**	$\hat{\sigma}^2 = 0.26562$ $\hat{T} = \begin{bmatrix} 0.2233, 0.01593 \\ 0.01593, 0.01044 \end{bmatrix}$ $\hat{\rho} = \begin{bmatrix} 1.00, 0.33 \\ 0.33, 1.00 \end{bmatrix}$	16451.05 $df = 4$
	1차항(β_{10})	0.07715	0.00802	9.62**		
	2차항(β_{20})	−0.0149	0.00380	−3.92**		

〈표 5-13〉은 각 경쟁모형의 고정효과 회귀계수의 추정결과와 1-수준과 2-수준에서의 무선효과추정결과, 그리고 모형의 적합도 지수인 편차량 정보를 보여 준다. 우선 〈표 5-13〉의 세 모형은 모두 다중공선성과 관련이 없는 모형이다. 모형 1과 모형 3에서 무선효과 부분의 상관계수 행렬을 살펴보면, 절편계수(π_{0i})와 기울기 계수(π_{1i})의 상관계수는 모두 0.33이었고, 모형 2에서는 −0.11이었다.

〈표 5-9〉의 결과를 산출한 기초모형이 다중공선성의 영향을 받았는지 판단하기 위하여 〈표 5-13〉의 모형 1에 의한 결과와 〈표 5-9〉의 결과에서 β_{10}계수의 표준오차를 비교해 보자. 모형1에서 표준오차는 $SE(\hat{\beta}_{10}) = 0.00512$인 반면에 〈표 5-9〉에서는 $SE(\hat{\beta}_{10}) = 0.007806$이었다. 즉, 모형이 복잡해짐에 따라 오히려 표준오차가 크게 나타났으므로, 〈표 5-9〉의 결과는 다중공선성의 영향으로 타당도가 의심된다.

〈표 5-9〉의 결과가 적절한지를 평가하기 위하여 분석결과의 다른 측면을 고려하여 보자. 고정효과 모수인 회귀계수의 추정결과를 비교하면, 모형 1과 모형 3의 절편과

1차항 기울기 계수는 〈표 5-9〉의 기초모형과 매우 근접한 값을 나타내고 있다. 또한 모형 3에서 2차항의 기울기 계수 $\hat{\beta}_{20} = -0.0149$는 〈표 5-9〉의 기울기 계수 $\hat{\beta}_{20} = -0.0101$과 유사하게 '0'에 가까운 값이다. 이들 회귀계수의 가설검정결과는 모두 일치한다. 따라서 고정효과 모수의 추정결과만을 대상으로 비교하면, 모형 1, 모형 3 그리고 앞에서 서술한 기초모형은 모두 유사한 결과를 산출한 셈이다. 성장선의 모습을 기술할 때, 어느 모형으로 설명하더라도 큰 오류는 없다. 이는 회귀계수의 추정에서는 변화모수 간의 다중공선성의 영향력이 무시할 만한 수준임을 나타낸 것이다.

한 걸음 더 나아가 $\hat{\sigma}^2$의 값은 모든 모형에서 근접한 값을 나타내며, 2-수준 무선효과 모수의 추정결과($\hat{T}$)를 비교하면, 모형 1, 모형 3 그리고 〈표 5-9〉의 기초모형은 모두 $\hat{\tau}_{00}$, $\hat{\tau}_{11}$의 값이 근사하다. 이와 같은 결과에 근거할 때, 〈표 5-9〉의 결과를 산출한 기초모형과 〈표 5-13〉의 모형 1과 모형 3은 모두 유사하게 성장선을 추정하는 모형이라고 할 수 있다. 즉, 어느 모형을 사용하여도 큰 오류는 없는 것으로 판단된다. 이 경우 마지막으로 모형의 선택에서 연구자가 참조할 수 있는 것은 모형의 적합도 지수인 편차량이다. 세 모형의 편차량을 비교하면, 기초모형(16354.77; $df = 7$), 모형 1(16458.85; $df = 4$), 그리고 모형 3(16451.05; $df = 4$)에서 편차량이 가장 작은 모형은 〈표 5-9〉의 결과를 산출한 기초모형이다. 기초모형과 모형 1 및 모형 3과의 편차량의 차이를 $\chi^2(df = 3)$-통계량으로 검정한 결과 모두 통계적으로 유의하다. 따라서 다중공선성이 개입되었음에도 예시자료의 분석결과는 〈표 5-9〉의 내용이 가장 적절하다고 할 수 있다. 비교대상인 모형 중에서 가장 열악한 것은 모형 2였다.

3) 연구모형: 비선형 성장선의 변산 설명

기초모형은 연구자가 관심을 갖는 종속변수의 평균성장선과 각 개인의 성장선 분포를 요약하여 제공한다. 기초모형에 의한 분석 이후에 연구자가 갖는 질문은 왜, 어떻게 개인에 따라 성장선이 차이가 나는지 규명하는 것이다. 즉, 예시자료의 변수를 도입하여 구체적으로 다음의 연구질문에 응답을 시도한다.

> "우리나라 중 · 고등학생들이 지출하는 월평균사교육비가 중학교 2학년에서 고등학교 3학년에 이르기까지 변화하는 성장곡선은 어떤 변수의 영향을 받는가?"

이 질문은 곧 개인별 성장선의 개인차 혹은 성장선의 변산을 설명하려는 시도이다. 개인별 성장선은 기초모형의 1-수준 모형에 포함된 변화모수(π_{π})에 의하여 결정되고, 성장선의 개인차 혹은 변산은 이 변화모수의 변산을 의미한다. 선형성장모형에서 이미 설명한 바와 같이 연구모형의 1-수준 모형은 기초모형과 동일하게 유지하고, 2-수준 모형에서 π_{pi}의 변산을 설명하는 변수들을 포함한다. 여기서는 〈표 5-8〉에 제시된 2-수준 변수로 변화모수의 변산을 설명하려고 한다.

우선 식(5-23)의 1-수준 모형에서 절편계수인 π_{0i}는 중학교 3학년($A_{ti}=0$) 당시의 로그월평균사교육비이므로, 이 시기의 사교육비는 학생이 어느 학교급 수준까지 교육받길 원하는지를 반영하는 '학생교육기대' 변수의 영향을 받는 것으로 가정한다. 더 높은 학교급의 교육을 희망하는 학생들은 상급학교 진학이 중요하므로 입시에 유리한 사교육을 더 많이 받을 것이다. 또한 학업성취도 수준에 따라 사교육비 지출이 늘어나는지 감소하는지를 파악하는 것도 중요하다. 사교육이 보습효과를 위한 것이라면 학업성취도 수준과 부적 상관을 가질 것이고, 사교육이 대학입시 경쟁력에 차별성을 높이기 위한 것이라면, 즉 좋은 대학에 가려는 학생이 더 많이 사교육을 받는다면, 정적상관을 가질 것이다. 사교육비는 부모의 학력 및 소득수준과 정적인 상관을 갖는 것으로 보고되고 있다(김경근, 2009; 성낙일, 홍성우, 2008; 오호영, 2011).

1-수준 모형의 선형기울기 계수(π_{1i})는 학년이 높아질수록 사교육비를 더 가파르게

증가시키는 요인이 무엇인지 탐구하는 것이다. 여기서는 학생의 교육기대가 높고, 부모의 소득수준이 높은 학생일수록 더 사교육비가 가파르게 증가하는 것을 가정한다.

이와 같은 배경에서 예시자료를 분석하는 연구모형은 다음과 같다.

1-수준 모형:

$$\mathrm{Ln}(Y_{ti}) = \pi_{0i} + \pi_{1i}A_{ti} + \pi_{2i}A_{ti}^2 + e_{ti},\ \ e_{ti} \sim N(0, \sigma^2) \qquad (5\text{-}30)$$

2-수준 모형:

$$\pi_{0i} = \beta_{00} + \beta_{01}(\text{교육기대}) + \beta_{02}(\text{학급성적}) + \beta_{03}(\text{어머니 학력}) + \beta_{04}(\text{로그월소득}) + r_{0i}$$

$$\pi_{1i} = \beta_{10} + \beta_{11}(\text{교육기대}) + \beta_{12}(\text{로그월소득}) + r_{1i}$$

$$\pi_{2i} = \beta_{20} + r_{2i} \qquad (5\text{-}31)$$

$$\begin{bmatrix} r_{0i} \\ r_{1i} \\ r_{2i} \end{bmatrix} \sim N\left(\begin{bmatrix} 0 \\ 0 \\ 0 \end{bmatrix}, \begin{bmatrix} \tau_{00}, \tau_{01}, \tau_{02} \\ \tau_{10}, \tau_{11}, \tau_{12} \\ \tau_{20}, \tau_{21}, \tau_{22} \end{bmatrix} \right)$$

식(5-31)에서 고정효과 모수인 β 계수들은 각 설명변수가 변화모수(π_{0i}, π_{1i}, π_{2i})에 미치는 고유효과(net effect)이다.

(1) 연구모형의 가설

식(5-30)과 (5-31)은 양적연구방법을 사용하는 연구자들이 종속변수에 대한 설명변수의 효과를 검정하는 전형적인 유형의 통계모형이다. 연구자의 가설은 고정효과모수와 무선효과모수에 대한 가설로 분류된다.

π_{0i}에 대한 설명변수의 고정효과를 검정하기 위한 가설은 다음과 같다.

$$H_0 : \beta_{0q} = 0,\ \ H_A : \beta_{0q} \neq 0,\ \text{여기서}\ q = 1, 2, 3, 4$$

이어서 π_{1i}에 대한 고정효과 모수의 가설은 다음과 같다.

$$H_0 : \beta_{1q} = 0, \quad H_A : \beta_{1q} \neq 0, \text{ 여기서 } q = 1,2.$$

이 가설들을 검정하기 위한 통계량은 t-검정통계량이며, 자유도는 $df = n - Q_p$이다. 여기서 Q_p는 p번째 변화모수 모형에서 설정된 고정효과 모수(β)의 수이다. 따라서 $H_0 : \beta_{0q} = 0$, $H_A : \beta_{0q} \neq 0$의 가설을 검정하기 위한 t-검정통계량의 자유도는 $n - 5 = 2986$이며, $H_0 : \beta_{1q} = 0$, $H_A : \beta_{1q} \neq 0$의 가설 검정을 위한 t-분포의 자유도는 $n - 3 = 2988$이다.

다음에 무선효과 모수에 대한 가설은 변화모수의 변산을 설명한 이후에도 잔차분산이 '0'이 아니라는 증거가 충분한지를 검정하기 위한 것이다. 식(5-31)에서 잔차분산은 3개다.

$$\begin{aligned} &H_0 : \tau_{00} = 0, \ H_A : \tau_{00} > 0 \\ &H_0 : \tau_{11} = 0, \ H_A : \tau_{11} > 0 \\ &H_0 : \tau_{22} = 0, \ H_A : \tau_{22} > 0 \end{aligned} \tag{5-32}$$

위에서 검정하는 무선효과는 변화모수의 잔차분산이므로, 이에 대한 해석도 변화모수의 의미를 반영하면 용이하다. 기초모형에서와 마찬가지로 여기서의 잔차분산은 χ^2-검정통계량으로 검정하며, 자유도는 충분통계량을 산출할 수 있는 사례 수만 반영된다. χ^2-값은 자유도가 높아질수록 영가설을 기각할 확률이 커지므로 단순히 χ^2 검정결과를 참조하기보다는 경쟁모형과의 관계에서 편차량의 변화량을 참조하는 것이 더 적절하다.

(2) 분석결과

다음 〈표 5-14〉는 식(5-30)과 식(5-31)로 로그월평균사교육비 성장선의 개인차를 분석한 결과이다.

〈표 5-14〉 로그월평균사교육비의 비선형성장선에 대한 설명변수의 효과 분석결과

고정효과	회귀계수	표준오차	t	자유도	p
절편계수(π_{0i})모형					
절편(β_{00})	3.29013	0.01058	310.853	2986	0.000
교육기대(β_{01})	0.05737	0.01557	3.685	2986	0.000
영어학급성적(β_{02})	0.07683	0.01068	7.189	2986	0.000
어머니 학력(β_{03})	0.07442	0.00943	7.886	2986	0.000
로그월소득(β_{04})	0.58307	0.02272	25.662	2986	0.000
1차항 계수(π_{1i}) 모형					
절편(β_{10})	0.05931	0.00769	7.706	2988	0.000
교육기대(β_{11})	0.03064	0.00993	3.086	2988	0.002
로그월소득(β_{12})	0.02641	0.01280	2.063	2988	0.039
2차항 계수(π_{2i}) 모형					
절편(β_{20})	−0.01083	0.00412	−2.626	2990	0.009

〈표 5-14〉는 1-수준 모형의 변화모수인 $\pi_{0i}, \pi_{1i}, \pi_{2i}$의 개인차 변산을 설명하는 변수들의 효과를 추정한 결과를 보여 준다. 우선 성장선의 개인차를 설명하기 위하여 모형에 포함된 모든 설명변수들은 통계적으로 유의한 결과를 보이고 있다. 표에서 자유도가 다른 것은 $df = n - Q_p$에서 변화모수에 따라 추정대상인 회귀계수의 수(Q_p)가 다르기 때문이다. 예를 들어, $H_0 : \beta_{20} = 0$의 가설검정을 위한 t-값의 자유도는 $n - Q_2 = 2991 - 1 = 2990$이다.

① 고정효과 모수 추정치: 〈표 5-14〉의 구조에서 보이는 것처럼 복잡한 다층모형의 결과는 2-수준 모형에서 종속변수로 제시하고 있는 $\pi_{0i}, \pi_{1i}, \pi_{2i}$의 의미를 살려서 해석하는 것이 용이하다. π_{0i}는 중학교 3학년 당시의($A_{ti} = 0$) 각 개인별 로그월평균사교육비이다. π_{1i}는 중학교 2학년에서 고등학교 3학년에 이르기까지의 평균 성장률이다. π_{2i}는 π_{1i}로 선형증감을 설명한 이후에 2차항의 고유효과이다. 가속효과라고 할 수 있다.

〈표 5-14〉에서 π_{0i}에 대한 분석결과, 중학교 3학년 학생들의 월평균사교육비는 학생이 기대하는 교육수준과 학급성적, 어머니의 학력이 높고, 가구월소득이 높을수록 큰 것으로 나타났다. 즉, 가정의 학력지표와 경제수준이 월평균사교육비를 결정하는 기능을 한다.

π_{1i}에 대한 분석결과, 우리나라 중·고등학생들의 사교육비는 학년이 높아짐에 따라 학생의 교육기대와 가구의 소득수준이 사교육비의 선형적인 증가와 관련이 있다. 아울러 π_{2i}가 의미하는 2차항의 고유효과(β_{20})도 통계적으로 유의한 수준에서 존재한다.

다층성장모형의 분석결과에서 고정효과 모수의 추정결과를 해석하는 방법은 선형성장모형에 의한 〈표 5-5〉의 분석결과를 해석하면서 다양하게 시도한 바 있다. 즉, 각 회귀계수마다 고유효과로 해석하는 방법, 변수들의 맥락을 고려하여 변수군의 영향력으로 해석하는 방법, 각 변수의 척도에서 의미 있는 단위를 선택하여 해석하는 방법 등이다.

특히 이론과 실제의 관점에서 모형에 의하여 추정된 결과와 실제현상과의 연계성을 높이는 해석이 유용하다. 예를 들어, 〈표 5-14〉의 결과를 적용하였을 때 현장에서 의미 있는 비교집단들이 어떠한 차별성을 보이는지 드러내는 작업은 유용하다. 〈표 5-14〉의 결과는 월평균사교육비가 가정의 학력지표와 소득수준에 의하여 영향을 받는 것으로 보고하고 있다. 사교육비의 규모가 사교육의 질과 관계가 있다면, 가구의 소득수준에 따른 사교육비의 차이는 교육기회의 차이로 해석될 수 있다. 다른 변수들의 조건은 동일한 상태에서 가구소득수준에 따른 사교육비의 성장선이 어떻게 차별화되는지를 파악하기 위하여 한 학생은 가구소득이 월 1,000만 원이며, 또 다른 학생은 월 300만 원인 경우를 비교해 보자. 이 경우, 식(5-31)을 다음과 같이 변형하여 제시할 수 있다.

$$\begin{aligned} \pi_{0i} &= \beta_{00} + \beta_{04}(\text{로그월소득}) + C_0 \\ \pi_{1i} &= \beta_{10} + \beta_{12}(\text{로그월소득}) + C_1 \\ \pi_{2i} &= \beta_{20} \end{aligned} \qquad (5\text{-}33)$$

위 식에서 C_0는 π_{0i}의 모형에서 다른 변수들의 조건이 모두 동일한 경우를 상수로 표현한 것이며, C_1은 π_{1i}의 모형에서 다른 변수들의 동등한 조건을 표현한 것이다. 편의상 학생의 교육기대, 학급성적, 어머니 학력을 모두 평균수준으로 동일하게 설정하면 2-수준에서 모든 설명변수들은 전체평균 중심화(grand mean centering) 하였으므로 식(5-33)에서 $C_0 = C_1 = 0$이다. 또한 오차항(r_{0i}, r_{1i}, r_{2i})의 평균은 모두 '0'이므로 식에서 삭제하였다.

이제 식(5-33)을 1-수준 모형에 대입하면 다음 식을 구할 수 있다.

$$\mathrm{Ln}(Y_{ti}) = \beta_{00} + \beta_{04}(\text{로그월소득}) + \beta_{10}A_{ti} + \beta_{12}(\text{로그월소득})A_{ti} + \beta_{20}A_{ti}^2$$

다음 식(5-34)는 이 식을 시간변수의 비선형성장함수로 정리한 것이다.

$$\mathrm{Ln}(Y_{ti}) = (\beta_{00} + \beta_{04}(\text{로그월소득})) + (\beta_{10} + \beta_{12}(\text{로그월소득}))A_{ti} + \beta_{20}A_{ti}^2 \tag{5-34}$$

이제 식(5-34)에 추정된 회귀계수와 전체평균으로 중심화한 로그월소득 값을 대입하면, 〈표 5-8〉에서 $\overline{\text{로그월소득}} = 5.6620$이므로, 소득수준이 1,000만 원인 경우($\mathrm{Ln}(1000) - 5.6620 = 1.24575$)와 300만 원인 경우($\mathrm{Ln}(300) - 5.6620 = 0.04178$)를 대입하면 두 학생의 비선형 성장선을 구할 수 있다.

다음은 가구소득 수준이 1,000만 원인 학생의 사교육비 성장선이다.

$$\begin{aligned}\mathrm{Ln}(Y_{ti}) &= (3.29013 + 0.58307(1.24575) \\ &\quad + (0.059316 + 0.026418(1.24575))A_{ti} - 0.010830A_{ti}^2 \\ &= 4.01649 + 0.09223A_{ti} - 0.01083A_{ti}^2\end{aligned}$$

동일한 방법으로 구한 가구소득 수준이 300만 원인 학생의 사교육비 성장선이다.

$$\mathrm{Ln}(Y_{ti}) = 3.31449 + 0.06041A_{ti} - 0.01083A_{ti}^2$$

다음 〈표 5-15〉는 두 학생의 사교육비 성장선으로 학년별 월평균 사교육비를 비교한 것이다.

〈표 5-15〉 가구소득이 다른 두 학생의 학년별 월평균사교육비(만 원) 비교

학년(A_{ti})	중 2(-1)	중 3(0)	고 1(1)	고 2(2)	고 3(3)
가구소득=1,000					
$\mathrm{Ln}(Y_{ti})$	3.91343	4.01649	4.09789	4.15763	4.571
Y_{ti}	50.0703	55.5059	60.2131	63.98	66.4008
가구소득=300					
$\mathrm{Ln}(Y_{ti})$	3.24325	3.31449	3.36407	3.399	3.39825
Y_{ti}	25.6168	27.5083	28.9066	29.7250	29.9117

〈표 5-15〉의 수치는 식(5-34)를 가구소득수준이 다른 두 학생에 적용하여 산출한 것이다. 식(5-34)를 함수로 사용하면, 다양한 가구소득수준에서 학생들의 월평균사교육비의 성장선을 도표로 나타낼 수 있다. 다음의 [그림 5-8]은 〈표 5-15〉에 제시된 값을 Y축의 측정단위를 $\mathrm{Ln}(Y_{ti})$인 경우와 만원 단위인 Y_{ti}로 나타낸 것이다. 그림 상단의 두 그래프는 가구소득=1000인 경우이며, 하단의 두 그래프는 가구소득=300인 경우이다.

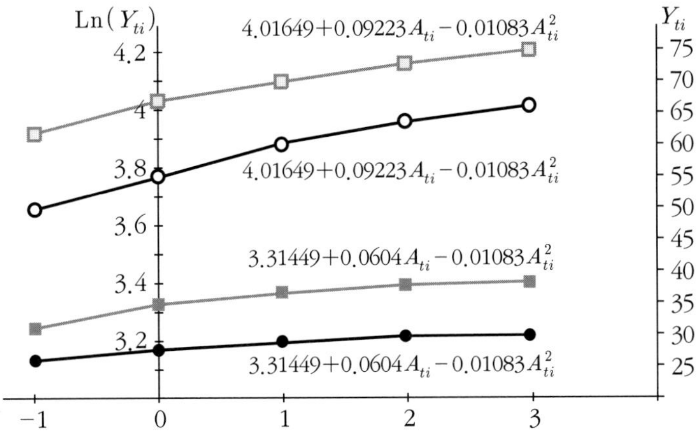

그림 5-8 가구소득이 다른 두 학생의 월평균 사교육비 성장선 비교

② 무선효과 모수 추정치: 식(5−30)과 식(5−31)을 합치면 단일식으로 연구모형을 표현할 수 있다. 이 모형에서 무선효과는 $r_{0i} + r_{1i}A_{ti} + r_{2i}A_{ti}^2 + e_{ti}$이다. 다음 〈표 5−16〉은 이들 무선효과 변수들의 모수를 연구모형으로 추정한 결과이다.

〈표 5−16〉 로그월평균 사교육비 성장선의 무선효과 모수 추정결과와 적합도

무선효과	표준편차	분산성분	χ^2	자유도	p
절편(r_{0i})	0.38034	0.14465	2933.9496	1630	0.000
1차항 기울기(r_{1i})	0.10061	0.01012	1795.20	1632	0.003
2차항 기울기(r_{2i})	0.08205	0.00673	1859.9391	1634	0.000
1−수준 오차(e_{ti})	0.49390	0.24394			

〈표 5−16〉은 2−수준 잔차항의 분산성분과 1−수준의 오차분산의 추정결과를 보고하고 있다. 우선 2−수준 분산성분의 크기를 χ^2−검정한 결과, $H_0 : \tau_{00} = 0$, $H_0 : \tau_{11} = 0$, 그리고 $H_0 : \tau_{22} = 0$의 영가설은 모두 기각되었다. 따라서 월평균사교육비 성장선의 개인차는 절편계수, 1차항 계수, 2차항 계수에서 여전히 존재한다. 따라서 연구자는 추

가적인 설명변수를 연구모형에 도입하여 잔차분산의 크기를 줄이는 노력이 필요하다. 그러나 다른 한편에서 χ^2-검정은 통계적 검정이며, 추정된 잔차분산의 크기가 절대적인 관점에서 큰 것인지는 검토의 대상이다. 〈표 5-16〉에서 χ^2-검정통계량의 자유도는 충분통계량을 산출할 수 있는 사례 수 1635에서, 2-수준 모형에서 추정된 고정효과 모수의 수를 뺀 것이다. 이 자유도의 크기는 매우 크므로, 사실상 잔차분산이 아주 작아도 통계적으로 유의한 결과가 나올 수 있다. 2차항 무선효과 모수의 분산성분은 이미 기초모형의 결과인 〈표 5-9〉에서부터 작은 편이었으며, 기초모형에 의한 추정 결과 π_{1i}와 π_{2i}의 95% 신뢰구간의 폭은 충분히 작았다. 따라서 $\hat{\tau}_{11}$과 $\hat{\tau}_{22}$의 크기는 충분히 작은 것으로 이해된다.

〈표 5-16〉에서 1-수준 오차분산은 $\hat{\sigma}^2 = 0.24394$이며, 〈표 5-9〉에 제시된 기초모형의 추정 값 $\hat{\sigma}^2 = 0.24275$와 비교하면 그 차이가 무시할 만한 수준이다. 두 값의 차이는 복잡한 계산과정에서 발생하는 오차이며, 이론적으로 두 값은 같다. 즉, 연구모형에서처럼 2-수준 모형에 설명변수를 추가하여도 1-수준 모형의 오차분산은 영향을 받지 않는다.

(3) 연구모형의 부가정보

① 결정계수(R^2): 〈표 5-9〉에서 하단의 무선효과 모수 추정의 결과는 기초모형으로 추정한 개인별 성장선이 어느 정도 개인차를 갖는지 알려 주는 정보이다. 연구모형은 성장선의 개인차가 어떤 변수의 영향인지를 밝히는 것이므로, 연구자의 모형이 성공적인 모형인지를 평가할 필요가 있다. 식(5-22)에 제시한 방법으로, 성장선들의 개인차가 어느 정도 설명되었는지 계산할 수 있다. 즉, 〈표 5-9〉의 무선효과 정보와 〈표 5-16〉의 분산 추정 값을 이용하면, 연구모형의 절편변화모수에 대한 결정계수는 다음과 같다.

$$R^2(\pi_{0i}) = \frac{0.27088 - 0.14465}{0.27088} = 0.466$$

π_{0i}의 분산 중에서 약 46.6%의 분산이 연구모형으로 설명되었다. 즉, 중학교 3학년의 월평균사교육비는 연구모형에 포함된 '교육기대', '영어학급성적', '어머니 학력' 그리고 '월평균사교육비'로 46.6%가 결정되며, 여전히 알려지지 않은 변수들에 의하여 월평균사교육비에 개인차가 존재한다. 동일한 방법으로 계산하면, 성장선의 1차항 계수의 분산은 $R^2(\pi_{1i}) = 0.172$로서 약 17.2%가 설명되었다. 기초모형에서 성장선의 2차항 계수(π_{2i})의 변산을 설명하는 변수는 없었으므로 결정계수를 산출할 필요가 없다. 즉, 〈표 5-9〉와 〈표 5-16〉에서 $\hat{\tau}_{22}$의 값은 사실상 동일한 모수를 추정한 것이며, 추정 값의 차이는 계산과정에서 발생한 반올림 오차이다.

② **편차량**: 연구자가 제기한 다층모형의 적합도를 평가할 수 있는 통계량은 편차량이다. 2-수준 다층모형의 추정방법은 MLR(Maximum Likelihood for Random) 방법을 사용하므로 편차량을 산출하는 우도함수로 추정하는 모수의 수는 무선효과 모수이다. 연구모형에 의한 추정결과 편차량은 15157.13218이며, 모수의 수는 1-수준의 σ^2와 2-수준의 6개 분산-공분산성분이다. 따라서 기초모형과 연구모형에서 무선효과의 수는 다 같이 7이다. 즉, MLR의 관점에서 두 모형은 동형이다. 그러나 고정효과 모수의 추정으로 연구모형에서의 편차량이 더 작아진다.

이제 기초모형과 연구모형의 편차량은 각각 $D_0 = 16354.779$, $D_1 = 15157.132$이므로 두 모형에서 편차량의 차이는 $D_0 - D_1 = 1197.647$이다. 즉, 자유도가 동일한 모형이지만, 연구모형에서의 우도함수가 더 포화모형에 근접한 것으로 평가할 수 있다.

---

1) 한국교육개발원(한국교육종단연구, KELS), 한국직업능력개발원(한국교육고용패널, KEEP), 한국청소년정책연구원(한국청소년패널조사, 한국아동청소년패널조사, KYPS, KCYPS), 한국육아정책연구소(한국아동패널, PSKC) 등 다양하다.

2) 변화궤적분석(trajectory analysis)은 다양한 용어로 대체되어 사용된다. 인간행동의 성장과 발달을 강조하는 영역에서는 성장곡선분석(growth curve analysis) 혹은 성장궤적분석(growth trajectory analysis)으로도 명명된다. 성장궤적은 선형인 경우와 비선형인 경우가 모두 가능하고, 여러 용어를 혼용하는 것은 불필요한 용어 혼란을 초래하므로 간명성을 높이기 위하여 이후로는 성장선분석 혹은 성장곡선분석(growth curve analysis)으로 통일하여 사용한다.

제6장

다층모형의 특별주제와 잔차분석

1. 다층모형의 응용과 특수성
2. 다층모형의 명세화와 중심화 방법
3. 분석단위의 효과 추정과 단위기관 평가
4. 다층모형의 적절성 평가와 잔차분석

제6장

다층모형의 특별주제와 잔차분석

1. 다층모형의 응용과 특수성

1980년대 중반 다층모형이 처음 학술지에 발표되자(Aitkin & Longford, 1986; Goldstein, 1986; Raudenbush & Bryk, 1986) 연구자들의 관심이 집중되었다. 이 논문들이 연구자의 관심을 모으게 된 가장 큰 이유는 방법론적인 가치를 인정받았기 때문이다. 즉, 위계적 자료를 방법론적으로 타당하게 분석하는 통계모형의 출현은 과학의 진보를 이루는 일이었다. 그러나 또 한편 다층모형을 소개하는 논문들이 연구자들의 관심을 끌게 된 것은 이 모형의 응용 가능성이 매우 폭넓은 학문영역에서 밝혀지고, 모형이 복잡한 단점은 있으나 그만큼 모형 명세화에 선택사항도 많은 장점을 가졌기 때문이다. 특히 1986년에 다층모형을 처음 소개한 세 논문은 모두 교육기관의 효과를 추정하고 평가하는 방법을 분석 예시로 제공하여 교육학 분야에서 다층모형이 빠르게 확산되었다. 그러나 다층자료는 교육 이외의 영역에서도 보편적으로 존재하는 현상이므로 다층모형은 통계모형으로서 보편성을 갖게 되었다.

다층모형은 전통적인 통계모형보다 중심화 방법(centering methods)을 많이 사용하기 때문에 모형이 더 복잡하게 표현된다. 우선 다층모형은 회귀모형이나 분산분석모형과 달리, 복수의 분석단위에 대한 모형화 작업이 필요하다. 특히 상위 수준(예: 2-수준) 분석단위에 대한 모형은 다변량 모형(multivariate model)이므로, 1-수준에서 설명변수를 선택하고 중심화(centering)를 하는 방법과 2-수준에서 설명변수를 중심화하는 방법에 따라 추정된 회귀계수가 갖는 의미와 추정 값은 달라진다(Kreft, de Leeuw, & Aiken, 1995; Raudenbush & Bryk, 2002; 강상진, 정혜경, 2002). 또한 설명변수의 중심화 방법에 따라 1-수준과 2-수준 분산-공분산성분의 추정결과도 다를 수 있다(Raudenbush, 1989; Algina & Swaminathan, 2011). 설명변수를 중심화하는 방법은 다층모형에서 보편적으로 활용되는 방법이지만, 중심화 방법에 대한 체계적인 이해가 부족한 상태에서 다층모형을 응용하여 자료를 분석하는 경우는 빈번하다.

다층모형의 복잡한 구조는 그만큼 연구자에게 많은 선택사항을 제공하는 장점도 있다. 다층모형이 발표된 이후, 이 모형의 창의적인 활용 방법은 지속적으로 개발되었다. 예를 들어, 학교효과(school effects) 혹은 학교효과성(school effectiveness) 연구들은 다층모형의 명세화 작업만으로 무선효과를 갖는 각 단위학교의 효과를 추정하는 방법을 고안하였으며(Willms & Raudenbush, 1989; Willms, 1992; 강상진, 김현주, 2001; 강상진, 이영, 주은희, 남궁지영, 2004), 이후에 나타난 부가가치모형(Value Added Model)은 사실상 모형의 명세화만 특수한 것인데도 별도의 통계모형인 것처럼 분류되는 경우도 발생하였다(Ballou, Sanders, & Wright, 2004; McCaffrey, Lockwood, Koretz, Louis, & Hamilton, 2004; 강상진, 차인숙, 김성연, 2009; 강상진 & 황정원, 2010; 오유경 & 강상진, 2014).

모든 통계모형은 수학모형이 갖는 특수성을 갖는다. 즉, 특수한 조건 또는 가정(assumptions)이 충족된 상황에서 통계모형은 타당한 결과를 산출한다. 다층모형은 복수의 분석단위를 분석하는 모형이기 때문에 통계모형으로서 갖는 가정도 전통적인 모형들보다 복잡하다. 따라서 다층모형에 의한 분석결과가 적절한 것인지를 평가하는 기본 절차는 연구자의 모형으로 자료를 분석한 이후에 잔차의 분포를 검토하는 것이다. 모형이 갖는 가정을 정확히 이해하고 이에 따라 잔차분석(residual analysis)을 수행하는 것은 다른 통계모형을 사용하는 경우와 같다. 한 걸음 나아가 다층모형은 복수의 표집 혹은 관찰 단위를 분석하므로 각 수준별로 잔차가 존재하는 특징이 있다. 특히 상위수준(예: 2-수준) 분석에서는 각 집단별로 모든 무선효과가 추정되므로, 각 기관별

효과나 개인별 성장선을 추정하는 것을 가능케 한다(Raudenbush & Bryk, 2002).

이 장에서는 다층모형의 특수성에 따른 모형 명세화 기법으로 설명변수의 중심화 방법을 제시하고, 사회체제의 보편적 현상으로서 집단에 개인이 속하는 경우에 각 집단의 효과와 프로그램의 효과를 추정하는 방법을 검토한다. 끝으로 다층모형의 적절성을 검토하고, 분석단위별 정보를 제공하는 잔차 파일의 내용과 활용 방법을 검토한다.

2. 다층모형의 명세화와 중심화 방법

다층모형에서 중심화 방법은 모형의 명세화 방법으로 흔히 추천되는 방법이다. 그러나 다양한 중심화 방법에 따른 모수의 해석 방법은 혼란을 초래할 수 있다. 중심화 방법은 설명변수의 척도를 변환하는 방법이며, 설명변수 분포의 수학적 중심을 결정하는 방법이다. 예를 들어, X_{ij} 변수를 $(X_{ij}-3)$으로 전환한 경우를 다층모형에서 고려해 보자. 이 경우 $(X_{ij}-3)$은 X_{ij} 변수를 '3'으로 중심화한 것이다. 또한 $X_{ij}-3=0$을 충족하는 조건은 $X_{ij}=3$인 경우로서 $X-Y$ 좌표에서 Y축의 위치를 $X_{ij}=3$인 지점으로 이동하는 효과가 있다. X_{ij} 변수와 $(X_{ij}-3)$을 모형에 사용하는 경우, 어떤 차이가 있는지 다음의 1-수준 모형들을 고려해 보자.

모형 1: $Y_{ij}=\beta_{0j}+\beta_{1j}X_{ij}+e_{ij}, \qquad e_{ij}\sim(0,\sigma^2)$

모형 2: $Y_{ij}=\beta_{0j}+\beta_{1j}(X_{ij}-3)+e_{ij}, \qquad e_{ij}\sim(0,\sigma^2)$

모형 3: $Y_{ij}=\beta_{0j}+\beta_{1j}Z_{ij}+e_{ij}, \qquad e_{ij}\sim(0,\sigma^2)$

위 세 모형에서 $Z_{ij}=(X_{ij}-3)$이라고 하면, 모형 2와 모형 3은 같은 모형을 반복한 것에 불과하다. 여기서 Z_{ij} 변수는 모형 1에서의 X_{ij}변수를 선형전환한 변수이고, $Corr(X_{ij}, Z_{ij}) = 1.00$이고 $Var(X_{ij}) = Var(Z_{ij})$이므로, 세 모형에서 기울기 계수 β_{1j}의 추정 값은 동일하게 된다. 그러나 모형 1과 모형 2에서의 β_{0j}는 다른 값을 가지며, 그 의미도 다르다. 즉, 설명변수의 중심화는 절편 회귀계수의 추정 값과 결과 해석에 혼란을 줄 수 있다. X_{ij} 변수를 $(X_{ij}-3)$으로 전환한 경우가 암시하는 것은 모든 설명변수를 임의의 상수 혹은 변수 값으로 중심화할 수 있다는 것이다. 이때 연구자가 선택하는 상수 혹은 변수는 특별한 의미가 있는 것이며, 이 선택으로 연구자는 모수 해석에서 특수한 효과를 기대할 수 있다.

1) 다층모형의 중심화 방법과 개념

(1) 중심화 방법의 유형

다층모형의 중심화 방법을 횡단자료 분석에 활용하는 경우는 매우 다양할 수 있다. 하지만 보다 효과적으로 중심화 방법의 유형을 설명하기 위하여, 다음의 2-수준 다층모형을 고려한다.

$$\text{1-수준 모형: } Y_{ij} = \beta_{0j} + \beta_{1j}X_{ij} + e_{ij},\ \ e_{ij} \sim N(0, \sigma^2) \qquad (6\text{-}1)$$

$$\text{2-수준 모형: } \beta_{0j} = \gamma_{00} + \gamma_{01}\overline{X}_{.j} + u_{0j}$$

$$\beta_{1j} = \gamma_{10} + u_{1j} \qquad (6\text{-}2)$$

$$\begin{bmatrix} u_{0j} \\ u_{1j} \end{bmatrix} \sim N\left(\begin{bmatrix} 0 \\ 0 \end{bmatrix}, \begin{bmatrix} \tau_{00}, \tau_{01} \\ \tau_{10}, \tau_{11} \end{bmatrix} \right)$$

위 모형에서 Y_{ij}는 j학교에 재학하는 i학생의 영어성취도이다. X_{ij}는 연속변수(SES 변수)이고, 2-수준 모형에서 $\overline{X}_{.j}$는 j학교에서 X_{ij}의 평균이다. 모형의 다른 항들은 이전 장들에서 서술한 바와 같으며, 1-수준 분석단위는 각 학교별로 $i = 1, 2, \ldots n_j$명의 학생이며, 2-수준 분석단위는 $j = 1, 2, \ldots J$개 학교이다. 즉, 자료는 불균형 자료이며,

무선효과의 가정도 동일하다.

일반적으로 횡단연구를 위한 다층모형에서 설명변수의 중심화 방법은 1-수준 설명변수와 2-수준 설명변수에서 모두 고려될 수 있다. 다음은 횡단자료 분석을 위한 다층모형에서 설명변수의 중심화 방법을 정리한 것이다.

〈표 6-1〉 횡단자료 분석을 위한 다층모형에서 설명변수의 중심화 방법

중심화 방법		변수의 전환
1-수준 설명변수	전체평균 중심화	$X_{ij}-\overline{X}_{..}$
	집단평균 중심화	$X_{ij}-\overline{X}_{.j}$
	상수 중심화	$X_{ij}-C$
	비중심화	X_{ij}
2-수준 설명변수	전체평균 중심화	$\overline{X}_{.j}-\overline{X}_{..}$
	상수 중심화	$\overline{X}_{.j}-C$
	비중심화	$\overline{X}_{.j}$

〈표 6-1〉에 의하면, 식(6-1)과 식(6-2)로 표현된 다층모형에서 각 중심화 방법에 따라 전환된 1-수준과 2-수준 설명변수를 모형에 포함하는 모든 경우의 수를 고려하면, 전체 $4\times3=12$가지이다. 비중심화는 변수의 값을 '0'으로 중심화한 것으로 이해할 수 있다. 그러나 결론적으로 미리 밝히면, 2-수준 설명변수의 3가지 중심화 방법은 모두 특정한 상수 값($\overline{X}_{..}$, C, 0)에 중심화를 한 것에 불과하므로 모형의 기본적인 성격을 바꾸지 않는다. 즉, 어느 방법으로 중심화를 하여도 연구자는 2-수준 기울기 계수의 모수 추정과 가설 검정에서 같은 결론에 도달할 수 있다. 마찬가지로 1-수준 변수의 전체평균 중심화($X_{ij}-\overline{X}_{..}$), 상수 중심화($X_{ij}-C$), 그리고 비중심화도 궁극적으로는 1-수준 기울기 계수의 추정에서 동일한 결과를 산출하는 명세화 방법이다. 그 이유는 다층모형이 선형모형(linear model)인 이상 설명변수의 선형전환은 기울기 회귀계수 추정에 영향을 미치지 않기 때문이다. 이를 달리 표현하면, $Corr[X_{ij}, (X_{ij}-C)]=1.00$

인 것이다. 여기서 C는 임의의 상수이며, $\overline{X}_{..}$도 상수이다. 그러나 그 어느 경우든 설명변수의 중심화 방법에 따라 각 수준에서 절편 회귀계수(β_{0j}, γ_{00})의 직접적인 의미는 달라지므로 해석에 유의해야 한다.

설명변수의 중심화에서 특별한 주의를 요하는 것은 집단평균 중심화($X_{ij}-\overline{X}_{.j}$)이다. 수리적으로 $\overline{X}_{.j}$와 $(X_{ij}-\overline{X}_{.j})$는 $\overline{X}_{.j} \perp (X_{ij}-\overline{X}_{.j})$의 관계로서 두 변수는 서로 독립이다. 그러나 X_{ij}와 $(X_{ij}-\overline{X}_{.j})$는 높은 상관을 갖는 별개의 변수로 이해하는 것이 적절하다. 이는 개인의 특성인 X_{ij}와 조직의 특성인 $\overline{X}_{.j}$를 다른 변수로 이해하는 것과 같은 논리이다. 다층모형의 1-수준 모형에 X_{ij}를 설명변수로 사용하는 경우와 $(X_{ij}-\overline{X}_{.j})$를 사용하는 경우에 연구자가 추정하는 회귀계수의 값은 다르며, 2-수준 무선효과인 분산-공분산도 달라진다(Raudenbush, 1989; 강상진 & 정혜경, 2002).

(2) 1-수준 변수의 중심화와 회귀계수의 의미

다층모형에서 설명변수의 중심화 방법의 효과를 쉽게 이해하는 방법은 모형을 수준별로 제시하는 것이다. 다음은 1-수준 모형을 서로 다른 방법으로 중심화를 한 경우이다.

비중심화 모형: $Y_{ij} = \beta^a_{0j} + \beta^a_{1j} X_{ij} + e_{ij}$

집단평균 중심화 모형: $Y_{ij} = \beta^b_{0j} + \beta^b_{1j}(X_{ij} - \overline{X}_{.j}) + e_{ij}$

전체평균 중심화 모형: $Y_{ij} = \beta^c_{0j} + \beta^c_{1j}(X_{ij} - \overline{X}_{..}) + e_{ij}$

상수 중심화 모형: $Y_{ij} = \beta^d_{0j} + \beta^d_{1j}(X_{ij} - C) + e_{ij}$

위 네 모형에서 β_{1j}는 모두 종속변수에 대한 X_{ij}의 기울기 계수로서 같은 의미를 갖는다. 다만 기울기의 추정 값은 $\hat{\beta}^a_{1j} = \hat{\beta}^c_{1j} = \hat{\beta}^d_{1j}$이고, 집단평균($X_{ij}-\overline{X}_{.j}$)으로 중심화한 경우인 $\hat{\beta}^b_{1j}$만 그 값이 다르다. 그 이유는 X_{ij}변수에 상수를 더하거나 빼는 것은

상관계수에 영향을 미치지 않기 때문이다. 그러나 $(X_{ij}-\overline{X}_{.j})$는 X_{ij}에서 상수가 아닌 변수($\overline{X}_{.j}$)를 빼는 것이므로 사실상 $(X_{ij}-\overline{X}_{.j})$와 X_{ij}는 서로 다른 변수로 이해하는 것이 정확하다. 그럼에도 $(X_{ij}-\overline{X}_{.j})$와 X_{ij}는 높은 상관을 갖는 변수이며, $Var(\overline{X}_{.j})=\sigma^2_{\overline{X}}$의 값이 0에 접근할수록 두 변수의 상관은 1.0에 접근한다. 즉, $Var(\overline{X}_{.j})=\sigma^2_{\overline{X}}$ 값이 작을수록 $\hat{\beta}^b_{1j}$의 값은 다른 기울기 계수 값에 접근한다. 결론적으로 β_{1j}는 모두 종속변수에 대한 X_{ij}의 기울기 계수로서 같은 의미를 갖지만, β^b_{1j}는 X_{ij} 변수의 효과를 과소 추정(under estimation)하게 된다.

다층모형에서 중심화가 강조되는 더 큰 이유는 중심화로 인하여 절편계수의 값과 의미가 모두 다르게 바뀌기 때문이다. 다음은 앞 네 모형에서 절편계수의 의미이다.

β^a_{0j}: 각 학교별 절편계수로서 X_{ij}가 '0'일 때 Y_{ij}의 학교별 평균값이다. $X_{ij}=0$인 사례가 없다면 흔히 이 값은 회귀선의 연장이 Y축을 절단하는 값에 불과하다.

β^b_{0j}: j학교의 종속변수 원점수 평균이다.

β^c_{0j}: X_{ij}의 변수에서 학교 간 차이가 없도록 모든 학교의 X변수 값이 $\overline{X}_{..}$인 상태에서 종속변수의 학교별 교정평균이다.

β^d_{0j}: X변수의 값이 모든 학교에서 C의 값을 갖는다면 기대되는 종속변수의 학교별 교정평균이다. 이 경우, C는 연구자가 특별한 의미를 부여하는 X_{ij}의 값이다.

앞 식에서 절편계수 β_{0j}의 의미는 모두 다르므로 이 잠재변수를 종속변수로 하는 2-수준 모형의 절편계수 γ_{00}와 오차 분산인 $Var(u_{0j})=\tau_{00}$도 다른 경우가 발생한다. 집단수준에서 학교 평균의 분산을 추정하는 데 가장 정확한 값을 산출하는 모형은 집단평균 중심화 모형이다. 즉, 절편계수 β_{0j}가 각 학교의 원점수 평균이므로 β^b_{0j}의 추정값은 가장 높은 신뢰도를 갖는다.

2) 1-수준 설명변수의 집단평균 중심화 방법과 고정효과 회귀계수 추정

다층모형에서 1-수준 설명변수를 중심화하는 방법은 〈표 6-1〉에 제시된 바와 같이 다양하다. 여기서는 1-수준 설명변수를 $(X_{ij} - \overline{X}_{.j})$로 중심화하는 경우에 고정효과 회귀계수의 의미와 추정결과가 어떻게 변하는지 검토하고자 한다. 집단평균 중심화 방법의 영향을 효과적으로 설명하기 위하여 다음 세 모형을 검토하였다.

- 모형 1: 비중심화 모형이다. 식(6-1)과 식(6-2)의 모형이며, 중심화 방법의 효과를 탐색하는 기준모형이다.
- 모형 2: 1-수준 모형에 집단평균 중심화가 적용되고, 2-수준 모형의 설명변수는 비중심화 상태인 모형이다.
- 모형 3: 1-수준 모형에 집단평균 중심화가 적용되고, 2-수준 모형에서 전체평균 중심화가 적용된 경우이다.

(1) 비중심화 모형(모형 1)

다층모형의 명세화에서 설명변수의 중심화 방법이 모수 추정에 어떠한 영향을 미치는지 효과적으로 파악하기 위해서는 식(6-1)과 식(6-2)에서 각 회귀계수의 성격을 구분하여 이해해야 한다. 다음 식은 편의상 분산-공분산성분을 생략하고 앞 식을 다시 제시한 것이다.

$$Y_{ij} = \gamma_{00} + \gamma_{01}^{C}\,\overline{X}_{.j} + \gamma_{10}^{W} X_{ij} + u_{0j} + u_{1j} X_{ij} + e_{ij} \qquad (6\text{-}3)$$

식(6-3)에서 γ_{01}^{C}는 집단수준에서 집계화된 변수(aggregated variable)인 $\overline{X}_{.j}$의 맥락효과(contextual effect)이다. 즉, 개인수준에서 이루어지는 X_{ij} 변수의 효과를 통제한 이후에 집단수준에서 환경적 영향을 미치는 $\overline{X}_{.j}$변수의 고유효과가 γ_{01}^{C}이다. 즉, $\gamma_{01}^{C} > 0$이라면, 가정의 SES 수준(X_{ij})이 동일한 학생들이라도 소속학교의 평균 SES

수준($\overline{X}_{.j}$)이 높은 학교에 재학하는 학생들의 영어성적(Y_{ij})이 더 높다고 할 수 있다. γ_{10}^{W}는 집단 내 변수 X_{ij}의 Y_{ij}에 대한 고정효과이다. 즉, 개인수준 설명변수(X_{ij})의 Y_{ij}에 대한 평균효과로서 각 집단에서 X_{ij}의 회귀계수(β_{1j})의 통합추정치(pooled estimate)이다.

(2) 1-수준 변수의 집단평균 중심화 모형(모형 2)

식(6-1)과 식(6-2)에서 집단평균 중심화인 $(X_{ij}-\overline{X}_{.j})$를 1-수준 모형에 적용하여 단일 모형식으로 다시 제시하면 회귀계수의 의미는 변화한다.

$$Y_{ij}=\gamma_{00}+\gamma_{01}^{B}\overline{X}_{.j}+\gamma_{10}^{W}(X_{ij}-\overline{X}_{.j})+u_{0j}+u_{1j}(X_{ij}-\overline{X}_{.j})+e_{ij} \tag{6-4}$$

식(6-4)에서 γ_{01}^{B}는 집단수준 회귀분석 모형에서의 회귀계수와 같다. 즉,

$$\overline{Y}_{.j}=\gamma_{0}+\gamma_{01}^{B}\overline{X}_{.j}+e_{ij} \tag{6-5}$$

이다. 식(6-4)에서 $\overline{X}_{.j}\perp(X_{ij}-\overline{X}_{.j})$이므로, γ_{01}^{B}의 값은 $(X_{ij}-\overline{X}_{.j})$가 모형에 포함되는 것에 영향을 받지 않는다. 즉, γ_{01}^{B}는 식(6-5)로 추정한 것과 같으며, $(X_{ij}-\overline{X}_{.j})$의 효과로 교정되지 않는다. 식(6-4)를 쉽게 이해하는 방법은 식(6-1)과 식(6-2)의 형태로 전환하여 검토하는 것이다. 다음 식은 식(6-4)를 수준별로 제시한 것이다.

$$Y_{ij}=\beta_{0j}+\beta_{1j}(X_{ij}-\overline{X}_{.j})+e_{ij} \tag{6-6}$$

$$\begin{aligned}\beta_{0j}&=\gamma_{00}+\gamma_{01}^{B}\overline{X}_{.j}+u_{0j}\\ \beta_{1j}&=\gamma_{10}^{W}+u_{1j}.\end{aligned} \tag{6-7}$$

앞 식에서 β_{0j}는 j학교에서의 종속변수 원점수 평균($\mu_{.j}$)이며 추정 값은 $\overline{Y}_{.j}$이다. 따라서 식(6-7)에서 β_{0j}에 대한 식은 집단수준에서의 회귀모형인 식(6-5)와 동일하다. 다만 종속변수인 β_{0j}가 잠재변수인 것만 다르다.

(3) 1-수준 변수의 집단평균 중심화, 2-수준 변수의 전체평균 중심화 모형(모형 3)

1-수준 모형에서 설명변수를 식(6-6)에서처럼 집단평균으로 중심화하면 식(6-7)에서 절편계수 γ_{00}은 $\overline{X}_{.j}=0$인 지점에서 절편의 의미만 갖는 단점이 있다. 또한 실제 현상에서 $\overline{X}_{.j}=0$인 경우가 존재하지 않는다면 γ_{00}는 수학적으로 절편을 나타내는 무의미한 수치일 뿐이다. 그러나 $\overline{X}_{.j}$를 전체집단 평균으로 중심화하면 γ_{00}는 $\overline{Y}_{.j}$의 전체평균이 된다.

$$\text{1-수준 모형: } Y_{ij}=\beta_{0j}+\beta_{1j}(X_{ij}-\overline{X}_{.j})+e_{ij}$$

$$\begin{aligned}\text{2-수준 모형: } \beta_{0j}&=\gamma_{00}+\gamma_{01}^{B}(\overline{X}_{.j}-\overline{X}_{..})+u_{0j}\\ \beta_{1j}&=\gamma_{10}^{W}+u_{1j.}\end{aligned} \tag{6-8}$$

식(6-8)에서 분석자료가 균형자료($n_j=n_{j'}(j\neq j')$)로서 β_{0j} 추정의 정밀도가 동일하다면 $\gamma_{00}=\mu_Y$이다. 즉, 식(6-8)은 고정효과 절편계수 γ_{00}를 의미 있는 모수로 전환하는 효과가 있다.

(4) 비중심화와 집단평균 중심화 모형의 비교

식(6-4)는 1-수준의 X_{ij} 변수를 집단평균으로 중심화한 모형인데, 이 모형을 다음과 같이 변형하면 비중심화 모형과의 차이가 분명해진다.

$$Y_{ij} = \gamma_{00} + \gamma_{01}^{B}\overline{X}_{.j} + \gamma_{10}^{W}(X_{ij} - \overline{X}_{.j}) + u_{0j} + u_{1j}(X_{ij} - \overline{X}_{.j}) + e_{ij} \quad (6\text{-}9)$$
$$= \gamma_{00} + (\gamma_{01}^{B} - \gamma_{10}^{W})\overline{X}_{.j} + \gamma_{10}^{W}X_{ij} + u_{0j} + u_{1j}(X_{ij} - \overline{X}_{.j}) + e_{ij}$$
$$= \gamma_{00} + \gamma_{01}^{C}\overline{X}_{.j} + \gamma_{10}^{W}X_{ij} + u_{0j} + u_{1j}(X_{ij} - \overline{X}_{.j}) + e_{ij}$$

식(6-9)에서 알 수 있는 것은 $\gamma_{01}^{C} = \gamma_{01}^{B} - \gamma_{10}^{W}$의 관계가 성립한다는 것이다. 따라서 연구자가 집단평균 중심화 방법을 선택하면, 집단수준 변수의 맥락효과(γ_{01}^{C})를 직접적으로 추정할 수는 없으며 $\gamma_{01}^{C} = \gamma_{01}^{B} - \gamma_{10}^{W}$의 관계를 이용하여 파악해야 한다. 다른 한편에서 연구자가 집단수준에서 이루어지는 변수 간의 관계에 관심이 있어서 γ_{01}^{B}의 값을 추정하려는 경우, 집단평균 중심화는 유용한 명세화 방법이다.

(5) 예시자료 분석

지금까지 설명한 1-수준 설명변수의 집단평균 중심화가 고정효과 회귀계수의 추정에 어떠한 영향을 미치는지 경험적으로 예시하기 위하여 4장에서 사용한 자료를 중심화 방법에 따라 재분석하였다. 다음 〈표 6-2〉는 앞서 설명한 모형 1, 모형 2, 모형 3으로 예시자료를 분석하여 얻은 결과이다.

〈표 6-2〉 1-수준 설명변수의 집단평균 중심화 모형의 고정효과 모수 추정치 비교

고정효과 회귀계수 표준오차	모형 1	모형 2	모형 3
	L-1: X_{ij} L-2: $\overline{X}_{.j}$	L-1: $(X_{ij} - \overline{X}_{.j})$ L-2: $\overline{X}_{.j}$	L-1: $(X_{ij} - \overline{X}_{.j})$ L-2: $(\overline{X}_{.j} - \overline{X}_{..})$
절편(β_{0j})			
절 편: $\hat{\gamma}_{00}$	23.367151	23.380930	63.364002
($S_{\hat{\gamma}_{00}}$)	(3.398228)	(3.305480)	(0.525718)
기울기: $\hat{\gamma}_{01}$	5.706788	11.429394	11.429394
($S_{\hat{\gamma}_{01}}$)	(0.980767)	(0.931237)	(0.931237)

기울기(β_{1j})			
절 편: $\hat{\gamma}_{10}$	5.713698	5.708591	5.708591
($S_{\hat{\gamma}_{10}}$)	(0.285088)	(0.291754)	(0.291754)

〈표 6-2〉에서 $\hat{\gamma}_{00}$의 값은 세 모형이 모두 다르다. 이 중에서 모형 3에서의 절편계수 값 $\hat{\gamma}_{00} = 63.364002$는 종속변수인 영어성취도의 전체평균을 추정한 값이다. 그러나 모형 1과 모형 2의 $\hat{\gamma}_{00}$ 값은 $\overline{X}_{.j} = 0$일 때의 절편 값이다. 두 값의 차이는 매우 미미한데, 이는 X_{ij}와 $(X_{ij} - \overline{X}_{.j})$의 상관이 높은 데 기인한다. 두 변수의 상관은 $Var(\overline{X}_{.j})$의 값이 작을수록 1.0에 접근한다.

〈표 6-2〉에서 집단수준 변수의 기울기 계수인 $\hat{\gamma}_{01}$의 해석은 특별한 주의를 요한다. 우선 모형 1에서의 $\hat{\gamma}_{01} = 5.706788$는 $\overline{X}_{.j}$의 맥락효과이며, 식(6-3)의 γ_{01}^{C}를 추정한 값이다. 즉, 학생들이 개인적으로 가정의 *SES* 수준이 동일한 조건이라도, 학교전체 *SES* 수준이 1단위 높은 학교에 다니는 학생의 영어성취도가 평균 5.706788점만큼 높다는 것이다. 맥락효과가 높으면, 학교선택은 중요한 주제가 된다. 모형 2와 모형 3에서의 $\hat{\gamma}_{01}$은 γ_{01}^{B}를 추정한 것으로 모형 1과 매우 다르다. $\hat{\gamma}_{01} = 11.429394$는 개인수준에서 X_{ij}(*SES*변수)의 통제효과가 반영되지 않고, 집단수준에서 $\overline{X}_{.j}$가 각 학교별 평균영어성취도($\overline{Y}_{.j}$)에 미치는 효과이다. $\hat{\gamma}_{01} = 11.429394$는 집계화 효과(aggregation effect)가 반영된 계수이며, 이 계수는 집단수준 변수와 집단수준 종속변수 간의 관계로 해석할 때만 타당하다. $\hat{\gamma}_{01} = 11.429394$를 학교수준의 *SES* 수준이 학생의 영어성취도에 미치는 효과로 해석하는 것을 '집계화 편향(aggregation bias)' 혹은 '생태학적 오류(ecological fallacy)'라고 한다.

〈표 6-2〉 하단에 제시한 $\hat{\gamma}_{10}$의 추정 값은 모두 종속변수에 대한 개인수준 변수 X_{ij}의 평균효과로서 γ_{10}^{W}를 추정한 값이다. 그러나 모형 2와 모형 3에서 $\hat{\gamma}_{10}$의 값은 모형 1의 경우보다 미미하게나마 작게 추정된다. 그 이유는 X_{ij}와 $(X_{ij} - \overline{X}_{.j})$가 상관이 매

우 높지만 동일한 변수는 아니기 때문이다. 이미 설명한 바와 같이 $Var(\overline{X}_{.j})$의 값이 '0'에 접근하면, 두 값은 같아진다. 기술통계 분석결과 $\widehat{Var}(\overline{X}_{.j})=0.33$이어서 충분히 작은 값이었다.

모형 2와 모형 3에서 유의할 사항은 1-수준에서 집단평균 중심화를 사용하면 집단 수준 변수의 맥락효과인 γ_{01}^{C}를 직접 추정할 수 없다는 것이다. 모형 2와 모형 3에서 맥락효과를 추정하는 방법은 $\gamma_{01}^{C}=\gamma_{01}^{B}-\gamma_{10}^{W}$의 관계식을 이용하여 산출하는 것이다. 따라서 $\hat{\gamma}_{01}^{C}=11.429394-5.708591=5.720803$이다. 다만 모형 2와 모형 3에서 γ_{10}^{W}는 과소 추정되므로 $\hat{\gamma}_{01}^{C}=5.720802$는 다소 과대 추정된 값이다. 그 차이는 $Var(\overline{X}_{.j})$의 크기에 따라 다르다.

3) 1-수준 모형 설명변수의 전체평균 중심화 방법과 고정효과 회귀계수 추정

(1) 1-수준 변수의 전체평균 중심화 모형(모형 4)

다층모형에서 1-수준 설명변수를 전체평균으로 중심화한 모형은 식(6-3)의 비중심화 모형과 수학적으로 동등하지만 회귀계수의 해석에 유의할 필요가 있다고 하였다. 다음은 1-수준 설명변수를 전체평균으로 중심화한 모형이다.

$$Y_{ij}=\gamma_{00}+\gamma_{01}^{C}\overline{X}_{.j}+\gamma_{10}^{W}(X_{ij}-\overline{X}_{..})+u_{0j}+u_{1j}(X_{ij}-\overline{X}_{..})+e_{ij} \qquad (6\text{-}10)$$

식(6-10)과 식(6-3)에서 차이가 나는 것은 2-수준 절편계수 γ_{00}와 오차항 분산인 $Var(u_{0j})=\tau_{00}$이다. 모형 1과 모형 4에서 γ_{00}는 모두 절편계수로서 특별한 의미를 갖지 못한다. 다만 수학적으로 모형 1에서 $\gamma_{00}=E(Y \mid X_{ij}=0, \overline{X}_{.j}=0)$이며, 모형 4에서는 $\gamma_{00}=E(\overline{Y}_{.j} \mid \overline{X}_{.j}=0)$이다. 모형 1과 모형 4는 절편계수만 다르며, γ_{01}^{C}와 γ_{10}^{W}은 같은 모수이다. 오차항 분산인 $Var(u_{0j})=\tau_{00}$도 서로 다른 값을 갖는데, 모형 4

의 오차분산은 학교별 교정평균의 잔차분산으로서 의미를 갖는다.

(2) 1-수준과 2-수준 설명변수 모두 전체평균 중심화 모형(모형 5)

여기서 검토하는 마지막 모형은 1-수준과 2-수준에서 모든 설명변수를 전체평균으로 중심화하는 모형이다.

$$Y_{ij} = \gamma_{00} + \gamma_{01}^{C}(\overline{X}_{.j} - \overline{X}_{..}) + \gamma_{10}^{W}(X_{ij} - \overline{X}_{..}) + u_{0j} + u_{1j}(X_{ij} - \overline{X}_{..}) + e_{ij} \quad (6\text{-}11)$$

식(6-11)은 다층모형의 응용자들이 가장 선호하는 모형이라고 할 수 있다. 이 모형은 모든 고정효과 회귀계수와 무선효과 분산-공분산성분에서 의미 있는 통계량을 산출하기 때문이다. 고정효과 회귀계수의 추정에서 식(6-11)의 모형 5가 모형 1 및 모형 4와 차별화를 갖는 부분은 절편계수 γ_{00}뿐이다. 즉, 모형 1, 모형 4에서 γ_{00}는 실제적 의미가 없는 절편계수에 불과하였지만, 모형 5에서는 $\gamma_{00} = \mu_Y$로서 전체평균의 의미를 갖는다. 또한 $Var(u_{0j}) = \tau_{00}$ 모형 4에서와 마찬가지로 교정평균의 잔차분산이다.

(3) 예시자료 분석

집단수준에서 설명변수에 중심화를 한 경우, 고정효과 회귀계수의 추정에 어떠한 변화가 있는지를 예시하기 위하여 모형 4와 모형 5를 기준모형인 모형 1과 비교하였다. 다음 〈표 6-3〉은 3가지 모형으로 동일한 예시자료를 분석하여 얻은 결과이다.

〈표 6-3〉 1-수준 설명변수의 전체평균 중심화 모형의 고정효과 모수 추정치 비교

고정효과 모수	모형 1	모형 4	모형 5
	L-1: X_{ij} L-2: $\overline{X}_{.j}$	L-1: $(X_{ij}-\overline{X}_{..})$ L-2: $\overline{X}_{.j}$	L-1: $(X_{ij}-\overline{X}_{..})$ L-2: $(\overline{X}_{j}-\overline{X}_{..})$
절편(β_{0j})			
절 편: $\hat{\gamma}_{00}$	23.367151	43.497336	63.463798
$(S_{\hat{\gamma}_{00}})$	(3.398228)	(3.474111)	(0.529728)
기울기: $\hat{\gamma}_{01}$	5.706788	5.707530	5.707530
$(S_{\hat{\gamma}_{01}})$	(0.980767)	(0.979768)	(0.979768)
기울기(β_{1j})			
절 편: $\hat{\gamma}_{10}$	5.713698	5.715121	5.715121
$(S_{\hat{\gamma}_{10}})$	(0.285088)	(0.284008)	(0.284008)

〈표 6-3〉의 결과는 절편계수 추정 값인 $\hat{\gamma}_{00}$를 제외하고, 다른 기울기 회귀계수들인 $\hat{\gamma}_{01}^{C}$와 $\hat{\gamma}_{10}^{W}$는 모두 동일한 값을 산출한 것을 알 수 있다. 모형 1의 기울기 계수가 미미한 차이를 보이는 것은 복잡한 계산과정에서 발생하는 반올림 오차가 누적되어 나타난 것이다.

절편계수의 값은 모두 다른데, 모형 5에서 $\hat{\gamma}_{00}=63.4638$만 종속변수의 전체평균의 의미를 가진다. 따라서 모형 1에서 $\hat{\gamma}_{00}=\hat{E}(Y \mid X_{ij}=0, \overline{X}_{.j}=0)=23.3672$이고, 모형 2에서는 $\hat{\gamma}_{00}=\hat{E}(\overline{Y}_{.j(adj)} \mid \overline{X}_{.j}=0)=43.4973$인데, 상이한 조건에서의 절편계수라고 할 수 있다.

4) 집단수준 설명변수의 중심화 방법과 고정효과 회귀계수 추정

〈표 6-1〉에서 집단수준의 중심화 방법은 3가지로 제시하였다. 이미 설명한 바와 같이 집단수준에서는 모두 전체평균 혹은 상수로 중심화하는 방법밖에 없으므로 집단수

준 모형만 분리하여 생각하면 중심화 여부는 큰 문제가 되지 않는다. 그러나 1-수준 모형에서 중심화 방법에 따라 2-수준 모형의 종속변수인 β_{0j}의 의미가 달라지기 때문에 집단수준 변수 $\overline{X}_{.j}$의 고정효과 회귀계수(γ_{01})의 해석에 유의할 필요가 있다.

〈표 6-2〉에서 모형 3과 〈표 6-3〉에서 모형 5에 의한 분석결과는 2-수준에서 설명변수의 중심화가 1-수준 모형의 중심화 방법에 따라 어떻게 다른 결과를 내는지 보여준다. 모형 3처럼 1-수준에서 집단평균 중심화가 적용되면 $\gamma_{01} = \gamma_{01}^{B}$의 성격을 갖는다. 모형 5처럼 1-수준에서 전체평균 중심화가 적용되면 $\gamma_{01} = \gamma_{01}^{C}$ 로서 맥락효과를 반영한다.

〈표 6-2〉와 〈표 6-3〉에서 모형 3과 모형 5의 절편계수는 모두 $\gamma_{00} = \mu_{Y}$이며, 1-수준 설명변수의 효과인 기울기 계수는 $\gamma_{10} = \gamma_{10}^{W}$로서 같은 의미를 갖는다. 두 기울기 계수의 추정 값이 모형 간에 차이가 나는 것은 단순한 반올림 오차가 누적된 것이다.

5) 설명변수 중심화 방법의 기타 효과

(1) 분산-공분산성분의 추정 값과 다중공선성

다층모형에서 1-수준 설명변수의 중심화 방법에 따라 고정효과 회귀계수의 의미와 추정 값이 영향을 받는 것은 기본적으로 1-수준 모형의 무선효과 회귀계수(β_{0j}, β_{1j})의 값이 차별적인 영향을 받기 때문이다. 무선효과 회귀계수(β_{0j}, β_{1j})는 각 집단별 회귀선의 적합도와 집단 간 회귀선의 분산에도 영향을 미친다. 다음 〈표 6-4〉는 중심화 방법에 따른 무선효과 분산성분과 공분산성분을 추정한 결과와 2-수준 분산-공분산(τ)을 회귀계수 간 상관으로 전환한 값도 함께 제시하였다.

〈표 6-4〉 중심화 방법에 따른 무선효과 추정량의 변화

중심화 방법		1-수준 분산(σ^2)	2-수준 분산-공분산(τ)			$\hat{\rho}(u_{0j}, u_{1j})$
모형 1	L1: X_{ij}	479.50677	B0	68.38721	−10.07466	−0.756
	L2: $\overline{X}_{.j}$		B1	−10.07466	2.59539	
모형 2	L1: $(X_{ij}-\overline{X}_{.j})$	479.05618	B0	29.59444	−0.93081	−0.097
	L2: $\overline{X}_{.j}$		B1	−0.93081	3.12266	
모형 3	L1: $(X_{ij}-\overline{X}_{.j})$	479.05618	B0	29.59444	−0.93081	−0.097
	L2: $(\overline{X}_{.j}-\overline{X}_{..})$		B1	−0.93081	3.12266	
모형 4	L1: $(X_{ij}-\overline{X}_{..})$	479.57083	B0	29.60081	−0.94989	−0.110
	L2: $\overline{X}_{.j}$		B1	−0.94989	2.51578	
모형 5	L1: $(X_{ij}-\overline{X}_{..})$	479.57083	B0	29.60081	−0.94989	−0.110
	L2: $(\overline{X}_{.j}-\overline{X}_{..})$		B1	−0.94989	2.51578	

〈표 6-4〉에서 1-수준 분산인 $\hat{\sigma}^2$의 크기는 각 집단별 회귀선의 적합도 정보를 반영한다. 즉, $\hat{\sigma}^2$의 값이 작을수록 집단별 회귀선은 각 집단(학교) 내에서 $Y_{ij}-\hat{Y}_{ij}$의 오차가 적은 것이다. 〈표 6-4〉에서 5가지 중심화 방법에 따른 $\hat{\sigma}^2$의 차이는 매우 미미하다. 그러나 1-수준에서 설명변수를 집단평균 중심화를 적용한 모형 2와 모형 3이 가장 작은 값을 갖는다. 그 이유는 $(X_{ij}-\overline{X}_{.j})$로 중심화를 하는 경우에 β_{0j}는 Y_{ij}의 j학교 원점수 평균이므로 회귀선이 정확하게 Y_{ij} 분포의 중심을 지나기 때문이다. 모형 1과 모형 4, 모형 5는 상수값(0과 전체 평균)으로 중심화한 모형이므로 사실상 동형의 모형들이다. 세 모형에서 $\hat{\sigma}^2$의 차이는 복잡한 계산과정이 낳은 반올림 오자이다. 중심화 방법이 기능하는 일반적인 원리는 X_{ij}와 $(X_{ij}-\overline{X}_{.j})$는 높은 상관을 갖는 별개의 변수라는 점이고, $Var(\overline{X}_{.j})$의 값이 작을수록 기울기 계수 $\hat{\beta}_{1j}$의 차이가 작아지므로 $\hat{\sigma}^2$은 큰 차이가 없다.

〈표 6-4〉의 마지막 열은 2-수준 오차항인 u_{0j}와 u_{1j}의 상관정보를 제공한다. 모형 1

과 다른 모형들은 매우 큰 차이를 보이는데, 모형 1은 다중공선성의 위험을 경계할 필요가 있다. 흔히 회귀분석에서 설명변수 간 상관이 매우 높으면 회귀계수 추정 값의 방향과 크기, 표준오차의 크기 등이 모두 영향을 받는 것으로 알려져 있다. 다층모형의 경우는 다중공선성 문제가 선명하지 않은 상황이다. 또한 무선효과인 β_{0j}와 β_{1j}의 상관정보가 설명변수들인 X_{ij}와 $\overline{X}_{.j}$의 상관과 어떠한 관계가 있는지도 분명치 않다. 그러나 이들이 서로 영향을 미치는 것은 다음의 모형에서 분명하다.

$$Y_{ij} = \gamma_{00} + \gamma_{01}^{C}\overline{X}_{.j} + \gamma_{10}^{W}X_{ij} + u_{0j} + u_{1j}X_{ij} + e_{ij}$$

위 모형에서 u_{0j}와 u_{1j}의 높은 상관은 결국 $\overline{X}_{.j}$와 X_{ij}의 상관처럼 공선성의 성격을 갖는다. 또한 다층모형의 추정과정에서 $\hat{\rho}(u_{0j}, u_{1j})$이 높아서 공선성이 존재하면 T^{-1}가 존재하지 않으므로 추정에 어려움을 겪는다. 따라서 $\hat{\rho}(u_{0j}, u_{1j})$ 값이 높은 것은 바람직하지 않다. 모형 1의 경우는 $\hat{\rho}(u_{0j}, u_{1j}) = -0.756$으로, 다소 높은 상관이지만 모수 추정에 편향을 일으키지는 않았다.

〈표 6-4〉에서 모형 2부터 모형 5까지 $\hat{\rho}(u_{0j}, u_{1j})$의 값이 모두 '0'에 가깝다. 이같은 현상은 $(X_{ij} - \overline{X}_{.j}) \perp \overline{X}_{.j}$ 및 $(X_{ij} - \overline{X}_{..}) \perp \overline{X}_{.j}$의 원리에 영향을 받은 것이다. 중심화된 변수와 원점수 변수의 상관관계는 좌표에 산포도를 그려보는 방법으로 쉽게 확인할 수 있다. 따라서 다층모형을 명세화하는 경우에 1-수준 모형에서는 원점수 척도의 X_{ij} 변수를 사용하기보다는 중심화 방법을 선택하는 것이 여러 가지 장점이 있다.

(2) 신뢰도와 모형 적합도

중심화 방법은 1-수준 모형에서 무선효과 질편계수(β_{0j})와 기울기 계수(β_{1j})의 추정값에 영향을 미친다. 1-수준 모형의 무선효과 회귀계수들은 결국 각 집단별 회귀선을 결정하므로 이에 기초하여 집단별 정보와 집단 간 차별화 요인을 탐색할 수 있다. 아울러 편차량에 의한 모형의 적합도 통계를 비교하면 중심화 방법의 차이가 모형 적합도의 우열에 관련이 있는지 알 수 있다. 다음 〈표 6-5〉는 지금까지 검토한 5가지 모형을 대상으로 1-수준 무선효과 회귀계수의 신뢰도와 모형의 편차량을 비교한 것이다.

〈표 6-5〉 중심화 방법에 따른 1-수준 무선효과 회귀계수의 신뢰도와 모형 적합도

중심화 방법		$\lambda(\hat{\beta}_{0j})$	$\lambda(\hat{\beta}_{1j})$	편차량
모형 1	L1: X_{ij} L2: $\overline{X}_{.j}$	0.347	0.214	59706.229786
모형 2	L1: $(X_{ij}-\overline{X}_{.j})$ L2: $\overline{X}_{.j}$	0.719	0.246	59704.188152
모형 3	L1: $(X_{ij}-\overline{X}_{.j})$ L2: $(\overline{X}_{.j}-\overline{X}_{..})$	0.719	0.246	59704.188152
모형 4	L1: $(X_{ij}-\overline{X}_{..})$ L2: $\overline{X}_{.j}$	0.673	0.209	59706.227304
모형 5	L1: $(X_{ij}-\overline{X}_{..})$ L2: $(\overline{X}_{.j}-\overline{X}_{..})$	0.673	0.209	59706.227304

위 결과에서 보면, 1-수준 모형에서 집단평균 중심화 모형(모형 2, 모형 3)은 신뢰도와 편차량이 모두 동일하다. 즉, 2-수준에서 중심화 방법에 영향을 받지 않으며, 두 모형은 동형의 모형이다. 마찬가지로 1-수준에서 전체평균 중심화 모형(모형 4, 모형 5)도 동형의 모형이다. 즉, 1-수준에서 β_{0j}와 β_{1j}가 동일하게 정의된 이상 2-수준 모형에서 다변량 종속변수도 동일하기 때문이다.

〈표 6-5〉에서 주목할 사항은 모형 2와 모형 3에서 $\hat{\beta}_{0j}$와 $\hat{\beta}_{1j}$의 신뢰도가 가장 높다는 점이다. 이미 설명한 바와 같이, 모형 2와 모형 3에서 $\hat{\beta}_{0j}=\overline{Y}_{.j}$이므로, $\hat{\beta}_{0j}$는 j학교 종속변수 분포의 중심이며, 추정의 정밀도가 가장 높은 중앙집중경향치이다. 즉, 모형 2와 모형 3은 각 집단별 회귀선이 정확하게 각 집단별 자료의 정중앙을 관통한다. 따라서 $\hat{\sigma}^2$의 값도 가장 작다. 마찬가지로 모형 4와 모형 5에서 $\hat{\beta}_{0j}$는 $X_{ij}=\overline{X}_{..}$ 인 지점에서

j 학교의 종속변수 교정평균이므로, 집단에 따라서 원점수 평균보다는 분포의 중심에서 이탈하여 추정의 정밀도가 집단평균 중심화 경우보다는 상대적으로 부족하지만 유사한 수준에서 신뢰도가 추정된다. 반면에 모형 1에서는 $\hat{\beta}_{0j}$가 단순히 절편이고 $X_{ij}=0$일 때의 값이므로, 실제로는 존재하지 않는 사례의 값이거나 희소사례의 값에 불과하다. 비중심화모형에서 절편계수의 신뢰도는 언제나 낮은 경향이 있다.

〈표 6-5〉의 마지막 열은 편차량 정보를 보여 준다. 모형 2와 모형 3과 같이 집단평균 중심화모형은 사실상 다른 변수를 모형에 포함한 격이므로 다른 모형과 적합도에서 차이가 난다. 모형 1이 모형 4 및 모형 5와 편차량에서 차이가 나는 것은 반올림 오차가 누적된 결과이며, 사실상 이 세 모형은 고정효과 모수와 무선효과 모수의 추정에서 동형의 모형이다.

6) 종단연구에서의 다층모형 중심화 방법

패널자료를 분석하여 개인 및 집단의 성장선을 추정하고 분석하는 경우에도 중심화 방법에 따라 모수 추정결과는 달라질 수 있다. 횡단연구를 위한 모형이나 선형성장모형이나 이론적으로 같은 다층모형이므로, 설명변수의 중심화 방법과 그 효과는 앞에서 설명한 원리와 동일하다. 그러나 선형성장선을 갖는 경우에 1-수준 변수는 시간변수이므로 시간변수를 개인별 평균이나 전체 평균으로 중심화하는 것은 일반적으로 의미 없는 조치이다. 따라서 선형성장모형인 경우에 중요한 것은 시간변수를 특정한 상수 값으로 중심화하는 것이다. 즉, 비중심화 방법을 유지하거나 $(A_{ti}-C)$의 형태로 전환하는 것이 일반적이다. 이 경우 1-수준 모형에서의 절편과 기울기 계수, 그리고 2-수준 모형에서의 고정효과 회귀계수의 추정은 앞에서 설명한 횡단연구의 경우와 동일하다. 성장모형에서 상수중심화를 할 때 중요한 것은 시간변수의 중심화 위치에 따라 절편계수 π_{0i}의 분산이 영향을 받는다는 점이다.

비선형성장모형으로 처치 및 프로그램의 효과를 평가하는 경우는 처치 및 프로그램의 효과가 잘 드러나도록 시간변수를 적절한 시점으로 중심화하는 것이 추천된다

(Raudenbush & Bryk, 2002). 아울러 개인별 성장선을 정의하는 1-수준 모형의 신뢰도를 높이는 방법은 자료가 많은 시점이 π_{0i}가 되도록 중심화를 하는 것이다. 연구주제의 배경지식을 참조하여 중심화 시점을 선택하는 것도 중요하다.

7) 종합: 중심화 방법과 모형의 선택

지금까지 다양한 중심화 방법에 따른 1-수준 회귀계수(β)와 2-수준 회귀계수(γ)의 추정, 그리고 1-수준과 2-수준 무선효과 모수의 추정 및 편차량에 대하여 검토하였다. 간단히 요약하면, 중심화 방법을 사용하지 않는 모형 1은 다층모형으로서 여러 가지 문제와 한계를 갖는 모형이다. 우선은 추정된 고정효과 절편 회귀계수($\widehat{\gamma_{00}}$)가 무의미한 값으로 모형의 효용도가 떨어지고, 2-수준 모형에서 τ_{00}의 추정 값도 실제 정보가 없는 허구의 숫자이다. 또한 2-수준에서 맥락변수($\overline{X}_{.j}$)를 사용하는 경우에 비중심화 모형은 2-수준에서 $\hat{\rho}(u_{0j}, u_{1j})$의 공선성의 위험이 있다. 아울러 $\hat{\rho}(X_{ij}, \overline{X}_{.j})$의 공선성의 위험도 존재한다(Kreft, de Leeuw, & Aiken, 1995). 비중심화 모형은 $\hat{\beta}_{0j}$의 신뢰도도 낮아 각 집단별 정보를 제공하는 데도 취약하다. 따라서 연구자가 1-수준과 2-수준에서 중심화 방법을 사용하지 않는 경우에는 이 같은 사항을 유의하여 분석결과를 검토할 필요가 있다.

중심화 방법과 관련하여 가장 연구자들이 선호하며 경쟁관계에 있는 모형은 모형 3과 모형 5이다. 이 두 모형은 1-수준에서 중심화 방법이 '집단평균 *vs* 전체평균'으로 차별화되는데, 연구자의 분석 목적에 따라 모형을 선택하는 것이 바람직하다. 만약 1-수준 설명변수들의 통제효과가 필요 없고 2-수준 변수의 효과에만 관심이 있다면, 모형 3이 추천된다. 모형 3은 집단별 회귀선의 신뢰도도 가장 높고, 1-수준 오차도 가장 작기 때문이다. 그러나 1-수준 설명변수의 통제효과를 반영하여 모든 고정효과 회귀계수가 각 변수의 고유효과로 해석되려면 모형 5가 추천된다.

모형 2와 모형 4는 절편계수인 $\hat{\gamma}_{00}$의 값이 실질적인 의미가 없어 모형의 효용도가 부족하지만, 각 설명변수의 효과에만 관심이 있다면 간명성 측면에서 선호된다. 중심화 방법의 선택과 관련하여 가장 중요한 사항은 1-수준 무선효과 절편계수와 2-수준 절편계수의 의미를 파악하는 것이고, 맥락변수($\overline{X}_{.j}$)의 효과를 적절히 규명하는 것이다.

3. 분석단위의 효과 추정과 단위기관 평가

현대 사회체제에서 조직 혹은 기관의 성과를 적절히 평가하는 것은 기관의 성과와 이해 관련이 있는 모든 당사자에게 매우 중요한 과제이다. 다수의 영업점을 운영하는 기업체의 임원이 각 영업점의 성과를 평가하려면 영업점별로 평가점수를 산출하고 이를 기준으로 각 영업점을 평가할 수 있을 것이다. 교육부나 교육청에서 학교를 평가하려면 각 학교의 평가점수가 필요하다. 사회복지단체나 공기업도 정기적인 평가의 대상이 된다. 반대로 소비자 입장에서 어느 영업점이 더 좋은지, 어느 학교가 더 좋은지, 어느 공공기관의 서비스가 좋은지를 판단하려면 참조할 수 있는 객관적인 정보가 필요하다. 그 어느 경우나 기관을 평가할 때는 기관별 평가점수의 산출이 요구되는데, 모든 평가점수가 평가목적에 적절한 것은 아니다.

조직의 성과를 추정하는 것은 조직의 성과에 영향을 미치는 요인을 규명하고, 조직 구성원의 활동에 의한 성과를 통계량으로 산출하는 것이다. 즉, 조직원들이 나태함에도 외적인 환경여건이 좋아서 높은 성과를 내었고, 단순히 성과에만 근거하여 조직원에게 보상이 이루어진다면, 열악한 환경에서 애써 노력하지만 성과가 낮은 조직의 구성원들에게는 매우 부당한 평가와 보상체제라고 할 수 있다.

학교의 경우, 성과(예: 학업성취도)에 영향을 미치는 요인은 매우 다양하다. 더구나 모든 초등학교, 중학교와 대부분의 고등학교는 학생 선발권이 없으므로 학생의 인적 구성은 지역에 따라 달라진다. 따라서 학교장을 비롯한 교원들의 교육활동에 의해서만 그 학교의 성취도가 결정되는 것은 아니다. 개별 학교가 학업성취도에 미치는 효과는 어떻게 추정해야 하는가?

교육학의 학교효과이론에서는 학교의 교육활동에 의한 성과로서 학교효과지수(School Effectiveness Indices: SEI)의 산출방법을 다룬다[1]. 학교효과지수의 산출방법은 다층모형의 개발과 더불어 방법론적인 진전을 이루었다(Teddlie, Reynolds, & Sammons, 2000; Scheerens & Bosker, 1997; Willms, 1992). 통계학적 관점에서 개인이 기관에 속한 자료는 2-수준 다층자료로 파악되며, 기관별 평가점수는 2-수준 분석단위(즉, 기관)별 성과점수로 이해할 수 있기 때문이다. 최근에 이르러 다층모형으로 각 기관의 효과를 추정하는 방법은 일반적으로 조직, 기관, 정책, 프로그램의 효과를 추정하는 방법으로 추천되며, 교육책무성의 맥락에서도 강조된다(강상진, 남궁지영, 2005; 강상진, 이영, 주은희, 남궁지영, 2004). 아울러 학교효과의 정의에 따라 학교효과의 추정방법도 달라진다. 여기서는 다층모형으로 학교효과를 추정하는 방법으로 2가지 유형의 접근법을 소개한다. 하나는 지위모형(status model)에 근거하여 학교효과지수를 추정하는 것이며, 다른 하나는 책무성의 관점을 반영하는 부가가치모형(Value Added Model, VAM)에 근거한 학교효과지수의 추정방법이다.

1) 지위모형에 의한 학교효과 추정방법

지위모형(status model)은 각 학교의 상대적 지위 혹은 위치를 반영하는 점수를 단위학교의 효과로 정의하는 모형이다. 각 학교의 상대적 지위는 각 학교의 고유효과이며, 조작적으로는 각 학교가 성취한 교육성과점수와 일정한 기준점수와의 차이를 의미한다. 여기서 일정한 기준 점수는 정책적으로 정한 절대평가의 기준점수일 수도 있으며, 전체 학교들의 평균 교육성과점수일 수도 있다. 기준점수를 전체학교의 평균성취도로 정한다면, 지위모형에서의 학교효과는 다음과 같이 정해진다.

$$\delta_{.j} = \mu_{.j} - \mu_{..} \qquad (6\text{-}12)$$

여기서 $\mu_{.j}$는 j번째 학교의 평균학업성취도이며, $\mu_{..}$은 기준점수인 전체학교의 평균

점수이다. 식(6-12)로 추정한 학교효과 $\delta_{.j}$는 각 학교의 상대적 위치를 결정한다. $\hat{\delta}_{.j} > 0$이면 j학교의 성취도 수준은 평균 이상임을 나타내고, 이 방법에서는 학교 간 서열화도 가능하다. 식(6-12)의 값은 다음 식을 통해 간단하게 추정할 수 있다.

$$\hat{\delta}_{.j} = \overline{Y}_{.j} - \overline{Y}_{..} \tag{6-13}$$

즉, 학교효과지수의 추정 값 $\hat{\delta}_{.j}$는 각 학교의 평균성취도와 전체학교 평균성취도 간의 차이점수이다. 식(6-13)에서 사실상 $Corr(\hat{\delta}_{.j}, \overline{Y}_{.j}) = 1.0$이므로 학교효과지수 $\hat{\delta}_{.j}$를 사용하는 것은 $\overline{Y}_{.j}$를 이용하는 것과 같은 효과를 갖는다. 이는 학교의 교육여건의 차이를 반영하지 않은 무교정 학교효과지수라고 할 수 있다. 따라서 식(6-13)로 추정한 학교효과지수는 교육학자들의 많은 비판을 받고 있음에도 일반인이 이해하기 쉽고 자극적이기 때문에 학교를 서열화하는 데 잘 사용된다.

그러나 식(6-13)에서 각 학교의 평균점수($\overline{Y}_{.j}$)는 사실상 학교의 교육활동에 의한 효과뿐만 아니라, 재학생들의 가정배경이나 지역사회의 경제적 여건 등이 모두 반영된 점수로서 각 학교의 효과를 공정하게 비교하지 못한다. 학교의 소재지나 재학생들의 가정배경은 교사들이 노력한다고 바꿀 수 있는 변수가 아니다. 따라서 이처럼 학교가 교육적 노력으로 극복할 수 없는 변수들이 학업성취도에 미치는 영향을 배제하고 교육활동의 성과를 반영하는 교정된 학교평가 점수로 각 학교의 효과를 추정하는 것이 더 타당하다. 다음 식(6-14)은 지위모형에서 대안으로 제시하는 학교효과이며, 교정된 학교평균 점수를 이용하는 특징이 있다.

$$\delta_{.j(adj)} = \mu_{.j(adj)} - \mu_{..} \tag{6-14}$$

여기서 $\mu_{.j(adj)}$는 학교가 극복할 수 없는 다양한 조건변수의 영향을 배제한 단위학교의 교정된 평균점수이다. $\delta_{.j(adj)}$와 $\mu_{.j(adj)}$의 아래첨자에서 (adj)는 '교정된(adjusted)'의 의미를 반영한 표식이다. 식(6-14)의 정의에서 $\mu_{.j(adj)}$를 추정하는 것은 학교의 평균학업성취도에 영향을 미치는 요인에 대한 이론적 관점에 따라 다를 수 있다. 즉, 학교별 평균($\mu_{.j}$)에서 어떤 조건변수의 효과를 배제해야 할 것인지, 어느 정도 조건변수들을 통제해야 $\mu_{.j(adj)}$가 순수한 교육활동의 영향에 의한 학교의 평균성취도로서 적절한지는 학업성취도의 영향요인에 대한 이론의 안내를 받을 필요가 있다.

보편적으로 수용되는 학교효과모형인 투입-과정-성과의 체제모형에 의하면, 학생들의 학업성취도 관련요인은 크게 대별하여 학교 구성원인 학생, 교사, 교감, 교장의 교육활동 변수의 영향을 받으며, 또한 학교교육에 주어진 조건으로서 교장, 교감, 교사들이 통제하거나 바꿀 수 없는 조건요인들의 영향도 받는다. 따라서 학생의 학업성취도는 학생의 가정배경 같은 학생수준의 조건요인(C_1)과 학교의 소재지나 학생들의 인적 구성과 같은 학교수준의 교육조건 변수(C_2), 학생의 교육활동으로서 학습활동 및 학교생활변수(P_1), 그리고 학교의 정책 및 교원들의 교육활동 변수(P_2)의 영향을 모두 받는 것으로 가정한다(Scheerens & Bosker, 1997; Willms, 1992; 강상진, 김현주, 2001; 강상진 외, 2004; 강상진, 남궁지영, 2005).

이제 j학교에 재학하는 i학생의 교육성과변수(예: 학업성취도)를 Y_{ij}라고 하면, 성과변수 Y_{ij}에 대한 모형은 다음과 같이 정의된다.

$$Y_{ij} = f(C_{1ij}, C_{2j}, P_{1ij}, P_{2j}) + \text{오차} \tag{6-15}$$

여기서 각 항의 정의는 다음과 같다.

C_{1ij}: 학생수준의 변수로서, j학교에 재학하는 i번째 학생의 조건변수를 지칭한다. 이 변수는 학교가 교육적 노력으로 통제할 수 없는 변수이며 학교교육에서 주어진 조선이나. 흔히 학생의 SES, 이전 학교에서의 성취도, 지능, 인종, 성별 등을 반영한다.

C_{2j}: 학교수준의 변수로서, 학교가 교육적 노력으로 통제할 수 없는 변수이다. 역시 학교에 주어진 조건이다. 흔히 학교 소재지, 설립유형, 학교크기, 학생의 인적 구성과 지역사회의 경제사회적 조건 등을 망라한다.

P_{1ij}: 학생수준의 변수로서, j학교에 재학하는 i번째 학생의 교육활동 변수이다. 학생의 수업열의, 학습시간, 출석률, 학교에 대한 태도, 효능감 등을 망라한다.

P_{2j}: 학교의 교육활동 변수이다. 교장의 지도성, 학교의 학습문화, 교사협동 수준, 학교-학부모 관계, 평균 출석률, 수준별 학습방법, 교육청 및 중앙정부의 정책 등을 포함한다.

오차: 종속변수 Y_{ij}와 관련된 알려지지 않는 변수들의 효과이다. 즉, 모형에서 통제하지 못하는 변수들의 효과라고 할 수 있다.

식(6-15)의 모형은 교육성과를 반영하는 모든 준거변수에 공통적으로 적용될 수 있다. 또한 2-수준 다층모형과 연계하기 위하여 '학생 $\subset$ 학교'의 구조로 제시한 것이며, 편의상 학급수준의 변수는 생략한 것이다. 식(6-14)의 모형에서 이론적으로 정의되는 학교별 교정평균($\mu_{.j(adj)}$)은 통제변수인 C_{1ij}와 C_{2j}의 효과를 배제하고, P_{1ij}와 P_{2j}의 효과에 의한 교육성과이다.

따라서 식(6-14)의 모형에 식(6-15)의 이론적 모형을 반영하면, 학교의 상대적 지위로서 학교효과 추정식은 다음과 같이 제시할 수 있다.

$$\hat{\delta}_{.j(adj)} = \overline{Y}_{.j(adj)} - \overline{Y}_{..} = [\overline{Y}_{.j} - g(C_1, C_2)] - \overline{Y}_{..} = f(P_1, P_2) + \text{오차} \quad (6\text{-}16)$$

식(6-16)에서 $\overline{Y}_{.j(adj)} = \overline{Y}_{.j} - g(C_1, C_2)$의 개념은 학교별 교정평균점수이며, 이는 학교별 원점수 평균에서 학생수준의 조건변수(C_1)와 학교수준의 조건변수(C_2)의 영향을 배제 혹은 교정한 점수를 의미한다. 식(6-14)의 이론모형에 의하면, 식(6-16)의 학교효과점수는 등호의 오른편에 제시된 바와 같이 학생수준 및 학교수준의 교육활동 변수(P_1, P_2)의 효과와 불확실성을 반영하는 오차점수로 구성된다.

(1) 다층모형에 의한 학교효과 추정방법

① 무교정 학교효과지수 추정: 식(6-12) 모형이 제공하는 무교정 학교효과를 다층모형으로 추정하는 방법은 기초모형을 활용하는 것이다.

$$Y_{ij} = \beta_{0j} + e_{ij}$$
$$\beta_{0j} = \gamma_{00} + u_{0j},\ \ e_{ij} \sim N(0, \sigma^2),\ \ u_{0j} \sim N(0,\ \tau)$$

여기서 γ_{00}는 전체 평균이며, β_{0j}는 j번째 학교의 진점수 평균, u_{0j}는 j번째 학교의 효과이다. e_{ij}는 동일 학교 내 학생들 간 학업성취도 차이를 반영한다. 즉, 학교 소속을 공유하는 학생들의 개인효과이다. 위 모형에서 식(6-12)에 대응하는 무교정 학교효과는 다음과 같이 정의된다.

$$\delta_{.j} = \beta_{0j} - \gamma_{00} = u_{0j} \tag{6-17}$$

연구자는 기초모형을 활용하여 자료를 분석한 이후에 잔차파일에서 β^*_{0j}와 u^*_{0j}의 추정 값을 확인할 수 있다. 반복하여 서술하지만, β^*_{0j}와 u^*_{0j}의 추정 값은 OLS 추정 값인 $\hat{\beta}_{0j} = \overline{Y}_{.j}$에서 측정의 오차를 해소한 EB 추정 값(empirical Bayes estimate)으로, 추정의 정밀도 부족으로 인한 극단치의 영향을 적게 받는다.

② 교정된 학교효과지수 추정: 식(6-15)의 이론모형은 학생수준과 학교수준의 변수와 준거변수와의 관계를 나타내는 모형이다. 이를 다층모형으로 명세화하는 방법은 1-수준 모형을 학생수준 모형으로, 2-수준 모형은 학교수준 모형으로 제시하는 것이다. 우선 1-수준 모형을 학생수준 변수로 명세화한 일반식은 다음과 같다.

$$\text{1-수준 모형: } Y_{ij} = \beta_{0j} + \sum^{P1}\beta_{p1j}C_{p1ij} + \sum^{Q1}\beta_{q1j}P_{q1ij} + e_{ij},\ e_{ij} \sim N(0, \sigma^2) \tag{6-18}$$

식(6-18)에서 모형에 포함된 C_{1ij}와 P_{1ij}는 모두 각 학교에 내재하는 학생수준에서의 변수값을 나타낸다. 아울러 각 회귀계수 β_j는 각 학교별로 정의되는 값이다. 학교에 따라 β_j의 값은 다를 것이므로 β_j는 변산을 갖는다. 2-수준 모형은 β_j의 변산을 설명하는 모형이다. 그러나 다층모형에서 학교효과를 각 학교의 상대적 위치 혹은 지위정보로 추정하는 방법은 학교별 교정평균($\overline{Y}_{.j(adj)}$)을 추정하는 과정이므로, 1-수준모형을 명세화할 때 2가지 전략을 사용한다.

첫째, 식(6-18)의 β_{0j}가 각 학교의 교정평균이 되도록 모형을 명세화한다. 따라서 모든 설명변수 C_{p1ij}와 P_{q1ij}를 전체평균으로 중심화(grand mean centering)한다.

둘째, 회귀계수 β_{p1j}와 β_{q1j}가 학교에 따라 변산을 갖지 않도록 통제변수를 충분히 활용한다.

첫 번째 전략은 앞 절에서 서술한 바와 같이 중심화 방법을 활용하는 것이다. 두 번째 전략은 $Var(\beta_{p1j}) \simeq 0$, $Var(\beta_{q1j}) \simeq 0$이 되도록 학생수준 통제변수를 효과적으로 모형에 포함하는 것이다.

식(6-18)에서 C_{p1ij}와 P_{q1ij}가 전체평균으로 중심화되고, 또한 $\sum^{P1} C_{p1ij}$와 $\sum^{Q1} P_{q1ij}$의 변수집단으로 충분히 통제되었다면, 2-수준 모형은 다음과 같다.

2-수준 모형:

$$\beta_{0j} = \gamma_{00} + \sum^{P2} \gamma_{0p} C_{p2j} + \sum^{Q2} \gamma_{0q} P_{q2j} + u_{0j}, \quad u_{0j} \sim N(0, \tau) \qquad (6\text{-}19)$$

$$\beta_{p1j} = \gamma_{p0.} \quad (p = 1, 2, \cdots, P_1)$$

$$\beta_{q1j} = \gamma_{q0}. \quad (q = 1, 2, \cdots, Q1)$$

식(6-19)에서 β_{0j}는 학생수준의 조건변수(C_{p1ij})와 교육활동 변수(P_{q1ij})효과로 교정된 j학교의 교정평균 성취도점수이다. 각 학교별 교정평균인 β_{0j}가 학교에 따라 다른 이유는 각 학교의 교육조건(C_{p2j})이 차별적이고, 학교의 교육활동 노력(P_{q2j})도 학교에 따라 다르며, 각 학교의 고유효과 u_{0j}가 있기 때문이다. 만일 C_{p2j}와 P_{q2j}도 전체평균으로 중심화한다면 γ_{00}는 종속변수 Y_{ij}의 전체평균으로 $\hat{\gamma}_{00} = \overline{Y}_{..}$이다.

다음은 식(6−18)과 식(6−19)를 통합한 모형이다.

$$\begin{aligned} Y_{ij} = \gamma_{00} &+ \sum^{P2}\gamma_{0p}C_{p2j} + \sum^{Q2}\gamma_{0q}P_{q2j} \\ &+ \sum^{P1}\gamma_{p0}C_{p1ij} + \sum^{Q1}\gamma_{q0}P_{q1ij} \\ &+ u_{0j} + e_{ij} \end{aligned} \tag{6-20}$$

식(6−20)의 첫째 줄은 학교수준의 변수효과이며, 둘째 줄은 학생수준 변수의 효과이다. 마지막 줄에는 각 수준별 오차항이 있다. 이제 식(6−20)을 종속변수가 $\overline{Y}_{.j}$인 학교수준 모형으로 전환하면 식(6−16)에 대응하는 학교효과 추정식은 다음과 같다.

$$\delta_{.j(adj)} = [\overline{Y}_{.j} - (\sum^{P1}\gamma_{p0}\overline{C}_{p1.j} + \sum^{P2}\gamma_{0p}C_{p2j})] - \gamma_{00} = \sum^{Q1}\gamma_{q0}\overline{P}_{q1.j} + \sum^{Q2}\gamma_{0q}P_{q2j} + u_{0j} \tag{6-21}$$

종속변수가 $\overline{Y}_{.j}$인 학교별 평균모형에서 1−수준 오차항은 $\overline{e}_{.j} = \sum_{i}^{n_j} e_{ij}/n_j = 0$이므로 모형에서 제거된다. 다층모형으로 추정하는 학교효과 $\delta_{.j(adj)}$는 학생수준과 학교수준의 조건요인의 효과를 통제하고, 학생과 학교의 교육활동 효과를 반영한 점수이다. 식(6−21)은 정부와 교육청에서 학교평가를 하거나, 학교교육의 정책을 결정할 때 참조할 정보를 제공한다. 특히 앞 식은 학교를 공정하게 평가하는 학교효과지수로서 적절하다. 또한 식(6−21)은 윌름스와 로덴부시(Willms & Raudenbush, 1989)가 제시한 Type−B 학교효과와 맥락을 같이 한다.

(2) 예시자료 분석

지위모형에 의한 학교효과를 다층모형으로 추정하는 방법을 예시하기 위한 분석자료로서 한국교육개발원에서 2004년에 수집한 「학교교육 수준 및 실태분석: 중학교」(김양분 외, 2004) 자료의 일부를 사용한다. 다음 〈표 6-6〉은 학교효과 추정을 위하여 연구자가 선정한 종속변수와 학생수준 및 학교수준에서 조건변수들의 기술통계량이다.

〈표 6-6〉 학교효과 추정을 위한 예시자료의 기술통계량

변수구분		변수명	평균	표준편차
학생수준 변수 (1-수준)	종속변수	영어성취도(Y_{ij})	63.61	24.37
	조건변수 (C_1)	아버지 학력(X_{1ij})	3.52	1.23
		성(X_{2ij})	0.49	0.50
학교수준 변수 (2-수준)		학교평균 영어성취도($\overline{Y}_j$)	63.61	9.10
	조건변수 (C_2)	저소득층 비율(W_{1j})	45.61	25.98
		지역규모(W_{2j})	2.89	1.05
		학교유형(W_{3j})	1.24	0.43
학교 수: J=149, 학생 수: N=6601				

〈표 6-6〉에서 학생수준 변수인 영어성취도, 아버지 학력과 학교수준 변수인 저소득층 비율의 분포는 4장에서의 예시자료와 같다. 추가로 포함된 변수로서 성(X_{2ij}) 변수는 남=0, 여=1로 입력하였다. 지역규모(W_{2j})는 학교소재 지역의 인구규모이고, 학교유형(W_{3j})은 국공립=1, 사립=0으로 입력하였다. 〈표 6-6〉에서 1-수준 변수와 2-수준 변수 모두 단위학교에서 교육적 노력으로 통제할 수 없는 조건변수(conditional variable) 혹은 맥락변수(contextual variable)의 성격을 갖는다.

다층모형으로 학교효과를 정확하게 추정하는 방법은 식(6-20)로부터 식(6-21)을 구하는 과정이다. 그러나 식(6-20)에서 학생 및 학교수준에서의 교육활동변수(즉, P_{1ij}, P_{2j})를 모두 수집하는 것은 현실적으로 어려울 수 있다. 대안은 조건변수(즉, C_{1ij}, C_{2j})만을 이용하여 다층모형을 명세화한 후에 식(6-21)의 결과를 산출하는 것이다. 〈표 6-6〉의 변수들로 학교효과를 추정하기 위한 다층모형은 다음과 같다.

학생수준모형:

$$Y_{ij} = \beta_{0j} + \beta_{1j}(X_{1ij} - \overline{X}_{1..}) + \beta_{2j}(X_{2ij} - \overline{X}_{2..}) + e_{ij},\ \ e_{ij} \sim N(0, \sigma^2) \quad (6\text{-}22)$$

학교수준모형:

$$\beta_{0j} = \gamma_{00} + \gamma_{01}(W_{1j} - \overline{W}_{1.}) + \gamma_{02}(W_{2j} - \overline{W}_{2.}) + \gamma_{03}(W_{3j} - \overline{W}_{3.}) + u_{0j}$$

$$\beta_{1j} = \gamma_{10}$$

$$\beta_{2j} = \gamma_{20},\ \ u_{0j} \sim N(0, \tau)$$

위 식(6-22)에서 1-수준 설명변수들은 모두 전체 평균으로 중심화하였다. 따라서 β_{0j}는 학생수준 조건변수들의 효과를 통제한 이후에 기대되는 j학교 영어성취도의 교정평균이다. 2-수준 모형은 각 학교의 교정평균인 β_{0j}의 변산을 학교수준 조건변수들로 모형화하고, 아버지 학력(X_{1ij})과 성(X_{2ij}) 변수의 효과인 β_{1j}와 β_{2j}는 모든 학교에서 동일하거나 학교 간 차이가 무시할 만한 것으로 가정한 것이다.

식(6-22)의 모형으로 예시자료인 149개 중학교의 자료를 분석한 결과는 다음 〈표 6-7〉과 같았다.

〈표 6-7〉 학교효과 추정을 위한 다층모형 분석결과

		회귀계수	표준오차	z	유의도	95% 신뢰구간	
1-수준 (학생)	부학력	5.96	.24	24.60	0.000	5.48	6.43
	성	6.45	.64	10.05	0.000	5.20	7.71
2-수준 (학교)	절편	63.71	.50	127.35	0.000	62.73	64.69
	가구소득	−.10	.02	−5.08	0.000	−.142	−.06
	지역규모	−.69	.49	−1.41	0.158	−1.65	.27
	학교유형	3.93	1.22	3.23	0.001	1.55	6.31

		추정치	표준오차	95% 신뢰구간	
잔차 분산	1-수준 잔차분산	25.77	4.34	18.52	35.85
	2-수준 잔차분산	476.20	8.39	460.04	492.92

이제 〈표 6-7〉의 결과를 활용하여 식(6-22)을 학교별 평균모형으로 전환하면 다음과 같다.

$$\overline{Y}_{.j} = 63.71 - 0.10(W_{1j} - \overline{W}_1) - 0.69(W_{2j} - \overline{W}_2) + 3.93(W_{3j} - \overline{W}_3) + 5.96(\overline{X}_{1.j} - \overline{X}_{1..}) + 6.45(\overline{X}_{2.j} - \overline{X}_{2..}) + \hat{u}_{0j} \quad (6\text{-}23)$$

따라서 다층모형으로 149개 학교별 지위를 반영하는 학교효과 추정식은 다음과 같이 구할 수 있다.

$$\hat{\delta}^{ml}_{.j(adj)} = [\overline{Y}_{.j} + 0.10(W_{1j} - \overline{W}_1) + 0.69(W_{2j} - \overline{W}_2) - 3.93(W_{3j} - \overline{W}_3) - 5.96(\overline{X}_{1.j} - \overline{X}_{1..}) - 6.45(\overline{X}_{2.j} - \overline{X}_{2..})] - 63.71 = \hat{u}_{0j} \quad (6\text{-}24)$$

위의 식에서 모든 고정효과 회귀계수들은 최대우도추정 값이므로 $\hat{\delta}^{ml}_{.j(adj)}$도 최대우도추정 값이다.

식(6-22)에서 주목할 사항은 학생수준과 학교수준에서 조건요인들의 효과만 모형에서 통제되었다는 점이다. 즉, 교육활동변수의 효과는 모두 오차항에 포함되어 있다. 이에 착안하면, 1-수준 모형의 절편계수인 β_{0j}는 학생수준에서 조건요인(C_{1ij})의 효과를 통제하고 측정의 오차가 없는 각 학교별 진점수 교정평균이다. 따라서 측정의 오차를 극복하는 학교효과는 다음과 같이 달리 정의할 수 있다.

$$\delta^{*}_{.j(adj)} = [\beta_{0j} - (\gamma_{01}(W_{1j} - \overline{W}_1) + \gamma_{02}(W_{2j} - \overline{W}_2) + \gamma_{03}(W_{3j} - \overline{W}_3))] - \gamma_{00} = u^{*}_{0j} \quad (6\text{-}25)$$

연구자는 식(6-22)로 자료를 분석한 이후에 잔차분석 파일에서 u_{0j}의 EB 추정 값인 u^{*}_{0j}를 구할 수 있다. 교정된 학교효과지수 간 선택의 문제는 분석자료의 특성에 따라 다를 수 있다. 만약에 연구자가 학생과 기관의 교육활동변수(P_{1ij}, P_{2j})를 충분히 확보한다면, 학교효과를 적절히 추정하는 방법으로 식(6-21)이 추천된다. 그 이유는 교육활동변수를 모형에 포함하는 것이 조건요인의 회귀계수를 적절히 추정하는 데 기여하기 때문이다. 강상진 외(2004)의 연구에서는 교육 및 보육기관의 평가인정(accreditation)을 위한 변수들을 확보하고(NAEYC, 1998), 식(6-21)에 의거하여 각 기관의 교육효과를 추정하고 유치원과 어린이집의 교육효과를 비교하였다. 그러나 많은 경우에 교육활동 변수를 확보하는 것은 제한되므로 식(6-25)에 의한 학교효과 추정법이 대안으로 제시된다. 특히 식(6-25)는 각 집단별 사례 수가 부족하여 $\overline{Y}_{.j}$에 측정의 오차가 많은 경우에 극단치의 영향을 축소하는 효과를 얻을 수 있다.

〈표 6-8〉은 지위모형에 의하여 추정된 무교정 학교효과지수와 교정 학교효과지수의 기술통계량을 추정방법에 따라 비교한 것이다.

〈표 6-8〉 $\hat{\delta}_{.j}$, $\delta^*_{.j}$, $\hat{\delta}_{.j(adj)}$, $\hat{\delta}^{ml}_{.j(adj)}$, $\delta^*_{.j(adj)}$의 기술통계량 비교

학교효과지수	평균	표준편차	최소값	최대값
$\hat{\delta}_{.j}$	9.79e−08	9.10	−18.37	24.56
$\delta^*_{.j}$	.1819	7.81	−15.59	21.40
$\hat{\delta}_{.j(adj)}$	−3.08e−09	5.98	−12.92	20.67
$\hat{\delta}^{ml}_{.j(adj)}$	1.33e−08	1.86	−4.67	16.57
$\delta^*_{.j(adj)}$	−.0951	4.26	−10.12	14.48

〈표 6-8〉에 제시된 5가지 학교효과지수의 분포는 평균은 모두 0이지만, 변산의 정보는 다르다. 아울러 $\hat{\delta}_{.j(adj)}$는 식(6-22)에 대응하는 회귀모형으로 학교효과를 추정한 것이다. 다음 [그림 6-1]은 5가지 학교효과지수가 어떠한 차이를 보이는지 대비한 것이다.

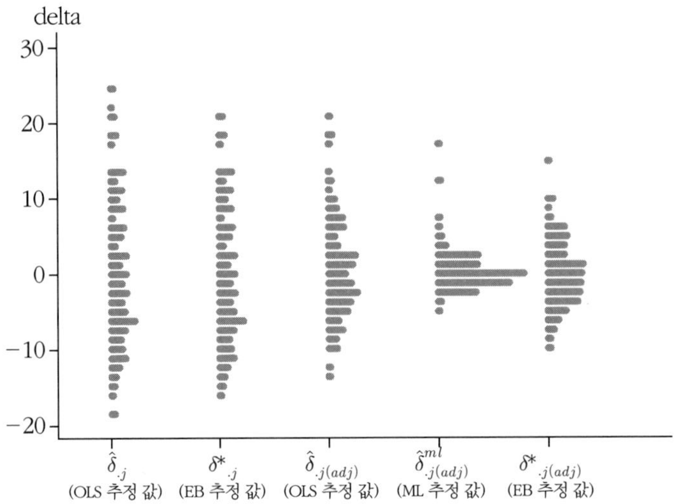

그림 6-1 추정방법에 따른 학교효과지수의 분포 비교

[그림 6-1]에서 나타난 바와 같이 학교효과지수 간 차이는 추정방법의 차이보다는 무교정 효과지수와 교정 효과지수의 차이가 더 크다. 따라서 무교정 효과지수에 근거하여 학교를 평가하는 것은 학교의 교육여건을 고려하지 않는 것이므로 공정하지 못한 방법이다. 다음 〈표 6-9〉는 5가지 학교효과지수의 상관계수 행렬표이다.

〈표 6-9〉 $\hat{\delta}_{.j}$, $\delta^*_{.j}$, $\hat{\delta}_{.j(adj)}$, $\hat{\delta}^{ml}_{.j(adj)}$, $\delta^*_{.j(adj)}$의 상관계수 행렬

	$\hat{\delta}_{.j}$	$\delta^*_{.j}$	$\hat{\delta}_{.j(adj)}$	$\hat{\delta}^{ml}_{.j(adj)}$	$\delta^*_{.j(adj)}$
$\hat{\delta}_{.j}$	1.0000				
$\delta^*_{.j}$	0.9985	1.0000			
$\hat{\delta}_{.j(adj)}$	0.7369	0.7308	1.0000		
$\hat{\delta}^{ml}_{.j(adj)}$	0.7110	0.6943	0.9704	1.0000	
$\delta^*_{.j(adj)}$	0.7418	0.7409	0.9927	0.9380	1.0000

지위모형에 의하여 추정된 5가지 학교효과지수의 상관계수는 높은 편이며 특히 교정된 학교효과지수들 사이에서 OLS 추정 값과 ML 혹은 EB 추정 값은 높은 상관을 갖는다. 즉, 지위모형으로 교정된 학교효과지수를 추정하는 경우, 추정방법이 달라도 학교의 서열은 크게 변하지 않는 것을 알 수 있다. 특히 식(6-19)의 경우처럼 모든 설명변수가 고정효과를 갖도록 모형이 명세화되면, 개인수준 회귀모형에 의하여 추정된 학교효과는 다층모형에서 추정한 결과에 접근한다.

학교효과를 추정하는 모형으로서 회귀모형과 다층모형의 차이는 1-수준 모형에서 조건요인 변수의 효과가 무선효과를 갖는 경우이다. 예를 들어, 학생의 가정배경에 의한 학교교육의 차별이 중요한 주제인 경우에 다층모형은 학교의 지위 혹은 우수성(excellence)과 더불어 학교교육의 형평성(equity)을 동시에 추정하는 장점을 갖는다. 다음의 다층모형은 모형의 한 예이다.

$$Y_{ij} = \beta_{0j} + \beta_{1j}(SES - \overline{SES}) + \sum \beta_{pj} C_{pij} + e_{ij} \quad (6\text{-}26)$$

$$\beta_{0j} = \gamma_{00} + \sum \gamma_{0q}(W_{qj} - \overline{W_q}) + u_{0j}$$

$$\beta_{1j} = \gamma_{10} + u_{1j}$$

$$\beta_{pj} = \gamma_{p0}, p = 2, 3, \ldots P$$

여기서 $e_{ij} \sim N(0, \sigma^2)$, $\begin{bmatrix} u_{0j} \\ u_{1j} \end{bmatrix} \sim N\left(\begin{bmatrix} 0 \\ 0 \end{bmatrix}, \begin{bmatrix} \tau_{00}, \tau_{01} \\ \tau_{10}, \tau_{11} \end{bmatrix}\right)$ 이다.

위 모형의 2-수준 모형에서 β_{0j}는 학생수준의 모든 조건요인의 영향을 통제한 학교별 진점수 교정평균이며, β_{1j}는 다른 조건요인의 영향을 통제한 이후에 학생의 가정배경인 SES의 준거변수에 대한 순수효과(net effect)이다. 학교는 모든 학생에게 균등한 교육기회를 제공하여야 하므로 SES의 효과가 작을수록 양호한 학교이다. 식(6-26)에서 학교의 지위 혹은 우수성과 형평성은 다음과 같이 정의된다.

학교효과 우수성 지수: $\delta^*_{.j(adj)} = (\beta_{0j} - \sum \gamma_q(W_{qj} - \overline{W}_q)) - \gamma_{00} = u_{0j}$

학교효과 형평성 지수: $\delta^{*Eq}_{.j(adj)} = \beta_{1j} - \gamma_{10} = u_{1j}$

따라서 학교효과를 추정하는 경우, 다층구조의 자료를 단층모형으로 분석하는 한계는 회귀계수가 무선효과를 가질 수 없다는 데 있다. 즉, 특정변수의 효과가 학교에 따라 어떻게 다른지를 추정하지 못하는 한계가 있다. 즉, 학생수준 모형에서 p번째 회귀계수가 무선효과를 갖는 경우, 다층모형에서 j번째 학교의 회귀계수를 β_{pj}로 하고, 학생수준 회귀모형의 회귀계수를 β_p라고 하자. 이때 $|\beta_{pj}| > |\beta_p|$이면 개인수준 회귀모형은 j학교에서 해당 변수의 효과를 과소 추정하며, 그 반대의 경우에는 과대 추정한다. 아울러 표준오차의 과소 추정으로 인하여 각 변수의 효과를 통계적으로 검정하는 데 일종오류가 증가한다. 즉, 학교효과를 추정하기 위한 모형명세화의 오류가능성이 높아진다.

학교수준 회귀모형으로 식(6−19)에 대응하는 학교효과를 추정하면, 학교수준 회귀모형에서 추정된 β^g의 값은 집계화의 영향(aggregation effect)을 받은 회귀계수로서 언제나 $|\hat{\beta}^g| > |\hat{\gamma}|$이다. 즉, 각 변수의 효과를 과대 추정하게 된다. 또한 오차항 $\bar{e}_{.j}$는 관찰변수 $\bar{Y}_{.j}$의 잔차인 반면, 다층모형에서의 잔차인 u_{0j}는 잠재변수 β_{0j}의 잔차이다. 개념적으로 $\bar{e}_{.j} = u_{0j} + (\bar{e}_{.j} \mid u_{0j}) = u_{0j} + \epsilon_j$이며, ϵ_j는 측정오차이다. 따라서 $Var(\bar{e}_{.j}) = Var(u_{0j}) + Var(\epsilon_j) = \tau + v$이며, 집단수준 회귀모형으로 학교효과를 추정하면 학교효과의 분산이 다층모형의 경우(τ)보다 측정오차 분산(v)만큼 확대되어 추정된다.

2) 부가가치모형에 의한 학교효과 추정방법

부가가치모형(Value Added Model)은 각 학교가 교육적 노력으로 성취한 성과를 학교효과로 정의한다(Wainer, 2004; Callender, 2004). 따라서 부가가치모형에서는 특정한 시점에서의 학교의 지위 혹은 성취수준보다는 일정기간에 학교가 보여 주는 성장률 혹은 향상도를 부가가치로 이해한다. 부가가치모형에서 성장률 혹은 향상도를 추정하는 공통적인 방법은 사전성취도를 통제하고, 일정기간에 성취한 변화량을 학교효과로 정의하는 것이다.

다층모형에서 부가가치를 추정하는 방법은 2가지로 요약된다. 하나는 사전성취도를 공변수로서 통제하는 맥락모형(contextual model)이며, 다른 하나는 일정기간의 성장분을 종속변수로 사용하는 향상도모형(progress model)이다(Tekwe et al., 2004).

(1) 맥락모형에 의한 학교효과 추정방법

① 무교정 부가가치지수: 맥락모형은 이전 성취도를 통제하여 각 학교가 일정기간 성취한 성과를 부가가치로 정의하는 모형이다. 다음 식(6-27)은 학교교육의 조건변수의 영향을 통제하지 않고 각 학교의 부가가치를 정의하는 맥락모형을 가장 간명하게 제시한 것이다.

$$
\begin{aligned}
&Y_{ij(t2)} = \beta_{0j} + \beta_{1j} y_{ij(t1)} + e_{ij} \\
&\beta_{0j} = \gamma_{00} + u_{0j} \\
&\beta_{1j} = \gamma_{10.}
\end{aligned}
\tag{6-27}
$$

식(6-27)에서 β_{0j}는 사전성취도의 영향을 제거한 교정된 학교별 진점수 평균이다. 아울러 γ_{00}는 사전성취도의 영향을 배제한 이후의 기대되는 평균성취도이다. 따라서 u_{0j}는 사전성취도의 영향을 제거했을 경우, 기대되는 성취도(γ_{00})로부터 학교평균(β_{0j})이 어느 정도 상승 혹은 하락하였는지를 나타내는 부가가치 지표이며, 곧 맥락모형에서의 학교효과지수이다.

② 교정된 부가가치지수: 식(6-27)에서 학생수준 및 학교수준의 조건변수들을 모형에 포함하면 부가가치지수는 교정된다.

$$
\begin{aligned}
&Y_{ij(t2)} = \beta_{0j} + \beta_{1j} y_{ij(t1)} + \sum \beta_{pj} C_{p1ij} + e_{ij} \\
&\beta_{0j} = \gamma_{00} + \sum \gamma_{0q} C_{q2j} + u_{0j} \\
&\beta_{1j} = \gamma_{10}
\end{aligned}
\tag{6-28}
$$

위 식에서 모든 설명변수가 전체평균으로 중심화되었다면, β_{0j}는 학생의 사전성취도 ($y_{ij(t1)}$)와 가정배경 변수(C_{p1ij})의 영향을 배제하고 교정된 학교의 진점수 평균이다. 따라서 교정된 학교의 부가가치지수는 학교수준에서의 조건변수들의 영향을 배제한 u_{0j}이다. 즉,

$$\delta^{*}_{.j(adj)} = (\beta_{0j} - \sum \gamma_{0q} C_{q2j}) - \gamma_{00} = u_{0j} \tag{6-29}$$

이다.

(2) 향상도모형에 의한 학교효과 추정방법

향상도 모형은 학교가 일정기간 교육활동을 통하여 성취한 성과변수의 변화량을 향상도로 정의하고, 향상도를 종속변수로 사용하여 학교교육의 부가가치를 추정하는 모형이다.

① 무교정 부가가치지수: 향상도모형에서 부가가치를 추정하는 방법은 첫째, 종속변수를 향상도로 정의하는 것이다. 즉, $\delta_{ij} = y_{ij(t2)} - y_{ij(t1)}$을 향상도로 정의한다. 특별히 교육조건변수를 통제하지 않는다면, 이제 δ_{ij}를 종속변수로 하여 기초모형으로 학교별 부가가치지수를 추정할 수 있다.

$$\begin{aligned} &\text{학생수준 모형: } \delta_{ij} = \beta_{0j} + e_{ij},\ \ e_{ij} \sim N(0, \sigma^2) \\ &\text{학교수준 모형: } \beta_{0j} = \gamma_{00} + u_{0j},\ \ u_{0j} \sim N(0, \tau) \end{aligned} \tag{6-30}$$

위 모형에서 δ_{ij}는 j번째 학교에서 각 학생의 사후성취도와 사전성취도 간 차이점수이고, β_{0j}는 j번째 학교의 향상도 평균이며, e_{ij}는 동일 학교 내 개인효과이다. 위 학교수준 모형에서 γ_{00}는 전체학교의 향상도 평균이고, u_{0j}는 j학교의 고유 향상도이며 곧 부가가치지수이다. 위 모형에서는 아무런 통제변수가 없기 때문에 학교가 일정기간 교육활동을 하는 조건이 모든 학교에서 동등하였다는 가정을 동반한다.

② 교정된 부가가치지수: 향상도를 종속변수로 하고, 학생수준과 학교수준에서 교육여건 변수들의 영향을 통제하면, 교정된 부가가치지수를 추정할 수 있다. 다음은 교정된 부가가치지수를 추정하기 위한 다층모형이다.

$$\text{학생수준 모형: } \delta_{ij} = \beta_{0j} + \sum \beta_{p1j} C_{p1ij} + e_{ij}, \;\; e_{ij} \sim N(0, \sigma^2) \tag{6-31}$$
$$\text{학교수준 모형: } \beta_{0j} = \gamma_{00} + \sum \gamma_{0q} C_{q2j} + u_{0j}, \;\; u_{0j} \sim N(0, \tau)$$
$$\beta_{p1j} = \gamma_{p0}, \;\; \text{여기서} \quad p = 1, 2, \ldots P.$$

식(6−31)에서 학교수준의 잔차항인 u_{0j}는 시점 1($t1$)과 시점 2($t2$) 기간에 j학교가 성취한 고유향상도이다. 즉, β_{0j}는 학생수준(1−수준)의 조건변수의 효과를 통제한 j학교의 평균향상도이며, 여기에서 학교수준(2−수준) 조건변수의 영향을 배제하면 향상도 모형에 의한 교정된 부가가치지수는 다음과 같이 정의된다.

$$\delta^*_{\cdot j(adj)} = [\beta_{0j} - \sum \gamma_{0q} C_{q2j}] - \gamma_{00} = u_{0j} \tag{6-32}$$

(3) 예시자료 분석 1

오유경과 강상진(2014)은 테쾨 외(2004)의 분류에 따라 다양한 부가가치모형을 맥락모형과 향상도모형으로 분류하였다. 그리고 한 걸음 더 나아가 부가가치지수를 적절히 추정하기 위한 모형 선택의 기준이 맥락모형과 향상도모형처럼 종속변수의 선택이 중요한 것인지, 아니면 자료의 다층구조를 반영하는 다층모형과 단층모형의 선택이 중요한 것인지를 모의실험을 통하여 검토하였다. 이 연구에서 사용한 모형은 식(6−27)과 식(6−30), 그리고 각 모형에 상응하는 단층 회귀모형이다. 단층 회귀모형에서 각 학교는 더미변수로 입력하였다. 추정된 부가가치지수의 표준오차를 부가가치추정량의 양호도 정보로 두고 값을 비교한 결과, 부가가치지수의 양호도를 결정하는 모형의 특성은 자료의 다층구조를 모형에 반영하는 것이었으며, 향상도모형과 맥락모형 사이에서 표준오차의 차이는 나타나지 않았다. 또한 표본의 크기에서 2−수준의 사례

수인 학교 수와 1-수준 사례 수인 학교 내 학생 수 중에서 어느 수준의 표본크기가 결정적인지도 함께 검토하였다. 그 결과 다층모형은 표본크기에 큰 영향을 받지 않았으며, 단층모형은 전체 사례 수의 규모가 증가할수록 표준오차가 감소하는 경향을 보였다. 다음은 오유경과 강상진(2014)의 결과를 요약한 그림이다.

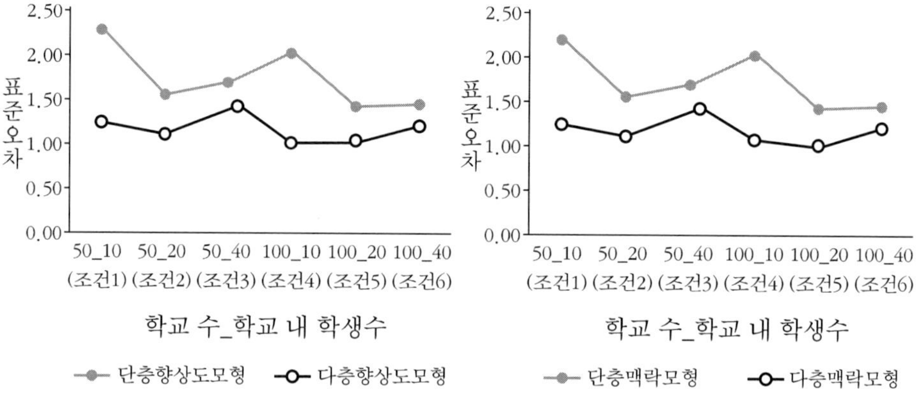

그림 6-2 부가가치추정모형과 표본크기에 따른 부가가치지수의 표준오차 비교
출처: 오유경, 강상진(2014). 교육평가연구. 제27권, 제3호, 632쪽.

[그림 6-2]에서 X축의 조건 1에서 조건 6은 학교 수-학생 수의 조건을 열거한 것이다. 즉, 50-10(조건 1)은 모의실험자료의 규모가 학교 수=50개교, 학교 내 학생 수=10명인 경우이다. Y축은 표준오차의 크기이다. 위 그림은 각 조건에서 20회의 모의자료를 생성하고 표준오차를 추정하여 그 평균을 도표로 나타낸 것이다. [그림 6-2]에서 뚜렷한 차이를 보이는 것은 향상도모형(왼편)과 맥락모형(오른편)에서 모두 다층모형에서 추정한 부가가치지수의 표준오차가 회귀모형의 경우보다 작았으며, 다층모형의 표준오차의 크기는 표본의 크기에 큰 영향을 받지 않았다는 점이다. 그러나 회귀모형으로 추정한 부가가치지수의 표준오차는 학교 내 학생 수가 작을 때인 50-10(조건 1)과 100-10(조건 4)에서 표준오차가 가장 컸다. 즉, 다층모형으로 추정한 부가가치지수의 정밀도는 사례 수의 크기에 강인한(robustness) 반면에 회귀모형에 의하여 추정된

부가가치지수의 정밀도는 사례 수의 규모에 민감하다. 이 연구에서 4가지 모형으로 추정한 부가가치지수의 합치도를 등위상관계수와 적률상관계수로 검정한 결과, 모든 조건에서 모형 간 등위상관계수의 크기가 $r_{rank} = 0.975$ 이상으로 나타나 기초모형으로 무교정 부가가치지수를 추정하는 경우, 학교별 부가가치지수의 순서는 큰 영향을 받지 않는 것을 알 수 있었다. 그러나 적률상관계수는 표본크기의 조건에 따라 모형 간 상관계수가 $0.78 \leq r \leq 0.97$ 범위로 나타났다. 즉, 추정된 부가가치지수의 크기는 어느 정도 모형 선택의 영향을 받는다. 따라서 부가가치지수로 학교효과를 추정하는 데 안전한 모형은 다층구조를 반영하는 모형이라고 할 수 있다.

(4) 예시자료 분석 2

학교교육의 책무성을 높이기 위한 기본적인 방법은 학교교육의 성과를 투명하게 공개하고, 그 결과를 설명(account)하는 것이다. 학교교육의 성과를 공개하지 않거나 교육성과에 대하여 충분한 근거를 가지고 논리적으로 설명하지 못하면, 교육의 책무성은 위협을 받는다. 교육의 책무성을 강력하게 높이는 방법은 학교교육정보의 구체적인 공개방법과 내용을 법으로 정하여 강제하는 것이다. 우리나라는 2007년 5월 26일에 「교육정보공시법」[2)]을 제정하고, 2008년 12월 1일부터 교육정보공시제를 시행하였고, 공개되는 정보항목에 각 학교의 학업성취도가 포함되었다. 학업성취도는 2년간의 평가도구 검증을 거친 후, 2011년부터 공개되기 시작하였다. 정부는 학업성취도 정보를 단위학교 평가에 활용할 전망을 가지고 있었으나, 구체적으로 단위학교의 학업성취도 평가지수를 어떻게 사용하는 것이 적절한지에 대한 학술적 검토작업은 미미하였다.

강상진, 차인숙, 김성연(2009)은 학교교육 책무성을 제고하기 위하여 학업성취도 점수를 단위학교의 평가지수로 산출하는 5가지 모형을 비교하였다(평균모형, 지위모형, 성장모형, 부가가치 기초모형, 부가가치 연구모형). 각 모형은 다음과 같이 서술할 수 있다.

- 평균모형: 식(6-13)에 해당하는 지위모형으로서 학교별 평균점수($\overline{Y}_{.j}$)를 학교평가지수로 사용하는 모형이다.

- 지위모형: 각 학교에서 숙달수준 이상인 학생의 비율을 학교평가지수로 사용하는 책무성 모형으로서, 이는 학교별 단순통계량을 사용한다는 점에서 무교정 학교효과지수와 맥락을 같이 한다.
- 성장모형: 지위모형을 일부 수정한 책무성 모형으로서 현 시점에서는 숙달수준에 도달하지 못한 학생들이지만, 성장속도가 3년 뒤에 숙달수준에 도달하는 추세를 보인다면 현 시점에서 숙달수준에 도달한 학생으로 포함하여, 전체적으로 숙달수준 도달 학생의 비율을 높여 주는 모형이다[3)].
- 부가가치 기초모형: 식(6−30)에 의한 무교정 부가가치지수를 산출하는 모형이다.
- 부가가치 연구모형: 식(6−31)에 해당하는 모형으로서 교정된 부가가치지수를 산출한다.

강상진 등(2009)의 연구에서 분석에 사용한 자료는 한국교육개발원의 「한국교육종단연구」에서 수집한 150개 중학교의 3년간 자료이다(류한구 외, 2005; 김양분 외, 2006; 김성식 외, 2007). 준거변수는 중학교 1학년부터 중학교 3학년까지 동등화된 수학성취도 척도 점수이다.

다음 〈표 6−10〉은 모형 간 학교평가지수의 합치도를 평가하기 위하여 동일 학교를 평가하는 5가지 지수들 사이의 등위상관계수를 구한 행렬이다.

〈표 6−10〉 모형 간 학교평가지수에 따른 등위 상관계수 행렬

	평균모형	지위모형	성장모형	부가가치 기초모형	부가가치 연구모형
평균모형	1.000	.752**	.621**	.000	.014
지위모형	.752**	1.000	.773**	.208*	.226**
성장모형	.621**	.773**	1.000	.455**	.471**
부가가치 기초모형	.000	.208*	.455**	1.000	.999**
부가가치 연구 모형	.014	.226**	.471**	.999**	1.000

출처: 강상진, 차인숙, 김성연(2009). 교육평가연구, 제22권, 제1호, 97쪽.

〈표 6-10〉에서 모형 간 학교평가지수의 등위상관계수는 3가지 지위모형들 사이에서는 [0.621~0.773]의 상관계수를 보이고 있으며, 2가지 부가가치모형들의 평가지수 간 등위상관계수는 완전상관(0.999)에 가깝다. 즉, 부가가치모형은 어떤 모형을 사용하여도 학교평가결과의 순위는 바뀌지 않는다고 할 수 있다. 그러나 3가지 지위모형과 부가가치모형들 사이의 학교평가지수는 [0.000~0.471]의 매우 낮은 등위상관계수를 보이고 있다. 〈표 6-10〉에서 알 수 있는 것을 학교평가지수를 산출하는 모형에 따라 동일 학교가 매우 다르게 평가받을 수 있다는 점이다.

다음 [그림 6-3]은 학업성취도 수준을 상·중·하로 분류하여, 각 성취수준에서 2개 학교씩 임의로 선택한 6개의 학교가 모형에 따라 학교평가지수의 순위가 어떻게 변화되는지를 보인 것이다.

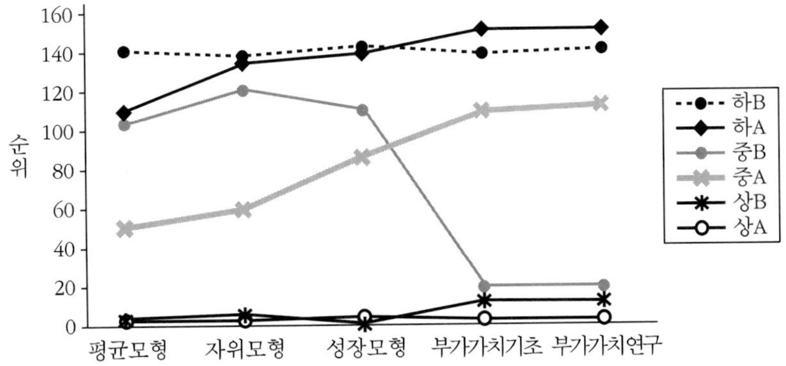

그림 6-3 모형에 따른 여섯 학교의 순위 변화

출처: 강상진, 차인숙, 김성연(2009). 교육평가연구, 제22권, 제1호, 98쪽.

[그림 6-3]에서 *Y*축은 학교평가지수의 순위이다. 그림에서 학교순위가 모형에 따라 다름을 분명하게 관찰할 수 있으나, 분명한 패턴이 존재함을 알 수 있다. 첫째, 부가가치모형들 사이에는 여섯 학교의 순위가 바뀌지 않는다는 점이다. 둘째, 학업성취도의 학교평균이 상위권과 하위권에서 추출된 4개교의 학교평가지수의 순위는 어느 모

형으로 평가하여도 순위에 큰 차이가 없다. 즉, 상 A, 상 B, 하 A, 하 B의 순위는 모든 모형에서 대체로 유사하다. 하지만 학업성취도 평균이 중간순위에 속한 학교들은 평가모형에 따라 그 순위가 심하게 변동되는 것을 알 수 있다. 이론적으로는 부가가치지수나 지위모형에 의해 교정된 학교효과지수로 학교를 평가하는 것이 책무성의 제고에 도움이 된다. 그 이유는 두 평가지수에 의한 학교평가 결과가 공정성과 객관성을 갖추고 있어 보다 높은 설명력을 갖기 때문이다.

부가가치지수는 일정기간의 성과변수의 변화량에 기초한 지수이며, 교정된 학교효과는 단위학교의 지위정보를 반영하는 지수이다. 학교평가결과는 단위학교에 부담을 주는 것이므로, 평가지수의 공정성과 타당도 혹은 적절성은 학교현장의 교원들에게 매우 중요하다. 강상진과 황정원(2010)이 다양한 평가지수들의 적절성을 검토한 결과 부가가치지수와 교정된 학교효과지수가 학교가 통제할 수 없는 투입변수의 영향을 받지 않는 것을 확인하여 공정성을 갖춘 것으로 평가하였다. 그러나 교정된 학교효과지수는 효과적인 교육활동 변수들과 폭 넓은 범위에서 유의한 상관을 보인 반면에, 부가가치지수는 매우 제한적인 교육활동 변수들과만 유의한 상관을 나타내어 학교의 우수성을 평가하는 지표로서는 교정된 학교효과지수가 더 적절성을 갖는 것으로 보고하였다.

4. 다층모형의 적절성 평가와 잔차분석

통계적 분석결과가 타당성이 있으려면, 2가지 조건이 충족되어야 한다. 하나는 연구자가 확보한 자료가 양질의 자료여야 한다. 연구자가 확보한 자료가 연구대상 집단(예: 모집단)의 정보를 담고 있지 않다면, 그 자료는 아무리 고급통계방법으로 분석을 해도 가치 있는 정보를 생성하지 못한다. 이는 광산으로의 가능성이 없는 산에서 공연한 신

기술을 동원하여 아무리 땅을 파고 바위를 캐 보아야 값어치 있는 광물은 나오지 않는 것과 같다. 이런 관점에서 통계학에서는 양질의 자료를 확보하는 방법으로서 조사방법 또는 실험설계 등을 강조한다.

연구자가 자료를 확보 혹은 수집한 이후에 자료의 신뢰성을 높이기 위하여 첫 단계에서 수행하는 작업은 자료의 정비(data cleaning)작업이다. 즉, 정보가치가 없는 자료를 제거하는 절차이다. 이 단계에서는 변수들의 분포를 검토하여 타당하지 않은 사례나 변수를 자료에서 제거하거나, 변수의 척도를 전환하거나, 변수의 분포를 교정하는 작업 등을 수행한다. 이 과정에서 특정 사례나 변수들의 분포가 적절하지 않다는 것을 판단하는 기준은 곧 연구자가 활용하려는 통계모형의 가정과 관련되어 있다. 예를 들어, 연구자가 분석하려는 자료에서 종속변수나 설명변수의 분포 등이 2-수준 다층모형으로 분석하기에 적절한 것인지, 결측치나 극단치는 없는지, 각 집단별 사례 수는 충분한지 등을 판단하려면 2-수준 다층모형의 가정을 이해해야 하고, 다층모형의 가정이 충족되었는지를 검토하는 방법도 학습할 필요가 있다.

통계적 분석결과가 타당성을 갖기 위한 둘째 조건은 연구자가 자료 분석에 동원한 통계모형이 양호해야 한다. 통계적 가정을 충족하지 못하는 통계모형으로 자료를 분석하면, 자료 자체의 신뢰성이 높아도 분석결과와 결론은 왜곡될 수 있다. 모수 추정값이 왜곡되거나, 검정력이 낮아서 기대한 결과를 관찰하는 데 실패하거나, 일종오류가 높아서 가설검정에 오류를 범하거나, 연구결과의 해석에 혼란이 오는 등 여러 가지 문제가 나타난다. 수학모형으로서 통계모형은 특정한 조건(가정)이 충족된 상황에서 기대한 결과를 산출하기 때문이다.

잔차분석(residual analysis)은 연구자가 사용한 통계모형의 가정이 자료 분석과정에서 충족되었는지 검토하는 방법이다. 즉, 연구자가 분석에 사용한 통계모형의 적절성을 평가하는 방법이다. 잔차분석결과 통계모형의 가정이 위배된 증거가 발견되었다면, 연구자의 분석결과는 재고할 여지가 있으며 모형을 개선하여 재분석하는 방안을 고려해야 한다. 전통적인 선형모형인 분산분석모형이나 회귀모형의 경우에는 잔차분석에 대한 연구가 누적되어 있어서 각 가정이 위배되었을 때의 문제점과 심각성에 대한 논의가 잘 알려져 있다(Glass, Peckham, & Sanders, 1972; Draper & Smith, 1966; Belsley,

Kuh, & Welsch, 1980). 그러나 다층모형의 경우는 일반선형모형의 관점에서 잔차가 이해되고 있으며, 실제로 다층모형의 맥락에서 잔차분석을 탐구한 연구는 매우 제한적이다(Raudenbush & Bryk, 2002).

여기서는 2-수준 다층모형을 중심으로 모형의 가정을 서술하고, 각 가정이 충족되거나 위배되는 경우에 대처하는 방법을 학습한다. 다층모형은 각 수준별로 모형을 명세화할 수 있고 오차항도 각 수준에서 존재하므로, 일반 연구자들에게 익숙한 회귀모형의 가정보다 더 많은 수의 가정에 기초하고 있다. 다층자료는 여러 가지 예외적인 자료의 형태가 존재할 수 있으므로, 편의상 여기서는 집단의 수와 각 집단 내 사례 수가 모수 추정에 충분한 규모인 것을 전제하고 모형의 가정을 서술한다.

1) 2-수준 다층모형의 가정

2-수준 다층모형의 가정을 서술하는 효과적인 방법은 다층모형을 각 수준별로 제시하여 각 수준 내에서 모형의 가정과 명세화에 대한 관점을 서술하고, 이후에 추가적인 가정을 다루는 것이다. 또한 잔차분석 이후에 모형의 명세화를 개선하는 방법도 낮은 수준(1-수준)에서 높은 수준(2-수준)으로 단계별로 수행하는 것이 일반적으로 추천된다(Bryk & Raudenbush, 1992; Snijders & Berkhof, 2008). 다음은 2-수준 다층모형의 일반모형을 수준별로 제시한 것이다.

$$\text{1-수준 모형: } Y_{ij} = \beta_{0j} + \sum_{p=1}^{P} \beta_{pj} X_{\pi j} + r_{ij}, \;\; r_{ij} \sim N(0, \sigma^2) \qquad \text{(6-33a)}$$

$$\text{또는 } Y_j = X_j \beta_j + r_j, \;\; r_j \sim N(0, \sigma^2 I_{n_j}) \qquad \text{(6-33b)}$$

$$\text{2-수준 모형: } \beta_{pj} = \gamma_{p0} + \sum_{q}^{Q_p} \gamma_{pq} W_{qj} + u_{pj}, \;\; u_{pj} \sim N(0, \tau) \qquad \text{(6-34a)}$$

$$\text{또는 } \beta_j = W_j \gamma + u_j, \;\; u_j \sim N(0, T) \qquad \text{(6-34b)}$$

위 식에서 Y_{ij}는 j번째 집단에 속한 i번째 개체의 종속변수 값이다. 모형의 다른 항들도 지금까지 2-수준 다층모형을 소개한 경우와 동일하다. 식(6-33b)와 식(6-34b)

는 각 집단 j수준의 행렬로 일반식을 제시한 것이다. 다층모형에서 각 수준별 모형의 가정은 일반선형모형의 가정과 유사하다. 예를 들어, 보편적인 선형모형인 회귀모형의 가정과 유사하다. 다만 다층모형에서는 회귀모형에 적용되는 가정이 각 수준별로 존재한다는 점과 두 모형의 통합과 관련된 가정이 추가될 뿐이다.

1-수준 모형 관련 가정

(1) 1-수준 오차항은 각 집단 내에서 정규분포를 갖고, 집단 내에서 모든 개체의 오차가 등분산성(homogeneity)을 가지며, 독립성을 갖는다. 집단 내에서 오차의 평균은 '0'이고, 분산은 'σ^2'이다. 이를 수학식으로 요약하면, $r_{ij} \sim N(0, \sigma^2)$ 이다.

(2) 1-수준 설명변수 X_{pij}는 1-수준 오차항 r_{ij}와 독립이다. 1-수준 모형에서 오차항 r_{ij}는 모형에 포함되지 않은 1-수준 변수들의 효과인데, 이 누락된 변수들의 조합인 r_{ij}와 이미 모형에 포함된 X_{pij}들과는 상관관계가 없다. 수학식으로 요약하면, $X_{\pi j} \perp r_{ij}$, $\forall p = 1, 2, \cdots P$ 이다.

(3) 1-수준 설명변수 X_{pij}는 측정의 오차가 없다. 즉, 관찰된 변수의 분산은 모두 진점수 분산이다.

이미 언급한 바와 같이 이상의 3가지 1-수준 모형의 가정은 회귀모형의 가정과 동일하다. 다만 각 집단 내에서 정의된다는 점만 다르다.

2-수준 모형 관련 가정

(4) 2-수준에서의 오차항 벡터 $u_j = (u_{0j}, u_{1j}, \ldots u_{pj})'$는 다변량정규분포를 갖고, 평균은 0이며, 분산은 τ_{pp}, 공분산은 $\tau_{pp'} (p \neq p')$이다. 2-수준 오차항은 상호 독립이다. 이를 수학식으로 요약하면, $u_j \sim N(0, T)$ 이다.

(5) 2-수준 설명변수 W_{qj}는 2-수준의 모든 오차항과 독립이다. 즉, 모든 2-수준 식에서 $W_{qj} \perp u_{pj}$, $\forall p = 1, 2, \cdots P; q - 1, 2, \cdots Q_p$

(6) 2-수준 설명변수 W_{qj}는 측정의 오차가 없다.

2-수준 모형의 가정은 다변량선형모형의 가정과 동일하다.

1-수준과 2-수준 모형의 오차항 가정

(7) 1-수준 오차항과 2-수준 오차항은 상호 독립이다. 즉, $r_{ij} \perp u_j$이다.

이 가정은 다층모형의 고유한 가정이다.

연구자가 다층모형으로 자료를 분석한 이후 잔차분석을 한 결과, 이상의 7가지 가정이 위배된 증거가 없다면 연구자가 제시하는 고정효과 모수와 무선효과 모수의 추정결과는 통계적으로는 문제가 없는 셈이다. 다만 연구자가 연구주제에 대한 지식이 부족하여 모형의 명세화(예: 설명변수의 선정)에 오류가 있다면, 이는 해당분야의 이론적 문제이지 통계학적 문제는 아니다.

2) 2-수준 다층모형의 잔차분석과 모형의 적절성

여기서는 앞에서 서술한 2-수준 다층모형의 가정을 기반으로 각각의 가정이 갖는 의미와 가정의 위배 여부를 판단하는 방법, 가정이 위배된 경우 나타나는 현상 및 다층모형의 모수 추정에 미치는 영향을 서술한다.

(1) 1-수준 오차항의 정규성 가정

다층모형의 1-수준 모형에서 오차항의 정규성은 일반선형모형에서 오차항의 정규성 가정과 맥락을 같이 한다. 일반적으로 통계학자들은 일반선형모형에서 오차항의 분포는 대부분의 경우에 정규분포일 것으로 예상한다. 그 이유는 오차항의 실질적인 의미는 불확실성을 반영하는 것이며, 연구자가 모형에 포함하지 못한 모든 변수의 효과가 오차항에 반영되기 때문이다. 즉, 오차항은 알려지지 않은 많은 변수의 효과의 조합인 셈이다. 이 경우, 통계학의 제2원리로 알려진 '중심극한정리(central limit theorem)'에 따라 여러 변수의 조합인 오차항은 표본크기가 증가함에 따라 정규분포에 접근한다. 다음의 동일한 종속변수 Y_{ij}에 대한 두 모형을 비교하여 오차항의 의미를 예시한 것이다.

모형 1: $Y_{ij} = \beta_{0j} + \beta_{1j}X_{1ij} + \beta_{2j}X_{2ij} + \beta_{3j}X_{3ij} + r_{ij}$

모형 2: $Y_{ij} = \beta_{0j} + \beta_{1j}X_{1ij} + r_{ij}^{*}$

위 두 모형에서 만일 X_{2ij}와 X_{3ij}가 X_{1ij}와의 상관이 '0'이라면 (즉, 1-수준 모형의 가정에서 (2)항의 가정이 충족되었다면), 두 모형에서 β_{1j}의 추정 값은 동일하다. 이 경우, $r_{ij}^{*} = \beta_{2j}X_{2ij} + \beta_{3j}X_{3ij} + r_{ij}$의 관계가 성립된다. 즉, r_{ij}^{*}는 여러 변수의 선형조합이다. 따라서 중심극한정리에 의하면, X_{2ij}, X_{3ij}, 그리고 r_{ij}와 무선효과 회귀계수인 β_{2j}, β_{3j}가 어떠한 분포를 갖더라도 r_{ij}^{*}는 표본이 증가함에 따라 정규분포에 접근한다. 같은 맥락에서 모형 1의 r_{ij}도 모형에 포함되지 않는 제4, 제5, … 변수들의 효과가 혼합된 것이므로 표본규모가 증가함에 따라 정규분포에 접근한다. 일반적으로 일반선형모형은 오차항의 정규성 가정에 강인하다(Glass, Peckham, & Sanders, 1972). 이와 같은 맥락에서 다층모형은 일반선형모형의 경우와 마찬가지로 r_{ij}(또는 r_{ij}^{*})가 정규성의 가정에 강인성(robustness)을 갖는 것으로 평가한다. 즉, 정규성의 가정을 잘 위배하지 않으며, 정규성의 가정이 어느 정도 위배되어도 모수 추정에 미치는 영향은 미미하다.

1-수준 모형의 오차항 r_{ij}가 정규분포의 가정을 위배하면, 2-수준 고정효과 모수의 추정 값은 편향되지 않지만 표준오차의 추정 값은 편향될 수 있다. 따라서 고정효과 모수의 신뢰구간 추정과 가설검정에 영향을 미칠 수 있다. 그러나 오차항 r_{ij}의 비정규성이 표준오차의 편향성에 미치는 영향이 정적인지 부적인지는 분명하지 않으며, 그 영향력의 크기도 잘 알려져 있지 않다(Bryk & Raudenbush, 1992).

1-수준 오차항 r_{ij}의 정규성을 검토하는 방법은 각 집단 j마다 OLS 회귀모형으로 n_j개의 r_{ij}를 구하여 집단별로 r_{ij}가 정규성을 갖는지 도수분포, 히스토그램 혹은 줄기-잎 세포 등의 방법으로 왜도, 첨도의 정규성을 검토하는 것이다. 다층자료에서 집단이 많은 경우에 이 작업은 여의치 않을 수 있다. 대안으로 전체 자료(즉, 여러 집단의 자료)를 동시에 검토하려면, 집단 내 분산의 집단 간 등분산성의 가정이 충족되었다는 조건에서 전체 집단에서 구한 r_{ij}를 X축으로, 이론적인 정규분포를 Y축으로 설정하여 확률분포가 일치하는지 확인하는 것이다. 이 방법은 전통적인 일반선형모형에서

정규성을 검정하는 방법과 동일하다.

1-수준 오차항이 비정규성을 보이는 것이 분명하면, 종속변수를 척도변환하여 정규성에 접근시키는 방법을 강구할 수 있다. 예를 들어, 소득변수, 사교육비변수 등은 흔히 심한 편포를 나타내며 비정규성을 갖는다. 이 경우 로그변환을 하여 편포를 완화하면, 모형의 가정을 충족할 수 있다. 만일 모형에서 핵심적인 설명변수가 누락되거나 혹은 모형에 포함된 변수가 종속변수와 비선형관계에 있는 경우는 해당 설명변수를 비선형으로 전환하는 것이 도움이 된다. 예를 들어, 모형 2에서 $r_{ij}^* = \beta_{1j}X_{1ij}^2 + r_{ij}^{**}$ 의 관계라면, 잔차 r_{ij}^*는 종속변수 Y_{ij}와의 산포도가 비선형관계를 나타내고, 따라서 정규성을 위배할 수 있다. 이 경우, 모형에 X_{1ij}^2 항을 추가하면 비정규성은 완화된다.

(2) 1-수준 오차항의 등분산성 가정

식(6-33a)의 1-수준 모형에서 오차항인 r_{ij}의 등분산성은 2가지 의미를 갖는다. 첫째, 집단 내에서 등분산성을 갖는 것이다. 즉, (1)항의 가정에서 $Var(r_{ij}) = \sigma^2$으로, 각 집단 내에서 잔차항의 분산이 모든 개체 i에서 동일하다. 둘째, 다층모형에서 특별히 강조되는 가정으로 집단 내 분산이 모든 집단에서 같다고 가정하는 것이다. 즉, $Var(r_{ij}) = Var(r_{ij'}) = \sigma^2 (j \neq j')$으로서 1-수준 오차항의 분산은 모든 집단에서 같다. 다층모형을 활용한 대부분의 연구는 등분산성을 가정한 다층모형으로 자료를 분석한다. 그러나 다층자료는 무선효과를 갖는 많은 집단들로 구성되므로 모든 집단에서 분산이 동일하다는 가정은 위협을 받을 수 있다.

다층모형에서 1-수준 모형의 오차항의 분포가 등분산성을 위배하여 이질성(heterogeneity)을 보이면, 오차항의 분산은 어떤 형태로든 설명변수 X_p와 상관을 갖고 있다는 것을 알려 준다. 즉, 다층모형의 가정에서 (1)항의 등분산성 가정뿐만 아니라, (2)항의 설명변수와의 독립성 가정도 위배하는 상황이 된다. 이 같은 진단은 다층모형의 본래 특성에서 비롯된다. 앞의 식(6-33b)와 식(6-34b)의 행렬식에서 두 모형을 통합하면 $Y_j = X_j W_j \gamma + X_j u_j + r_j$이 된다. 따라서 j번째 집단의 무선효과의 분산-공분산 행렬을 구하면, $Var(Y_j) = X_j T X_j' + \sigma^2 I_{n_j}$가 되어 각 집단에서 종속변수의 분산은 X_j의 설명변수와 상관을 갖는다. 물론 설명변수가 없는 기초모형이나 절편계수 β_{0j} 이외의 모든 1-수준 설명변수의 효과인 β_{pj}가 고정효과를 가져서 $Var(\beta_{pj})=0$인 경우는 예외이다. $Var(Y_j)=X_jTX_j'+\sigma^2 I_{n_j}$와 같은 상황은 1-수준 모형의 명세화가 적절히 이루어져 모형에 포함되는 설명변수 X_p의 선정이나, X_p의 회귀계수 β_{pj}가 무선효과인지 고정효과인지를 타당하게 결정해야 2-수준 분산-공분산 행렬 T의 타당성도 확보된다는 것을 암시하며, 동시에 1-수준 오차항의 분산도 $\sigma^2 I_{n_j}$의 등분산성을 갖게 된다. 즉, 1-수준 모형에서 명세화에 오류가 있으면, $Var(Y_j)=X_jTX_j'+\sigma^2 I_{n_j}$에서 X_jTX_j'가 $\sigma^2 I_{n_j}$와 상관을 갖게 된다. 따라서 1-수준 모형의 잔차가 설명변수와 상관이 있는지를 검토하는 것이 등분산성을 검토하는 방법이다. 가장 간단한 방법은 r_{ij}와 Y_{ij}와의 산점도 분포를 보고, r_{ij}와 각각의 X_{pij}와 산점도를 검토하는 것이다. 집단이 많아서 각 집단별로 (r_{ij}, Y_{ij})와 (r_{ij}, X_{pij})의 산점도를 검토하는 것이 여의치 않으면, 전체 자료를 대상으로 산점도를 검토하는 것도 대안이다. 이와 같은 방법은 일반선형모형의 잔차분석 과정에서도 잘 설명되어 있다(Draper & Smith, 1966; Belsley, Kuh, & Welsch, 1980). 만일 모형 명세화에 오류가 없고 잔차가 등분산성을 보인다면, 산점도의 모양은 무정형의 분포 혹은 폭이 일정한 밴드 분포에 접근해야 한다. r_{ij}와 종속변수 Y_{ij}의 산점도가 선형관계이면 종속변수와 선형관계에 있는 변수가 누락된 것이며, r_{ij}와 X_{pij}가 비선형관계를 보이면 적절한 비선형변수(예: $X_{\pi j}^2$ 혹은 $X_{\pi j}^3$ 등)를 추가하여 모형 명세화를 개선해야 한다. 1-수준 모형에서 오차항 r_{ij}의 등분산성을 각 집단 내에서 검정하는 방법으로 스니저와 버크호프(2008)는 집단 내 잔차(within cluster residual)를 OLS 방법으로 추정하고 이를 표준화하여 사용할 것을 제안하였다. 특히 이 연구에서 제안한 준표준화 잔차(semi-standardized residuals)는 평균이 0이고 분산이 σ^2인 정규분포를 갖는 성질이 있으므로 등분산성 및 정규성을 검토하는 데 이용가치가 높다.

다층모형으로 자료를 분석한 이후에 잔차와 종속변수 및 설명변수와의 산점도를 검토한 결과 분명한 이질성을 보이게 되면 다음 사항을 검토할 필요가 있다(Raudenbush & Bryk, 2002).

첫째, 1-수준 모형에서 핵심적인 설명변수가 누락되었을 수 있다. 이 경우, 누락된 변수는 중첩변수(confounding variable)이다. 즉, 종속변수 및 모형에 포함된 설명변수와 상관을 갖는 변수이다. 또는 종속변수와 상관을 갖는 누락된 변수가 집단에 따라 이질적인 분산성을 갖는 경우도 있다.

둘째, 1-수준 모형의 설명변수 효과인 회귀계수가 무선효과를 가짐에도 고정효과로 잘못 명세화된 경우이다. 특정 변수 X_p의 효과인 β_{pj}의 명세화에 따라 2-수준에서 오차항의 분산공분산 행렬 T가 달라지고, X_jTX_j'도 달라진다. 즉, X_jTX_j'가 적절하지 않으면 $Var(Y_j) = X_jTX_j' + \sigma^2 I_{n_j}$의 구조에서 $\sigma^2 I_{n_j}$도 적절성을 위협받는다.

셋째, 다층자료에서 일부 소수집단의 자료가 부실한 경우이다. 자료가 잘못 입력되었거나 특이 집단의 자료가 포함된 경우이다. 이 경우는 자료 자체가 부실한 경우이므로 자료를 정비하는 단계에서 제거할 수도, 보완할 수도 있다.

연구자가 잔차의 산점도를 검토한 이후에 앞서 제안한 조치를 취하여 모형을 개선하였다면, 이를 통계적으로 확인하는 방법은 2가지 맥락이다. 하나는 앞에서 제시한 산점도 검토를 반복하는 것이고, 다른 하나는 개선된 모형으로 자료를 재분석하여 편차량 검정을 통해 모형의 적합도가 개선되었는지 확인하는 것이다.

1-수준 오차항의 등분산성 가정이 갖는 두 번째 의미는 각 집단 j에서의 오차항 분산이 모든 집단에서 등분산성을 가져야 한다는 것이다. 즉, $\sigma_j^2 = \sigma_{j'}^2 = \sigma^2$인 상황의 가정이다. 식(6-33b)에서 $Var(r_j) = \sigma^2 I_{n_j}$의 가정은 이를 의미한다. 이는 복수집단의 평균을 비교하는 분산분석모형에서 집단 내 분산의 집단 간 등분산성 가정(즉, $\sigma_j^2 = \sigma_{j'}^2 = \sigma^2,\ j \neq j'$)과 유사한 맥락이다. 일반적으로 분산분석모형은 오차항의 등분산성 가정에 강인한 것으로 보고되고 있다(Glass, Peckham, & Sanders, 1972; Glass & Hopkins, 1970). 분산분석모형에서는 비교대상인 집단들의 사례 수가 동일한 경우, 등분산성의 가정은 충족된다. 그러나 불균형자료인 경우, 표본크기가 큰 집단의 분산

(σ_g^2)이 작은 집단의 분산(σ_s^2)의 분산보다 큰 경우(즉, $\sigma_g^2 > \sigma_s^2$), 가설검정은 보수적이 되고 검정력은 약해진다. 그러나 그 반대인 경우(즉, $\sigma_g^2 < \sigma_s^2$)에 가설검정은 일종오류가 증가하는 상황이 발생한다(Glass, Peckham, & Sanders, 1972). 분산분석모형에서 밝혀진 집단 내 분산의 집단 간 등분산성이 갖는 특수성은 복수집단의 변산을 설명하는 다층모형에서도 일반원리로 적용된다. 그러나 다층자료처럼 무선효과를 갖는 많은 집단이 특별히 표본의 크기에 따라 분산의 크기가 일정한 패턴을 갖는 특수한 상황이 실제로 가능한지는 모를 일이다.

다층자료에서의 집단은 표집단위 혹은 분석단위이므로 집단의 수는 많은 것이 일반적이다. 따라서 $Var(r_j) = \sigma^2 I_{n_j}$의 등분산성을 보다 체계적으로 검토하는 방법이 필요하다. 그 방법은 표본자료의 각 집단 j에서 추정된 s_j^2의 분포를 규명하는 작업과 같다. 분산의 표집분포 이론에서 추정량 s^2의 성질로 알려진 바는 $E(s^2) = \sigma^2$으로 비편향적이며, $Var(s^2) = 2\sigma^4/(n-1)$이고, $(n-1)s^2/\sigma^2 \sim \chi^2(n-1)$의 분포를 갖는 것이다. 표본분산 s^2 분포의 이러한 특징은 s^2의 분포를 직접적으로 검토하는 데 불편하다. 바트렛과 켄달(Bartlett & Kendall, 1946)은 s^2을 자연로그 전환한 $\ln(s^2)$과 $\ln(s)$ 등이 여러 유용한 성질을 갖는다는 것을 밝혔다. 특히 $\ln(s^2)$는 표본크기 n이 증가함에 따라 정규분포를 가지며, $n \geq 20$이면 안전하고 불과 $n > 10$에서 정규분포를 가정하여도 큰 무리가 없다는 것을 경험적으로 증명하였다. 보다 구체적으로 $\ln(s^2)$은 n이 증가함에 따라 $\ln(s^2) \sim N(\ln(\sigma^2), 2/(n-1))$의 분포를 갖는다고 하였으며, 이때 $(n-1)$은 s^2의 자유도이다. 한 걸음 나아가, $\ln(s^2)$의 값은 σ^2의 영향을 받지만 (즉, $E(\ln(s^2)) = \ln\sigma^2$), $Var(\ln(s^2)) \perp \sigma^2$으로서 $\ln(s^2)$의 변산은 σ^2의 영향을 받지 않으므로, 집단의 진분산인 σ^2의 크기와 무관하게 일반적으로 사용할 수 있는 통계량으로 보고하였다.

이와 같은 일반적인 $\ln(s^2)$의 성질을 다층모형의 잔차분산과 연계하면, 집단 j에서 1-수준 모형의 잔차분산 $\widehat{Var}(r_{ij}) = s_j^2$의 분포는 n_j의 크기가 증가함에 따라 $\ln(s_j^2) \sim N(\ln(\sigma_j^2), 2/f_j)$의 분포를 갖는다. 여기서 f_j는 1-수준 모형에서 j집단 잔차의 자유도이며, $f_j = n_j - P_r$이다. P_r은 무선효과를 갖는 1-수준 설명변수의 개수이다(참조: 앞에서 s^2의 자유도는 $n-1$ 이었음). 이제 잔차분산 s_j^2이 집단에 따라 등분산성을 갖는지 검토하는 문제는 $\ln(s_j^2)$을 검토하는 것으로 대체할 수 있다. $\ln(s_j^2)$이 정규분포를 가지므로 다음의 일반원리를 적용할 수 있다. 즉, $\sum Z_j^2 \sim \chi^2(J-1)$이며, Z는 정규분포를 갖는 변수의 표준점수이다. 분산 통계량의 표준점수 분포에 대한 선행연구들과의 표기의 일관성을 유지하여 $\ln(s_j^2)$의 가중평균을 이용한 표준점수 d_j와 집단 간 잔차분산의 등분산성을 검정하는 통계량 H는 다음과 같이 정의된다.

$$d_j = \frac{\ln(s_j^2) - [\sum f_i \ln(s_j^2) / \sum f_j]}{(2/f_j)^{1/2}} \tag{6-35}$$

$$H = \sum d_j^2 \sim \chi^2(J-1) \tag{6-36}$$

통계량 H는 집단별 잔차분산의 등분산성 가정이 충족되면 자유도가 $(J-1)$인 χ^2 분포를 갖는다(Hedges, 1982; Rosenthal & Rubin, 1982; Bryk & Raudenbush, 1992).

1-수준 모형의 잔차분산이 집단 간에 동등한지를 검정하는 또 다른 방법은 우도비 검정(likelihood ratio test)으로 모형 간 편차량(D: deviance)의 값을 비교하는 것이다. 즉, $Var(r_j) = \sigma^2 I_{n_j}$의 가정을 갖는 모형의 편차량($D_0$)과 $Var(r_j) = \sigma_j^2 I_{n_j}$의 가정을 갖는 모형의 편차량($D_1$)을 비교하여 우도비를 검정하는 것이다. 이 경우, $(D_0 - D_1) \sim \chi^2(J-1)$의 분포를 갖는다. 즉, D_1은 J개의 집단 내 분산(σ_j^2)을 모수로 추정하고, D_0은 1개의 σ^2만 추정하기 때문이다.

일반적으로 1-수준 모형의 잔차분산의 이질성(heterogeneity)은 잔차의 비정규성(non-normality)과 혼재되어 있으며, 잔차분포의 이질성과 비정규성이 모수 추정에 미치는 영향은 심각하지 않은 것으로 알려져 있다. 즉, 고정효과 모수와 표준오차의 추정, 그리고 검정통계량의 값은 잔차분산의 이질성이나 비정규성에 큰 영향을 받지 않는다. 반면에 식(6-36)의 통계량은 잔차분산의 이질성 및 비정규성에 예민하게 반응하는 특징을 갖는다. 또한 편차량 D를 비교하는 우도비 검정은 검정력이 가장 높은 통계량이기도 하다. 따라서 편차량을 비교하여 얻은 우도비 검정결과 혹은 H 통계량에 의한 가설검정결과 $H_0 : Var(r_j) = \sigma^2 I_{n_j}$의 가정이 기각되었다 하더라도, 이를 모형 명세화 오류의 결정적 근거로 삼기보다는 참조하는 정보로 사용하고, 산점도 정보를 이용하여 등분산성이 위배되는 정도가 어느 정도 뚜렷한지, 그리고 무엇보다 모형 명세화(즉, 설명변수의 선정, 1-수준 회귀계수의 무선효과 명세화 등)에서 이론적으로 오류가 없는지를 함께 살피는 것이 적절하다.

(3) 1-수준 오차항의 독립성 가정

통계모형이 관찰점수의 독립성 가정 혹은 잔차의 독립성 가정을 위배하면 일종오류의 증가와 검정통계량 값의 팽창(inflation)을 초래하여 가설검정은 오류를 갖는다. 일반선형모형의 검정통계량(예: t 또는 F)은 정규성, 등분산성 가정에는 강인한 편이지만, 독립성의 가정에는 예민한 것으로 알려져 있다. 다층모형이 전통적인 모형의 단점을 극복하고, 방법론적으로 적절한 모형으로 인정받을 수 있었던 가장 큰 근거는 집단 내 잔차의 독립성 가정을 충족하기 때문이었다. 예를 들어, 학생이 학교에 속하는 다층자료에서 동일 학교 학생들의 관찰점수는 상관을 갖는데, 다층모형은 동일집단 속에서 관찰점수 Y_{ij}의 상관을 방법론적으로 적절히 설명하고, 잔차의 독립성 가정을 충족하는 모형이라고 할 수 있다. 이제 2-수준 다층자료에서 집단 j의 분석단위를 반영한 기초모형은 $Y_{ij} = \gamma_{00} + u_{0j} + r_{ij},\ r_{ij} \sim N(0, \sigma^2),\ u_j \sim N(0, \tau)$이다. 동일집단에 속한 두 사람(즉, $i \neq i'$)의 관찰점수 Y_{ij}의 분산과 공분산을 구하면,

$$Var(Y_{ij}) = Var(u_{0j} + r_{ij}) = \tau + \sigma^2 \text{ 이고,}$$
$$Cov(Y_{ij}, Y_{i'j}) = Cov(u_{0j} + e_{ij}, u_{0j} + e_{i'j}) = \tau$$

이다. 따라서

$$Corr(Y_{ij}, Y_{i'j}) = \frac{\tau}{\tau + \sigma^2}$$

이다. 즉, 2-수준 다층자료에서는 동일집단 속에서 관찰점수들이 ICC(Intra-Class Correlation)만큼의 상관을 가진다. 다층모형에서는 $Cov(Y_{ij}, Y_{i'j}) = \tau$를 2-수준에서 설명하므로 1-수준 모형의 잔차는 독립성을 갖게 된다. 즉,

$$Cov(Y_{ij}, Y_{i'j}|u_{0j}) = Cov(r_{ij}, r_{ij}) = 0$$

이다.

그러나 다층모형도 다층자료의 구조에 부합하지 않으면 독립성의 가정은 위배될 수 있고, 이 경우 전통적인 선형모형이 갖는 오류를 보일 수 있다. 즉, 3-수준 자료를 2-수준 다층모형으로 분석하여 특정 수준의 분석단위를 무시하면, 모형에서 누락된 분석단위에 속한 하위 분석단위들의 독립성 가정을 위배하게 된다. 예를 들어, 학교효과 연구에서 자료의 전형적인 구조는 '학생 ⊂ 학급 ⊂ 학교'의 3-수준 자료이나, 연구자가 '학급수준'을 무시하고, '학생 ⊂ 학교'만 반영한 2-수준 다층모형으로 자료를 분석한다면, 누락된 분석단위인 '학급'수준에서의 분산과 사례 수가 학생수준으로 옮겨가게 되어 1-수준(즉, 학생수준) 오차항의 독립성은 위배된다. 보다 일반적으로 각 수준별 모형에서 오차항의 독립성이 위배되는 경우는 근접 상위수준의 분석단위가 다층모형의 명세화에서 누락되는 경우이다. 따라서 1-수준 오차항의 독립성 가정은 다층모형이 몇 개 수준을 반영하든 2-수준 분석단위를 모형에서 누락했을 때 발생한다.

반 덴 누트게이트와 옵드나커, 옹헤나(Van den Noortgate, Opdenakker, & Onghena, 2005)는 다층자료의 분석에서 특정 수준의 분석단위가 모형에서 누락되었을 때, 4-수준 절편모형을 검토하여 각 수준별 분산성분의 추정, 분산성분의 표준오차, 고정효과 모수의 추정 및 표준오차의 추정에 미치는 영향을 보고하였다. 즉, 학생(1-수준) ⊂ 학급(2-수준) ⊂ 교과목 교사(3-수준) ⊂ 학교(4-수준)의 자료를 반영하는 다층모형에서 각 수준의 절편계수만 무선효과를 갖는 모형과 특정 수준의 분석단위가 누락된 3-수준 절편모형들과 비교하였다. 이 연구의 결과 중에서 2-수준 분석단위인 학급이 모

형에서 누락되어 '학생(1-수준) ⊂ 교과목 교사(2-수준) ⊂ 학교(3-수준)' 모형으로 분석한 경우가 1-수준 오차항의 독립성 가정을 위배한 경우에 해당한다.

반 덴 누트게이트 등의 연구와 독립성의 가정위배가 미치는 영향에 대한 연구(예: Kish, 1965; Hox, 2002)에서 보고된 결과를 참고하면, 1-수준 오차항의 독립성이 위배된 결과가 미치는 영향은 크게 2가지이다. 1-수준 오차항의 독립성이 위배된 정도가 클수록 1-수준 분산성분은 과대 추정되며, 고정효과 회귀계수의 표준오차는 과소 추정된다. 따라서 고정효과 회귀계수의 유의도 검정을 위한 검정통계량의 팽창과 일종오류의 증가 현상이 발생한다.

1-수준 오차항의 독립성 가정을 충족하는 유일한 방법은 자료의 수집과정과 모형의 명세화 과정에서 오류를 방지하는 것이다. 다만 모형에서 누락된 근접 상위수준(예: 2-수준) 분석단위의 수가 적고 분산도 크지 않다면, 분산성분 및 표준오차, 고정효과 회귀계수 및 표준오차의 추정에 미치는 영향은 모두 미미하다. 따라서 '학생 ⊂ 학급 ⊂ 학교' 자료를 '학생 ⊂ 학교'로 분석하였을 때, 동일 학교 내에서 표집된 학급 수가 적거나 학급수준의 분산이 크지 않다면, 학급수준이 모형에서 누락되어도 고정효과 및 무선효과 모수 추정량의 양호도에 미치는 영향은 미미할 것이다.

(4) 1-수준 설명변수와 오차항의 독립성 가정

1-수준 모형에서 설명변수와 오차항의 독립성 가정은 모형의 명세화 오류와 연계되어 있다. 다층모형의 1-수준 모형에서 오차항과 설명변수와 상관이 있다면, 어떤 형태로든 오차항이 설명변수와 함수관계를 갖는 것이다. 다음 두 모형을 다시 고려하여 보자.

모형 1: $Y_{ij} = \beta_{0j} + \beta_{1j}X_{1ij} + \beta_{2j}X_{2ij} + \beta_{3j}X_{3ij} + r_{ij}$

모형 2: $Y_{ij} = \beta_{0j} + \beta_{1j}X_{1ij} + r^{*}_{ij}$

위 두 모형에서 모형 1이 타당한 모형(true model)이라고 가정하자. 모형 1이 타당하다면, 모형의 구조적 부분과 오차항은 $(\beta_{0j}+\beta_{1j}X_{1ij}+\beta_{2j}X_{2ij}+\beta_{3j}X_{3ij})\perp r_{ij}$의 관계가 성립한다. 즉, 설명변수와 오차항의 독립성 가정이 충족된다. 반면에 모형 2는 X_{2ij}와 X_{3ij}이 누락되어 모형 명세화에 오류가 있는 모형이다. 누락된 변수들은 오차항 r_{ij}^*에 포함되어 $r_{ij}^*=\beta_{2j}X_{2ij}+\beta_{3j}X_{3ij}+r_{ij}$이다.

이와 같은 상황에서는 2가지 경우가 가능하다. 첫째, 모형 2가 모형 명세화에 오류가 있지만, 설명변수와 오차항의 독립성 가정은 충족하는 경우이다. 즉, X_{2ij}와 X_{3ij}는 Y_{ij}와는 상관을 갖는 변수이지만, $X_{1ij}\perp X_{2ij}$, $X_{1ij}\perp X_{3ij}$여서 사실상 $X_{1ij}\perp r_{ij}^*$ 가정이 충족되는 경우이다. 이와 같은 경우에 모형 1과 모형 2에서 추정된 β_{1j}는 편향성을 갖지 않는다. 즉, 모형 2가 갖는 명세화 오류는 Y_{ij}의 설명체계로서의 이론적인 오류이며 통계학적인 오류는 아니다.

둘째 상황은 X_{1ij}와 r_{ij}^*와 상관을 가져서 두 변수의 독립성 가정을 위배하는 경우이다. 이 경우, X_{2ij}와 X_{3ij}는 중첩변수(confounding variable)일 가능성이 높으며, 모형 1과 모형 2에서 β_{1j}의 값은 다른 값을 갖는다. 즉, 모형 2에서 β_{1j}는 편향된 것이다. 더구나 다층모형에서는 β_{1j}가 2-수준 모형의 종속변수가 되므로 1-수준 모형인 모형 2에서 설명변수와 오차항의 독립성이 위배되면 2-수준 모형의 분석결과도 타당성을 잃는 심각한 문제가 발생할 수 있다. 특히 β_{1j}가 무선효과를 갖게 되면 2-수준 모형의 고정효과 모수, 표준오차 및 무선효과 모수의 추정은 모두 영향을 받는다. 2-수준 모형에서 고정효과 모수의 편향성은 층위 간 상호작용의 추론(cross-level inference)에서 오류를 범하는 것이며, 무선효과 모수의 추정결과는 허구일 수도 있다.

1-수준 모형에서 설명변수와 오차항의 독립성을 검토하는 방법은 이미 등분산성의 가정 부분에서 서술한 바와 같이 각 집단 내에서 OLS 잔차를 구하여 X 변수들과의 산점도를 검토하는 방법이다. 산점도의 검정결과 X 변수와 오차항이 무정형의 분포를 보이지 않고 특정한 함수관계를 보이면, 설명변수와 오차항은 상관을 갖는 것이다. 예를 들어, 설명변수가 오차항과 1차 함수관계를 보이면 X_{2ij}, X_{3ij}와 같은 관련변수를 찾아서 모형에 포함하여야 한다. 만일 오차항과 2차함수 관계를 보이는 설명변수 X_p가 있다면, X_p^2항을 모형에 추가하여 오차항에서 관련요인을 제거한다.

(5) 1-수준 설명변수의 측정오차 가정

회귀모형에서와 마찬가지로 다층모형에서 모든 설명변수는 측정오차가 없는 것을 가정한다. 직접 관찰할 수 있는 물리적·생물학적·경제적 특성은(예: 학교규모, 연령, 근무연수, 매출액 등) 대부분 측정오차가 없는 설명변수인 경우가 많다. 그러나 인간행동과 사회조직을 다루는 사회과학에서는 잠재변수(latent variable, construct)를 측정한 합성척도변수(composite scale variable)와 환경과 조직의 특성을 측정한 척도변수가 빈번하게 설명변수로 사용된다. 이 경우 설명변수의 측정오차 문제와 척도의 신뢰도 문제가 제기된다. 1-수준 모형에서 설명변수의 측정에 오차가 있다면, $X_{pij} = T_{pij} + E_{pij}$ 로서 설명변수 X_{pij}의 점수는 진점수(true value, $T_{\pi j}$)와 측정오차점수($E_{\pi j}$)가 합쳐져 있는 것으로 생각할 수 있다. 따라서 X_{pij}의 분산은 $\sigma^2_{X_p} = \sigma^2_{T_p} + \sigma^2_{E_p}$로 분해된다. 모수 추정에 사용되는 설명변수 X_{pij}의 분산은 $\sigma^2_{X_p} > \sigma^2_{T_p}$로서 실제보다 팽창된 것이다.

설명변수 X의 측정오차는 회귀계수 β_j의 추정량에 부적편향성(negative bias)을 가져오며, 2-수준 모형에서도 절편계수는 부적으로 편향된다. 그러나 2-수준 모형에서 설명변수들의 회귀계수는 편향성을 갖지 않는다. 다만, X 변수의 신뢰도가 집단에 따라 다르고 집단의 특성과 상관 있을 때, 2-수준 설명변수의 회귀계수는 편향된다(Raudenbush & Bryk, 1992). 1-수준 설명변수 X의 측정오차가 2-수준 모형의 추정에 미치는 영향은 종속변수 Y의 분산규모와도 상관이 있다. 종속변수 Y의 변산이 작고 X변수의 측정오차가 상대적으로 크다면, β_j의 변산도 축소되며 2-수준 모형의 절편계수와 기울기 계수 모두 부적편향성을 갖는다(강상진, 2014).

(6) 2-수준 오차항의 다변량정규분포 가정

1-수준 모형에서 절편계수와 기울기 계수가 모두 무선효과를 가지면, 2-수준 모형의 오차항($u_j = (u_{0j}, u_{1j}, \ldots u_{pj})'$)은 다변량 분포를 갖는다. 이 다변량분포의 비정규성이 모수 추정에 미치는 영향은 분명하지 않다. 그러나 오차항의 분포는 중심극한정리에 의하여 정규성을 갖는 것이 일반적이므로 다층모형은 2-수준 오차항 분포의 다변량 정규성 가정에 강인성을 갖는다고 할 수 있다.

그러나 실제 연구 상황에서 부딪치는 자료들은 이론적으로 기대한 바와 달리 2-수준 모형의 오차항이 비정규성을 나타내는 경우가 존재한다. 학교효과 연구의 경우, 2-수준 오차항 u_j는 흔히 학교효과지수로 활용된다. 이 경우, 효과적인 학교와 매우 비효율적인 학교는 통계학적으로는 극단치(outlier)에 속하는 학교들이다. 극단치에 속하는 사례 수가 많으면 오차항의 분포는 양쪽 꼬리가 정규분포보다 두툼한 모양을 갖게 되어 정규분포와 멀어진다. 또한 특별한 1-수준 설명변수의 효과는 항상 방향성을 갖는 경우가 있다. 예를 들어, 아파트의 면적과 방 수는 가격에 정적인 영향을 미치며, IQ는 학업성취도에 정적인 영향을 미치고, 경제학에서 균형이론의 특징은 특정변수의 증가가 다른 변수의 하락과 관련을 갖는다. 이 경우, 무선효과 회귀계수 β_j의 분포는 비대칭성을 가질 가능성이 있다. 즉, 특정영역(+ 또는 -)에서 확률밀도가 낮아지거나 높아지기 때문이다.

2-수준 오차항의 분포가 비정규성을 갖게 되면, 2-수준 회귀계수와 분산공분산성분의 추정량은 여전히 일관성(consistency)이 있으며, 회귀계수의 표준오차도 편향성이 없는 것으로 알려져 있다. 그러나 2-수준 분산공분산성분의 표준오차는 방향성은 정확하지 않으나 편향성을 갖는다. 즉, 추정의 엄밀성을 상실한다(liberal). 이 같은 경우에 강인한 분산-공분산성분(robust variance-covariance) 추정치를 적용하여 가설 검정할 것을 권한다(De Leeuw & Meijer, 2007).

2-수준 오차항 u_j의 다변량정규분포를 확인하는 방법은 각각의 u_{pj}를 대상으로 정규성 검토를 하는 것이며, 이 경우 다양한 산점도 방법(plotting methods)이 제안된다(Snijders & Berkhof, 2008). 정규성 여부를 관찰하는 방법은 추정된 잔차와 2-수준 설명변수와의 상관을 보거나, 표준화 잔차의 분포와 이론적 정규분포와의 Q-Q 산점도를 보는 것이다. 이 경우, 잔차의 추정 값은 OLS 추정 값($\hat{u}_{pj}$) 혹은 EB 추정 값(u^*_{pj}) 중 하나를 사용한다. OLS 추정 값($\hat{u}_{pj}$)은 사용이 쉽지만, 측정오차로 인하여 극단치를 가질 가능성이 높으므로 신뢰도 가중치로 교정된 EB 추정 값(u^*_{pj})의 산점도가 더 정확하고 안전하다. 대부분의 다층모형 프로그램은 OLS 추정 값과 EB 추정 값을 잔차파일에서 모두 제공한다. 구체적으로 산점도를 구하고 해석하는 방법은 여러 연구에서 발견된

다(Lange & Ryan, 1989; Goldstein, 2003; Snijders & Bosker, 1999; Lewis & Langford, 2001).

2-수준 오차항 분포의 정규성을 검정하는 방법으로 2-수준 잔차를 표준화한 통계량이 추천된다(Snijder & Berkhof, 2008). 다음 식(6-37)은 표준화 2-수준 잔차통계량(standardized level-2 residuals)이다.

$$G = u_j^* (Cov(u_j^*))^{-1} u_j^{*\prime} \sim \chi^2(p) \qquad (6\text{-}37)$$

여기서 p는 1-수준 무선효과 회귀계수의 수이며, u_j^*는 p-차원의 EB 잔차행렬이고, $Cov(u_j^*) = \hat{\sigma}^2 (X_j' X_j)^{-1} + \hat{T}$이다. 식(6-37)이 다변량 정규분포를 갖는다면, 통계량 G는 무선효과 수(p)만큼의 자유도를 갖는 $\chi^2(p)$의 분포를 갖는다. 식(6-37)의 통계량을 각 집단별로 구하여 2-수준 잔차가 정규성을 벗어난 집단 j를 확인할 수 있다. 또한 G 통계량과 $\chi(p)^2$의 확률분포로 Q-Q 산점도를 구성하여 우측상향의 대각선에서 벗어나는 집단 j가 극단치인 것을 확인할 수도 있다.

G 통계량에 근거하여 극단치가 발견되면, 연구자는 극단치에 해당하는 집단을 제거한 이후에 재분석을 하여 편차량에 의한 우도비-검정으로 모형 간 적합도의 차이 검정을 할 수 있다. 또한 극단치 집단을 제거한 이후에 G 통계량을 다시 산출하여 $\chi^2(p)$ 검정을 하여 추가로 극단적인 집단을 확인할 수 있을 것이다. 후자의 경우는 제거된 극단치의 영향력을 검정하는 효과도 있다.

2-수준 오차항 $u_j = (u_{0j}, u_{1j}, \ldots u_{pj})'$의 다변량분포는 1-수준 회귀계수 β_j들의 다변량분포에 근거한 것이므로, 사실상 1-수준 모형의 명세화와 밀접한 관련이 있다. 브라이크와 로덴부시(1992)는 β_j의 다변량분포와 관련하여 다중공선성의 위험과 자유도 문제를 경고한다. 즉, 만일 1-수준에서 많은 회귀계수들이 무선효과를 갖는다면 1-수준과 2-수준 모두에서 다중공선성의 위험은 높아진다. 따라서 다층모형의 명세화 과정은 단순모형에서 복잡한 모형으로, 1-수준 모형을 우선 명세화한 이후에 2-수준 모형의 명세화로 점진적으로 결정하는 과정이 안전하다. 모형에 새로 추가되는 변수의 표준오차가 증가한다면 다중공선성의 위험이 있는 것이며, 이 경우에 추정된 회귀

계수는 타당성을 잃게 된다.

다른 한편에서 2-수준 오차항이 다변량 분포를 갖지만 오차항 사이에 독립성이 있다면, 즉 $u_{pj} \perp u_{p'j}(p \neq p')$이면 안정적인 모수추정을 위하여 필요한 2-수준 집단의 수(J)는 2-수준 모형 각각을 독립적인 회귀모형으로 이해하여, 모형마다 설명변수 수의 10배 이상인 것이 일반 상식에 부합한다. 그러나 다변량 정규분포에서 오차항들이 서로 높은 상관을 갖게 되면, 앞에서 논의한 바와 같이 2-수준 집단의 수를 확보하는 것보다 더 중요한 관점은 다중공선성에 의하여 모형의 타당성이 위협받는 것이다. 따라서 2-수준 오차항의 다변량 정규분포의 가정을 충족하는 문제는 다층모형의 명세화를 단계별로 수행하여 가급적 간명한 모형으로 추정하는 것이 현명한 방법이며, 이후의 결과 해석에서도 유용하다.

(7) 2-수준 설명변수와 오차항의 독립성 가정

2-수준 모형에서 오차항 u_{pj}와 설명변수 W_{pj}의 독립성 가정은 1-수준 모형의 명세화에 오류가 없다는 전제하에 존재하는 가정이다. 즉, 1-수준 모형의 명세화에 오류가 있어서 2-수준에서 무선효과를 갖는 회귀계수가 편향성을 갖거나, 1-수준 중첩변수(confounding variable)의 영향 등으로 β_j의 분포가 타당성을 잃을 경우에 2-수준 오차항과 설명변수와의 독립성 가정의 충족 여부를 확인하는 것은 큰 의미가 없다.

1-수준 모형의 명세화가 통계적으로 문제가 없어 β_j의 분포가 타당하다면, 2-수준 설명변수 W_{pj}와 오차항 u_{pj}의 독립성 가정이 의미하는 것은 여러 잠재적인 변수들의 집합인 u_{pj}에 W_{pj} 및 β_{pj}와 모두 상관을 갖는 잠재적인 변수가 없다는 것이다. 즉, 2-수준 모형에서 중첩변수가 없다는 것을 의미한다. 특히 2-수준 모형은 $(P+1)$개의 수식이 있는 다변량 모형이므로, 각각의 β_{pj}의 모형에서 W_{pj}와 u_{pj}는 상관을 보이지 않아야 한다. 다변량 모형인 2-수준 모형에서 β_j의 행렬을 구성하는 β_{pj} 간 상관이 존재한다면, β_{pj} 모형의 설명변수 W_{pj}와 $\beta_{p'j}$ 모형의 잔차 $u_{p'j}$와의 독립성 가정도 필요하다. 그러나 다층모형의 2-수준 모형에서 β_{pj}와 $\beta_{p'j}$의 상관이 높지 않다면, 모형들 사이에서 설명변수와 오차항의 독립성 가정의 충족 여부는 모수 추정에 유의한 영

향을 미치지 않는 것으로 알려져 있다. 또한 β_{pj}와 $\beta_{p'j}$의 상관이 높으면, 이미 다중공선성의 위험에 노출된 것이므로 1-수준 모형 명세화를 타당하게 하는 것이 중요하다. 따라서 2-수준 모형에서는 각각의 β_{pj} 식 안에서 설명변수와 잔차 추정 값과의 산점도를 통하여 중첩변수의 존재 여부를 검정하는 작업이 필요하다. 만약 중첩변수가 존재한다면, 해당 β_{pj}식에서 잔차와 상관을 보이는 W_{pj} 변수의 회귀계수는 편향된 것이며, 타당한 값이 아니다. 누락된 중첩변수의 영향력이 클수록 2-수준 모형의 타당도는 낮아진다.

(8) 2-수준 설명변수의 측정오차 가정

2-수준 설명변수의 측정오차 가정은 회귀모형에서 설명변수에 측정오차가 개입된 경우의 문제와 유사하다. 즉, 설명변수 W_{pj}에 측정오차가 개입되면, 회귀계수는 부적 편향성을 갖게 된다. 회귀계수가 편향되는 정도는 W_{pj}의 참값 혹은 신뢰도에 영향을 받는다. 또한 β_{pj} 식에 포함된 변수 간의 상관도 달라지므로, 모형 내 다른 변수의 회귀계수도 영향을 받을 가능성이 있다(Bryk & Raudenbush, 1992). 한 걸음 나아가 β_{pj}의 분산이 크지 않고 W_{pj}의 신뢰도가 낮다면, 즉 측정오차가 크다면 회귀계수의 표준오차도 부적 편향성을 갖는다(강상진, 2014).

2-수준 설명변수의 측정오차 문제를 해소하기 위해서는 척도의 신뢰도를 높이는 방법에 대한 이해가 필요하다. 예를 들어, 교장의 지도성 변수, 조직문화, 학습동기, 효능감 등 많은 변수는 여러 문항에 대한 관찰점수를 총합하여 구성된 척도변수이다. 이와 같은 척도변수의 신뢰도를 높이는 가장 현명한 방법은 선행연구에서 다른 연구자에 의하여 타당도(validity)와 신뢰도(reliability)의 양호도가 검증된 변수를 사용하는 것이다. 또는 권위 있는 변수 혹은 검사점수를 사용하는 것이다. 척도변수에 대한 이해가 부족하면, 신뢰도 문제 이전에 타당도가 없는 변수로 모형을 명세화하는 경우도 발생한다. 이 경우, 추정된 회귀계수는 아무런 의미가 없어진다.

(9) 1-수준 오차항과 2-수준 오차항의 독립성 가정

다층모형의 명세화는 언제나 1-수준 오차항과 2-수준 오차항이 독립인 것을 가정한다. 논리적으로 식(6-33b)에서 잔차 r_j가 모형의 구조적 부분인 $X_j\beta_j$와 독립이라면, 2-수준 모형의 잔차인 u_j는 β_j의 변산에만 귀속되므로 $r_j \perp u_j$는 성립한다. 그러나 1-수준 잔차 r_j에 중첩변수가 있어서 β_j에 편향성이 있고 β_j의 변산도 영향을 받는다면 u_j와 r_j는 가법관계(additive relationship)가 아닐 수 있다.

다른 한편에서 모형의 명세화가 고정효과 변수의 문제가 아닌 자료의 다층구조에서 특정 수준의 분석단위가 다층모형에서 누락된 문제를 지닌다면, 누락된 수준의 분산은 인접수준으로 분해된다. 반 덴 누트게이트와 옵드나커, 옹헤나(2005)는 4-수준 다층자료(예: 학생-학급-교사-학교)에서 3-수준 분석단위(교사)를 누락하여 3-수준 모형(학생-학급-학교)로 분석하면, 교사수준의 분산이 학급수준과 학교수준으로 분해되는 것을 보고하였다. 이 경우, 학급수준의 잔차와 학교수준의 잔차는 교사수준의 분산성분을 공유하므로 상관을 가질 수 있다. 그러나 교사의 수가 많아짐에 따라 교사수준의 분산은 인접 하위수준인 학급수준으로 대부분 이동하며, 학급수준의 자유도가 크게 증가하여 회귀계수의 표준오차가 과소 추정되고, 이는 일종오류의 증가와 연계된다.

1) 학교효과는 3가지 개념으로 정의된다. 하나는 특정 변수가 교육성과에 미치는 효과이다. 예를 들어, 특정 정책(또는 변수)이 성취도 향상에 효과가 있으면 학교효과가 있는 것으로 정의한다(Brookover et al., 1979). 다른 하나는 단위학교의 고유효과의 의미로서, 특정학교의 교육성과와 기준성과의 차이를 의미한다. 예를 들어, 어느 학교의 교육성과와 전체 학교평균과의 차이를 그 학교의 교육성과로 정의하는 것이다(Aitkin & Longford, 1986; Willms & Raudenbush, 1989). 이 책에서는 이 개념을 학교효과로 사용하였다. 끝으로, 전체 학생들의 교육성과 분산에서 학교 간 차이로 인한 분산비율을 나타낸다(Gray, 1988). 세 번째 개념은 학생들의 전체 교육성과 분산에서 학교 간 교육격차가 차지하는 비중을 반영하는 통계량으로서 집단 내 상관계수(Intraclass Correlation Coefficient: *ICC*)로 표현된다(예: 강상진, 2010). 즉, 학생의 학업성취도에 대한 소속학교의 영향력 규모이다. 또 다른 맥락에서 학교효과의 용어는 2가지로 혼용된다. 하나는 단위학교의 객관적인 고유효과이며, 다른 하나는 단위학교의 교육적 노력에 의한 성과이다. 전자는 단순한 학교효과(school effects)를 지칭하며, 후자는 학교효과성(school effectiveness)을 의미한다. 학교효과는 긍정적이든 부정적이든 모든 학교에서 나타나는 효과이다. 반면에 학교효과성은 교육적 노력의 효과를 지칭하며, 바람직한 성과지수로서 의미를 갖는다. 즉, 모든 학교가 교육적으로 효과적이지는 않다.

2) 우리나라는 2007년 5월 25일 「공공기관의 정보공개에 관한 법률(정보공개법)」과 더불어 특별법 형태로 「교육관련기관의 정보공개에 관한 특례법(교육정보공시법)」을 제정하였다. 아울러 2008년에 동 법안의 시행령을 제정하고(2008. 11. 17), 같은 해 12월 1일에 극소수의 특수학교를 제외한 전국의 모든 초·중등학교와 고등교육기관의 개별 학교정보가 공개되기에 이르렀다. 초·중등학교의 경우에는 학교알리미(www.schoolinfo.go.kr)에서 교육과정 편성 및 운영, 학교급식, 학교폭력의 발생현황, 국가 또는 시·도 수준 학업성취도 평가결과 등 15개 영역의 정보를 공개하고, 고등교육기관의 경우는 대학알리미(www.academyinfo.go.kr)에서 학생선발방법, 취업률, 신입생 충원율, 교원확보율, 전임교원의 연구성과 및 등록금 등 13개 정보를 공개한다.

3) 성장모형은 미국의 「낙오학생방지법(No Child Left Behind Act of 2002)」에 의하여 단위학교평가의 기준으로 사용하는 「연도별 적정 성취수준(AYP: Adequate Yearly Progress)」을 대안적으로 산출하는 모형으로서 북캐롤라이나 주에서 사용한 모형이다.

제7장

3-수준 다층모형의 명세화 방법

제7장

3-수준 다층모형의 명세화 방법

지금까지 이 책에서 서술한 다층모형은 주로 2-수준 다층모형이었다. 2-수준 다층모형은 2-수준 자료의 분석에 방법론적으로 타당한 통계모형이다. 그러나 우리가 관심을 갖는 자연현상과 사회현상은 사실상 2-수준 다층자료보다 더 복잡한 구조를 갖는 경우가 빈번하다. 예를 들어, 학교교육체제는 학생-학급-학교-교육지원청-시·도 교육청처럼 다섯 단계의 위계적 구조로도 이해할 수 있으며, 각 분석단위들은 모두 교육현상에 영향을 미치는 단위들이다. 한 걸음 나아가 학생이 반복측정된 자료라면, 1-수준에 반복측정치가 분석단위로 추가되어 학교교육체제를 6단계 구조로 파악할 수도 있으며, 국가 간 비교를 위하여 최상위 단계에 국가를 분석단위로 추가하면 7단계 구조로도 이해할 수 있다.

일반적으로 통계모형의 명세화 방법은, 첫째, 분석자료의 구조를 모형에 반영하고(그리하여 모형의 타당도를 높이고), 둘째, 연구자의 가설을 모형에 모수로 포함하는 것이다(즉, 추정된 모수값에 기초하여 연구문제에 응답하는 것이다). 따라서 다층모형에 모든 수준의 분석단위를 포함하는 것이 모형의 타당도를 높이는 데 기여할 수 있다. 그러나 분석수준이 많아지면, 모형의 간명성이 부족해지고 연구결과의 해석이 복잡해져서 오히려 설득력이 없거나 설명이 불가능한 결과를 초래할 수 있다. 이와 같은 맥락에서 현실적으로 중요한 분석단위를 반영하여 모형의 타당도를 높이고, 동시에 모형의 간명성을 유지하는 관점에서 3-수준 다층모형은 방법론적으로 권장되는 모형이다.

3-수준 다층모형의 방법론적 특성은 비교적 일찍이 국내 학술지에 발표되어 왔고(강상진, 1998; 이용상, 강상진, 2007, 전민정, 강상진, 2005), 학술논문에서 활용된 사례는 교육학 분야에 제한되는 경향이 있었다(예: 김경희, 임현정, 2008; 김성식, 2010; 김준엽, 2010). 그러나 최근에 이르러 3-수준 다층모형은 가족학(예: 이은지, 전혜정, 2015), 사회복지학(예: 김세원, 2009), 상담심리(예: 서영석, 조화진, 조민아 외, 2012; 임향, 오다영, 오진경, 정수진, 최승원, 2014), 도시공학(예: 강창덕, 2014; 김태형, 권새원, 이윤진, 2012), 경제학(예: 이병훈, 이상호, 2011; 조성철, 임업, 2010; 2012) 등 여러 학문분야에서 자료 분석방법으로 선호하는 통계모형이 되었다.

이 책의 3장에서는 다양한 다층모형과 더불어 3-수준 다층모형의 일반모형을 개념적으로 서술하였다. 여기서는 횡단연구와 종단연구에서 3-수준 다층모형을 구체적으로 활용하는 방법과 모형의 명세화 과정을 실제 자료의 분석과정과 병행하여 서술한다.

1. 횡단연구와 3-수준 다층모형의 응용

이 책의 4장에서는 횡단연구에서 다층모형의 활용을 강조하였다. 또한 4장을 시작하면서 다층모형으로 응답이 가능한 다양한 연구질문을 검토하였다. 양적연구방법을 활용하는 연구자는 연구질문에 대응하는 모수를 통계모형에 포함하여 자료를 분석한다. 4장에서 제시된 많은 질문은 모두 통계모형의 고정효과 혹은 무선효과 모수의 추정결과에 근거하여 응답할 수 있는 질문들이었다. 여기서 서술하는 3-수준 다층모형은 더 다양한 질문에 응답하는 분석모형으로 활용될 수 있으며, 분석결과는 2-수준 다층모형의 경우 보다 더 풍부하며 방법론적으로도 더 적절할 수 있다.

여기서는 3-수준 다층모형의 명세화 방법을 구체적으로 제시하고, 다양한 3-수준 다층모형의 통계적 특징을 효과적으로 요약하기 위하여 모형의 명세화 과정과 예시자료 분석을 병행하여 서술한다. 이 장에서 사용하는 예시자료는 강상진과 이종성(1998)이 중등학교 사회적 환경 개발의 조건요인을 탐색하기 위하여 수집한 자료이다. 이 자료는 서울시 교육청에 속한 중학교에 재직하는 전체 교사를 모집단으로 하였으며, 유층화 무선집락표집절차(stratified random cluster sampling)에 의하여 표집된 학교와 교사들을 대상으로 학교의 사회적 환경에 대하여 설문조사한 자료이다. 자료를 정비한 이후에 분석에 사용된 유효자료는 54개 중학교에 재직하는 1,652명의 교사였다. 강상진과 이종성(1998)은 위 자료를 '교사 ⊂ 중학교'의 위계적 구조로 구성하여 2-수준 다층모형으로 분석하였다. 이 연구의 교사설문자료에는 교사의 담당교과변수가 포함되어 있었다. 기존의 유효자료에서 소수의 변수를 선정하고, 교과변수를 이용하여 3-수준 다층구조의 예시자료를 생성하였다. 동일 학교에서 동일 교과를 담당하는 교사들을 '교과집단'으로 묶어서 2-수준의 분석단위로 하였다. 즉, 기존 유효자료를 '교사 ⊂ 교과 ⊂ 학교'의 3-수준으로 자료를 재구성하였다. 같은 학교에서 동일 교과를 담당하는 교사들은 학교 내에서 '학과(department)' 혹은 '소규모 조직단위(micro organization)'로 이해할 수도 있다. 〈표 7-1〉은 3-수준으로 재구성한 유효자료에 포함된 변수들의 기술통계량을 요약한 것이다.

〈표 7-1〉 3-수준 다층자료(교사-교과-학교) 변수의 기술통계량

변수		평균	표준편차	최솟값	최댓값	사례 수
종속변수	교장지도성	50.00	15.00	7.42	81.12	1,652
교사-수준 (1-수준)	교사직위 1=부장교사 2=일반교사	1.81	0.393	1.00	2.00	1,652
	물리적 환경 만족도	7.42	2.65	2.00	12.00	1,652

교과-수준 (2-수준)	일반대학비율 0=기타 1=일반대학 졸업	0.29	0.35	0.00	1.00	662
	대학원비율 0=기타 1=대학원 졸업	0.22	0.32	0.00	1.00	662
학교-수준 (3-수준)	설립유형 0=사립 1=국·공립	0.74	0.44	0.00	1.00	54
	재학생 수	5.39	2.20	1.00	10.00	54

〈표 7-1〉에서 유효자료의 전체 교사 수는 1,652명, 교과집단 수는 662개, 학교 수는 54개교였다. 따라서 학교당 평균 30.59명의 교사, 교과집단별 평균 2.50명의 교사가 있으며, 학교당 평균 12.26개의 교과조직이 유효자료에 포함되어 있는 것을 알 수 있다.

〈표 7-1〉에서 종속변수인 '교장지도성' 변수는 10개 문항의 합성변수로서(신뢰도 .915), 평균=50, 표준편차=15인 표준점수로 전환한 것이다. 교장지도성을 구성한 10개 문항은 교장이 '교사의 교수-학습 및 직무수행에 대하여 어느 정도 지원행동'을 하는지 교사들에게 묻는 것이었다. 교장지도성 변수는 학교의 사회적 환경 혹은 학교 풍토를 반영하는 변수이며, 동시에 학교조직 및 풍토를 설계하는 변수(organic design)로도 이해된다(Bryk & Driscoll, 1988; Pallas, 1988; Raudenbush, Rowan, & Kang, 1991, Rowan, 1990). 강상진과 이종성(1998)의 연구는 학교의 바람직한 사회적 환경(교장지도성) 개발에 조건요인이 되는 변수들을 교사수준과 학교수준에서 탐색하는 연구였다.

교사-수준(1-수준) 변수에서 '물리적 환경 만족도' 변수는 학교 건물과 교정에 대한 교사의 만족도이다. 교과-수준(2-수준) 변수인 '일반대 비율'은 각 교과집단에서 일반대학 출신 교사의 비율이며, '대학원 비율'은 대학원을 졸업한 교사의 비율이다. 학교-수준(3-수준) 변수인 '재학생 수'는 교장설문지에서 보고된 학교별 재학생 수를 1=

501~700명에서 10=2,301~2,500명으로 200명 단위로 서열화한 것이다. 〈표 7-1〉에서 교사-수준, 교과-수준, 그리고 학교-수준 변수들은 교장의 지도성과 관련 있는 것으로 기대되는 변수들로서 3-수준 다층모형에 의한 분석을 예시하기 위한 자료이다. 교장의 지도성과 정적 상관이 있는 변수들은 교장지도성이 증가하는 환경조건이 되는 변수들이며, 부적 상관이 있다면 바람직한 교장지도성을 개발하기 어려운 여건일 수 있으므로 부적상관이 있는 변수에 유념하여 교장연수 교육과정을 비롯한 정책적 대응을 제안할 수 있다.

〈표 7-1〉에 제시된 자료를 3-수준 다층모형으로 분석하면, 새로 추가되는 분석단위인 '교과-수준'이 단위학교의 사회적 환경개발에 미치는 영향력과 관련변수를 추가로 탐구할 수 있는 가능성이 열린다. 만일 교장지도성의 전체 분산에서 교과-수준이 차지하는 분산비율이 크다면, 교장은 각 교과단위(즉, 교과부장 교사를 중심으로 한 교사집단)를 특별히 의미 있는 조직단위로 인식할 필요가 있으며, 교장이 지원하는 교사의 교수-학습 및 직무수행이 각 교과목-수준에서 효력이 있는지 적극적인 관심을 가져야 할 것이다.

2-수준 다층모형과 3-수준 다층모형은 모두 위계적 다층모형(nested multilevel model)으로서 하위 수준의 분석단위는 단 하나의 상위 수준 분석단위에 속하는 자료구조에 적합한 모형이다. 따라서 3-수준 다층모형은 2-수준 다층모형의 명세화 과정을 단순 확산한 것이며, 모형의 명세화 과정에 적용되는 일반 원리도 동일하다. 2-수준 다층모형을 활용할 수 있으면, 3-수준 다층모형도 동일한 방법으로 활용할 수 있다. 다만 분석단위가 추가되어 추정대상인 모수의 수와 부가적인 통계량도 함께 증가한다는 점만 다르다. 그러나 모형이 복잡해진다는 것은 그 자체로 모형의 명세화와 분석결과의 해석에서 연구자에게 부담을 주는 것이다. 따라서 3-수준 다층모형을 정확히 이해하고 자료분석에 익숙해질 필요가 있다.

1) 3-수준 다층모형의 기초모형 명세화 방법과 예시

횡단연구에서 자료를 분석하는 첫 번째 다층모형은 기초모형(base model)이다. 즉,

아무런 설명변수가 모형에 포함되지 않는 무조건 모형(unconditional model)이다. 기초모형은 각 수준별 모형에 무선효과를 갖는 절편계수만 포함한 모형이며, 가장 간단한 모형이다. 기초모형은 다층분석에서 자료를 진단할 수 있는 가장 기본적인 정보를 제공하며, 기초모형의 결과를 참조하여 후속 모형을 명세화할 수 있다. 〈표 7-1〉에서는 교사들이 지각한 '교장지도성' 변수가 전체 교사들 사이에 변산을 갖는데, 교장지도성 변수의 변산이 각 수준별로 어떻게 분해되는지 파악하는 방법은 기초모형으로 자료를 분석하는 것이다. 다음은 3-수준 다층모형의 기초모형을 각 수준별로 제시한 것이다.

(1) 1-수준 모형

교사-수준 모형으로서 각 교사가 지각한 교장지도성 점수는 소속집단(즉, 교과집단)의 평균과 개인의 고유효과 점수로 구성된다.

$$1\text{-수준 모형: } Y_{ijk} = \pi_{0jk} + e_{ijk},\ \ e_{ijk} \sim N(0, \sigma^2) \tag{7-1}$$

여기서

Y_{ijk}: k번째 학교에서 j교과를 담당하는 교사 중 i번째 교사가 보고한 교장지도성 점수이다. $i = 1, 2, \cdots, n_{jk}$; $j = 1, 2, \cdots, J_k$; 그리고 $k = 1, 2, \cdots, K$이다.

π_{0jk}: k번째 학교에서 j교과담당 교사들이 보고한 교과집단 평균 교장지도성 점수이다. 동시에 1-수준 모형의 절편계수이다.

e_{ijk}: 동일 학교에서 같은 교과를 담당하는 교사집단 내에서 각 교사의 고유효과이다. 1-수준 모형은 교과 내-교사 모형이며, e_{ijk}는 오차항으로서 각 교사의 교장지도성 점수(Y_{ijk})와 소속 교과집단 평균(π_{jk})과의 편차점수이다. e_{ijk}는 교과집단 내에서 무선효과를 갖고, 평균이 0이고 분산이 σ^2인 정규분포를 갖는다. 즉, $e_{ijk} \sim N(0, \sigma^2)$의 가정을 갖는다.

(2) 2-수준 모형

교과-수준 모형으로서, 각 교과집단의 평균점수의 분포는 학교수준에서의 평균점수와 각 교과집단의 고유효과로 구성된다.

$$2\text{-수준 모형: } \pi_{0jk} = \beta_{00k} + r_{0jk},\ r_{0jk} \sim N(0, \tau_\pi) \quad (7\text{-}2)$$

여기서

β_{00k}: k학교의 교장지도성 평균이다. 동시에 2-수준 모형의 절편계수이다.

r_{0jk}: 교과목 집단평균(π_{0jk})과 학교평균(β_{00k})과의 편차이다. 2-수준 모형의 오차항으로서 각 교과목 집단의 고유효과이다. 오차항(r_{0jk})은 평균이 0이고 분산이 τ_π 인 정규분포를 갖는다. 즉, $r_{0jk} \sim N(0, \tau_\pi)$ 이다.

(3) 3-수준 모형

학교수준의 모형이다.

$$3\text{-수준 모형: } \beta_{00k} = \gamma_{000} + u_{00k},\ u_{00k} \sim N(0, \tau_\beta) \quad (7\text{-}3)$$

γ_{000}: 교사가 지각한 교장지도성의 모집단 평균이다. 즉, 모집단인 서울시 전체 교사들이 지각한 교장지도성의 전체평균이다.

u_{00k}: k학교의 고유효과이다. 3-수준 모형의 오차항으로서 각 학교의 평균점수(β_{00k})와 전체평균(γ_{000})과의 편차점수이다. 3-수주 모형의 오차항 u_{00k}는 평균이 0이고 분산이 τ_β 인 정규분포를 갖는다.

수준별로 제시된 식(7-1), 식(7-2), 식(7-3)을 합쳐서 3-수준 다층모형이 된다. 수준별 모형을 합치면 3-수준 다층모형을 단일식으로 표현할 수 있다. 즉,

$$Y_{ijk} = \gamma_{000} + u_{00k} + r_{0jk} + e_{ijk},$$
$$u_{00k} \sim N(0, \tau_\beta),\ r_{0jk} \sim N(0, \tau_\pi),\ e_{ijk} \sim N(0, \sigma^2) \quad (7\text{-}4)$$

이다. 식(7-4)는 종속변수 Y_{ijk}가 전체평균(γ_{000})으로부터 소속학교의 효과(u_{00k}), 소속 교과집단의 효과(r_{0jk}), 그리고 각 교사의 개인효과(e_{ijk})로 구성되어 있으며, 전체평균(γ_{000})을 제외한 모든 항이 무선효과를 갖는 분산분석모형이다. 식(7-4)에서 종속변수의 평균은 $E(Y_{ijk}) = \gamma_{000}$이며, 분산은 $Var(Y_{ijk}) = \tau_\beta + \tau_\pi + \sigma^2$ 임을 알 수 있다.

모든 통계모형은 모수를 추정대상으로 삼는다. 모형에 포함된 모수의 추정 값에 근거하여 분석결과를 해석하므로 추정대상인 각 모수의 의미를 정확히 이해하면 결과해석이 용이해지고, 연구질문에 대한 응답도 정확해진다. 식(7-4)에서 고정효과 모수는 γ_{000}뿐이며, 무선효과 모수는 τ_β, τ_π, σ^2이다. 각 모수의 해석은 식(7-1), 식(7-2), 식(7-3)에서 정의하였으므로 모수 추정 값의 해석도 정의한 대로 이루어진다.

(4) 예시분석결과

서울시 전체 중학교 교사를 모집단으로 하여 무선표집한 54개 중학교 1,652명의 교사들을 대상으로 소속학교의 교장이 교사들의 교수-학습활동과 직무수행에 어느 정도 지원행동을 하는지 조사한 자료를 3-수준 다층모형의 기초모형으로 분석하였다. 3-수준 다층모형의 기초모형은 종속변수의 분산이 각 수준별로 어떻게 분해되는지 파악할 수 있는 모형이다. 다음 〈표 7-2〉는 그 결과이다.

〈표 7-2〉 교장지도성에 대한 3-수준 다층모형의 기초모형 분석 결과

고정효과	회귀계수	표준오차	t	유의도
교장지도성 전체평균(γ_{000})	50.1163	0.9566	52.389	0.000
무선효과	**분산성분**	**자유도**	χ^2	**유의도**
학교수준(u_{00k})	41.8633	53	430.8722	0.000
교과수준(r_{0jk})	11.7158	608	714.856	0.002

교사수준(e_{ijk})	166.0500
모형 적합도(공분산성분 모형의 통계량)	
Deviance=13342.411603	
Number of estimated parameters=4	

(5) 결과 해석

이 책의 4장과 5장에서 서술한 바와 같이 통계모형에 의한 자료 분석결과를 해석하는 것은 곧 모형에 포함된 모수의 추정 값을 해석하는 것이다. 모든 통계모형은 고정효과 모수와 무선효과 모수가 포함되어 있다. 다음은 고정효과 모수와 무선효과 모수의 추정 값을 해석한 것이다.

① **고정효과 모수**: 3-수준 다층모형의 기초모형인 식(7-4)에서 고정효과 모수는 γ_{000}이다. 이미 3-수준 모형에서 정의한 바와 같이 γ_{000}는 모집단에서의 교장지도성 평균이다. 〈표 7-2〉에 제시된 고정효과 모수의 추정 값은 $\hat{\gamma}_{000} = 50.1163$이다. 이 값은 전체 교사의 평균을 추정한 값이며, 반올림 오차를 제거하면 〈표 7-1〉에서 교장지도성 분포의 전체 평균과 같다.

② **무선효과 모수**: 3-수준 다층모형의 기초모형에서 절편계수를 제외한 모든 항은 각 분석단위의 무선효과 혹은 고유효과를 나타내며, 정규분포를 갖고, 평균이 0이며, 각 수준별 분산을 갖는다. $Var(Y_{ijk}) = \tau_\beta + \tau_\pi + \sigma^2$이므로, 종속변수의 전체분산은 각 수준별로 분해되어 추정된다. 〈표 7-2〉에서 각 수준별 분산성분 추정 값은 교사수준에서 $\hat{\sigma}^2 = 166.05$, 교과수준에서 $\hat{\tau}_\pi = 11.7158$, 그리고 학교수준에서 $\hat{\tau}_\beta = 41.8633$이었다. 즉, 교사들이 학교현장에서 지각한 교장지도성은 개인차 요인(즉, 교사수준)이 가장 크고, 다음이 학교 간 차이이며, 동일 학교 내에서 담당하는 교과에 의한 차이는 가장 작았다.

③ **부가적 정보**: 3-수준 다층모형은 자료가 세 수준에서 수집되므로 각 수준별 분산 정보는 분석자료의 위계적 특성을 진단하는 데 유용하다. 특히 각 수준별 분산정보를 가공하면 더 현실적인 의미를 도출할 수 있는데, 이전의 다층모형에서와 같이 집단 내 상관계수(*ICC*)는 유용한 통계량이다. 3-수준 다층모형에서는 2-수준과 3-수준의 2가지 상위집단이 있는 자료를 분석하고, 각 수준에서 집단의 영향력이 중요하므로 2가지 *ICC*의 산출이 가능하다.

④ **학교 내 상관계수**: 2가지 의미를 갖는다. 하나는 상관계수의 의미로서 동일 학교 내 교사 간 상관의 크기이다. 다른 하나는 전체 분산에서 학교 간 분산이 차지하는 비율이다. 다음 식(7-5)와 식(7-6)은 학교 내 상관계수의 두 개념을 반영한 것이다.

$$ICC_\beta = \frac{Cov(Y_{ijk}, Y_{i'j'k})}{\sqrt{Var(Y_{ijk})\,Var(Y_{i'j'k})}} = \frac{\tau_\beta}{\tau_\beta + \tau_\pi + \sigma^2} \tag{7-5}$$

$$ICC_\beta = \frac{Var(\beta_{00k})}{Var(Y_{ijk})} = \frac{\tau_\beta}{\tau_\beta + \tau_\pi + \sigma^2} \tag{7-6}$$

식(7-5)와 식(7-6)은 표현만 달리 한 것이지 동등한 식이다. 따라서 *ICC*는 항상 2가지로 해석할 수 있다. 식(7-5)의 ICC_β는 동일 학교에서 교장지도성에 대한 교사들 간 상관의 크기를 반영한다. ICC_β 값이 클수록 동일 학교 내에서 교사들이 지각한 교장지도성의 동질성은 높다. 반면에 식(7-6)은 종속변수의 전체분산에서 학교 간 분산이 차지하는 비율을 의미한다. 이 통계량은 교사들이 지각하는 교장지도성의 전체 분산에서 소속학교의 영향력이 어느 정도인지를 나타낸다. 식(7-6)의 개념에서 ICC_β가 크다는 것은 학교에 따라서 교사들이 지각하는 교장의 지도성은 큰 차이가 있다는 것이다.

〈표 7-2〉에서 $ICC_\beta = 41.8633/(166.05 + 11.7158 + 41.8633) = 0.1906$이다. 즉, 교사들이 지각한 교장지도성 분산의 약 19%는 소속학교의 차이에서 비롯된 것이다. 학교교육에서 $ICC \geq 0.10$이면 실질적으로 학교 간 차이가 큰 편이다. 따라서 서울시

중학교 교장들의 지도성은 학교들 사이에 큰 차이가 존재한다는 것을 알 수 있다.

⑤ 교과 내 상관계수: 각 학교 안에서 고려하는 집단 내 상관계수로서 역시 2가지 의미를 갖는다. 하나는 같은 학교에서 같은 교과를 담당하는 교사들 사이의 상관의 크기이다. 다른 하나는 동일 학교에 속한 교사들 간 종속변수 분산에서 교과분산이 차지하는 비율이다. 다음 식(7-7)은 2가지 개념을 연이어 나타낸 것이다.

$$
\begin{aligned}
ICC_\pi &= \frac{Cov(Y_{ijk}, Y_{i'jk} \mid \beta_{00k})}{\sqrt{(Var(Y_{ijk} \mid \beta_{00k})(Var(Y_{i'jk} \mid \beta_{00k})}} \\
&= \frac{Var(\pi_{0jk} \mid \beta_{00k})}{Var(Y_{ijk} \mid \beta_{00k})} = \frac{\tau_\pi}{\tau_\pi + \sigma^2} \qquad (7\text{-}7)
\end{aligned}
$$

ICC_π는 동일 학교 내의 교사들 사이에 소속교과에 따라 교장지도성에 대한 인식의 차이가 어느 정도 실질적인 의미를 갖는지 판단하는 지수가 된다. 교장은 ICC_π의 규모를 고려하여 교사들의 교과 간 차이가 학교풍토(즉, 교사지각 교장지도성)에 미치는 영향을 가늠할 수 있다. 또한 ICC_π는 소속학교에서 동일 교과를 담당하는 교사들이 어느 정도 동질성을 갖는지를 반영하는 상관계수이기도 하다. 〈표 7-2〉의 결과에서 $ICC_\pi = 11.7158/(11.7158+166.0500) = 0.06591$이다. 즉, 서울시에 소재한 각 학교별로 따로 떼어서 고려해 보면 평균적으로 교사들이 지각한 교장지도성 분산의 약 6.6%는 담당교과의 차이이며, 93.4% 정도는 교사의 개인차 요인이라고 할 수 있다.

위 두 가지 ICC도 유용한 통계량이지만, 3-수준 다층모형에서는 각 수준별 분산이 차지하는 비율 자체도 유용하다. 즉,

$$
\text{학교 간 분산비율: } \frac{\tau_\beta}{\tau_\beta + \tau_\pi + \sigma^2}
$$

$$
\text{교과 간 분산비율: } \frac{\tau_\pi}{\tau_\beta + \tau_\pi + \sigma^2} \qquad (7\text{-}8)
$$

$$\text{교사 간 분산비율: } \frac{\sigma^2}{\tau_\beta + \tau_\pi + \sigma^2} \tag{7-9}$$

위 식에서 학교 간 분산비율은 ICC_β와 같은 통계량이며 그 값은 0.1906이었다. 식(7-8)의 교과 간 분산비율은 0.053, 그리고 식(7-9)의 교사 간 분산비율은 0.756이다. 따라서 학교교육의 위계적 구조에서 교사들이 지각하는 교장지도성에 가장 큰 영향을 미치는 것은 교사의 개인차 요인이며, 그 영향력은 약 75.6%를 차지한다. 반면에 교과집단의 영향은 전체적으로 약 5.3%에 불과하다. 식(7-8)은 모든 학교에 재직하는 교사들을 대상으로 교장지도성 분산을 분해했을 때, 교과집단이 차지하는 비율인 반면에 식(7-7)은 단일 학교만 따로 떼어서 고려할 때, 한 학교에서 교과집단이 차지하는 평균 분산비율이다.

⑥ 편차량: 3-수준 다층모형의 모수 추정은 최대우도추정법(FIML)으로 이루어지므로 우도함수에 의한 모형적합도지수로서 편차량(deviance)이 제공된다. 여기서 $Deviance = -2\log(L)$는 잔차변산(SSE: Sum of Squares of Error)과 유사한 개념의 통계량이며, 모형 간 비교에서 그 값이 작을수록 양호한 모형이다. 식(7-4)에서 고정효과 모수는 1개이며, 무선효과 모수는 3개이다. 따라서 〈표 7-2〉 하단에 제시된 바와 같이 전체 모수의 수는 4이다. 즉, 모형에 4개의 모수를 포함하여 교장지도성 자료를 분석한 결과 설명하지 못한 변산의 크기가 $Deviance = 13342.4116$이었다.

이 편차량 값은 기초모형에 의한 분석결과이며, 이후의 분석에서 다층모형에 추가된 고정효과 모수와 무선효과 모수에 의하여 어느 정도 편차량이 감소하는지 가늠할 수 있으며, 통계적 검정도 가능하다. 즉, 2개의 편차량 값의 차이는 χ^2분포를 갖고, 자유도는 두 모형에 포함된 모수 수의 차이이다.

2) 3-수준 다층모형의 연구모형 명세화 방법과 예시

3-수준 다층모형의 연구모형은 연구자의 연구문제에 따라 식(7-1), 식(7-2), 식

(7-3)에 설명변수를 추가하여 모형을 명세화한 것이다. 다층모형 명세화의 어려움은 각 수준별 모형의 명세화에 따라 다른 수준의 모형이 영향을 받는 데 있다. 연구자는 각 수준별 모형에서 어떤 변수를 모형에 포함할 것인지를 결정해야 하고, 층위 간 상호작용 변수도 고려해야 하며, 각 수준별로 존재하는 회귀계수가 고정효과인지 무선효과인지도 결정해야 한다.

다층모형의 명세화를 결정하는 과정에서 연구자가 고려할 사항은 크게 2가지이다. 하나는 연구자가 결정한 각 수준별 모형이 최선의 모형인지를 판단하는 기준을 갖는 것이다. 이때 모형 간 비교를 통해 최선의 모형을 결정하는 기준이 되는 통계량은 모형의 적합도이다. 즉, 편차량과 R^2 그리고 잔차분산의 크기를 이전 모형들과 비교하면서 어느 모형이 최적의 모형인지 결정하는 것이다(Luo & Azen, 2013; Raudenbush & Bryk, 2002; Snijders & Berkhof, 2008). 두 번째 고려사항은 3-수준 다층모형을 명세화할 때, 각 수준별 모형은 다른 수준의 모형에 영향을 미치므로 어느 수준 모형을 먼저 명세화하고 다음 수준 모형의 명세화를 진행할지 전략을 정하는 것이다. 가장 보편적인 명세화 전략은 하위수준에서 상위수준의 순서로 모형의 명세화를 결정하는 것이다(Raudenbush & Bryk, 2002). 즉, 1-수준 모형을 결정하고, 결정된 1-수준 모형에 기초하여 2-수준 모형을 결정하고, 그다음 3-수준 모형을 결정한다. 그리고 각 수준별 모형의 결정 과정에서 모형의 적합도 지수를 검토한다. 연구자에 따라서는 국외자(outlier)를 탐색하기 위해서 상위수준 모형을 먼저 결정하고, 그다음 하위수준 모형으로 이동할 것을 권고하기도 한다(Langford & Lewis, 1998). 그러나 편차량, R^2 등의 적합도 지수는 기본적으로 잔차변산의 크기에 기반하고, 하위수준 모형의 잔차는 상위수준 모형에 영향을 받지 않는 점을 고려하면 하위수준 모형부터 모형을 결정해 가는 것이 편리하다.

여기서는 〈표 7-1〉에 제시된 예시자료를 활용하여 3-수준 다층모형을 단계별로 명세화하는 과정을 설명한다.

① **1-수준 모형 명세화**: 다층모형을 명세화할 때 효과적인 방법은 1-수준 모형부터 모형에 포함될 설명변수를 결정하고, 각 설명변수의 효과인 회귀계수가 상위수준(2,

3-수준)에서 무선효과를 갖는지 결정하는 것이다. 〈표 7-1〉에서 교사-수준 설명변수인 '물리적 환경 만족도'와 '교사직위' 변수를 연구자가 최종적으로 모형에 포함하기로 결정한 변수로 가정하자. 따라서 1-수준 모형은 다음과 같이 결정되었다.

$$Y_{ijk} = \pi_{0jk} + \pi_{1jk}(\text{물리적 환경 만족도}) + \pi_{2jk}(\text{교사 직위}) + e_{ijk},\ \ e_{ijk} \sim N(0, \sigma^2) \tag{7-10}$$

다음 단계의 결정은 1-수준 모형에 포함된 2개의 설명변수의 집중화(centering) 방법이다. 1-수준 모형에서 집중화 방법에 따라 절편계수인 π_{0jk}의 의미는 다르기 때문이다. 집중화 방법은 연구자의 π_{0jk}에 대한 의도에 따라 다르다. 대체로 연구자들은 모형에 포함된 설명변수의 효과에 의해 교정된 집단의 평균(adjusted mean)으로 π_{0jk}의 의미를 결정한다. 식(7-10)에서 π_{0jk}가 '교과-집단 교사들의 교장지도성에 대한 교정평균'의 의미를 갖는 방법은 '물리적 환경'과 '교사직위' 변수를 모두 전체 평균집중화(grand mean centering)하는 것이다.

다음은 1-수준 모형에서 3개의 회귀계수($\pi_{0jk}, \pi_{1jk}, \pi_{2jk}$)가 상위수준에서 고정효과를 갖는지, 무선효과를 갖는지 결정하는 것이다. 이때 중요한 것은 자료의 규모가 모수추정에 필요한 자유도를 확보하고 있는가를 고려하는 것이다. 만일 각 교과집단별로 충분한 교사 수가 확보되어 있다면(예: 30명 이상), $\pi_{0jk}, \pi_{1jk}, \pi_{2jk}$가 무선효과를 갖는지 경험적으로 검토한 이후에 결정할 수도 있다. 그러나 〈표 7-1〉의 자료에서 각 교과-집단에 속한 평균 교사 수는 $\overline{n}_{jk} = 2.5$명이었다. 따라서 절편계수(π_{0jk})만 무선효과를 갖고, 나머지는 고정효과를 갖는 것이 적절한 선택이다. 따라서 1-수준 모형의 결정에 따른 2-수준 모형은 다음과 같다.

$$\begin{aligned} \pi_{0jk} &= \beta_{00k} + r_{0jk},\ \ r_{0jk} \sim N(0,\ \tau_\pi) \\ \pi_{1jk} &= \beta_{10k} \\ \pi_{2jk} &= \beta_{20k} \end{aligned} \tag{7-11}$$

식(7−11)에서 교사들이 지각한 교장지도성의 교과집단의 평균(π_{0jk})은 교과에 따라 다르며, 분산의 크기는 τ_π 인 것으로 명세화하였다. 반면에 π_{1jk}와 π_{2jk}는 동일 학교 내에서 고정효과를 갖는다. 즉, 동일 학교 내에서는 두 변수의 효과에서 교과 간 차이가 없다고 가정한다.

π_{1jk}와 π_{2jk}가 동일 학교 내에서는 교과 간에 변산이 없다고 하지만, 이 모수가 학교들 사이에서도 동일하다고 가정하는 것은 또 다른 문제이다. 즉, '물리적 환경 만족도' 혹은 '교사 직위'의 두 변수 효과(즉, $\pi_{1jk}=\beta_{10k}, \pi_{2jk}=\beta_{20k}$)가 학교에 따라서는 다를 수 있기 때문이다. 달리 표현하면, β_{10k}와 β_{20k}가 3−수준에서 무선효과를 가질 것인지 결정하는 문제이기도 하다. 3−수준에서 무선효과를 갖는지 판단하는 효과적인 방법은 β_{10k}와 β_{20k}를 순차적으로 무선효과로 명세화한 이후에 $H_0:\tau_{\beta_{11}}=0$와 $H_0:\tau_{\beta_{22}}=0$의 가설을 χ^2 검정하여 결정하는 것이다. 아울러 모형의 적합도를 비교하여 모형이 개선되고 있는지 검토하는 것이다. 저자가 검토한 결과 $H_0:\tau_{\beta_{11}}=0$의 가설은 기각되었고, $H_0:\tau_{\beta_{22}}=0$은 유지되었다. β_{10k}와 β_{20k}가 모두 무선효과를 갖는 경우와 모형의 적합도를 편차량으로 비교한 결과 각각 $Deviance=13121.964(df=8)$; $Deviance=13102.790(df=11)$로서 우도비 검정(likelihood ratio test)결과 $\chi^2(df=3)=19.174$은 통계적으로 유의하였다. 이와 같이 편차량의 차이에 의한 우도비 검정결과와 분산의 크기에 대한 가설검정이 상치하는 경우에는 $\tau_{\beta_{22}}$의 크기가 통계적 유의도 검정에서만 논란이 될 뿐 실제로는 무시할 만한 경우이므로 간명한 모형을 선택하는 것이 바람직하다. 따라서 1−수준 모형을 확정하기 위한 3−수준 모형은 다음과 같다.

$$\begin{aligned}\beta_{00k}&=\gamma_{000}+u_{00k}\\ \beta_{10k}&=\gamma_{100}+u_{10k}\\ \beta_{20k}&=\gamma_{200}\end{aligned} \qquad (7\text{-}12)$$

여기서

$$\begin{bmatrix} u_{00k} \\ u_{10k} \end{bmatrix} \sim N\left(\vec{0}, \begin{bmatrix} \tau_{\beta_{00}}, \tau_{\beta_{01}} \\ \tau_{\beta_{10}}, \tau_{\beta_{11}} \end{bmatrix}\right)$$ 이다.

지금까지 서술한 식(7-10), 식(7-11), 그리고 식(7-12)는 모두 3-수준 다층모형을 명세화하기 위하여 1차적으로 1-수준 모형의 설명변수와 고정효과 혹은 무선효과 모수를 확정하기 위한 절차였다. 즉, 2-수준과 3-수준 모형에서는 아무런 설명변수가 없고 1-수준에서만 설명변수가 포함된 모형을 결정한 것이다. 〈표 7-3〉은 1-수준 모형의 명세화만 결정한 단계에서의 분석결과이다.

〈표 7-3〉 3-수준 다층모형의 명세화를 위한 1단계 분석결과 예시

고정효과	회귀계수	표준오차	t	자유도	유의도
1-수준 절편(π_{0jk})					
2-수준 절편(β_{00k})					
3-수준 절편(γ_{000})	50.069	0.968	51.715	53	0.000
1-수준 물리적 환경(π_{1jk})					
2-수준 절편(β_{10k})					
3-수준 절편(γ_{100})	1.515	0.165	9.199	53	0.000
1-수준 교사직위(π_{2jk})					
2-수준 절편(β_{20k})					
3-수준 절편(γ_{200})	−7.435	0.879	−8.462	1,649	0.000
무선효과	**분산성분**	**표준편차**	χ^2	**자유도**	**유의도**
1-수준 모형(e_{ijk})	144.854	12.036			
2-수준 절편모형(r_{0jk})	8.576	2.928	662.909	608	0.061
3-수준 절편모형(u_{00k})	42.985	6.556	370.182	53	0.000
3-수준 물리적 환경 모형(u_{10k})	0.382	0.618	75.477	53	0.023
모형 적합도(공분산성분 모형의 통계량)					
Deviance＝13121.964					
Number of estimated parameters＝8					

〈표 7-3〉은 3-수준 다층모형에서 1-수준에서만 '물리적 환경(만족도)'과 '교사직위' 변수가 설명변수로 결정된 후 자료를 분석한 결과이다. 2-수준과 3-수준에서는 아직 설명변수가 결정되지 않았다. 〈표 7-3〉에서 둘째 패널의 무선효과 부분의 결과를 보면, '물리적 환경' 변수의 회귀계수 π_{1jk}는 2-수준에서는 고정효과를 갖지만 3-수준에서는 통계적으로 유의한 무선효과를 갖는다($\chi^2 = 75.477$, $p = 0.023$). 모형의 적합도를 검토하면 $Deviance = 13121.964$이고, 모형에서 모수의 수는 8이다. 기초모형에서의 편차량은 $Deviance = 13342.412$이고 모형의 모수 수는 4였다. 두 모형의 편차량 차이로 우도비 검정을 하면, $\chi^2 = 220.448$, 자유도는 8−4=4이므로, 통계적으로 유의하다. 1-수준 잔차분산의 설명력은 $R_1^2 = 0.128$로서 1-수준 분산의 약 12.8%가 두 변수에 의하여 설명되었다. 아울러 다층모형에서 하위수준 모형의 설명변수는 상위수준 모형의 잔차도 함께 설명한다는 점을 참조하면, 2-수준 잔차분산도 $R_2^2 = 0.268$으로서 약 26.8%가 설명되었다. 그러나 3-수준 모형에서는 이 같은 비교가 가능하지 않다. 즉, R^2은 동형의 모형 간을 비교하는 적합도 지수인데, 식(7-3)은 단변량모형(univariate model)이지만 식(7-12)는 다변량모형(multivariate model)이기 때문이다. 이제 식(7-10), 식(7-11), 식(7-12)로 정의된 모형은 이후의 2-수준 및 3-수준 모형을 결정할 때 기본모형으로서 유지된다.

② 3-수준 다층모형의 명세화와 자유도: 〈표 7-3〉의 결과에서 독자들이 유의할 사항은 자유도의 분포이다. 다층모형에서 자유도가 중요한 이유는 각 수준별 모형에서 몇 개의 모수추정이 가능할지를 판단하는 준거가 되기 때문이다. 일반적으로 모수 추정의 정밀도를 확보하기 위해서 자유도는 추정대상인 모수의 15~20배 이상일 것을 권한다. 연구자는 각 수준별 모형에 설명변수를 추가할 때 모수추정에 필요한 자유도가 충분한지를 고려해야 한다. 따라서 다층모형에서 자유도가 결정되는 논리를 이해할 필요가 있다.

다층모형에서 자유도를 결정하는 우선 수칙은 다층모형이 다층회귀모형(multilevel regression model)의 특성을 갖는다는 것이다. 따라서 회귀모형에서 자유도를 결정하는 기본 논리가 확산되어 적용된다. 〈표 7-3〉에서 모든 3-수준 고정효과 회귀계수의 영가설 $H_0 : \gamma_{000} = 0$, $H_0 : \gamma_{100} = 0$을 검정하기 위한 $t-$통계량의 자유도는 53이었다. 2개의 3-수준 모형은 오차항(u_{00k}, u_{10k})을 포함하므로 각각 절편계수만 있는 독립적인 회귀모형의 특성을 갖는다. 전체 사례 수는 $K = 54$개 학교이며, 절편계수만 추정대상이므로 자유도는 $K-1 = 53$이다.

그러나 $H_0 : \gamma_{200} = 0$을 검정하기 위한 $t-$통계량의 자유도는 1,649였다. γ_{200}는 '교사직위'의 고정효과 회귀계수이다. 식(7-10), 식(7-11), 식(7-12)에서 '교사직위' 변수가 종속변수에 미치는 효과는 모든 학교와 교내 교과단위에서 동일한 효과를 갖는 회귀계수로 가정하였다. 달리 표현하면, 단층모형인 회귀모형에서의 회귀계수와 같은 조건으로 정의되었다. 즉, 위 자료를 회귀모형으로 분석한다면 $H_0 : \gamma_{200} = 0$을 검정하기 위한 $t-$통계량의 자유도는 $N-3 = 1,652-3 = 1,649$이다.

무선효과 분산성분의 검정통계량인 χ^2는 $H_0 : \tau_{\beta_{00}} = 0$ 혹은 $H_0 : \tau_{\beta_{11}} = 0$을 검정하는 통계량으로 $H_0 : \tau_{\beta_{00}} = 0$의 검정통계량은

$$\chi^2 = \sum_{k=1}^{K}\left(\frac{(\hat{\beta}_{00k} - \hat{\gamma}_{000})^2}{\widehat{Var}(\hat{\beta}_{00k})}\right) \tag{7-13}$$

이며, $K-1 = 53$의 자유도를 갖는다. 보다 구체적으로 $\widehat{Var}(\hat{\beta}_{00k})$는 OLS 추정 회귀계수의 분산정보이다. 즉, 모든 학교 k에서 자료가 충분하다면, 회귀계수 $\hat{\beta}_{00k}$의 분산은 $\pi_{0jk} = \beta_{00k} + r_{0jk}$, $r_{0jk} \sim N(0, \tau_\pi)$에서,

$$\widehat{Var}(\hat{\beta}_{00k}) = \hat{\tau}_\pi (1_k{}'1_k)^{-1} = \hat{\tau}_\pi / J_k \tag{7-14}$$

이다. 마찬가지로 $H_0 : \tau_{\beta_{11}} = 0$을 검정하는 통계량은 $\chi^2 = \sum_{k=1}^{K}\left(\frac{(\hat{\beta}_{10k} - \hat{\gamma}_{100})^2}{\widehat{Var}(\hat{\beta}_{10k})}\right)$이며 자유도는 $K-1 = 53$이다[1].

〈표 7-3〉의 2-수준 절편모형에서 오차항(r_{0jk})의 분산은 8.576이며 χ^2 통계량의

자유도는 608이었다. 이는 각 학교별로 J_k개의 교과집단이 있는데, τ_π의 분산을 추정하는 자유도는 각 집단별로 1개의 모수가 추정되므로 $\sum_k (J_k - 1) = 662 - 54 = 608$임을 나타낸다. 교과집단 수준에서 $H_0 : \tau_\pi = 0$를 χ^2 검정한 결과 유의도는 $p = 0.061$이었다. 즉, 일종오류 $\alpha = 0.10$ 수준에서 유의하다.

③ 2-수준 모형 명세화: 앞에서 1-수준 모형 명세화로 결정된 식(7-10), 식(7-11), 식(7-12)의 3-수준 다층모형을 주어진 기본모형으로 가정한 상태에서 2-수준 모형에 포함될 설명변수를 결정하는 것이 다음 단계의 모형 명세화이다. 〈표 7-1〉에는 교과수준에서 2개의 설명변수가 있는데, 교사가 졸업한 대학유형('일반대학')과 학력('대학원 졸업')을 2-수준 모형의 최종적인 설명변수로 가정한 것이다. '일반대학' 변수는 사범대학이나 교육대학원을 졸업하지 않고, 일반대학에서 교직과정을 수강하여 교원자격증을 취득한 교사를 지칭한다. '대학원 졸업' 변수는 교사의 최종학력을 지칭하는 더미변수이다. 교육현장에서 교원의 인적 구성은 출신대학 유형과 학력에서 다양하다. 교장지도성이 교원의 인적 구성에 따라 다르게 지각된다면, 교장은 학교운영에서 교사의 인적 구성을 고려할 필요가 있다. 여하튼 1-수준 모형인 식(7-10)의 식을 유지한 상태에서 교과수준(2-수준) 모형에 설명변수를 포함하여 자료를 분석한 결과 최선의 모형이 절편(π_{0jk})과 물리적 환경의 효과(π_{1jk})에 두 설명변수가 추가된 모형이라고 가정하면 3-수준 다층모형 명세화 과정에서 2-단계 다층모형은 다음과 같다.

$$\pi_{0jk} = \beta_{00k} + \beta_{01k}(\text{일반대학}) + \beta_{02k}(\text{대학원 졸업}) + r_{0jk},\ \ r_{0jk} \sim N(0,\ \tau_\pi)$$
$$\pi_{1jk} = \beta_{10k} + \beta_{11k}(\text{일반대학}) + \beta_{12k}(\text{대학원 졸업})$$
$$\pi_{2jk} = \beta_{20k} \qquad (7\text{-}15)$$

식(7-15)에서 2개의 설명변수가 추가됨에 따라 회귀계수의 수는 대폭 증가하여 회귀계수(β_k)의 수는 모두 7개이다. 2-수준 모형을 결정하기 위해서는 이 7개의 회귀계수가 3-수준에서 무선효과 혹은 고정효과를 갖는지 결정해야 한다. 따라서 식(7-12)의

3-수준 모형이 변하는 것은 필연적이다. 다만 1-수준 모형의 명세화 단계에서 검토한 식(7-12)에서 β_{00k}와 β_{10k}는 3-수준에서 무선효과를 갖는 것으로 판단되었으므로 식(7-15)에서 새로 추가된 회귀계수들이 3-수준에서 무선효과를 갖는지 검정할 필요가 있고, 또한 무선효과가 추가되면 편차량의 모수 수가 증가하므로 적합도의 변화량도 참조할 필요가 있다. 이 과정에서 중요한 것은 모형의 간명성(parsimony)을 확보하는 것이다. 즉, $H_0 : \tau_\beta = 0$에 대한 χ^2 검정결과 통계적으로 유의하지 않다면, 우도비 검정에서 모형이 개선되었어도 해당 β_k는 3-수준에서 고정효과를 갖는 것이 모형의 추정에 도움이 된다. 따라서 명세화의 2단계에서 3-수준 모형은 다음과 같이 결정하였다.

$$
\begin{aligned}
\pi_{0jk}\text{모형}: \beta_{00k} &= \gamma_{000} + u_{00k} \\
\beta_{01k} &= \gamma_{010} \\
\beta_{02k} &= \gamma_{020} \\
\pi_{1jk}\text{모형}: \beta_{10k} &= \gamma_{100} + u_{10k} \\
\beta_{11k} &= \gamma_{110} \\
\beta_{12k} &= \gamma_{120} \\
\pi_{2jk}\text{모형}: \beta_{20k} &= \gamma_{200.}
\end{aligned}
\tag{7-16}
$$

여기에서 오차항 $[u_{00k}, u_{10k}]'$의 분포는 식(7-12)에서와 같은 꼴을 갖는다. 다음은 식(7-10), 식(7-15) 그리고 식(7-16)으로 정의된 3-수준 다층모형에 의한 자료 분석 결과이다.

〈표 7-4〉 3-수준 다층모형의 명세화를 위한 2단계 분석결과 예시

고정효과	회귀계수	표준오차	t	자유도	유의도
1-수준 절편(π_{0jk})					
2-수준 절편(β_{00k})					

3-수준 절편(γ_{000})	50.130	0.962	52.109	53	0.000
2-수준 일반대학(β_{01k})					
3-수준 절편(γ_{010})	−0.106	1.085	−0.098	659	0.922
2-수준 대학원(β_{02k})					
3-수준 절편(γ_{020})	2.898	1.343	2.158	659	0.031
1-수준 물리적 환경(π_{1jk})					
2-수준 절편(β_{10k})					
3-수준 절편(γ_{100})	1.497	0.162	9.237	53	0.000
2-수준 일반대학(β_{11k})					
3-수준 절편(γ_{110})	−0.886	0.442	−2.004	1,645	0.045
2-수준 대학원(β_{12k})					
3-수준 절편(γ_{120})	0.0565	0.422	0.134	1,645	0.894
1-수준 교사직위(π_{2jk})					
2-수준 절편(β_{20k})					
3-수준 절편(γ_{200})	−7.256	0.863	−8.407	1,645	0.000
무선효과	**분산성분**	**표준편차**	**χ^2**	**자유도**	**유의도**
1-수준 모형(e_{ijk})	144.504	12.021			
2-수준 절편모형(r_{0jk})	7.994	2.827	654.270	606	0.085
3-수준 절편모형(u_{00k})	42.687	6.534	373.765	53	0.000
3-수준 물리적 환경 모형(u_{10k})	0.345	0.587	75.443	53	0.023
모형 적합도(공분산성분 모형의 통계량)					
Deviance=13110.987					
Number of estimated parameters=12					

〈표 7-4〉의 내용은 7개 회귀계수의 영가설, $H_0 : \gamma_{pqs} = 0$의 가설검정결과와 4개의 무선효과 추정결과 및 2-수준과 3-수준 분산성분의 χ^2 검정결과를 보여 준다. 모형은 이미 매우 복잡해졌다. 또한 고정효과 모수의 검정통계량인 $t-$값의 자유도가 서로

다르고, 무선효과 검정통계량 χ^2-값의 자유도 역시 다르다. 하단에는 모형 적합도 지수와 더불어 총 12개의 모수가 추정되었음을 나타내었다. <표 7-4>의 결과를 효과적으로 해석하는 방법은 다른 모든 통계모형에 의한 경우와 마찬가지로 고정효과 및 무선효과 모수의 추정과 가설검정결과를 해석하고, 이어서 부가적 정보를 다루는 것이다.

④ 고정효과 모수의 검정결과: <표 7-4>의 결과는 최종모형에 의한 분석결과가 아니므로 모든 모수 추정결과를 설명하는 것은 적절치 않다. 여기서는 모형을 결정하는 데 의미 있는 결과에 주목할 필요가 있다. 우선 2-수준 모형에서 모든 설명변수는 전체평균으로 집중화(grand mean centering)되었으므로 3가지 절편계수(β_{00k}, β_{10k}, β_{20k})의 평균(γ_{000}, γ_{100}, γ_{200})은 여전히 교장지도성의 전체평균(γ_{000}), 물리적환경 만족도의 평균효과(γ_{100}) 그리고 교사직위의 평균효과(γ_{200})로서 모수의 의미는 유지된다. 또한 이들 3-수준 절편모수의 추정결과는 이전 모형의 결과인 <표 7-3>과 비교했을 때, 회귀계수의 방향과 유의수준에서 큰 차이가 없다. 즉, 2-수준 모형의 설명변수로 1-수준 변수의 회귀계수들이 받는 영향 정도는 크지 않음을 알 수 있다.

그러나 2-수준 설명변수들인 교과집단의 교사 인적 구성 변수는 서로 다르게 통계적으로 유의한 결과를 보이고 있다. <표 7-4>의 맨 위쪽 결과는 2-수준모형에서 절편계수(π_{0jk})를 종속변수로 하는 경우에 교과집단에서 대학원 학력자의 비율이 통계적으로 유의하다($\hat{\gamma}_{020} = 2.898$, $p = 0.031$). 반면 2-수준 모형에서 기울기 계수(π_{1jk})가 종속변수인 경우는 일반대학 출신 교사비율이 통계적으로 유의하다($\hat{\gamma}_{110} = -0.886$, $p = 0.045$). 2-수준 설명변수에서 동일 교과를 담당하는 교사들의 인적 구성 변수에 연구자가 관심이 있고 추가적인 2-수준 설명변수가 없다고 가정하면, 식(7-15)는 2-수준 모형의 최종모형이라고 할 수 있다.

⑤ 무선효과 모수의 검정결과: <표 7-4> 하단에는 무선효과 모수인 1-수준 모형의 잔차분산($\hat{\sigma}^2$)과 2-수준 및 3-수준 오차항의 분산 추정 값($\hat{\tau}_\pi$, $\hat{\tau}_\beta$)이 제시되어 있다. 앞 결과에서 유의할 사항은 통계적 유의도와 실제 유의도이다. 우선 통계적 가설검

정의 관점에서 절편계수(π_{0jk})에만 존재하는 2-수준 분산성분($\tau_{\pi_{00}}$)은 $\chi^2 = 654.270$ ($p=0.085$)로서 $\alpha=0.10$ 수준에서 유의하였다. 즉, 교사들이 지각하는 교장지도성은 동일 학교 내에서 교과집단에 따라 유의한 차이가 있다. 2-수준 모형에서는 절편계수(π_{0jk})에 대하여 2가지 설명변수(교과집단 교사 인적 구성 변수)를 포함하였으므로 절편만 있었던 이전 모형과 비교하여 두 설명변수의 설명력을 다음 식으로 검토할 수 있다.

$$R_2^2 = \frac{\hat{\tau}^a_{\pi_{00}} - \hat{\tau}^b_{\pi_{00}}}{\hat{\tau}^a_{\pi_{00}}} = \frac{8.5757 - 7.9935}{8.5757} = 0.0680$$

즉, 2개의 설명변수는 동일 학교 내에서 교과집단 간 교장지도성 분산의 약 6.8%를 설명한다. 두 설명변수의 영향은 크지는 않으나 $\tau_{\pi_{00}}$가 관찰분산이 아니고 측정의 오차가 배제된 진점수분산(즉, 잠재변수 π_{0jk}의 분산)인 점을 고려하면, 미미하지만 의미 있는 설명력으로 해석할 수도 있다. 아울러 3-수준 분산성분에 대한 χ^2-검정을 한 결과, $H_0 : \tau_{\beta_{00}} = 0$과 $H_0 : \tau_{\beta_{11}} = 0$은 모두 통계적으로 유의하였다. 이와 같은 결과는 식 (7-15)에서 2-수준 설명변수를 추가한 이후에도 3-수준 모형에서 β_{00k}와 β_{10k}가 여전히 무선효과로 명세화가 가능하다는 것을 알려 준다.

〈표 7-4〉의 결과에서 고정효과 모수와 무선효과 모수의 추정결과를 모두 종합하여, 2-수준 모형에 설명변수를 추가한 작업이 모형의 개선에 도움이 되었는지 종합적으로 평가하는 것은 편차량에 의한 우도비 검정이다. 단순모형의 결과인 〈표 7-3〉의 편차량을 D_s, 보다 복잡한 모형의 결과인 〈표 7-4〉의 편차량을 D_c라고 하면, 두 편차량의 차이값은 다음과 같은 χ^2 분포를 갖는다.

$$D_s - D_c = -2\log(L_s) - (-2\log(L_c)) = -2\log\left(\frac{L_s}{L_c}\right) \sim \chi^2(df_s - df_c) \quad (7\text{-}17)$$

위 식에서 L_s와 df_s는 단순모형(simpler model) 편차량의 우도함수 값과 자유도이며, L_c와 df_c는 복잡한 모형(complicated model)의 우도함수 값과 자유도이다. 편차량 D의 자유도는 SSE(Sum of Squares of Error)의 자유도와 맥락을 같이 한다. D_s의 자유도는 전체 사례 수에서 추정대상인 모수의 수를 뺀 것이므로 $df_s = N-8$이다. 마찬가지 방법으로 $df_c = N-12$이다. 따라서 두 편차량의 차이는 다음 식이 성립한다.

$$(D_s - D_c) \sim \chi^2(4)$$

〈표 7-3〉과 〈표 7-4〉의 편차량을 사용하면 13121.964−13110.987=10.977이고, 이는 $\chi^2(4)$로 검정한 결과 $\alpha = 0.05$ 수준에서 통계적으로 유의하다. 따라서 여기서는 〈표 7-4〉의 결과에 따른 고정효과 모수와 무선효과 모수에 대한 유의도 검정결과와 편차량에 의한 적합도 검정결과 등을 참조하여 연구자가 식(7-15)의 2-수준 모형을 최종모형으로 채택한 것으로 가정한다.

⑥ **3-수준 모형 명세화와 최종모형 결정**: 이제 식(7-10)과 식(7-15)를 각각 최종적인 1-수준 모형과 2-수준 모형으로 고려하고, 이어서 3-수준 모형을 결정하면 3-수준 다층모형의 명세화는 이루어진다. 식(7-16)에서 종속변수 β_k는 1-수준 모형과 2-수준 모형의 명세화에 기반한 것으로 모두 7가지가 있다. 이 중에서 β_{00k}와 β_{10k}는 각각 무선효과 u_{00k}와 u_{10k}를 가지나, 다른 변수들은 모두 고정효과를 가져서 학교 간에 차이가 없는 것을 가정하고 있다.

연구자는 β_k의 변산을 설명하는 3-수준 변수(즉, 학교수준의 변수)를 식(7-16)의 모형에 포함하여 3-수준 모형을 결정하면 전체적인 3-수준 다층모형의 명세화는 이루어지는 셈이다. 이제 연구자의 이론이 교장지도성의 학교별 평균(β_{00k})만이 2개의 3-수준 변수와 상관이 있는 것으로 알려져 있고, 다른 혼재변수(confounding variables)는 3-수준에서 없다는 가정하에, 다음 식(7-18)을 연구자가 제시한 최종적인 3-수준 모형이라고 하자.

$$\pi_{0jk}\text{모형: } \beta_{00k} = \gamma_{000} + \gamma_{001}(\text{설립유형}) + \gamma_{002}(\text{학생 수}) + u_{00k} \qquad (7\text{-}18)$$
$$\beta_{01k} = \gamma_{010}$$
$$\beta_{02k} = \gamma_{020}$$
$$\pi_{1jk}\text{모형: } \beta_{10k} = \gamma_{100} + u_{10k}$$
$$\beta_{11k} = \gamma_{110}$$
$$\beta_{12k} = \gamma_{120}$$
$$\pi_{2jk}\text{모형: } \beta_{20k} = \gamma_{200}$$

위 모형은 절편계수 β_{00k}에만 설명변수가 있고, 다른 회귀계수들은 모두 이전 식(7−15) 모형과 같다. 식(7−18)을 3−수준에서 최종모형이라고 하면, 전체적인 3−수준 다층모형은 식(7−10), 식(7−15), 그리고 식(7−18)이 각각 1−수준, 2−수준, 3−수준 모형으로서, 이 세 수준 모형이 합쳐서 이룬 것이다. 이 세 수준에서의 최종모형을 모두 통합하면, 하나의 식으로 3−수준 다층모형을 제시할 수 있다.

$$\begin{aligned} Y_{ijk} = {} & \gamma_{000} + \gamma_{001}(\text{설립유형}) + \gamma_{002}(\text{학생 수}) + \gamma_{010}(\text{일반대학비율}) + \gamma_{020}(\text{대학원비율}) \\ & + \gamma_{100}(\text{물리적 환경 만족도}) + \gamma_{110}(\text{물리적 환경 만족도} \times \text{일반대비율}) \\ & + \gamma_{120}(\text{물리적 환경 만족도} \times \text{일반대비율}) + \gamma_{200}(\text{교사직위}) \\ & + u_{00k} + u_{10k}(\text{물리적 환경 만족도}) \\ & + r_{0jk} \\ & + e_{ijk} \end{aligned}$$

위의 통합식에서 알 수 있는 것은 처음 세 줄은 각 수준별 설명변수의 고정효과와 수준 간 상호작용효과 모수, 그리고 나머지 세 줄은 수준별 무선효과를 나타낸다. 이를 정리하면 다음 〈표 7−5〉와 같다.

〈표 7-5〉 3-수준 다층 예시모형에서 고정효과 및 무선효과 모수의 의미

고정효과	1-수준 설명변수의 평균효과	물리적 환경 만족도	γ_{100}
		교사직위	γ_{200}
	2-수준 설명변수의 평균효과	일반대비율	γ_{010}
		대학원비율	γ_{020}
	3-수준 설명변수의 평균효과	설립유형	γ_{001}
		학생 수	γ_{002}
	1-수준과 2-수준 변수 간 상호작용효과	물리적 환경 만족도 × 일반대 비율	γ_{110}
		물리적 환경 만족도 × 대학원 비율	γ_{120}
무선효과	1-수준 무선효과	$Var(e_{ijk} \vert \pi_{0jk}, \pi_{1jk}, \pi_{2jk}) = \sigma^2$	
	2-수준 무선효과	$Var(r_{0jk} \vert \beta_{00k}, \beta_{01k}, \beta_{02k}) = \tau_{\pi_{00}}$	
	3-수준 무선효과	$Var(u_{00k} \vert \gamma_{000}, \gamma_{001}, \gamma_{002}) = \tau_{\beta_{00}}$ $Var(u_{10k} \vert \gamma_{100}) = \tau_{\beta_{11}}$ $Cov(u_{00k}, u_{10k} \vert \gamma_{000}, \gamma_{001}, \gamma_{002}, \gamma_{100}) = \tau_{\beta_{01}}$	
	전체 잔차분산	$Var(u_{00k} + u_{10k}(\text{물리적 환경 만족도}) + r_{0jk} + e_{ijk})$ $= \tau_{\beta_{00}} + \tau_{\beta_{11}}(\text{물리적 환경 만족도})^2$ $+ 2(\text{물리적 환경 만족도})\tau_{\beta_{10}} + \tau_{\pi_{00}} + \sigma^2$	

즉, 고정효과 모수들은 각 수준별 변수들의 교장지도성에 대한 평균효과와 2개의 수준 간 상호작용 효과로 구성되어 있다. 무선효과 모수인 분산-공분산성분에서 유의할 점은 1-수준 무선효과(σ^2)는 동일 교과집단 내에서 교사들 사이의 교장지도성에 대한 분산정보이다. 2-수준 무선효과($\tau_{\pi_{00}}$)는 동일 학교 내에서 교과집단 간 교장지도성의 분산정보이다. 3-수준 무선효과인 $\tau_{\beta_{00}}$, $\tau_{\beta_{11}}$는 학교 간 분산이다. 이와 같은 모수의 해석은 앞 모형에 의한 분석결과를 해석하는 데 유용하다.

다음 〈표 7-6〉은 지금까지 명세화를 이룬 3-수준 다층모형에 의한 분석결과이다.

〈표 7-6〉 3-수준 다층모형의 명세화와 최종 결과 예시

고정효과	회귀계수	표준오차	t	자유도	유의도
1-수준 절편(π_{0jk})					
2-수준 절편(β_{00k})					
3-수준 절편(γ_{000})	50.173	0.918	54.668	51	0.000
3-수준 설립유형(γ_{001})	5.225	1.970	2.651	51	0.011
3-수준 학생 수(γ_{002})	−0.870	0.426	−2.043	51	0.046
2-수준 일반대학(β_{01k})					
3-수준 절편(γ_{010})	0.243	1.055	0.230	659	0.818
2-수준 대학원(β_{02k})					
3-수준 절편(γ_{020})	3.092	1.316	2.349	659	0.019
1-수준 물리적 환경(π_{1jk})					
2-수준 절편(β_{10k})					
3-수준 절편(γ_{100})	1.522	0.163	9.305	53	0.000
2-수준 일반대학(β_{11k})					
3-수준 절편(γ_{110})	−0.810	0.439	−1.846	1,643	0.065
2-수준 대학원(β_{12k})					
3-수준 절편(γ_{120})	0.091	0.410	0.221	1,643	0.825
1-수준 교사직위(π_{2jk})					
2-수준 절편(β_{20k})					
3-수준 절편(γ_{200})	−7.197	0.859	−8.381	1,643	0.000
무선효과	**분산성분**	**표준편차**	χ^2	**자유도**	**유의도**
1-수준 모형(e_{ijk})	144.359	12.015			
2-수준 절편모형(r_{0jk})	8.230	2.869	654.992	606	0.082
3-수준 절편모형(u_{00k})	38.997	6.245	338.114	51	0.000
3-수준 물리적 환경 모형(u_{10k})	0.336	0.579	74.766	53	0.026

모형 적합도(공분산성분 모형의 통계량)
Deviance=13104.823
Number of estimated parameters=14

〈표 7-6〉의 내용은 지금까지 완성한 3-수준 다층모형으로 교장지도성 자료를 분석한 결과이다. 표 상단에는 고정효과 모수의 추정 값과 t-검정결과가 제시되었고, 편의상 3-수준 고정효과 모수와 연관된 2-수준 및 1-수준 모수항도 함께 제시하였다. 하단에는 무선효과 모수의 추정결과와 2-수준 및 3-수준 분산성분의 χ^2-검정결과를 제시하였다. 끝으로 모형의 적합도 정보로서 편차량이 제공되었다.

⑦ 고정효과 모수의 검정결과: 〈표 7-6〉에서 고정효과 모수의 검정결과를 오류 없이 해석하는 방법은 〈표 7-6〉에 제시된 내용을 3-수준 다층모형과 연계하여 각 모수의 의미를 정확히 해석하는 것이다. 〈표 7-6〉 위쪽에는 고정효과 모수의 추정결과가 1-수준 모형의 회귀계수인 절편(π_{0jk}), 물리적 환경 만족도(π_{1jk}), 교사직위(π_{2jk})로 나누어 편집되어 있다. 즉, 1-수준 모형의 회귀계수(π_{pjk})를 종속변수로 하는 모형과 연계하여 결과를 제시한 것이다. 고정효과 모수의 추정결과를 해석하는 효과적인 방법도 1-수준 모형의 회귀계수(π_{pjk})에 연계된 모형으로 전환하여 해석하는 것이다.

- **γ_{000}, γ_{001}, γ_{002}, γ_{010}, γ_{020}의 추정결과 해석:** 이 고정효과 모수는 1-수준 모형 절편계수(π_{0jk})와 연계된 모수들이며, 추정결과는 다음 식의 결과이다.

$$\pi_{0jk} = \beta_{00k} + \beta_{01k}(\text{일반대학비율}) + \beta_{02k}(\text{대학원비율}) + r_{0jk}$$

$$\beta_{00k} = \gamma_{000} + \gamma_{001}(\text{설립유형}) + \gamma_{002}(\text{학생 수}) + u_{00k}$$

$$\beta_{01k} = \gamma_{010}$$

$$\beta_{02k} = \gamma_{020}$$

따라서 γ_{000}, γ_{001}, γ_{002}의 고정효과 모수는 β_{00k}의 변산을 설명하는 것이므로 β_{00k}의 의미를 정확히 해석하면 이에 따라 γ_{000}, γ_{001}, γ_{002}도 해석된다. π_{0jk}의 모형에서 모든 설명변수는 전체평균으로 집중화되었으므로 β_{00k}는 교사가 지각한 교장지도성의 k학교 평균이다. 즉, 각 학교별 교장지도성 평균이다. 3-수준 모형에서 '설립유형'과 '학생 수'도 전체 평균으로 집중화되었으므로 γ_{000}, γ_{001}, γ_{002}의 고정효과 모수의 추정 결과는 다음과 같이 해석된다.

$\hat{\gamma}_{000} = 50.173$: 교장지도성의 전체평균은 50.173이다.

$\hat{\gamma}_{001} = 5.225$, $t = 2.651(df = 51, p = 0.011)$: 학교설립유형 변수의 효과를 검정한 결과이다. 국공립학교와 사립학교 간 교장지도성의 평균차이는 5.225이며, 서울시에서는 국공립 중학교의 교사들이 사립 중학교 경우보다 교장지도성을 더 높게 지각한다. 이는 $t-$검정결과 통계적으로 유의한 차이이다. 〈표 7-1〉에 제시된 교장지도성의 기술통계량을 보면, 표준편차가 15.0이다. 따라서 국공립학교와 사립학교 교사들이 지각하는 교장지도성 평균의 차이는 약 0.35 표준편차 규모를 나타내므로 어느 정도 실질적인 차이로 이해된다. 가설검정을 위한 $t-$검정통계량의 자유도는 $df = 51$이었다. 이는 다음 모형의 자유도이다.

$$\beta_{00k} = \gamma_{000} + \gamma_{001}(\text{설립유형}) + \gamma_{002}(\text{학생 수}) + u_{00k}$$

이 모형에서 전체 사례 수는 54이고 추정대상인 고정효과 모수의 수는 3이므로, 각 회귀계수 검정을 위한 $t-$검정통계량의 자유도는 54−3=51이다.

$\hat{\gamma}_{002} = -0.870$, $t = -2.043(df = 51, p = 0.046)$: 학교규모(학생 수)의 평균효과를 검정한 결과이다. 큰 학교의 교사들은 학생 수가 적은 학교의 교사들보다 교장지도성을 낮게 지각하는 경향이 있으며, $t-$검정결과 통계적으로 유의하다. 학생 수 척도

는 1~10의 범위를 가지며, 학생 수가 200명 단위로 서열화된 변수이다. 따라서 소규모 학교(예: 학생 수=2)와 대규모 학교(예: 학생 수=10)를 비교하면, 동일한 학교설립유형 조건에서 대규모 학교의 교사들은 소규모 학교 교사들보다 교장지도성을 약 $-0.870\times 8 = 6.96$점 낮게 지각한다. 표준편차가 15인 교장지도성 척도를 고려하면, 이 값은 0.46 표준편차 규모이므로 학교규모가 클수록 교장의 지도성이 교사들에게 높은 평가를 받기가 실제로 어려운 것을 알 수 있다.

$\hat{\gamma}_{010} = 0.243,\ t = 0.230(df = 659, p = 0.818)$: 2-수준 변수인 교과집단의 교사 인적 구성 변수로서 '일반대학 출신 교사비율'의 효과를 검정한 결과이다. $H_0 : \gamma_{010} = 0$의 가설을 검정한 결과, 통계적으로 유의하지 않았다. 교과집단 교사들의 출신학교 유형은 교장지도성과 유의한 상관을 갖는다는 증거는 발견되지 않았다.

$\hat{\gamma}_{020} = 3.092,\ t = 2.349(df = 659, p = 0.019)$: 2-수준 변수인 교과집단의 교사 인적 구성 변수로서 '교사 학력 분포(대학원비율)'의 교장지도성에 대한 평균효과를 검정한 결과이다. 동일 교과를 담당하는 교사들의 학력에서 대학원 이상의 학력자가 많을수록 교장지도성은 긍정적으로 평가되는 경향이 있으며, $t-$검정결과 통계적으로 유의하다. 그러나 대학원 학력 변수의 분포가 0.0~1.0의 범위를 가지므로, 실제로 대학원 교육을 수학한 교사가 전혀 없는 경우(대학원비율=0.0)와 동일 교과를 담당하는 모든 교사가 대학원 학력자인 경우(대학원비율=1.0)에 교장지도성의 차이는 $\hat{\gamma}_{020} = 3.092$이므로, 약 0.2 표준편차 차이에 불과하다. 이에 따라 교과집단 교사들의 학력분포는 교장지도성과 통계적으로 유의한 상관은 갖지만 실질적인 영향력은 미미한 것으로 판단된다. 앞 $t-$검정에서 자유도는 $df = 659$이었다. 즉, '대학원비율' 변수는 2-수준 변수이나 3-수준에서 고정효과를 갖는 변수이므로, 교과집단 수준에서 회귀모형으로 분석한 경우와 동일한 자유도를 갖는다. 즉, 다음 모형은 전통적인 회귀모형으로 분석하는 경우이다.

$$\pi_{0jk} = \beta_{00k} + \beta_{01k}(\text{일반대학비율}) + \beta_{02k}(\text{대학원비율}) + r_{0jk}$$

이 모형을 전통적인 회귀모형으로 이해하면, 모든 회귀계수는 고정효과이고 전체 사례 수는 662개 교과집단이다. 따라서 위 모형에서 고정효과 회귀계수의 분산추정에 소요되는 자유도는 662−3=659이다.

- $\gamma_{100}, \gamma_{110}, \gamma_{120}$의 추정결과 해석: 이 고정효과 모수는 1−수준 모형의 기울기 계수 (π_{1jk})와 연계된 모수들이며, 추정결과는 다음 식의 결과이다.

$$\pi_{1jk} = \beta_{10k} + \beta_{11k}(\text{일반대학비율}) + \beta_{12k}(\text{대학원비율})$$

$$\beta_{10k} = \gamma_{100} + u_{10k}$$

$$\beta_{11k} = \gamma_{110}$$

$$\beta_{12k} = \gamma_{120}$$

위 식에서 특이한 사항은 π_{1jk}는 동일 학교 내에서 무선효과를 갖지 않지만, β_{10k}는 학교 간에 무선효과를 갖는 것으로 모형 명세화가 이루어졌다는 것이다. 이와 같은 모형 명세화의 특징은 고정효과 모수의 가설검정통계량의 자유도를 결정할 때 반영된다.

$\hat{\gamma}_{100} = 1.522, t = 9.305(df = 53, p = 0.000)$: 2−수준에서 2개의 설명변수가 모두 전체평균으로 집중화된 상태이므로 γ_{100}는 '물리적 환경 만족도'의 교장지도성에 대한 교정평균효과이다. 즉, 교사들이 인적 구성 변수들을 통제한 이후에 1−수준 변수인 '물리적 환경 만족도'가 교장지도성에 미치는 교정평균 효과이며, 가설검정결과 통계적으로 유의하였다. '물리적 환경 만족도'는 2~12점의 분포를 갖고 평균이 7.42, 표준편차가 2.65인 척도이다. 이 변수의 값이 1점 차이가 나면, 모형에 포함된 모든 설명변수들이 동일한 조건에서 교장지도성 점수가 $\hat{\gamma}_{100} = 1.522$점 차이가 난다. 따라서 만일 두 교사가 학교의 물리적 환경에 대하여 만족하는 정도가 실질적으로 의미가 있는 차이

인 1표준편차(2.65점) 차이가 난다면, 교장지도성은 평균 $2.65 \times 1.522 = 4.033$ 차이가 나고, 이는 교장지도성 척도로 약 0.27표준편차 정도의 차이로 나타난다. 그 영향은 크지 않다. 그러나 교사들 사이에 물리적 환경에 대한 만족도가 매우 큰 차이가 난다면(예: 5점 이상), 교장지도성은 실질적으로 의미가 있는 규모로 커질 수 있다. $H_0 : \gamma_{100} = 0$의 가설검정에서 $t-$검정통계량의 자유도는 53이었다. 이는 다음 모형에서 결정된 것이다.

$$\beta_{10k} = \gamma_{100} + u_{10k}$$

3-수준 모형에서 전체 학교 수는 54개교이며, 고정효과 모수는 1개이므로 $\hat{\gamma}_{100}$의 표준오차 추정을 위한 자유도는 53이다.

$\hat{\gamma}_{110} =- 0.810$, $t =- 1.846 (df = 1{,}643, p = 0.065)$: 2-수준 변수인 '일반대학 출신비율'과 1-수준 변수인 '물리적 환경 만족도'의 상호작용 효과이다. 수준이 다른 두 변수의 상호작용효과를 '층위 간 상호작용효과(cross-level interaction effect)' 혹은 수준간 상호작용효과라고 한다. 전통적으로 교육학과 심리학에서 다루는 '적성과 처치의 상호작용효과(aptitude by treatment interaction effect)'와 같은 맥락이다. 즉, 1-수준 변수의 효과가 2-수준 변수인 집단의 특성에 따라 다르다는 정보를 제공한다. 가설검정 결과 이 상호작용효과는 $\alpha = 0.10$수준에서 유의하다. 여기서는 $\hat{\gamma}_{110} =- 0.810$이 음의 값을 가지므로 교과집단에서 일반대학 출신비율이 높아질수록 교사의 물리적 환경 만족도와 교장지도성의 상관은 낮아진다는 것을 반영한다. 역으로 교과집단에서 교사의 일반대학 출신 비율이 낮고 대학원 졸업자 비율이 높으면 물리적 환경 만족도의 영향력은 더 커진다.

가설검정에서 $t-$통계량의 자유도는 $df = 1{,}643$이었다. 다음 모형이 자유도 결정에 도움이 된다.

$$\pi_{1jk} = \beta_{10k} + \beta_{11k}(\text{일반대학비율}) + \beta_{12k}(\text{대학원비율})$$
$$\beta_{11k} = \gamma_{110}$$

이 모형에서 π_{1jk}는 2-수준에서 고정효과를 갖고, 아울러 β_{11k}도 3-수준에서 고정효과를 갖는다. 따라서 γ_{110}는 1-수준 모형에서만 무선효과가 있을 뿐이므로, 전체 자료를 단층구조로 파악하는 회귀모형으로 모수 추정을 하는 경우와 같은 맥락에서 추정된다. 전체 사례 수는 $N = 1,652$명이고 회귀모형에서 고정효과 모수의 수는 총 9개이므로, 자유도는 $df = 1,652 - 9 = 1,643$이다.

$\hat{\gamma}_{120} = 0.091$, $t = 0.221(df = 1,643, p = 0.825)$: 2-수준 변수인 '대학원비율'과 1-수준 변수인 '물리적 환경 만족도'의 상호작용 효과이다. 층위 간 상호작용효과이나 통계적으로 유의하지 않았다. 검정통계량 t-분포의 자유도를 결정하는 과정은 $\hat{\gamma}_{110}$의 경우와 동일하다.

- γ_{200}의 추정결과 해석: 이 회귀계수는 1-수준에서 '교사직위'의 효과인 π_{2jk}와 연계된 모수이며, 다음 식을 참조하면 결과해석에 도움이 된다.

$$\pi_{2jk} = \beta_{20k}$$
$$\beta_{20k} = \gamma_{200}$$

따라서 교사직위에 따른 교장지도성의 차이는 2-수준과 3-수준에서 모두 고정효과를 가지며, 2-수준 분석단위(교과집단)와 3-수준 분석단위(학교)에 따른 차이가 없이 모든 분석단위에 동일한 효과를 갖는다.

$\hat{\gamma}_{200} = -7.197$, $t = -8.381(df = 1,643, p = 0.000)$: 교사직위에 따른 교장지도성의 차이는 평균 7.197이며, 일반교사가 부장교사보다 교장지도성을 낮게 평가한다. 그 차

이는 교장지도성의 척도에서 0.48 표준편차의 규모이므로, 통계적으로만 유의한 것이 아니라 실제로 일반교사는 부장교사보다 교장지도성을 훨씬 낮게 지각한다고 할 수 있다. 교사직위 변수는 1-수준 변수이며, 이 변수의 효과인 π_{2jk}는 2-수준과 3-수준 분석단위에 따른 무선효과가 없으므로 '교사직위' 변수의 회귀계수는 모든 수준에서 고정효과 모수이다. 따라서 자료의 위계적 구조를 반영하지 않고 분석하는 회귀모형과 동일한 맥락에서 추정되는 모수이다. 자유도는 전체 사례 수에서 모수의 수를 뺀 1,643이다.

⑧ 무선효과 모수의 검정결과: 〈표 7-6〉에서 무선효과 모수는 각 수준별로 정리되어 있다. 우선 1-수준의 무선효과 추정결과는 $\hat{\sigma}^2 = 144.359$인데, 〈표 7-2〉의 기초모형 분석결과에서 $\hat{\sigma}^2 = 166.050$이므로, 약 13%의 1-수준 분산이 모형으로 설명되었다고 할 수 있다. 같은 방법으로 2-수준 분산을 비교하면, 〈표 7-2〉에서 $\hat{\tau}_{\pi_{00}} = 11.715$이고, 〈표 7-6〉에는 $\hat{\tau}_{\pi_{00}} = 8.230$이므로 $R_2^2 = (11.715 - 8.230)/11.715 = 0.297$이다. 약 30%의 2-수준 분산이 모형으로 설명되었다. 3-수준 분산의 경우 기초모형은 단변량 모형이지만, 〈표 7-6〉에서 3-수준 모형은 다변량 모형이므로 직접적으로 분산의 설명력을 비교할 수 없다. 그러나 〈표 7-6〉에서 기울기 계수의 3-수준 분산이 0.336에 불과하므로 절편계수의 분산만 고려한다면[2)] $R_3^2 \approx (41.863 - 38.997)/41.863 = 0.068$로서 약 6.8%의 3-수준 분산만 설명된 셈이다.

〈표 7-6〉에서 2-수준과 3-수준 분산성분을 χ^2검정한 결과도 제시되어 있다. 2-수준 절편계수의 잔차분산($Var(r_{0jk})$)과 3-수준 분산성분은 모두 $\alpha = 0.10$ 혹은 $\alpha = 0.05$ 수준에서 통계적으로 유의하다. 또한 각 수준별 분산의 설명력은 낮은 편이다. 따라서 현재 모형에서 설명력을 높이고 잔차분산을 줄이기 위하여 추가적인 설명변수의 도입을 고려할 수 있다. 〈표 7-6〉의 결과는 3-수준 다층모형의 명세화 과정을 설명하려는 목적에서 시도된 것이므로, 각 수준별 변수의 수를 소수로 고정하였고, 단계별 모형결정과정을 서술한 것이며, 이론적으로 타당한 모형을 제시한 것이 아니다.

한 가지 유의할 사항은 지금까지 제시한 분산의 설명력(R^2)은 진점수 분산에 기초한 것이다. 종속변수가 직접관찰이 가능한 물리적 특성이거나 측정이 정교한 인지적 특성 변수가 아니라 '교장지도성'과 같이 사회적 속성이거나 응답자의 자기보고(self report)에 의존한 척도인 경우, 척도의 신뢰도가 높아도 진점수 분산을 이론적으로 설명하기는 쉽지 않다.

⑨ **모형의 적합도 해석**: 다층모형에서 모형의 적합도를 반영하는 통계량은 R^2과 편차량이다. R^2은 전통적인 회귀모형에서처럼 모형의 설명력 정보를 제공한다. 로덴부시와 브리크(Raudenbush & Bryk, 1992; 2002)에서는 R^2을 각 수준별로 산출하므로, 각 수준에서의 설명력 정보를 점검할 수 있다. 반면에 스니더스와 보스커(Snijders & Bosker, 1994)는 전체 모형에 기반한 R^2을 제시한다. 최근에 루오와 아젠(Luo & Azen, 2013)은 각 수준별 종속변수에 대한 모형의 설명력 정보로서 스니더스와 보스커(Snijders & Bosker)가 제안한 R^2를 사용하길 권하고, 반면에 무선효과를 갖는 집단 내에서 분산을 설명하는 지수로는 로덴부시와 브리크가 제안한 R^2를 사용할 것을 제안하였다. 그 어느 경우나 R^2은 모형의 설명력 정보이며, 모형에 각 변수가 추가될 때 R^2의 변화량에 기초하여 각 변수의 중요도를 평가하는 근거가 된다.

또 다른 적합도 지수는 편차량으로서, 최대우도추정을 하는 모든 통계모형이 사용한다. 편차량은 모형의 설명력이 아니라, 모형에 남은 잔차변산(SSE: Sum of Squares of Error)의 규모를 반영하는 통계량이다. 따라서 편차량은 작을수록 좋으며, 모형 전체를 평가하는 지수로 적합하다. 모형 간 비교에서 편차량의 차이는 χ^2 분포를 갖는다. 〈표 7-6〉 하단에 제시된 편차량은 $Deviance = 13104.823$이고 추정대상 모수의 수는 모두 14개였다. 이 결과는 이전의 모든 모형의 편차량과 비교하여 χ^2-통계량으로 우도비 검정(likelihood ratio test)을 함으로써 〈표 7-6〉가 가장 양호한 모형인지를 평가하는 통계량이 된다. 예를 들어, 이를 〈표 7-2〉의 결과와 비교하면, χ^2 검정을 할 수 있다. 즉, $D_0 - D_1 = 13342.412 - 13104.823 = 237.589$로 편차량이 감소한 만큼 모형의 적합도는 개선되었으며, $\chi^2(df = 10)$의 통계량으로 검정하면 통계적으로 유의하다.

2. 종단연구와 3-수준 다층모형의 응용

이 책의 5장에서는 종단연구에서의 2-수준 다층성장모형 활용방법을 상세하게 소개하였다. 3-수준 다층모형을 종단연구에 활용하는 맥락은 2-수준 다층모형의 경우와 논리적으로 동일하다. 다만 앞 절에서 소개한 바와 같이 3-수준 다층모형은 분석단위가 추가되므로 그만큼 더 고정효과 및 무선효과 모수의 수가 증가하여 모형을 결정하는 과정이 복잡하고, 결과해석도 용이하지 않다는 특징이 있다.

3-수준 다층종단자료는 종단적으로 관찰되는 분석단위가 어느 수준에 속하는가에 따라 크게 3가지로 분류된다. 하나는 집단에 속한 개인이 반복하여 측정되는 구조이다. 개인의 성장과 발달을 종단적으로 탐구하는 연구가 여기에 해당되며, 특별히 '성장곡선분석(growth curve analysis)' 연구로 지칭되기도 한다. 이 경우 자료의 구조는 '반복측정치(1-수준) ⊂ 개인(2-수준) ⊂ 집단(3-수준)'의 3-수준으로 확장될 수 있다. 이러한 3-수준 종단자료는 5장에서 소개한 2-수준 자료인 '반복측정치(1-수준) ⊂ 개인(2-수준)'의 구조를 3-수준으로 확대한 것이다. 또한 개인을 반복하여 측정한 2-수준 자료이지만, 종속변수가 합성변수인 경우에 측정모형을 추가하면 '잠재특성(1-수준) ⊂ 반복측정치(2-수준) ⊂ 개인(3-수준)'의 3-수준 모형 명세화도 가능하다(예: 강상진, 2014). 이 경우, 측정의 오차가 없는 잠재특성의 개인별 성장곡선을 추정할 수 있으며, 성장곡선의 개인차도 탐구할 수 있다.

3-수준 다층종단자료의 두 번째 유형은 개인보다는 집단이 반복측정되는 경우이다. 예를 들어, 매년 고등학교 3학년 학생은 대학수학능력시험(수능시험)을 보는데, 이 경우 학교수준에서는 매년 수능시험을 겪지만, 학생들은 졸업하는 해에만 수능시험을 본다. 즉, 학교는 반복관찰되지만, 학생은 특정한 연도에만 관찰되는 구조이다. 이 경우 자료의 구조는 '개인(1-수준) ⊂ 관찰연도(2-수준) ⊂ 집단(3-수준)'이다(예: 임현정, 2006). 2-수준에서 분석단위가 종단적으로 관찰되는 경우는, 횡단자료를 이용하여 종단적 추론을 수행하는 발달연구와 경향분석(trends analysis) 연구도 해당된다(예: 임시혁, 2002; 2006).

끝으로 세 번째 유형은 관찰시점이 최상위 수준(3-수준)에 속하는 경우이다. 예를 들어, 동일한 연구가 여러 해에 걸쳐서 같은 학년의 학생들에게 반복되는 경우에 학생들은 관찰연도에 소속되어, '개인 ⊂ 관찰연도'의 2-수준 구조를 갖게 된다. 만일 종속변수가 합성변수이어서 측정모형이 1-수준에 포함되면, '잠재특성 ⊂ 개인(1-수준) ⊂ 관찰연도(3-수준)'의 자료구조를 갖게 된다. 이 경우도 횡단자료를 분석하여 종단적 추론을 수행하는 발달연구 혹은 경향분석에 해당된다. 여기서는 우선 첫 번째 유형에 속하는 3-수준 다층종단분석방법을 구체적인 예시분석결과를 동원하여 소개하고, 이어서 두 번째와 세 번째 유형의 3-수준 다층종단자료를 분석하기 위한 다층모형의 명세화 방법을 서술한다.

1) 3-수준 다층종단모형 유형 1: 1-수준 성장선 기반 모형

서영석 외(2012)의 연구는 상담기법이 상담성과에 미치는 효과를 검정하는 과정에서 3-수준 다층종단모형을 적용하였다[3]. 이 연구는 상담회기의 진행에 따라 저자들이 관심을 갖는 '즉시성' 상담기법이 어떠한 패턴의 회기성과를 갖는지 분석한 것이다. 분석자료는 10명의 상담자가 여러 회기 동안 상담한 28명의 내담자가 보고한 상담회기성과와 상담기법, 내담자의 심리적 특성, 상담자의 경력 등이다. 이 연구에서 분석한 자료의 기술통계량은 〈표 7-7〉과 같다.

〈표 7-7〉 각 수준별 변수의 기술통계량

변수	사례 수	평균	표준편차
1-수준(상담회기)			
종속변수(회기평가)	414	5.04	0.81
처치변수(상담기법: 즉시성)	414	5.86	1.89
2-수준(내담자)			
심리적 디스트레스	28	1.73	0.46
대인관계문제	28	2.70	0.45

3-수준(상담자)			
상담경력(개월)	10	69.29	35.51

출처: 서영석 외(2012). 상담자 즉시성이 상담회기평가 및 작업동맹에 미치는 영향: 회기-내담자-상담자 3-수준 다층모형 검증. 한국심리학회지: 상담 및 심리치료, 24(4), p. 764.

〈표 7-7〉을 보면 10명의 상담자가 28명의 내담자를 각각 반복하여 상담하였으며, 전체 상담횟수를 합하면 414회이다. 즉, 각 상담자는 평균 2.8명의 내담자를 상담하였으며, 각 내담자는 평균 14.8회 상담을 받았다. 내담자는 매회 상담 직후에 상담회기평가(종속변수) 설문지에 응답을 하였다. 상담회기평가는 내담자가 보고하는 상담회기의 깊이, 순조로움, 긍정적 정서, 각성도 등을 측정하는 19문항의 척도점수이며, 높은 점수가 긍정적 평가를 반영한다. 처치변수인 '즉시성'은 상담기법의 하나로서 상담자가 상담 중에 내담자-상담자의 관계가 어떠한지를 주제로 삼는 것이다. 서영석 외(2012) 연구에서는 '즉시성' 기법의 고유효과를 추정하기 위하여 다른 상담기법 변수(예: 해석, 감정반영, 질문, 기타)의 영향을 통제하였다. 내담자 특성(2-수준 변수)인 심리적 디스트레스와 대인관계문제도 모두 합성변수(composite scale variable)이다.

(1) 기초모형의 명세화

〈표 7-7〉 자료는 반복측정치가 1-수준에 속한다. 이 경우 기초모형의 명세화는 성장선을 확인하는 작업이므로 1-수준에서만 시간변수가 설명변수로 포함되고, 2-수준과 3-수준에는 절편만 있는 모형이 기초모형이 된다. 서영석 외(2012)의 연구에서는 기초모형을 선형모형과 비선형모형으로 분석한 이후에 이를 비교한 결과, 적합도에서 유의한 차이가 없고 비선형모형에서 가속변화율 회귀계수가 통계적으로 유의하지 않으므로, 선형모형으로 기초모형을 결정하였다. 다음은 서영석 외(2012)가 사용한 기초모형이다.

1-수준 모형: $Y_{tij} = \pi_{0ij} + \pi_{1ij}(A_{tij} - 1) + e_{tij},\ \ e_{tij} \sim N(0, \sigma^2)$ (7-19)

2-수준 모형: $\pi_{0ij} = \beta_{00j} + r_{0ij}$

$$\pi_{1ij} = \beta_{10j} + r_{1ij}$$

3-수준 모형: $\beta_{00j} = \gamma_{000} + u_{00j}$,

$$\beta_{10j} = \gamma_{100}$$

여기서 $\begin{bmatrix} r_{0ij} \\ r_{1ij} \end{bmatrix} \sim N\left(\begin{bmatrix} 0 \\ 0 \end{bmatrix}, \begin{bmatrix} \tau_{\pi_{00}}, \tau_{\pi_{01}} \\ \tau_{\pi_{10}}, \tau_{\pi_{11}} \end{bmatrix}\right)$, $u_{00j} \sim N(0, \tau_{\beta_{00}})$

식(7-19)의 1-수준 모형에서 π_{0ij}는 출발점(1회기)에서 j번째 상담자에게 상담을 받은 i번째 내담자의 상담회기평가점수이며, π_{1ij}는 상담회기평가점수의 성장률이다. 출발점에서의 점수는 내담자와 상담자에 따라 다른 것으로 확인되어 π_{0ij}와 β_{00j}는 무선효과를 갖는 것으로 모형이 결정되었다. 그러나 성장률(π_{1ij})은 내담자에 따라 다르지만 상담자 간에는 차이가 없는 것으로 가정되어 2-수준에서 π_{1ij}는 무선효과를 갖고, 3-수준에서 β_{10j}는 고정효과를 갖는 것으로 가정되었다.

식(7-19)에서 3가지 성장선을 추정할 수 있다. 각 내담자별 회기평가 성장선, 각 상담자별 회기평가 성장선, 그리고 전체 평균성장선이다. 3가지 성장선을 차례로 제시하면 다음과 같다.

내담자별 성장선: $Y_{tij} = \pi_{0ij} + \pi_{1ij}(A_{tij} - 1)$ (7-20)

상담자별 성장선: $Y_{t.j} = \beta_{00j} + \beta_{10j}(A_{t.j} - 1)$ (7-21)

전체 평균 성장선: $Y_{t..} = \gamma_{000} + \gamma_{100}(A_{t..} - 1)$ (7-22)

위 식에서 내담자별 성장선과 상담자별 성장선을 결정하는 무선효과 회귀계수는 무선변수(random variable)이나, 경험적 베이시안 추정법으로 안정된 값을 구할 수 있으며, 다층모형 프로그램에서는 잔차분석파일에서 각 분석단위별 회귀계수 값을 제공한다.

식(7-19)의 각 수준별 모형을 통합하면, 단일식 모형으로 제시할 수 있다.

$$Y_{tij} = \gamma_{000} + \gamma_{100}(A_{tij} - 1) + u_{00j} + \gamma_{0ij} + \gamma_{1ij}(A_{tij} - 1) + e_{tij} \quad (7\text{-}23)$$

식(7－23)은 식(7－19)와 같은 모형이다. 이 모형에서 회기평가(종속변수)의 변산원은 다음과 같이 분해된다.

$$\begin{aligned} &Var(u_{00j} + r_{0ij} + r_{1ij}(A_{tij} - 1) + e_{tij}) \\ &= \tau_{\beta_{000}} + \tau_{\pi_{00}} + \tau_{\pi_{11}}(A_{tij} - 1)^2 + 2\tau_{\pi_{10}}(A_{tij} - 1) + \sigma^2 \end{aligned} \quad (7\text{-}24)$$

식(7－24)에서 특징적인 것은 3－수준 다층종단자료의 분석에서 각 내담자의 회기평가결과는 상담회기시점(A_{tij})과도 관련이 있다. 즉, A_{tij}가 몇 번째 회기인가에 따라 회기평가의 편차는 달라진다. 만약 $\tau_{\pi_{10}} > 0$ 이라면 회기가 반복됨에 따라 회기평가의 개인차는 더 커진다고 할 수 있다. 다음은 식(7－19) (또는 식(7－24))에 의한 분석결과이다.

〈표 7-8〉 3-수준 다층종단모형의 기초모형 검증 결과(회기평가 모형)

고정효과	회귀계수	표준오차	t	자유도	p
1회기 회기평가 평균(γ_{000})	4.888	0.112	43.795	9	0.000
평균변화율(γ_{100})	0.028	0.009	3.236	17	0.005
무선효과	**표준편차**	**분산성분**	χ^2	**자유도**	p
1-수준					
잔차(e_{tij})	0.588	0.346			
2-수준					
1회기 절편의 개인차(r_{0ij})	0.522	0.273	75.566	18	0.000
변화율의 개인차(r_{1ij})	0.026	0.00065	82.432	27	0.000
전체분산(T)		0.286			
3-수준					
상담자 j에 속한 내담자들의 절편의 개인차(u_{00j})	0.023	0.0005	7.523	9	>.500
Statistics for the current model					
Deviance=819.916730					
Number of estimated parameters=7					

출처: 서영석 외(2012). 상담자 즉시성이 상담회기평가 및 작업동맹에 미치는 영향:회기-내담자-상담자 3-수준 다층모형 검증. 한국심리학회지: 상담 및 심리치료, 24(4), p. 765, 표 2.

(2) 기초모형 결과 해석

〈표 7-8〉은 상단에 고정효과 모수 추정 및 t-검정결과를 나타내고, 하단에는 무선효과 모수인 분산정보에 대하여 χ^2-검정한 결과를 보여 주고 있다.

① 고정효과 모수 추정결과: 식(7-24)에서 고정효과 모수의 점추정결과, $\hat{\gamma}_{000} = 4.888$

이며, $\hat{\gamma}_{100} = 0.028$이다. $H_0 : \gamma_{000} = 0$과 $H_0 : \gamma_{100} = 0$을 t-검정한 결과 두 가설은 모두 기각되었다. 이에 기초하여 상담회기평가의 평균성장선을 추정한 결과는 $\hat{Y}_{t..} =$

$4.888 + 0.028(A_{t..} - 1)$이다. 즉, 상담이 반복됨에 따라 내담자들이 보고한 상담성과는 평균적으로 향상하였다.

② 무선효과 모수 추정결과: 다층종단자료의 분석에서 기초모형에 의한 분석결과는 평균성장선을 중심으로, 내담자와 상담자에 따른 상담회기평가의 변산이 어느 정도 존재하며, 수준별 분석단위의 영향력 규모를 파악하는 것이다. 식(7-19)는 각 수준별로 무선효과를 갖는다. 〈표 7-8〉의 자료를 활용하여 식(7-21)의 분산을 구하면, 각 상담회기에서 종속변수의 전체 분산은 다음과 같다.

출발점 회기($A_{tij} = 1$):

$$\widehat{Var}(Y_{tij}) = \hat{\tau}_{\beta_{000}} + \hat{\tau}_{\pi_{00}} + \hat{\sigma}^2 = 0.0005 + 0.273 + 0.346 = 0.6195$$

각 상담회기에서의 분산($A_{tij} > 1$):

$$\widehat{Var}(Y_{tij}) = \hat{\tau}_{\beta_{000}} + \hat{\tau}_{\pi_{00}} + \hat{\tau}_{\pi_{11}}(A_{tij} - 1)^2 + 2\hat{\tau}_{\pi_{10}}(A_{tij} - 1) + \hat{\sigma}^2$$

$$= 0.0005 + 0.273 + 0.00065(A_{tij} - 1)^2 + 2 \times 0.006(A_{tij} - 1) + 0.346$$

아울러 식(7-20)에 제시한 내담자별 성장선 $Y_{tij} = \pi_{0ij} + \pi_{1ij}(A_{tij} - 1)$은 절편계수와 성장률계수가 모두 내담자에 따라 분산을 갖는데, 절편계수와 성장률의 분산을 추정한 결과는 다음과 같다.

$$\widehat{Var}(\pi_{0ij}) = \widehat{Var}(\gamma_{000} + u_{00j} + r_{0ij}) = \hat{\tau}_{\beta_{00}} + \hat{\tau}_{\pi_{00}} = 0.0005 + 0.273 = 0.2735$$

$$\widehat{Var}(\pi_{1ij}) = \widehat{Var}(\gamma_{100} + r_{1ij}) = \hat{\tau}_{\pi_{11}} = 0.00065$$

〈표 7-8〉에서 $H_0 : \tau_{\pi_{00}} = 0$ 그리고 $H_0 : \tau_{\pi_{11}} = 0$을 χ^2 - 검정한 결과 추정된 내담자별 성장선의 회귀계수들의 분산은 통계적으로 유의한 것으로 보고되었다. 다음에 각 상담자별 회기평가의 성장선 $Y_{t.j} = \beta_{00j} + \beta_{10j}(A_{t.j} - 1)$은 상담자에 따라 다르지

만 오직 절편계수(β_{00j})만 변산을 갖는 것으로 모형은 가정하였고, $H_0 : \tau_{\beta_{00}} = 0$을 검정한 결과 통계적으로 유의하지 않았다. 즉, 상담회기평가의 성장선은 내담자에 따라 변산을 갖지만, 상담자에 따라 다르다는 증거는 발견되지 않았다.

이제 내담자별 상담회기평가의 성장선이 변산이 있으므로, 이들 성장선이 상담기법에 따라 어떻게 변화하는지 탐구할 필요가 있다. 아울러 내담자별 성장선에서 절편계수와 성장률계수는 정적인 상관을 가지므로($\tau_{\pi_{10}} > 0,\ Corr(\pi_{0ij}, \pi_{1ij}) = 0.418$), 첫 번째 회기평가가 높은 내담자가 이후의 회기평가도 더 높은 경향이 있는 것을 참조할 필요가 있다.

(3) 기초모형의 부가적 정보

3-수준 다층모형으로 종단자료를 분석할 때 기초모형이 제공하는 것은 자료에 대한 진단정보다. 횡단연구와 달리 종단연구는 성장선을 추정하고, 성장선의 특징을 설명하는 것이므로, 성장선을 결정하는 모수들의 분산과 신뢰도, 그리고 모형의 적합도 등이 유용하다.

〈표 7-8〉에서 내담자별 회기평가 성장선의 초기 출발점에서의 분산에서 상담자 분산이 차지하는 비율은 미미하다. 즉, $ICC(\pi_{0ij}) = \hat{\tau}_{\beta_{00}} / (\hat{\tau}_{\beta_{00}} + \hat{\tau}_{\pi_{00}}) = 0.0018$로서 약 0.18%가 상담자의 영향을 받는다. 이 정보는 상담의 성과에서 상담자 간 차이는 상대적으로 영향이 적다는 것으로 해석된다. 역으로 회기평가 성장선의 분산은 내담자 간의 개인차가 99.8%를 차지한다. 한 걸음 나아가, 각 내담자별 회기평가결과를 살펴보면, 1-수준 분산이 $\hat{\sigma}^2 = 0.346$으로서 동일한 내담자가 회기에 따라 회기평가를 크게 다르게 하는 편임을 알 수 있다.

기초모형의 분석결과에서 추정한 내담자별 성장선이 어느 정도 신뢰도를 갖는지 추정한 결과, 절편계수($\hat{\pi}_{0ij}$)의 신뢰도는 0.729, 그리고 기울기 계수인 성장률($\hat{\pi}_{1ij}$)의 신뢰도는 0.299로 나타났다. 따라서 개인별 성장선에서 출발점 정보는 매우 신뢰도가 높은 편이나, 성장률 정보는 신뢰도가 낮은 편인 것을 알 수 있다. 끝으로 모형의 적합도 정보를 제공하는 편차량을 추정한 결과, $Deviance = 819.916$이며 추정된 모수의 수는 고정효과와 무선효과를 합하여 7이었다. 여기서 자유도는 완전우도추정(FIML)에 사용된 모수의 수이다.

(4) 상담기법의 기초모형 명세화

서영석 등(2012)의 연구는 상담기법이 상담성과에 미치는 효과를 탐구한 것이다. 따라서 논문에서는 보고되지 않았으나, 중간단계의 분석으로서 상담기법의 효과에 따른 성장선의 특징을 탐구하고, 그 이후에 내담자 및 상담자의 특성에 따른 회기평가 성장선의 변화를 탐구할 필요가 있다. 이 논문에서 탐구하는 상담기법인 즉시성의 고유효과를 추정하기 위하여 다른 상담기법(예: 해석, 감정, 질문, 기타 등)의 효과도 함께 추정하였다. 또한 1-수준 모형의 절편계수(π_{0ij})가 출발점의 원점수 평균을 유지하도록 모든 상담기법 변수는 각 상담회기의 평균으로 중심화하였다. 중간단계 분석모형으로서 상담기법의 기초모형은 다음과 같다.

1-수준 모형:

$$Y_{tij} = \pi_{0ij} + \pi_{1ij}(A_{tij} - 1) + \pi_{2ij}(\text{즉시성}) + \pi_{3ij}(\text{방법 2}) + \pi_{4ij}(\text{방법 3})$$

$$+ \pi_{5ij}(\text{방법4}) + \pi_{6ij}(\text{기타방법}) + e_{tij},\ \ e_{tij} \sim N(0, \sigma^2) \qquad (7\text{-}25)$$

2-수준 모형:

$$\pi_{0ij} = \beta_{00j} + r_{0ij} \qquad (7\text{-}26)$$

$$\pi_{1ij} = \beta_{10j} + r_{1ij}$$

$$\pi_{2ij} = \beta_{20j} + r_{2ij}$$

$$\pi_{\pi j} = \beta_{p0j},\ \ (p = 3, 4, 5, 6)$$

3-수준 모형:

$$\beta_{00j} = \gamma_{000} \qquad (7\text{-}27)$$

$$\beta_{10j} = \gamma_{100}$$

$$\beta_{20j} = \gamma_{200} + u_{20j}$$

$$\beta_{p0j} = \gamma_{p00,}\ (p = 3, 4, 5, 6)$$

여기서 $\begin{bmatrix} r_{0ij} \\ r_{1ij} \\ r_{2ij} \end{bmatrix} \sim N\left(\begin{bmatrix} 0 \\ 0 \\ 0 \end{bmatrix}, \begin{bmatrix} \tau_{\pi_{00}}, \tau_{\pi_{01}}, \tau_{\pi_{02}} \\ \tau_{\pi_{10}}, \tau_{\pi_{11,}} \tau_{\pi_{12}} \\ \tau_{\pi_{20}}, \tau_{\pi_{21}}, \tau_{\pi_{22}} \end{bmatrix}\right),\ \ u_{20j} \sim N(0, \tau_{\beta_{22}})$

앞 모형은 1-수준 모형에서만 5가지 상담기법 변수가 있으며, 2-수준과 3-수준에서는 설명변수를 포함하지 않았다. 식(7-19)의 기초모형과 비교하면 상담기법 변수인 '즉시성'의 효과가 2-수준 및 3-수준에서 모두 무선효과를 갖는 것으로 모형화하였다. 앞 모형은 여러 가지 측면에서 식(7-19)의 기초모형과 다르지만, 기초모형에서는 2-수준의 절편계수 β_{00j}가 무선효과를 갖는 것으로 가정하였으나, 여기서는 β_{20j}만 무선효과를 갖는다. 다층모형의 명세화 원리는 기초모형에서 결정된 모형에 기초하여 후속모형에서 설명변수를 추가하는 것이다. 서영석 외(2012)의 연구진이 3-수준 모형을 식(7-27)로 변경한 것은 특수한 경우인데, 이 같은 모형 명세화의 변화는 3가지 점에서 적절한 조치로 이해된다. 첫째, 3-수준 분석단위인 상담자 수가 모두 10명이므로 3-수준에서 무선효과를 가질 수 있는 모수를 최대한 줄여서 1개로 하는 것이 모형의 추정에 중요하였다. 둘째, 식(7-19)의 기초모형 분석결과 3-수준에서 종속변수인 β_{00j}의 무선효과($\tau_{\beta_{00}}$)는 통계적으로 유의하지 않았다. 또한 추정된 분산 $\hat{\tau}_{\beta_{00}} = 0.0005$도 미미한 수준이었다. 따라서 고정효과로 설정하여도 분석결과에 큰 변화는 없었다. 셋째, 연구진이 검정하려는 것은 '즉시성' 상담기법의 효과이므로, 이 상담기법의 효과에서 상담자에 따른 변산을 추정하는 것은 중요한 연구문제이다. 따라서 식(7-27)에서 β_{00j}는 고정효과를 갖고, β_{20j}는 무선효과를 갖는 것으로 모형을 결정하였다.

식(7-25), 식(7-26), 식(7-27) 모형은 많은 고정효과 모수와 무선효과 모수를 포함하고 있으므로, 모수추정을 허용하는 자유도를 확보하는 것이 중요하다. 연구진이 사용한 방법은 '즉시성' 이외의 4가지 상담기법의 효과를 모두 고정효과로 가정한 것이다. 이와 같은 조치는 $\gamma_{p00}\,(p = 3, 4, 5, 6)$의 4가지 모수를 추정하기 위한 표본의 규모가 전체 관찰사례 수($N = 414$)로 확장되기 때문이다. 즉, γ_{p00}의 추정은 $N = 414$인 표본에서 회귀계수를 추정하는 단층회귀모형의 경우와 유사하다. 또한 β_{00j}와 β_{10j}는 3-수준에서 고정효과를 가지므로 γ_{000}와 γ_{100}의 추정에 소요되는 사례 수는 전체 내담자 수($\sum_j n_j = 28$명)로 증가한다. 다만 즉시성의 고정효과인 γ_{200}만이 전체 상담자 수($J = 10$)가 모수 추정에 사용되는 사례 수이다.

(5) 분석결과

〈표 7-9〉 3-수준 다층종단모형의 조건부 기초모형 분석결과(상담기법 모형)

고정효과	회귀계수	표준오차	t	자유도	p
1회기 회기평가(π_{0ij})					
β_{00j} 1회기 회기평가 평균(γ_{000})	4.823	0.0994	48.544	16	0.000
변화율(π_{1ij})					
β_{10j} 평균변화율(γ_{100})	0.033	0.0088	3.798	16	0.002
즉시성효과(π_{2ij})					
즉시성 평균효과(γ_{200})	0.081	0.0445	1.820	9	0.102
기타효과(π_{pij})					
해석 평균효과(γ_{300})	0.041	0.0263	1.543	316	0.124
감정반영 평균효과(γ_{400})	0.0006	0.0317	0.020	316	0.984
질문 평균효과(γ_{500})	0.1056	0.0407	2.591	316	0.010
기타방법 평균효과(γ_{600})	0.0065	0.0203	0.319	316	0.750
무선효과	표준편차	분산성분	χ^2	자유도	p
1-수준					
잔차(e_{tij})	0.5434	0.2953			
2-수준					
1회기 절편의 개인차(r_{0ij})	0.4402	0.1938	67.167	27	0.001
변화율의 개인차(r_{1ij})	0.0280	0.0008	139.931	27	0.001
즉시성의 개인차(r_{2ij})	0.1148	0.0132	35.587	18	0.008
3-수준					
상담자 j에 속한 내담자들의 즉시성의 개인차(u_{20j})	0.0950	0.0090	22.630	9	0.007
Statistics for the current model					
Deviance=770.2784					
Number of estimated parameters=15					

〈표 7-9〉는 5가지 상담기법을 1-수준 변수로 포함하고, 상위수준에서는 설명변수가 없는 3-수준 다층모형이다. 즉, 시간에 따라 값이 변하는 변수(time variant variable)만으로 1-수준 모형의 명세화를 완성하여 분석한 결과이다.

① 고정효과 모수의 검정결과: 〈표 7-9〉 상단은 고정효과 모수의 추정 값과 가설검정 결과가 제시되어 있다. 이 결과는 최종분석결과가 아니고 중간단계의 결과이므로, 이후의 명세화에 참조할 사항을 점검하는 데 중요하다. 우선 기초모형의 결과에서처럼 절편계수(γ_{000})와 선형성장률 계수(γ_{100})에 대한 가설검정결과 $H_0 : \gamma_{000} = 0$과 $H_0 : \gamma_{100} = 0$은 모두 기각되어 통계적으로 유의하였다. 그러나 저자들이 관심을 가졌던 '즉시성'을 포함한 상담기법의 상담성과에 대한 전체 관찰기간 동안의 평균효과는 정적인 방향성은 갖고 있지만 γ_{500}를 제외하고는 모두 통계적으로 유의하지 않았다. 그러나 상담회기가 반복되는 동안에 각 상담기법이 일관된 효과를 갖는지 또는 내담자 및 상담자에 따라 상담기법의 효과가 다른지는 여전히 검정할 필요가 있다. 보다 일반적으로 1-수준, 2-수준, 3-수준에서 상담기법의 효과가 유의한 분산을 갖는지도 함께 고려해야 한다.

② 무선효과 모수의 검정결과: 〈표 7-9〉 하단에는 각 수준별 무선효과 모수 추정 값과 2-수준 및 3-수준 무선효과 모수에 대한 χ^2-검정결과가 제시되어 있다. 식(7-26)에서 2-수준에서 무선효과를 갖는 변수는 절편계수(π_{0ij}), 성장률계수(π_{1ij}), 그리고 상담기법계수(π_{2ij})이다. 3가지 무선효과 변수의 분산을 χ^2-검정한 결과 모두 통계적으로 유의하였다. 즉, 상담회기의 성과는 내담자에 따라 출발점 위치도 다르고, 성장률도 다르다[4]. 아울러 저자들의 가설변수인 '즉시성' 상담기법의 효과인 π_{2ij}의 2-수준 분산도 통계적으로 유의하였다. 〈표 7-9〉에서 고정효과 모수의 추정결과를 참조하면, '즉시성' 상담기법이 상담회기성과에 미치는 효과가 전체 상담기간의 평균효과에는 유의하지 않으나, 동일 상담자에 속한 내담자 간에는 유의한 차이가 있다. 즉, 내담자에 따라 '즉시성' 상담기법은 차별적인 효과를 갖는다. 이 결과는 다음 단계의 분석에서 어떤

특성을 갖는 내담자에게 '즉시성' 상담기법이 효과를 보이는지 탐구할 근거가 된다.

식(7-27)의 3-수준모형에서 무선효과를 갖는 변수는 '즉시성' 상담기법의 상담자 효과인 β_{20j}이다. 상담자에 따라 '즉시성' 상담기법의 효과가 다른지를 검정한 결과 $H_0 : \tau_{\beta_{22}} = 0$은 기각되었다. 따라서 이 역시 이후의 분석단계에서 어떤 특성의 상담자들에게 '즉시성' 상담기법이 효과적인지 탐구할 근거가 된다.

③ 모형의 적합도 해석: 〈표 7-9〉에서 모형의 적합도 지수인 편차량은 770.2784이며, 추정대상인 모수는 15개였다. 즉, 7개의 고정효과 모수(γ_{p00}, p=0~6)와 5개의 분산성분($\sigma^2, \tau_{\pi_{00}}, \tau_{\pi_{11}}, \tau_{\pi_{22}}, \tau_{\beta_{22}}$), 그리고 3개의 공분산성분($\tau_{\pi_{01}}, \tau_{\pi_{02}}, \tau_{\pi_{12}}$)이 추정대상이었다. 이 편차량의 값을 근거로 〈표 7-8〉의 결과를 비교하여 χ^2-통계량으로 로그우도비 검정을 한 결과는 다음과 같다.

$$D_0 - D_1 = 49.6383 > \chi^2_{.95}(8)$$

따라서 모형의 적합도는 개선되었다. 모형이 개선된 중요한 근거는 각 수준별 무선효과 모수들에 대한 가설검정결과가 통계적으로 유의한 것과 맥락을 같이 한다.

④ 연구모형의 명세화: 상담기법의 효과에 대한 검정결과, 연구자들의 가설변수인 '즉시성' 기법의 평균효과는 통계적으로 유의하지 않았지만 $H_0 : \tau_{\pi_{22}} = 0$과 $H_0 : \tau_{\beta_{22}} = 0$의 무선효과 가설은 모두 기각되어 '즉시성' 상담기법이 상담회기성과에 미치는 효과는 내담자와 상담자에 따라 모두 다른 것으로 나타났다. 또한 무조건 모형에서처럼 상담회기성장선의 절편계수와 기울기 계수는 고정효과와 무선효과가 모두 통계적으로 유의하였다. 따라서 상남회기성과의 성장선이 내담자 및 상담자의 특싱에 따라 어떻게 달라지는지, 또한 '즉시성' 상담기법의 영향은 내담자 및 상담자의 어떤 특성에 영향을 받는지 검정할 필요가 있다. 서영석 외(2012)의 연구에서 내담자의 특성 으로서 검토한 변수는 '심리적 디스트레스'와 '대인관계문제'였다. 또한 상담자의 특성은 '상담경

력'이었다.

따라서 식(7−25), 식(7−26), 식(7−27)의 3−수준 다층종단모형을 기본모형으로 하여 내담자 수준(2−수준)과 상담자 수준(3−수준)에 각각 설명변수를 추가한 모형이 서영석 외(2012) 연구의 최종연구모형이었다. 1−수준 모형은 식(7−25)와 동일하며, 각 수준별 무선효과 항도 모두 동일하다. 2−수준과 3−수준 모형에 설명변수를 추가한 모형은 다음과 같다.

2−수준 모형:

$$\pi_{0ij} = \beta_{00j} + \beta_{01j}(\text{심리적 디스트레스})_{ij} + \beta_{02j}(\text{대인관계문제})_{ij} + r_{0ij}$$

$$\pi_{1ij} = \beta_{10j} + \beta_{11j}(\text{심리적 디스트레스})_{ij} + \beta_{12j}(\text{대인관계문제})_{ij} + r_{1ij}$$

$$\pi_{2ij} = \beta_{20j} + \beta_{21j}(\text{심리적 디스트레스})_{ij} + \beta_{22j}(\text{대인관계문제})_{ij} + r_{2ij}$$

$$\pi_{\pi j} = \beta_{p0j}(p = 3, 4, 5, 6) \tag{7-28}$$

3−수준 모형:

$$\beta_{00j} = \gamma_{000},\ \beta_{01j} = \gamma_{010},\ \beta_{02j} = \gamma_{020} \tag{7-29}$$

$$\beta_{10j} = \gamma_{100},\ \beta_{11j} = \gamma_{110},\ \beta_{12j} = \gamma_{120}$$

$$\beta_{20j} = \gamma_{200} + \gamma_{201}(\text{상담경력}) + u_{20j}$$

$$\beta_{21j} = \gamma_{210},\ \beta_{22j} = \gamma_{220}$$

$$\beta_{p0j} = \gamma_{p00}(p = 3, 4, 5, 6)$$

식(7−28)과 식(7−29)는 내담자의 2가지 심리적 특성변수가 각 내담자별 상담회기 성장선의 절편계수(π_{0ij}) 및 성장률(π_{1ij})의 변산을 설명하는지 검정하기 위한 것이며, 또한 '즉시성' 상담기법의 효과(π_{2ij})에 미치는 효과도 검정하기 위한 것이다. 식(7−28)에서 모든 설명변수들은 전체 평균으로 중심화(grand mean centering)하였으므로 2−수준 모형의 절편계수인 β_{00j}, β_{10j}, β_{20j}는 모두 상담자별 교정평균의 의미를 갖는다. 아울러 3−수준 모형에서 '즉시성' 상담기법의 상담자별 효과는 '상담경력'에 따라 다를 수 있는 것으로 가정하였다. 앞 모형은 고정효과 모수가 모두 14개로 증가하였으며, 무선효과 모수는 이전과 마찬가지로 8개이다.

(6) 분석결과

〈표 7-10〉 3-수준 다층종단모형의 연구모형 분석결과(상담기법 모형)

고정효과		회귀계수	표준오차	t	자유도	p
1회기 회기평가(π_{0ij})						
β_{00j}	전체 평균(γ_{000})	4.811	0.094	51.355	10	0.000
β_{01j}	심리적 디스트레스(γ_{010})	−0.006	0.250	−0.030	10	0.977
β_{02j}	대인관계문제(γ_{020})	−0.380	0.207	−1.836	10	0.095
변화율(π_{1ij})						
β_{10j}	평균 변화율(γ_{100})	0.035	0.008	4.335	10	0.001
β_{11j}	심리적 디스트레스(γ_{110})	0.040	0.021	1.883	10	0.086
β_{12j}	대인관계문제(γ_{120})	−0.016	0.018	−0.870	10	0.402
즉시성 효과(π_{2ij})						
β_{20j}	즉시성 평균 효과(γ_{200})	0.094	0.030	3.165	8	0.015
	상담 경력(γ_{201})	−0.0004	0.0008	−0.476	8	0.631
β_{21j}	심리적 디스트레스(γ_{210})	0.036	0.066	0.555	10	0.585
β_{22j}	대인관계 문제(γ_{220})	0.138	0.066	2.089	10	0.065
기타 효과(π_{pij})						
β_{30j}	해석 평균효과(γ_{300})	0.037	0.027	1.383	316	0.167
β_{40j}	감정반영 평균효과(γ_{400})	−0.0003	0.032	−0.009	316	0.993
β_{50j}	질문 평균효과(γ_{500})	0.106	0.041	2.583	316	0.010
β_{60j}	기타방법 평균효과(γ_{600})	0.0056	0.020	0.276	316	0.783
무선효과		**표준편차**	**분산성분**	χ^2	**자유도**	p
1-수준						
잔차(e_{tij})		0.548	0.300			
2-수준						
1회기 절편의 개인차(r_{0ij})		0.401	0.157	58.306	25	0.000
변화율의 개인차(r_{1ij})		0.024	0.0006	91.141	25	0.000
즉시성의 개인차(r_{2ij})		0.105	0.011	32.788	16	0.008

3-수준					
상담자 j에 속한 내담자들의 즉시성의 개인차(u_{20j})	0.004	0.0002	12.447	8	0.127
Statistics for the current model					
Deviance=758.991620					
Number of estimated parameters=22					

출처: 서영석 외(2012). 상담자 즉시성이 상담회기평가 및 작업동맹에 미치는 영향: 회기-내담자-상담자 3-수준 다층모형 검증. 한국심리학회지: 상담 및 심리치료, 24(4), p. 768, 표 4.

〈표 7-10〉에서 추정된 고정효과 모수는 모수 14개이지만, 저자들이 관심을 갖는 모수는 상담회기성과의 성장선과 '즉시성' 상담기법의 효과이므로 이와 관련된 모수 추정결과만 제공하였다. 표 하단에는 무선효과 모수 추정결과와 χ^2 검정결과를 제시하였다.

① 고정효과 모수 검정결과: 〈표 7-10〉의 내용편집 구조는 모형과 유사하여, 각각의 고정효과 모수(γ)와 관련된 2-수준 및 1-수준 회귀계수를 함께 보여 준다. 이와 같은 구조화된 결과제시는 고정효과 모수의 추정결과를 정확하게 해석하는 데 도움이 된다.

- γ_{000}, γ_{010}, γ_{020}의 추정결과 해석: 이 모수들은 1-수준 절편계수(π_{0ij})와 관계된 것이며, 다음 식은 3가지 고정효과 모수의 의미를 파악하는 데 도움이 된다.

$$\pi_{0ij} = \beta_{00j} + \beta_{01j}(\text{심리적 디스트레스}) + \beta_{02j}(\text{대인관계문제}) + r_{0ij}$$

$$\beta_{00j} = \gamma_{000}$$

$$\beta_{01j} = \gamma_{010}$$

$$\beta_{02j} = \gamma_{020}$$

따라서 세 고정효과 모수는 모두 2-수준 회귀계수의 평균을 의미하며, 세 고정효과 모수가 설명하는 종속변수는 출발점에서의 상담회기평가인 1-수준 절편계수(π_{0ij})이라는 점에 유의할 필요가 있다. 각 모수의 추정결과는 다음과 같이 해석할 수 있다.

$\hat{\gamma}_{000} = 4.811$: 종속변수인 상담회기평가의 출발점(1차 회기)에서의 전체 평균이다.

$\hat{\gamma}_{010} = -0.006$, $t = -0.030(df = 10, p = 0.977)$: 1차회기에서 내담자의 심리적 디스트레스가 상담회기평가에 미치는 평균효과이다. 가설검정결과 유의하지 않았으므로, 심리적 디스트레스가 첫 번째 상담회기의 성과와 상관이 있다는 증거는 나타나지 않았다.

$\hat{\gamma}_{020} = -0.380$, $t = -1.836(df = 10, p = 0.095)$: 내담자의 대인관계문제가 1차 회기에서 상담성과에 미치는 평균효과이다. $H_0 : \gamma_{020} = 0$에 대한 가설검정결과 $\alpha = 0.05$ 수준에서는 통계적으로 유의하지 않으나 $\alpha = 0.10$ 수준에서는 유의하므로, 대인관계 변수의 효과는 실제적 유의도를 고려하여 해석할 필요가 있다. 〈표 7-7〉에서 종속변수인 회기성과의 표준편차가 0.81이므로, 효과크기는 $\hat{\delta}_{\text{대인관계문제}} = -0.38/0.81 = 0.47$이다. 일반적으로 효과크기가 0.5 이상이면 충분히 실제적 효과가 있는 것이므로, 이 연구는 대인관계 변수는 초기 상담성과를 저하시키는 데 실질적인 영향이 있는 변수로 보고하고 있다.

- γ_{100}, γ_{110}, γ_{120}의 추정결과 해석: 이 모수들은 1-수준 모형의 성장선에서 각 내담자별 기울기 계수(π_{1ij})의 변산을 설명하는 모수들이다. 3-수준 다층모형에서 다음 부분을 추정한 결과이다.

$$\pi_{1ij} = \beta_{10j} + \beta_{11j}(\text{심리적 디스트레스}) + \beta_{12j}(\text{대인관계문제}) + r_{1ij}$$
$$\beta_{10j} = \gamma_{100}$$

$\beta_{11j} = \gamma_{110}$

$\beta_{12j} = \gamma_{120}$

위 식에서 알 수 있는 것처럼 세 고정효과 모수는 내담자별 상담회기성과의 성장률(π_{1ij})에 대한 설명변수의 평균효과이다.

$\hat{\gamma}_{100} = 0.035$, $t = 4.335(df = 10, p = 0.001)$: 내담자의 심리적 디스트레스와 대인관계의 영향을 교정한 전체 평균성장선의 증가율이다. 통계적으로 유의하며, 회기가 한 회 진행될 때마다 평균 0.035점수만큼 회기성과점수가 상승한다. 내담자들은 평균 14회 이상 상담에 참여하였으므로, 약 14회 진행된 상담의 회기성과는 첫 회 상담성과보다 약 0.6 표준편차만큼 상향되어 있는 셈이다. 즉, 상담회기성과의 증가율은 실질적으로 의미 있는 크기라고 할 수 있다.

$\hat{\gamma}_{110} = 0.040$, $t = 1.883(df = 10, p = 0.086)$: 내담자의 대인관계문제의 심각성이 같은 수준일 때 심리적 디스트레스가 상담회기성과의 증가율에 미치는 평균효과이다. 가설검정결과 통계적 유의도가 $p = 0.086$이므로 일종오류 수준(α)에 따라 가설검정결과는 달라진다. 이 경우, 실제적 유의도를 파악하는 방법은 심리적 디스트레스에 유의한 차이가 있을 때, 증가율을 비교하는 것이다. 보다 구체적으로 심리적 디스트레스가 평균 수준인 내담자와 평균보다 1 표준편차 높은 내담자를 비교하였을 때, 상담회기성과의 증가율이 어느 정도 차별화되는지 검토하는 방안을 생각할 수 있다. 〈표 7-7〉을 참조하면, 심리적 디스트레스의 표준편차는 0.46이다. 따라서 심리적 디스트레스가 1표준편차 높아지면 디스트레스의 상담회기성과 증가율은 $\hat{\gamma}_{110} \times 0.46 = 0.0184$ 정도 향상된다. 상담회기가 진전됨에 따라 두 내담자의 증가율의 차이는 커지는데, 14회 정도 상담이 이루어지면 두 내담자의 상담회기성과의 차이는 0.26점($0.0184 \times 14 = 0.257$)에 도달한다. 이 값은 종속변수의 약 0.32 표준편차 규모로, 무시할 수 없

는 효과가 있는 것으로 해석할 수 있다. 또한 앞에서 절편계수(π_{0ij})에 대한 심리적 디스트레스의 효과는 $\hat{\gamma}_{010} = -0.006$이었으므로, 심리적 디스트레스가 높은 내담자는 출발점에서의 상담회기성과는 낮지만 상담 횟수가 늘어남에 따라 더 큰 상담회기성과를 보고하는 셈이다.

$\hat{\gamma}_{120} = -0.016, t = -0.870 (df = 10, p = 0.402)$: 내담자의 심리적 디스트레스가 동등한 수준일 때 내담자의 대인관계문제가 상담회기 성과의 증가율에 미치는 고유효과이다. $H_0 : \gamma_{120} = 0$을 검정한 결과, 영가설은 유지되었으며 추정된 모수값도 −0.016으로 미미하였다. 즉, 내담자의 대인관계문제가 상담회기 성과의 증가율에 영향을 미친다는 증거는 발견되지 않았다.

- $\gamma_{200}, \gamma_{201}, \gamma_{210}, \gamma_{220}$의 **추정결과 해석**: 이 모수들은 논문의 저자들이 관심을 갖는 상담기법인 '즉시성'의 효과와 관련된 모수들이다. 각 모수들의 의미는 다음 식에서 효과적으로 정의할 수 있다.

$$\pi_{2ij} = \beta_{20j} + \beta_{21j}(\text{심리적 디스트레스}) + \beta_{22j}(\text{대인관계문제}) + r_{2ij}$$
$$\beta_{20j} = \gamma_{200} + \gamma_{201}(\text{상담경력}) + u_{20j}$$
$$\beta_{21j} = \gamma_{210}$$
$$\beta_{22j} = \gamma_{220}$$

위 식에서 π_{2ij}는 상담자 j에 속한 내담자 i의 상담회기성과에 대한 '즉시성'기법의 효과이다. 또한 2-수준 모형에서 2개의 설명변수와 3-수준 모형에서의 '상담경력'은 모두 전체평균 중심화한 것이다.

$\hat{\gamma}_{200} = 0.094, t = 3.165 (df = 8, p = 0.015)$: 내담자의 심리적 디스트레스와 대인관계문제, 상담자의 상담경력이 모두 평균수준일 때 상담기법인 '즉시성'의

상담성과에 대한 평균효과이다. '즉시성' 상담기법이 상담성과에 미치는 평균효과는 일종오류가 $\alpha = 0.05$인 수준에서 통계적으로 유의하였다. 즉, 상담자가 내담자와의 관계를 상담 중에 화제로 삼는 것은 긍정적인 효과가 있다는 충분한 증거가 발견되었다. 이 결과는 앞에서 〈표 7-9〉에 제시한 '즉시성' 상담기법의 평균효과가 통계적으로 유의하지 않았던 결과와 배치된다. 따라서 내담자의 '심리적 스트레스'와 '대인관계문제'는 압력 변수(suppressor variable)의 기능을 하여 이 변수들의 조건을 통제한 이후에 '즉시성' 상담기법은 효과가 나타난다.

$\hat{\gamma}_{201} = -0.0004, t = -0.476(df = 8, p = 0.631)$: '즉시성' 기법의 상담자별 평균효과가 상담자의 경력과 관련이 있는지 검정한 결과이다. $H_0 : \gamma_{201} = 0$ 검정결과 통계적으로 유의하지 않았고, 추정된 모수의 절댓값(0.0004)도 미미하였다. 즉, 상담자의 경력수준에 따라 '즉시성' 상담기법의 효과가 차별적이라는 증거는 발견되지 않았다.

$\hat{\gamma}_{220} = 0.138, t = 2.089(df = 10, p = 0.065)$: 각 내담자에 대한 즉시성 상담기법의 효과(π_{2ij})가 내담자의 대인관계문제와 상관이 있는지 추정한 결과이다. γ_{220}는 1-수준 변수(즉시성)와 2-수준 변수(대인관계문제)의 층위 간 상호작용효과이다. $H_0 : \gamma_{220} = 0$의 가설은 기각되었고, '즉시성' 상담기법은 대인관계문제가 심각한 내담자에게 더 효과적이라는 증거가 발견되었다.

② **무선효과 모수의 검정결과**: 〈표 7-10〉 하단에는 3-수준 다층종단모형의 무선효과 모수를 추정한 결과와 χ^2 검정결과가 제시되어 있다. 여기서 무선효과 모수의 분산성분은 모두 연구모형에서 추정된 것이므로, 설명변수로 종속변수의 변산을 설명한 이후의 잔차분산(residual variance)이다. 따라서 통상적으로 2가지 방법으로 해석된다. 하나는 각 수준별 R^2을 산출하여 각 수준별 모형이 기초모형 혹은 이전 모형과 비교하

여 어느 정도 개선되었는지 파악하는 것이고, 다른 하나는 χ^2-검정을 하여 잔차분산이 여전히 통계적으로 유의한지 판단하는 것이다. χ^2-검정결과 통계적으로 유의하다면, 종속변수 분포의 불확실성은 여전히 남아 있으므로 추가적인 설명변수를 탐색할 수 있다.

우선 앞에서 제시한 〈표 7-8〉은 무조건 기초모형의 결과표이며, 〈표 7-9〉는 상담기법 기초모형의 결과표, 그리고 〈표 7-10〉은 연구모형의 결과표이다. 연구모형에 포함된 설명변수들의 설명력을 판단하는 방법은 〈표 7-8〉에 제시된 무조건 기초모형과 비교하는 방법도 생각할 수 있으나, 무조건 기초모형과 연구모형은 통계적으로 동등한 모형이 아니다. 즉, 2-수준에서 연구모형은 종속변수가 셋인 다변량모형이지만, 기초모형은 종속변수가 둘인 다변량모형이다. 따라서 2-수준 분산성분을 비교할 때, 무조건 기초모형과 연구모형을 직접 비교하는 것은 적절하지 않다. 연구모형과 통계적으로 동등한 모형은 〈표 7-9〉의 결과를 산출한 상담기법 기초모형이다. 두 모형은 무선효과 모수가 동등하게 명세화되어 있으며, 2-수준과 3-수준에서 설명변수의 유무에만 차이가 있다. 〈표 7-9〉와 〈표 7-10〉을 비교하여 연구모형에 도입된 설명변수의 실제적 유의도인 R^2값을 산출하면 다음과 같다.

- 1-수준 모형의 설명력: 두 모형은 1-수준 모형이 동일하고, 상위수준(2-수준, 3-수준) 모형과 1-수준 모형 간에 층위 간 상호작용효과(cross-level interaction effects)가 크지 않으므로[5], 사실상 1-수준 분산성분(σ^2)의 추정 값에는 변화를 기대하기 어렵다. 두 모형 간 1-수준 분산성분 추정 값의 차이는 $\Delta(\hat{\sigma}^2) = \hat{\sigma}_1^2 - \hat{\sigma}_2^2 = 0.2953 - 0.300 = -0.0047$로서 계산과정의 오차가 누적된 것일 뿐이다.

- 2-수준 모형의 설명력: 연구모형에서 '심리적 디스트레스'와 '대인관계문제'가 설명변수로 포함되었다. 두 변수가 1-수준 회귀계수의 변산에 대하여 어느 정도 설명력을 갖는지 다음 3가지 식으로 설명할 수 있다.

– 출발점 상담회기성과(π_{0ij})의 설명력:

$$\hat{R}^2_{\pi_{00}} = \frac{\hat{\tau}^{(1)}_{\pi_{00}} - \hat{\tau}^{(2)}_{\pi_{00}}}{\hat{\tau}^{(1)}_{\pi_{00}}} = \frac{0.194 - 0.157}{0.194} = 0.191$$

– 상담회기성과의 선형증가율(π_{1ij})의 설명력:

$$\hat{R}^2_{\pi_{11}} = \frac{\hat{\tau}^{(1)}_{\pi_{11}} - \hat{\tau}^{(2)}_{\pi_{11}}}{\hat{\tau}^{(1)}_{\pi_{11}}} = \frac{0.0008 - 0.0006}{0.0008} = 0.25$$

– 상담기법 '즉시성'의 효과(π_{2ij})의 설명력:

$$\hat{R}^2_{\pi_{22}} = \frac{\hat{\tau}^{(1)}_{\pi_{22}} - \hat{\tau}^{(2)}_{\pi_{22}}}{\hat{\tau}^{(1)}_{\pi_{22}}} = \frac{0.0132 - 0.011}{0.0132} = 0.167$$

위 3가지 R^2값은 연구모형의 2-수준 회귀계수의 변산에 일정 부분 설명력을 갖는 것을 보여 준다. 중요한 것은 여기서의 R^2값은 측정오차가 없는 잠재변수(latent variable)들인 π_{ij}의 변산을 설명한 것이므로 더 실제적 의미가 있다. '심리적 디스트레스'와 '대인관계문제'는 각 개별변수의 고정효과가 통계적으로 유의하지 않은 경우가 있지만, 이들 변수를 모두 포함한 효과는 회기성과 성장선의 내담자 간 변산을 20% 내외에서 설명하고 있다.

• **3-수준 모형의 설명력**: 연구모형에서 3-수준모형에는 '상담경력' 변수가 포함되었다. 그러나 3-수준 모형의 분산성분 추정 값의 변화는 '상담경력' 변수의 영향으로만 이루어지는 것이 아니며, 하위수준의 모든 변수의 효과가 반영된 것이다. 즉, 다층모형에서 하위수준 모형의 설명변수(예: 심리적 디스트레스, 대인관계문제)는 상위수준 모형의 변산($\tau_{\beta_{22}}$)도 함께 설명한다. 3-수준 모형에 포함된 '상담경력'은 2-수준 모형에 포함된 '심리적 디스트레스'와 '대인관계문제'가 3-수준 분산(τ_{β})을 설명한 이후의 잔차분산을 설명할 뿐이다. 따라서 〈표 7-9〉와 〈표 7-10〉의 정보에 기초하여 '상담경력' 변수의 고유한 설명력을 산출하는 것은 가능하

지 않다. 여기서는 상담기법 기초모형과 비교하여 연구모형이 3-수준 분산을 어느 정도 설명하였는지 평가할 수 있다.

• 연구모형의 3-수준 분산성분 설명력:

$$\widehat{R}_3^2 = \frac{\hat{\tau}_{\beta_{22}}^{(1)} - \hat{\tau}_{\beta_{22}}^{(2)}}{\hat{\tau}_{\beta_{22}}^{(1)}} = \frac{0.0090 - 0.0002}{0.0090} = 0.978$$

위 식에서 $\widehat{R}_2^2 = 0.978$은 상담회기 성장선의 상담자 간 변산이 97.8% 설명되었다는 것을 알려 준다. 즉, 2-수준의 '심리적 디스트레스'와 '대인관계문제', 그리고 3-수준의 '상담경력' 변수들의 효과를 통제한 결과, 상담회기성과의 성장선은 상담자 간에 거의 차이가 없다는 것이다. 역으로, '상담경력'의 고정효과가 미미하였던 점을 반영하면, 상담자 간에 상담회기성과의 성장선이 차이를 보이는 것은 내담자의 심리적 특성이 지배적인 영향을 미치는 것으로 해석할 수 있다.

분산성분의 크기에 대한 χ^2-검정을 한 결과, 2-수준 모형의 모든 잔차분산은 통계적으로 유의하였다. 즉, $H_0 : \tau_{\pi_{00}} = 0$, $H_0 : \tau_{\pi_{11}} = 0$, $H_0 : \tau_{\pi_{22}} = 0$의 영가설은 $\alpha = 0.05$ 수준에서 모두 기각되었다. 이 결과는 동일한 상담자 내에서도 회기성과 성장선의 내담자 간 분산은 여전히 남아 있으며, 이 불확실성을 해소할 설명변수를 계속 탐구할 필요를 제기하는 것이다.

③ 모형의 적합도 해석: 다층모형에서 모형의 적합도 정보를 제공하는 통계량은 R^2과 편차량을 추정한 값이다. R^2의 값은 각 수준별 분산성분 추정 값을 평가하면서 이미 다루었다. 편차량은 모형에 포함된 고정효과 및 무선효과 모수들의 전체 효과를 반영한 통계량이므로 모형들의 동형성이 유지되지 않아도 모형 간 비교를 허용하는 통계량으로서 장점을 갖는다. 예를 들어, 이 절에서 소개하는 〈표 7-8〉, 〈표 7-9〉 모형은 2-수준에서 무선효과 모수가 다르게 명세화되었지만, 편차량으로 두 모형의 적합도를 비교하여 모형이 통계적으로 유의한 수준에서 개선되었는지 평가할 수 있다. 〈표

7-9〉의 상담기법 기초모형 분석결과와 〈표 7-10〉의 연구모형 결과에서 편차량을 비교하면, 두 모형의 적합도는 동일하다는 영가설($H_0 : D_1 - D_2 = 0$)을 χ^2-검정할 수 있다. 자유도(df)는 두 모형 간 모수 수의 차이이므로 $df = 22 - 15 = 7$이다. 계산결과, $\Delta_D = 770.2784 - 758.9916 = 11.2868$이었다. 이 값은 $\chi^2_{.95}(7) = 14.067$보다 작으므로, 모수 7개를 모형에 추가한 연구모형은 종속변수의 변산을 추가적으로 설명하는 데 유의한 효과를 거두지 못하였다.

이 결과는 연구모형에 추가된 설명변수들의 고정효과가 대부분 통계적으로 유의하지 않았던 점과 맥락을 같이 한다. 그러나 2-수준 및 3-수준 분산성분의 설명력인 R_2^2과 R_3^2의 결과와는 배치되는 점이 있다. 따라서 편차량이 제공하는 정보는 종속변수(Y_{tij})의 변산을 설명하는 다변량 모형의 적합도 정보를 제공하는 것이며, R_2^2은 잠재변수(π_{ij})의 변산을 설명하는 통계량이고, R_3^2은 잠재변수(β_j)의 변산을 설명한다. 연구자들은 각각의 적합도 통계량이 제공하는 정보의 성격이 다른 점에 유의할 필요가 있다.

2) 3-수준 다층종단모형 유형 2: 2-수준 성장선 기반 모형

기존의 다층모형 문헌들이 제공하는 성장곡선분석(Growth curve analysis, 제5장 참조)은 개인이 반복관찰된 자료를 분석하여 각 개인별 성장선을 정의한 이후에 성장선의 개인 간 변산 및 집단 간 변산을 설명하는 것이 일반적인 모형의 명세화 과정이었다. 즉, 성장선은 항상 1-수준에서 정의되었다. 그러나 개인을 장기간 또는 여러 차례 반복측정하는 것은 연구를 위한 자료수집기간이 지나치게 길어지고, 경제적 부담이 크며, 더불어 관찰대상을 추적하면서 결측사례 문제가 발생하는 등 연구자에게 많은 부담을 준다. 하지만 집단 혹은 조직(예: 학교)을 반복관찰하는 것은 자료의 수집과 관리의 부담을 줄여 준다. 이 경우, 자료는 '학생 ⊂ 관찰연도 ⊂ 학교'의 구조로 수집된다. 개인의 성장과 발달을 추적하기 위한 특별한 사전 연구설계 없이 다량의 변수를 수집하는 것이 목적인 정기적인 연구들도 흔히 기관을 반복관찰하여 자료를 수집한다.

국민이 관심을 갖는 '대학수학능력시험(이하 수능시험)'은 대학입시전형요소로서의 가치가 있지만, 교육격차와 학력추이를 연구하는 데도 활용될 가능성이 있다(강상진, 2010). 수능시험은 전국의 고등학교에 재학하는 고등학교 3학년 학생들이 응시하므로, 각 학교에서 동일 학년의 학생들이 반복하여 관찰되는 구조를 갖는다. 이 경우 반복하여 관찰되는 분석단위는 '학교'이다. 따라서 수능시험성적을 동등화한다면 '학생 ⊂ 관찰연도 ⊂ 학교'의 구조로 각 학교의 성장선을 추정할 수 있다(예: 임현정, 2006).

반복측정치가 2-수준의 분석단위인 경우는 보편적으로 관찰되는 현상이다. 학교교육의 책무성 평가, 학교효과의 측정 또는 학교평가에서 동일 학년 학생들을 대상으로 핵심변수인 학업성취도 변수를 각 단위학교에서 연례적으로 수집하는 경우는 모두 '학생 ⊂ 반복관찰치 ⊂ 학교'의 3-수준 종단구조이다. 학생은 각 연도에 속하지만, 학교는 반복관찰되기 때문이다. 병원과 기업의 점포에서 방문자의 만족도를 정기적으로 조사하는 경우, 방문자는 각 관찰시점에 속하지만 병원과 점포는 반복관찰되는 구조이다. 군부대훈련소에서 정기적인 사병평가가 이루어지는 경우도 사병이 관찰시점에 속하고, 각 훈련소는 반복관찰되는 구조이다. 요컨대 기관의 성장선을 정의하고, 시간에 따른 기관 내 변화와 기관 간 차이를 탐구하는 모든 연구가 이에 해당된다.

① 다층종단자료의 2-수준에서 성장선이 정의되는 모형의 예: 개인이 반복측정될 때 종속변수가 잠재특성을 측정하는 척도변수인 경우는, 1-수준에서 측정모형으로 잠재특성을 측정하고, 2-수준에서 잠재특성의 성장곡선을 개인별로 정의하며, 3-수준에서 성장곡선의 개인차를 분석하는 모형 명세화가 가능하다(예: 강상진, 2014). 예를 들어, 「한국아동패널데이터」는 2010년부터 영유아를 매년 추적조사하여 구축한 패널자료이다. 영유아의 인지적 · 정서적 행동특성은 흔히 합성척도로 측정된다. 따라서 척도의 양호도와 측정의 오차 문제가 제기된다. 이 자료는 개인을 반복측정한 전형적인 다층종단자료이지만, 측정모형을 1-수준에 도입하면 2-수준에서 행동발달의 성장선이 정의된다. 예를 들어, 영유아의 의사소통능력점수가 복수의 문항으로 측정된 점수라면, 그리고 0세에서 5세까지 연령과 2차함수관계로 발달한다면, 3-수준 다층종단모형의 기초모형은 다음과 같이 정의된다.

$$1\text{-수준 모형(측정모형)}: \; Y_{itj} = \eta_{tj} + e_{itj}, \;\; e_{itj} \sim N(0, \sigma^2) \tag{7-30}$$

여기서 Y_{itj}는 유아 j가 t시점에서 의사소통능력척도의 i번째 문항에 반응한 점수이며, η_{tj}는 유아 j의 t시점에서의 의사소통능력 진점수(true score)이다. 즉, η_{tj}는 잠재특성변수(latent trait variable)이다. 유아의 의사소통능력에 대한 성장선이 η_{tj}를 대상으로 추정된다면, 이 성장선은 측정의 오차를 극복한 것이므로 시간에 따른 개인 내 변산과 성장선의 개인차 변산을 모두 탐구할 가능성을 갖는다.

2-수준 모형은 유아의 행동발달 성장선을 정의한다. 연령에 따라 정적인 2차함수 형태로 발달이 이루어진다면 2-수준 모형은 다음과 같이 정의된다.

2-수준 모형(시간 수준):

$$\eta_{tj} = \pi_{0j} + \pi_{1j}(A_{tj} - 2010) + \pi_{2j}(A_{tj} - 2010)^2 + r_{tj}, \quad r_{tj} \sim N(0, \tau_\pi) \tag{7-31}$$

식(7-31)은 유아 j의 의사소통능력 진점수의 시간에 따른 성장곡선이다. 2010년이 첫 관찰연도이므로 π_{0j}는 유아 j의 2010년도 의사소통능력 진점수이다. π_{1j}는 전체 관찰기간 동안 평균성장률이며, π_{2j}는 시간의 변화에 따른 가속성장률이다. r_{tj}는 관찰시점 t에서 성장선과의 오차점수이다. 이제 이 성장선들이 왜 유아들 사이에 차이가 있는지 탐구할 수 있다. 기초모형 단계에서는 변화모수(π_{pj})가 유아들 사이에 변산을 갖는지 검정해야 하므로 다음 3-수준 모형을 우선적으로 추정한다.

$$\begin{aligned} 3\text{-수준 모형(유아수준)}: \; \pi_{0j} &= \beta_{00} + r_{0j} \\ \pi_{1j} &= \beta_{10} + r_{1j} \\ \pi_{2j} &= \beta_{20} + r_{2j} \\ [r_{0j}, r_{1j}, r_{2j}]' &\sim N(0, T_\beta) \end{aligned} \tag{7-32}$$

위 모형에서 특정 변화모수(예: π_{2j})의 무선효과가 유의하지 않다면, 즉 $H_0: Var(r_{2j})$

= 0이 유지되었다면 $\pi_{2j} = \beta_{20}$으로 기초모형을 변경할 수 있다. 2-수준에서 성장선이 정의되면, 2가지의 성장선을 추정할 수 있다. 하나는 2-수준 모형 자체로서 각 유아별 성장선이며, 또 하나는 전체 평균성장선이다.

유아별 성장선: $\eta_{tj} = \pi_{0j} + \pi_{1j}(A_{tj} - 2010) + \pi_{2j}(A_{tj} - 2010)^2$ (7-33a)

전체 평균 성장선: $\eta_{t.} = \beta_{00} + \beta_{10}(A_t - 2010) + \beta_{20}(A_t - 2010)^2$ (7-33b)

3-수준 연구모형은 2-수준 성장선의 개인차를 설명하는 다양한 설명변수를 포함하게 된다. 즉, 각 변화모수 π_{pj}에 대하여 $\pi_{pj} = \beta_{p0} + \sum_{q=1}^{Q_p} \beta_{pq} X_{qj} + r_{pj}$의 모형 명세화가 가능하다.

② 다층횡단자료의 2-수준에서 성장선이 정의되는 모형의 예: 개인의 성장과 발달을 연구하는 경우, 개인을 분석단위로 패널자료를 구축하여 분석하는 것이 전형적인 발달연구이지만, 패널자료의 구축은 연구의 부담이 크므로, 차선책은 경향분석처럼 한 시점에서 여러 발달단계에 있는 영유아들을 동시에 표집한 횡단자료를 분석하는 것이다. 임시혁(2002; 2006)은 한 시점에서 여러 학년의 학생들을 동시에 표집하면 '개인 ⊂ 발달단계(학년) ⊂ 학교'의 구조로 다층횡단자료가 수집되지만, 다층모형의 창의적인 명세화 작업으로 전체 평균성장선의 추정과 각 발달단계별 성장선의 추정, 학교효과의 추정 등 다양한 정보를 제공할 수 있다는 것을 예시하였다. 다른 한편에서 사회적 기관을 대상으로 정기적인 자료수집이 반복되는 경우에 '개인 ⊂ 관찰연도 ⊂ 기관'의 구조로 자료는 수집된다. 이제 학교효과 연구에서 학교교육의 수월성과 형평성이 시간에 따라 어떻게 변화하는지 모형화하는 경우를 살펴보자. 시 · 도 교육청에서 중학교 졸업생의 학업성취도 수준(우수성지수)과 학업성취도에 대한 SES변수의 효과(형평지수)를 장기적으로 관찰하려면, 관할지역에 속한 동일 학교들을 대상으로 매년 자료를 수집하여야 한다. 이 경우, 매 관찰연도마다 표본학생이 다른 횡단자료이지만, 학교는 반복하여 관찰되므로 학교수준(2-수준)에서 학교별 학교효과 지수의 성장선을 추정할 수 있다.

보다 구체적으로 교육청에서 관할구역의 학교들을 대상으로 다음 변수를 연례적으로 수집하여 학교효과의 우수성지수와 형평성지수를 관찰한다고 가정하자.

〈표 7-11〉 다층횡단자료를 이용한 3-수준 다층종단분석의 예시변수

종속변수	중학교 3학년 학생의 학업성취도(Y)
학생수준 변수	학생의 SES변수(X)
학교수준 변수	학교소재지역의 평균 SES 수준(W_1, W_2) 상위수준: $W_1 = 1$, 기타: $W_1 = 0$, 중간수준: $W_2 = 1$, 기타: $W_2 = 0$

학교별 학교효과지수의 성장선을 추정하기 위한 3-수준 다층모형은 1단계에서 기초모형으로 학교별 성장선을 추정하고, 2단계에서 연구모형으로 학교별 성장선의 학교 내 변산과 학교 간 변산을 설명할 수 있다.

③ **기초모형의 명세화 예**: 다음은 1-수준 모형과 각 항의 정의를 제시한 것이다.

1-수준 모형(학생수준):

$$Y_{itj} = \pi_{0tj} + \pi_{1tj}(X_{itj} - \overline{X}_{.tj}) + e_{itj},\ \ e_{itj} \sim N(0, \sigma^2) \tag{7-34}$$

Y_{itj}: j학교에서 t연도에 졸업하는 i학생의 성취도 점수

π_{0tj}: j학교에서 t연도 평균 학업성취도 점수(우수성지수)

π_{1tj}: j학교에서 t연도에 $X(SES)$ 변수가 학업성취도에 미친 평균효과(형평성지수)

e_{itj}: j학교에서 t연도에 졸업하는 학생들의 개인효과 차이

σ^2: j학교에서 t연도에 졸업하는 학생들의 학업성취도 차이(분산)

이 모형에서 π_{0tj}와 π_{1tj}는 변화모수이며, 시간에 따라 변화하는 각 학교의 학교효과지수이다. 2-수준 모형에서는 관찰연도에 따른 2가지 학교효과지수의 성장선을 명세

화할 수 있다. 학교효과의 우수성지수(π_{0tj})는 시간에 따라 선형적 관계로 변화하며, 형평성지수(π_{1tj})는 해가 거듭될수록 그 영향이 가속적으로 변화한다면, 2-수준 모형은 다음과 같이 명세화할 수 있다. 또한 각 항의 정의는 다음과 같다.

2-수준 모형(시간수준):

$\pi_{0tj} = \beta_{00j} + \beta_{01j}A_{tj} + r_{0tj}$ 우수성지수의 성장선 (7-35)

$\pi_{1tj} = \beta_{10j} + \beta_{11j}A_{tj} + \beta_{12j}A_{tj}^2 + r_{1tj}$ 형평성지수의 성장곡선 (7-36)

$[r_{0tj}, r_{1tj}]' \sim N(0, T_\pi), \quad T_\pi = \begin{bmatrix} \tau_{\pi_{00}}, \tau_{\pi_{01}} \\ \tau_{\pi_{10}}, \tau_{\pi_{11}} \end{bmatrix}$

β_{00j} : $A_{tj} = 0$인 시점(기준연도)에서 j학교의 평균 성취도 점수

β_{01j} : 전체 관찰기간 동안 j학교의 평균 학업성취도 성장률

β_{10j} : $A_{tj} = 0$인 시점(기준연도)에서 j학교의 평균 SES 효과

β_{11j} : 전체 관찰기간 동안 j학교 SES 효과의 평균 변화율

β_{12j} : 관찰연도에 따른 j학교 SES 효과의 가속변화율

r_{0tj}: j학교 우수성지수 성장선과 각 관찰연도 평균성취도(π_{0tj})와의 오차

r_{1tj}: j학교 형평성지수 성장선과 각 관찰연도별 SES 효과와의 오차

$$Var(r_{0tj}) = \tau_{\pi_{00}},\ Var(r_{1tj}) = \tau_{\pi_{11}},\ Cov(r_{0tj}, r_{1tj}) = \tau_{\pi_{01}} = \tau_{\pi_{10}}$$

식(7-35)는 학교별 평균학업성취도의 연도별 추이를 선형관계로 모형화한 것이다. 따라서 학교별 변화모수인 β_{00j}와 β_{01j}가 추정될 수 있다면, 학교효과 우수성 지수의 학교별 성장선을 추정하는 것이 가능하다. $\beta_{01j} > 0$인 학교는 학교평균 학업성취도가 꾸준히 상승하는 학교이다. 식(7-36)은 각 학교에서 학생의 SES변수가 학업성취도에 미치는 효과(π_{1tj})를 2차함수 관계로 모형화하였다. SES변수의 효과가 크다는 것은 학생을 배경변수로 차별화하는 효과가 크다는 의미이므로, 형평성지수의 2차함수에서 $\beta_{12j} > 0$인 학교는 해가 거듭될수록 가정배경으로 학생을 차별화하는 효과가 큰 학

교이며, $\beta_{12j} < 0$인 학교는 그 반대이다. 식(7-35)와 식(7-36)이 다양한 대안적인 성장선 모형 중 최선의 모형으로 결정되었다면, 각 회귀계수는 모수 학교별로 정의되므로 이들 모수의 학교 간 변산을 파악하는 모형이 3-수준 모형이 된다. 기초모형에서 3-수준 모형은 절편계수만 사용하므로 다음과 같이 정의된다.

3-수준 모형(학교수준): $\beta_{00j} = \gamma_{000} + u_{00j}$ (7-37)

$$\beta_{01j} = \gamma_{010} + u_{01j}$$
$$\beta_{10j} = \gamma_{100} + u_{10j}$$
$$\beta_{11j} = \gamma_{110} + u_{11j}$$
$$\beta_{12j} = \gamma_{120} + u_{12j}$$
$$[u_{00j}, u_{01j} u_{10j}, u_{11j}, u_{12j}]' \sim N(0,\ T_\beta)$$

식(7-37)에서 γ_{pq0} 계수들은 모두 각 변화모수의 전체 평균이며, 오차항 u_{pqj}는 각 변화모수의 학교효과이다. 식(7-37) 모형은 일차적으로 각 변화모수의 변산이 유의한 크기인지를 확인하기 위한 것이며, 추정대상인 모수가 기하급수적으로 늘어난 큰 모형임을 인지할 필요가 있다. 실제로 식(7-37)은 5개의 고정효과 모수(γ_{pq0})와 더불어 15개의 분산-공분산성분(τ_β)을 추정하는 큰 모형이다. 모든 학교별 변화모수(β_{pqj})가 학교 간에 큰 변산을 갖는다는 가정이 필연적이 아니라면, 위 모형은 더 간명한 모형으로 단순화 할 필요가 있다. 연구자들은 3-수준 분산성분에 대한 χ^2 검정을 통하여 일부 학교수준 변화모수(β_{pqj})가 고정효과를 갖는지 검토해야 한다. 따라서 3-수준 다층모형을 명세화할 때는 경쟁모형들을 비교하여 각 변화모수의 분산성분에 대한 χ^2-검정결과와 적합도지수(편차량)를 참조하여 최종 기초모형을 결정해야 한다. 기초모형이 결정되면, 2-수준에서 정의하는 각 학교별 성장선이 결정된 것이다. 이제 식(7-37)의 3-수준 모형에서 $H_0 : Var(\beta_{12j}) = 0$이 χ^2-검정결과 유의하지 않았다고 가정하자. 또한 $\beta_{12j} = \gamma_{120}$으로 설정된 새 모형으로 분석한 결과 편차량도 (7-37) 모형과 유의한 차이가 없다면, 3-수준에서 추정대상인 무선효과 모수(τ_β)의 수는 10개로 감소하는 효과가 있다. 다음은 편의상 최종 기초모형에서 3-수준 모형으로 가정한 것이다.

$$
\begin{aligned}
&\beta_{00j} = \gamma_{000} + u_{00j} \\
&\beta_{01j} = \gamma_{010} + u_{01j} \\
&\beta_{10j} = \gamma_{100} + u_{10j} \\
&\beta_{11j} = \gamma_{110} + u_{11j} \\
&\beta_{12j} = \gamma_{120} \\
&[u_{00j}, u_{01j}u_{10j}, u_{11j}]' \sim N(0,\, T_\beta)
\end{aligned}
\tag{7-38}
$$

식(7-38)에서 추정대상인 모수의 수는 15개(5개의 γ_{pq0}, 10개의 τ_β)이므로 표본에 포함된 학교 수는 적어도 150개교가 넘어야 안정된 추정을 할 수 있다.

지금까지 제시한 기초모형에서 2-수준 모형은 각 학교별 우수성지수와 형평성지수의 성장선을 보인 것이며, 다음 식은 학교와 교육청의 평균성장선을 제시한 것이다.

각 학교별 우수성지수의 평균 성장선: $\pi_{0tj} = \beta_{00j} + \beta_{01j}A_{tj}$ (7-39a)

각 학교별 형평성지수의 평균 성장선: $\pi_{1tj} = \beta_{10j} + \beta_{11j}A_{tj} + \beta_{12j}A_{tj}^2$ (7-39b)

시 · 도 교육청 평균 우수성지수의 성장선: $\pi_{0t.} = \gamma_{000} + \gamma_{010}A_{t.}$ (7-40a)

시 · 도 교육청 평균 형평성지수의 성장선: $\pi_{1t.} = \gamma_{100} + \gamma_{110}A_{t.} + \gamma_{120}A_{t.}^2$ (7-40b)

연구자들은 기초모형을 적용한 결과에서 구한 고정효과 모수의 값($\hat{\gamma}_{pq0}$)과 잔차파일(residual file)에서 제공하는 무선효과 변수를 실수화한 값(β^*_{pqj})을 사용하여, 위 성장선 함수를 추정한 결과를 확보할 수 있다.

④ 연구모형의 명세화 예: 기초모형이 결정되면, 다음 단계의 연구모형에서는 학교별 성장선의 변산을 설명할 수 있다. 이 단계에서는 연구자가 관심을 갖는 학교특성에 따라 학교별 성장선과 전체 평균 성장선이 어떻게 다른지 탐구할 수 있다. 편의상 〈표 7-11〉에 제시한 2개의 학교수준 변수(W_1, W_2)를 이용하여 자료를 분석한다면 기초모형에서

결정한 1-수준과 2-수준 모형은 동일하고, 3-수준 모형만 다음과 같이 정의되는 경우를 가정할 수 있다.

연구모형의 3-수준 모형:

$$\beta_{00j} = \gamma_{000} + \gamma_{001} W_{1j} + \gamma_{002} W_{2j} + u_{00j} \quad (7\text{-}41)$$
$$\beta_{01j} = \gamma_{010} + \gamma_{011} W_{1j} + \gamma_{012} W_{2j} + u_{01j}$$
$$\beta_{10j} = \gamma_{100} + \gamma_{101} W_{1j} + \gamma_{102} W_{2j} + u_{10j}$$
$$\beta_{11j} = \gamma_{110} + \gamma_{111} W_{1j} + \gamma_{112} W_{2j} + u_{11j}$$
$$\beta_{12j} = \gamma_{120}$$

식(7-41)에서 W_{1j}와 W_{2j}는 지역의 경제적 수준을 상, 중, 하로 정의한 변수이므로 이 연구모형의 분석결과에서 각 지역별 성장선을 정의할 수 있다. 우선 식(7-39)와 식(7-40)에서 정의한 각 학교와 교육청수준에서의 성장선은 다음과 같이 정교화된다.

〈표 7-12〉 학교 소재지역의 경제적 수준을 반영한 학교효과 성장선

학교수준 우수성지수의 성장선:
$\pi_{0tj} = \beta_{00j} + \beta_{01j}A_{tj}$ $= (\gamma_{000} + \gamma_{001} W_{1j} + \gamma_{002} W_{2j} + u_{00j}) + (\gamma_{010} + \gamma_{011} W_{1j} + \gamma_{012} W_{2j} + u_{01j}) A_{tj}$
학교수준 형평성지수의 성장선:
$\pi_{1tj} = \beta_{10j} + \beta_{11j}A_{tj} + \beta_{12j}A_{tj}^2$ $= (\gamma_{100} + \gamma_{101} W_{1j} + \gamma_{102} W_{2j} + u_{10j}) + (\gamma_{110} + \gamma_{111} W_{1j} + \gamma_{112} W_{2j} + u_{11j}) A_{tj} + \gamma_{120} A_{tj}^2$
시 · 도 교육청 수준 우수성지수의 성장선:
$\pi_{0t.} = \gamma_{000} + \gamma_{010} A_{t.} = (\gamma_{000} + \gamma_{001} W_{1j} + \gamma_{002} W_{2j}) + (\gamma_{010} + \gamma_{011} W_{1j} + \gamma_{012} W_{2j}) A_{t.}$
시 · 도 교육청 수준 형평성지수의 성장선:
$\pi_{1t.} = \gamma_{100} + \gamma_{110} A_{t.} + \gamma_{120} A_{t.}^2$ $= (\gamma_{100} + \gamma_{101} W_{1j} + \gamma_{102} W_{2j}) + (\gamma_{110} + \gamma_{111} W_{1j} + \gamma_{112} W_{2j}) A_{t.}$ $+ (\gamma_{120} + \gamma_{121} W_{1j} + \gamma_{122} W_{2j}) A_{t.}^2$

〈표 7-12〉에서 W_{1j}와 W_{2j}는 학교소재지역의 경제수준을 상, 중, 하로 분류했을 때, 상위수준과 중간수준을 지칭하는 변수였다. 따라서 $W_{1j} = W_{2j} = 0$은 하위수준 지역의 학교를 지칭한다. W_{1j}와 W_{2j}는 지역특성을 반영하는 학교수준 변수이므로, 이 변수를 이용하여 지역특성에 따른 학교효과지수의 성장선을 정의할 수 있다. 예를 들어, 학교수준 우수성지수의 성장선은 지역의 경제수준에 따라 다음과 같이 달라진다.

〈표 7-13〉 학교소재지의 경제수준별 학교수준 우수성지수의 성장선

상위수준: $W_{1j}=1, W_{2j}=0$	$\pi_{0tj} = (\gamma_{000} + \gamma_{001} + u_{00j}) + (\gamma_{010} + \gamma_{011} + u_{01j})A_{tj}$
중위수준: $W_{1j}=0, W_{2j}=1$	$\pi_{0tj} = (\gamma_{000} + \gamma_{002} + u_{00j}) + (\gamma_{010} + \gamma_{012} + u_{01j})A_{tj}$
하위수준: $W_{1j} = W_{2j} = 0$	$\pi_{0tj} = (\gamma_{000} + u_{00j}) + (\gamma_{010} + u_{01j})A_{tj}$

〈표 7-13〉에서 지역특성변수의 효과인 γ_{001}, γ_{002}의 값에 따라 성장선 절편계수의 지역 간 차이가 나타나며, γ_{011}, γ_{012}의 값에 따라 성장선의 지역간 기울기가 달라진다. 아울러 u_{00j}와 u_{01j}에 따라 학교 간 절편과 기울기 계수가 차별화된다. 〈표 7-13〉은 W_{1j}와 W_{2j} 변수를 이용하여 학교수준 우수성지수의 성장선이 지역의 경제수준에 따라 차별화하여 제시될 수 있음을 나타낸 것이다. 같은 방법으로 〈표 7-12〉에 제시된 모든 성장선을 지역의 경제수준별로 제시할 수 있다.

3) 3-수준 다층종단모형 유형 3: 3-수준 성장선 기반 모형

일반적으로 종단연구는 특정 분석단위가 반복측정되는 패널자료, 동일 세대 혹은 발달단계에 속한 개인(혹은 개체)을 여러 시점에서 표집하는 코호트자료, 그리고 여러 세대 혹은 발달단계를 한 시점에서 표집한 경향자료를 분석한 연구를 의미한다. 다층모형이 개발되기 이전에 종단연구에 동원된 통계모형들은 모두 평균성장선을 제공하거나, 연령집단 간 평균의 차이로 종단적 추론을 하였다(longitudinal analysis, 연구실 문헌). 그러나 5장과 이 장에서 서술한 것처럼 다층모형은 각 분석단위(개인 혹은 집단)의

성장선을 추정하고, 성장선의 분석단위 간(개인 간 혹은 집단 간) 변산을 설명한다. 현존하는 모든 현상은 지속되는 것이므로 과학 본연의 목적은 관찰되는 모든 현상의 불확실성(즉, 변산)을 설명하는 것이다. 다층모형은 각 분석단위의 성장선을 정의하는 데 기여하고, 성장선의 분석단위 간 변산(즉, 불확실성)을 설명하는 일반이론의 체제 속에서 종단자료의 분석을 가능하게 하였다.

앞에서 예시한 학교효과의 우수성지수와 형평성지수의 성장선을 추정하는 연구는 기존의 종단연구와 다른 차별성을 갖는다. 우수성지수의 성장선은 특정 변수(학업성취도)의 변화과정을 모형화한 것으로, 일반적인 종단연구의 특징을 공유한다. 그러나 형평성지수는 변수 간의 관계(*SES*의 학업성취도 효과)의 변화과정을 모형화한 것이다. 통계학적 관점에서는 무선효과를 갖는 기울기 회귀계수의 성장선을 추정한 것이다. 보다 일반적으로 무선효과를 갖는 회귀계수는 일종의 잠재변수(latent variable)인 셈이다. 다층모형은 1-수준에서 종속변수의 분석단위별 성장선도 추정하지만, 2-수준 및 3-수준에서 무선효과 회귀계수를 종속변수로 하는 성장선도 추정할 수 있다.

특히 과학에서 의미 있는 연구질문은 반복되며, 특정 변수의 효과가 시간이 경과함에 따라 어떻게 변화하는지 관심을 가질 수 있다. 학교, 병원, 군부대, 산업체, 정부에서 시행하는 특정 교육프로그램, 정책의 중요 변수, 사회적 관심변수의 효과는 어떤 추세로 변화하는가? 이러한 질문의 공통점은 특정 변수의 효과가 종단적으로 어떻게 변화하는지 묻는 것이며, 이를 통계학적으로 응용하면 변수 간 관계 정보를 제공하는 무선효과 회귀계수를 종속변수로 하여 성장선을 추정하는 연구질문이다.

개인이나 집단과 같은 분석단위를 추적하여 자료를 수집하는 것은 언제나 연구부담이 크다. 그러나 동일한 변수들을 반복하여 수집하는 연구가 있다면, 그 자료가 여러 시점에서 수집한 횡단자료일지라도, 그리고 반복하여 관찰하는 분석단위가 없는 자료일지라도, 변수 간 관계에 대하여 종단적 추론을 할 수 있다. 사회과학 분야의 많은 자료는 패널자료가 아니지만, 동일한 모집단에서 정기적으로 표본자료를 수집하는 특징을 갖는다. 또한 특별히 중요한 변수들은 반복하여 수집하는 경우가 일반적이다. 따라서 중요한 변수들의 효과가 시간에 따라 어떻게 변화하는지 관찰하는 것은 자료의 수집목적에 부합하는 의미 있는 연구이다.

이제 어느 대학에서 대학입학전형방법이 어느 정도 사교육의 영향을 받는지 파악하기 위하여 매년 입학생을 대상으로 다음 3가지 자료를 여러 해 동안 수집하였다고 가정하자(예: 강상진, 김두진, 2014). 대학의 입학전형은 크게 수능시험을 위주로 하는 정시 일반전형, 논술시험을 중시하는 수시 논술시험, 입학사정관의 학생부 평가와 교과활동의 서류평가를 중시하는 전형, 그리고 소외계층을 위한 사회배려대상자 전형으로 대별된다. 이 4가지 전형으로 입학한 학생들만 대상으로 다음 변수를 수집하였다고 가정하자.

〈표 7-14〉 3-수준 다층종단모형 유형 3의 명세화를 위한 가상변수

종속변수	Y: 대학 합격에 대한 사교육영향척도(n개 문항의 합성변수)
독립변수	학생이 입학한 전형방법 $P_1 = 1$: 입학사정관 전형, $P_1 = 0$: 기타 전형 $P_2 = 1$: 수시 논술전형, $P_2 = 0$: 기타 전형 $P_3 = 1$: 정시 일반전형, $P_3 = 0$: 기타 전형 $P_1 = P_2 = P_3 = 0$: 사회배려자 전형 입학생(준거집단)

〈표 7-14〉의 변수를 입학생들로부터 여러 해 동안 수집하였다면, 대학의 각 입학전형방법이 어느 정도 사교육의 영향을 받는지 평가할 수도 있으며, 사교육 영향의 추세를 진단할 수도 있다. 종속변수가 척도변수이므로, 1-수준에 측정모형을 설정하여 2-수준에서 입학전형방법의 사교육 영향에 대한 효과를 회귀계수로 명세화하면 3-수준에서 사교육 영향의 성장선을 추정할 수 있다.

① 기초모형의 명세화 예: 다음은 기초모형에서 1-수준 모형을 측정모형으로 제시한 것이다.

1-수준 모형(측정모형):

$$Y_{ijt} = \eta_{jt} + e_{ijt},\ \ e_{ijt} \sim N(0, \sigma^2) \tag{7-42}$$

Y_{ijt}: t연도에 입학한 학생 j가 사교육영향척도(Y)의 i번째 문항에 반응한 값
η_{jt} : t연도에 입학한 학생 j가 보고한 사교육영향척도의 진점수(true score)
e_{ijt}: 사교육영향척도를 구성하는 문항 효과

이제 각 입학생이 보고한 사교육영향척도의 진점수를 종속변수로 하여, 각 학생이 입학한 전형방법과 사교육영향척도와의 관계를 다음과 같이 2-수준 모형으로 제시할 수 있다.

2-수준 모형(입학생수준):

$$\eta_{jt} = \pi_{0t} + \pi_{1t}P_{1jt} + \pi_{2t}P_{2jt} + \pi_{3t}P_{3jt} + r_{jt},\ \ r_{jt} \sim N(0, \tau_{\eta}) \qquad (7\text{-}43)$$

π_{0t} : t연도에 사회배려대상자 전형으로 입학한 학생들($P_1 = P_2 = P_3 = 0$)이 받은 사교육 영향 규모
π_{1t}: t연도에 입학사정관 전형으로 입학한 학생들($P_{1jt} = 1$)과 사회배려대상자 전형으로 입학한 학생(준거집단)과의 사교육 영향 차이
π_{2t}: t연도에 수시 논술전형으로 입학한 학생들($P_{2jt} = 1$)과 사회배려대상자 전형으로 입학한 학생(준거집단)과의 사교육 영향 차이
π_{3t}: t연도에 정시 일반전형으로 입학한 학생들($P_{3jt} = 1$)과 사회배려대상자 전형으로 입학한 학생(준거집단)과의 사교육 영향 차이

식(7-43)에 포함된 회귀계수(π_{pt})들은 모두 특정연도에 해당 전형방법으로 입학한 학생들이 받은 사교육 영향의 규모이다. 이제 3-수준 모형에서는 각 연도별 사교육 영향 규모의 추이를 모형화할 수 있다. 회귀계수(π_{pt})의 입학연도에 따른 변화가 단조 증감한다면, 3-수준 모형은 모두 선형모형이 될 것이다.

3-수준 모형(입학연도): $\pi_{0t} = \beta_{00} + \beta_{01}A_t + u_{0t}$ (7-44)

$$\pi_{1t} = \beta_{10} + \beta_{11}A_t + u_{1t}$$
$$\pi_{2t} = \beta_{20} + \beta_{21}A_t + u_{2t}$$
$$\pi_{3t} = \beta_{30} + \beta_{31}A_t + u_{3t}$$
$$[u_{0t}, u_{1t}, u_{2t}, u_{3t}]' \sim N(0, T_\pi)$$

위 모형에서 π_{0t}는 준거집단의 사교육 영향 규모이다. 준거집단인 사회배려대상자들은 사교육 영향을 가장 적게 받는 소외계층에 속하는 학생들이다(강상진, 김두진, 2014). π_{1t}, π_{2t}, π_{3t}는 준거집단과 비교했을 때, 각 전형방법의 추가적인 사교육 영향 규모이다. 준거집단과의 사교육 영향 차이가 입학연도에 따라 큰 변화가 없다면, 기울기 회귀계수(β_{p1})는 통계적으로 유의하지 않을 것이며, 그 차이가 단조 증감한다면 $H_0 : \beta_{p1} = 0 (p=1, 2, 3)$ 가설은 기각될 것이다. 또한 준거집단과의 사교육 영향 규모의 차이가 2차, 3차함수관계로 변화할 수도 있다.

② 연구모형의 명세화 예: 앞에서 서술한 대학입학전형의 사교육 영향 연구에서 기초모형은 각 전형방법과 사교육 영향과의 관계를 아무런 맥락변수 없이 추정한 것이다. 대학입학전형의 사교육 영향 규모를 보다 정확하게 추정하는 방법은 학생의 배경변수(예: SES, 출신지역)의 효과를 통제한 상태에서 각 전형방법의 사교육 영향 규모를 추정하는 것이다. 이 경우, 2-수준 모형은 다음과 같이 명세화될 수 있다.

연구모형의 2-수준 모형 예:

$$\eta_{jt} = \pi_{0t} + \pi_{1t}P_{1jt} + \pi_{2t}P_{2jt} + \pi_{3t}P_{3jt} + \pi_{4t}SES_{jt} + \pi_{5t}(\text{지역}) + r_{jt}, \;\; r_{jt} \sim N(0, \tau_\eta) \tag{7-45}$$

위 식에서 각 입학연도 전형방법의 효과인 $\{\pi_{0t}, \pi_{1t}, \pi_{2t}, \pi_{3t}\}$는 입학생의 가정배경($SES$)과 출신지역이 동등한 상태에서 추정하는 것이므로, 각 입학전형방법과 사교육 영향 규모와의 관계를 더 정확하게 반영하는 변화모수이다. 2-수준 모형에서 정의된 변화모수(π_{pt})들에 대한 성장선은 3-수준 모형에서 명세화할 수 있으며, 고정효과 모수와 무선효과 모수에 대한 가설검정결과와 편차량에 의한 적합도 검정 등을 통하여 최종 모형을 결정하여 대학입학전형방법의 사교육 영향 규모를 종단적 추론할 수 있다.

지금까지 3-수준 다층종단모형의 3가지 유형에 대하여 구체적인 예시분석결과를 제공하거나 가상적인 모형의 명세화 방법으로 서술하였다. 요약하면, 다층종단모형은 각 수준별로 성장선을 정의할 수 있다. 1-수준 모형에서 성장선이 정의되는 경우는 2-수준 및 3-수준 모형에서 성장선의 분석단위 간 변산을 설명하는 체계를 가지고 있으며, 2-수준 모형에서 성장선이 정의되면 3-수준 모형에서 분석단위 간 성장선의 변산을 설명할 수 있는 구조이다. 즉, 성장선을 결정하는 변화모수들이 무선효과를 가지면 변화모수는 곧 무선변수(random variable)이므로, 이 변수의 변산을 설명하는 것이 곧 과학이 된다. 따라서 다층모형은 종단연구에서 새로운 학문적 발전의 지평을 여는 데 기여한 모형이라고 할 수 있다. 다른 한편에서 마지막에 제시한 다층종단모형처럼 3-수준에서 성장선이 정의되는 경우는, 이 성장선의 다양한 조건요인을 하위수준 모형에서 명세화하여 보다 정확한 성장선을 정의할 수 있다. 중요한 점은 자료의 구조가 종단자료가 아니고, 또한 특정 분석단위의 성장선을 추정하지 않는 경우라도 다층모형을 활용하면 '변수의 효과' 혹은 '변수 간의 관계'가 시간에 따라 변화하는 과정을 추정할 수 있다는 점이다.

1) 2-수준 모형은 $\pi_{1jk} = \beta_{10k}$로서 오차항이 없는 상수모형이다. 이 경우 $\widehat{Var}(\hat{\beta}_{10k})$는 각 학교 k에 속한 교과집단 수(J_k)를 사례 수로 하는 다음 모형에서 OLS 방법으로 추정된다.

$$\overline{Y}_{.jk} = \beta_{00k} + \beta_{10k}\overline{Z}_{1.jk} + \beta_{20k}\overline{Z}_{2.jk} + r_{0jk} + \overline{e}_{.jk}$$
$$= \beta_{00k} + \beta_{10k}\overline{Z}_{1.jk} + \beta_{20k}\overline{Z}_{2.jk} + R_{jk}$$

여기서 $Var(R_{jk}) = Var(r_{0jk} + \overline{e}_{.jk}) = \tau_\pi + \sigma^2/n_{jk}$이다. 만일 동일 학교 내에서 등분산성을 갖는다면 $Var(R_{jk}) = \tau_\pi + \sigma^2/\tilde{n}_{jk} = V_\pi$로 대체할 수 있으며, $\tilde{n}_{jk}$는 n_{jk}의 조화평균이다. 이와 같이 모형이 정의되면 식(7-15)에서 OLS로 추정한 $\hat{\beta}_{10k}$의 분산은

$$Var(\hat{\beta}_{10k}) = \frac{V_\pi}{SS_{z_1|z_2}} = \frac{V_\pi}{(\sum_k J_k - 3)\sigma^2_{z_1|z_2}}$$

이다. 보다 일반적으로 각 학교 k에서의 행렬식으로 식(7-15)를 표현하면,

$$Y_k = Z_k\beta_k + R_k,\ R_k \sim N(\vec{0},\ V_\pi I_k)$$

로 정의된다. 이 식에서 $Var(\hat{\beta}_k) = V_\pi(Z_k' Z_k)^{-1}$이며, $\widehat{Var}(\hat{\beta}_{10k})$는 행렬 대각선의 두 번째 요소 값이다.

2) 스니더스와 보스커(Snijders & Bosker, 1994)가 제시한 다층모형의 설명력 지수(R^2)는 각 수준에서의 전체 분산을 기반으로 모형의 각 수준별 설명력을 산출한다. 따라서 각 수준에서 절편계수만 무선효과로 명세화한 이후에 모형의 설명력 혹은 변수의 설명력을 진단할 것을 제안한다.

3) 저자는 서영석 외(2012) 연구의 결과인용을 허락하고, 나아가 원자료의 추가분석결과를 제공해 준 연세대 서영석 교수와 한남대 조화진 교수에게 감사한다.

4) 모형에서 '즉시성'을 포함한 5가지 상담기법은 상담회기별로 상이한 값을 갖는 변수이다. 서영석 외(2012)에서 5가지 상담기법 변수들은 모두 $(Z_{tij} - \overline{Z}_{.ij})$로 중심화하였다. 이 경우, π_{0ij}의 정의는 $(A_{tij} - 1)$과 $(Z_{tij} - \overline{Z}_{.ij})$가 모두 '0'일 때 상담자 j에 속한 내담자 i의 상담성과점수이다. 구체적으로, π_{0ij}는 모든 상담기법의 영향을 각 내담자별 평균수준으로 고정했을 때, j상담자에게 속한 내담자 i의 출발점(첫째 상담회기)에서의 상담회기성과점수이다. 선형성장률인 π_{1ij} 회귀계수도 각 내담자별 상담기법점수의 영향을 통제한 상태에서의 성장률이다.

5) 〈표 7-10〉에서는 '즉시성' 효과(π_{2ij})의 변산을 설명하는 '대인관계문제'만 '즉시성' 상담기법과 층위 간 상호작용효과가 있고, 다른 모든 2-수준 및 3-수준 변수들은 통계적으로 유의한 층위 간 상호작용효과가 발견되지 않았다.

제8장

다층모형의 추정이론과 방법

1. 분산-공분산성분 모형의 추정이론과 방법

2. 다층모형의 추정방법

제8장

다층모형의 추정이론과 방법

1. 분산-공분산성분 모형의 추정이론과 방법

1) 다층모형과 추정이론

지금까지 다층모형의 모수추정에 기여한 추정이론은 크게 두 갈래로 구분된다. 하나는 전통적인 분산성분모형(variance components model)의 추정에 기여한 추정이론으로서 1930년대부터 발달해온 부류이다. 전통적인 방법은 분산분석모형 혹은 공분산성분 모형에서 무선효과를 추정하려고 노력하였다. 그레이빌(Graybill, 1961)은 전통적인 분산분석모형으로 균형자료를 분석하는 경우에 제기되는 추정문제를 폭 넓게 다루고, 분산성분을 추정하는 추정량과 양호도 정보를 함께 제시하였다. 한편, 불균형 요인설계와 내재설계 자료에서 분산성분을 추정하는 이론은 크게 4가지로 분류된다. 이 4가지의 명칭은 ① 적률추정법(Methods of Moment estimation: Henderson, 1953; Searle & Henderson, 1961; Cunninghan & Henderson, 1968), ② 최소분산이차비편향추정법(MIVQUE 또는 MINQUE) (Harville, 1969; LaMotte, 1973; Rao, 1972), ③ 최대우도추정법(ML) (Hartley & Rao, 1967; Harville, 1977), 그리고 ④ 제한최대우도추정법(REML) (Patterson & Thompson, 1971; 1974;

Harville, 1977)이다. 이상의 방법들은 SPSS, SAS, BMDP[1) 등의 전통적인 통계패키지에서 활용되고 있으나, 1980년대에 이르기까지 혼합효과 분산분석 혹은 공분산분석모형에서 집단수준과 개인수준의 분산성분을 추정하는 데 제한되어 있었다.

다층자료와 같이 위계적 속성이 있으며 동시에 불균형자료인 경우에 추정의 문제는 복잡하다. 흔히 불균형 자료 분석에는 최대우도추정법이 활용된다. 최대우도추정법은 모집단에서 종속변수의 분포만 알려져 있으면, 주어진 관찰자료의 우도함수를 정의하고, 이를 최대화하는 모수를 찾는 추정법이다. 따라서 자료의 균형 혹은 불균형 문제에서 자유롭다. 더구나 표본자료의 규모가 큰 경우에 최대우도추정량(ML estimator)은 일관성(consistency), 점근적 비편향성(asymptotically unbiased)과 효율성(efficiency)의 양호도 정보를 모두 갖추는 장점을 갖는다.

그러나 다층자료가 갖는 위계적 속성은 무선효과의 추정에서 다른 문제를 제기한다. 우선 분석단위가 복수의 수준(예: 개인수준, 학교수준)에 존재하므로, 종속변수의 분산은 복수의 수준에서 발생하는 분산-공분산성분이 혼합된 특징을 갖는다. 따라서 추정된 종속변수의 분산에서 개인차로 인한 분산의 규모와 집단소속의 차이로 인한 분산 및 공분산의 규모를 정확히 분해하여 추정하는 이론이 요청된다. 한 걸음 나아가, 개인수준에서의 공변수 효과가 집단수준에서 무선효과를 갖는 경우에 발생하는 절편계수와 공변수계수의 공분산을 추정할 수 있어야 한다.

보다 구체적으로 다음의 두 모형은 1-수준과 2-수준에서 모두 설명변수가 있는 다층모형이지만, 분산성분모형과 공분산성분모형을 예시한 것이다.

모형 1(분산성분모형): $Y_{ij} = \beta_{0j} + \beta_1 X_{1ij} + r_{ij},\ r_{ij} \sim N(0, \sigma^2)$

$$\beta_{0j} = \gamma_{00} + \gamma_{01} W_{1j} + u_{0j.}\ N(0, \tau)$$

모형 2(공분산성분모형): $Y_{ij} = \beta_{0j} + \beta_{1j} X_{1ij} + r_{ij},\ r_{ij} \sim N(0, \sigma^2)$

$$\beta_{0j} = \gamma_{00} + \gamma_{01} W_{1j} + u_{0j}$$

$$\beta_{1j} = \gamma_{10} + u_{1j}$$

$$\begin{bmatrix} u_{0j} \\ u_{1j} \end{bmatrix} \sim N\left(\begin{bmatrix} 0 \\ 0 \end{bmatrix}, \begin{bmatrix} \tau_{00}, \tau_{01} \\ \tau_{10}, \tau_{11} \end{bmatrix} \right)$$

위 두 모형에서 모형 1은 각 수준별 분산성분인 σ^2과 τ를 추정할 수 있으면, 균형 및 불균형 자료에서 고정효과 모수와 표준오차를 모두 추정할 수 있는 분산성분모형이다. 모형 1에서 W_{1j}가 1-수준 분석단위의 소속집단을 정의하는 변수이면, 이 모형은 혼합효과 공분산분석모형이다. 1980년대까지 전통적인 추정이론은 모형 1에서 W_{1j}가 범주형 변수인 경우에 소속집단의 효과를 추정할 수 있었다. 그러나 W_{1j}가 연속변수인 경우는 여전히 그 효과를 추정하지 못하였다(예: BMDP, 1985, pp. 413-435). 즉, 모형 1은 분산성분모형이지만 전통적인 추정이론은 제한된 범위에서 이 모형을 추정한 셈이다. 반면에 모형 2는 1-수준에서 σ^2, 2-수준에서 τ_{00}, τ_{11}의 분산성분과 더불어 τ_{01}의 공분산성분도 함께 추정할 수 있어야 고정효과 모수와 표준오차를 추정할 수 있는 공분산성분모형이다. 또한 현재의 다층모형에서처럼 W_{1j}가 연속변수인 경우에도 공분산성분을 추정할 수 있는 이론이 요청되는 모형이다.

모형 1의 추정에서 통계방법을 활용하는 연구자들은 위계적 모형의 각 수준별로 분산을 추정하는 데 어려움을 겪었고, 이 문제를 회피하기 위하여 분석단위(unit of analysis)의 선택을 중심으로 수십 년 동안 논쟁을 거쳤다(Burstein, 1980). 그러나 결국은 자료의 구조를 반영하는 정확한 모형의 명세화가 최선의 답이었고(예: Hopkins, 1982), 그마저도 W_{1j}가 연속변수이거나 2-수준에서 공분산이 존재하는 경우에 모수추정은 가능하지 않았다.

모형 2와 같이 공분산성분을 추정해야 하는 경우는 1-수준 모형에서의 모수들이 다변량분포를 가지며 무선효과를 갖는 모형이므로, 모수가 모집단에서 고정된 것으로 파악하는 전통적인 통계학적 관점[2)]에서는 접근하기 어렵다. 보다 일반적인 접근법으로 무선효과 모수의 추정에 유리한 관점은 베이시안 통계학[3)]이었다. 특히 다층자료와 같이 개인이 집단에 속하는 것처럼 위계적 구조를 갖고, 집단들이 상호대체성(exchangeability)을 갖는 분석단위인 경우에 적절하였다. 실제로 다층모형의 추정에 새로운 전기는 베이시안 통계학자들에 의하여 마련되었다. 린들리와 스미스(Lindley &

Smith, 1972)는 위계선형모형(hierarchical linear model[4]))에서 모수를 추정하는 이론을 제시하였고, 이 추정이론은 토론 원고들과 더불어 세미나 논문으로 학술지에 발표되었다. 이어서 스미스(1973)는 위계선형모형의 추정에서 최소자승 추정량과 베이시안 추정량의 성질을 비교하였다.

린들리와 스미스(1972)의 이론이 발표된 이후에 여러 학자들은 현실적으로 공분산성분모형을 관찰자료의 분석에 적용하여 모수 추정을 가능케 하는 계산알고리즘을 발표하였다. 대표적으로 하버드대학교의 통계학자들인 뎀스터, 레어드, 루빈(1977)은 공분산성분모형의 최대우도추정이 가능한 EM 알고리즘을 개발하였다. 그 후 이들은 EM 알고리즘의 구체적인 응용방법을 매우 다양한 모형의 영역에서 제시하여 독자의 이해를 도왔다(Dempster, Rubin, & Tsutakawa, 1981). EM 알고리즘은 경험적 베이스 추정법(empirical Bayes estimation)과 연계되면서 일련의 학자들에 의하여 응용가치가 높아졌다(Laird & Ware, 1982; Strenio, Weisberg, & Bryk, 1983; Mason, Wong, & Entwisle, 1984). 특히 로덴부시와 브리크는 현재와 같은 다층모형의 추정과정을 실제 자료를 분석하여 제시하였다(Raudenbush & Bryk, 1986). 한편 다른 학자들은 EM 알고리즘을 응용하는 학자들과는 독립적으로 계산알고리즘을 개발하였다. 롱포드는 피셔점수 알고리즘(Fisher Scoring algorithm)을 개발하였으며(Longford, 1985), 골드스타인은 반복추정 일반화최소자승법을 발표하였다(Goldstein, 1986).

이 책에서는 린들리와 스미스의 연구성과에서 출발하여 EM 알고리즘에 의하여 경험적 베이스 추정법에 이르는 과정을 다층모형의 추정이론으로 서술한다. 여기서 경험적 베이스 추정법은 실제 자료에서 추정된 모수 값을 사전분포의 모수로 활용하는 접근법이다. 즉, 베이스 추정법은 모수의 사전분포에 대하여 최선의 지식(state of the arts)을 활용하는 것이나, 경험적 베이스 추정법은 편의상 관찰자료에서 추정된 모수를 사용한다. 즉, 모수의 사전분포에 대한 최선의 지식이 없는 것으로 가정한 접근법이라고 할 수 있다. EM 알고리즘은 모수 추정에 필요한 완전자료 충분통계량(complete data sufficient statistics)을 기댓값으로 추정하고(E-step), 추정된 충분통계량에서 최대우도 추정 값을 산출하는(M-step) 알고리즘이다.

2) 베이시안 모형과 추정이론

다층모형의 추정에서 경험적 베이스 추정법을 적용하기 위해서는 다층모형을 베이시안 모형으로 개념화하는 작업이 필요하다. 일단 다층모형이 베이시안 모형과 동형의 모형이면, 린들리와 스미스(1972)가 제시한 이론의 적용이 용이해진다. 린들리와 스미스가 제시한 베이시안 선형모형은 일반선형모형과 같은 모습을 갖는다.

$$Y = A\theta + e,\ \ e \sim N(0, \Psi) \tag{8-1}$$

여기서 Y는 종속변수의 $N\times 1$ 벡터이며; A는 $N\times P$ 설명변수 행렬이고, θ는 $P\times 1$ 모수 벡터이며, e는 $N\times 1$ 벡터로 평균은 0 벡터, 분산 모수 행렬 Ψ를 갖는 정규분포로 가정된 무선효과 오차항이다. 베이시안 모형과 전통적인 일반선형모형의 핵심적 차이는 모수에 대한 상이한 개념에서 발견된다. 전통적 선형모형에서 모수 θ의 개념은 다음과 같다.

1. 모집단에서 고정되어 있으나 알려지지 않은 값이다.
2. 연구자는 표본자료에서 모수 추정 값 $\hat{\theta}$를 확보한다.
3. 연구자가 동일한 추정작업을 무수히 반복하면, $\hat{\theta}$는 평균이 θ이고 분산이 $Var(\hat{\theta})$인 표집분포를 갖는다.
4. 연구자는 $\hat{\theta}$의 표집분포를 이용하여 모수 θ에 대한 가설검정을 한다.

그러나 베이시안 관점에서 식(8-1)에 제시된 모형의 모수 θ는 상이한 개념을 갖는다. 이를 간략하게 정리하면 다음과 같다.

1. 일반선형모형의 모수 θ는 고정된 상수가 아니며 무선효과를 갖는다.
2. 모수 θ의 변산을 설명하는 또 다른 일반선형모형이 존재한다.
3. 모수 θ에 대한 일반선형모형의 모수는 초모수(hyperparameter)라고 한다.

4. 식(8−1)의 모수 θ의 사전분포(the prior)와 관찰자료 Y의 분포를 베이시안 이론에 적용하여 모수 θ의 사후분포(the posterior)를 결정한다. 모수 θ의 사후분포는 θ의 참분포(true distribution)로서 전통적인 통계학의 표집분포(즉, $\hat{\theta}$의 분포)와 대등한 기능을 수행한다.
5. 모수 θ의 사후분포를 이용하여 모수 θ에 대한 가설검정을 한다.

앞서 제시한 베이시안 관점에서 평가할 때, 전통적인 상대도수파(relative frequentists)의 모수 θ에 대한 개념은 θ에 대한 사전지식이 없거나 이를 활용하지 않는 접근법이라고 할 수 있다. 즉, 관찰자료와 더불어 추정대상인 θ에 대한 사전지식을 함께 고려하면 더 나은 모수 추정이 가능하다는 것이 베이시안의 관점이다.

식(8−1)에서 θ는 무선효과를 가지므로, 이제 다음과 같이 θ의 사전분포를 제기할 수 있다.

$$\theta \sim N(\bar{\theta}, \Omega) \tag{8-2}$$

식(8−2)는 모수 θ의 사전분포로서 모수 θ에 대한 최선의 지식에 의존하여 이 분포를 결정한다(Smith, 1973). 식(8−2)에서 나타난 모수 θ에 대한 사전지식은 분포의 중심이 $\bar{\theta}$에 있으며, 사전지식의 정밀도(precision)는 Ω^{-1}이다. 베이시안의 관점에서 모수 추정의 과제는 식(8−2)의 사전분포에서의 $\bar{\theta}$와 Ω는 알려져 있으며, 이와 더불어 관찰자료를 활용하여 모수 θ의 사후분포를 찾는 것이다. 유명한 베이스의 정리(Bayes theorem)에 의하면, 모수 θ의 사후분포는 다음과 같이 결정된다.

$$f(\theta | Y) = \frac{L(Y|\theta)P(\theta)}{g(Y)} \tag{8-3}$$

위 식에서 $g(Y)$는 모수 θ를 포함하지 않는 분포이므로, 식(8−3)은 다음과 같이 간소화될 수 있다.

$$f(\theta|Y) \propto L(Y|\theta)P(\theta) = f(Y,\theta) \tag{8-4}$$

식(8−4)는 모수 θ의 사후분포는 결국 관찰자료 Y와 θ의 사전분포를 통합한 결합확률밀도함수와 비례하여 결정된다. 관찰자료 Y와 모수 θ의 사전분포가 알려져 있다면, 즉 Ψ와 Ω가 알려져 있다면 식(8−4)의 결합확률밀도함수는 다음과 같이 결정된다.

$$\begin{aligned} f(Y,\theta) &= L(Y|\theta)P(\theta) \\ &= C_1 \exp[-1/2(Y-A\theta)'\Psi^{-1}(Y-A\theta)C_2 \exp[-1/2(\theta-\bar{\theta})'\Omega^{-1}(\theta-\bar{\theta})] \end{aligned} \tag{8-5}$$

여기서 C_1과 C_2는 2가지 정규분포에서의 정규화 상수이다. 식(8−5)는 θ의 사후분포가 결합정규분포의 모습을 갖는다는 것이며, 정규분포이론에서 정규분포의 결합은 정규분포를 갖는다. 따라서 식(8−5)를 정리하면, 정규분포의 모습을 갖추고 사후분포의 평균(posterior mean)과 분산(posterior dispersion)을 결정할 수 있다. 린들리와 스미스(1972), 그리고 뎀스터, 루빈, 추타카와(Dempster, Rubin, & Tsutakawa, 1981)에 의하면 모수 θ의 사후분포는 다음과 같다.

$$f(\theta|Y) \propto \exp[-1/2(\theta-\theta^*)'D_{\theta^*}^{-1}(\theta-\theta^*)] \tag{8-6}$$

여기서 $\theta^* = D_{\theta^*}(\Omega^{-1}\bar{\theta} + A'\Psi^{-1}Y)$ (8−7)

$$D_{\theta^*} = (\Omega^{-1} + A'\Psi^{-1}A)^{-1} \tag{8-8}$$

위 식(8−6)이 곧 사후분포이며, 베이시안 추리는 사후평균인 θ^*와 분산인 D_{θ^*}에 의하여 이루어지고, θ^*와 D_{θ^*}에 대한 점추정과 구간추정이 가능하다.

① **베이스모형의 우도함수**: 식(8−1)과 식(8−2)로 제시된 베이스모형은 일반모형이

며, 이 모형의 우도함수를 정의하면 이후에 추정된 모수에 의한 다층모형의 적절성을 평가하는 데 유용하다. 식(8-1)과 (8-2)의 베이스모형에서 우도함수는 무선효과 모수 Ψ, Ω와 함수관계로 있는 Y의 주변분포이다. 즉, $L(Y|\Psi, \Omega)$이다. 이 모형은 다음과 같이 표현할 수 있다(Dempster, Rubin, & Tsutakawa, 1981).

$$L(Y|\Psi, \Omega) = f(Y|\theta, \Psi, \Omega)p(\theta|\Psi, \Omega)/h(\theta| Y, \Psi, \Omega) \tag{8-9}$$

식(8-9)는 모수 Ψ와 Ω의 값이 알려지면, 모형에 의하여 관찰자료 Y가 생성될 가능성을 알려 준다. 만약에 Ψ와 Ω의 값이 2가지가 있다면, 어느 모수 값을 사용하는 모형이 자료에 부합하는지 판단하는 기준이 된다. 즉, 식(8-9)에 의하여 추정된 모형의 적절성을 비교할 수 있는 것이다. 이제 식(8-9)를 구성하는 함수들이 모두 정규분포를 갖는다는 가정을 하면, 식(8-9)는 다음과 같이 전개된다.

$$\begin{aligned} L(Y|\Psi, \Omega) \propto & |\Psi|^{-1/2}\exp[-1/2(Y - A\theta)'\Psi^{-1}(Y - A\theta)] \\ & \times |\Omega|^{-1/2}\exp[-1/2(\theta'\Omega^{-1}\theta)] \\ & \div |D^*|^{-1/2}\exp[-1/2(\theta - \theta^*)'D^{*-1}(\theta - \theta^*)] \end{aligned} \tag{8-10}$$

식(8-10)을 정리하면, 지수함수에 해당하는 부분은 정리되어 제거되고 다음 식으로 정리된다(Dempster, Rubin, & Tsutakawa, 1981; Bryk & Raudenbush, 1992, p.232).

$$L(Y|\Psi, \Omega) \propto |\Psi|^{-1/2}|\Omega|^{-1/2}|D^*|^{1/2}\exp(-1/2Q^*) \tag{8-11}$$

여기서 $Q^* = Y'\Psi^{-1}(Y - A\theta^*)$ 이다.

식(8-11)의 우도함수를 로그함수로 전환한 것이 일반베이스모형의 로그우도함수이며, 다음과 같다.

$$\log[L(Y|\Psi,\Omega)] \propto -\log|\Psi| - \log|\Omega| + \log|D^*| - Q^* \tag{8-12}$$

여기서 $Q^* = Y'\Psi^{-1}(Y - A\theta^*)$이다. 식(8−12)는 일반베이스모형의 우도함수이므로, 이 일반식의 각 항에 상응하는 다층모형의 통계량으로 식(8−12)를 대체하면, 다층모형의 로그우도함수를 확인할 수 있다.

3) EM 알고리즘 이론

앞에서 설명한 베이시안 추정이론은 모수 θ의 사후분포를 도출하기 위하여 θ의 사전분포 정보가 알려진 것으로 가정한다. θ의 사전분포를 결정하는 초모수(hyperparameters, 예: 평균, 분산−공분산)는 모수분포에 대한 최선의 지식에 의존하는데, 이 과정을 용이하게 극복하는 방법은 관찰자료에서 추정한 값을 초모수의 1차적인 값으로 활용하는 것이다. 이와 같은 접근법을 경험적 베이스 방법이라고 한다. 경험적 베이스 방법(the empirical Bayes method)은 EM 알고리즘에 적용되는 이론이다. EM 알고리즘은 초모수의 최대우도추정 값을 활용하여 무선효과 추정에 필요한 완전자료 충분통계량의 기댓값을 확보하는 데 활용하고, 확보된 완전자료 충분통계량에서 다시 모수의 최대우도추정 값을 구한다(Dempster, Laird, & Rubin, 1977).

EM 알고리즘은 모수를 순환적으로 반복추정하는 과정에서 매회마다 완전자료의 충분통계량을 기댓값으로 확보하는 E−단계(Expectation step)와 완전자료의 충분통계량에서 최대우도추정 값을 산출하는 M−단계(Maximization step)를 수행하는 계산법이다. EM 알고리즘에 의한 모수 추정과정을 구체적으로 제시하기 위하여 다음 선형모형에서 분산성분을 추정하는 문제를 고려하자.

$$Y = X\beta + e \tag{8-13}$$

여기서 Y는 $n\times 1$ 차원의 벡터, X는 $n\times p$의 설명변수 행렬, β는 $p\times 1$ 차원의 회귀계수 벡터, e는 $n\times 1$ 차원의 벡터이다. 이 모형의 무선효과에 대한 가정은 $e \sim N(0, \sigma^2 I)$

와 모수 β의 사전분포 가정인 $\beta \sim N(\theta, \Gamma)$이다.

만일 연구자가 완전자료에서 식(8−13)의 모수를 추정한다면, 반복추정은 필요하지 않고 다음의 최소제곱추정량은 최대우도추정량과 동일해진다.

$$\hat{\beta} = (X'X)^{-1}X'Y \tag{8-14}$$
$$\widehat{Var}(\hat{\beta}) = \hat{\sigma}^2(X'X)^{-1}$$

여기서 분산성분인 $\hat{\sigma}^2 = SSE/(n-p)$로 추정된다. 그러나 불완전자료(incomplete data)에서 위 최소제곱추정량은 가능하지 않다. 따라서 불완전자료에서 추정한 분산성분(σ^{*2})이 완전자료에서 추정한 식(8−14)의 $\hat{\sigma}^2$과 같은 값이 되려면, 불완전자료에서 산출한 충분통계량 SSE가 완전자료의 경우와 같은 값을 갖도록 반복추정하여 계속 개선하는 것이 EM 알고리즘의 접근법이다. EM 알고리즘의 E−단계에서는 주어진 관찰자료와 모수의 사전분포 조건에서 SSE의 기댓값을 산출하여 완전자료에서의 충분통계량을 추정한다. 즉, $E(SSE|Y, \sigma^{2(i)})$의 방법으로 완전자료의 충분통계량을 추정한다. 여기서 Y는 결측이 있는 불완전자료이며, $\sigma^{2(i)}$는 i번째 반복추정에서 추정된 분산성분이다. M−단계에서는 $\sigma^{2(i+1)} = E(SSE|Y, \sigma^{2(i)})/n$으로 σ^2의 $i+1$번째 추정 값을 얻으며, 여기서 $\sigma^{2(i+1)}$은 최대우도추정량이다.

이제 식(8−13) 모형에서 모수 β에 대한 사전분포 정보가 취약하다면, 분산성분 Γ의 값은 매우 큰 값이 되고, $\Gamma^{-1} \to 0$이 되며, 식(8−13)은 회귀모형과 동등한 선형모형이 된다. 따라서 모수 β의 사후분포는 다음과 같을 것이다.

$$\beta | Y, \sigma^{2(i)} \sim N(\beta^i, V) \tag{8-15}$$

여기서 $\beta^i = (X'X)^{-1}X'Y$

$V = \sigma^{2(i)}(X'X)^{-1}$

이다. $(i+1)$번째 분산성분($\sigma^{2(i+1)}$)을 추정하기 위한 충분통계량은 다음 E−단계에서 구해진다.

$$
\begin{aligned}
&E-\text{단계}:\\
&E(e'e \mid Y, \hat{\sigma}^{2(i)}) = E[(Y-X\beta)'(Y-X\beta) \mid Y, \hat{\sigma}^{2(i)}]\\
&= E[(Y-X\beta^{(i)}+X\beta^{(i)}-X\beta)'(Y-X\beta^{(i)}+X\beta^{(i)}-X\beta) \mid Y, \hat{\sigma}^{2}(i)]\\
&= (Y-X\beta^{(i)})'(Y-X\beta^{(i)}) + E[(\beta-\beta^{(i)})'X'X(\beta-\beta^{(i)}) \mid Y, \hat{\sigma}^{2}(i)]\\
&= SSE + tr[X'X\, Var(\beta \mid Y, \hat{\sigma}^{2(i)})]\\
&= SSE + tr(X'X)\hat{\sigma}^{2(i)}(X'X)^{-1} = SSE + p\hat{\sigma}^{2(i)} \qquad (8\text{-}16)
\end{aligned}
$$

여기에서 $SSE^{(i+1)} = SSE + p\hat{\sigma}^{2(i)}$는 완전자료에서의 충분통계량으로 가정되는 값이다. 따라서 $SSE^{(i+1)}$에서 σ^2의 최대우도추정 값은 다음 M−단계에서 간단히 구해진다.

$$
M-\text{단계}: \hat{\sigma}^{2(i+1)} = SSE^{(i+1)}/n = [SSE + p\hat{\sigma}^{2(i)}]/n \qquad (8\text{-}17)
$$

M−단계에서 추정된 $\hat{\sigma}^{2(i+1)}$은 $(i+2)$번째의 E−단계에서 투입되는 추정 값이 된다. 앞 추정과정에서 분명한 것은 만일 자료가 완전자료라면 $\hat{\sigma}^{2(i)} = SSE/(n-p)$가 타당한 값이 되고, 현재의 추정 값인 $\hat{\sigma}^{2(i)}$와 $\hat{\sigma}^{2(i+1)}$은 같은 값을 갖는다. 그러나 불완전자료에서는 $\hat{\sigma}^{2(i)} \neq \hat{\sigma}^{2(i+1)}$이다. 또한 E−단계와 M−단계를 순환적으로 반복하면, 불완전자료에서 추정한 σ^2의 값은 완전자료에서 추정한 값에 도달한다.

① MLR과 MLF: EM 알고리즘에서는 최대우도추정을 위한 우도함수로 MLR(Maximum Likelihood for Random)과 MLF(Maximum Likelihood for Fixed) 중에서 하나를 선택해야 한다(Dempster, Rubin, & Tsutakawa, 1981). 2가지 우도함수를 동시에 고려하기 위하여 다음의 일반베이스모형을 고려하자.

$$Y = A\theta + e = A_1\theta_1 + A_2\theta_2 + e \tag{8-18}$$

여기서 $A = [A_1 | A_2]$, $\theta = \begin{bmatrix} \theta_1 \\ \theta_2 \end{bmatrix}$ 이며,

$\begin{bmatrix} \theta_1 \\ \theta_2 \end{bmatrix} \sim N\left(\begin{bmatrix} 0 \\ 0 \end{bmatrix}, \begin{bmatrix} \Gamma, 0 \\ 0, T \end{bmatrix}\right)$, 그리고 $e \sim N(0, \Psi)$ 이다.

식(8−18)에서 $A_1\theta_1$은 고정효과 부분이며, 나머지는 무선효과 부분이다. MLR 추정을 위한 모형은 일반베이스모형이다. 즉, MLR에서는 식(8−18)이 그대로 적용된다. 따라서 식(8−18)의 무선효과 분포에서처럼 θ_1과 θ_2, e의 사전분포에 대한 가정이 모두 요구된다. 그러나 고정효과 부분인 θ_1의 사전분포는 불확실성이 높으므로 $\Gamma^{-1} \rightarrow 0$에 접근하여 MLR 추정에서는 $f(\Psi, T | Y)$의 우도함수를 최대화하는 $\hat{\Psi}$와 $\hat{T}$값을 제공한다. 베이스 모형에서 Ψ, T 등의 분산−공분산성분의 추정 값은 다른 부가적인 모수인 θ_1과 θ_2의 추정 값의 영향을 받으며, 그 역도 성립한다. 즉, MLR에 의하여 추정된 최대우도추정 값 $\hat{\Psi}$과 $\hat{T}$는 특별히 제한우도추정 값(REML: REstricted Maximum Likelihood estimate)이라 한다. MLR에서 $f(\Psi, T | Y)$가 우도함수라는 의미는 모수공간(parameter space)에 있는 θ_1과 θ_2의 모든 값을 고려하여 Ψ와 T를 추정한다는 의미이다.

이와는 달리 MLF 방법은 무선효과 모수인 θ_2는 전체 모수공간의 값을 활용하지만, 고정효과 모수 θ_1은 이미 알려진 값으로 가정하여 Ψ와 T를 추정한다. 따라서 MLF에서 식(8−18) 모형은 다음과 같이 변형된다.

$$d = A_2\theta_2 + e \tag{8-19}$$

여기서 $d = Y - A_1\theta_1$ 이다(Dempster, Rubin, & Tsutakawa, 1981). MLF에서는 $\hat{\theta}_1$의 점추정 값을 미리 구하여, 전환된 종속변수 d가 관찰자료가 된다. 이제 식(8−19)는 일반베이스모형의 모습이므로, MLF에서의 우도함수는 $f(\Psi, T | \theta_1, Y) = f(\Psi, T | d)$이다. MLF의 우도함수에서 추정된 $\hat{\Psi}$과 $\hat{T}$는 θ_1의 값이 알려져 있다는 의미에서 완전정보 최대우도추정 값(FIML: Full Information Maximum Likelihood estimate)으로 명명한다. MLR

우도함수와 MLF 우도함수를 비교하면, 다음의 관계가 성립한다.

$$\int_{\theta_1} f(\Psi,\ T|\theta_1,\ Y)\partial\theta_1 = f(\Psi,\ T|\ Y) \tag{8-20}$$

즉, MLR 우도함수는 MLF 우도함수의 θ_1에 대한 주변분포인 셈이다. MLR은 MLF에 비하면, θ_1에 대한 주변분포를 사용한다는 점에서 부분적으로 베이시안 접근법이라고 할 수 있다. 즉, MLF는 $\hat{\theta}_1$의 점추정 값(point estimate)에 영향을 받는다. $\hat{\theta}_1$이 양호하지 못하면, 그 영향이 Ψ와 T의 추정에 전달된다. 다층자료에서 집단의 수가 작거나 불균형이 심하여 $\hat{\theta}_1$의 값이 비편향성을 갖거나 효율성이 낮아지면, Ψ와 T의 추정 값도 왜곡될 수 있다. 반면에 MLR은 모수공간에 있는 모든 θ_1의 값을 반영하여 Ψ와 T를 추정한다. 따라서 단 하나의 $\hat{\theta}_1$ 점추정 값에 의존하는 MLF보다 MLR은 더 양호하다. 특히 표본의 크기가 작은 경우에 그러하다. 그러나 표본의 크기가 크면 $\hat{\theta}_1$ 점추정 값은 양호해지므로 MLR과 MLF의 차이는 희석된다.

② EM 알고리즘의 Ψ와 T 추정절차: 지금까지 일반베이스모형과 베이스모형의 우도함수, 그리고 EM 알고리즘에서 추정되는 최대우도 분산-공분산성분 추정 값의 특성과 분산-공분산성분의 우도함수에 대하여 서술하였다. 식(8-10)에 제시한 베이스모형의 우도함수는 완전자료는 물론 불완전자료에서도 적용되는 우도함수이다.

EM 알고리즘의 접근방법은 "만일 완전자료가 확보되었다면, 기대되는 Ψ와 T의 추정 값을 구하는 것이다." 즉, 베이시안 추정의 핵심은 불완전자료인 표본자료와 Ψ와 T의 사전분포의 조건에서 완전자료에서 기대되는 $\hat{\Psi}$와 $\hat{T}$의 충분통계량를 추정하는 데 있다. EM 알고리즘은 경험적 베이시안 방법을 사용하는데, Ψ와 T의 사전분포 대신에 불완전자료에서 추정한 $\hat{\Psi}$와 $\hat{T}$를 사용한다는 점이다. 이 방법은 베이시안 방법보다 계산이 훨씬 효율적이고, 표본집단의 수가 많으면 양호한 분산-공분산 추정 값을 제공한다. 완전자료의 충분통계량이 확보되면, 최대우도추정 값인 $\hat{\Psi}$와 $\hat{T}$는 간단하게 구해진다.

EM 알고리즘 이론에서 완전자료의 충분통계량을 확인하는 방법은 표본자료 Y와 더불어 추정대상인 모수 θ가 모두 알려진 것으로 가정한 완전자료의 우도함수를 최대화하는 충분통계량을 구하는 것이다. $Y = A\theta + e$에서 완전자료 $\{Y, \theta\}$의 최대우도는 다음과 같다.

$$f(Y, \theta|\Psi, T) = h(Y|\theta, \Psi, T)\,p(\theta|\Psi, T) \qquad (8\text{-}21)$$

여기서 $\theta = \begin{bmatrix}\theta_1 \\ \theta_2\end{bmatrix}$이며, $\Gamma^{-1} \rightarrow 0$이다. 등호의 오른편 식은 모두 정규분포를 가지므로, 각 분포의 로그함수를 취하고 정규화 상수를 생략하면 로그함수는 다음과 같다.

$$\log[h(Y|\theta, \Psi, T)] \propto -\frac{1}{2}log|\Psi| - \frac{1}{2}(Y - A\theta)'\Psi^{-1}(Y - A\theta)]$$
$$\log[p(\theta|\Psi, T)] \propto -\frac{1}{2}log|T| - \frac{1}{2}(\theta_2{}' T^{-1}\theta_2)$$

따라서 (8−21)의 로그함수는

$$\log[f(Y, \theta|\Psi, T)] \propto -\log|\Psi| - \log|T| - e'\Psi^{-1}e - \theta_2{}' T^{-1}\theta_2 \qquad (8\text{-}22)$$

이다. 이 식에서 Ψ와 T의 완전자료 충분통계량은 $e'e$와 $\theta_2\theta_2{}'$이다. 실제로 θ_1과 θ_2는 모르는 값이므로, 충분통계량 $e'e$와 $\theta_2\theta_2{}'$은 산출될 수 없다. 그러나 EM 알고리즘에서는 결측자료가 무선이라는 가정[5]에서 불완전자료인 Y와 불완전자료에서 추정된 분산−공분산성분(Ψ, T)의 조건부 기댓값으로 완전자료의 충분통계량을 추정한다. 이 과정이 EM 알고리즘의 E−단계이다. 다음은 EM 알고리즘에서 추정한 완전정보 충분통계량이다.

Ψ 추정을 위한 완전정보 충분통계량: $E(e'e\,|\,Y, \Psi, T)$ (8−23)

T 추정을 위한 완전정보 충분통계량: $E(\theta_2 \theta_2' | Y, \Psi, T)$

이제 다음과 같이 분산-공분산성분의 최대우도추정량을 구하는 것이 M-단계이다.

$$\hat{\Psi} = E(e'e | Y, \Psi, T)/N \tag{8-24}$$
$$\hat{T} = E(\theta_2 \theta_2' | Y, \Psi, T)/J$$

식(8-24)에서 구한 $\hat{\Psi}$와 $\hat{T}$가 식(8-20)에 제시한 MLR 우도함수 $f(\Psi, T| Y)$ 혹은 MLF 우도함수인 $f(\Psi, T|d)$를 최대화하는 추정 값이다.

식(8-23)의 조건기댓값을 구하기 위해서는 θ_2의 사후분포가 필요하며, 이는 식(8-7)과 (8-8)의 이론으로 추정된다. EM 알고리즘은 M-단계에서 추정된 분산-공분산성분($\hat{\Psi}$, $\hat{T}$)이, E-단계의 조건인 경험적 추정 값으로 사용된다. E-단계에서 새로 추정된 충분통계량은 이전 단계보다 더 완전자료의 충분통계량에 접근한 값이다.

끝으로 EM 알고리즘에서 추정한 $\hat{\Psi}$, $\hat{T}$에 따라 θ_1의 일반화최소자승추정 값과 θ_2의 사후분포 평균(θ_2^*) 및 분산-공분산 행렬($D_{\theta_2}^*$)을 구할 수 있다. 이 모수들은 함께 식(8-10)의 우도함수를 최대화한다. θ_1^*, θ_2^*, $\hat{\Psi}$, $\hat{T}$ 모수 추정 값을 반복추정하여 생성한 식(8-10)의 우도함수값이 수렴하면, 마지막 회차에서 추정된 θ_1^*, θ_2^*, $\hat{\Psi}$, $\hat{T}$는 완전자료에서 추정된 모수값의 의미를 갖는다.

EM 알고리즘이 중요한 이유는 완전자료와 불완전자료의 차이를 극복하는 데 있다. 완전자료는 자료에 포함된 모든 사례가 모든 변수에서 결측치가 없는 자료이다. 구체적으로 항목결측(variable missing)도 없고, 사례결측(case missing)도 없는 자료이다. 불완전자료는 결측이 있는 자료이다. 즉, 연구자의 사료에시 결측된 사례나 변수 값이 모집단에서는 분명히 존재하지만 연구자의 표본에서는 수없이 많은 이유로 누락된 자료이다. 실제 연구에서 결측(missingness)은 항상 제기되는 문제이며, 결측사례나 변수를 제거하고 유효자료를 확보하는 과정에서(즉, data cleaning 과정) 많은 자료가 유실된다. 비록 항목결측이 있는 사례들을 모두 제거하고 유효자료를 확보하더라도, 집단 간 사례 수가 불균형이면, 사례결측의 문제는 여전히 존재한다. 결측문제를 극복하는 방법은 결측 값을 다른 그럴 듯한 값으로 대체하는 것이며, 방법은 다양하다. EM 알고리즘은 결측사례나 결측 값을 대체하는 방법을 사용하지 않고, 불완전자료에서 완전자료의 충분통계량을 기댓값으로 산출하는 전략을 사용한다. 즉, EM 알고리즘으로 불완전자료에서 추정한 모수 값은 완전자료에서 추정한 모수 값에 접근한다.

2. 다층모형의 추정방법

1) 2-수준 다층모형의 일반모형

지금까지 서술한 추정방법을 다층모형의 추정에 응용하는 방법은 다층모형을 일반 베이스모형의 특수한 형태로 이해하는 것이다. 즉, 다층모형의 일반모형이 베이스모형과 어떻게 대응하는지 파악하면, 앞에서 서술한 추정이론과 방법을 적용할 수 있다.

통계모형을 제시하는 방법은 자료의 관찰단위별로 제시할 수도 있고, 전체 자료를 대상으로 표현할 수도 있다. 2-수준 다층모형의 일반모형을 편의상 개인이 집단에 속하는 사회조직을 가상하여 서술하면, 각 개인별 모형, 각 집단별 모형, 전체 자료 모형 3가지로 제시할 수 있다.

(1) 스칼라 모형(각 개인별 모형)

다음 식은 이미 설명한 바와 같이 각 관찰단위(개인)별로 2-수준 다층모형의 일반식을 제시한 것이다.

$$1\text{-수준 모형: } Y_{ij} = \beta_{0j} + \sum_{p=1}^{P-1} \beta_{pj} X_{\pi j} + r_{ij},\ \ r_{ij} \sim N(0, \sigma^2) \tag{8-25}$$

$$2\text{-수준 모형: } \beta_{pj} = \gamma_{p0} + \sum_{q=1}^{Q_p} \gamma_{pq} W_{pqj} + u_{pj}, \tag{8-26}$$

여기서 $p = 0, 1, 2, \ldots P-1$, $[u_{0j}, u_{1j}, \ldots u_{P-1j}]' \sim N(0, \tau)$이다.

식(8-25)에서 Y_{ij}는 j번째 집단(학교)에 속한 i번째 학생의 종속변수 값이다. 1-수준 모형은 Y_{ij}의 변산이 X_{pij}와 구조적 관계를 갖으며, 그 구조적 관계는 각 학교에 따라 β_{pj}에 의하여 결정된다는 이론을 표현한 일반식이다. 식(8-26)에서 각 학교별로 정의되는 β_{pj}는 학교 간에 변산을 갖는데, 이 변산은 학교특성 변수인 W_{pqj}와 구조적 상관관계를 가지며, γ_{pq}에 의하여 그 모습이 결정된다고 가정한다. 식(8-25)와 식(8-26)은 각 개인 학생별로 정의되는 모형이다. 2-수준 다층모형의 일반식은 3장에서 제시하였고, 4장에서 제시된 모든 모형은 앞 모형에서 X와 W 변수의 수가 제한되고, u_{pj}의 무선항 수가 제한되는 경우이다.

(2) 집단수준 행렬 모형(각 집단별 모형)

다층자료의 각 관찰단위(개인)들은 2-수준 분석단위(집단)에 속하는데, 앞의 식(8-25)와 식(8-26)을 각 집단별로 제시하면 다음과 같다.

$$1\text{-수준 모형: } Y_j = X_j \beta_j + r_j,\ \ r_j \sim N(0, \sigma^2 I_j) \tag{8-27}$$

$$2\text{-수준 모형: } \beta_j = W_j \gamma + u_j,\ \ u_j \sim N(0, \tau) \tag{8-28}$$

식(8-27)에서 Y_j는 $n_j \times 1$ 벡터이며 j번째 집단에 속한 n_j명의 종속변수 값 벡터이다. X_j는 $n_j \times P$의 설명변수 행렬, r_j는 $n_j \times 1$ 벡터이다. 오차항 r_j는 일반회귀모형처럼 등분산성을 갖는다. 2-수준 모형도 일반선형모형과 동일한 양식이다. 여기서 β_j

는 $P \times 1$ 벡터인데, 일부 β_{pj}는 고정효과를 가질 수도 있다. 즉, $P = f + r$로서 f는 1-수준 모형의 β_{pj}에서 고정효과 모수의 수, r은 무선효과 모수의 수이다. 따라서 u_j는 $r \times 1$ 벡터이며, 평균이 0이고 집단 간에 공통적인 분산-공분산성분이 τ인 다변량정규분포를 갖는다. W_j는 $p \times \sum_{p=0}^{P-1} Q_p$ 행렬이고, Q_p는 p번째 1-수준 회귀계수의 변산을 설명하는 집단수준 변수의 수이다. 따라서 $\sum_{p=0}^{P-1} Q_p$는 전체 고정효과 모수의 수이다.

식(8-27)과 (8-28)을 합치면, 각 집단별로 2-수준 다층모형의 일반식을 제시할 수 있다.

$$Y_j = X_j W_j \gamma + X_j u_j + r_j, \;\; u_j \sim N(0, \tau), \;\; r_j \sim N(0, \sigma^2 I_j) \tag{8-29}$$

식(8-29)에서 γ는 고정효과 회귀계수이고, u_j는 무선효과 회귀계수이다. 따라서 다층모형의 일반식은 혼합효과 일반선형모형(mixed effects general linear model)의 범주에 속한다.

(3) 전체 자료 일반모형

다층자료가 J개 집단을 포함하고 각 집단별로 n_j명의 관찰자료가 있다면, 전체 자료를 반영하는 모형을 고려하자. 식(8-27)의 모형이 각 집단별 1-수준 모형이라면, 전체 자료를 반영하는 1-수준 모형은 다음과 같다.

$$\text{1-수준 모형: } Y = X\beta + r, \;\; r \sim N(0, \sigma^2 I) \tag{8-30}$$

여기에서 식(8-27)의 집단별 행렬을 이용하면 식(8-30)의 각 행렬은 다음 구조로 나타낼 수 있다.

$$Y = [Y_1', Y_2', \cdots, Y_j', \cdots, Y_J']'$$
$$\beta = [\beta_1', \beta_2', \cdots, \beta_j', \cdots, \beta_J']'$$

$$r = [r_1', r_2', \cdots, r_j', \cdots, r_J']'$$

즉, Y는 $\sum_j n_j \times 1$의 벡터이며, $\beta = JP \times 1$이고, $r = \sum_j n_j \times 1$의 벡터이다. 또한,

$$X = \begin{bmatrix} X_1, 0, \cdots & 0 \\ 0, X_2, \cdots & 0 \\ \cdots \\ \cdots \\ \cdots \\ 0, \cdots & X_J \end{bmatrix} \text{이고,} \ \sigma^2 I = \sigma^2 \begin{bmatrix} I_1, 0, \cdots & 0 \\ 0, I_2, \cdots & 0 \\ \cdots \\ \cdots \\ \cdots \\ 0, \cdots & I_J \end{bmatrix}$$

이다. 따라서 X는 $\sum_j n_j \times JP$의 행렬이며, $\sigma^2 I$는 $\sum_j n_j \times J$의 행렬이다. X행렬과 $\sigma^2 I$의 행렬구조는 각 집단의 행렬 X_j와 $\sigma^2 I_j$가 J개의 집단 간에 독립성이 존재한다는 가정에 기초한다.

이제 식(8-28)의 2-수준 모형을 전체 자료를 대상으로 한 모형으로 표현하면 다음과 같다.

$$\text{2-수준 모형: } \beta = W\gamma + u, \ u \sim N(0, T) \tag{8-31}$$

여기서 $W = [W_1', W_2', \cdots, W_J']'$, $u = [u_1', u_2', \cdots, u_J']'$이며,

$$T = \begin{bmatrix} \tau, 0, \cdots & 0 \\ 0, \tau, \cdots & 0 \\ \cdots \\ \cdots \\ \cdots \\ 0, \cdots & \tau \end{bmatrix}$$

이다. 따라서 W는 $JP \times \sum_{p=0}^{P-1} Q_p$이며, 여기서 Q_p는 p번째 1-수준 회귀계수인 β_{pj}의

변산을 설명하는 집단수준 변수의 수이므로, W 행렬은 W_j가 층층히 쌓인 구조이다.

이제 식(8−30)과 (8−31)을 합치면, 전체자료를 대상으로 하는 일반다층모형을 다음과 같이 제시할 수 있다.

$$Y = XW\gamma + Xu + r,\ \ r \sim N(0, \sigma^2 I),\ \ u \sim N(0,\ T) \tag{8-32}$$

식(8−32)의 일반모형은 혼합효과 일반선형모형의 특수한 형태로 이해할 수 있다. 즉, 식(8−18)의 $Y = A_1\theta_1 + A_2\theta_2 + e$에서 다음 항등식이 성립한다.

$$A_1 = XW, A_2 = X, e = r \tag{8-33}$$

$$\theta_1 = \gamma, \theta_2 = u, \Psi = \sigma^2 I,\ Var(\theta_1) = Var(\gamma) = \Gamma,\ Var(\theta_2) = Var(u) = T$$

식(8−33)의 항등항들을 이용하면, 일반베이스모형의 추정이론을 다층모형의 추정에 적용할 수 있다.

2) 2-수준 다층모형의 추정

앞에서 식(8−33)은 일반다층모형이 베이스모형의 특수한 형태로 이해될 수 있음을 나타낸다. 이제 편의상 식(8−18)의 베이스모형을 다층모형이라고 가정하고 추정이론과 방법을 서술한다. 따라서 식(8−18)은 다음과 같이 재정의된다.

$$Y = A_1\theta_1 + A_2\theta_2 + e,\ \ \theta_1 \sim N(0, \Gamma),\ \ \theta_2 \sim N(0,\ T), e \sim N(0, \sigma^2 I) \tag{8-34}$$

위 모형에서 모수 θ_1과 θ_2, 그리고 e는 모두 무선효과를 가지며 상호독립이다. 마찬가지로 2-수준 다층모형을 일반베이스모형으로 제시하면 다음과 같다.

$$Y = A\theta + e,\ \ \theta \sim N(0, \Omega),\ e \sim N(0, \sigma^2 I) \tag{8-35}$$

여기서 $A = [A_1|A_2]$, $\theta = \begin{bmatrix}\theta_1 \\ \theta_2\end{bmatrix}$, $\Omega = \begin{bmatrix}\Gamma 0 \\ 0\ \ T\end{bmatrix}$, $\Psi = \sigma^2 I$ 이다.

식(8−35) 모형에서 θ와 e의 분포는 모형이 가정하는 사전분포이다. $E(\theta_1) = 0$으로 가정한 것은 θ_1에 대한 사전정보의 정밀도가 $\Gamma^{-1} \rightarrow 0$이므로 어느 값을 사용하여도 무방하다. 따라서 편의상 0으로 가정한 것이다.

(1) MLR 추정방법

EM 알고리즘의 MLR 추정방법은 식(8−35)와 같이 모든 회귀계수가 무선효과를 갖는 베이스 선형모형에서 모수의 사후분포를 추정하는 방법이다. 식(8−35)에서 관찰변수 Y의 분포에 대한 가정은 다음과 같다.

$$Y \sim N(0,\ \ A\Omega A' + \sigma^2 I) \tag{8-36}$$

모수의 사후분포를 추정하기 위하여 린들리와 스미스(1972)는 식(8−36)의 Y 관찰변수 분포와 θ의 사전분포와의 결합정규분포에서 사후분포를 유도하였다.

$$\begin{bmatrix} Y \\ \theta \end{bmatrix} \sim N\left(\begin{bmatrix}0 \\ 0\end{bmatrix}, \begin{bmatrix} A\Omega A' + \Psi & A\Omega \\ \Omega A' & \Omega \end{bmatrix}\right) \tag{8-37}$$

식(8−37)은 8장 서두에 제시한 식(8−4) 및 식(8−5)와 같다. 따라서 식(8−6)에서 식(8−8)까지 제시된 사후분포의 결과를 2−수준 다층모형에 대응하는 식으로 다음과 같이 전환할 수 있다(Dempster, Rubin, & Tsutakawa, 1981).

$$D_{\theta^*} = (A'\Psi^{-1}A + \Omega^{-1})^{-1} \tag{8-38}$$

$$= \begin{bmatrix} Var(\theta_1 | Y, \sigma^2, T) & Cov(\theta_1, \theta_2 | Y, \sigma^2, T) \\ Cov(\theta_2, \theta_1 | Y, \sigma^2, T) & Var(\theta_2 | Y, \sigma^2, T) \end{bmatrix}$$

$$= \sigma^2 \begin{bmatrix} A_1{}'A_1 + \sigma^2 \Gamma^{-1} & A_1{}'A_2 \\ A_2{}'A_1 & A_2{}'A_2 + \sigma^2 T^{-1} \end{bmatrix}^{-1}$$

식(8−38)은 모수 θ의 사후분포에서 분산−공분산 행렬이며, 이 행렬은 4개의 부분 행렬(sub matrix)로 구성된 2×2 분할행렬(partitioned matrix)이다. 다변량분포의 선선형대수에서 분할행렬의 역행렬을 구하는 방법을 이용하면 (Searle, 1982), 사후분포의 분산−공분산 행렬은 다음과 같은 항등식으로 정리할 수 있다.

$$D_{\theta^*} = \sigma^2 \begin{bmatrix} A_1{}'A_1 + \sigma^2 \Gamma^{-1} & A_1{}'A_2 \\ A_2{}'A_1 & A_2{}'A_2 + \sigma^2 T^{-1} \end{bmatrix}^{-1} \tag{8-39}$$

$$= \sigma^2 \begin{bmatrix} A & B \\ B' & C \end{bmatrix}^{-1}$$

$$= \sigma^2 \begin{bmatrix} V_{11} & V_{12} \\ V_{21} & V_{22} \end{bmatrix}$$

여기서

$$V_{11} = (A - BC^{-1}B')^{-1},$$

$$V_{12} = -V_{11}BC^{-1},\ V_{21} = V_{12}{}',$$

$$V_{22} = C^{-1} + C^{-1}B'V_{11}BC^{-1}$$

이다. 여기서 $\Gamma^{-1} = 0$으로 가정하면, 식(8−38)과 (8−39)에서 θ의 사후분포 분산−공분산 행렬은 다음과 같이 정리된다.

$$Var(\theta_1 | Y, \sigma^2, T) = \sigma^2 V_{11} = \sigma^2 [A_1' A_1 - A_1' A_2 C^{-1} A_2' A_1]^{-1} \tag{8-40}$$

$$Var(\theta_1, \theta_2 | Y, \sigma^2, T) = \sigma^2 V_{12} = -\sigma^2 V_{11} A_1' A_2 C^{-1}$$

$$= -\sigma^2 [A_1' A_1 - A_1' A_2 C^{-1} A_2' A_1)^{-1} A_1' A_2 C^{-1}$$

$$Var(\theta_2, \theta_1 | Y, \sigma^2, T) = \sigma^2 V_{21} = \sigma^2 V_{12}'$$

$$Var(\theta_2 | Y, \sigma^2, T) = \sigma^2 V_{22} = \sigma^2 (C^{-1} + C^{-1} A_2' A_1 V_{11} A_1' A_2 C^{-1})$$

이제 모수 θ의 사후평균 행렬은 식(8−7)에 제시된 행렬에 대응하는 2−수준 다층모형의 일반식을 대입하면 된다. 즉, $\overline{\theta} = 0$로 가정하면, 식(8−7)은

$$E(\theta | Y, \sigma^2, T) = \theta^* = D_{\theta^*}(\Omega^{-1}\overline{\theta} + A^T \Psi^{-1} Y) = D_{\theta^*} A^T \Psi^{-1} Y \tag{8-41}$$

이다. 이 식을 다시 2−수준 다층모형 형태로 전환하면, θ의 사후평균행렬은 다음과 같다.

$$\theta^* = D_{\theta^*} A' \Psi^{-1} Y = \begin{bmatrix} \theta_1^* \\ \theta_2^* \end{bmatrix} = \begin{bmatrix} V_{11} & V_{12} \\ V_{21} & V_{22} \end{bmatrix} \begin{bmatrix} A_1' Y \\ A_2' Y \end{bmatrix} = \begin{bmatrix} V_{11} A_1' (I - A_2 C^{-1} A_2') Y \\ C^{-1} A_2' (Y - A_1 \theta_1^*) \end{bmatrix} \tag{8-42}$$

식(8−36)에서 (8−42)까지의 과정은 2−수준 다층모형을 일반베이스선형모형의 특수한 형태로 파악하면, 베이스모형에서 사후평균과 분산−공분산 행렬을 추정하는 이론을 활용할 수 있다는 것을 보인 것이다. EM 알고리즘은 식(8−40)과 (8−42)에 제시된 사후 분산−공분산 행렬과 사후평균 행렬을 이용하여 완선사료에서 필요한 충분통계량의 기댓값을 추정한다.

이제 식(8−40)과 식(8−42)에서 사후분포를 추정하기 위한 관찰자료의 충분통계량을 정리하면 다음과 같다.

$$\{A_1{}'A_1,\ A_1{}'A_2,\ A_2{}'A_2,\ A_1{}'Y,\ A_2{}'Y\}$$

위 충분통계량을 2-수준 다층모형으로 전환하면,

$$\{W'X'XW,\ W'X'X,\ X'X,\ W'X'Y,\ X'Y\}$$

이다. 여기서 식(8-30)과 (8-32)의 전체자료 모형에서 정의한 Y, X, W 행렬의 구조를 이해하면, 식(8-30)과 식(8-32)는 각 집단별 행렬(즉, Y_j, X_j, W_j)로 표현하여 제시할 수도 있고, 나아가 식(8-27)과 (8-28)의 스칼라 식으로 표현할 수도 있다.

① E-단계: EM 알고리즘의 MLR 계산과정은 모형의 분산-공분산성분(Ψ, T)과 회귀계수(θ) 중에서 어느 한쪽을 알려진 것으로 가정하여 출발한다. 따라서 경험적 베이시안 관점에서 초기의 분산-공분산성분을 완전자료를 가정하여 추정된 $\hat{\Psi}$와 $\hat{T}$를 사용하여 θ_1^*과 θ_2^*를 추정한다. 이제 $\hat{\Psi}^i$, $\hat{T}^i$, θ_1^{*i}, θ_2^{*i}를 i번째 회기에서 추정된 모수값이라고 하면, EM 알고리즘은 추정된 모수값에 기초하여 완전자료에서 기대되는 $\hat{\Psi}^{i+1}$과 $\hat{T}^{i+1}$을 추정하기 위한 충분통계량을 산출한다. 분산-공분산성분과 충분통계량은 다음 관계에 있다는 것에 유념할 필요가 있다.

$$E(Y^2) = [E(Y)]^2 + Var(Y) \qquad (8\text{-}43)$$
$$E(e'e) = E(e)'E(e) + tr[Var(e)]$$

(Searle, 1982, p. 355)

위 식에서 등호의 왼편은 $Var(Y)$와 $Var(e)$의 추정을 위한 충분통계량이다. 식(8-43)의 원리를 식(8-23)에 적용하면, 2-수준 다층모형의 분산-공분산성분의 추정을 위한 완전자료 충분통계량의 추정식은 다음과 같다.

$$E(r^{*i+1\prime}r^{*i+1} | Y, \sigma^{2i}, \tau^{i}) = E(r^{*i})' E(r^{*i}) + tr[Var(r| Y, \sigma^{2i}, \tau^{i})] \tag{8-44}$$

$$E(\theta_2^{*i+1}\theta_2^{*i+1\prime} | Y, \sigma^{2i}, \tau^{i}) = \theta_2^{*i}\theta_2^{*i\prime} + \sigma^{2i} V_{22} \tag{8-45}$$

식(8−44)에서 $r^{*i} = Y - A\theta^{*i} = Y - A_1\theta_1^{*i} - A_2\theta_2^{*i}$이다. 또한 $Var(r| Y, \sigma^{2i}, \tau^{i})$에서 Y는 관찰된 값이므로 조건부 관찰분산은 다음과 같이 전개된다.

$$Var(r| Y, \sigma^{2i}, \tau^{i}) = Var(Y - A\theta | Y, \sigma^{2i}, \tau^{i}) = Var(-A\theta | Y, \sigma^{2i}, \tau^{i}) = A\,Var(\theta^{*i})A'$$

따라서 식(8−44)는 다음 식으로 충분통계량이 추정된다.

$$E(r^{*i+1\prime}r^{*i+1} | Y, \sigma^{2i}, \tau^{i}) = E(r^{*i})' E(r^{*i}) + tr[A' A D_\theta^{*i}] \tag{8-46}$$

식(8−45)와 (8−46)은 $\hat{\tau}^{i+1}$와 $\hat{\sigma}^{2i+1}$을 위한 완전자료 충분통계량을 추정한 것이다.

② M−단계: 앞의 E−단계에서 완전자료의 충분통계량을 추정하였으므로, 이 충분통계량을 이용한 최대우도추정량은 간단히 구해진다.

$$\hat{\sigma}^{2i+1} = N^{-1} E(r^{*i+1\prime}r^{*i+1} | Y, \sigma^{2i}, \tau^{i}) \tag{8-47}$$

$$\tau^{i+1} = J^{-1} E(\theta_2^{*i+1}\theta_2^{*i+1\prime} | Y, \sigma^{2i}, \tau^{i}) \tag{8-48}$$

식(8−47)과 (8−48)로 추정되는 분산−공분산성분은 제한최대우도추정량이다. 이 값을 조건으로 θ_1^{*i+1}과 θ_2^{*i+1}이 식(8−42)에 의하여 추정된다. 이후에는 $\hat{T}^{i+1}$, $\hat{\sigma}^{2i+1}$, θ_1^{*i+1}, θ_2^{*i+1}가 주어진 상태에서 $(i+2)$회기의 분산−공분산성분의 충분통계량을 추정할 수 있다.

(2) MLF 추정방법

앞에서 서술한 바와 같이 MLR과 MLF 방법의 차이는 모형을 다르게 정의하는 데서 출발한다. MLF 방법이 채택하는 일반베이스모형은 다음과 같다.

$$\text{MLF 모형: } d = A_2\theta_2 + e,\ \ \theta_2 \sim N(0,\, T),\ \ e \sim N(0, \Psi)$$

여기서 $d = Y - A_1\theta_1$이다. 시각적으로만 보아도 MLF 모형은 MLR의 경우보다 훨씬 간단하다. MLF에서 종속변수는 $Y = d$가 관찰된 값이므로 θ_1은 알려진 값으로 가정된다. 따라서 MLF에서는 $\hat{\theta}_1$을 우선으로 추정하여 d값을 구한 이후에 추정은 시작된다.

또한 MLR의 추정식에서 θ_1을 이미 알려진 고정된 값으로 적용하면, 곧 MLF의 추정식이 된다. 다음은 MLF에서 모형에 대한 가정이다.

$$E(d) = E(A_2\theta_2 + e) = 0$$
$$Var(d) = Var(A_2\theta_2 + e) = A_2 T A_2{}' + \Psi$$
$$Cov(d, \theta_2) = Cov(A_2\theta_2 + e, \theta_2) = A_2 T$$

따라서 무선효과 변수인 관찰변수와 모수의 결합분포는 다음과 같이 정의된다.

$$\begin{bmatrix} d \\ \theta \end{bmatrix} \sim N\left(\begin{bmatrix} 0 \\ 0 \end{bmatrix}, \begin{bmatrix} A_2 T A_2{}' + \Psi & A_2 T \\ T A_2{}' & T \end{bmatrix}\right) \qquad (8\text{-}49)$$

이제 모든 항을 2 수준 다층모형에 대응하는 항으로 변경하고 MLR에서 서술한 추정식을 이용하면, 무선효과 모수 θ_2의 사후평균과 분산은 다음과 같다.

$$\theta_2^* = C^{-1}A_2{}'d = C^{-1}A_2{}'(Y - A_1\theta_1) \ \ \text{[식(8-42) 참조]} \qquad (8\text{-}50)$$

$$D_{\theta_2^*} = \sigma^2 C^{-1} = \sigma^2 (A_2{}' A_2 + \sigma^2 \tau^{-1})^{-1} \quad \text{[식(8-40) 참조]}$$

이제 θ_2^*와 $D_{\theta_2^*}$가 주어지면, 식(8−44)와 식(8−45)에 의하여 $\hat{\sigma}^{2i+1}$과 $\hat{\tau}^{i+1}$의 최대우도추정을 위한 충분통계량을 산출할 수 있다. 다만 $r = d - A_2\theta_2$인 점만 다르다.

3) 3-수준 다층모형의 일반모형

3−수준 다층모형은 '학생 ⊂ 학급 ⊂ 학교'처럼 3개의 분석단위가 위계적 구조를 갖는 자료를 분석하는 데 적합한 모형이다. 이 책의 2장에서 3−수준 다층모형의 일반모형을 스칼라 모형으로 제시한 바 있으며, 7장에서는 3−수준 다층모형의 명세화 방법을 횡단연구와 종단연구 맥락에서 상세히 다루었다. 3−수준 다층모형은 2−수준 다층모형에서 하나의 분석단위가 추가되었을 뿐 모형의 기본논리는 동일하다.

따라서 3−수준 다층모형의 추정방법을 이해하는 효과적인 방법은 이 모형이 베이스 일반모형의 특수한 형태임을 파악하고, 베이스모형의 추정이론을 적용하는 것이다. 편의상 '학생 ⊂ 학급 ⊂ 학교'의 위계적 자료를 가상하여 모형을 서술한다.

(1) 3−수준 다층모형의 스칼라 모형

다음 식은 3장에서 설명한 3−수준 다층모형의 일반식이다.

1−수준 모형: $Y_{ijk} = \pi_{0jk} + \sum_{p=1}^{P-1} \pi_{pjk} Z_{\pi jk} + e_{ijk},\ \ e_{ijk} \sim N(0, \sigma^2)$

2−수준 모형:

$$\pi_{pjk} = \beta_{p0k} + \sum_{q=1}^{Q_p} \beta_{pqk} X_{pqjk} + r_{pjk},\ \ [r_{0jk}, r_{1jk}, \ldots r_{Pjk}]' \sim N(0,\ T_\pi) \qquad \text{(8-51)}$$

3−수준 모형: $\beta_{pqk} = \gamma_{pq0} + \sum_{s=1}^{S_{pq}} \gamma_{pqs} W_{sk} + u_{pqk},$

$$[u_{00k}, u_{10k}, \ldots u_{P0k,} u_{10k}, \ldots u_{P1k,} \ldots, u_{P0k}, \ldots u_{PQk}]' \sim N(0,\, T_\beta)$$

식(8-51)에서 Y_{ijk}는 k학교의 j학급에 속한 i번째 학생의 종속변수 값이다. 1-수준 모형은 종속변수와 개인수준의 변수 Z_{pijk}가 구조적 관계를 갖는 것으로 가정한 모형이다. 1-수준 모형은 각 학급 내 모형으로 이해할 수도 있다. 따라서 설명변수의 효과인 π_{pjk}는 각 학급에서 p번째 설명변수의 효과이다. π_{pjk}는 학급에 따라 다른 값을 가질 수 있다. 2-수준 모형은 π_{pjk}의 변산을 학급 간 차이를 반영하는 학급특성변수 X_{pqjk}로 설명하는 모형이다. 2-수준 모형은 동일 학교에 속한 학급 간 모형이다. 2-수준 모형의 회귀계수인 β_{pqk}는 각 학교별로 정의되고, 이는 학교 간 변산을 갖는다. 3-수준 모형은 β_{pqk}변산을 학교특성변수로 설명하는 모형이다. 식(8-51)의 모형은 수학적으로 가능한 일반모형을 제시한 것이며, 이 모형을 더 간단하게 제시하는 방법은 행렬식으로 전환하는 것이다.

(2) 집단수준 행렬모형(2-수준 집단별 모형)

식(8-51)의 스칼라 모형은 연구자들이 실제로 응용하는 모형이 단순한 경우에는 효과적이지만, 방법론적인 특성을 밝히기 위한 일반모형으로 다루기에는 오히려 복잡하다. 이를 효과적으로 제시하는 방법은 2-수준 집단을 기준으로 행렬식을 사용하는 것이다. 다음 행렬식은 식(8-51)을 집단수준(학급수준) 행렬식으로 전환한 것이다.

$$\text{1-수준 모형: } Y_{jk} = Z_{jk}\pi_{jk} + e_{jk},\;\; e_{jk} \sim N(0, \sigma^2 I_{jk}) \tag{8-52}$$

$$\text{2-수준 모형: } \pi_{jk} = X_{jk}\beta_k + r_{jk},\;\; r_{jk} \sim N(0, \tau_\pi) \tag{8-53}$$

$$\text{3-수준 모형: } \beta_k = W_k\gamma + u_k,\;\; u_k \sim N(0, \tau_\beta) \tag{8-54}$$

위에서 Y_{jk}는 $n_{jk} \times 1$의 벡터이며, Z_{jk}는 $n_{jk} \times P$의 설명변수 행렬, e_{jk}는 $n_{jk} \times 1$의 행렬이다. 여기서 π_{jk}는 $P \times 1$의 행렬이지만, 일부 π_{jk}는 고정효과를 가질 수도 있다. 즉, $P = f_1 + r_1$ 이다. f_1은 1-수준 모형에서 고정효과를 갖는 회귀계수의 수이며,

r_1은 무선효과 회귀계수의 수이며, 2-수준 분석단위에 공통적인 분산-공분산성분 τ_π을 갖는다. τ_π는 $r_1 \times r_1$인 대칭행렬이다. 2-수준 모형에서 X_{jk}는 $P\times \sum_{p=0}^{p-1} Q_p$ 설명변수 행렬이다. β_k는 $\sum_{p=0}^{P-1} Q_p \times 1$의 벡터인데, 각 p번째 종속변수 π_{pjk}에 따라 회귀계수의 수가 Q_p로 다르고, $Q_p = f_{2p} + r_{2p}$로서 2-수준 모형에서 고정효과를 갖는 회귀계수의 수는 f_{2p}이며, 무선효과 회귀계수의 수는 r_{2p}이다. 따라서 τ_β는 $\sum_{p=0}^{P-1} r_{2p} \times \sum_{p=0}^{P-1} r_{2p}$의 대칭행렬이다. 3-수준 모형에서 W_k는 $\sum_{p=0}^{P-1} Q_p \times \sum_{p=0}^{P-1}\sum_{q=0}^{Q-1} S_{pq}$의 설명변수 행렬이다. 3-수준 모형에서 무선효과 오차항 u_k는 각 학교 k에서 $\sum_{p=0}^{Q_p} r_{2p} \times 1$의 행렬을 갖는다.

식(8-52)의 행렬식을 한 모형으로 통합하면 단일식으로 3-수준 다층모형을 제시할 수 있다.

$$Y_{jk} = Z_{jk}X_{jk}W_k\gamma + Z_{jk}X_{jk}u_k + Z_{jk}r_{jk} + e_{jk} \tag{8-55}$$

식(8-55)에서 γ는 고정효과 모수이고, u_k, r_{jk}, e_{jk}는 각 수준별 무선효과 변수이며 각 수준별 모형에서 정의한 분포를 갖는다.

(3) 전체자료 일반모형

이제 3-수준 다층자료가 K개 집단 내에 J_k개의 소속집단이 있고, 각 소속집단별로 n_{jk}명의 개인이 속한 구조라면, 전체 사례 수는 $N = \sum_{j=1}^{J_k}\sum_{k=1}^{K} n_{jk}$명이다. 식(8-52)의 1-수준 모형을 전체자료 모형으로 전환하면 다음과 같다.

$$1\text{-수준 모형: } Y = Z\pi + e,\ \ e \sim N(0, \sigma^2 I) \tag{8-56}$$

여기서 Y는 $N\times 1$ 벡터이다. 식(8-56)의 구조를 이해하려면 설명변수 행렬인 Z의 구조를 이해하는 것이 중요하다. Z는 각 학급 내 개인별로 정의되는 행렬이고, 이 행렬의 종속변수에 대한 효과는 집단(학급)에 따라 독립적이라고 가정하므로, 전체적으로 부분대각행렬(block diagonal matrix)이며, Z_{jk}가 전체 행렬의 대각선을 차지하는 행렬이다.

$$Z = Diag(Z_{jk}) = \begin{bmatrix} Z_{11}, 0, \cdots\cdots\cdots \ 0 \\ 0, Z_{21}, 0, \cdots\cdots\cdots \ 0 \\ \cdots \\ \cdots \\ \cdots \\ 0, 0, \cdots\cdots\cdots \ Z_{JK} \end{bmatrix}$$

즉, Z는 $N \times (P\sum_{k=1}^{K} J_k)$의 행렬이며, 대각행렬을 차지하는 Z_{jk}는 $n_{jk} \times P$의 행렬이다. π는 $P\sum_{k=1}^{K} J_k \times 1$의 벡터이며, 이를 종속변수로 하는 2-수준 모형은 다음과 같다.

$$\text{2-수준 모형: } \pi = X\beta + r,\ \ r \sim N(0,\ T_\pi) \tag{8-57}$$

식(8-57)에서 π는 $P\sum_{k=1}^{K} J_k \times 1$의 벡터이다. X는 3-수준 집단별(예: 학교별)로 정의되는 설명변수 행렬이다. 3-수준 집단도 상호독립으로 가정하고, 회귀계수 β도 각 학교별로 다른 값을 가질 수 있다. 따라서 각 학교 내에서 정의되는 설명변수 행렬 X도 부분대각행렬을 갖는다. 2-수준 모형에서 π와 X의 행렬구조는 다음과 같다.

$$\pi = [\pi_{11}', \pi_{21}', \cdots, \pi_{J1}', \pi_{12}', \cdots, \pi_{J2}', \cdots\cdots, \pi_{JK}']'$$

$$X = Diag(X_{jk}) = \begin{bmatrix} X_{11}, 0,\ 0, \cdots\cdots\cdots\cdots\cdots\cdots \ 0 \\ 0,\ X_{21}, 0, \cdots\cdots\cdots\cdots\cdots\cdots \ 0 \\ \cdots \\ \cdots \\ \cdots \\ 0, \cdots\cdots\cdots\cdots\cdots\cdots\cdots \ X_{JK} \end{bmatrix}$$

위 식에서 π_{jk}는 공통적으로 $P \times 1$ 벡터이고, X의 대각선을 차지하는 X_{jk}는 $P \times \sum_{p=0}^{P-1} Q_p$의 행렬이다. 따라서 회귀계수 β는 $\sum_{p=0}^{P-1} Q_p \times 1$의 벡터이다. 식(8-57)의 오차항 r의 분산-공분산성분인 T_π도 부분대각행렬이며, 대각선을 차지하는 행렬 τ_{jk}는 각각 $r_1 \times r_1$의 행렬로서, 그 수는 $\sum_{k=1}^{K} J_k = G$개의 집단 수와 같다. 회귀계수 β는 각 학교에 따라 변산을 갖는 잠재변수이므로 학교수준의 설명변수 W와 구조적 관계를 가진다. 3-수준 모형의 일반식은 다음과 같다.

$$3\text{-수준 모형: } \beta = W\gamma + u, \ \ u \sim N(0, T_\beta) \tag{8-58}$$

이 모형에서 설명변수 행렬 W와 종속변수와의 구조적 관계를 정의하는 γ는 고정효과 모수이므로, 모든 3-수준 집단(학교)에 공통적이다. 따라서 3-수준 모형의 각 항은 다음 구조를 갖는다.

$$W = [\, W_1{}', W_2{}', \cdots, W_K{}' \,]'$$
$$\gamma = [\gamma_{000}, \cdots, \gamma_{S_{00}}, \gamma_{010}, \cdots, \gamma_{S_{01}}, \cdots, \gamma_{S_{PQ}}]'$$
$$u = [u_1, u_2, \cdots\cdots, u_K]'$$

여기서 W_k는 $\sum_{p=0}^{P-1} Q_p \times \sum_{p=0}^{P-1}\sum_{q=0}^{Q-1} S_{pq}$의 행렬이며, u_k는 $r_{2p} \times 1$의 벡터이다. 따라서 3-수준 오차항 u의 분산-공분산성분인 T_β는 $\sum_{p=0}^{P-1} r_{2p} \times \sum_{p=0}^{P-1} r_{2p}$의 부분대각행렬이다.

이제 식(8-56), 식(8-57), 식(8-58)을 통합하여 3-수준 다층모형의 단일식을 구성하면 다음과 같다.

$$Y = ZXW\gamma + ZXu + Zr + e \tag{8-59}$$

식(8-59)의 모든 행렬은 이미 정의한 바와 같다. 언급한 바와 같이 3-수준 다층모형은 일반베이스 선형모형의 특수한 형태로 이해할 수 있다. 즉, 식(8-14)의 일반혼합효과모형 $Y = A_1\theta_1 + A_2\theta_2 + e$와 식(8-59)를 비교하면 다음 항등식을 구성할 수 있다.

$$A_1 = ZXW, \theta_1 = \gamma, A_2 = [ZX|Z], \theta_2 = \begin{bmatrix} u \\ r \end{bmatrix}, e = e$$

아울러 $Var(\theta_1) = Var(\gamma) = \Gamma,\ Var(\theta_2) = \begin{bmatrix} T_\beta 0 \\ 0\ \ T_\pi \end{bmatrix}, \Psi = \sigma^2 I$ 이다.

위 항등식을 이용하면, 2-수준 다층모형의 경우와 마찬가지로 일반베이스선형모형의 추정이론을 3-수준 다층모형의 추정에 이용할 수 있다.

4) 3-수준 다층모형의 추정

다층모형의 추정이론과 방법을 효과적으로 습득하는 방법은 다층모형을 베이시안 혼합효과 선형모형의 특수한 형태로 파악하고, 경험적 베이스 추정이론에 따라 모수의 사후분포를 추정하는 EM 알고리즘의 전개과정을 이해하는 것이다. 3-수준 다층모형은 2-수준 다층모형을 동일한 논리로 확장한 것이므로, 추정방법도 기본논리는 동일하다.

(1) MLR 추정방법

EM 알고리즘의 MLR 추정방법을 3-수준 다층모형에 적용하려면, 2-수준 다층모형과 마찬가지로 3-수준 다층모형과 베이스 혼합효과선형모형의 동등성을 확인하는 것이 유용하다. 다음은 3-수순 다층모형을 베이스모형으로 표현한 것이다.

베이스 혼합효과선형모형:

$$Y = A\theta + e = A_1\theta_1 + A_2\theta_2 + e,\ \ e \sim N(0, \Psi)$$

$$A = [A_1 | A_2],\ \ \theta = \begin{bmatrix} \theta_1 \\ \theta_2 \end{bmatrix},\ \begin{bmatrix} \theta_1 \\ \theta_2 \end{bmatrix} \sim N\left(\begin{bmatrix} 0 \\ 0 \end{bmatrix}, \begin{bmatrix} \Gamma 0 \\ 0 \ \ T \end{bmatrix}\right)$$

3-수준 다층모형:

$$Y = ZXW\gamma + ZXu + Zr + e = A_1\theta_1 + A_2\theta_2 + e = A\theta + e \tag{8-60}$$

식(8-60)에서 혼합선형모형인 $Y = A_1\theta_1 + A_2\theta_2 + e$와는 다음 항등식이 성립한다.

$$A_1 = ZXW,\ A_2 = [A_2^{\dagger} \mid A_3^{\dagger}] = [ZX \mid Z],\quad \theta_1 = \gamma, \theta_2 = \begin{bmatrix} u \\ r \end{bmatrix}$$

또한 베이스 일반선형모형인 $Y = A\theta + e$와의 항등관계는 다음과 같다.

$$A = [A_1 \mid A_2^{\dagger} \mid A_3^{\dagger}] = [ZXW \mid ZX \mid Z],\ \theta = \begin{bmatrix} \theta_1 \\ \theta_2 \end{bmatrix} = \begin{bmatrix} \gamma \\ u \\ r \end{bmatrix} \tag{8-61}$$

3-수준 다층모형과 베이스 일반선형모형의 모수분포는 다음 항등식이 성립한다.

$$e \sim N(0, \Psi), \theta \sim N(0, \Omega) \tag{8-62}$$

$$\Psi = \sigma^2 I,\quad \Omega = \begin{bmatrix} \Gamma 0 \ 0 \\ 0 \ \ T_\beta 0 \\ 0 0 \ \ T_\pi \end{bmatrix}$$

이제 식(8-60), 식(8-61), 식(8-62)의 항등관계를 이용하면, 2-수준 다층모형의 추정방법에서 응용하였던 베이스 선형모형의 사후분포 추정이론을 적용할 수 있다. 우선 식(8-8)에서 베이스 일반선형모형의 사후분포는 $D_{\theta^*} = (\Omega^{-1} + A'\Psi^{-1}A)^{-1}$이었다. 이 항등관계를 적용하면, MLR 방법에서 3-수준 다층모형 모수의 사후분포 분산-공분산은 다음과 같다.

$$D_{\theta^*} = (\Omega^{-1} + A'\Psi^{-1}A)^{-1} = \sigma^2 \begin{bmatrix} A_1{}'A_1 + \sigma^2\Gamma^{-1} & A_1{}'A_2^\dagger, & A_1{}'A_3^\dagger \\ A_2^{\dagger\prime}A_1 & A_2^{\dagger\prime}A_2^{\dagger\prime} + \sigma^2\tau_\beta^{-1} & A_2^{\dagger\prime}A_3^\dagger \\ A_3^{\dagger\prime}A_1 & A_3^{\dagger\prime}A_2^\dagger & A_3^{\dagger\prime}A_3^\dagger + \sigma^2\tau_\pi^{-1} \end{bmatrix}$$

$$= \sigma^2 \begin{bmatrix} A & B \\ B' & C \end{bmatrix} = \sigma^2 \begin{bmatrix} V_{11} & V_{12} \\ V_{21} & V_{22} \end{bmatrix} \quad (8\text{-}63)$$

여기서 $A = A_1{}'A_1 + \sigma^2\Gamma^{-1}$, $B = [A_1{}'A_2^\dagger \mid A_1{}'A_3^\dagger]$,

$$C = \begin{bmatrix} A_2^{\dagger\prime}A_2^\dagger + \sigma^2\tau_\beta^{-1} & A_2^{\dagger\prime}A_3^\dagger \\ A_2^{\dagger\prime}A_2 & A_3^{\dagger\prime}A_3^\dagger + \sigma^2\tau_\pi^{-1} \end{bmatrix}$$

이다. 이제 식(8−63)에서 등호의 끝에 있는 행렬을 구하는 방법은 분할행렬의 역행렬을 구하는 정리를 이용하면 된다. 즉,

$$V_{11} = (A - BC^{-1}B')^{-1}, V_{12} = V_{11}BC^{-1},\ V_{21} = V_{12}{}' \quad (8\text{-}64)$$

$$V_{22} = C^{-1} + C^{-1}B'V_{11}BC^{-1}$$

이다. 식(8−64)에서 C 행렬은 2×2 분할행렬이므로, 역행렬의 정리를 C^{-1}에 한 번 더 적용하면 3−수준 다층모형 모수의 사후 분산−공분산 추정량에 도달할 수 있다.

식(8−63)의 D_{θ^*}가 구해지면 3−수준 다층모형 모수의 사후평균은 다음 식으로 구할 수 있다.

$$\theta^* = \begin{bmatrix} \gamma^* \\ u^* \\ r^* \end{bmatrix} = D_{\theta^*}A'\Psi^{-1}Y \quad (8\text{-}65)$$

여기서 모든 항을 식(8−61)부터 식(8−64)에 이르는 결과물로 대입하면, MLR 방법에 의한 3−수준 다층모형 모수의 사후평균 $\theta^* = [\gamma^{*\prime}\ u^{*\prime}\ r^{*\prime}]'$을 구할 수 있다.

- E–단계와 M–단계: EM 알고리즘의 MLR 추정방법에서 3–수준 다층모형의 무선효과인 분산–공분산성분을 추정하기 위한 E–단계와 M–단계를 적용하는 원리는 2–수준 다층모형의 MLR 방법과 동일하다. 즉, 식(8–44)와 식(8–45)의 과정이 동일하게 적용된다. 다만 식(8–61)과 식(8–62)에 제시된 3–수준 다층모형과 베이스 혼합선형모형과의 동등성을 확인하여 적절히 대체하는 작업이 요구된다.

(2) MLF 추정방법

3–수준 다층모형의 모수추정에 MLR 방법을 적용하는 것은 현실적으로 계산부담이 과중되므로 보다 간편한 MLF 방법을 적용하는 것이 현실적일 수 있다. 이미 언급한 바와 같이 MLF 방법은 분산–공분산성분에 대한 완전정보최대우도추정 값(FIML estimates)을 제공하므로 모형의 추정에 충분한 자료가 주어진다면 MLF 방법이 추천된다. 실제로 상용화된 프로그램은 3–수준 다층모형의 추정에서 MLF 방법을 사용한다.

MLF 방법에서 3–수준 다층모형을 추정하는 원리는 지금까지 서술한 바와 같이 베이스 혼합선형모형의 추정이론을 적용하는 것이다. 식(8–60)의 모형에서 출발하면 MLF 방법을 적용하기 위한 3–수준 다층모형은 다음과 같이 베이스 혼합선형모형으로 전환된다.

$$d = ZXu + Zr + e = A_2\theta_2 + e \tag{8-66}$$

여기서 $d = Y - ZXW\gamma$, $A_2 = [ZX|Z] = [A_2^{\dagger}|A_3^{\dagger}]$, $\theta_2 = \begin{bmatrix} u \\ r \end{bmatrix} = \begin{bmatrix} \theta_2^{\dagger} \\ \theta_3^{\dagger} \end{bmatrix}$ 이다. 모형의 무선효과 모수의 분포가정은 $e \sim N(0, \Psi), \theta_2 \sim N(0, \Omega)$이며, 여기서

$$\Psi = \sigma^2 I, \quad \Omega = \begin{bmatrix} \tau_\beta & 0 \\ 0 & \tau_\pi \end{bmatrix}$$

이다. MLF 방법에서 사후분포 추정을 위한 관찰자료와 모수의 결합분포는 식(8–49)

를 응용한 결과이다.

$$\begin{bmatrix} d \\ \theta_2^{\dagger} \\ \theta_3^{\dagger} \end{bmatrix} \sim N\left(\begin{bmatrix} 0 \\ 0 \\ 0 \end{bmatrix}, \begin{bmatrix} A_2^{\dagger}\tau_\beta A_2^{\dagger\prime} + A_3^{\dagger}\tau_\pi A_3^{\dagger\prime} + \Psi & A_2^{\dagger}\tau_\beta & A_3^{\dagger}\tau_\pi \\ \tau_\beta A_2^{\dagger\prime} & \tau_\beta & 0 \\ \tau_\pi A_3^{\dagger\prime} & 0 & \tau_\pi \end{bmatrix}\right) \quad (8\text{-}67)$$

식(8−67)에서 $\theta_2^{\dagger} = u$와 $\theta_3^{\dagger} = r$의 사후분포는 식(8−50)의 정리를 적용하면 구할 수 있다. 즉, $\theta_2^* = C^{-1}A_2{}'d = C^{-1}A_2{}'(Y - A_1\theta_1)$;

$D_{\theta_2^*} = \sigma^2 C^{-1} = \sigma^2(A_2{}'A_2 + \sigma^2 T^{-1})^{-1}$ 두 식에서

$d = Y - ZXW\gamma$, $A_2 = [ZX|Z] = [A_2^{\dagger}|A_3^{\dagger}]$, $Var(u) = \tau_\beta$, $Var(r) = \tau_\pi$를 적용하고, C 행렬은 다음 식을 적용한다.

$$C = [A_2{}'A_2 + \sigma^2 T^{-1}] = \begin{bmatrix} A_2^{\dagger\prime}A_2^{\dagger} + \sigma^2\tau_\beta^{-1} & A_2^{\dagger\prime}A_3^{\dagger} \\ A_3^{\dagger\prime}A_2^{\dagger} & A_3^{\dagger\prime}A_3^{\dagger} + \sigma^2\tau_\pi^{-1} \end{bmatrix}$$

따라서 모수 θ_2의 사후분포 분산−공분산과 평균은 다음 식을 전개하여 추정할 수 있다.

$$D_{\theta_2^*} = \sigma^2\begin{bmatrix} A_2^{\dagger\prime}A_2^{\dagger} + \sigma^2\tau_\beta^{-1} & A_2^{\dagger\prime}A_3^{\dagger} \\ A_3^{\dagger\prime}A_2^{\dagger} & A_3^{\dagger\prime}A_3^{\dagger} + \sigma^2\tau_\pi^{-1} \end{bmatrix}^{-1} \quad (8\text{-}68)$$

$$\theta_2^* = \begin{bmatrix} u^* \\ r^* \end{bmatrix} = \begin{bmatrix} A_2^{\dagger\prime}A_2^{\dagger} + \sigma^2\tau_\beta^{-1} & A_2^{\dagger\prime}A_3^{\dagger} \\ A_3^{\dagger\prime}A_2^{\dagger} & A_3^{\dagger\prime}A_3^{\dagger} + \sigma^2\tau_\pi^{-1} \end{bmatrix}^{-1}\begin{bmatrix} A_2^{\dagger\prime} \\ A_3^{\dagger\prime} \end{bmatrix}(Y - A_1\theta_1) \quad (8\text{-}69)$$

MLF 방법에서 모수 θ_2의 사후분포가 결정되면, E−단계에서 분산−공분산성분의 완전자료 충분통계량을 기댓값으로 산출하고, M−단계에서 최대우도추정을 하여 분산−공분산성분인 $\hat{\sigma}^{2i}$, $\hat{\tau}_\beta^i$, $\hat{\tau}_\pi^i$ 값을 추정하고, 이 값에 기초하여 고정효과 모수 $\hat{\theta}_1^i$를 다음

식으로 구한다.

$$\hat{\theta}_1^{i+1} = [A_1{}'A_1]^{-1}A_1{}'(Y - A_2^{\dagger}\theta_2^{\dagger i} - A_3^{\dagger}\theta_3^{\dagger i}) \tag{8-70}$$

다음 과정은 모수 θ_2의 사후분포 추정, E-단계에서 무선효과 모수의 충분통계량 추정, M-단계에서 최대우도추정, 마지막으로 우도함수값을 반복 비교하여 수렴한 모수값을 최대우도추정 값으로 결정한다.

---

1) BMDP는 BioMeD Program의 약어이며, 캘리포니아 대학교 생명통계학자들이 1961년에 개발한 무료 통계프로그램이다. 이는 당시에 가장 최신의 추정이론을 반영한 통계패키지였으나, 1984년에 Statistical Solutions에서 인수하여 유료프로그램이 되었다.

2) 확률을 상대도수로 파악하는 관점에 기초한 통계학으로, 상대도수파(relative frequentists) 통계학이라고도 한다. 이 관점에서 알려지지 않은 모수 θ는 모집단에 고정된 값이며, 이를 무수히 반복추정하면, 추정 값 $\hat{\theta}$는 표집분포(sampling distribution)를 갖는다. 표집분포에서의 분산 $Var(\hat{\theta})$을 활용하여 검정통계량을 산출하고 가설검정이 가능해진다.

3) 모수 θ는 모집단에서 알려지지 않은 값이므로, 연구자가 확보한 표본자료와 모수에 대한 사전정보(the prior distribution)에 근거해서 산출한 사후분포(the posterior distribution)에서 모수를 추정해야 한다는 관점이다. 따라서 베이시안 통계학에서는 모든 모수가 무선효과로 간주되며, 무선효과 모수의 분포는 상위의 또 다른 모수(hyper parameter)의 영향을 받는다.

4) 로덴부시와 브리크는 린들리와 스미스의 연구업적을 존중하고 기억하기 위하여 그들의 통계프로그램에 HLM(Hierarchical Linear Model)의 명칭을 사용하였다.

5) EM 알고리즘은 결측이 '무선결측'(missing at random) 혹은 '완전무선결측'(missing at completely random)을 가정한다. 무선결측은 결측이 발생된 정보를 조건화(conditioning)한 후의 경우 결측된 값이 무선임을 가정한다. 반면에 완전무선결측은 결측이 발생하는 조건과 결측된 값이 모두 무선이다.

참고문헌

강상진(1995). 다층통계모형의 방법론적 특성과 활용방법. 교육평가연구, 8(2), 63-94.

강상진(1998). 교육 및 사회연구를 위한 연구방법으로서 다층모형과 전통적 선형모형과의 비교분석 연구. 교육평가연구, 11(1), 207-258.

강상진(2010). 5 · 31 교육개혁 이후의 학교교육격차 추세 분석: 1995~2010 수능자료 분석. 교육과학기술부 정책연구보고서.

강상진(2014). 사회과학 연구를 위한 실험설계와 분산분석. 파주: 교육과학사.

강상진(2014). 영유아 행동의 성작곡선추정에 미치는 측정의 오차 영향: 잠재특성모형과 관찰점수 모형의 비교. 최윤경(편), 한국아동패널 2014 심층분석연구: 한국육아정책연구소 연구보고 2014-33(pp. 21-56). 서울: 육아정책연구소.

강상진, 김두진(2015). 연세대학교 입학전형방법에 대한 학교교육 및 사교육 영향 평가연구. 연세대학교 입학처 연구보고서. 2015. 1.

강상진, 김양분, 윤종혁, 류한구, 장원섭, 김주아, 장지현, 남궁지영, 남명호(2005). 고교 평준화 정책 효과의 실증 분석 연구: 한국교육개발원 연구보고 RR2005-02.

강상진, 김현주(2001). 학교효과의 측정과 학교평가방법 비교 분석. 교육학연구, 39(3), 1-26.

강상진, 남궁지영(2005). 유아교육기관 평가를 위한 통계적 접근 방법. 한국교육, 32(4), 143-168.

강상진, 이명애(2002). 비선형 다층모형에 의한 검사 문항반응 분석방법. 교육평가연구, 15(1), 273-294.

강상진, 이영, 주은희, 남궁지영(2004). 유치원과 어린이 집의 교육효과 비교. 유아교육연구, 24(4), 119-140.

강상진, 이종성(1998). 중등학교 사회적 환경개발의 조건요인 탐색: 다층모형에 의한 분석. 성곡논총, 29집, 3권, 1-94.

강상진, 전민정(2006). 평준화와 비평준화 지역 간 중학생의 자아존중감 차이: 자아존중감이 가계소득 및 성적수준과 갖는 구조적 관계를 중심으로. 교육학 연구, 44(4), 195-221.

강상진, 정혜경(2002). 다층모형에서 예측변수 척도의 중심점 교정과 모수 추정치의 변화. 교육평가연구, 15(2), 21-42.

강상진, 차인숙, 김성연(2009). 학교교육의 책무성 제고를 위한 학교평가지수 산출모형 비교: 학업성취도를 중심으로. 교육평가연구, 22(1), 79-106.

강상진, 황정원(2010). 학교책무성 체제에서 학업성취도에 기초한 학교성과지표는 중등학교 학교평가 지표로서 적합한가?: 학교효과 이론에 의한 타당도 검증. 교육학연구, 48(1), 23-52.

강창덕(2014). 통근 네트워크 중앙성 분석과 주거용 토지가격 효과 연구. 서울도시연구, 15(2), 29-48.

강창덕(2014). 토지이용 접근성과 중심성의 토지가격 효과 연구. 서울도시연구, 15(3), 19-40.

김경근(2009). 사교육비의 지출 실태와 추이. 통계개발원(편), 한국의 사회동향(pp. 76-82). 대전: 통계청.

김경성(1991). 다층자료 분석에 관한 연구: 분석방법의 고찰. 교육평가연구, 4(1), 5-21.

김경희, 시기자, 김미영, 옥현진, 임해미, 김선희, 정송, 정지영, 박희재(2010). OECD 학업성취도 국제비교 연구(PISA 2009) 결과 보고서. 한국교육과정평가원 연구보고 RRE 2010-4-2.

김경희, 임현정(2008). 3-수준 다층모형을 활용한 교육맥락변인의 효과 분석. 교육평가연구, 21(3), 145-171.

김기석, 강상진, 김성식(2010). 고교평준화 정책 효과 실증 검토. 서울: 교육과학사.

김기헌, 민수홍(2006). 청소년 비행 및 범죄 응답 패턴에 대한 종단분석. 한국청소년개발원 연구보고 06-R01-3.

김성식(2010). 수능성적에 대한 지역 여건의 영향력 분석. 교육사회학연구, 20(2), 53-75.

김성식, 김양분, 강상진, 김현철, 신종호(2007). 한국교육종단연구 2005(III): 기초분석보고서. 한국교육개발원 연구보고 RR2007-20-01.

김세원(2009). 지역사회 특성이 청소년의 심리사회적 적응에 미치는 영향: 3-수준 다층성장모형을 적용하여. 한국아동복지학, 28, 101-135.

김아영(2010). 자기결정성 이론과 현장적용연구. 교육심리연구, 24(3). 583-609.

김양분, 강상진, 유한구, 남궁지영(2003). 학교교육 수준 및 실태 분석 연구: 고등학교. 한국교육개발원 연구보고 RR2003-16.

김양분, 김미숙, 유한구, 남궁지영(2004). 학교교육 수준 및 실태 분석 연구: 중학교. 한국교육개발원 연구보고 RR2004-3.

김양분, 김성식, 박성호, 민병철, 강상진, 김현철, 신종호(2006). 한국교육종단연구 2005(II). 한국교육개발원 연구보고 RR2006-22.

김양분, 현주, 유한구, 남궁지영, 김정아(2005). 학교 교육 수준 및 실태 분석 연구: 중학교. 한국교육개발원 연구보고 RR2005-14.

김준엽(2010). 대규모 학업성취도 평가자료를 활용한 학교 부가가치 추정모형의 비교. 교육평가연구, 23(1), 101-124.

김태형, 권세원, 이윤진(2012). 서울시민의 개인 및 지역 효과에 의한 건강불평등. 서울도시연구, 13(3), 15-35.

류한구, 김양분, 현주, 김일혁, 강상진, 김현철, 박성호, 민병철(2005). 한국교육종단연구 2005(I): 예비조사 보고서. 한국교육개발원 연구보고 RR2005-18.

서영석, 조화진, 조민아, 김민선, 최바올, 고은영, 안하얀, 백근영, 최영희, 석분옥, 이정선, 민경화, 김효주, 박준호(2012). 상담자 즉시성이 상담회기평가 및 작업동맹에 미치는 영향: 회기-내담자-상담자 3-수준 다층모형 검증. 한국심리학회지: 상담 및 심리치료, 24(4), 753-780.

성낙일, 홍성우(2008). 우리나라 사교육비 결정요인 및 경감대책에 대한 실증분석. 응용경제, 10(3), 183-212.

오유경, 강상진(2014). 부가가치 모형의 명세화 방법에 따른 추정치 간 합치도 및 추정량의 효율성 비교. 교육학 연구, 27(3), 617-639.

오호영(2011). 누가, 왜 사교육을 받는가. The HRD Review, Autumn, 151-174.

이명애, 강상진(2003). 다층문항반응모형에 의한 검사 문항반응 분석: 3-수준 비선형다층모형의 응용. 교육평가연구, 16(1), 19-38.

이병훈, 이상호(2011). 서비스노동 유형별 직무스트레스의 발생메커니즘에 관한 연구. 산업관계연구, 21(1), 65-93.

이용상, 강상진(2007). 모의실험을 통한 다층성장모형의 고정효과 모수 추정량 양호도 비교: 2-Level HLM과 3-Level HLM 비교. 교육평가연구, 20(4), 139-162.

이은지, 전혜정(2015). 일상생활수행 의존도가 중 · 고령자 우울에 미치는 종단적 영향: 부부관계 만족도의 조절효과. 가족과 문화, 27(1), 48-68.

임시혁(2002). 다층모형을 이용한 발달연구의 횡단적 접근. 교육평가연구, 15(1), 295-315.

임시혁(2006). 발달연구의 횡단적 접근법에서 평균성장형태의 탐색. 교육평가연구, 19(1), 101-120.

임향, 오다영, 오진경, 정수진, 최승원(2014). 다층모형을 통한 청소년기 우울의 예측 요인과 궤적에 대한 단기 종단연구. 한국심리학회 학술대회 자료집, 2014(1), 124-124.

임현정(2006). 수능모의고사를 이용한 학업성취도의 종단적 분석 모형 탐색. 교육평가연구, 19(2), 281-300.

전민정, 강상진(2005). 다층자료의 구조적 특성에 따른 다층모형의 모수 추정 비교-2-level HLM, 3-level HLM, CMM 방법의 비교. 교육평가연구, 18(2), 123-148.

정선영, 강상진(2013). 교차분류 다층자료에 대한 모형의 명세화 오류가 모수 추정량의 편의에 미치는 영향: 몬테카를로 시뮬레이션 연구. 교육평가연구, 26(4), 845-874.

조성철, 임업(2010). 인적자본 외부효과가 임금수준에 미치는 영향: 위계적 선형모형의 응용. 국토연구, 65(2), 41-52.

조성철, 임업(2012). 지식외부효과가 임금 수준에 미치는 영향. 국토연구, 73(2), 245-260.

통계청(2012). 한국의 사회동향 2011. 대전: 통계청.

한국청소년정책연구원(2003). 한국 청소년 패널조사(KYPS) 조사개요 보고서. 한국청소년정책연구원 연구보고 03-R15.

Addelman, S. (1970). Variability of treatments and experimental units in the design and analysis of experiments. *Journal of the American Statistical Association, 65*(331), 1095-1108.

Aitkin, M., & Longford, N. (1986). Statistical modelling issues in school effectiveness studies. *Journal of the Royal Statistical Society, Series A (General), 149*(1), 1-43.

Aitkin, M., Anderson, D., & Hinde, J. (1981). Statistical Modelling of Data on Teaching Styles. *Journal of the Royal Statistical Society, Series A (General), 144*(4), 419–461.

Algina, J., & Swaminathan, H. (2011). Centering in two-level nested designs. In J. J. Hox & J. K. Roberts (Eds.), *Handbook of Advanced Multilevel Analysis* (pp. 285–312). New York: Routledge.

Allen, M. J., & Yen, W. M. (2001). *Introduction to measurement theory*. Long Grove, IL: Waveland.

Anderson, D. A., & Aitkin, M. (1985). Variance components models with binary response: Interviewer variability. *Journal of the Royal Statistical Society, Series B (Methodological), 47*(2), 203–210.

Baker F. (1985). *The Basics of Item Response Theory*. Portsmouth, NH: Heinemann.

Ballou, D., Sanders, W., & Wright, P. (2004). Controlling for Student Background in Value-Added Assessment of Teachers. *Journal of Educational and Behavioral Statistics, 29*(1), 37–65.

Bartlett, M. S., & Kendall, D. G. (1946). The statistical analysis of variances – heterogeneity and the logarithmic transformation. *Journal of the Royal Statistical Society, Supplement 8*, 128–138.

Belsley, D. A., Kuh, E. D., & Welsch, R. E. (1980). *Regression diagnostics*. New York: John Wiley & Sons.

Breslow, N. E., & Clayton, D. G. (1993). Approximate inference in generalized linear mixed models. *Journal of the American Statistical Association, 88*(421), 9–25.

Brookover, W., Beady, C., Flood, P., Schweitzer, J., & Wisenbaker, J. (1979). *School social systems and student achievement: schools can make a difference*. New York: Praeger.

Brophy, J. E., & Good, T. L. (1986). Teacher behavior and student achievement. In M. C. Wittrock, (Ed.). *Handbook of research on teaching* (3rd. ed., pp. 328–374). Washington, DC: American Educational Research Association.

Bryk, A. S., & Driscoll, M. E. (1988). *The high school as community: Contextual influences and consequences for students and teachers*. Madison. WI: National Center on Effective Secondary Schools.

Bryk, A. S., & Raudenbush, S. W. (1989). Methodology for cross-level organizational research. *Research in the Sociology of Organizations, 7*, 233–273.

Bryk, A. S., & Raudenbush, S. W. (1992). *Hierarchical linear models: Applications and data analysis methods*. Newbury Park, CA: Sage.

Burstein, L. (1980a). The analysis of multilevel data in educational research and evaluation. *Review of Research in Education, 8*, 158–233.

Burstein, L. (1980b). The role of levels of analysis in the specification of educational effects. In R. Dreeben & J. A. Thomas (Eds.), *The analysis of educational productivity, Vol. 1: Issues in microanalysis* (pp. 119–190). Cambridge, MA: Balinger.

Burstein, L., & Miller. M. D. (1980). Regression–based analysis of multi–level educational data. *New Directions for Methodology of Social and Behavioral Sciences, 6*, 194–211.

Burstein, L., Linn, R. L., & Capell, F. J. (1978). Analyzing multilevel data in the presence of heterogeneous within–class regressions. *Journal of Educational and Behavioral Statistics, 3*(4), 347–383.

Callender, J. (2004). Value–added assessment, *Journal of Educational and Behavioral Statistics: Value–Added Assessment Special Issue, 29*(1), 5–6.

Campbell, D. T., Stanley, J. C., & Gage, N. L. (1963). *Experimental and quasi–experimental designs for research* (No. 04; Q175, C3.). Boston, MA: Houghton Mifflin.

Cohen, J., Cohen, P., West, S. G., & Aiken, L. S. (2003). *Applied multiple regression/ correlation analysis for the behavioral sciences* (3rd ed.). Mahwah, NJ: Lawrence Erlbaum Associates.

Collins, L. M., & Sayer, A. G. (2000). Modeling growth and change processes: Design, measurement, and analysis for research in social psychology. In C. M. Judd & H. T. Reis (Eds.), *Handbook of Research Methods in Social and Personality Psychology* (pp. 478–495). New York: Cambridge University Press.

Conaway, M. R. (1989). Analysis of repeated categorical measurements with conditional likelihood methods. *Journal of the American Statistical Association, 84*(405), 53–62.

Cook, T. D., & Campbell, D. T. (1979). *Quasi–experimentation: Design and analysis issues for field settings*. Boston, MA: Houghton Mifflin.

Cooley, W. W., Bond, L., & Mao, B. (1981). Analyzing multilevel data. In R. A. Berk (Ed). *Educational evaluation methodology: The state of the art* (pp. 64–83). Baltimore, MD: Johns Hopkins University Press.

Cronbach, L. J. (1975). Beyond the two disciplines of scientific psychology. *American Psychologist, 30*, 116–127.

Cronbach, L. J. (1976). Research on classrooms and schools: Formulation of questions, design, and analysis. Occasional paper of the Stanford Evaluation Consortium.

Cronbach, L. J., & Webb, N. (1975). Between–class and within–class effects in a reported aptitude X treatment interaction: Reanalysis of a study by G. L. Anderson. *Journal of Educational Psychology, 67*(6), 717–724.

De Leeuw, J., & Kreft, I. G. G. (1986). Random coefficient models for multilevel analysis. *Journal of Educational Statistics, 11*(1), 57–85.

De Leeuw, J., & Meijer, E. (2007). *Handbook of multilevel analysis*. New York: Springer.

Deci, E., & Ryan, R. (Eds.), (2002). *Handbook of self–determination research*. Rochester, NY: University of Rochester Press.

Dempster, A. P., Laird, N. M., & Rubin, D. B. (1977). Maximum likelihood from incomplete data via the EM algorithm. *Journal of the Royal Statistical Society, Series B, 39*(1), 1–38.

Dempster, A. P., Laird, N. M., & Rubin, D. B. (1977). Maximum likelihood from incomplete data via the EM algorithm. *Journal of the Royal Statistical Society. Series B (methodological), Vol. 39*, No. 1, 1–38.

Dempster, A. P., Rubin, D. B., & Tsutakawa, R. D. (1981). Estimation in covariance components models, *Journal of the American Statistical Association, 76*(374), 341–353.

Draper, N. R., & Smith, H. (1966). *Applied regression analysis*. New York: John Wiley & Sons.

Entwisle, B., Mason, W. M., & Hermalin, A. I. (1986). The multilevel dependence of contraceptive use on socioeconomic development and family planning program strength. *Demography, 23*(2), 199–216.

Figlio, D. N., & Ladd, H. F. (2008). School Accountability and Student Achievement. In H. F. Ladd & E. B. Fiske (Eds.). *Handbook of Research in Education Finance and Policy*. New York: Routledge.

Gibbons, R. D., & Bock, R. D. (1987). Trend in correlated proportions. *Psychometrika, 52*(1), 113–124.

Glass, G. V., & Hopkins, K. D. (1970). *Statistical methods in education and psychology*. Englewood Cliffs, NJ: Prentice–Hall.

Glass, G. V., & Stanley, J. C. (1970) *Statistical methods in educational and psychology*. Englewood Cliffs, NJ: Prentice Hall.

Glass, G. V., Peckham, P. D., & Sanders, J. R. (1972). Consequences of failure to meet assumptions underlying the fixed effects analyses of variance and covariance. *Review of educational research, 42*(3), 237–288.

Goldstein H. (1995). *Multilevel statistical models*. London: Edward Arnold.

Goldstein, H. (1986). Multilevel mixed linear model analysis using iterative generalized least squares. *Biometrika, 73*(1), 43–56.

Goldstein, H. (1987). *Multilevel models in Educational and Social Research*. New York: Oxford University Press.

Goldstein, H. (1989). Restricted unbiased iterative generalised least squares estimation. *Biometrika, 76*(3), 622–623.

Goldstein, H. (1991). Nonlinear multilevel models with an application to discrete response data. *Biometrika, 78*(s1), 45–51.

Goldstein, H. (2003). *Multilevel statistical models* (3rd ed.). London: Edward Arnold.

Goldstein, H. (2011). *Multilevel statistical models: Vol. 922*. New York: John Wiley & Sons.

Hambleton, R. K., & Swaminathan, H. (1985). A look at psychometrics in the Netherlands. Paper presented at the Joint Annual Meetings of the American Educational Research Association and the National Council on Measurement in Education, Chicago, IL.

Harrell, F. E. (2001). *Regression modeling strategies with applications to linear models, logistic regression, and survival analysis*. New York: Springer-Verlag.

Harville, D. A. (1977). Maximum likelihood approaches to variance component estimation and to related problems. *Journal of American Statistical Association, 72*(358), 320-338.

Hedeker, D., & Gibbons, R. D. (1994). A random-effects ordinal regression model for multilevel analysis. *Biometrics, 50*(4), 933-944.

Hedeker, D., & Gibbons, R. D. (1996). MIXOR: A computer program for mixed-effects ordinal regression analysis. *Computer methods and programs in biomedicine, 49*(2), 157-176.

Hedges, L. V. (1982). Fitting continuous models in effect size data. *Journal of Educational Statistics, v. 7*, n.4, 245-270.

Holland, P. W. (1986). Statistics and causal inference. *Journal of the American Statistical Association, 81*(396), 945-960.

Hopkins, K. (1982). The unit of analysis: group means versus individual observations. *American Educational Research Journal, 19*(1), 5-18.

Hosmer, D. W., & Lemeshow, S. (1989). *Applied logistic regression*. New York: John Wiley & Sons.

Hox, J. J. (2002). *Multilevel analysis: Techniques and applications*. Mahwah, NJ: Lawrence Erlbaum Associates.

Huttenlocher, J., Haight, W., Bryk, A., Seltzer, M., & Lyons, T. (1991). Early vocabulary growth: Relation to language input and gender. *Developmental Psychology, 27*(2), 236-248.

James, W., & Stein, C. (1961). Estimation with quadratic loss. In L. Berkeley (Ed.), *Proceedings of the fourth Berkeley symposium on mathematical statistics and probability* (pp. 361-379). CA: University of California Press.

Jayasinghe, U. W., Marsh, H. W., & Bond, N. (2003). A multilevel cross-classified modeling approach to peer review of grant proposals: The effects of assessor and researcher attributes on assessor ratings. *Journal of the Royal Statistical Society: Series A, 166*, 279-300.

Jeon, M., Rijmen, F., & Rabe-Hesketh, S. (2013). Modeling differential item functioning using a generalization of the multiple-group difactor model. *Journal of Educational and Behavioral Statistics, 38*, 32-60.

Kamata, A. (2001). Item analysis by the hierarchical generalized linear model. *Jounal of Educational Measurement, 38*, 79-93.

Kamata, A., & Vaughn, B. K. (2011). Multilevel IRT modeling. In J. J. Hox & J. K. Roberts (Eds.), *Handbook of Advanced Multilevel Analysis* (pp. 41-57). New York: Routledge.

Kang, S. J. (1992). A crossed multilevel model for educational research. paper presented at the Annual Meeting of American Educational Research Association, April, Chicago, IL.

Kang, S. J. (2006). A logistic crossed multilevel model for analyzing data with binary outcomes. *Journal of Educational Evaluation, 19*(2), 301–322.

Kang, S. J., Rowan, B. P., & Raudenbush, S. W. (2004). Estimating the effects of academic departments on organic design in high schools: A crossed–multilevel analysis. In W. Hoy & C. Miskel (Eds.), *Educational Administration, Policy, and Reform: Research and Measurement* (pp. 123–152). Greenwich, CN: Information Age Publishing.

Kish, L. (1965). Sampling organizations and groups of unequal sizes. *American Sociological Review*, 564–572.

Knapp, T. R. (1977). The unit of analysis problem in applications of simple correlation research. *Journal of Educational Statistics, 2*(3), 171–186.

Kreft, I. G. G., & De Leeuw, J. (1998). *Introducing multilevel modeling*. Newbury Park, CA: Sage.

Kreft, I. G. G., de Leeuw, J., & Aiken, L. S. (1995). The effect of different forms of centering in hierarchical linear models. *Multivariate Behavioral Research, 30*(1), 1–21.

LaMotte, L. R. (1973). Quadratic estimation of variance components. *Biometrics, 29*, 311–330.

Laird, N. M., & Ware, J. H. (1982). Random–effects models for longitudinal data. *Biometrics, 38*(4), 963–974.

Lange, N., & Ryan, L. (1989). Assessing normality in random effects models. *Annals of Statistics, 17*, 624–642.

Langford, I. H., & Lewis, T. (1998). Outliers in mutilevel data. *Journal of the Royal Statistical Society: Series A, 161*, 121–160.

Lewis, T., & Langford, I. (2001). Outliers, robustness and the detection of discrepant data. In A. Leyland & H. Goldstein (Eds.), *Multilevel modelling of health statistics*. New York: John Wiley & Sons.

Lindley, D. V., & Smith, A. F. (1972). Bayes estimates for the linear model, *Journal of the Royal Statistical Society, Series B (Methodological), 34*(1), 1–41.

Lindquist, E. F. (1940). *Statistical analysis in educational research*. Boston, MA: Houghton Mifflin.

Linn, R. L. (1998). Assessments and accountability. (CRESST/University of Colorado at. Boulder, CSE Technical Report 490).

Littell, R., Milliken, G., Stroup, W., Wolfinger, R., & Schabenberger, O. (2007). *SAS for mixed models* (2nd ed.). Wake County, NC: SAS Institute.

Longford, N. T. (1988). A quasi–likelihood adaptation for variance component analysis. Proceedings of the Section on Statistical Computing of the American Statistical Association.

Longford, N. T. (1993). *Random coefficient models*. Oxford: Clarendon.

Longford, N. T. (1994). Logistic regression with random coefficients. *Computational Statistics and Data Analysis*, 17(1), 1–15.

Luo, W., & Azen, R. (2013). Determining predictor importance in hierarchical linear models using dominance analysis. *Journal of Educational and Behavioral Statistics, 38*(1), 3–31.

Luo, W., & Kwok, O. (2009). The impacts of ignoring a crossed factor in analyzing cross–classified data. *Multivariate Behavioral Research, 44*(2), 182–212.

Mason, W. M., Wong, G. Y., & Entwisle, B. (1983). Contextual analysis through the multilevel linear model. In S. Leinhardt (Ed.), *Sociological Methodology* (pp. 72–103). San Francisco, CA: Jossey–Bass.

McCaffrey, D. F., Lockwood, J. R., Koretz, D., Louis, T. A., & Hamilton, L. (2004). Models for value–added modeling of teacher effects. *Journal of Educational and Behavioral Statistics, 29*(1), 67–101.

McCullagh, P., & Nelder, J. A. (1989). *Generalized linear models.* London: Chapman & Hall.

McNemar, Q. (1940). Sampling in psychological research. *Psychological Bulletin, 37*(6), 331–365.

Meyers, J. (2004). The impact of the inappropriate modeling of cross–classified data structures. unpublished Ph. D. dissertation, Austin, TX: University of Texas.

Morris, C. N. (1983). Parametric empirical Bayes inference: theory and applications. *Journal of the American Statistical Association, 78*(381), 47–55.

NAYEC (1998). *Accreditation Criteria and Procedures.* Washington, DC: NAYEC.

Noortgate, W. V., Boeck, P. D., & Meulders, M. (2003). Cross–classification multilevel logistic models in psychometrics. *Journal of Educational and Behavioral Statistics, 28*(4), 369–386.

Page, E. B. (1975). Statistically recapturing the richness within the classroom. *Psychology in the Schools, 12*(3), 339–344.

Pallas, A. (1988). School climate in American high schools. *The Teachers College Record, 89*(4), 541–554.

Pinheiro, J. C., & Bates, D. M. (1995). Approximations to the log–likelihood function in the nonlinear mixed–effects model. *Journal of Computational and Graphical Statistics, 4*(1), 12–35.

Porter, A. C., & Raudenbush, S. W. (1987). Analysis of covariance: Its model and use in psychological research. *Journal of Counseling Psychology, 34*(4), 383–392.

Rabe–Hesketh, S., Skrondal, A., & Pickles, A. (2004). Generalized multilevel structural equation modeling. *Psychometrika, 69*(2), 167–190.

Rasbash, J., & Goldstein, H. (1994). Efficient analysis of mixed hierarchical and cross–classified random structures using a multilevel model. *Journal of Educational and Behavioral Statistics, 19*(4), 337–350.

Raudenbush, S. W. (1988). Educational applications of hierarchical linear models: A review. *Journal of Educational and Behavioral Statistics, 13*(2), 85–116.

Raudenbush, S. W. (1989). "Centering" predictors in multilevel analysis: Choices and consequences.

Multilevel Modeling Newsletter, 1(2), 10-12.

Raudenbush, S. W. (1993). A crossed random effects model for unbalanced data with applications in cross-sectional and longitudinal research. *Journal of Educational and Behavioral Statistics, 18*(4), 321-349.

Raudenbush, S. W., & Bryk, A. S. (1986). A Rierarchical model for studying school effects. *Sociology of Education, 59*, 1-17.

Raudenbush, S. W., & Bryk, A. S. (2002). *Hierarchical linear models: Applications and data analysis methods* (2nd ed.). Newbury Park, CA: Sage.

Raudenbush, S. W., & Willms, J. D. (1991). Schools, classrooms, and pupils. In S. W. Raudenbush & J. D. Willms (Eds), *International studies of schooling from a multilevel perspective*. San Diego, CA: Academic.

Raudenbush, S. W., Bryk, A. S., Cheong, A. S., Fai, Y. F., Condon, R. T., & du Toit, M. (2011). *HLM 7: Hierarchical linear and nonlinear modeling*. Lincolnwood, IL: Scientific Software International.

Raudenbush, S. W., Bryk, A. S., Cheong, Y. F., & Congdon, R. (1995). *HLM 5: Hierarchical linear and nonlinear modeling*. Lincolnwood, IL: Scientific Software International.

Raudenbush, S. W., Bryk, A. S., Cheong, Y. F., & Congdon, R. (2001). *HLM 5: Hierarchical linear and nonlinear modeling* (2nd ed.). Chicago, IL: Scientific Software International.

Raudenbush, S. W., Rowan, B., & Kang, S. J. (1991). A multilevel, multivariate model for studying school climate with estimation via the EM algorithm and application to US high-school data. *Journal of Educational and Behavioral Statistics, 16*(4), 295-330.

Raudenbush, S. W., Yang, M. L., & Yosef, M. (2000). Maximum likelihood for generalized linear models with nested random effects via high-order, multivariate Laplace approximation. *Journal of computational and Graphical Statistics, 9*(1), 141-157.

Raudenbush, S., & Bryk, A. S. (1986). A hierarchical model for studying school effects. *Sociology of Education, 59*, 1-17.

Robinson, W. S. (1950). Ecological Correlations and the Behavior of Individuals. *American Sociological Review, 15*(3), 351-357.

Rogosa, D. (1978). *Some alternative procedures for analyzing longitudinal panel data*. Presented at the National Institute of Education conference on "Alternative Designs", Washington, DC, October 30-31.

Rosenberg, B. (1973). The analysis of a cross-section of time series by stochastically convergent parameter regression. *Annals of Economic and Social Measurement, 2*(4), 399-428.

Rosenthal, R., & Rubin, D. B. (1982). Comparing effect sizes of independent studies. *Psychological Bulletin, 92*(2), 500.

Rowan, B. (1990). Commitment and control: Alternative strategies for the organizational design of schools. *Review of Research in Education, 16*, 353–389.

Rubin, D. B. (1974). Estimating causal effects of treatments in randomized and nonrandomized studies. *Journal of Educational Psychology, 66*(5), 688–701.

Rubin, D. B. (1978). Bayesian inference for causal effects: The role of randomization. *The Annals of Statistics, 6*(1), 34–58.

Schaie, K. W. (1965). A general model for the study of developmental problems. *Psychological Bulletin, 64*, 92–107.

Scheerens, J., & Bosker, R. J. (1997). *The Foundations of Educational Effectiveness*. New York: Elsevier Science.

Shadish, W. R., Cook, T. D., & Campbell, D. T. (2002). *Experimental and quasi–experimental designs for generalized causal inference*. Boston, MA: Houghton Mifflin.

Shieh, Y. Y., & Fouladi, R. T. (2003). The effect of multicollinearity on multilevel modeling parameter estimates and standard errors. *Educational and Psychological Measurement, 63*(6), 951–985.

Smith, A. F. M. (1973). Bayes estimates in one–way and two–way models. *Biometrika, 60*(2), 319–329.

Snijders, T. A. B., & Bosker, R. J. (1999). *Multilevel analysis: An introduction to basic and advanced multilevel modeling*. London: Sage.

Snijders, T. A., & Berkhof, J. (2008). Diagnostic checks for multilevel models. In J. De Leeuw & E. Meijer (Eds.), *Handbook of Multilevel Analysis* (pp. 141–175). New York: Springer.

Snijders, T., & Bosker, R. J. (1994). Modeled variance in two–level models. *Sociological Methods & Research, 22*, 342–363.

Stiratelli, R., Laird, N., & Ware, J. H. (1984). Random effects model for serial observations with binary response. *Biometrics, 40*(4), 961–971.

Strenio, J. F., Weisberg, H. I., & Bryk, A. S. (1983). Empirical Bayes estimation of individual growth–curve parameters and their relationship to covariates. *Biometrics, 39*, 71–86.

Tagiuri, R. (1968). The concept of organizational climate. In R. Tagiuri & G. H. Litwin (Eds.), *Organizational Climate: Exploration of a concept*. Boston, MA: Harvard University, Division of Research, Graduate School of Business Administration.

Teddlie, C., Reynolds, D., & Sammons, P. (2000). The methodology and scientific properties of school effectiveness research. In C. Teddlie & D. Reynolds (Eds.), *The International Handbook of School Effectiveness Research* (pp. 55–133). New York: Falmer.

Tekwe, C. D., Carter, R. L., Ma, C. X., Algina, J., Lucas, M. E., Roth, J., Ariet, M., Fisher, T., & Resnick, M. B. (2004). An empirical comparison of statistical models for value–added assessment of school performance. *Journal of Educational and Behavioral Statistics, 29*(1), 11–36.

Van den Noortgate, W., Opdenakker, M. C., & Onghena, P. (2005) The effects of ignoring a level in multilevel analysis. *School Effectiveness and School Improvement. 16*(3). 281–303.

Wainer, H. (2004). Introduction to the value–added assessment special issue. *Journal of Educational and Behavioral Statistics: Value–added assessment special issue. 29*(1), 1–4.

Walsh, J. E. (1947). Concerning the effect of intraclass correlation on certain significance tests. *The Annals of Mathematical Statistics. 18*(1), 88–96.

Wang, M. C., Haertel, G. D., & Walberg, H. J. (1993). Toward a knowledge base for school learning. *Review of Educational Research, 63*(3), 249–294.

Willms, D. J., & Raudenbush, S. W. (1989). A longitudinal hierarchical linear model for estimating school effects and their stability. *Journal of Educational Measurement: Vol. 26*, n.3., 209–232.

Willms, J. D. (1992). *Monitoring school performance: A guide for educators.* Washington, DC: The Falmer.

Wong, G. Y., & Mason, W. M. (1985). The hierarchical logistic regression model for multilevel analysis. *Journal of the American Statistical Association, 80*(391), 513–524.

Zeger, S. L., & Liang, K. Y. (1986). Longitudinal data analysis for discrete and continuous outcomes. *Biometrics, 42*(1), 121–130.

찾아보기

인 명

내용

저자 소개

강상진(Kang, Sangjin)

- 연세대학교 교육학과 학사, 석사
- 미국 미시간 주립대학교(MSU), 교육심리학과 Ph.D.(통계, 연구방법, 측정 전공)
- 미국 캘리포니아 대학교(UC Santa Barbara) 교육학과 조교수
- 미국 캘리포니아 대학교(UC Berkeley) 교육대학원 객원전임 부교수
- 연세대학교 교육대학원장, 교육과학대학장
- **현** 연세대학교 교육학과 교수

〈주요 저서〉

- 사회과학연구를 위한 통계방법(공저, 박영사, 2000)
- 회귀분석의 이해(교육과학사, 2002)
- 반세기 한국 교육평가학의 역사와 전망
  (이화여자대학교 한국문화연구원 편: 교육학 연구 50년, 혜안, 2004)
- 고교 평준화 정책 효과의 실증 분석 연구(책임, 한국교육개발원, 2005)
- 5 · 31 교육개혁 이후의 고교 간 교육격차 추세 분석:
  1995~2010학년도 대학수학능력시험 결과 분석(교육과학기술부, 2010)
- 한국 교육학 연구에서 양적 연구의 성과와 과제
  (한국교육학회 편: 한국 교육학 60년, 그 성과와 과제, 한국교육학회, 2013)
- 사회과학연구를 위한 실험설계와 분산분석(교육과학사, 2014)

다층모형

Multilevel Models

2016년 3월 30일 1판 1쇄 발행
2022년 4월 20일 1판 4쇄 발행

지은이 • 강 상 진

펴낸이 • 김 진 환

펴낸곳 • (주) 학지사

04031 서울특별시 마포구 양화로 15길 20 마인드월드빌딩 5층

대표전화 • 02) 330-5114　　팩스 • 02) 324-2345

등록번호 • 제313-2006-000265호

홈페이지 • http://www.hakjisa.co.kr
페이스북 • https://www.facebook.com/hakjisabook

ISBN 978-89-997-0944-9 93370

정가 35,000원

파본은 구입처에서 교환하여 드립니다.

이 도서의 국립중앙도서관 출판시도서목록(CIP)은 서지정보유통지원시스템 홈페이지(http://seoji.nl.go.kr)와 국가자료공동목록시스템(http://www.nl.go.kr/kolisnet)에서 이용하실 수 있습니다.
(CIP제어번호: CIP2016007660)